Peter Reichel

DER SCHÖNE SCHEIN DES DRITTEN REICHES

Peter Reichel

DER SCHÖNE SCHEIN DES DRITTEN REICHES

Faszination und Gewalt des Faschismus

Carl Hanser Verlag

Mit 50 Abbildungen

3. Auflage 1996

Lithos: Wartelsteiner, Garching
Satz: Fotosatz Reinhard Amann, Leutkirch
Umschlaggestaltung: Adolf Bachmann, Reischach
Umschlagmotiv: Süddeutscher Verlag, Bilderdienst, München
Gesamtherstellung: Bercker Graphischer Betrieb GmbH, Kevelaer
Printed in Germany
ISBN 3-86047-544-4

Inhalt

Vorwort

Dieses Buch unternimmt den Versuch, die geschönte Wirklichkeit des nationalsozialistischen Regimes darzustellen. Damit steht jene Seite des Dritten Reiches im Mittelpunkt der Betrachtung, die auf große Teile der damaligen Bevölkerung eine anziehende, wenn nicht faszinierende Wirkung ausgeübt hat: die Mythisierungen, Dekorationen und Inszenierungen des Regimes in einer Vielzahl kultureller und politischer Veranstaltungen. Ein solcher Versuch ist jedoch selbst aus dem zeitlichen Abstand von mehr als 45 Jahren nicht umstandslos möglich und noch keineswegs risikolos. Lange wurde die faszinierende Seite des Faschismus von der Forschung vernachlässigt. Lange wurde dieses Thema gerade auch in der politischen Öffentlichkeit ignoriert und verdrängt. Und noch immer kann es zu Irritationen und Kontroversen führen.

Das heute vorherrschende Bild des Dritten Reiches ist das des totalitären Gewaltregimes, grauenvoll, gespenstisch und letztlich unfaßbar. Zwar ist die NS-Zeit inzwischen differenzierter beschrieben worden, gleichwohl ist dieses Bild zentrales Moment der Wahrnehmung nationalsozialistischer Wirklichkeit geblieben. Ein solch eindimensionales Vorgehen hat den Umgang mit der Vergangenheit vereinfacht, einen breiten Konsens zwischen Konservativen, Liberalen, Sozialdemokraten und Grünen etabliert, aber letztlich über eine moralische Verurteilung der Vergangenheit nicht hinausgeführt.

Wer erkennen und verstehen will, daß und warum der deutsche Faschismus ein widersprüchliches Doppelgesicht hatte, der kann nicht an seiner Massenfaszination vorbeigehen. Zumal zwischen Faszination und Faschismus ein kulturell wie politisch gewichtiger Zusammenhang besteht, der sich auch an der Ähnlichkeit beider Ausdrücke ablesen läßt. Die *fasces**, von

* lat.: Rutenbündel mit Beil als Zeichen der Strafgewalt

denen die italienischen Faschisten ihren Namen bezogen, waren Instrumente und Symbole staatlicher Zwangsgewalt. Diese Bündel wurden durch Lederriemen zusammengehalten, die Fessel und Peitsche zugleich bedeuteten. »Faszination« oder »Faszinosum«* verschiebt und erweitert diese Bedeutung hin zu einer Art von innerer, emotionaler Fesselung. Und eben darin, im »Hinüberschillern der äußeren in die inneren Zwangsmittel«, in der »Fesselung im Doppelsinn von Gewalt und innerer Bindung« ist – so Wolfgang F. Haug zu Recht – das wirklich Beunruhigende faschistischer Herrschaftspraxis zu sehen.[1] In diesem Doppelsinn oder Doppelgesicht liegt denn auch der Schlüssel zu ihrem Verständnis. Und so sehr mit der Thematisierung der Faszination die bloße Verteufelung des NS-Regimes und seine Verkürzung auf ein totalitäres Gewaltregime korrigiert werden soll, so wenig ist beabsichtigt, nun umgekehrt die Bedeutung von Faszination festzuschreiben, gar zu verteufeln und auf einen nur faschistischen Funktionszusammenhang einzuengen.

Das heißt jedoch keinesfalls, einer Beschönigung der NS-Zeit das Wort zu reden. Über die geschönte Seite der Wirklichkeit dieses zutiefst verbrecherischen Regimes zu schreiben darf und muß nicht dazu führen, die Akteure nachträglich zu rehabilitieren, die Opfer zu verhöhnen und die Millionen Mitläufer und Angepaßten von jeder (ohnehin nur individuell zurechenbaren) Schuld freizusprechen. Ebensowenig soll hier Wasser auf die Mühlen der Alten und Neuen Rechten gelenkt werden. Die Thematisierung des »schönen Scheins« impliziert weder die Negierung der Gewalt noch die Relativierung der NS-Verbrechen. Dieser Ansatz zielt allein auf die Analyse der Täuschung der Massen und ihrer Selbsttäuschung. Das Buch trägt daher auch den Titel: »Der schöne Schein des Dritten Reiches. Faszination *und* Gewalt des Faschismus«. Damit soll das doppelgesichtige und widersprüchliche Erscheinungsbild der NS-Zeit begrifflich erfaßt werden.

Die Bearbeitung dieses Themas ist insofern zwangsläufig mit Risiken verbunden. Sie spiegeln Schwierigkeiten wider, die zum einen in der Thematik und zum andern in ihrer Darstel-

* lat.: *fascinare* = beschreien, behexen; *fascinum* = das männliche Glied

lung begründet sind. Wer sich beschreibend der Faszination des Faschismus annähert, setzt sich der Gefahr aus, auf der Gratwanderung zwischen verfehlter Faschismuskritik und unbeabsichtigter Apologie dem eigenen Anspruch nicht gerecht zu werden und in der beschreibenden Nachgestaltung die Mechanismen faschistischer Ästhetisierung zu wiederholen. Ich habe versucht, dieser Gefahr durch einen ständigen Wechsel zwischen der darstellenden und der kommentierenden Ebene, zwischen Nähe und Distanz zum historischen Gegenstand zu entgehen: Passagenweise versucht der Text, die vergangene Wirklichkeit, die in hohem Maße durch Wirklichkeitsverlust, sprachliches Handeln (Reden, Versprechungen, Befehle etc.) *und* Sprachlosigkeit geprägt war, mit sprachlichen Mitteln nachzugestalten. Diese Nachgestaltung wird jedoch durch distanzierende Bemerkungen oder auch durch interpretierende Kommentare immer wieder gebrochen. Die Kommentare beziehen sich vor allem auf die Ästhetisierungsthese, die diesem Buch zugrunde liegt und die in der Einleitung noch eingehender erörtert wird. Diese Vorgehensweise möchte eine wichtige Dimension einer vergangenen, aber bis heute nachwirkenden Zeit nicht nur abstrakt und theoretisch, sondern auch anschaulich verständlich machen und zugleich die kritische Auseinandersetzung mit ihr anregen. Im ›Nachschreiben‹ kann vielleicht jene Dimension erreicht werden, die einem nur distanziert-analytischen Diskurs nicht zugänglich ist.

Allerdings ist mir beim Schreiben auch bewußt geworden, daß sich hier dieselbe Problematik auftut wie im zeitgenössischen, filmisch-literarischen Diskurs über den Faschismus. Die Gefahr nämlich, daß der Text zu jener »ambivalenten Mischung« wird, in der die beabsichtigte Rekonstruktion der Faszination umschlägt in eine faszinierte Rekonstruktion und somit die Oberhand behält gegenüber der Distanzierung durch Deutung.[2] Die eigentliche Schwierigkeit dieser Darstellung liegt also darin, das empfindliche Gleichgewicht auszubalancieren zwischen Annäherung an den Nazismus und seine Massenfaszination durch ästhetisierende Nachgestaltung und behutsam deutender, wiewohl deutlicher Distanzierung.[3]

Die Arbeit an diesem Buch hat manche intellektuelle, finanzielle und technische Unterstützung erfahren. Der Hansischen

Universitätsstiftung und der Ernst-Strassmann-Stiftung bin ich für die Förderung von Mitarbeitern zu Dank verpflichtet, der Universität Hamburg für die Gewährung eines zusätzlichen Freisemesters. Dem Bundesarchiv in Koblenz und dem Bildarchiv Preußischer Kulturbesitz in Berlin danke ich für die großzügige Hilfe bei der Auswahl des Bildmaterials. Mit Freunden und Mitarbeitern konnte ich zu Beginn der Arbeit Thesen und Konzept diskutieren. Sie haben später das Manuskript ganz oder teilweise gelesen und mit ihrer Kritik wesentlich zu seiner Verbesserung beigetragen. Mein Dank gilt insbesondere Gisela Hüttinger, Michael Marek, Annette Matz und Sabine Schilling. Von meinen Kollegen und Freunden nenne ich mit großer Dankbarkeit Joachim Raschke (Hamburg), mit dem ich auf vielen Alsterspaziergängen so manche schwierige konzeptionelle und inhaltliche Frage erörtern konnte; Peter Steinbach (Passau), der an meiner Arbeit aus der Ferne mit kritischer Zustimmung stetigen Anteil nahm, und nicht zuletzt Eginhard Hora im Lektorat des Hanser Verlages, der die Entstehung dieses Buches ebenso sorgfältig wie anregend und geduldig begleitet hat.

Hamburg im Sommer 1990 Peter Reichel

1. Kapitel
Einleitung

Ein Verhältnis zu unserer jüngsten Vergangenheit haben wir in mehr als vier Jahrzehnten nicht gefunden. Unser Umgang mit ihr ist bis heute unverhältnismäßig geblieben. Anfangs wurde er von den Siegern verordnet. Was als groß angelegte bürokratische Säuberungsaktion (Entnazifizierung) begann, endete jedoch schon bald in einer großen, aber geräuschlosen Amnestiebewegung. Wer sich dann in der Wirtschaftswunderwelt der fünfziger Jahre mit der NS-Zeit einließ, tat das eher unfreiwillig. Wer aus der 68er Generation die inzwischen überfällige »Anfrage« (Chr. Geißler) an die Väter und Mütter, Täter wie Mitläufer richtete, bewegte sich zumeist im engen Bezirk zwischen »heroischen« Illusionen und »hilflosem« Antifaschismus. Wer sich in den siebziger Jahren mit dem deutschen Faschismus beschäftigte, versuchte, in einer veränderten Umwelt unbefangener zu sein. Und wer dieser Beschäftigung heute immer noch nachgeht, ist entweder schon wieder unzeitgemäß oder droht Teil einer florierenden Betroffenheits- und Bewältigungskultur zu werden, in der das Interesse an der deutschen Vergangenheit noch immer mit ihrer Verdrängung einhergeht. Der neukonservative Zeitgeist verlangt nach einer Normalisierung deutscher Vergangenheit. Letzte Unebenheiten und Restrisiken im unübersichtlichen Gelände der nationalen Geschichte sind zu beseitigen. Namhafte Historiker sind mit »einer Art Schadensabwicklung« (J. Habermas) beschäftigt. Was schon für die Bundesrepublik galt, wird erst recht für das vereinte Deutschland gelten: Dieser Staat will sich von seiner besten Seite zeigen.

Ob überheblich oder unterwürfig, ob unfreiwillig oder unbekümmert, verlegen oder verbalradikal: Wir schwanken zwischen Extremen. Wir verdrängen oder vermarkten die NS-Zeit, wir verharmlosen oder verteufeln sie. Je nach Generationszugehörigkeit, Gelegenheit und Gegenüber. Nur so, wie sie war, mögen wir sie nicht erinnern: so widersprüchlich, so fragwürdig und mitunter so beschämend faszinierend. Unser kollektives Selbstverständnis hält Selbstkritik eher für eine Schwäche als für eine notwendige Bedingung eines aufgeklärten nationalen Bewußtseins. Unsere Wahrnehmung verkürzt und verzeichnet die historische Wirklichkeit noch immer. Und unsere Moral findet zwischen bürgerlichem Rentabilitätsdenken und ausweichender Relativierung den rechten Maßstab nicht: Sie rechnet Schuld gegen Schuld auf oder versucht, sie mit sogenannten Wiedergutmachungszahlungen zu verrechnen. Oder sie relativiert den Holocaust im »Jahrhundert der Barbarei« (J. Améry) zu *einem* Völkermord unter *vielen*. Auf seiner furchtbaren Einzigartigkeit mag eine Mehrheit jedenfalls nicht insistieren. Diese Perspektive bleibt den Opfern und ihren Nachkommen überlassen.[1] Das Unbewältigbare kommt in eben dieser Unverhältnismäßigkeit zum Ausdruck.

Der Umgang mit unserer Vergangenheit wird so kontrovers beurteilt wie diese selbst. Ihre kollektive Verdrängung ist schon früh als »Unfähigkeit zu trauern« (M. u. A. Mitscherlich) beschrieben und bedauert worden. Andererseits wurden Vergessen und Verdrängen erleichtert als Voraussetzung für die gesellschaftliche Integration und den raschen Wiederaufstieg der Bundesrepublik begrüßt.[2] Noch die Widersprüchlichkeit des Urteils über die »Vergangenheitsbewältigung« dokumentiert, wie schwierig diese ist. Aber Kunst und Wissenschaft lassen hoffen, daß der anhaltende Versuch einer solchen »Bewältigung« langfristig doch nicht ganz unergiebig bleibt. Die Nazizeit hat die deutsche Nachkriegsliteratur, aber auch den Film, das Theater und die darstellende Kunst wie kaum ein anderes Thema beschäftigt. Die Zeitgeschichtsforschung steht da nicht zurück. Dem neben allem Vergessenwollen auch vorhandenen Erinnerungswillen verdankt sie viel.

Schon vor zwanzig Jahren urteilte einer der besten Kenner der NS-Forschung, der Historiker Hans Mommsen, daß kaum ein Gegenstand der neueren Geschichte so intensiv bearbeitet worden sei wie das Dritte Reich und die nationalsozialistische Bewegung, weshalb diese Zeit als eine der am besten erforschten Epochen überhaupt gelten könne. Und vor einigen Jahren erschien ein Essay unter der provozierenden Fragestellung, ob inzwischen nicht endlich genug über den Nationalsozialismus und den Zweiten Weltkrieg geforscht sei.[3] Wie immer man Quantität und Qualität der längst unübersehbar angewachsenen Literatur beurteilt, nach über vierzigjähriger Beschäftigung mit dem Nationalsozialismus in Wissenschaft, Kunst und Literatur drängt sich der Eindruck auf, daß wir uns jener Wirklichkeit – ob in der wissenschaftlichen oder in der künstlerischen Rekonstruktion – um so mehr nähern, je weiter wir uns von ihr entfernen. Wer schon in den 1950er oder 1960er Jahren von einer konkreten Massenfaszination des Nationalsozialismus gesprochen hätte, die weit in die Arbeiterschaft hineinreichte und auch in anderen europäischen Völkern – jedenfalls in der Vorkriegszeit – verbreitet war, der wäre rasch der Geschichtsfälschung oder gar des Neonazismus bezichtigt worden. Die verdrängte oder durch Tabus verhängte Wirklichkeit ist offenbar stets nur insoweit freizulegen, wie ihre Enthüllung ästhetisch, intellektuell und moralisch zu ertragen, vor allem aber – politisch opportun ist.

Diese Tabus sind bei uns ausgeprägter als anderswo. Und befreiende Phantasie war unter Zeithistorikern und Politologen aufgrund ihrer strengen Konventionen und methodischen Verfahren traditionell weniger entwickelt als außerhalb ihrer Zunft. Zwar entstand eine Fülle von eindrucksvollen Untersuchungen zum Herrschaftssystem des Dritten Reiches, seiner Führungselite, seiner Außenpolitik und zum Zweiten Weltkrieg, aber das so unfaßbar Außergewöhnliche, der Holocaust, und der so schwer zugängliche Alltag unterm Hakenkreuz, die individuelle Lebenswelt und die Massenkultur, die Widersprüche und die abgründig-ambivalente Normalität, sie rückten kaum oder erst spät ins Blickfeld einer eher konventionellen Betrachtungsweise, ob nun aus der Perspektive »bürgerlicher« oder »marxistischer« Geschichtswissenschaft.

Zwar ist im Laufe der Jahre die bloß moralische Verurteilung des zutiefst verbrecherischen Naziregimes zugunsten einer differenzierten Analyse der Bedingungen seiner Entstehung und Wirksamkeit zurückgedrängt worden. Gleichwohl haben Werturteile und politisch motivierte Erkenntnisinteressen den wissenschaftlichen Diskurs über diese Zeit in hohem Maße beeinflußt und zu einer Blickverengung beigetragen, aber auch zu einer Sensibilisierung der Öffentlichkeit. Von der Kollektivschuldthese der frühen Nachkriegszeit bis zum Historiker-Streit in unseren Tagen. Wie immer dessen wissenschaftlicher Ertrag zu beurteilen ist, die inzwischen nicht mehr überschaubare NS-Forschung verdankt ihr Profil den teilweise leidenschaftlich ausgetragenen Kontroversen, die auch in der Öffentlichkeit stark beachtet wurden:[4]

Von Anfang an war das »Phänomen Hitler« umstritten. Hier wurde und wird die Frage heftig diskutiert, ob NS-Bewegung und NS-Regime eher unter dem Aspekt des Hitlerismus zu begreifen sind oder mehr als ökonomisches, politisches und kulturelles Strukturproblem. Liegt also der Schlüssel zur Erklärung des Dritten Reiches im personalistisch-biographischen Ansatz, wie er in zahlreichen eindrucksvollen Varianten von Konrad Heiden bis Joachim Fest vorgelegt worden ist? Eröffnet eine Strukturanalyse einen angemesseneren Zugang? Oder liegt der konzeptionelle Königsweg in der Verbindung beider Ansätze?[5]

In den fünfziger Jahren hatte die Totalitarismustheorie Konjunktur, fand aber auch bald Widerspruch. Sollen – so wurde gefragt – Struktur und Funktion des NS-Herrschaftssystems als *eine* Form der totalitären Diktatur angesehen werden? Was ist damit aber – statt einer vielfach bloß antikommunistisch motivierten Identifizierung von Nationalsozialismus und stalinistischem Kommunismus – an Erkenntnis über Struktur und Funktionen des NS-Regimes gewonnen? Dieser doch eher verkürzenden Perspektive wurde eine vergleichende Analyse gegenübergestellt, die den Nationalsozialismus im Kontext des europäischen Faschismus untersuchte, im Zusammenhang also mit dem Ersten Weltkrieg, der Krise des bürgerlichen Liberalismus und der sozialen Modernisierung.[6]

In den späten sechziger Jahren entbrannte ein Streit um die Frage nach der machtpolitischen Abhängigkeit zwischen Wirtschaft, NSDAP und Staat vor und nach 1933 – eine Diskussion, die auf die Anfänge des NS-Regimes zurückwies. Schon unter Zeitgenossen war umstritten, ob der Nationalsozialismus im Sinne der These vom »Primat der Ökonomie« der bloße Handlanger bzw. die »Agentur des imperialistischen Monopolkapitals« sei oder ob man umgekehrt vom »Primat der Politik«, d.h. einer tendenziell verselbständigten Exekutive, sprechen müsse. Auch hier erwies sich die historische Wirklichkeit einer »fragmentierten« oder »polykratischen« Herrschaftsstruktur als zu komplex, ambivalent und widersprüchlich für eine ideologisch zugespitzte Vereinfachung auf ein Entweder-Oder.[7]

Schließlich ging und geht es immer wieder um die alte Frage der Kontinuität oder Diskontinuität von 1933. Hier ist insbesondere strittig, ob das Dritte Reich das mehr oder weniger zwangsläufige Ergebnis eines vom westlichen Vorbild-Weg abweichenden, verhängnisvollen »deutschen Sonderwegs« in die Moderne war oder ob der Nationalsozialismus gerade einen Bruch mit der geschichtlichen Kontinuität in Deutschland darstellt, also gewissermaßen als eine Art »nationaler Betriebsunfall« zu begreifen und insoweit auch zu entschuldigen ist. In dieser Perspektive rückt die Frage nach einer spezifischen Vorgeschichte des Dritten Reiches in den Mittelpunkt des Interesses: die Mentalitäts-, Kultur- und Sozialgeschichte der deutschen Gesellschaft, also insbesondere die kulturellen Wahrnehmungs-, Orientierungs- und Verhaltensmuster der gesellschaftlichen Großgruppen und damit eben auch ihre Rolle im Verhältnis von Ästhetik, Kultur und Politik.[8]

Was für die NS-Forschung im allgemeinen gilt, bestimmt auch unseren Umgang mit der ästhetischen Dimension des Faschismus. Subjektive Wertungen und Vorurteile, Verdrängung und Legendenbildung haben unseren Blick auf die Massenkultur und die Kunst im Dritten Reich lange verzerrt und die Frage nach deren Grundlagen und Wirkungen ebenso lange blokkiert. Das wirkt bis heute nach. Selbst Fachleute sprechen bisweilen noch von einer NS-*Un*kultur und übersehen dabei, daß diese Benennung bisher zur Ausblendung des Problems geführt hat.[9] Vor allem drei Aspekte dieser Wahrnehmung und Bewertung fallen als fragwürdige ins Auge:

Zum einen wird ganz auf die Übermacht unablässig politisierender und manipulierender Massenmedien abgestellt. Diese Sichtweise entlastet politisch und moralisch: sie macht die damals lebenden Deutschen nachträglich zu bloßen Opfern einer unentrinnbaren Verführungs- und Verfügungsmacht einer ebenso kriminellen wie professionellen Elite von Politik-Regisseuren. Die vorzügliche Gesamtdarstellung von Hans-Ulrich Thamer, die das Doppelgesicht des Dritten Reiches eindrucksvoll beschreibt, betont zumindest im Titel diesen manipulativen Aspekt: »Verführung und Gewalt« und nicht etwa: Faszination und Gewalt oder Terror und schöner Schein.[10]

Zum anderen wird auf die Gigantomanie der NS-Architektur verwiesen, wobei diese gern als Beispiel für einen angeblich spezifisch nationalsozialistischen Stil ausgegeben wird. Überhaupt gilt die Nicht-Modernität der NS-Kunst dieser populären Sicht als Ausdruck einer generellen kulturellen Rückständigkeit der Mittelschichten. Diese nach 1945 weit verbreitete Einstellung unterschätzt die politische Bedeutung der Inszenierung und Dekoration von Macht. Zugleich isoliert sie das Dritte Reich als eine kulturlose Zeit, weil ans Licht kommen könnte, was im Dunkel der Vergangenheit bleiben soll: die Formen und Motive der Akzeptanz des Nazismus, seine Anziehungskraft für ein Massenpublikum. Danach muß aber gefragt werden, will man die über das NS-Regime hinausweisende Kontinuität unterschiedlicher ästhetischer Traditionen und ihre Konvergenz zu einer traditionalistischen oder auch reaktionären Modernität erkennen.[11]

Als das wichtigste Charakteristikum des Nationalsozialismus wird im allgemeinen der Terror seiner Gewaltherrschaft angesehen. Gerade deshalb gilt er im Vergleich mit anderen faschistischen Systemen als Radikal-Faschismus (E. Nolte). Am Gestapo-Terror und am Grauen von Auschwitz, das jedes menschliche Fassungsvermögen übersteigt, gibt es nichts zu relativieren, auch nicht in historisch-vergleichender Perspektive. Der Historiker-Streit hat die Gefahr einer solchen Relativierung sichtbar gemacht. Nicht minder problematisch erscheint mir indes die Verabsolutierung des Gewaltaspekts. Wer Hitler eindimensional zum bloßen Dämon und das Dritte Reich zum »Reich des Bösen« schlechthin stilisiert, der hat nur einer hilflosen Empörung Ausdruck gegeben. Das Doppelgesicht des Dritten Reiches aus Gewalt *und* geschönter Wirklichkeit wird so gerade nicht erkannt, geschweige denn das instrumentelle Verhältnis von verbrecherischer Politik und dem von ihr benötigten schönen Schein der Dekorationen, Inszenierungen und Mythisierungen.

Erst jüngst ist wieder eine Diskussion darüber entbrannt, ob NS-Kunst im Museum gezeigt werden soll oder der Öffentlichkeit ganz entzogen werden müsse. Der Aachener Schokoladenfabrikant und Kunstsammler Peter Ludwig hatte sich und seine Ehefrau nicht nur vom NS-Bildhauer Arno Breker modellieren lassen, sondern anläßlich der Eröffnung des Kölner Wallraf-Richartz-Museums / Museum Ludwig auch gefordert, daß in unseren Museen Nazi-Kunst gezeigt wird, allerdings ohne zu erklären, daß und warum dies nicht unkommentiert geschehen könne: »Ich halte es für Blickverengung, zwölf Jahre aus der deutschen Geschichte ausradieren zu wollen.« Dem hielt ein von Klaus Staeck initiierter und von mehreren hundert Künstlern und Museumsfachleuten unterzeichneter Aufruf entgegen: »Keine Nazi-Kunst ins Museum!«[12] Selbst Bundestag und Bundesregierung beschäftigten sich mit dieser Frage. In einer Großen Anfrage verlangten die Grünen Meinungsbildung und öffentliche Aufklärung über den »Umgang mit der sogenannten ›entarteten‹ und mit der sogenannten schönen Kunst«. Auch diese Initiative war nicht frei von moralischem Appell und pädagogischer Attitüde. Jedenfalls empfahl die Initiatorin dieser Anfrage, daß wir uns auf dem Weg zu einem »Grünen Kulturbegriff« in einem »gemeinsamen Erziehungsprozeß« vom »ästhetischen Ideal des Nationalsozialismus« absetzen und von der »Faszination des Schrecklichen« befreien sollten. Als ob das eine bloße Aufklärungs- und Erziehungsfrage wäre. Als ob nicht unsere ganze kommerzielle Medienkultur auf eben dieser audiovisuellen Faszination des Grauens beruhte.[13]

Bereits die Ausstellung »Inszenierung der Macht, ästhetische Faszination im Faschismus« der Neuen Gesellschaft für Bildende Kunst in Berlin Anfang 1987 hat gezeigt, wie schwierig es ist, jene *historische* Massenfaszination des NS-Regimes heutzutage zumindest partiell nachvollziehbar und zugleich durchschaubar zu machen. Kritisierte die eine Gruppe von Ausstellungsbesuchern, daß hier die ästhetische Seite des Nationalsozialismus überbewertet und das Dritte Reich damit bloß aufgewertet würde, so bedauerten die anderen gerade, daß von den Arrangements keinerlei faszinierende Wirkung ausgegangen sei. Wenn Jörg Friedrich in einem polemisch zugespitzten Kommentar behauptete, daß angesichts jenes »Nazi-Klimbims« mitsamt dem »didaktischen Schnickschnack« dem Dritten Reich vergeblich die »Aura der Faszination angedichtet werde«, weil alle Faszination »in der trüben Netzhaut der Faszinierten« gründe, so war das nicht falsch, traf aber doch nur die eine, völkische Seite der NS-Herrschaft. Entscheidend dürfte sein, daß unter jenen Zeit- und Gesellschaftsbedingungen manches schon damals bloß NS-Klimbim und von mäßiger Attraktivität war – Blu-Bo-Malerei und die vielen NS-Devotionalien etwa –, anderes aber – KdF-Freizeit, Sport, Technik, Kino usw. – gleich millionfach die Aufmerksamkeit getrübter Netzhäute fand und die Massen fesselte.[14]

Das Thema beschäftigt die Öffentlichkeit und sorgt immer wieder für Irritationen. Es ist offenbar nicht ohne weiteres zugänglich und vermittelbar. Seine Darstellung verlangt in Verbindung mit wissenschaftlicher Information und Reflexion zugleich auch Phantasie, Sensibilität und unkonventionelle Perspektiven. Daß auch damit noch keine Gewähr für eine dem Thema angemessene Qualität der Bearbeitung gegeben ist, liegt auf der Hand. Um so wichtiger erscheint mir ein Rückblick auf den früheren Diskurs über die ästhetische und kulturelle Seite des Faschismus. Der Umgang mit dem sperrigen Gegenstand hat immer wieder neue Fragen provoziert und Kontroversen ausgelöst oder die alten Fragen in neuer Perspektive wieder auf die Tagesordnung gebracht.

Neue Perspektiven und weiterführende Ansätze kamen oft von sogenannten Außenseitern der Fachwissenschaft, oft von deutsch-jüdischen Emigranten, die das Land kannten, an ihm litten und doch aus befreiender Distanz schreiben konnten. Hannah Arendt beschrieb unter dem Eindruck des Jerusalemer Eichmann-Prozesses Anfang der sechziger Jahre erstmals die »Banalität des Bösen« und leitete damit eine Entdämonisierung

Hitlers ein. Dies lenkte das Interesse zunehmend auf den alltäglichen Faschismus. Richard Grunberger, Jost Hermand, George L. Mosse, David Schoenbaum und Fritz Stern – um nur einige zu nennen – verdanken wir die ersten Darstellungen der Sozialgeschichte des Dritten Reiches und seiner Vorgeschichte im völkisch-nationalistischen Milieu und kulturpessimistischen Klima Weimars.

Anfang der siebziger Jahre schrieb die amerikanische Schriftstellerin Susan Sontag ihren anregenden Aufsatz *Faszinierender Faschismus*, dem dieses Buch manches verdankt. Sie war zu diesem Essay durch zwei ebenso fragwürdige wie erfolgreiche Publikationen des anglo-amerikanischen Buchmarktes angeregt worden: durch das billige Kiosk-Taschenbuch *SS-Insignien* und den prachtvollen Farbbildband von Leni Riefenstahl *The Last of the Nuba*. Selbst von einer moralisierenden Rede über die Vergangenheit unbeeindruckt und unbelastet, konnte Sontag mit analytischem Blick die Massenwirkung des Nationalsozialismus ästhetisch erklären, aus einer inszenatorischen Verbindung von Schönheit und Gewalt.[15]

Anfang der achtziger Jahre erschien der eindringliche Essay *Kitsch und Tod* des israelischen Historikers Saul Friedländer, der die Obsession der Vergangenheit für die Phantasie *zeitgenössischer* Filmemacher und Schriftsteller aufzeigte und den »Widerschein des Nazismus« in deren Werken nachwies.[16] Dieser Essay enthält u. a. einen für den Einstieg in das Thema dieses Buches grundlegenden Hinweis. Was *heute*, so Friedländer, immer noch und immer wieder im künstlerisch-sublimierten Widerschein des Nazismus zum Ausdruck kommt – nostalgische Träumerei, sexuelle Phantasie und Sucht nach Spektakulärem, tiefe Ängste und dumpfe Hoffnungen –, das kam auch schon vor dem NS-Regime zum Vor-schein: Im Jahrzehnt des Ersten Weltkrieges.

Jene damals bindungslosen Kräfte und Gefühle, die zwischen regressiven und aggressiven Tendenzen hin- und herschwankten, mobilisierten eine Massenbewegung und verdichteten sich zum kulturellen Protest gegen die Moderne. Publizistisch fand dieser Protest seinen Niederschlag in einem antidemokratischen, ja antipolitischen Kulturpessimismus, aber auch in der literarischen Heroisierung und Verklärung des Weltkriegserlebnisses. Dieser Protest nahm unterschiedliche Traditionen auf und Ausdrucksformen an: religiöse ebenso wie revolutionäre und ästhetizistische. Von erheblicher Bedeutung war auch das voluntaristische Element dieses Protestes. Jene auf Schopenhauer und Nietzsche zurückgehende Anschauung, die den Willen – im scharfen Gegensatz zum Intellekt – als zentrales Erkenntnis- und Gestaltungsprinzip ansieht und eine politische Radikalisierung insofern begünstigt, als sich aus diesem Prinzip der konsequente Übergang von der Tatgesinnung zur Gesinnungstat begründen läßt. Politisch und organisatorisch gewann dieser Protest seinen Ausdruck in der Formierung und im Aufstieg einer faschistischen Massenorganisation, die zugleich Bewegung, Partei und Privatarmee war. In der Zuspitzung der krisenhaften Entwicklung der frühen dreißiger Jahre rekrutierte diese sich letztlich aus allen Schichten des Volkes, insbesondere aber aus dem Kleinbürgertum und den bürgerlichen Mittelklassen.

Diese sozialen Klassen fühlten sich vom international organisierten Kommunismus bzw. Sozialismus nicht weniger bedroht als vom international organisisierten Kapitalismus, gegenüber der Arbeiterschaft ebenso benachteiligt wie gegenüber dem Großbürgertum und der Aristokratie. In ihrer wirtschaftlichen Bedrängnis, in ihrer mentalen Verunsicherung und in ihrem gesellschaftlichen Prestigeverlust orientierten sie sich gerade nicht nach »links«. Allenfalls vorübergehend fanden sie in den liberalen und konservativen, in den regionalen und mittelständischen Parteien einen politischen Halt. Schließlich aber – von Panik, Abstiegsfurcht und verzweifelter Hoffnung getrieben – strömten sie in großen Scharen zur extremen »Rechten«.

Linke Intellektuelle hatten angenommen, daß die drohende, sich in der krisenhaften Entwicklung des Industriekapitalismus noch beschleunigende Verelendung mittelständischer Gruppen dieselben zur Solidarität mit der Arbeiterklasse führen würde. Aber die Geschichte folgte dieser Prognose nicht. Daran gemessen verlief die materielle und mentale Entwicklung großer Bevölkerungsteile ebenso widersprüchlich wie enttäuschend. Diese »Schere« zwischen Sein und Bewußtsein, wie Wilhelm Reich das so anschaulich nannte, beunruhigte kritische Schriftsteller, Künstler und Wissenschaftler und forderte sie heraus.[17]

Nicht wenige haben sich daher den soziologischen, sozialpsychologischen und kulturellen Erscheinungen und Ursachen des Faschismus zugewandt. So der Soziologe Theodor Geiger, der die sozialen Trägergruppen des Nationalsozialismus und ihre schichttypischen Mentalitäten analysierte.[18] So der Psychoanalytiker Erich Fromm, der nach einer spezifischen Persönlichkeitsgrundlage suchte, nach einer charakterlich-latenten Faschismusanfälligkeit.[19] So der Philosoph Herbert Marcuse, der den Zusammenhang von »affirmativer Kultur« und (faschistischer) Herrschaft untersuchte.[20] So der belgische Sozialist und Soziologe Hendrik de Man, der dafür plädierte, das Bedürfnis der Massen nach Mythos, Führung und Utopie zu befriedigen.[21] Sie alle fanden jedoch bei den Führungen der Arbeiterparteien wenig oder gar kein Gehör.

Diese haben sich mehr mit sich selbst und dem erbitterten ideologischen Konflikt in den eigenen Reihen als mit der Frage nach den Bedingungen und Grenzen einer antifaschistischen Strategie beschäftigt. Ihr stand der Sozialfaschismusvorwurf der Kommunisten ebenso im Weg wie der Anti-Kommunismus der Sozialdemokraten. Zudem waren sie in ihrer revolutionären oder reformistischen Zielsetzung einem eher rationalen und fortschrittsoptimistischen Denken verpflichtet, das den Zugang zum Verständnis des Faschismus und der irrationalen Beweggründe seiner sozialen Basis zusätzlich erschwerte. Sie haben die vom Nationalsozialismus mobilisierten antimodernistischen Ressentiments und Sehnsüchte der bedrängten Zwischenschichten ebensowenig erkannt oder gefährlich unterschätzt wie das widersprüchliche Doppelgesicht, das der Faschismus trug: die Entfesselung brutaler Gewalt und die Inszenierung von schönem Schein.

Um so mehr Beachtung verdienen jene marxistischen Intellektuellen und Schriftsteller, zumeist im Umkreis des Horkheimerschen Instituts für Sozialforschung, die dem Parteikommunismus beziehungsweise der Sozialdemokratie distanziert und der soziokulturellen Dimension des Faschismus aufgeschlossen genug gegenüberstanden, um frühzeitig auf den Funktionszusammenhang von Ästhetik und Politik im Nationalsozialismus aufmerksam zu werden und ihm nachzugehen.[22] Auch, um daraus Konsequenzen für eine antifaschistische Strategie abzuleiten. Vor allem die zahlreichen Beiträge von Walter Benjamin, Ernst Bloch, Bertolt Brecht und Siegfried Kracauer sind hier zu nennen.[23]

Schon in seinem bereits Anfang 1924 veröffentlichten Essay *Erinnerung: Hitlers Gewalt* nannte Ernst Bloch den damals noch ganz bayerischen »Tribun Hitler« eine »höchst suggestive Natur, leider um gar vieles vehementer als die echten Revolutionäre... Der abgematteten Ideologie des Vaterlands gab er ein fast rätselhaftes Feuer und hat eine neue aggressive Sekte, den Keim zu einer stark religiösen Armee, zu einer Truppe mit Mythos geschaffen.«[24] Mit prognostischer Kraft nahmen diese Beobachtungen und Deutungen vorweg, was sich erst Jahre später voll entfalten sollte. Denn für Bloch war das Ästhetische nicht nur ein menschlich-sinnliches, sondern – zumal in seiner politischen Funktion – eben auch ein höchst ambivalentes Phänomen. Es kann und konnte »verheißungsvoller Vorschein« sein, aber zugleich – als Instrument einer massenhaften Täuschung – zur bloß virtuellen Bedürfnisbefriedigung mißbraucht werden.

Unter dem Eindruck der sich früh formierenden Gegenrevolution und der in der Aufstiegsphase der NSDAP zunächst beachtlichen Rolle des »linken«, norddeutsch-protestantischen Flügels hatte Bloch vom »schiefen Statthalter der Revolution« gesprochen.[25] Von daher galt sein Augenmerk in besonderem Maße dem »revolutionären Schein« dieser Bewegung und ihrer Wirkung auf die Arbeiterschaft. Die NS-Bewegung suchte sich zumindest anfangs mit »Entwendungen aus der Kommune« auszustaffieren. Dazu gehörten: die rote Farbe, die Straße und allerlei theatralisches Blendwerk. Zugleich bemerkte Bloch, daß sich die Nazis bei dieser Aneignung je nach Zielgruppe sehr flexibel verhielten, insbesondere als sie im Besitz der Staatsmacht waren. Sei es, daß das Rot der »Plakate allmählich blasser [wurde], so daß sie den Geldgeber nicht mehr schreckten«. Sei es aber auch, daß sie am »Tag von Potsdam« das »revoluzzende Bild« hinter das gewohnte, militärisch-nationale zurücknahmen, um am 1. Mai »mit gestohlenem Zauber desto schamloser auf[zuholen]«. Die Versatzstücke dieser »nazistischen Schwindelwelt« waren zahlreich. Sie reichten von der Stilisierung der Arbeitnehmer zur »Gefolgschaft«, über die »klassenlose ›Arbeitsfront‹« aller arbeitenden Menschen bis hin zum Leitbild einer vermeintlich befriedeten und sozial homogenen »Volksgemeinschaft«. »Der Kleinbürger sieht darin [einen nationalen, d. Verf.] Sozialismus, der Großbürger besitzt darin Kulisse, und für beides war dem Kapitalismus höchste Zeit. Denn die demokratische Attrappe der Weimarer Sozialdemokratie versteckte den verelendeten Massen ihre Wirklichkeit nicht mehr. Also mußte die Attrappe ausgewechselt werden«, mußte man »auf das sehr viel radikaler scheinende Blendwerk der nazistischen übergehen.«

Bloch hat sich nicht mit einer bloßen Analyse des Erscheinungsbildes begnügt. In seiner dialektischen Theorie der »Ungleichzeitigkeit« ist er darüber hinaus auch auf die klassengesellschaftliche und kulturelle Vermittlung eingegangen.[26] Die schwierige Lage des bäuerlichen und städtischen Kleinbürgertums war ebensowenig zu übersehen wie die der arbeitslosen bürgerlichen Jugend »ohne bürgerliche Aussicht«. Unter den widrigen Umständen der Nachkriegszeit hatte die zunehmend »verelendete Mittelschicht« von der Zukunft wenig zu erwarten. »Sie ist verelendet, also revolutionär anfällig, doch ihre Arbeit ist fern vom Schuß, und ihre Erinnerungen machen sie vollends zeitfremd.« Hier setzt Blochs Argument von der Ungleichzeitigkeit ein. Im Unterschied zum Proletariat – so Bloch – nehmen die Zwischenschichten nicht unmittelbar an der Produktion teil. Sie befinden sich gleichsam außerhalb der kulturellen Aktualität, der »gesellschaftlichen Kausalität« und des »objektiv gleichzeitigen Widerspruchs« zwischen Kapital und Arbeit. Das hat schließlich zur Folge, »daß sich immer ungestörter ein alogischer Raum bilden kann, worin Wünsche und Romantizismen, Urtriebe und Mythizismen rezent werden«.

Aber obwohl oder gerade weil sie außerhalb der »gesellschaftlichen Kausalität« standen, erschien den Zwischenschichten die Moderne bedrohlich. Und je weniger der Mittelstand es ideologisch »in der Rationalisierung... aus[hält]«, desto eher gibt er die Ratio preis: »Überbauten, die längst umgewälzt schienen, wälzen sich wieder zurück und stehen als ganze mittelalterliche Stadtbilder im heutigen still. Hier ist die Schenke zum nordischen Blut, dort die Burg des Hitler-Herzog, dort die Kirche zum Deutschen Reich...« Hinzu kam, was Bloch als

Trostlosigkeit der frühen dreißiger Jahre beschrieb: »Der Tag ist leer. Die Arbeit fehlt. Der Dienst ist hart. Das Volk braucht Reize.« Gleichermaßen gegen die marxistischen Verelendungstheoretiker, die sozialdemokratischen Fortschrittsfreunde und die kulturellen Sachlichkeitsapostel gewandt, fügte er hinzu: »Denn gäbe es unter den pauperisierten Schichten nicht ebensoviel ausgehungerte Phantasie wie beleidigten Standesdünkel, ökonomische Unwissenheit und wirkliche Not, dann wäre unmöglich gewesen, die ›Revolution‹ derart reaktionär, die Reaktion derart lemurisch zu betreiben, mit Gott, Führer, Vaterland und Feuerwerk.«[27]

Ausgedehnt und umfangreich ist auch Brechts Auseinandersetzung mit dem Faschismus. Sie hat ihren Niederschlag in Theaterstücken, Gedichten und Satiren gefunden, vor allem aber im *Messingkauf* und in seinem Tagebuch, dem *Arbeitsjournal*. Auch er erkannte lange vor 1939 den kausalen Zusammenhang zwischen Faschismus und Krieg: »die grenzen, welche von den waren nicht überschritten werden können, werden von tanks überschritten, welches auch waren sind.«[28] Ähnlich wie Bloch suchte er den Erfolg des Faschismus aus dem reaktionären Potential des Kleinbürgertums und der »Theatralisierung der Politik durch den Faschismus« zu erklären. Er wäre nicht der Theatermann gewesen, der er war, hätte er nicht erkannt, daß die Nazis Bühneneffekte auf die politische Massenszenerie übertrugen: »die Scheinwerfer und die Begleitmusik, die Chöre und die Überraschungen.«[29] Damit wollten die NS-Regisseure vor allem eines erreichen: »... die Einfühlung des Publikums in den Agierenden ...« Nicht von ungefähr galt Brechts besonderes Interesse dem »Anstreicher« Hitler, eine absichtsvoll doppeldeutig gewählte Metapher. Er sah Hitlers Bedeutung und Wirkung in dessen professionellen Fähigkeiten als vielseitiger Rollenspieler, als Schauspieler-Politiker.

Anders als Brecht interessierte sich Kracauer weniger für die Mimik, Gestik und Rhetorik des auf der Bühne agierenden Schauspieler-Politikers, sondern mehr für das anonyme Publikum. Er, der sich nach langjähriger Tätigkeit als Architekt in den späten Jahren der Weimarer Republik im Feuilleton der *Frankfurter Zeitung* vorzugsweise den neuen populären Massenmedien zuwandte, dem Film und der Fotografie, der Freizeit und dem Sport, dem Rundfunk, der Revue und Reklame, beschäftigte sich vor allem mit den vermeintlich »unscheinbaren Oberflächenäußerungen« des auf Visualisierung und Formierung angelegten Medien- und Massenzeitalters. Ob es dabei um die Revue-Formationen der Tiller-Girls in den zu »Pläsierkasernen« verwandelten Vergnügungslokalen der »Angestelltenarmeen« ging, um die geometrisch geordneten Stadionmassen bei den großen Sportveranstaltungen oder um die Standardisierung der Bewegungsabläufe bei der industriellen Fließbandproduktion: vor allem im »Massenornament« sah Kracauer den »ästhetischen Reflex der von dem herrschenden Wirtschaftssystem erstrebten Rationalität«.[30] Immer wieder hat ihn der ästhetische Aspekt der Massen angezogen. In einer Skizze über das Problem der Propaganda des Faschismus schrieb er Mitte der dreißiger Jahre, daß sich die Nazis neben ihrem Terror darum bemühten, »den Schein der Reintegrierung der Massen« zu erzeugen:

»Man zwingt die Massen dazu, sich überall selbst zu erblikken (Massenversammlungen, Massenaufzüge usw.). Die Masse ist sich so immer gegenwärtig und oft in der ästhetisch verführerischen Form eines Ornaments oder eines effektvollen Bildes ... Man schlägt, in der Absicht, die Bedeutung der Masse als einer Masse zu unterstreichen, alle mythischen Kräfte aus der Masse heraus, die zu entwickeln sie fähig ist. So kann es vielen scheinen, als ob sie in der Masse über sich hinausgehoben würden.«[31]

Kracauers besonderes Interesse galt indes schon früh dem Film. Berühmt wurden seine Essays *Die kleinen Ladenmädchen gehen ins Kino, Kult der Zerstreuung* oder *Film 1928*, die zuerst in der *Frankfurter Zeitung* erschienen. Dieses Medium schien ihm besonders geeignet, die »Tiefenschichten der Kollektivmentalität« zu reflektieren, zumal er annahm, daß die populären Motive der Leinwand in noch höherem Maße als andere Produkte der Zerstreuungskultur die »herrschenden Massenbedürfnisse befriedigen«.[32] Dabei verstand er unter der Kollektivmentalität nicht etwa eine Art Nationalcharakter, sondern »autoritäre Dispositionen«, Ängste und Hoffnungen, die auf der Leinwand lange vor 1933 ihren Niederschlag fanden und durch das Illusionskino befriedigt wurden. »Viele von der

Leinwand her bekannte Motive«, so Kracauer im Rückblick, wurden später tatsächlich »zu lebendigen Ereignissen. In Nürnberg erschien das Ornament der Masse aus den ›Nibelungen‹ in gigantischen Ausmaßen: ein Meer von Flaggen und Menschen, die kunstvoll ausgerichtet waren. Seelen wurden durch und durch manipuliert, wie um den Eindruck zu schaffen, das Herz vermittle zwischen Hirn und Hand. Tag und Nacht zogen Millionen in Stadt und Land über die Straßen. Unaufhörlich erklang das Schmettern der Militärfanfaren, und den Spießern in Plüsch und guter Stube schwoll die Brust. Schlachten dröhnten, und ein Sieg jagte den anderen. Alles war so wie im Film. Und die dunklen Vorahnungen von einer Götterdämmerung sollten sich erfüllen.«[33]

Dieses Finale hatte auch Benjamin schon früh beklemmend klar vor Augen, als er im Nachwort zu seinem berühmten Kunstwerk-Aufsatz schrieb: »Alle Bemühungen um die Ästhetisierung der Politik gipfeln in einem Punkt. Dieser eine Punkt ist der Krieg. Der Krieg, und nur der Krieg, macht es möglich, Massenbewegungen größten Ausmaßes unter Wahrung der überkommenen Eigentumsverhältnisse ein Ziel zu geben.« Zusammen mit diesem nationalistischen Motiv der faschistischen Strategie zur Mobilisierung und Integration der Massen nannte er das modernistische: »Nur der Krieg macht es möglich, die sämtlichen technischen Mittel der Gegenwart unter Wahrung der Eigentumsverhältnisse zu mobilisieren.«[34] Benjamin war jedoch weniger an sozial- und wirtschaftshistorischen Fragen interessiert. Ihn beschäftigte vor allem, daß der Krieg auch in der bürgerlichen Kunst seine Vorgeschichte hatte. Er wußte genau, »wie tief die faschistische Ideologie der Dekadenz und dem Ästhetizismus« der spätbürgerlichen Epoche verpflichtet ist, und warum sie »unter den extremen Artisten Pioniere findet.«[35] Eingehend hatte er sich mit Ernst Jünger beschäftigt, mit »seiner knabenhaften Verschwärmtheit, die in einen Kultus, eine Apotheose des Krieges mündet«.[36] Ausführlich zitiert er aus Marinettis Manifest zum italienischen Kolonialkrieg in Äthiopien: »... Der Krieg ist schön, weil er die erträumte Metallisierung des menschlichen Körpers inauguriert... Der Krieg ist schön, weil er neue Architekturen, wie die der großen Tanks, der geometrischen Fliegergeschwader, der Rauchspiralen aus brennenden Dörfern und vieles andere schafft...«[37] Was für die elitären Dekadenz-Künstler bloß »eine hemmungslose Übertragung der Thesen des L'art pour l'art auf den Krieg«[38] war, das exekutierten die Faschisten mit blutigem Ernst. Ihnen blieb es vorbehalten, »die dekadente Theorie der Kunst mit deren monumentaler Praxis zu verbinden«.[39]

Benjamin hatte mit den Künstlern einer sozialistischen Kulturrevolution zwischen Moskau, Berlin und Paris auf die »Politisierung der Kunst« gesetzt. Die Faschisten antworteten darauf mit Gewalt und mit einer umfassenden Ästhetisierung der Politik. Sie waren erfolgreicher. Jedenfalls schränkte der Faschismus »den funktionalen Charakter der Kunst derart« ein, daß von ihr »keine verändernde Einwirkung auf die Klassenlage des Proletariats« zu befürchten war. Benjamin glaubte zu erkennen, daß sich die »Verewigung der bestehenden Verhältnisse« in der faschistischen Monumentalkunst und in den modernen Massenmedien »durch die Lähmung der (exekutierenden oder rezipierenden) Menschen« vollzog. »Mit der Haltung, die der Bann ihnen aufzwingt, kommen die Massen überhaupt erst zu ihrem Ausdruck.« Die Kunst der Faschisten gipfelt in der Kriegskunst: »Sie verkörpert die faschistische Kunstidee ebenso durch den monumentalen Einsatz an Menschenmaterial wie durch den von banalen Zwecken gänzlich entbundenen Einsatz der ganzen Technik. Die poetische Seite der Technik, die der Faschist gegen die prosaische ausspielt..., ist ihre mörderische.«[40] Diesen Gedanken greift Benjamin am Schluß des Nachwortes zu seinem Kunstwerk-Aufsatz wieder auf: »Fiat ars – pereat mundus...« Unterm Faschismus hat die »Selbstentfremdung« der Menschen »jenen Grad erreicht, der sie ihre eigene Vernichtung als ästhetischen Genuß ersten Ranges erleben läßt. So steht es um die Ästhetisierung der Politik, welche der Faschismus betreibt.«[41] Mit diesen Sätzen hatte Benjamin die Beobachtungen und Interpretationen zur ästhetizistischen Dimension faschistischer Herrschaft gleichsam perspektivisch zugespitzt und zusammengefaßt.

Doch diese Einsichten und Skizzen blieben lange eine bloß programmatische Perspektive. Politologie und Zeitgeschichte haben sie nach 1945 jedenfalls zunächst nicht aufgenommen. Wie ja überhaupt die ältere, kritische Faschismusforschung, insbesondere die aus dem Umkreis des Instituts für Sozialforschung, lange unbeachtet blieb und nahezu vergessen wurde. In den fünfziger und frühen sechziger Jahren war im deutschen Buchhandel *Der autoritäre Charakter* von Theodor W. Adorno u.a. ebensowenig zu haben wie *Angestellte und Arbeiter am Vorabend des Dritten Reichs* von Erich Fromm, *Behemoth* von Franz Neumann, *Der Doppelstaat* von Ernst Fraenkel oder *Die Angst vor dem Chaos* von Joachim Schumacher, ganz zu schweigen von den Schriften Wilhelm Reichs und August Thalheimers. Das änderte sich nachdrücklich mit der 68er Bewegung.

Weitgehend folgenlos blieben zunächst auch die ersten Publikationen zur NS-Kulturpolitik, die in der frühen Nachkriegszeit erschienen. So die wegweisende Arbeit von Hildegard Brenner zur Kunstpolitik des Nationalsozialismus und so auch einige andere Monographien und Dokumentationen zur Kulturpolitik und Öffentlichkeitsregie im Dritten Reich.[42] Neue Anstöße und kritische Ansätze gingen erst seit den frühen siebziger Jahren insbesondere von der Literaturwissenschaft, der Kunstgeschichte und ersten Ausstellungen aus.

Vor allem die 1974 im Frankfurter Kunstverein gezeigte Ausstellung »Kunst im 3. Reich – Dokumente der Unterwerfung« machte deutlich, daß die ästhetische Dimension der NS-Vergangenheit keineswegs erledigt war.[43] Was bis dahin – unbesehen – in der Malerei als völkischer Blu-Bo-Kitsch verschrien war, in der Architektur als menschenverachtender Monumentalismus verurteilt wurde und in der Plastik als verlogener Ausdruck eines heroisch-nackten Schönheitsideals ohne Sinnlichkeit galt, das stieß nun unversehens auf Interesse, teilweise Gefallen, ja sogar unverhohlene Bewunderung.

So standen die siebziger Jahre im Zeichen einer eher zwiespältigen Entwicklung. Einerseits begann eine intensive Beschäftigung mit nahezu allen Aspekten der Kunst und Massenkultur im Dritten Reich. Erste Sammelbände wie *Die deutsche Literatur im Dritten Reich*, *Kunst und Kultur im deutschen Faschismus* und *Die Dekoration der Gewalt* gaben mit grundlegenden theoretischen und empirischen Beiträgen wichtige Anregungen.[44] Zugleich dokumentierten sie Positionen und Perspektiven der ersten Phase dieser neuen Diskussion. In rascher Folge erschien eine Reihe grundlegender Monographien zur

Malerei, Musik, Literatur, Architektur und Plastik, um nur die wichtigsten Themenbereiche zu nennen. Sie alle rückten den Funktionszusammenhang von Kunst und Politik mehr oder weniger ins Zentrum ihrer Analyse. Aber auch massenkulturelle Aspekte der Ästhetisierung wurden bearbeitet. So in Studien über die politische Religion des Nationalsozialismus, über Film und Rundfunk, über die NS-Gemeinschaft »Kraft durch Freude«, über die Reichsautobahn oder über Produktästhetik und Design.

Dem standen in der Öffentlichkeit der Bundesrepublik von Anfang an starke Tendenzen einer Entpolitisierung und Entmoralisierung der kulturellen Seite deutscher Vergangenheit entgegen. Große Teile der Gesellschaft hielten am Dogma einer strikten Trennung von Kultur und Politik unbeirrt fest und bestritten eine politische Mitverantwortung der bürgerlichen Hochkultur so vehement wie ihre eigene Mitschuld. Dieser Haltung entsprach nicht nur eine auffällige Ungleichbehandlung der NS-Kultur nach 1945, sondern auch ihre partielle, stillschweigende Rehabilitierung. Hartnäckig behauptete sich Kritik- und Aufklärungsfeindlichkeit. So naiv sie gegenüber der Inszenierung der Macht und der Theatralisierung der Politik in der Demokratie blieb, so ignorant zeigte sie sich gegenüber den Ursachen und Funktionen der umfassenden Ästhetisierung in Politik und Gesellschaft unter dem NS-Regime.

Im vorliegenden Buch geht es vor allem um drei miteinander verbundene Überlegungen oder Interpretationen. Die eine hat mit dem traditionell vorbelasteten Verhältnis von Kultur und Politik zu tun; die zweite bezieht sich auf das strategische Konzept der Ästhetisierung des NS-Regimes; und die dritte schließlich nimmt Akteur und Adressat dieser mit kulturellen Mitteln bewirkten umfassenden politischen Täuschung und Selbsttäuschung in den Blick.

Ich gehe davon aus, daß neben der dominierenden *politischen* Tendenz des 19. Jahrhunderts, der Nationalisierung der Massen, eine *kulturelle* Tendenz prägend und bis ins 20. Jahrhundert folgenreich war: die Ausbreitung einer antiaufklärerischen »säkularen Religiosität« (Th. Nipperdey). Durch sie avancierte die bürgerliche Hochkultur zur politikfernen Kulturreligion. Zugleich entstand ein Verständnis von Politik, das – am Leitbild nationalstaatlicher Machtpolitik orientiert – dazu tendierte, ästhetizistische und voluntaristische Züge anzunehmen. Die politische und kulturelle Revolution der Weimarer Republik reagierte darauf mit der Forderung nach einer umfassenden Politisierung und Demokratisierung der gesellschaftlichen Verhältnisse. Der Versuch schlug weitgehend fehl. Erfolgreicher war das gegenrevolutionäre Konzept der nationalen Rechten, angeführt durch die NSDAP: die Entfesselung von Gewalt und die Errichtung von schönen Scheinwelten. 1933 wurde die umfassende Ästhetisierung der gesellschaftlichen Verhältnisse möglich und nötig zugleich. Nötig, weil das NS-Regime die aus der »Systemzeit« übernommenen ungelösten Probleme – die nationale und die soziale Frage – wenigstens dem Anschein nach lösen mußte. Möglich, weil große Teile der orientierungslos gewordenen bürgerlichen Mittelschichten aus der unverstandenen und ausweglos erscheinenden Gegenwart in die ihnen angebotenen Scheinwelten drängten: in die völkische Vormoderne, in die »Volksgemeinschafts«-Idylle, in die Identifikation mit einem Ersatz-Kaiser und in die vermeintlich unpolitische Freizeit- und Unterhaltungskultur.

Der Nationalsozialismus ist zugleich Ergebnis und Ausdruck einer umfassenden Modernisierungskrise. Er ist *Produkt* der bürgerlichen Gesellschaft *und* organisierter Massen*protest* gegen sie. Er trägt traditionalistische und modernistische Züge, bürgerliche und antibürgerliche. Dieses Doppelgesicht muß man im Auge behalten, wenn man nach seinen Ursachen, Erscheinungen und Wirkungen fragt. Ein Doppelgesicht, das den Blick zunächst auf die Vorgeschichte von 1933 lenkt. Denn es zeigt sich, daß die Zuspitzung der Modernisierungskrise in der Weimarer Republik das Resultat säkularer Prozesse ist. In ihnen vollzieht sich der Übergang von der feudalistischen Agrar- und Ständegesellschaft zur industriekapitalistischen Klassen- und Leistungsgesellschaft, ebenso konfliktreich wie widersprüchlich, teils beschleunigt und teils zögernd. Die Analyse dieses Modernisierungsprozesses hat nicht grundlos Zeitbegriffe bemüht: von Ungleichzeitigkeit und von Verspätung ist da die Rede.

Die seit Helmuth Plessner immer wieder zitierte »verspätete Nationenbildung« ist aber wohl kaum allein ausschlaggebend für die Modernisierungskrise gewesen.[45] Auch nicht die fehlgeschlagene bürgerliche Revolution und verspätete Demokratisierung, deren langfristige Folgen Ernst Bloch als »Ungleichzeitigkeit« von industriell-technischer Moderne und kultureller Anti-Moderne beschrieben hat. Entscheidend war wohl, daß im 19. Jahrhundert gleich *mehrere* Wandlungsprozesse fast *gleichzeitig* stattfanden: Industrialisierung und Nationenbildung, Demokratisierung und soziale Integration. Das erforderte eine hohe gesamtgesellschaftliche Selbststeuerungsfähigkeit – eine zu hohe, wie sich gezeigt hat.

Die nationale Frage war das zunächst beherrschende Problem des Jahrhunderts, bevor die soziale Frage hinzukam. Nicht nur, weil der Nationalstaat und die politische Staatsnation auf sich warten ließen, schließlich mit kriegerischen Mitteln und unter äußerem Glanz, aber inneren Widersprüchen Wirklichkeit wurden und mit manchen Mängeln behaftet blieben. Bedeutsamer ist, daß der Nationalismus aus seiner engen Verbindung mit der bürgerlichen Moral und Kultur heraus zur vielleicht mächtigsten und einflußreichsten Ideologie der Moderne wurde und mit allen wichtigen Ideen und Bewegungen erfolgreiche Bündnisse einging.[46] Angefangen von der – gegen die Vorherrschaft des Französischen gerichteten – deutschen Nationalkultur bis hin zum Rassismus der Herrenvolk-Ideologie, mit der die Weltherrschaft eines dritten Deutschen Reiches begründet werden sollte.

1. These: Die preußisch-deutsche Nationenbildung war nicht die Errungenschaft einer freiheitlichen Volks- und Demokratiebewegung. Diese fand im Vormärz zwar zu einem prägnanten nationalkulturellen Profil, aber nicht zu der ersehnten nationalstaatlichen Form. Eine Folge dieser vorstaatlichen, klassisch-romantischen Nationalkultur, die ihren Niederschlag nicht zuletzt in einer bürgerlichen Vereins- und Gefühlskultur fand, war ein stark kulturreligiös gefärbter Begriff von Politik. Zugleich avancierten die schönen Künste zur politikfernen Kulturreligion. Sie wurden ein konflikt- und machtgeschütztes Refugium für politik- und rationalitätsverdrossene Bürger, zumal nach der Bismarckschen Reichsgründung. Die unter dem Einfluß der preußischen Reformen und der preußischen »Staatsgesellschaft« ohnehin stark etatistisch und bürokratisch geprägte Sphäre der Politik wurde so der gesellschaftlichen Wirklichkeit weiter entfremdet. Hier entstand ein ästhetizistisch und religiös überhöhtes, zudem voluntaristisch verkürztes und von der gesellschaftlichen Wirklichkeit abgehobenes Verständnis von Politik. Es fand im Kulturimperialismus des Kaiserreiches seinen über die Zeit hinauswirkenden Ausdruck und konnte schließlich vom NS-Regime für seine Ziele instrumentalisiert werden.

Es war zu einem Gutteil der nationale Um- und Aufbruch in Frankreich, der vor allem im gebildeten Bürgertum ein zunächst nationalkulturelles Bewußtsein weckte. Aus ihm ging eine vielschichtige, in sich widersprüchliche Kulturbewegung hervor, mit aufklärerisch-rationalen, neuhumanistisch-klassischen und religiös-romantischen Strömungen. Die Ereignisse zwischen 1806 und 1815 politisierten diese Kulturbewegung zunehmend, schwächten die jakobinischen und frankophilen Kräfte und verengten die demokratisch-patriotische Ideologie ins Deutsch-Nationale. Auch wenn sich somit das kosmopolitische Element national verfärbte, der antifranzösisch akzentuierte »nationale Gemeinsinn« war weder einheitlich noch eintönig. Seine Grundfarbe war freiheitlich und oppositionell. Aber die Verbindung von Weltbürgersinn und erwachendem Nationalbewußtsein drängte neue – pietistisch-nationale, antifranzösisch-germanophile und romantisch-mystische – Tendenzen in den Vordergrund. Die Erweckung des elementaren, in unbekannten Tiefen ruhenden »Volksgeistes« suchte und fand ihren zeitgemäßen Ausdruck. Man denke an die Volkslieder und Volksmärchen, an die patriotischen Predigten und historischen Dramen.[47]

Neben Sprache und Dichtung hat vor allem die Musik diesen nationalkulturellen Aufbruch nachhaltig bestimmt. Aber anders als die Literatur, die schon wegen des zunächst noch hohen Analphabetismus weitgehend Sache des gebildeten Bürgertums blieb, brachte die Musik eine bemerkenswerte Massenbewegung hervor. Sie trug unterhaltsam-volkstümliche sowie feierlich-kunsternste Züge und war in ihren künstlerischen Gestaltungsformen so vielfältig wie in den kulturellen und sozialen Bedürfnissen, denen sie Raum gab: der privaten Geselligkeitskultur in der weit verbreiteten Hausmusik, dem Geniekult um die gefeierten Solisten und Komponisten, dem romantisch-nationalen Repräsentationsbedürfnis in der »deutschen Oper« und nicht zuletzt dem geradezu sakralen Musikenthusiasmus im kirchlichen und weltlichen Laienchorwesen. Gewiß ist es falsch, zumindest einseitig, diese breite Laienmusikkultur als Ausdruck, gar als Ursache unpolitischer Innerlichkeit zu werten. Aber es ist wohl kaum abwegig zu behaupten, daß Musik zum bevorzugten Medium der – politischen wie unpolitischen – Gefühlskultur in Deutschland wurde.[48]

Hier kam viel zusammen und zum eigensinnigen Ausdruck: weltumspannende humanistische Ideen, heroisches Pathos, religiöses Gefühl und romantischer Subjektivismus. Die Unversöhnlichkeit zwischen Ich und Welt, die Ambivalenz der Werte und die Polarität der Gefühle – sie wurden geradezu typisch für das neue Lebensgefühl des bürgerlichen Zeitalters. Erregung und Leidenschaft, Melancholie und Schmerz, Zerrissenheit und Entfremdung, Einsamkeit und Sehnsucht nach Zuneigung, Bindung und Gemeinschaft suchten nach Ausdruck. Sie fanden ihn in der lyrischen Intimität ebenso wie in der überschwenglichen Hinwendung zu einem »Volksganzen«.

Diese Gefühlskultur hatte ihren Entfaltungsraum und ihren institutionellen Zusammenhalt in der bürgerlichen Vereinsbewegung, vor allem der Sänger, Turner, Schützen und Studenten.[49] In ihrem Vereinszweck anscheinend unpolitisch, entzogen sie sich im Vormärz ebenso wie in der nachmärzlichen Reaktionsära dem Zugriff obrigkeitsstaatlicher Repression, bildeten aber doch eine »patriotisch-deutsche Gefühls- und Gesinnungsgemeinschaft«. Mochten auch die politischen Verfassungskonzeptionen unterschiedlich sein – liberal-konstitutionelle standen neben radikaldemokratisch-republikanischen –, diese Organisationen bildeten eine gesamtdeutsch-nationale Opposition, und sie verstanden sich auch so.

Ihr Vereinsleben, vor allem aber die von ihnen organisierten nationalen Feste, wurden zu einem wichtigen Element der entstehenden bürgerlichen Öffentlichkeit. Trotz der Karlsbader Beschlüsse, trotz Pressezensur und politischem Versammlungsverbot. Diese vom französischen Revolutionsfest inspirierten bürgerlichen Feste mit ihren nationaloppositionellen und nationalkulturellen, antifeudalen, aber auch antifranzösischen Akzenten waren indes mehr als bloßer Ersatz für die fehlende politische Versammlungsfreiheit. Wartburg- und Hambacher Fest, Turner-, Sänger- und Schützenfeste, die Feiern und Feste zu Ehren Gutenbergs, Luthers und Schillers, später dann auch die Lassalle- und Märzfeiern der Arbeiter – sie befriedigten in hohem Maße auch die emotionalen und ästhetisch-kulturellen Bedürfnisse der Teilnehmer, die sich zu großen Teilen aus den mittelständisch-kleinbürgerlichen Schichten rekrutierten.[50] Grünes Eichenlaub und nächtlicher Feuerschein, die bewegte Fahnenpracht der schwarz-rot-goldenen Farben und die mit Inbrunst gesungenen nationalen Lieder von Ernst Moritz Arndt und Hoffmann von Fallersleben, sie verliehen dieser nationalen Bewegung ihren symbolischen Ausdruck, ein unverwechselbares, weithin hör- und sichtbares Kennzeichen. Die Zeit war noch fern, als in Nürnberg hunderttausendfach der martialische Ruf erschallte: »Ein Volk, ein Reich, ein Führer!« Leidenschaftlich und über alle landsmannschaftlichen Grenzen hinweg wurde aber schon hier vor allem die Einheit aller »deutschen Brüder« beschworen, wenn es in Hochrufen hieß: »*Ein* deutscher Sinn, *Ein* deutsches Recht und *Eine* deutsche Verfassung!«

Mit der Reichsgründung 1871 vollzog sich ein folgenschwerer Wandel. Die Sänger, Schützen und Turner feierten weiterhin ihre Feste, wenngleich nun die Sedan- und Kaisergeburtstagsfeiern in den Mittelpunkt rückten. Bismarck nahm ihnen gewissermaßen den freiheitlich-oppositionellen Wind aus den Segeln. So blieben nur noch das Nationale, die Kulturpflege und die Geselligkeit des Männerchorgesangs, der Leibesertüchtigung und des Preisschießens. Schein und Wirklichkeit gerieten verhängnisvoll durcheinander. Die nationale Bewegung wurde nun, was sie bisher doch nur dem Anschein nach war: eine vordergründig-unpolitische Gefühls- und Gesinnungsgemeinschaft. Andererseits blieb sie nicht das, was sie doch faktisch war, nur dem Anschein nach nicht: eine demokratisch-freiheitliche Bewegung. Auf ihren Festen wurde jetzt nur noch ein »affirmativer Reichsnationalismus« (D. Düding) intoniert und popularisiert, ebenso eintönig wie lautstark. Jetzt hieß es nur noch: »Heil Dir im Siegerkranz!« Nur noch Personenkult, Vaterlandsliebe und Untertanentreue waren gefragt.

Manche hatten diese Entwicklung kommen sehen. Wenige – wie Heine – lange vor der Reichsgründung, ja selbst vor dem Scheitern der 48er Revolution. In seiner vernichtenden Kritik an der Spätromantik und ihrer Wendung ins Reaktionäre schrieb er Mitte der dreißiger Jahre in Paris: »Als endlich der deutsche Patriotismus und die deutsche Nationalität vollständig siegte, triumphierte auch definitiv die volkstümlich germanisch christlich romantische Schule, die ›neu-deutsch-religiös-patriotische Kunst‹«.[51]

In der Herausbildung der klassisch-romantischen Nationalkultur trafen sehr unterschiedliche Tendenzen aufeinander. Aufklärung und Säkularisierung, Idealismus und Romantik, Humanismus und Nationalismus gingen vielfältige Verbindungen ein. Daraus entstand ein fruchtbares, aber auch ein widersprüchliches kulturelles Klima, zumal vor dem Hintergrund der konfessionellen Spaltung und der Spaltung des bürgerlichen Liberalismus in eine linke und in eine rechte Strömung. Das war für die mit der Aura einer »säkularen Religiosität« umgebene Kultur keine unbedenkliche Hypothek. Die von Anfang an national eingefärbte Kulturreligion verschaffte ihren Anhängern ein Medium, das zur Weltflucht einlud, auch zur Überhöhung oder Verachtung der politisch-gesellschaftlichen Wirklichkeit, nur nicht zur kritisch-pragmatischen Auseinandersetzung mit ihr. In unmittelbarem Zusammenhang damit steht die zunehmende Neigung zur Ästhetisierung der Politik. Sie wurde zweifellos dadurch begünstigt, daß die Politisierung der Bevölkerung in der kulturellen Sphäre begann, auf sie lange beschränkt blieb oder ganz in sie abgedrängt wurde. Hier enstand eine eigentümliche Fremdheit gegenüber der »anorganisch« verstandenen modernen Interessen- und Klassengesellschaft, aber zugleich eine bisweilen geradezu enthusiastische Hinwendung zur »organisch« bewerteten Bluts-, Religions- oder Gesinnungsgemeinschaft.

In den dreißig Jahren zwischen gescheiterter März-Revolution und »zweiter« Reichsgründung verengte sich die freiheitlich-patriotische Ideologie ins Deutsch-Nationale, verkehrte sich das liberal-nationale Bewußtsein der aufsteigenden bürgerlichen Klassen in ein national-liberales, verkehrte sich aber auch das progressive und humanistische Leitbild einer deutschen Nationalkultur in die kindisch-überheblich-kostümierte Selbstdarstellung und in den aggressiven Anspruch einer angeblich zu spät und zu kurz gekommenen »Kulturnation«, die sich gerade deshalb zu größeren Aufgaben berufen wähnte.[52]

In der zweiten Hälfte des 19. Jahrhunderts löste sich der Nationalismus vom Liberalismus, spaltete ihn und trug so wesentlich zu seinem Niedergang und schleichenden Verfall bei, zumal die Konservativen nach der Bismarckschen Reichsgründung den Nationalismus adaptierten und die Nation nun zum Wert an sich erhoben. So eilten Nationalisierung und Politisierung der Massen der Liberalisierung der Gesellschaft voraus, ja, behinderten und unterdrückten sie. Auch die Demokratisierung blieb hinter der schneller fortschreitenden Industrialisierung zurück. Diese »ungleichzeitige« Entwicklung führte schließlich in ein kaum noch lösbares Dilemma. Nach dem gescheiterten »Griff zur Weltmacht« und nach dem Zusammenbruch der Monarchie waren Liberalisierung und Demokratisierung in Staat und Gesellschaft überfällig, ihre revolutionäre Durchsetzung aber scheiterte oder blieb auf »halbem Wege« stecken.

Noch in letzter Minute zogen die alten, monarchistischen Eliten die SPD als größte Oppositionspartei und längst stärkste parlamentarische Kraft in die Verantwortung und sich selbst aus der Schußlinie. Mit der Parlamentarisierung der Bismarckschen Reichsverfassung, die Ludendorff – um sein Scheitern zu kaschieren – in letzter Minute einleitete, wurde die sozialdemokratische Mehrheitsführung zum Konkursverwalter der zusammenbrechenden Monarchie. Ein letztes, ebenso geschicktes wie für die zukünftige Republik folgenschweres Manöver der Militärs, zumal die Arbeiterbewegung an ihren Auseinandersetzungen um die russischen Revolutionen und ihren Verstrickungen in den Ersten Weltkrieg zerbrach und aus ihm ideologisch und organisatorisch gespalten, also geschwächt hervorging. Hinzu kam, daß die im Kaiserreich – wie unzureichend auch immer – begonnene Entwicklung von Demokratie, Rechts- und Sozialstaatlichkeit die Arbeitermassen »nationalisiert« und damit in ihrer revolutionären Spontaneität und widerständigen Solidarität entscheidend geschwächt hatte.

Eine Entmachtung der alten monarchistischen Eliten gelang nicht. So wurde die Weimarer Republik auf unsicherem Boden gebaut, und schon wenige Monate nach ihrer Gründung geriet sie in einen permanenten Belagerungszustand republikfeindlichen Kräfte. Dieser Belagerung war sie unter dem starken wirtschaftlichen Krisendruck letztlich nicht gewachsen. Die ebenso verfehlte wie vergebliche Tolerierungspolitik der SPD und ihre verzweifelt-passive Verfassungstreue verlängerten zwar die Lebensdauer der Republik, aber der politische Immobilismus lähmte ihre Abwehrkräfte. Der ideologische Konflikt zwischen den Arbeiterparteien schwächte sie zusätzlich. Der Antikommunismus der Sozialdemokratie und die Sozialfaschismus-Doktrin der Kommunisten waren Ausdruck einer folgenschweren Fehleinschätzung der politischen Kräfte und Gefahren. Aus der machtpolitischen Pattsituation der in sich zerrissenen pro- und antirepublikanischen Lager ging schließlich die NSDAP mit Hitler an der Spitze als triumphierender Sieger hervor.

Die Politisierung im Verlauf von Weltkrieg, Revolution und Gegenrevolution erfaßte auch die kulturelle Sphäre und führte sie auf diese Weise an die politische heran. Die Entgegensetzung von bürgerlicher Hochkultur und Politik schien sich aufzulösen, zumindest schwächte sie sich ab. Aus dem Verhältnis der Mißachtung und Ausgrenzung wurde ein neues Neben-, Mit- und Gegeneinander von Avantgardisten und Traditionalisten, von Hoch- und Massenkultur, von Sachlichkeit und Parteilichkeit der Kunst. Zugleich nahm die Differenzierung und Pluralisierung innerhalb der kulturellen Sphäre sichtbar zu. Das läßt sich an den vielfältigen Stil- und Gruppenbildungen ebenso ablesen wie an den neuen ästhetischen Ausdrucksformen und den neuen technischen Mitteln massenhafter Vervielfältigung und Verbreitung. Die zweite kulturelle Revolution machte die Grenze zwischen Kultur und Politik durchlässiger, hob die Entfremdung und das Spannungsverhältnis zwischen ihnen tendenziell auf. Die vom Traditionalismus und Historismus bestimmte Kultur der wilhelminischen Zeit wurde gesellschafts- und gegenwartsbewußter; sie wurde subjektiv und aggressiv.[53]

Gleichwohl führte die Zuspitzung der kulturellen und politisch-nationalen Krise zwischen Jahrhundertwende und späten Republikjahren auch zu einer Wiederbelebung religiös-transzendenter Strömungen. Auch die künstlerische Avantgarde profilierte sich, besonders im Expressionismus, nicht nur durch eine emphatisch-religiöse Hingabe an die Kunst, sie ließ in ihr auch deutlich religiöse Züge aufscheinen. Und im kulturpessimistisch-völkischen Milieu kam es zu einer Renaissance charismatisch-messianischer Erwartungen. In der Leitfigur des genialen Künstler-Führers und in der Verbindung von Kunst und Macht wurde hier die reaktionäre Utopie einer gegen die Moderne gerichteten, ganzheitlichen Erneuerung entworfen.

So waren Pluralismus und Demokratie der jungen Republik nicht nur in der politischen Sphäre gefährdet, sie blieben es auch im kulturellen Bereich, bedingt durch kommerzielle Interessen, vor allem aber durch politische Intervention. Diese zielte – in ihrer links- und rechtsextremen Variante – auf eine umfassende Kontrolle oder gar auf eine Aufhebung der Differenz zwischen Kultur und Politik zugunsten der Politik, der Macht, insofern das oppositionelle Potential von Kunst und Kultur für jedes totalitäre System unberechenbar ist und destabilisierend wirkt.

Mit dem schließlichen Erfolg Hitlers und dem Triumph der NS-Bewegung kam es folglich zu einer rigorosen Entdifferenzierung: sowohl innerhalb der Sphären von Kultur und Politik als auch zwischen ihnen. Gemeint sind die verschiedenen Prozesse der »Gleichschaltung«, der Selbstgleichschaltung und des staatlichen Terrors. Was am Fall des Dritten Reiches aufgezeigt werden kann, ist insofern ein Einzel- und gewiß auch ein Grenzfall im Rahmen einer modernen gesellschaftlichen Entwicklung. Ein Fall aber auch, an dem das strukturelle Problem des Spannungsverhältnisses von Kultur und Politik besonders deutlich wird. Während in liberalen Gesellschaften zwischen diesen beiden Sphären in der Regel ein kompliziertes Verhältnis der Abhängigkeit *und* Eigenständigkeit besteht, ist für totalitäre Gesellschaften gerade die Aufhebung dieser Interdependenz charakteristisch. Sie hat zwei Seiten. Eine repressive und eine ästhetizistische. Einerseits wird die Freiheit der Kunst beseitigt, sei es durch organisatorische Gleichschaltung der Kulturproduzenten, sei es durch Verbot, Raub und Zerstörung. Andererseits wird Politik, werden die gewaltsam beseitigten Strukturen der Massenkommunikation, der Interessenvermittlung und Mehrheitsbildung nicht nur durch Willkür und offene Gewalt ersetzt, sondern auch durch Ästhetisierung, sei es der Staatsmacht, sei es der gesellschaftlichen Verhältnisse. Denn der Nationalsozialismus verdankte seinen Erfolg – neben dem umfassenden Einsatz repressiver Mittel – in hohem Maße der Mobilisierung und Integration durch ästhetische Massenfaszination. Der entscheidende Grund dafür war der nicht auflösbare Widerspruch zwischen antikapitalistischer sozialer Basis und prokapitalistischer sozialer Funktion des Nationalsozialismus. Der NS-Staat konnte daher den Massen nur zu ihrem Ausdruck, aber nicht zu ihrem Recht verhelfen, wie Walter Benjamin das so treffend auf den Begriff gebracht hat.

> *2. These:* Die strukturelle Entdifferenzierung innerhalb der Sphären Kultur und Politik (und zwischen ihnen) geht notwendig einher mit einer umfassenden Ästhetisierung in Politik und Gesellschaft. Anders formuliert: Mit der Entfesselung polizeistaatlicher und militärischer Macht zerstört das NS-Regime verfassungsrechtliche Institutionen und politische Organisationen und reduziert Politik tendenziell auf bloße Gewalt und Willkür. Zugleich hebt es mit der Ästhetisierung der politisch-gesellschaftlichen Wirklichkeit überkommene Widersprüche scheinbar auf und erweckt damit zumindest zeitweilig massenhaft den Eindruck, daß die nationale Frage (Versailler »Diktatfrieden«) und die soziale Frage (Klassenkonflikt zwischen Kapital und Arbeit) unblutig gelöst werden können. Die Inszenierung von »schönem Schein« soll außerdem darüber hinwegtäuschen, daß das Regime nur ein Ziel verfolgt: Sieg oder Niederlage in einem »totalen« Eroberungs- und Vernichtungskrieg.

Dabei konnte das NS-Regime auf vielfältige kulturelle Ressourcen einer bewegten Vorgeschichte zurückgreifen. Das 19. und frühe 20. Jahrhundert hatte im Nationalismus, Liberalismus, Konservatismus und Sozialismus die Mobilisierung und Formierung zahlreicher Massenbewegungen erlebt. Französische

Revolution, Klassik und Romantik, revolutionäre Befreiungsbewegungen und nationale Einigungskriege, Arbeiterbewegungen und soziale Revolutionen: sie brachten eine neue Ästhetik der Politik hervor. Die nationalen Schiller- und Sedanfeiern, die öffentlichen Feste der Studenten, Turner und Sänger oder die späteren Arbeiterversammlungen waren Anlaß und Rahmen für erhebende, nichtalltägliche Massenerlebnisse. Germanische Mythen und revolutionäre Visionen, nationale Lieder und Denkmäler, Fahnen- und Flammensymbole, aber auch die neuen »Tempel und Kathedralen« der Architektur des heraufziehenden Industrie- und Massenzeitalters waren ihr sichtbarer und sinnfälliger Ausdruck. Das auf eine Synthese von griechisch-römischer Klassik und Deutschtum zielende Schönheitsideal »erhabener Schlichtheit« wehrte sich dabei gegen die »Verhäßlichung« der modernen Welt, für die ihre Parlamentarisierung und Industrialisierung von nicht wenigen gehalten wurde. Auf die empirische, vermeintlich chaotisch-sinnlose Welt wurde eine Welt des »schönen Scheins« projiziert.

Die Ästhetisierung von Politik und Gesellschaft war weder ein voraussetzungsloser noch ein freischwebender Vorgang. Sie wurde aufgrund der inneren Klassen- und Machtverhältnisse am Ende der Weimarer Republik möglich, aber auch notwendig. Diese führten die liberale Demokratie in eine Krise, aus der sie sich mit ihren eigenen Mitteln nicht mehr befreien konnte. Denn in der hochindustrialisierten, sozioökonomisch allerdings noch sehr ungleichen, ideologisch tief gespaltenen und kulturell fragmentierten Gesellschaft der Weimarer Republik waren weder die Parteien der Arbeiterklasse noch jene des sozialstrukturell, konfessionell und interessenpolitisch heterogenen Bürgertums in der Lage, die politische Macht zu erringen und mit den Mitteln der parlamentarischen Demokratie zu behaupten. Die politische Defensive der organisierten Arbeiterbewegung und der fortschreitende Wählerverlust des bürgerlichen Lagers führten vielmehr zu einem »Klassengleichgewicht der Schwäche«, wie das der Austromarxist Otto Bauer im Sinne der marxistischen Bonapartismustheorie treffend genannt hat.[54]

Gleichwohl sahen sich Kleinbürgertum und bürgerliche Mittelklassen von der Großbourgeoisie und der Arbeiterklasse bedroht. Die Zwischenschichten verfügten nach dem Zusammenbruch der Monarchie weder über Protektion, noch über eine nennenswerte Organisationsmacht. Insbesondere der »alte« Mittelstand sah sich bereits mit dem Rücken an jener Wand, auf die er seine Schreckensbilder malte: den vom Industriekonzern aus seiner Werkstatt gedrängten Handwerksmeister, den vom Kaufhaus in den Bankrott getriebenen Einzelhändler und Ladenbesitzer, den von seinem Hof vertriebenen, hochverschuldeten Bauern. Das war wohl übertrieben. Eine allgemeine Pauperisierung der Mittelklassen fand im letzten Drittel des 19. Jahrhunderts so wenig statt wie im ersten des 20. Jahrhunderts. Die Gesellschaft polarisierte sich nicht in eine dünne Oberschicht der Reichen und in ein Millionenheer der Armen. Aber im ideologisch und kulturell komplizierten und sozioökonomisch differenzierten Gefüge der bürgerlichen Mittelklassen wurden strukturelle Veränderungen und Risse sichtbar, die neue soziale Spannungen und politische Bewegungen nach sich zogen.

Das aufstrebende Besitz- und Bildungsbürgertum hatte Profil und Identität zunächst in seiner Abgrenzung von Aristokratie und altständischer Gesellschaft gesucht und gefunden. Nobilitierung, soziale Feudalisierung und Militarisierung des Bürgertums schwächten die strukturierende Wirkung dieser Grenzlinie allerdings mehr und mehr ab. Die tendenzielle Verbürgerlichung des Adels tat das auf der anderen Seite nicht weniger. Die zunehmende Verbreitung von »höherer« Bildung kam hinzu. Mit dem seit Ende des 19. Jahrhunderts rasch wachsenden Dienstleistungssektor entstand eine Legion der mittleren Beamten, der kaufmännischen und technischen Angestellten, verlor akademisch-theoretische Bildung an Exklusivität, formierte sich ein »neuer« bürgerlicher Mittelstand, der sich vom »alten« gewerblichen Mittelstand ebenso abzugrenzen suchte wie von den gelernten und ungelernten Arbeitern, gleichsam auf der Suche nach Sozialprestige. In diesem »neuen« Mittelstand ging der einstmalige »Stand der Gebildeten« schließlich auf. Schon Theodor Geiger rechnete in seinen sozialstrukturellen Analysen am Vorabend des Dritten Reiches die »Staatsdiener« und Selbständigen dem »neuen« Mittelstand zu, denn auch für sie, so meinte er, werde typisch, was diese neue Mittelklassen insgesamt auszeichne, nämlich ihre Arbeitnehmerorientierung.[55] Diese Charakterisierung entsprach allerdings noch längst nicht ihrem unsicheren und uneinheitlichen Selbstverständnis, in dem sich – vor allem unter den Angestellten – ein von Kracauer so treffend karikiertes bildungsständisches Geltungsbedürfnis zu behaupten suchte.[56]

Die bürgerlichen Mittelklassen mußten sich auch noch mit der Arbeiterklasse auseinandersetzen. Nach der Jahrhundertmitte wurde der ursprüngliche Gegensatz zu den vorindustriellen Klassen von der neuen Konfrontation mit der Arbeiterbewegung verdrängt, zumindest überlagert. Die Arbeiterklasse verstand sich ja ihrerseits als das Erbe der bürgerlichen Demokratie, als Kulturpartei und warf dem Bürgertum folgerichtig Verrat vor. Verrat an den Ideen der Aufklärung und des Neuhumanismus, Verrat an den Zielen der Revolution von 1848. Ob die Angehörigen der bürgerlichen Mittelklassen sich von der revolutionären Rhetorik der Arbeiterbewegung irritieren ließen oder mit Staunen und Mißtrauen Tendenzen der Verbürgerlichung bzw. Entproletarisierung registrierten: was immer sie wahrnahmen, und was immer sich ereignete – von dieser Seite fühlten sie sich bedroht.

Das mittelständische Bürgertum hatte seine Mittellage traditionell von einem idealistischen Selbstbild her bestimmt und normativ begründet. Ökonomisch, also im Anspruch auf eine »gerechte« Vermögens- und Einkommensverteilung, aus dem Selbstbild der Mitte zwischen den aristokratisch-großbürgerlichen Oberschichten und den proletarischen Unterschichten, politisch aus dem der Mitte zwischen »links« und »rechts«. Und kulturell schließlich als Garant gesellschaftlicher Ordnung, Stabilität und angemessener ästhetisch-künstlerischer Repräsentation. Der bürgerliche Mittelstand definierte die Werte bürgerlicher Normalmoral und »klassischer« Schönheit: Ehrlichkeit, Fleiß, Sparsamkeit, Sauberkeit, Pünktlichkeit, Sittlichkeit usw. sowie Erhabenheit, Reinheit, Größe, Harmonie, Idealität, Historizität usw. im künstlerischen Bereich. Er garantierte ihre Geltung, beanspruchte folgerichtig ihre Kontrolle und sah sich insoweit in einer Art Stellvertreter-Rolle.[57]

So wurde das mittelständische Bürgertum schließlich zur sozialen Basis einer rechtspopulistischen, »national-sozialistischen« Protestbewegung, die sich mit ihrer zugleich antikapitalistischen und antisozialistischen Zielsetzung zu einer Art »dritten Kraft« stilisierte und versprach, jenen Zwischenschichten eine verlorene Vergangenheit zurückzugeben.

Infolgedessen übertrugen sie ihre Hoffnung auf den Führer dieser Bewegung, dem dann die monarchistischen Eliten schließlich auch die politische Macht überließen, weil sie ihre ökonomische Macht und soziale Stellung behaupten wollten. Das erklärt den Widerspruch zwischen kleinbürgerlich-mittelständischer Basis der NS-Bewegung und ihrer prokapitalistischen Funktion als Regime-Partei, aber noch nicht das Problem ihrer Machtbehauptung. Dazu war zunächst die Verselbständigung der faschistischen Exekutivgewalt (Führerstaat und Führermythos) erforderlich.[58] Darüber hinaus entwickelte sich eine für das System überhaupt charakteristische Doppelstrategie: die weitgehende Mißachtung der Mittelstandsinteressen bei gleichzeitiger symbolischer Gratifikation, die gewaltsame Unterdrückung des Klassenkonfliktes und zugleich seine ästhetische und massenkulturelle Überspielung, die Popularisierung und gesellschaftliche Durchsetzung einer rassistischen Ideologie bei deutlicher Schwächung des völkischen Traditionalismus und gleichzeitig forcierter technologischer Modernisierung. Zurecht spricht man hier inzwischen von einem »reaktionären Modernismus« (J. Herf).

Doch zunächst mobilisierte der Nationalsozialismus die antimodernistischen Ressentiments der Zwischenschichten, die aus einer als existentiell erfahrenen Bedrohung und Verunsicherung resultierten, und gab ihnen affektiv aufgeladenen Ausdruck. Und das gleich in mehrfacher Hinsicht. Als Protest gegen die Ideen von 1789, das politische Programm der Moderne, als Protest gegen die nationale »Schmach« von 1918 und schließlich als Protest gegen den kulturellen Modernismus und die »Entzauberung« (Max Weber) der modernen Welt. Die bedrängende sozioökonomische Krisenerfahrung verlangte nach Entlastung und materieller Hilfe; die umfassende Desillusionierung und Verunsicherung nach emotionalem Halt und ästhetischer Kompensation.

Angesichts des real unauflöslichen Widerspruchs zwischen kulturellen Interessen an geordneten Verhältnissen, aber auch an Glanz und Größe der Nation, und den vielfältigen Erscheinungen angeblichen Verfalls und vermeintlicher Zersetzung standen nur zwei Handlungsmöglichkeiten zur Verfügung: auf der einen Seite aggressive Artikulationsformen gegen »Volksfeinde« und »Gemeinschaftsfremde«, auf der anderen symbolische, ritualisierte und inszenierte Ausdrucksformen, in denen die Wünsche und Sehnsüchte zunächst der kleinbürgerlichen Massen und später dann weiter Teile der Gesamtbevölkerung ihre zumindest ästhetisch-imaginäre und emotionale Ersatzbefriedigung fanden. Rationale Strategien und alternative Perspektiven fehlten ihnen. Der Demokratie standen sie weitgehend verständnislos gegenüber. Dem Weimarer »System« begegneten sie mit Verachtung. Zur Politik hatten sie überhaupt ein traditionell gestörtes Verhältnis. Ein erfahrungsgestütztes, zynisches und zugleich pragmatisches Verständnis von Politik war ihnen weitgehend fremd geblieben. Um so mehr bedeutete ihnen die deutsch-nationale Symbolik, die Inszenierung der Macht und die Ästhetik der Politik. Große Teile der Bevölkerung verlangten nicht nach abstrakter Analyse und nach Aufklärung über die relativen Vorzüge der Demokratie, sondern nach konkreter Anschauung, nach Erlebnis, nach Erweckung und Gewißheit.

Das NS-Regime hat dafür das verfügbare Repertoire symbolisch-expressiver, choreographischer, massenkommunikativer und architektonischer Mittel ebenso skrupellos wie souverän genutzt. Neben aller brutalen Gewaltanwendung war die Ästhetisierung, die permanente Inszenierung einer Scheinwirklichkeit, eine unerläßliche Notwendigkeit für die Stabilisierung des Regimes. Unmittelbar ging es um die vermeintliche Aufhebung des Klassenkonfliktes, die Lösung der sozialen Frage. Die Scheinwirklichkeit hieß »Volksgemeinschaft«, erhielt aber, je länger sie dauerte und je weniger sie als Inszenierung wahrgenommen wurde, durchaus schon reale Züge. Mittelbar zielte dies auf den Eroberungs- und Vernichtungskrieg, der gegen Osteuropa und die Juden gerichtet war und die Lösung der nationalen Frage bringen sollte.

3. These: Die Ästhetisierung von Politik und Gesellschaft als komplementäre Strategie des faschistischen Gewaltregimes greift auf ein älteres Repertoire von Instrumenten und Konzepten zurück, das sich im Fundus ästhetischer, symbolischer und theatralischer Politik von den nationalkulturellen Bewegungen bis zur Arbeiterbewegung angesammelt hat. Besonders empfänglich dafür waren weite Teile des bürgerlichen Mittelstands und des Kleinbürgertums. Seit dem Zusammenbruch der Monarchie und der als Demütigung erfahrenen Kriegsniederlage ohne soziale Protektion und politisch-symbolische Identifikation sahen diese sich vom internationalen Kommunismus (»jüdischer Bolschewismus«) und internationalen Kapitalismus gleichermaßen bedroht und von den »Entartungserscheinungen« der ästhetischen Moderne verunsichert. Sie verlangten nach einer Aussicht auf die Wiederherstellung von Glanz und Größe der Nation und nach dem ausdrucksvollen Leitbild einer homogenen, stabilen und konfliktfreien Ordnung jenseits des angeblichen Verfalls und der vermeintlichen »Zersetzung«, zumal sie sich selbst als Träger der traditionellen nationalen Werte und als nationale Mitte verstanden.

2. Kapitel
Politische Kunst oder ästhetische Politik?

Das Ende der Monarchie war so zwiespältig wie der Anfang der Republik. Ein halber Untergang und eine halbe Revolution. Jahre der Weichenstellungen und wohl auch der verpaßten Gelegenheiten. Vielleicht eine Zäsur. Ein schwieriger und blutiger Übergang allemal. Aber auf den vordergründigen Szenenwechsel allein kommt es nicht an, so spektakulär jenes Schauspiel auch heute noch erscheint. Bedeutsamer waren die Konstanten. Wichtiger war die Kontinuität, sozialstrukturell, personell und kulturell. Denn als der Kaiser ging, blieben nicht nur die Generäle und Junker, die Beamten und Industriebosse. Auch die alten Strukturprobleme bestanden fort, insbesondere das konfliktreiche Mißverhältnis zwischen stürmischer Industrialisierung und zurückgedrängter Demokratisierung. Eine schwere Erblast. Die Weimarer Republik erbte indes nicht nur diesen Konflikt. Sie mußte auch noch den Zusammenbruch der Monarchie, die Kriegsniederlage und die »Schmach« von Versailles verkraften. Dabei ist der Streit müßig, ob die finanziellen oder die sozialpsychischen Kosten schwerer wogen. Zusammen waren beide eine fast erdrückende Hypothek, zumal unter den ungünstigen ökonomischen und politischen Bedingungen.

Eine andere Periodisierung drängt sich auf, wenn man auf die kulturelle Entwicklung sieht, sosehr sie auch mit der politischen verknüpft ist. Die künstlerische Avantgarde hatte Krieg und Revolution gleichsam ästhetisch vorweggenommen und damit bereits am Vorabend des Krieges eine kulturrevolutionäre Bewegung in Gang gebracht. Wie ihre ungewöhnlich produktive Entwicklung in den beiden folgenden Jahrzehnten künstlerisch auch immer beurteilt wird, kaum zu bestreiten ist, daß sich die kulturelle Sphäre unter dem Einfluß von Liberalisierung, technologischem Wandel und Kommerzialisierung quantitativ und qualitativ enorm veränderte. In ihren Sog gerieten Anschauungsweisen und Ausdrucksformen, Lebensgefühle und Alltagsnormen.

Die erste Hälfte des 19. Jahrhunderts hatte mit der modernen Bildungsrevolution einen kulturrevolutionären Durchbruch der Moderne erlebt. Die beiden Jahrzehnte nach der Jahrhundertwende standen im Zeichen einer *zweiten* kulturellen Revolution. Sie begleitete die bewegte Geschichte dieser Zeit, beeinflußte sie und gab ihr einen schillernden Ausdruck. Sie ging ihr kühn voran, begünstigte dadurch aber auch gegenrevolutionäre Bewegungen. Man mochte ihr enthusiastisch folgen oder sie haßerfüllt bekämpfen. Gleichgültig ließ sie niemanden. Sie bewegte und polarisierte. Daß in beiden Sphären, der politischen wie der kulturellen, extreme Entwicklungen stattfanden, konnte für das Verhältnis zwischen ihnen natürlich nicht folgenlos bleiben. Die künstlerisch-intellektuelle »Linke« zielte durch Politisierung der Ästhetik und durch Demokratisierung der Massenkultur auf soziale, politische und kulturelle Veränderung, ja, auf eine Aufhebung des Gegensatzes von Kunst und Leben, von Kultur und Politik überhaupt. Aber sie scheiterte an den gesellschaftlichen Verhältnissen und an ihrer eigenen Schwäche. Der antimoderne Protest der gegenrevolutionären »Rechten« war erfolgreicher. Er setzte sich über die gesellschaftlichen Verhältnisse und das Spannungsverhältnis von Kultur und Politik hinweg. Durch Terror und durch Ästhetisierung von Politik und Gesellschaft.

Aber nicht nur zur Zäsur der Jahre 1918/23, sondern zur Weimarer Republik insgesamt ist unsere Einstellung bis heute zwiespältig geblieben. Politisch und ökonomisch gesehen wird sie nicht selten zum bloßen Vorspiel des Dritten Reiches abgewertet. Bestenfalls gilt sie als krisenhaftes Zwischenspiel zwischen Kaiserreich und NS-Diktatur. Kein Staat aus eigenem Recht, keine Demokratie aus eigener Kraft. Eine ungeliebte, jedenfalls eine glücklose Republik. Mag sein, daß Weimar eine »Chiffre für die Gefährdung der liberalen Demokratien im zwanzigsten Jahrhundert« schlechthin bleibt.[1] Künstlerisch und kulturell gilt sie längst als die vielleicht profilierteste Periode in der neueren deutschen Geschichte. »Ein Brennpunkt der Moderne«, wie Alan Bullock pointiert schrieb, »die letzte in einer langen Reihe kultureller Bewegungen, von der Romanik bis zur Romantik, welche die Höhepunkte der europäischen Kultur markieren.«[2] Mag sein, daß »Weimars Schicksal bis heute beunruhigt«, es beeindruckt auch. Jedenfalls ist der Glanz der »goldenen« zwanziger Jahre noch nicht verblaßt, und die Faszination dieser verheißungsvollen Morgenröte der Moderne noch nicht verbraucht. Das Produktive, Progressive und Pluralistische in bildender Kunst und Architektur, in Literatur und Publizistik, in Theater und Film, Musik und Kabarett, Tanz und Unterhaltung faszinieren immer noch und immer wieder. Warum?

Die Weimarer Kulturrevolution: Ein Aufbruch der Moderne

Die Weimarer Kulturrevolution ist zu Recht ein »Totalaufstand« gegen die bestehende bürgerliche Ordnung genannt worden. Das gilt vor allem für die expressionistische Bewegung. Mitreißend für die einen, erschreckend für die anderen, war sie widersprüchlich und irritierend, aber faszinierend allemal.

Kunst trieb zur Selbstaufgabe der Autonomie des Ästhetischen, ja, zum Aufgehen in der Gesellschaft. Das Expressive drängte das Esoterische zurück, das Mobilisierende das Museale. Experiment und Spiel, Witz und Satire vertrieben den selbstgefälligen akademischen Traditionalismus von seinem Podest. Die Suggestion und Dramatik der Bewegung traten gegenüber der erstarrten bürgerlichen Hochkultur in den Vordergrund. Neben die geistig-literarischen Medien – Sprache, Buch, Zeitung – drängten die neuen, technisch-audiovisuellen: Fotografie und Film, Rundfunk und Schallplatte.

Als das eigentlich Neue dieser Jahre gilt zum einen die Hinwendung zum Öffentlichen und Visuellen, zum Imaginären und Inszenatorischen, zur Theatralik und zum Tanz. Als typische Vertreter und Protagonisten der Weimarer Kultur gelten weniger die Dichter und Künstler der bürgerlich-traditionellen Hochkultur. Vielmehr sind es die Theater- und Filmregisseure, die Architekten, Maler und Designer, die Schauspieler, Sänger und Tänzer. Dabei strebte die Öffnung der Kunst zur Gesellschaft eine Kultur der Massen an, ja, geradezu eine »kulturelle Demokratisierung«.[3]

Als das eigentlich Neue der modernen Kunst gilt zum anderen die Radikalisierung der Subjektivität. Auch wenn sie dabei an den klassisch-romantischen Individualismus anknüpfen konnte, vor allem aber an den des Impressionismus und der Dekadenz und Fin-de-siècle-Kultur, zugleich überschritt dieser Subjektivismus bisherige Grenzen und fand neue Ausdrucksformen. Unter dem Einfluß von Naturwissenschaft, Technik und Industrialisierung war »die Einheit von Kunst und Wirklichkeit im Mythos«[4] zerbrochen, hatte sich die Spannung zwischen Idealismus und Materialismus verfestigt, war schließlich auch innerhalb der kulturellen Sphäre der Gegensatz zwischen Kunst und Wissenschaft unüberbrückbar geworden. Wo aber die Einheit von Subjekt und Objekt, von metaphysischer Idee und materieller Wirklichkeit nicht mehr herstellbar war, weil die moderne Wissenschaft einen rigoros objektivierenden, positivistischen Zugang zur empirischen Wirklichkeit und Wahrheit durchgesetzt hatte, blieb der Kunst nur noch ein einziger Bereich, in dem sie sich entfalten konnte: die Subjektivität.

Allerdings erlebte die Gesellschaft seit der Jahrhundertwende nicht nur eine ästhetisch-künstlerische Revolte, so bedeutsam sie allein schon war. Der Einschnitt ging tiefer. Der Umbruch war umfassender. Die junge Generation des spätwilhelminischen Bürgertums machte sich daran, überkommene Lebens-, Wahrnehmungs- und Ausdrucksformen zu überwinden und durch neue zu ersetzen. So traten nach- und nebeneinander vielfältige Strömungen und Bewegungen in Erscheinung: kulturrevolutionäre und kulturpessimistische, lebensreformerische, religiöse und pazifistische, sozialistische und völkisch-nationalistische; Siedlungsbewegung und Werkbund, Wandervogel, Reformpädagogik und Frauenemanzipation, »fortschrittliche Reaktion« und romantisch-utopischer Kommunismus, Jugendstil und Expressionismus.[5] Die Zeit war erfüllt von Pathos, Protest und Proklamationen, von Rausch und Radikalität, Überhöhung und Überschwang, Klage und Sehnsucht, Untergangsstimmung und Zukunftsvision. Und so unterschiedlich diese Strömungen und Bewegungen auch sein mochten, im »Gemeinschaftserlebnis« hatten sie ihren gemeinsamen Bezugspunkt. Die junge Generation, voran die Lebensreformer und Literaten, die Intellektuellen und Künstler, erfüllte die Suche nach einer Einheit von Kunst und Leben. Sie dichteten, malten und agierten im Bewußtsein einer allgemeinen »Menschheitsdämmerung«, die Kurt Pinthus seiner berühmten Anthologie zum Titel gab. Die Chiffren ihres neuen Lebensgefühls hießen: »Sturz und Schrei«, »Aufruf und Empörung«, »Aufruhr des Herzens«, »Sturm« und »Aktion«.[6]

Aufbruch und Umbruch dieser Zeit fanden ihren künstlerisch prägenden Ausdruck einmal vor allem in der lyrischen und dramatischen Dichtung und zum andern in der Malerei, Graphik und Architektur. Beide, bildende Kunst und Literatur, überwanden die traditionelle, unpolitische L'art-pour-l'art-Ästhetik zugunsten jener hingebungsvollen Oh-Mensch- und Oh-Natur-Attitüde, die das radikal utopische und idealistische Element dieser Bewegung ausmacht. Diese Entwicklung ist im Rahmen dieses gerafften Rückblicks auf die kulturelle Vorgeschichte von 1933 nicht nur deshalb von Belang, weil es in den dreißiger Jahren jene berühmte Expressionismus-Debatte in der Moskauer Exil-Zeitschrift *Das Wort* gegeben hat, die sich an Klaus Manns leidenschaftlicher Auseinandersetzung mit Gottfried Benns Parteinahme für den Nationalsozialismus entzündet hatte.[7] Ein Blick auf die expressionistische Bewegung ist auch wegen der eigentümlichen Wahlverwandtschaft zwischen dem Nationalsozialismus und den »nordischen« Expressionisten von Bedeutung.[8]

Auf der Suche nach verlorener Unmittelbarkeit, nach Übereinstimmung zwischen künstlerischer Arbeit und Lebensweise, verließen die frühen expressionistischen Maler die Stadt und das Atelier. Unter den neidvoll-argwöhnischen Blicken eines schockierten Bürgertums zogen sie mit ihren Modellen in die freie Landschaft. An Nord- und Ostsee, zwischen Murnau und Moritzburger Seen entstanden in neuartiger, hingebungsvoller Mal- und Sichtweise Strand- und Badeszenen, Tier- und Landschaftsbilder. Mit und ohne Akte. Akrobaten, Tänzer, Mädchen und Zigeuner in jeder Haltung und Bewegung. Die großen farbig-aggressiven Leinwandflächen, die bizarr-verzerrte Formensprache der Lithographien und Holzschnitte, die herbe

Heiterkeit und betörende Leichtigkeit der Zeichnungen und Aquarelle – das sind nicht nur bis heute faszinierend-bewegte Bilder. Das waren zugleich Ausdrucksformen einer neuen Bewegung, eines neuen ganzheitlichen, aber durchaus spannungsreichen Lebensgefühls. In der Bildbesessenheit eines Barlach und Beckmann, Dix, Feininger und Grosz, Heckel und Jawlensky, Kandinsky, Kirchner und Kokoschka, Marc und Macke, einer Kollwitz und Modersohn-Becker, eines Mueller, Nolde, Pechstein, Rohlfs und Schmidt-Rottluff fanden Pathos und Ekstase, Dynamik und Erotik, aber auch Parodie, Satire und Groteske, Unruhe und Weltangst ihren farbig und formal gesteigerten Ausdruck. Dieser radikale Subjektivismus tendierte schon ins Abstrakt-Allgemeine und eskalierte nicht selten ins Visionäre und Religiöse. Der emphatische Ich-Kult suchte das allen Menschen Gemeinsame und neigte insofern zur Idealtypisierung und Entpersonalisierung. Der einzelne war in dieser Sichtweise weder schön noch individuell. Unter dem schematisierenden oder auch demaskierenden Zugriff eines Schlemmer oder Grosz verlor der Mensch sein Gesicht oder wurde überhaupt gesichtslos. Auch in der ekstatischen Naturschwärmerei läßt sich diese Ambivalenz, eine Art innere Dialektik des Expressionismus, beobachten.

Die Sehnsucht nach ungebrochener Ursprünglichkeit fand ihren Ausdruck vorzugsweise in einer romantisierenden Afrika-Schwärmerei und in farbigglühender Südseelandschaft. Gleichwohl ist die Tendenz zum Formal-Geometrischen in den expressionistischen Pflanzen-, Tier- und Landschaftsbildern nicht zu übersehen. Man denke an die kubisch-flächig strukturierten Ostseebilder Feiningers oder an die Verbindung von Abstraktion und Realistik in den Stilleben eines Jawlensky und Kandinsky. Ja selbst ein »Romantiker« unter den Frühexpressionisten wie Franz Marc bändigte das Wilde in strenger Form und verfremdete die Wirklichkeit. In seinem berühmten *Turm der Pferde* sind die Pferde nicht nur blau, sondern in konstruktivistischer Weise übereinandergetürmt.[10]

So wie die Radikalisierung ekstatischer Naturschwärmerei das Gemütvoll-Idyllische romantischer Naturverklärung hinwegfegte und zugleich zur Abstraktion, zur Konstruktion und Begrifflichkeit gelangte, in der sich ein Zug zur »Sachlichkeit«

früh ankündigte, so hatte auch die Entpersonalisierung als Konsequenz jener emphatischen Oh-Mensch-Attitüde ihre zwei Seiten. Die Beschwörung der Rousseauschen Idee des naturhaft-ursprünglichen Wesens »Mensch« ging einher mit der Entdeckung des Abgründigen, Triebhaften, Animalischen hinter der zivilisierten Fassade, jenseits aller bürgerlichen Normalität und Respektabilität. Die Demaskierung der vorgeblichen »Stützen der Gesellschaft« – wie eine der berühmtesten satirischen Zeichnungen von George Grosz heißt – und die Entlarvung des vermeintlich Erhabenen wurde mit der Heroisierung der Erniedrigten und Ausgestoßenen konfrontiert, die Fratzen der Fabrikbesitzer und Generäle mit der Erbärmlichkeit der Prostituierten und Pennbrüder, dem »heiligen Mob« wie Ludwig Rubiner verkündete. Immer galt die Suche und die Solidarität dem Menschen jenseits des bloß sattzufriedenen, ordnungssüchtigen und blutlos-vergreisten Bürgers. So mischte sich in das expressionistische Lebensgefühl, in das schwärmerische und radikal-idealistische Ausbrechen aus der verstaubten Enge der Spießer-Gesellschaft, das schmerzhafte Bewußtsein der Selbst- und Naturentfremdung des modernen Großstädters.

Van Gogh hatte diese beiden Seiten des Expressionismus in seinem Werk vorweggenommen, beschwörend, sehnsüchtig und selbstquälerisch zugleich. Kaum weniger einflußreich wurde der Norweger Edvard Munch, dessen farbintensive Bilder Angst und Leere, Krankheit und Elend, Vereinsamung und Tod schon vor der Jahrhundertwende erschreckend zum Ausdruck brachten. Sie wurden bloß als schockierend empfunden, und Munchs Berliner Ausstellung 1892 mußte auf öffentlichen Druck vorzeitig geschlossen werden. Aus diesem Skandal ging aber immerhin die Berliner Secession hervor, mochte der Protest auch mehr der Freiheit als dem Werk des Künstlers gelten.[11] Ebenso bedeutsam wurde der Einfluß des Belgiers James Ensor, dessen halluzinatorische Phantasie die Entfremdung des modernen Menschen und den Zusammenbruch der bürgerlichen Ordnung in die grotesk-absurden Bilder qualvoll-lachender Masken und tanzender Skelette übersetzte.

Aber nicht nur in der bildenden Kunst, auch in der expressionistischen Literatur ist jenseits aller vordergründigen Ekstase und künstlerischen Ich-Entfesselung durchaus eine innere Dialektik und Ambivalenz zu erkennen. Durch die Gedichte und Dramen eines Benn und Heym, eines Hasenclever, Kaiser und Toller raste zunächst ein vehementer Sturmlauf gegen alles, was diese Generation an der Gesellschaft ihrer Väter haßte und verachtete: die Spießer und Philister, Konformisten und Kapitalisten, Krieg und Gewalt, vor allem aber die »Trägheit des Herzens«. Hier tobte sich ein »genialisches Vagabundieren« aus. Am Werk waren selbsternannte »Dichterführer« und »prophetische Volkserwecker«, die mit ihrer Vorliebe für Verfall und Verwesung, Krankheit und Wahnsinn ein selbstzufriedenes Bürgertum erst einmal schockieren wollten.

Aber dieser Sturmlauf war nicht nur kraftvoll in seiner Zerstörungswut. Er war auch erfinderisch und konstruktiv. Verfall und Vision, Zerstörung und Aufbau standen nicht selten unvermittelt nebeneinander. Jost Hermand hat zu Recht den »destruktiv-verbrecherischen und zugleich lebenssteigernd-faszinierenden Simultanrausch« als ein zentrales Element der expressionistischen Revolte hervorgehoben.[12] Das wird – kaum überraschend – besonders deutlich, wo es um die Stadt und die moderne Technik geht. Die Stadt war – neben dem Krieg – nicht nur der zeitgenössische Inbegriff der Apokalypse, menschenverachtende Steinwüste, sie galt vielen eben auch als »leuchtende Metropole«. Und für Glas und Stahl, Motoren und Maschinen begeisterten sich nicht nur die Werkbund-Theoretiker wie Walter Gropius, Bruno Taut und Fritz Schumacher, die italienischen Futuristen um Marinetti oder die russischen Konstruktivisten wie Wladimir Tatlin und El Lissitzky. Schon der Frühexpressionismus schwärmte für Eisenbahn, Flugzeug und Automobil.

Nicht die Intensität widerstreitender Gefühle und Auffassungen allein kann als wichtigstes Merkmal dieser Revolte gelten. Vielmehr war es ihre Simultaneität, das Nebeneinander von Ekstase und zynischer Distanz, von Romantik und Rationalität. Für Brecht und Benn, die gewöhnlich nicht in einem Atemzug genannt werden, ist dieses Spannungsverhältnis gleichermaßen charakteristisch.[13]

Insbesondere das einschneidende Kriegs- und Revolutionserlebnis verwandelte das spannungsreiche frühexpressionistische Lebensgefühl. Der Einfluß Berlins und der künstlerischen

Avantgarde in Moskau, Paris und Rom differenzierten seinen künstlerischen Ausdruck. Kunst, Literatur, Musik und Politik kamen zusammen.[14] Bildkünstlerische Emotionalität und literarische Intellektualität mischten sich. Spannungsreich und fruchtbar. Aber sie gingen nicht in einer Synthese auf oder gar in einer ästhetisch einheitlichen Stil-Kunst. Immerhin hegten wohl nicht wenige die Hoffnung, daß sich – wie Kandinsky an Schönberg schrieb – aus der »musikalischen und malerischen Dissonanz von heute« die »Konsonanz von morgen« ergeben würde.[15] Den zerrissenen Zeitgeist beflügelten Ganzheitsvisionen, und seit Wagner war das Gesamtkunstwerk zum attraktiven ästhetischen Leitbild avanciert. Die Kunst sollte die Massen einbeziehen, zumindest erreichen. Die Sehnsucht der individuellen Künstlerpersönlichkeiten galt dem »Gemeinschaftserlebnis«, aber auf der Suche danach blieben sie doch zumeist unter sich. Charakteristisch für die Zeit waren die künstlerischen Wechselbeziehungen und Mehrfachbegabungen, zahllose Freundschaften und Gruppenbildungen: Sezessionen und Vereinigungen, »Brücke« und »Blauer Reiter«, »Bauhaus« und »Werkbund«, der Wiener »Schönberg-Kreis« sowie die Berliner Avantgarde um die Literatur- und Kunstzeitschriften *Sturm* unter der Leitung von Herwarth Walden und die von Franz Pfemfert herausgegebene *Aktion*. In beiden Blättern, die wöchentlich im Zeitungsformat erschienen, veröffentlichten vielfach dieselben Autoren und Künstler ihre Texte, Zeichnungen und Holzschnitte. Und wie sehr sie sich auch richtungspolitisch unterschieden, so verstanden sie doch alle Kunst als ein Medium revolutionärer Politik.[16]

Ihren organisatorischen Ausdruck fand die Politisierung vor allem in dem 1918 gegründeten »Arbeitsrat für Kunst«, der bald in der »Novembergruppe« aufging. Anfang der zwanziger Jahre kam es zu scharfen Auseinandersetzungen und zum Bruch. Um Otto Dix und George Grosz hatte sich eine Opposition gebildet, die der »Novembergruppe« vorwarf, bloß noch Veranstalter von Ausstellungen, Konzerten, Lesungen, Film- und Rundfunksendungen zu sein. Neue Gruppen entstanden, so z.B. die Berliner »Kommune«, die der Kölner »Progressiven« nahestand, oder die »Rote Gruppe«, die Ende der zwanziger Jahre in der »Association Revolutionärer Bildender Künstler Deutschlands« (Asso genannt) aufging. Die kulturpolitischen Aktivitäten revolutionär engagierter Künstler erschöpften sich indes nicht in zahllosen Gruppenbildungen und -spaltungen. Hier fanden nicht nur bewegte Debatten statt, wurden nicht nur allgemeine Bekenntnisse zu »allem Keimenden und Werdenden« abgegeben und Proklamationen verfaßt wie etwa das Manifest zur »Vermischung von Volk und Kunst«.[17] Hier wurden auch jene pragmatischen Konzeptionen entwickelt, die Walter Gropius Anfang 1919 in Weimar mit Unterstützung der thüringischen USPD-Regierung zur Gründung des Bauhauses führten.[18]

Die Bauhaus-Künstler stellten den bürgerlichen Geniekult und die Autonomie des Ästhetischen radikal in Frage. So sehr sie auch der expressionistischen Kulturrevolte verbunden waren und ihrem Erbe verbunden blieben, die Entfesselung des künstlerischen Ich wurde von ihnen gleichsam domestiziert, in kollektivistische Bahnen gelenkt. Sie orientierten sich an einem sozialistischen Gesellschaftsmodell und verstanden sich selbst als »schöpferische Werkgemeinschaft«. Anfänglich mehr handwerklich und künstlerisch ausgerichtet, gingen sie später zu einem technisch-industriellen Funktionalismus über. Der Konflikt zwischen den Konstruktivisten wie Gropius, Breuer, Moholy-Nagy und Schlemmer, die nach reiner Formgestaltung strebten, und jenen Künstlern, die an freien und persönlichen Ausdrucksformen festhalten wollten, bestimmte die Bauhaus-Entwicklung in der Anfangszeit. 1924 bildeten Feininger, Kandinsky und Klee zusammen mit Jawlensky die an die expressionistische Bewegung erinnernde Gruppe »Die blauen Vier«.

Nicht zuletzt unter dem Einfluß des holländischen, russischen und ungarischen Konstruktivismus (Mondrian, El Lissitzky, Moholy-Nagy) wurden im Bauhaus in einem konsequenten Reduktionismus auf elementare Gestaltungsformen materialgerechte Modelle der Produkt- und räumlichen Umweltgestaltung entwickelt, deren schmucklose Zweckmäßigkeit und massenhafter Gebrauchswert gesellschaftliche Gleichheit gewissermaßen ästhetisch antizipierte. »Technologie, Maschine und Sozialismus« sollten zur Einheit eines praktischen Funktionalismus verschmelzen.[19] Als 1924 in Thüringen wieder eine rechtsbürgerliche Koalition die Regierung übernahm und unter hämischem Beifall der völkisch-nationalistischen Kreise den Bauhaus-Künstlern umstandslos kündigte, war die Geschichte des Bauhauses noch keineswegs zu Ende, wurde aber doch eine Abkehr vom utopisch-sozialistischen Expressionismus der Anfangsjahre vollzogen. Mit der Übersiedlung und Wiederöffnung des Bauhauses 1925 in Dessau kam es jedenfalls zu einer sehr viel stärkeren Ausrichtung auf architektonische und städtebauliche Organisation und industrielle Produktion. Die neuen Themen einer »neuen Welt«, wie sie der Schweizer Architekt und Gropius-Nachfolger Hannes Meyer verstand, hießen Grammophon und Fotografie, Flugzeug und Auto, Rationalisierung und Psychoanalyse. Die neue Nüchternheit der gewandelten Bauhaus-Ideologie mit ihrer Hinwendung zur funktionalen Konstruktion, industriellen Produktion und internationalen Kooperation tendierte dazu, die Autonomie und ästhetische Eigenwilligkeit des Künstlers in den Verdacht »individualistischer Ausschreitungen« zu stellen.[20]

In diesen Verdacht gerieten die Dadaisten mühelos. Mit ihrem aggressiven, politisch akzentuierten Antiästhetizismus vollzogen sie den entscheidenden Schritt der Radikalisierung – und Auflösung – der expressionistischen Revolte. Der Expressionismus war im wesentlichen eine ästhetisch-künstlerische Rebellion gewesen. Die Dadaisten propagierten und probten eine Kulturrevolution.[21] Ihre Sympathie galt durchweg dem Anarchismus und Kommunismus. Sie wollten eine Gesellschaft schockieren, die Kultur als »Veronal für das Gewissen« benutzte und sich bemühte, den Krieg »mit Goethe und Schiller nach außen und innen zu rechtfertigen«.[22] Ihre Kritik machte vor der Kunst, auch der eigenen, nicht Halt. Was von ihrer Autonomie noch übriggeblieben war, wurde hier hinweggefegt. Max Beckmann nannte die künstlerische Avantgarde der Vorkriegszeit bloß noch »sentimentale Geschwulstmystik« und distanzierte sich zugleich von der abstrakten Kunst der »leeren Dekorationen«. Der Kunsttheoretiker Carl Einstein sprach verächtlich von den »dionysischen Anstreichern«. Und Raoul Hausmann, der zusammen mit Richard Huelsenbeck Dada Berlin ins Leben gerufen hatte, ein *Dadaistisches Manifest* verfaßte und eine Internationale Dada-Messe veranstaltete, polemisierte:

»Wir wünschen, die Ökonomie und die Sexualität vernünftig zu ordnen, und wir pfeifen auf die Kultur, die keine greifbare Sache war. Wir wünschen ihr ein Ende, und damit ein Ende dem Spießbürger, dem Verfertiger der Ideale, die nur seine Exkremente waren. Wir wünschen die Welt bewegt und beweglich, Unruhe statt Ruhe, – fort mit allen Stühlen, weg mit den Gefühlen und edlen Gesten! Wir haben das Recht zu jeder Belustigung, sei es in Worten, in Formen, Farben, Geräuschen! Dies alles aber ist ein herrlicher Blödsinn, den wir bewußt lieben und verfertigen, – eine ungeheure Ironie, wie das Leben selbst: die exakte Technik des endgültig eingesehenen Unsinns als Sinn der Welt!!«[23]

Dada war mehr als bloß ein Übergangsphänomen, ebenso komplex und widersprüchlich wie spektakulär und einflußreich. Bissige Ironie und bitterer Sarkasmus hatten das ursprünglich ungebrochene Pathos und die naive Direktheit frühexpressionistischer Kunst verwandelt. Satire und Sozialkritik, Witz und Polemik verfeinerten, differenzierten und präzisierten die künstlerischen Ausdrucksformen.

Auch Dada ging es um die Aufhebung des Spannungsverhältnisses von Kunst und Leben. Anders als im Expressionismus wurde hier aber die Einheit von Kunst und natürlicher bzw. gesellschaftlicher Wirklichkeit gerade durch die Enthüllung der Welt als absurd und sinnlos dargestellt.[24] Dada entlarvte den Glauben an die Rationalität und Kausalität der Welt als trügerisch und enthüllte den unbekümmerten Fortschrittsoptimismus von Wissenschaft und Technik als Aberglauben und leere Wahnvorstellung. Um das zu verdeutlichen, zielte der Dadaismus auf den isolierten Gegenstand, das singuläre Ereignis, auf den Zufall, der sich dem erklärungssüchtigen Zugriff einer funktionalistischen Weltsicht gleichsam spielerisch entzog. So rückte das konkrete, aus seinem Zusammenhang gelöste Objekt ins Zentrum, wurden banale und triviale Gegenstände (Objet trouvé, Ready mades), vorzugsweise Abfallprodukte des täglichen Lebens, dargestellt. Dada entdeckte die Collage und in gewissem Sinne auch schon das Happening – revolutionäre Anstöße für die Kunst eines Jahrhunderts.

Die Geschichte des Dadaismus war ebenso kurz wie bewegt.

Und seine Aktionen waren so spektakulär wie die Akteure schillernd. Diese Geschichte begann in New York und im Zürcher »Cabaret Voltaire«, wurde aber noch während des Weltkrieges nach Berlin verlegt und hier wirkungsvoll fortgesetzt. Sei es von Künstlern wie Johannes Baader, Raoul Hausmann und Richard Huelsenbeck, die sich um Franz Jungs Zeitschrift *Freie Straße* gruppierten. Sei es von der Gruppe um Wieland Herzfeldes Malik-Verlag, zu der sein Bruder John Heartfield, George Grosz, Carl Einstein, Walter Mehring und Erwin Piscator gehörten. Sie erregten immer wieder durch provozierende Aktionen eines »politischen Antiästhetizismus« (J. Hermand) die öffentliche Aufmerksamkeit und gerieten darüber natürlich permanent mit dem Staatsanwalt in Konflikt. So, als Baader – selbsternannter »Oberdada« und »Präsident des Erdballs« – von der Zuschauertribüne der Weimarer Nationalversammlung im Juni 1919 die Übergabe der Regierungsgeschäfte an die Dadaisten forderte. So, als Hausmann und Huelsenbeck auf aufwendig gedruckten Karten zu großangekündigten Dada-Soireen einluden, in die noblen Galerien am Kurfürstendamm, und natürlich zum doppelten Preis, um dafür außer der Erklärung, man wolle nur die dummen Leute sehen, die so viel Geld ausgeben, nichts zu bieten.[25]

Dada ist mehr gewesen als bloßer Übergang, sei es zum Realismus, sei es zum Surrealismus der zwanziger Jahre. Dada war Aufhebung und Erweiterung bisheriger Kunstpraxis, war Übertragung der zweidimensionalen Bild-Collage auf dreidimensionale, also räumliche Objekte, so in der »Merz«-Kunst von Kurt Schwitters, so in den Ballett- und Theater-Konzeptionen Oskar Schlemmers. Dada verknüpfte das politisch Aggressive mit dem sachlich Konstruktiven, den visuellen Ausdruck mit der inszenierten Aktion. Die Übergänge zwischen Kunst und Technik, Politik und Theater wurden fließend. Dada war beides zugleich: neue Kunst-Bewegung und Bewegungskunst.

Und keine Frage, der Dadaismus hat viel vom Theater gelernt und dieses von ihm. Denn wo konnte sich die Politisierung der Kunst, wo der neue Trend zur demonstrativen Aktion, zur Technik und Maschine, zu Film und Fotografie, besser und massenwirksamer entfalten als auf der Bühne? Kaum überraschend, daß auch hier – ähnlich wie in der bildenden Kunst – die künstlerische Revolte vor der politischen stattfand. Auch auf der Bühne wurden die großen Umwälzungen, die das Theater der Weimarer Republik unter dem Dreigestirn Jessner, Piscator und Reinhardt erleben sollte, lange vorher eingeleitet.

Wie kein anderer hatte Max Reinhardt am Vorabend des Ersten Weltkrieges erkannt, daß die von ihm selbst mitgeprägte Zeit des heiter-festlichen und genußvoll-unproblematischen Illusionstheaters vorbei war. In diesem Theater zelebrierte ein exklusives Bürgertum seine privilegierte »Kultkunst«. Die Schranken, die so lange Kunst und Volk, Bühne und Publikum voneinander getrennt hatten, sollten niedergerissen werden. Mit dem Massentheater der »Fünftausend«, zu dem er sich von Hans Poelzig den Berliner Zirkus Schumann umbauen ließ, und mit dem sozialkritischen Zeittheater, für das er junge radikale und pazifistische Dramatiker gewann, waren die ersten Schritte in diese Richtung getan.[26]

Als die Revolution begann, wurde er jedoch bald von der Entwicklung überholt. Den konsequenten Übergang zum politischen Theater vollzogen andere. Leopold Jessner und vor allem Erwin Piscator mit seinem »proletarischen Theater«. Während Max Reinhardt »der geniale Vollender des großbürgerlichen Theaters« war, wie Herbert Ihering schrieb, »vergleichslos in seinen Leistungen, unerschöpflich in seiner künstlerischen Wandelbarkeit«, wollte Piscator von Kunst zunächst nichts mehr wissen.[27] Sein Theater sollte unmittelbar in das aktuelle Geschehen eingreifen, der revolutionären Bewegung und den Arbeitern solidarisch verbunden. Piscator spielte in den verrauchten Versammlungslokalen der Berliner Arbeiterviertel. Die Väter tranken im Parkett ihr Bier, die Mütter hatten ihre Babies auf dem Schoß, und alle redeten über das, was auf der »Bühne« geschah. Die Eintrittspreise waren niedrig, die Dekorationen primitiv und Berufsschauspieler selten. Über diese proletarische Kunst zog aber keineswegs nur die bürgerliche *Vossische Zeitung* verächtlich her. Auch das KPD-Organ *Rote Fahne* war nicht einverstanden. In geradezu bürgerlicher Manier wurde Piscator von seinen Genossen abgekanzelt: »Der Name Theater verpflichtet zu Kunst, zu künstlerischer Leistung!... Kunst ist eine zu heilige Sache, als daß sie ihren Namen für Propagandazwecke hergeben dürfte!« So sang- und klanglos wie Piscators Experiment bald zu Ende ging, »so reumütig«, schreibt Rühle, »kehrte er zur Kunst zurück«.[28]

Die Frage nach der angestrebten Einheit von Kunst und Politik war damit allerdings noch keineswegs geklärt. Gewiß, der spätestens seit wilhelminischen Zeiten geläufigen Theatralisierung der Politik folgte jetzt eine zunehmende Politisierung des Theaters. Aber die Antwort auf die Frage nach dem Verhältnis von Theater und Politik mußte in Auseinandersetzung mit dem bürgerlichen Theater gefunden werden, wenn plakative Politpropaganda ebenso vermieden werden sollte wie ein Rückfall in die theatralischen Kultfeste eines Hugo von Hofmannsthal. Unumstritten war, daß nicht mehr das private Individuum mit seinem persönlichen Schicksal die größte Aufmerksamkeit verdiente. Die Massen waren zum heroischen Subjekt avanciert und mußten folglich auch auf die Bühne. In einer Zeit, die mit der Umwälzung der gesellschaftlichen Verhältnisse und der Umwertung aller Werte ernst machen wollte, konnte das Theater den Menschen nur als politisches Wesen zeigen. Kein höheres Theaterwesen war mehr gefragt, sondern ein Theater auf der Höhe der Zeit.

So war es nur konsequent, daß Piscator die traditionelle Dramaturgie der Einheit von Ort, Zeit und Handlung auf seiner berühmten Simultanbühne zugunsten einer Mischung von Politik, Epik und Technik auflöste. Dieser Wandel vollzog sich natürlich nicht ohne Verluste und Widersprüche. So konnte etwa sein ehrgeiziges kommunistisches »Totaltheater«, von Walter Gropius hypermodern konzipiert, trotz kapitalistischer Goldmarkspenden nicht realisiert werden. Zudem konnte und mochte sein Theater, das doch kollektivistische Kunst bieten wollte, auf die großen Stars der Zeit und die avantgardistischen Autoren so wenig verzichten wie die anderen Häuser. Für die Publizität des Theaters sorgten nicht nur Piscators Inszenierungen, sondern eben auch die Skandale, die sie begleiteten, und die Auseinandersetzungen, die ihnen folgten. Ausdruck seiner Popularität war aber nicht zuletzt die weitverzweigte Theaterbewegung, die aus Laien- und Berufsschauspielern um ihn entstand. 1930 gab es allein in Berlin mehr als 200 Agitprop-Gruppen. »Rote Fackeln« und »Rote Trommeln«, »Blitze« und »Blaue Blusen« und wie diese Gruppen sonst noch hießen, entstanden indes überall in Deutschland, wohl auch eine Folge von Piscators begeistert aufgenommener »Revue Roter Rummel«. Ihren Höhepunkt erlebte diese Bewegung mit den Brechtschen Lehrstücken *Die Maßnahme* und *Die Mutter.*[29]

Diese Theaterbewegung war aus der Weimarer Kulturrevolution hervorgegangen, aber nicht aus dem Partei-Kommunismus. Zwischen ihnen bestand folglich bis zum Ende kein unproblematisches Verhältnis, eher eine Art Haßliebe, wie Rühle diese Beziehung charakterisiert. Der spannungsreiche Gegensatz von künstlerischer Freiheit und Parteidisziplin zermürbte nicht wenige, erst recht in der Zuspitzung der politischen Krise. Denn nicht die politische Ideologie fesselte die linksradikalen Künstler, und schon gar nicht die Politik der KPD mit ihrer von der Komintern vorgegebenen »Generallinie«. Es war vor allem die marxistische Gesellschaftsutopie, die sie anzog, denn in ihr fanden die Unruhe und die Sehnsucht der Künstler ihren radikalsten Ausdruck.

Die nach 1923 einsetzende ökonomische und politische Stabilisierungsphase blieb auch in der Kunst nicht folgenlos. Die schon in der expressionistischen bzw. dadaistischen Revolte angelegten konstruktivistischen und kritischen Tendenzen verdichteten sich zu einer »Neuen Sachlichkeit«.[30] Eine Gesellschaft, die vor allem auf Rationalität, Funktionalität und Effizienz aus war, schien der Kunst letztlich nur zwei Alternativen zu lassen: die realistische Darstellung der Wirklichkeit und die Anwendung der Kunst auf das praktische Leben. Angemessener ist aber wohl, mit Uwe Schneede drei Dimensionen in der künstlerischen Auseinandersetzung mit den zwanziger Jahren zu unterscheiden: Sachlichkeit, Parteilichkeit und Technisierung.[31] So wenig sich »Neusachlichkeit« auf die visuellen Künste beschränkt, so wenig läßt sie sich auf eine bestimmte politische oder Stilrichtung festlegen. Sozialistische und linksliberale Künstler haben an einer neusachlichen Kunst und Kultur programmatisch mitgewirkt. Beide Richtungen standen ihr aber in der Spätphase der Weimarer Republik mehr und mehr kritisch gegenüber, aus ästhetischen wie aus politischen Gründen.

Neusachlichkeit meinte ein bestimmtes Zeitgefühl, das Bewußtsein einer Übergangszeit. Insofern greift der Begriff über das künstlerische Feld hinaus und erstreckt sich insbesondere auf die sich wandelnde großstädtische Lebenswelt. Unter dem Einfluß fortschreitender Rationalisierung und erweiterter Konsummöglichkeiten entstand ein neues Lebensgefühl, jener unsentimentale Pragmatismus, der den »american way of life« zum Vorbild moderner Lebensweise schlechthin erklärte. Nach den Geburtswehen der Republik, nach Revolution und Inflation, nach Kapp- und Hitler-Putsch, schien man nun den bürgerlich-demokratischen Verhältnissen den entscheidenden Schritt nähergekommen zu sein. Das atemberaubende Tempo der neuen Technisierung beflügelte den schon angeknacksten Fortschrittsoptimismus aufs neue. Jedenfalls in den Großstädten. Denn hier waren die Veränderungen vor allem und zuerst spürbar.

Film und Fotografie, Rundfunk und Schallplatte begannen ihren Siegeszug. Das Dekorative und das Design traten buchstäblich in den Vordergrund. Eine Kulturindustrie entstand, die die kulturelle Sphäre unmittelbar an die ökonomische anschloß.[32] Die verführerische Warenästhetik und die verheißungsvolle technische Fortschrittlichkeit gaben ihre Protagonisten gern als einen Beitrag zur Egalisierung und unpolitischen Demokratisierung aus, als einen Beitrag zur Stabilisierung und sozialen Integration allemal. In diesen Kreisen galt Henry Fords Autobiographie *Mein Leben und Werk* als »Bibel der Weimarer Stabilisierungsepoche«.[33] Danach war die Zeit des unaufhaltsam ansteigenden Lebensstandards bereits angebrochen. Und die Aufhebung des alten Klassenkonflikts in eine dauerhafte Sozialpartnerschaft von Kapital und Arbeit schien schon im Gange. Diese Vision malte die moderne Gesellschaft zu einem großen Dienstleistungsunternehmen aus, in dem Profitgier und Ausbeutung keine Rolle mehr spielen würden. Gottl-Ottlilienfeld, Autor von Büchern über Rationalisierung und »Fordismus« und späterer Nationalsozialist, sah bereits jenseits des noch »unheimlich leuchtenden roten Sozialismus« den »weißen Sozialismus der reinen, tatfrohen Gesinnung« heraufziehen.[34]

Bereitwillig glaubten vor allem die Angehörigen der neuen Dienstleistungsberufe den Verheißungen der Technik und des Tatsachenkults. Und begierig griff man in den faszinierenden Warenkorb der Unterhaltungsindustrie. Zum ersten neuen Massenmedium avancierte der Stummfilm. Zu Beginn der Republik gab es bereits über zweitausend Kinos in Deutschland. Ihre Zahl stieg bis 1930, als die Umrüstung zum Tonfilm in vollem Gange war, auf über 3500. Neben den Groschenkinos entstanden die Filmpaläste. In sie strömte ein Millionenpublikum. Es sah Kriminalfilme und Western, Triviales und Sentimentales, Komisches und Chauvinistisches, aber eben auch die künstlerisch bedeutenden expressionistischen und realistischen Streifen.

Das zweite neue Massenmedium war der Rundfunk.[35] Ende Oktober 1923 erlebten die ersten etwa zweihundert stolzen Besitzer eines Radiogerätes in Berlin die Premiere des »öffentlichen Unterhaltungsrundfunks«. 1932 gab es bereits 4 Millionen Rundfunkempfänger in Deutschland. In Berlin stand ein Radio schon beinah in jedem zweiten Haushalt. Und das Programm unterschied sich nicht wesentlich vom heutigen: Der Löwenanteil entfiel auf die Unterhaltungsmusik. Aktuelle Informationen wurden ebenso gesendet wie klassische und neue Musik. Junge Komponisten wie Kurt Weill und Paul Hindemith erhielten Aufträge. Aber auch die Schriftsteller kamen zu Wort. Brecht, Döblin, Feuchtwanger, Toller, Zweig u.a. nicht weniger als Thomas Mann und Gerhart Hauptmann. Das Mikrofon und die drahtlose Übertragung machten überdies aktuelle Berichterstattung von wichtigen Ereignissen in Politik, Sport und Kultur möglich. Stresemanns Völkerbund-Rede von 1927 wurde ebenso »live« übertragen wie beispielsweise der Weltmeisterschafts-Boxkampf zwischen Jack Dempsey und Alfred Tunney im selben Jahr.

Vor allem der Sport wurde ein Massenphänomen, vielleicht die »Weltreligion des 20. Jahrhunderts«, mit Sicherheit ein eminent wichtiger Kulturfaktor.[36] Denn Sportlichkeit galt nun als ein wichtiges habituelles Element des nüchtern-unbefangenen, körperbewußten und -betonten Lebensgefühls. Im Mittelpunkt des Interesses standen die kämpferischen und technischen Attraktionen, die der Sport bot. Fußball und Boxen zogen die Zuschauer in großer Zahl in das Stadion und in den Ring. Auto- und Sechstagerennen wurden Kassenmagneten. Hunderttausende drängten sich um Avus und Nürburgring. Zehntausende pfiffen im Berliner Sportpalast den gleichnamigen weltberühmten Walzer. Das waren Volksfeste, fernab von Politik und zerstrittener Republik, mit der sich eine Mehrheit schon lange nicht mehr identifizieren mochte. Unterhaltung war gefragt, vor allem Unterhaltung. »Hoppla, wir leben« hieß die Devise.

Wenn denn die nostalgische Rede von den »goldenen« Zwanzigern irgendwo ihre Berechtigung hat, dann hier, im flimmernden Vergnügungsmilieu von Schlager und Revue, exotischen Tänzen und Operetten.[37] Es wurde gesungen. In wenigen Jahren entstanden Hunderte von Schlagern. Benatzky, Grothe und Kollo waren gefragte Komponisten. Natürlich konnten nur wenige so schön singen wie der Star-Tenor Richard Tauber, in Mozart-Opern und Lehar-Operetten gleichermaßen gefeiert. Wenn er sang: »Dein ist mein ganzes Herz«, lagen ihm die Sekretärinnen und Verkäuferinnen zu Füßen, und vermutlich nicht nur sie.

Frauen wurden selbst- und modebewußt. Sie gaben sich mondän und natürlich, trugen Bubikopf und Make-up, zeigten Bein und Busen, nicht erst abends in Bars und Tanzlokalen, sondern schon vormittags im Büro. Und es wurde getanzt. Ob im »Kakadu« oder »Toppkeller«, im »Eldorado« oder »Club Lila«. »Im Blaulicht der Lokale drehten sie sich wie Schlingpflanzen zu neuen Tanzrhythmen«, erinnert sich Friedrich Hollaender.[38] Die Discos haben ihre Vorgeschichte. Jahr für Jahr kreierte man neue Tänze. Aber nur einer wurde geradezu zum Symbol der zwanziger Jahre: der Charleston. Nicht weniger beliebt war ein weiterer US-Import, die Revue. Was in den Theatern am Bahnhof Friedrichstraße begann, in der »Komischen Oper«, im »Admiralspalast« und im ehemaligen »Zirkus Schumann«, fand rasch überall im Reich Nachahmung. Auch das Varieté faszinierte die Massen. Der Berliner »Wintergarten« und die »Scala« waren Abend für Abend überfüllt, die großen Clowns wie Charlie Rivel und Grock so beliebt wie die Comedian Harmonists.

Konjunktur hatten auch die im späten Kaiserreich entstandenen, oft kurzlebigen Kabaretts. Im Revolutionswinter 1919/20 begann auf Anregung Max Reinhardts im Keller des Großen Schauspielhauses das Kabarett »Schall und Rauch«. Tucholsky, Mehring, Ringelnatz u.a. schrieben die Texte, Hollaender und

Heymann die Musik. Zu den bekanntesten Kabarettisten zählten in den zwanziger Jahren Ernst Busch, Werner Finck und Karl Valentin. Vor allem die Kabaretts galten den Nazis als Ausdruck des verhaßten »jüdischen Kulturbolschewismus«. Seit den späten zwanziger Jahren gehörten SA-Krawalle zum beinahe allabendlichen Programm. »Ulk mit Weltanschauung«, Satire und »blutiger Ernst«.[39] Die Formel »Ulk mit Weltanschauung« hatte der Kritiker Alfred Kerr gefunden. Sie trifft den Kern der künstlerischen Ausdrucks- und Aktionsformen, der Collage und Karikatur, der satirischen Zeitschriften und politischen Kabaretts. Und *Blutiger Ernst* hatte Grosz eine kurzzeitig von ihm herausgegebene Zeitschrift genannt.

Mit dem Beginn der großen Wirtschaftskrise wurde das Vertrauen in die planmäßige und krisenfreie Entwicklung des Industriekapitalismus und seine technisch-materielle Fortschrittlichkeit abermals erschüttert. Und die Verschärfung der Klassenkonflikte löste in der kulturellen Sphäre erneut starke Politisierungstendenzen aus. Nun war allerdings die gegenrevolutionäre »Rechte« auf dem Vormarsch. Der vom schönen Schein der zwanziger Jahre überstrahlte Abgrund tat sich nun auf. Angesichts der Zuspitzung der Krise war die Republik nicht nur politisch immer weniger handlungsfähig. Auch kulturell war sie am Ende wie gelähmt, erschöpft vom Rausch des revolutionären Aufbruchs und zermürbt von den unablässigen Angriffen der Rechten. Etwas Neues kam jedenfalls nicht mehr zustande, zumal der Exodus schon begonnen hatte. Um so mehr wurde die Tradition bemüht. Man feierte Goethes 100. Todestag und Hauptmanns 70. Geburtstag. *Vor Sonnenuntergang* war der – von seinem Verfasser ungewollt – metaphorische Titel des letzten Dramas der Republik.

Im Rahmen dieses kulturgeschichtlichen Rückblicks kommt der Zeit nach dem Ersten Weltkrieg für das Verständnis des Nationalsozialismus zweifellos eine Schlüsselrolle zu. Denn zwischen der Weimarer Kulturrevolution und der gegenrevolutionären NS-Bewegung bzw. dem späteren NS-Regime besteht ein *doppelter* Zusammenhang. Einmal mobilisierte die expressionistische und dadaistische Revolte im – stark international geprägten – deutschen Kultur- und Kunstbetrieb die in den kleinbürgerlichen und mittelständischen Schichten weit verbreiteten Ressentiments gegen die »häßliche«, »undeutsche« oder eben »entartete« Kunst des verhaßten »jüdischen Kulturbolschewismus«.

Diesen vordergründig negativen Charakter hat große Kunst überall seit Beginn der Moderne. »Sie verschönert nicht das Dasein, sondern demaskiert es«, wie Picht treffend schreibt, »und wahrt gerade so der Schönheit ihr unvergängliches Recht.« Indem sie nicht dem entspricht, was die Gesellschaft von ihr erwartet, sondern »das Absolute« darstellt, wird Kunst zur politischen Macht. Die totalitären Systeme haben das zuerst erkannt und bekämpft.[40] Auch die NS-Bewegung war Ausdruck des Protestes gegen die Kritik der intellektuell-künstlerischen Avantgarde an den Widersprüchen und Verfallserscheinungen der bürgerlichen Gesellschaft, die diese nicht wahrnehmen mochte und nicht wahrhaben wollte.

Ein großer Teil der Zwischenschichten war verunsichert und orientierungslos, kulturell und politisch. Zugleich fühlten diese sich benachteiligt und bedroht, durch das liberal-kapitalistische System ebenso wie durch die sozialdemokratische und kommunistische Arbeiterbewegung, vom kapitalistischen Internationalismus nicht weniger als vom sozialistischen. Hinzu kam, daß sie die materiell oder auch nur symbolisch schützende Hand des Kaisers vermißten und sich um ihre verdienten Einkommens- und sozialen Statusgarantien betrogen fühlten. Insofern war ihr Protest ebenso undifferenziert wie in seinen Projektionen umfassend. Er richtete sich gegen die als existenzbedrohend empfundene moderne Technik und Rationalisierung, gegen »Zinsknechtschaft« und »Amerikanisierung« und gegen die »Verjudung« und »Bolschewisierung« in Kunst, Wissenschaft und Politik. Gleichsam auf der Rückseite dieses Protestes wurde die rassistisch-romantische Utopie einer vormodernen Welt und einer befriedeten deutschen »Volksgemeinschaft« ausgemalt und ihr »Befreiungskampf«, ihr Wiederaufstieg und ihre schließliche »Weltmission« in einem »großgermanischen Reich« beschworen.

Andererseits adaptierte der Nationalsozialismus aber durchaus die kulturelle Hinterlassenschaft der Republik und bediente sich aus ihrem reichhaltigen Fundus kulturrevolutionärer Requisiten und Programme nach Belieben. Zudem brachte er völkische, vor allem aber weiterhin bürgerlich-traditionalistische Hochkultur zur Geltung. Insofern ist der Nationalsozialmus nicht nur Produkt der bürgerlichen Gesellschaft und Protest gegen sie, sondern zugleich ihr Erbe, allerdings in einem durchaus zwiespältigen Sinne. Man muß nicht so weit gehen wie beispielsweise Alfred Kurella, der in der Expressionismus-Debatte während der dreißiger Jahre apodiktisch erklärte, der Geist des Expressionismus habe zum Faschismus geführt, um gleichwohl einige Bezüge und Verbindungen gerade zwischen diesen beiden Protestbewegungen zu erkennen.[41] Sie lassen sich bis in die frühe NS-Kulturpolitik nachweisen. Goebbels selbst war in seinem Kunstverständnis stark von der Idee einer »stählernen Romantik« beeinflußt, deren expressionistischer und futuristischer Hintergrund offenkundig ist. Der Nationalsozialismus mochte sich damit allerdings nicht begnügen. Um sich zumindest zeitweilig einen pseudorevolutionären Anstrich zu geben, hat er umstandlos auch die revolutionären Requisiten und kulturellen Errungenschaften der Arbeiterbewegung benutzt, von der roten Fahne bis zu den Melodien der Arbeiterlieder. Als »Entwendung aus der Kommune« hat Ernst Bloch das früh erkannt und als Inszenierung eines »revolutionären Scheins« ebenso früh durchschaut. Bedenkenlosigkeit und Geschick der Nazis bei der Benutzung und Umfunktionierung vorhandener ästhetischer Ausdrucksformen machte auch vor der zeitweilig propagierten Technikfeindlichkeit nicht Halt. Nach Beendigung der »Kampfzeit« und der »nationalsozialistischen Revolution« zögerte das Regime nicht, den völkischen Traditionalismus mit seiner modernisierungsfeindlichen Blut- und Boden-Romantik zurückzudrängen, um an die sachlich-moderne, technisch-funktionale Kultur Weimars anzuknüpfen, wenn auch – natürlich, möchte man sagen – mit einem deutsch-nationalen Anstrich. Das fand seinen Niederschlag insbesondere in der raschen Aneignung und Nutzung der neuen Massenmedien und Kommunikationstechniken, des Rundfunks, des Films und der Fotografie, wobei die Nazis nicht nur vom Medienkonzern des deutschnationalen Alfred Hugenberg profitierten und lernten, sondern auch von seinem Gegenspieler und Weimarer Medienkonkurrenten, dem »roten Hugenberg« und kommunistischen Medienzar Willi Münzenberg.

Die »Konservative Revolution«: Aufstand gegen die Moderne

> »Vielleicht scheint es Ihnen kühn, den radikalen Nationalismus von heute mit (den) Ideen einer romantisierenden Philosophie in Zusammenhang zu bringen, und doch ist ein solcher Zusammenhang da... Dazu gehört eine gewisse Philologen-Ideologie, Germanisten-Romantik und Nordgläubigkeit aus akademisch-professoraler Sphäre, die in einem Idiom von mystischem Biedersinn und verstiegener Abgeschmacktheit mit Vokabeln wie rassisch, völkisch, bündisch, heldisch auf die Deutschen von 1930 einredet und der Bewegung ein Ingrediens von verschwärmter Bildungsbarbarei hinzufügt, gefährlicher und weltfremder... als die Weltfremdheit und politische Romantik, die uns in den Krieg geführt haben.«[42]

Nicht etwa Bloch oder Benjamin haben diese kritischen Sätze geschrieben, die auf das ästhetische Element der NS-Bewegung zielen. Kein anderer als Thomas Mann sprach sie in seiner berühmten *Deutschen Ansprache* im Anschluß an die Erdrutsch-Wahl im September 1930. Jener Thomas Mann, der noch in den späten Weltkriegsjahren mit seinen *Betrachtungen eines Unpolitischen* die damals in nationalistischen Bekenntnissen weit verbreitete, ästhetisierende Politik- und Wirklichkeitsverachtung aggressiv zum Ausdruck gebracht hatte. Jener Thomas Mann, der sich zum »Vernunftrepublikaner« bekehrte, gegen Ende der Republik seine großen Essays über Goethe, Freud, Wagner und Nietzsche schrieb, die dem gestörten Verhältnis von Kultur und Politik in Deutschland galten, und der als Emigrant einer der schärfsten Kritiker des in Hitler offenbar gewordenen deutschen Irr- und Sonderwegs wurde. Einer, der sich – wie Heinrich Mann meinte – »schreibend selbst erzieht«. Sein Leben scheint ein Exempel jener Gattung zu sein, die ihm selbst bedeutende Beiträge verdankt: einen »deutschen Bildungsroman« nennt Joachim Fest diesen Lebensweg denn auch, »eine Stufengeschichte zu höherer Einsicht«.[43] Vielleicht war er das. Dieser Thomas Mann mochte jedoch zwischen jenem antipolitischen Pamphlet und seinen prorepublikanischen Reden allenfalls einen »Widerspruch von Gedanken untereinander«, aber nicht einen solchen »des Verfassers gegen sich selbst« erkennen. Und seine Bekenntnisse nannte er selbst »politisch gebundene Dienstleistungen« und »demokratisches Wanderpredigertum«. Kein politischer Schriftsteller also?

Was er auch immer war oder zu sein vorgab, ihm ging es wohl nicht um Parteinahme und Gesinnungstreue, sondern vielmehr und vor allem um Kunst, um Ironie, Rollenspiel und Schein, um die literarisch höchst differenzierte Deutung des »problematischen Ich«. Zwar haben seine Romanfiguren immer wieder den Verfall und die Widersprüche der bürgerlichen Gesellschaft verkörpert, aber er hat zugleich betont, daß »das Soziale« seine »schwache Seite« sei und er »die Verwandlung des deutschen Bürgers in den Bourgeois ein wenig verschlafen« habe. Wie Hans Castorp, der Protagonist aus dem Roman *Der Zauberberg*, wollte er vor allem eines sein: »Herr der Widersprüche«. Womöglich war er – jenseits aller Bekenntnisse und Appelle – zeitlebens stark geprägt von einer ästhetisch begründeten Politikfremdheit. Jedenfalls blieb er eine widersprüchliche, ja verwirrend undurchsichtige Gestalt und wollte es sein, stets bereit »zu heiterem Verrat und umfassendem Zweifel«.

Alles dies mußte seinen zeitweiligen Weggefährten und vermeintlichen Gesinnungsfreunden im großen Lager der nationalen »Rechten« fremd und suspekt erscheinen. Die Schriftsteller der zahllosen protofaschistischen, populären Zukunftsromane unter ihnen waren eher verwirrt als verwirrend, politisch nicht belehr- und nicht bekehrbar und sind – von wenigen Ausnahmen abgesehen – heute vergessen.[44] Ihre Bedeutung ist weniger literarischer als vielmehr politischer Natur. Die organisatorische Formierung des zersplitterten und zerrissenen völkisch-nationalistischen Lagers wurde von einer breiten publizistischen Bewegung vorbereitet und begleitet. Sie fand ihren Niederschlag vor allem auf drei Feldern: der literarischen Verarbeitung des Kriegserlebnisses und einer umfangreichen Science-fiction-Literatur; der antidemokratischen, ja antipolitischen Kulturkritik und der staats-, politik- und rechtstheoretischen Diskussion. Zu den herausragenden und wohl einflußreichsten, überwiegend akademischen Wortführern dieses nationalistisch-kriegsphilosophischen Diskurses zählten Rudolf Eucken und Hans Freyer, Ernst Jünger und Edgar Julius Jung, Arthur Moeller van den Bruck und Paul Natorp, Werner Sombart und Carl Schmitt, Othmar Spann und Oswald Spengler. Was sie auch immer schrieben, welche Ängste und Hoffnungen sie mobilisierten, ihr gemeinsamer Bezugspunkt, das wichtigste Ereignis in der ersten Hälfte dieses Jahrhunderts überhaupt, war der Krieg. Er avancierte zum neuen Mythos.[45]

Der Erste Weltkrieg riß Millionen in einen wahren Begeisterungstaumel – und viele von ihnen in den Tod. Er wurde zur »Götterdämmerung« und zum »Weltbrand« stilisiert. Lehrer und Publizisten, Professoren und Pastoren feierten ihn als »Weltgericht«, in dem Deutschland als »Werkzeug Gottes« der Sieg zufallen würde. Hunderttausende von Kriegsgedichten wurden geschrieben. In Broschüren und Flugschriften, zu Tausenden als Feldpostausgaben an der Front verteilt, wurde der Krieg als »die ewige Form höheren menschlichen Daseins« (O. Spengler) gepriesen, als »Erlösung des deutschen Wesens aus seiner Krise« (P. Natorp), als ein Ereignis, das den Eintritt in ein neues Zeitalter verhieß, dem »Leben einen gewaltigen Ernst« und einen »hohen Adel seiner Seele« (R. Eucken) verlieh, ja, erst überhaupt »das Leben in seiner vollen Gewalt zum Ausdruck« (E. Jünger) brachte. Und schließlich sei es Deutschlands große Aufgabe, die »gleichmachende, erdballumspannende ›Zivilisation‹« zu beseitigen und durch seine neue Ordnung als »Weltkultur« zu ersetzen.

Aber das Kriegserlebnis mobilisierte nicht nur, es polarisierte auch. An ihm arbeiteten sich alle ab. Die expressionistischen Pathetiker nicht weniger als die völkischen Propheten. Die Idealisten ebenso wie die Realisten. Remarques realistischer Anti-Kriegsroman *Im Westen nichts Neues* wurde zum Bestseller. Mehr und mehr schoben sich jedoch die kriegsverherrlichenden Romane des »soldatischen Nationalismus« in den Vordergrund.[46] Vor allem Ernst Jünger erreichte ein Massenpublikum. In *Feuer und Blut*, im *Sturm* und in den *Stahlgewittern* fand sich eine orientierungslos gewordene Frontgeneration wieder.[47] Kriegsniederlage und Kaiserabdankung hatten wie ein Kulturschock gewirkt. Und entsprechend schwankte das Lebensgefühl großer Bevölkerungsteile zwischen kulturpessimistisch-düsterer Untergangsstimmung und heroischem

Existenzialismus. Erlöserutopien und Erneuerungsvisionen waren gefragt.

Ernst Jünger ist in diesem Zusammenhang deshalb von so großer Bedeutung, weil er die Erfahrung der bürgerlichen Kulturkrise mit der persönlichen Identitätskrise zur »exemplarischen Existenz« verdichtet und vor diesem Hintergrund die erlebte Sinnlosigkeit der Materialschlacht ästhetisch in eine »heroische Wunschlandschaft« verwandelt hat.[48] Das Exemplarische seiner Existenz und die Fähigkeit, ihm massenwirksamen Ausdruck zu verleihen, teilt er nicht zuletzt mit Hitler. Bei allen Unterschieden in Herkunft und Werdegang, die Parallele zwischen beiden ist ebenso offensichtlich wie aufschlußreich. Den einen treibt das Weltkriegserlebnis zur literarischen Produktion, den anderen beinahe in die Architektur und dann doch in die Politik, gewissermaßen als zweite Wahl. Beide erleben die bürgerliche Kulturkrise zugleich als persönliche Identitätskrise. Das macht die Rückkehr in die zwiespältige Rationalität und brüchige Sicherheit der bürgerlichen Welt unmöglich. Beide werden in ihrem Selbstverständnis nachhaltig durch die Erfahrung in der Außenseiter-Rolle des Abenteurers, des Bohemien und Künstlers geprägt.

Jünger flieht früh aus der bürgerlichen Welt in die französische Fremdenlegion und findet als romantischer Abenteurer in die Reihen der Kriegsbegeisterten von 1914. Aber das Kriegserlebnis ist zutiefst widersprüchlich. Die erlebte Bedrohung und Sinnlosigkeit steht unvermittelt neben dem buchstäblich außerordentlichen Ereignis, jenseits bürgerlicher Normalität, Sicherheit und Enge. Jünger löst diesen Zwiespalt zunächst in der Figur des Bohemien auf, schließlich aber in der des Kriegers, der innere Widersprüche im »heroischen Gestus« der »Tatgesinnung« überwindet. Die Nachbarschaft von »Ästhetizismus und Barbarei«, die Thomas Mann bereits bei Nietzsche entdeckt hatte, verdichtete sich bei Jünger geradezu zu einer »Ästhetisierung des Todes«. Was bei Nietzsche jedoch ironisch gebrochen und fiktionaler Ausdruck einer nihilistischen Kulturkritik war, wird von Jünger weiter radikalisiert und umgedeutet und von den Nazis für bare Münze genommen.[49] Mit dem ästhetischen Ausdruck allein mochten sie sich nicht begnügen. Kulturkritik war bei ihnen nicht mehr gefragt, geschweige denn

Kulturpessimismus. Für sie zählte nur noch eines: der Wille zur realen Tat, zur Macht.

Vor allem unter dem Aspekt des bürgerlich-antibürgerlichen Doppelgesichtes des Nazismus ist die Ästhetik des Soldaten bei Jünger aufschlußreich, worauf Armin Steil aufmerksam gemacht hat.[50] Zu ihr gehört der Nahkampf, der Kampf von Mann zu Mann in den Schützengräben des Stellungskrieges, gleichsam als Radikalisierung des kapitalistischen Konkurrenzkampfes und als Erneuerung individueller Autonomie. Dazu gehört das Führerprinzip als Element der Hierarchisierung und des sozialdarwinistisch gefärbten Gewaltkultes. Und dazu gehört schließlich das heroische Selbstbewußtsein, das die reale Fremdbestimmtheit des Einzelnen zur imaginären Freiheit umdeutet. Für Jünger liegt das eigentliche Erfahrungsmoment des Krieges aber nicht in der Stabilisierung von Elementen bürgerlich-individueller Lebenspraxis, sondern vielmehr in ihrer Überwindung. Das wirklich bewegende Bedürfnis ist der Ausbruch aus der Enge der bürgerlichen Gesellschaft. Die Befreiung von allen inneren und äußeren Kontrollen liegt für die Kriegsgeneration in der »Grenzerfahrung des Rausches und des Grauens«. Kampf als äußeres und noch mehr als »inneres Erlebnis«. »Diese Männer«, schreibt Jünger, »waren vom Grauen durchsättigt, sie wären verloren gewesen ohne den Rausch«, ohne »die Wollust des Blutes«.[51] Ob man nun die lebensgeschichtliche Erfahrungswelt dieser zwischen Desillusionierung und Heroisierung hin- und hergerissenen Frontgeneration als Gleichzeitigkeit von Nihilismus und Existenzialismus, von Konservatismus und Anarchismus, von Ästhetik und Schrecken oder von Erotik und Töten deutet, ihr Lebensgefühl war geprägt von gesteigerter Intensität, Unruhe und Widersprüchlichkeit.

Der Doppelcharakter des Nationalsozialismus, seine Wendung zum Heroismus und Ästhetizismus, ist nicht nur für die literarische Verarbeitung des Kriegserlebnisses charakteristisch, sondern darüber hinaus auch für die konservative Kulturkritik. Und was Ernst Jünger als literarischer Sprecher der Frontgeneration war, das wurde der Schriftsteller und Journalist Arthur Moeller van den Bruck für die große Zahl der Sympathisanten und weitverzweigt organisierten Mitstreiter der

»Konservativen Revolution«.[52] Im Verlauf der Weimarer Republik und der Zuspitzung ihrer wirtschaftlichen und politischen Krisen kam es geradezu zu einem Boom an Publikationen und Organisationsbildungen im heterogenen Lager der nationalen Rechten: Neulandbewegung und Landvolkbewegung, Junge Nationalisten und Jungdeutscher Orden, Juni-Club und Deutscher Herrenclub, Hans Zehrers Tat-Kreis und Ernst Niekischs nationalbolschewistische Widerstandsgruppe, die Deutschvölkische Freiheitspartei und die Deutschen Christen, Erich Ludendorffs Tannenbergbund, Franz Seldtes Stahlhelm und Otto Strassers Schwarze Front – die Liste ließe sich fortsetzen. Neben Oswald Spengler, dessen Kulturpessimismus er im übrigen ablehnte, war Moeller van den Bruck in diesem Milieu einer der einflußreichsten Wortführer. Und das nicht nur, weil er der »Konservativen Revolution« ihren Leitbegriff gab und mit seinem bekanntesten Buch *Das Dritte Reich* (1923) eher zufällig zum Namensgeber des NS-Staates wurde. Er war der Spiritus rector der Jungkonservativen, in ihrem einflußreichen Juni-Club galt er als heimlicher König. Vielleicht war er das »Gewissen« der Rechten, das er gern sein wollte. Zumindest war er nicht nur der Redakteur der gleichnamigen Zeitschrift. Auch wenn die NSDAP später zum wirklichkeitsfremden Idealismus der »Konservativen Revolution« auf Distanz ging, sein publizistischer Einfluß war beträchtlich. Moeller van den Bruck wurde gelesen. Nicht zuletzt dank seiner »flüssigen, leidenschaftlichen und orakelhaften Sprache«. Er schrieb das auf, »was wir Jungen längst mit Gefühl und Instinkt wußten«, »klar« und »doch von innerer Leidenschaft ergriffen«, notierte Goebbels in seinem Tagebuch.[53] Und bei einer Begegnung in den frühen zwanziger Jahren zwischen Moeller van den Bruck und Hitler soll dieser gesagt haben: »Sie haben alles, was mir fehlt. Sie erarbeiten das geistige Rüstzeug zu einer Erneuerung Deutschlands. Ich bin nichts als ein Trommler und Sammler.«[54]

Nach frühem Bruch mit dem Elternhaus und der Kultur des wilhelminischen Bürgertums, nach ausgedehnten Reisen und längeren Auslandsaufenthalten, die ihn zeitweilig auch mit dem Expressionismus in Berührung brachten, sah Moeller van den Bruck sich ganz als Außenseiter und Nietzscheaner, als Wanderer und Prophet.[55] Der in Paris lebende russische Mystiker

Dmitri Mereschkowski, zu dessen Schülern auch Alfred Rosenberg gehörte, hatte ihn mit dem Werk Dostojewskijs zusammengeführt, das er später mit großem Erfolg in Deutschland als Herausgeber bekannt machte. Er hat zunächst in der Kunst, in der neuen Künstlergeneration, den Weg gesehen, der nicht nur die Religion überflüssig machte, sondern »in ein Land« führte, »in dem Leben in Macht und Größe und in Schönheit und Größe« wiederersteht. Die Spuren seiner Lektüre Nietzsches, Darwins und Langbehns durchziehen sein ganzes Werk. So sah er nur »junge«, aufsteigende Völker wie Rußland und Deutschland, die vor allem »Kultur« hätten, und »alte«, absteigende Völker im bloß noch »zivilisierten« Westen. Und jedes Volk habe nicht nur seinen spezifischen Nationalcharakter, sondern eben auch seinen unverwechselbaren »Stil«. Die Titel seines geplanten mehrbändigen Werkes *Werte der Völker* folgten denn auch den gängigen Klischees und nationalen Stereotypen; sie sollten heißen: »Französischer Zweifel«, »Italienische Schönheit«, »Deutsche Weltanschauung«, »Amerikanischer Wille« und »Russische Seele«. Das Wesen eines Volkes erschloß sich ihm aus der jeweiligen Kunstgeschichte, Politik und geographischen Lage. In seinem noch während des Krieges erschienenen Buch *Der preußische Stil* brachte er diese Aspekte zusammen und vollzog – so Fritz Stern treffend – »die Hinwendung des Ästheten zur Politik«.[56] Während er den »deutschen Geist« durch den romantischen Traum von einer großen Vergangenheit und der Idee eines universalen Reiches geprägt sah, stand der »preußische Stil« sachlicher Strenge in seinen Augen dazu zwar im Gegensatz, gleichwohl hielt er aber die preußischen Tugenden wie Selbstzucht, Härte und Gehorsam für den Sieg Deutschlands für unerläßlich. Unter der Erfahrung des Krieges bekam sein Ästhetizismus einen militanten Anstrich. Jünger darin durchaus vergleichbar, verwandelte sich sein Leitbild des oppositionellen Künstlers in das des kämpfenden Soldaten. Vor allem mit ihm sollte ein nationaler »deutscher Sozialismus« erreicht werden, gleichsam als dritter Weg zwischen dem östlichen Kollektivismus und dem westlichen Liberalismus. Dabei attackierte er den internationalen Kommunismus ebenso wie die Diktatur des Proletariats und plädierte statt dessen für einen – der späteren Deutschen Arbeitsfront nicht unähnlichen – »Sozialismus der Unternehmung«, in der Kapitalisten und Proletarier geeint würden – durch einen bloßen Willensakt ihres nach nationaler Einigung und Größe drängenden Bewußtseins. Der idealistische und voluntaristische Grundzug seines Denkens wird darin so deutlich wie in seiner verheißungsvollen Umschreibung des »Dritten Reiches« als »das Vollkommene, das nur im Unvollkommenen erreicht wird«.

In ihren eingehenden und materialreichen Untersuchungen über die ideologischen und ästhetisch-kulturellen Grundlagen des Nationalsozialismus haben v.a. Jost Hermand, George L. Mosse und Fritz Stern nachdrücklich darauf aufmerksam gemacht, daß die Jungkonservativen und völkischen Nationalisten sich in ihrem antibürgerlichen Protest und Sturmlauf gegen die Republik aus dem Fundus der deutschen Geistes- und Kulturgeschichte des 19. Jahrhunderts nach Belieben bedienten.[57] Sie deuteten die Klassiker nicht weniger neu als die Romantiker und den liberalen Nationalismus der Befreiungskriege. Sie beuteten die Schriften Herders und Fichtes aus und benutzten die illusionslos-heroische Kulturkritik Nietzsches wie auch das Erneuerungspathos der Expressionisten. Nur eine Tradition war ihnen verhaßt, die sie leidenschaftlich bekämpften: die Ideen der Aufklärung und der Französischen Revolution.

So widersprüchlich und schillernd das geistige Erbe war, fragwürdig wurde es vor allem durch die bedenkenlose Aneignung und Instrumentalisierung in diesem Lager. Die Zukunftsvisionen und gesellschaftlich-politischen Ordnungsvorstellungen waren zumeist ebenso diffus wie gegensätzlich. Nicht nur in der Bewertung des Antisemitismus war man sich uneinig. Unterschiedliche Auffassungen bestanden auch hinsichtlich der gesellschaftlichen Erneuerung; sie reichten von ständestaatlichen bis zu national-sozialistischen Vorstellungen. Nicht weniger kontrovers war die Einstellung zur modernen Technik. Während sich Oswald Spengler und Ernst Jünger über den atavistischen Bauernkult mokierten, für Technik und Planung plädierten und das Leitbild des »industriellen Übermenschen« entwarfen, hielten die Kreise um den NS-Ideologen Alfred Rosenberg und den späteren Bauernführer Walter Darré an ihrer altvölkischen Blut- und Bodenromantik und rigiden Rassenzüchtungsideologie fest.[58] Sie waren nicht nur in der Bewegungszeit einflußreich und erfolgreich, wenngleich sie in der Regime-Zeit des öfteren zurückstecken mußten.

Wenn es denn eine Übereinstimmung zwischen diesen vielen Gruppen und Richtungen gab, dann in ihrer lautstarken Klage über das Fehlen einer heroisch-ästhetischen Dimension in der sie umgebenden Wirklichkeit des Weimarer »Systems«. Den Protagonisten einer »Konservativen Revolution« ging es allemal um eine ästhetisch-kulturell erneuerte »Welt ohne Politik« (Carl Schmitt). Sie lehnten die Revolution und die aus ihr hervorgegangene »November«-Republik nicht zuletzt deshalb ab, weil diese ihren ästhetischen Bedürfnissen nicht entsprach. So schrieb Spengler: »Die unbeschreibliche Häßlichkeit der Novembertage ist ohne Beispiel. Kein mächtiger Augenblick, nichts Begeisterndes, kein großer Mann, kein bleibendes Wort, kein kühner Frevel, nur Kleinliches, Ekel, Albernheiten.«[59] Hier wurde der Mythos über den Begriff, das Erlebenwollen über die Erfahrung gesetzt, hier wurde wahr, was Nietzsche seinen deutschen Zeitgenossen angelastet hatte, daß sie den »Kultus des Gefühls… an Stelle des Kultus der Vernunft« aufrichten.[60]

Hinter dieser Übereinstimmung wird ein weit verbreitetes, gemeinsames Muster erkennbar: die Unfähigkeit zur Politik, das Unverständnis für die differenzierten Strukturen und Prozesse moderner politischer Entscheidungsbildung und demokratischer Legitimation. Diese Einstellung schwankte zwischen Ohnmachtsgefühl und ästhetisierender Erlösungsphantasie und fand immer wieder ihren pathetischen Ausdruck. Etwa so:

> »Der Deutsche, in sich selbst zerfallen, uneinig im Geist, zersplittert in seinem Willen und damit ohnmächtig in der Tat, wird kraftlos in der Behauptung des eigenen Lebens. Er träumt vom Recht in den Sternen und verliert den Boden auf der Erde… Am Ende blieb den deutschen Menschen dann immer nur der Weg nach innen offen. Als Volk der Sänger, Dichter und Denker träumte es dann von einer Welt, in der die anderen lebten, und erst, wenn die Not und das Elend es unmenschlich schlugen, erwuchs vielleicht aus der Kunst die Sehnsucht nach einer neuen Erhebung, nach einem Reich und damit nach neuem Leben.«

Diese Sätze finden sich nicht bei Langbehn, auch nicht bei Spengler oder Moeller van den Bruck. Niemand anders als Hitler sprach sie und zwar am »Tag von Potsdam«.[61]

Das unempirische und undialektische, weil dualistische Verständnis von Politik und Gesellschaft trat auch in der staats- und rechtstheoretischen Diskussion zutage. Kein überraschender Tatbestand. Doch darf er nicht gänzlich unerwähnt bleiben. Denn auch dieser Diskurs trug dazu bei, daß sich in der Rechtswissenschaft wie in der Rechtspraxis eine voluntaristische und ästhetizistische Wirklichkeitsauffassung kulturell etablieren konnte.[62] Aufgrund seiner dualistischen »reinen Rechtslehre«, die zwischen Recht und Politik, Sein und Sollen, Naturrecht und positiv gesetztem Recht scharf trennte, steht der Begründer eben dieser Schule, der von den Nazis vertriebene Hans Kelsen, im geistigen Vorfeld des Dritten Reiches. Schon dessen »reines« rechtstheoretisches Denken ließ – insofern es den politisch-gesellschaftlichen Kontext von Recht und Gesetz souverän mißachtete und streng formallogisch und positivistisch ausgerichtet war – ästhetizistische Tendenzen erkennen. Und insofern jeder beliebige Inhalt Recht sein konnte, da es für Kelsen keine unmittelbar einsichtigen und verallgemeinerungsfähigen Rechtsnormen gab, war damit zugleich dem Voluntarismus Tür und Tor geöffnet.

Während Kelsen die Lösung des Spannungsverhältnisses von Recht und Politik in der konsequenten Entpolitisierung des Rechts sah, ging Carl Schmitt, der »Kronjurist« des NS-Staates, den umgekehrten Weg.[63] Dualistisch in seinem Denken wie jener, hielt er sich nicht länger bei der »reinen Rechtsnorm« auf. Im Mittelpunkt seiner Theorie standen nicht Norm und Regel, sondern der Ausnahmezustand, die machtpolitische Souveränitätsfrage. Der »echte Staat« war für ihn »totaler Staat«. Ein solcher Staat ist extrem dezisionistisch und reduktionistisch. Rechtsstaatlichkeit, Gewaltenteilung usw. sind in ihm außer Kraft gesetzt zugunsten einer letzten und äußersten Unterscheidung, der Verkürzung des Politischen auf die Kampfsituation zwischen Freund und Feind. Carl Schmitt brachte damit auf den staats- und politiktheoretischen Begriff, was sich im Übergang von der Weimarer Republik zum NS-Staat faktisch vollzog.

Mit der »Machtergreifung«, die als Machtübertragung begann, wurde nicht nur das politische System Weimars zerschlagen und mit ihm die Reste bürgerlicher Rechtsstaatlichkeit, nachdem die Weimarer Klassenjustiz deren Grundlagen längst ausgehöhlt hatte. Der gesellschaftliche Überbau überhaupt stand zur Disposition. Die »Gleichschaltung« innerhalb der politischen und der kulturellen Sphäre und deren politisch begründete Verschränkung, sei es als repressive Kulturpolitik, sei es als Inszenierung der Macht und umfassende Ästhetisierung der gesellschaftlichen Verhältnisse durch den NS-Staat, ist zu Recht als falsche, aber gerade deshalb massenwirksame Beseitigung des Spannungsverhältnisses von Kultur und Politik bezeichnet worden. Offene Gewaltanwendung *und* Ästhetisierung des gesellschaftlich-politischen Lebens mußten nun ersetzen, was der Gesellschaft an Rationalität und Differenzierung fehlte: »Wo freie Kunst sein sollte, herrschte Politik, das heißt Terror, Verbot, Repression; wo emanzipatorische Politik sein sollte, herrschte die Pseudokunst, das heißt der Schein der Schönheit, Harmonie, Sinnenfreude und Erhabenheit«.[64]

Die Nationalsozialisten haben zwar die politische und sozioökonomische Krise der frühen dreißiger Jahre gemeistert oder konnten sich dies zumindest zuschreiben. Den tieferliegenden klassengesellschaftlichen Konflikt vermochten sie aber nur scheinbar zu lösen. Das hatte zwei Folgen: Das NS-Regime mußte hinter den erreichten Stand gesellschaftlicher Differenzierung, Normengeltung und Institutionenbildung zurück-, zugleich aber über ihn hinausgehen. Das eine machte das andere unausweichlich. Das NS-Regime fiel hinter das Herrschaftssystem der Weimarer Republik zurück, insofern es die – zwischen den bestandsrelevanten Klassen nicht mehr konsensfähigen – parlamentarisch-parteienstaatlichen Herrschaftsstrukturen beseitigte und durch offene Gewalt ersetzte. Zugleich aber ging es über die fragmentierte Klassengesellschaft hinaus, zumindest insofern, als es gegenüber weiten Teilen der Bevölkerung den schönen Schein erzeugen mußte – und lange in nicht geringem Umfang wohl auch konnte –, das Chaos der modernen bürgerlichen Klassengesellschaft zugunsten einer neuen, »höheren« Ordnung der deutschen »Völkergemeinschaft« zu überwinden. Gewalt und schöner Schein als grundlegende Merkmale faschistischer Herrschaftspraxis. Terror und Ästhetik statt Politik.

3. Kapitel
Kulturpolitik im NS-Regime

Die Wirklichkeit der NS-Herrschaft war widersprüchlich. Sie entsprach weder dem Wunschbild der Theoretiker des »totalen Staates« vor und nach 1933, noch dem – Kommunismus und Faschismus weitgehend identifizierenden – Zerrbild der Totalitarismus-Theoretiker der fünfziger Jahre. Trotz umfassender Zerstörung, »Gleichschaltung« und Selbstgleichschaltung der politischen Organisationen und Verfassungsinstitutionen Weimars und trotz erheblicher Anstrengungen des NS-Regimes, eine umfassende Kontrolle über Staat, Wirtschaft und Gesellschaft zu erlangen: Ein nach dem Führerprinzip rational durchorganisiertes, widerspruchsfreies und reibungslos funktionierendes Herrschaftssystem unter der Dominanz einer Partei, ihres Führers, ihrer Ideologie und eines umfassenden Propaganda- und Repressionsapparates gab es im Dritten Reich nicht. Das hat mehrere Gründe. Sie weisen über das Faktum und den Tag der Ernennung Hitlers zum Reichskanzler hinaus, so spektakulär und folgenschwer er war.

Wer diese Zäsur allzu sehr in den Vordergrund rückt, übersieht leicht, daß die Auflösung der Weimarer Republik spätestens 1929/30 begonnen hatte und die Errichtung des »Führerstaates« nicht vor 1938 abgeschlossen war.[1] Nicht nur die kurze Phase der »Machtergreifung« und der »nationalen Erhebung«, ein ganzes Jahrzehnt war geprägt durch die Dynamik, Gleichzeitigkeit und Gegenläufigkeit der Entdifferenzierung alter und der Ausdifferenzierung neuer Herrschaftsverhältnisse. Zerfall und Zerschlagung, Transformation und Neubildung politischer Strukturen griffen beständig ineinander. Schon Zeitgenossen haben das erkannt. Ernst Fraenkel etwa, Ende der dreißiger Jahre in die USA emigrierter SPD-Jurist und nach dem Zweiten Weltkrieg in Berlin Politikwissenschaftler, erklärte den Dualismus von Partei und Staat und das mit ihm entstandene Ämter-, Kompetenzen- und Organisations-Chaos aus dem

Neben- und Gegeneinander von »Maßnahme-« und »Normenstaat«.[2] Während in jenem faschistische Willkür und Gewalt herrschen, ist das politische Handeln in diesem an Gesetze, Gerichtsentscheidungen und Verwaltungsvorschriften gebunden. Franz Neumann, SPD-Jurist wie Fraenkel und seit 1937 an dem von Max Horkheimer geleiteten und inzwischen nach New York emigrierten Institut für Sozialforschung tätig, ging in seiner materialreichen Strukturanalyse der NS-Herrschaft über die rechtsstaatlich-politische Dimension noch hinaus. Das Verhältnis von Ökonomie und Politik sah er als spannungsreiches Nebeneinander von »privatkapitalistischer Monopolwirtschaft« und »totalitärer Befehlswirtschaft«. Weit davon entfernt, das NS-Regime als einen monolithischen Machtapparat anzusehen, war für ihn die herrschende Klasse ein Elitenkartell aus vier Führungsgruppen, die jeweils über eigene legislative, administrative und judikative Macht verfügten. Sie waren insoweit autonom oder gar »souverän«, mußten sich aber zugleich kompromißbereit und bündnisstrategisch verhalten, denn jede Gruppe brauchte die andere. Jedenfalls zunächst. Die Partei konnte den Krieg nicht ohne die Armee gewinnen, und diese konnte ihn nicht führen, ohne daß die Partei die Gesellschaft kontrollierte. Beide brauchten für die Realisierung ihrer weitreichenden Expansionsziele die Industrie, die ähnliche Interessen verfolgte. Und ohne die »technische Rationalität« der Staatsbürokratie wäre das ganze System kaum funktionsfähig gewesen.[3] Neumann hielt allerdings zu Beginn des Krieges eine Entwicklung für möglich, der zufolge die herrschende Klasse nach einem von Deutschland siegreich beendeten Krieg nur noch aus zwei Gruppen bestehen würde: der Partei und der Wehrmacht.

Der wissenschaftlich-politische Diskurs über das Dritte Reich in der Nachkriegszeit konnte an dieses bereits von Zeitgenossen erreichte hohe Niveau der analytischen Differenzierung nicht überall anschließen. In der allgemeinen Öffentlichkeit behauptete sich lange das Bild eines hierarchisch-monolithischen Herrschaftssystems mit Hitler als Alleinherrscher an der Spitze. Zu dieser Blickverengung trug zwangsläufig die zur »Hitlerzentrik« neigende Biographie-Forschung ebenso bei wie der zur formalistischen Abstraktion neigende Totalitarismus-Ansatz, der – unter dem Einfluß des Kalten Krieges – dazu tendierte, durch Gleichsetzung der faschistischen und kommunistischen Diktatur die Wahrnehmung und Bewertung der einen auf die andere zu übertragen.[4] Der Gefahr ideologischer Übervereinfachung entging auch die in den sechziger Jahren von marxistischen Historikern geführte Kontroverse über das Verhältnis von Wirtschaft und Politik nicht, die sich zur Frage zuspitzte, welchem von diesen beiden Machtbereichen denn eigentlich der »Primat« zukomme.[5]

Demgegenüber war das Bild, das seit Anfang der sechziger Jahre in einer Reihe von Spezialstudien und ersten Gesamtdarstellungen über Struktur und Funktionsweise, innere Widersprüche und Wandel des NS-Regimes gezeichnet wurde, ungleich differenzierter und substantieller.[6] So sah die grundlegende Studie zur nationalsozialistischen »Machtergreifung« von Karl Dietrich Bracher, Wolfgang Sauer und Gerhard Schulz bereits in der kurzen Phase zwischen der sogenannten nationalen Erhebung, der Röhm-Krise und dem »Sieg der Revolution von oben« nicht nur den brutalen Abschluß der Beseitigung des demokratisch-parlamentarischen Parteiensystems, sondern bereits den Übergang zu einem »neuen Pluralismus«. In diesem neuerlichen Differenzierungsprozeß kristallisierten sich »partikulare Herrschaftsbereiche« heraus, entstand eine Art »totalitären Dominiensystems« mit der Tendenz »zur Bildung von Staaten im Staate«.[7] Das galt in dieser begrifflichen Zuspitzung vielleicht nur für den SS-Staat Himmlers und Heydrichs und blieb für andere NS-Führungspersonen – wie etwa den Hitlerjugend-Führer Baldur von Schirach – ein unerreichtes Leitbild.[8] Aber dieser analytische Ansatz, der die selbstzerstörerische Eigendynamik und die teils funktionale, teils dysfunktionale Komplexität des NS-Regimes weder dämonisierte noch einseitig auflöste, wies der weiteren Forschung den Weg.

So betonte Karl Dietrich Bracher den für das »gelenkte Chaos« im Dritten Reich prägenden Dualismus von Staat und Partei.[9] Dessen Bedeutung relativierte der Hinweis auf die Differenzierung innerhalb der Bewegung, die Rivalitäten und wechselnden Bündnisse zwischen den verschiedenen Parteigrößen der NSDAP, wobei sich vor allem zwei Komplexe herausbildeten: die Politische Organisation der Partei und der SS-SD-

Gestapo-Komplex, während die Deutsche Arbeitsfront (DAF) mit ihren Organisationen durch Hitler aus der Tarif- und Sozialpolitik in kaum weniger bedeutsame massenkulturelle Aufgaben abgedrängt wurde. Auch Martin Broszat zeigte die Konfliktlinie zwischen »den autoritären ordnungsstaatlichen Stabilisierungsfaktoren und den totalitären nationalsozialistischen Bewegungskräften« auf. Zugleich wies er nach, daß zwischen beiden durch die Gleichzeitigkeit von Trennung *und* Verdopplung von Partei- und Staatsämtern bis etwa 1937/38 ein relativ stabiles Gleichgewicht bestand. Im Zuge des »totalen« Eroberungs- und »Kreuzzugskrieges« (Arno J. Mayer), in dem der Nationalsozialismus wieder zum dynamischen Faktor wurde, entwickelte sich das NS-Regime dann zur »Kampfbewegung« zurück, nun allerdings nicht mehr im »nationalrevolutionären« Zuschnitt, sondern für die Entfesselung eines Weltkrieges. Broszat hat diesen Differenzierungsansatz weiter verfolgt und in der »Polykratie der Ressorts« sowie der Auffächerung der bis zum Ausscheiden von Blomberg, Fritsch, Neurath und Schacht vergleichsweise einheitlichen administrativen Führungsstruktur weitere Elemente der autoritären und »institutionellen Anarchie« (H. Mommsen) aufgezeigt.[10]

Inzwischen ist es üblich geworden, im Diskurs über die makropolitischen Strukturen des Dritten Reiches mit ihrer widersprüchlichen »Gleichzeitigkeit von Lockung und Zwang, Verführung und Verbrechen«[11] hinsichtlich der verschiedenen Politikfelder nach dem Verhältnis von monokratischen und polykratischen Strukturen zu fragen. Ohne diese Elemente gegeneinander auszuspielen oder in der alles überragenden und im Führer-Mythos überhöhten Stellung Hitlers aufgehen zu lassen. Hitler und seine Führungsgruppen blieben stets aufeinander angewiesen. Die nachgeordneten NS-Führer waren durch das komplizierte und instabile Geflecht von Autonomie, Abhängigkeit und Bündniszwang im Konfliktfalle von Hitler abhängig. Selbst Göring und Goebbels bekamen das bisweilen zu spüren. Umgekehrt wurde Hitlers Stellung – solange der Erfolg anhielt oder ihm zugeschrieben werden konnte, ohnehin kaum angreifbar – durch die »permanenten Penetrationsversuche, Differenzierungen und Kompromisse«[12] im Zuständigkeitswirrwarr um ihn herum stabilisiert. Die Frage stellt sich nun, inwieweit dieses Bild eines polykratisch-dynamischen Bewegungsregimes auch für den übergreifenden Bereich der Kulturpolitik gilt.

Kompetenzen und Konflikte: Goebbels – Ley – Rosenberg

In ihrer beispielhaften Pionierstudie über die Kunstpolitik des Dritten Reiches hat Hildegard Brenner bereits vor über fünfundzwanzig Jahren Überlegungen vorgetragen, die heute ebenso anregend sind wie damals. Kunstpolitik, so schrieb sie, habe zwei Seiten. Zum einen greife sie direkt und regulierend in diese Sphäre ein, zum anderen mache sie mittels Kunst Politik. Dafür stünden ihr prinzipiell zwei Wege zur Verfügung: ein formeller, über Gesetze, Geldmittel und Institutionen, und ein informeller, über Gruppenleitbilder, Wertorientierungen und Verhaltensmuster, wie sie in politischen Ideologien, religiösen Überzeugungen, ästhetischen Traditionen vorgegeben seien. Denn Kunst sei ja nicht nur Kunstwerk und Künstlerdasein, sondern eben auch eine soziale Macht. Subjektiv und individuell stehe im Kunstprodukt zwar das Erlebnis von Zauber, Faszination und Spannung im Vordergrund. In der Übermittlung von Symbolen, Bildern usw. sei es aber zugleich auch sozialer Funktionsträger. Kunst als Medium der sozialen Kontrolle durch gelenkte Wirklichkeitsdeutung.[13] Das gilt im Zeitalter der Kulturindustrie mit ihrem Doppelgesicht aus Kommerzialisierung und Demokratisierung nicht mehr nur für die schönen Künste der bürgerlichen Hochkultur, sondern vor allem für die Massenprodukte der Unterhaltungs-, Illusions- und Freizeitkultur.

Die Nazis haben nach diesen Einsichten Politik gemacht. Dabei bemühten sie sich nach Kräften, die bürgerliche Emanzipation der Kunst aus ihrer Einbindung in die vormoderne Sphäre von Magie, religiösem Kult und höfischem Ritual rückgängig zu machen. Sie wollten den Mythos und die Kunstreligion wiederbeleben. Der Mitgründer und Leiter des »Kampfbundes für deutsche Kultur«, Alfred Rosenberg, betonte schon auf dem Nürnberger Parteitag der NSDAP von 1929, daß es die Aufgabe der Kunst sei, »durch anschauliche Symbole – Farben, Zeichen, Töne – ein allgemeines Wesen zu ermitteln, einen Lebensmythos darzustellen«.[14] Er war darin nicht sehr wählerisch. Ihm stand nur *ein* Symbol vor Augen: das »Ideal der nordischen Rasse«. Daraus ließ sich wohl eine Kulturpolitik ideologischer Radikalität ableiten, aber das Problem der Qualität war damit nicht gelöst. Auch das NS-Regime mußte diesem Kriterium irgendwie Rechnung tragen. Zwar orientierte sich die NS-Kulturpolitik weniger an einem traditionell-bürgerlichen Bildungskonzept, sondern mehr an einem Mobilisierungs- und »Beherrschungsprogramm« (H. Brenner). Gleichwohl hatte sie mit diesem Problem beständig zu tun. Bereits im politischen Machtkampf 1933/34, der ja auch ein bewegungsinterner Strategie- und Richtungsstreit war, kam es zu einer äußersten Zuspitzung. Die Kontrahenten dieses kulturpolitischen Konfliktes waren Goebbels und Rosenberg.

Die NS-Kulturpolitik läßt sich überhaupt als ein Feld charakterisieren, auf dem unterschiedliche ideologische Strömungen aufeinandertrafen und mehrere NSDAP-Größen mit- und gegeneinander agierten. Sie nahmen dabei unterschiedliche Lenkungs- und Repräsentanzfunktionen wahr, verfolgten eigene machtpolitische Interessen, waren aber doch in dem Bestreben verbunden, dem NS-Regime zum Erfolg zu verhelfen, was zwangsläufig ihre Bereitschaft einschloß, sich mehr oder weniger aktiv und billigend an den NS-Gewaltverbrechen zu beteiligen. Die wichtigsten Funktionsträger der NS-Kulturpolitik waren Hermann Göring (vor allem als Preußischer Ministerpräsident), Joachim von Ribbentrop (Außenminister), Bernhard Rust (Minister für Wissenschaft, Erziehung und Volksbildung), Baldur von Schirach (Reichsjugendführer), Albert Speer, Goebbels, Ley und Rosenberg, während Frick seine Kompetenzen weitgehend an Goebbels verlor.

Neben Hitler gilt Joseph Goebbels als eine der schillerndsten Figuren der NS-Zeit. Von seiner Person geht bis heute eine ebenso »abstoßende wie faszinierende Wirkung« (E. Fröhlich) aus. Intelligenz und überragende rhetorische Fähigkeiten hoben ihn aus dem Mittelmaß der NS-Führung heraus und machten ihn zugleich zum Außenseiter. Der körperlich schwer behinderte Goebbels galt schon bald als eine Art nationalsozialistischer Robespierre, ein intellektuell-zynischer, aber auch larmoyanter, großstädtisch erfahrener Propagandist und erfolgreicher Agitator, ein Virtuose im Umgang mit den modernen Massenmedien und bei der Organisation von Massenveranstaltungen. Seit der »Kampfzeit« stand er in dem Ruf, ein intriganter Karrierist und von seiner Aufgabe besessener Aktivist zu sein. Von seinen Ministerkollegen und Parteiführungsgenossen wurde er deshalb wenig geschätzt. Um so mehr war er von der Gunst Hitlers abhängig und – weil ohne Hausmacht – um diese auch ständig bemüht.

Von Hitler begünstigt und ihm entsprechend ergeben war auch Robert Ley, ein ebenfalls in der »Kampfzeit« erprobter ehrgeiziger Demagoge, der erst Reichsorganisationsleiter wurde und dann Chef des DAF-Imperiums, mit dem er seine Vision einer sozialstaatlich-faschistischen »Umerziehung« und »Betreuung« der Deutschen verwirklichen wollte. Von politisch-religiösen Wahnvorstellungen erfüllt und von sozialen Ängsten verfolgt, verkörperte der maßlos ehrgeizige, charakterlich labile, alkoholabhängige und aggressive Ley mit seinem feudalen Lebensstil in hohem Maße den Typ des nationalsozialistischen Parteiführers und »braunen« Revolutionärs.

Alfred Rosenberg schließlich ist der kulturkämpferische Repräsentant des völkisch-antisemitischen Flügels gewesen, ein erfolgloser Autor (*Der Mythus des 20. Jahrhunderts*) und langjähriger Hauptschriftleiter des *Völkischen Beobachters* mit einem Hang zum antichristlichen Mystizismus und politisch ohne Instinkt und Fortune: sowohl als selbsternannter Chefideologe wie auch als Außenpolitiker seiner Partei. Allerdings bewies er in den Kriegsjahren – als Reichsminister für die besetzten Ostgebiete und mit seinem »Einsatzstab« beim europäischen Kunstraub –, welch zerstörerische Wirkung selbst eine durchsetzungsschwache Person in der NS-Führung entfalten konnte. Auch in der »Kampfzeit« war er nicht ohne Erfolg. Immer wieder machte er von sich reden. Und schon früh zeichnete sich der Konflikt zwischen ihm und Goebbels um die Richtung der NS-Kulturpolitik ab.

Zunächst gab Rosenberg mit seinen nationalen Kulturkampf-Aktionen den aggressiven Ton an.[15] Er stützte sich dabei auf alldeutsche, völkisch-antisemitische und deutsch-nationale

Kreise, auch der Richard-Wagner-Kreis war zahlreich vertreten, sowie eine Reihe mehr oder minder bekannter Namen als Redner und Förderer. Darunter waren zahlreiche Professoren – u.a. Hans Adolf Bühler, Othmar Spann und Heinrich Wölfflin –, die Schriftsteller Adolf Bartels, Erwin Guido Kolbenheyer, Hanns Johst und Emil Strauß und die Verleger Hugo Bruckmann, Eugen Diederichs und J. F. Lehmann. Nazis der ersten Stunde, die früher oder später Karriere machen sollten – so Sepp Dietrich, Wilhelm Frick, Karl Kaufmann, Bernhard Rust, Hans Severus Ziegler u.a. – leiteten Fachgruppen und bauten die »Kampfbund«-Gauorganisationen auf. Ihre Mitglieder und Sympathisanten waren vor allem in einer antimodernistischen »Kunstabwehrgesinnung« geeint. Wo immer er konnte, zog Rosenbergs »Kampfbund« gegen den »Terror des Kunstbolschewismus« zu Felde: mit zahlreichen Vortragsveranstaltungen, die sich immer wieder auch in die örtliche und regionale Kulturpolitik in rüdester Weise einmischten und nicht selten von Saalschlachten begleitet wurden, was ihrer Publizität zugute kam. Und mit einer unablässigen publizistischen Hetzkampagne gegen den Nihilismus und das »kulturbolschewistische Untermenschentum« der Weimarer Avantgarde.

Ihr internationales Renommee wurde nun zur Gefahr für die modernen Künstler. Denn es diente den Nazis als »Beweis«, sie zu Feinden eines »arteigenen deutschen Volkstums« stempeln und fortgesetzt diffamieren zu können. Zu der großen Zahl bekannter Namen zählten u.a. Barlach, Beckmann, Dix, Grosz, Heckel, Hofer, Kandinsky, Kirchner, Klee, Kokoschka, Kollwitz, Nolde, Pechstein, Schlemmer, Schmidt-Rottluff, Schwitters; Brecht, Feuchtwanger, die Brüder Mann, Remarque, Toller, Tucholsky, Wassermann und Arnold Zweig. Die *Neue Musik* verkörperte ebensowenig die »ewigen Kultur- und Charakterwerte« der deutschen Nation wie das *Neue Bauen* oder die Theaterinszenierungen von Jessner, Piscator und Reinhardt. Gegen das »Krankhafte« und »rassisch Entartete« dieser Kunst wurden die völkischen Visionen vom »deutschen Wesen« gestellt, dem ein »nordisch-heldisches« – natürlich – männliches Leitbild zugrunde lag. Schultze-Naumburg, der sich dabei besonders hervortat, machte diese ebenso übermächtige wie chimärenhafte Idealgestalt einem davon entzückten

Publikum vorzugsweise an den Figuren des Bamberger und Naumburger Doms anschaulich.

Ihren Höhepunkt fand diese Kampagne, die den »Kampfbund« in den Augen des bürgerlich-liberalen Publikums mehr und mehr zu einer kulturpolitischen SA-Kampfgruppe werden ließ, in Thüringen. Hier war es der NSDAP nach den Landtagswahlen Anfang Dezember 1929 – und überhaupt erstmals – gelungen, in eine rechtsbürgerliche Koalitionsregierung zu kommen. Wilhelm Frick, vormals höherer Münchener Polizeibeamter, wurde Innen- und Volksbildungsminister, Ziegler einflußreicher kulturpolitischer Berater und Schultze-Naumburg neuer Leiter der Vereinigten Kunstlehranstalten, die zuvor Bauhaus hießen. Nun konnte mit den Mitteln der Regierung der »Kampf gegen marxistische Verelendung« verstärkt geführt und ein »kulturpolitisches Bollwerk« gegen die »fremdrassigen« Einflüsse auch offiziell aufgebaut werden. Man liest es zweimal und glaubt es dennoch kaum: Ende April 1930 gab Fricks Amtsblatt den Erlaß »Wider die Negerkultur für deutsches Volkstum« heraus. Thüringen avancierte zum Vorfeld und Modellfall nationalsozialistischer Kulturzerstörung. Stücke wurden abgesetzt und Bücher verboten. Dabei durfte sich schon einmal der spätere Verfasser der »schwarzen Listen«, der Stettiner Bibliothekar Wolfgang Hermann, mit einer Kampagne für die »nationale Wehrhaftmachung« der deutschen Literatur hervortun. Hindemith und Strawinsky verschwanden aus den Konzertprogrammen, Piscator-Aufführungen von der Bühne, und gleich reihenweise wurde die moderne Kunst aus den Museen entfernt. Oskar Schlemmers Bauhaus-Wandfresken ließ Schultze-Naumburg kurzerhand überpinseln. Dieser Vandalismus wütete ein Jahr. Ein parlamentarisches Mißtrauensvotum beendete die Regierungsbeteiligung der Nazis. Aber nur kurzzeitig, denn bei den Landtagswahlen im Juli 1932 triumphierten sie erneut und gewannen die absolute Mehrheit.

Als Frick schließlich in Hitlers Kabinett Anfang 1933 Reichsinnenminister wurde, da war zu erwarten, daß bald überall in Deutschland thüringische Verhältnisse herrschen würden. Zumal überall sogenannte Kunstkommissare eingesetzt wurden, überwiegend Vertrauensleute des »Kampfbundes«. Sie fungierten zugleich als kunstpolitische Berater der NSDAP-Gauleitungen. Verbotslisten für Film und Theater wurden zusammengestellt, und auch der Bildersturm setzte erneut ein. Die nazistische Gegenrevolution gegen das kulturelle Erbe der Republik trumpfte mächtig auf. Die Moderne flüchtete ins rettende Exil, verschwand in den von den Nazis so genannten »Schreckenskammern« und »Schauerkabinetten« und verbrannte bei den »Aktionen wider den undeutschen Geist«, wie Studenten und Professoren die von ihnen um den 10. Mai in vielen deutschen Universitätsstädten organisierten Bücherverbrennungen nannten. Vorbereitung und Durchführung dieser spektakulären Aktionen lagen bei den beiden Studentenverbänden, die um nazistisches Profil rivalisierten. Der »Kampfbund« verfolgte ähnliche Vorstellungen. Anstöße dazu kamen auch aus dem gerade erst geschaffenen neuen Reichsministerium für Volksaufklärung und Propaganda. Und Goebbels nutzte die Gelegenheit, sich in dieser Phase extremer Mobilisierung der NS-Bewegung zu profilieren und setzte sich ostentativ an die Spitze der zentralen Berliner Aktion.[16]

Kurz zuvor war er zum neuen Propagandaminister berufen worden und nicht Rosenberg, was viele erwartet hatten, vor allem dieser selbst. So konnte Goebbels seinen hartnäckigsten kulturpolitischen Rivalen in der Hierarchie der NS-Führung überflügeln, politisch ausgeschaltet hatte er ihn damit jedoch noch nicht. Das sollte sich schon bald zeigen. Dafür, daß Goebbels erst Mitte März Minister wurde, gab es wenigstens zwei Gründe. Einmal galt er den Deutschnationalen nicht unbedingt als ministrabel. Der Berliner Gauleiter hatte sich eher als »Trommler und Trompeter« proviliert. Zum anderen brauchte Hitler ihn zunächst noch wegen seiner agitatorischen Qualitäten als Wahlkampf- und Propagandaleiter für die Wahl am 5. März. Sie sollte dem neuen Regime zu einer parlamentarischen Scheinlegitimation verhelfen. Und Goebbels nutzte die Gunst der Stunde, die sie zumindest für ihn hatte. Jetzt, in der Phase des Übergangs von der »Kampfzeit« in die Regierungstätigkeit, war es für ihn »leicht, den Kampf zu führen ... [und] ein Meisterstück der Agitation« zu vollbringen, denn er konnte bereits über alle repressiven, organisatorischen und finanziellen Mittel des Staates verfügen. Aber längst hatte er erkannt, daß es »sehr schwer« sein würde, »die Partei in einem Zuge aus der bisherigen Siedehitze der Opposition in den Staat überzuführen«.[17]

Schon wenige Tage nach der Wahl, die zwar der Rechtskoalition eine knappe Mehrheit brachte, aber eben nicht der NSDAP, kam dann für ihn der »große Augenblick«, wie er das selbst sah: seine Vereidigung durch den Reichspräsidenten. Und Ende Juni erklärte Hitler ihn zuständig »für alle Aufgaben der geistigen Einwirkung auf die Nation, der Werbung für Staat, Kultur und Wirtschaft, der Unterrichtung der in- und ausländischen Öffentlichkeit über sie und der Verwaltung aller diesen Zwecken dienenden Einrichtungen«. Er verfügte jetzt über fast alle Kompetenzen eines Reichskultur-Ministers. Nur die für Wissenschaft und Erziehung (B. Rust) fehlten. Und Ende September wurde er auch noch Präsident der Reichskulturkammer, eine Art »Staatsgewerkschaft«, die »gleichgeschaltete« berufsständische Zwangsvereinigung aller »Kulturschaffenden«. Nun konnte er, nun mußte er aber auch alles zugleich sein: Minister und Lobbyist, Agitator und Administrator. Waren damit die Interessengegensätze zwischen diesen Rollen und Funktionen beseitigt oder nur in seiner Person gebündelt, gleichsam in Personalunion aufgehoben?

In seiner ersten programmatischen Rede zur Eröffnung der Reichskulturkammer am 15.11.1933 im Großen Saal der Berliner Philharmonie wurden diese Spannungen zumindest ansatzweise deutlich. Nachdem er langatmig die Gegenrevolution der Nazis als eine »nationale« und »totale Revolution« und – dem Zeitgeschmack folgend – als »Politik im höheren Sinne« dargestellt hatte, ging er schließlich auch auf die Freiheit des Individuums unter dem Nationalsozialismus im allgemeinen und die des Künstlers im besonderen ein: »Der Sinn *der* Revolution, die *wir* gemacht haben, ist die Volkwerdung der deutschen Nation... [Sie] war zweitausend Jahre lang die Sehnsucht aller guten Deutschen... Das deutsche Volk, einst das zerrissenste der Welt, durch Parteien und Meinungen fast atomisiert... vollzog... eine Einigung, die bis dahin als... gegen jede Erfahrung und Lehre der Geschichte gerichtet belächelt und abgelehnt wurde... Freilich mußte dabei die Freiheit des Individuums insoweit eingegrenzt werden, als sie sich mit der Freiheit der Nation stieß oder im Widerspruch befand... Das gilt auch für den schaffenden Künstler. Die Kunst ist kein absoluter Begriff, gewinnt erst Leben im Leben des Volkes...« Voller Verachtung gegen den »bloß artistischen Snobismus« und seine »Schlappheit« bekannte er sich zur »heroischen Lebensauffassung« und einer »stählernen Romantik« als der neuen Gesinnung der Zeit, um sogleich zu betonen, »niemand von uns« sei der Meinung, »daß Gesinnung Kunst ersetzen könne...«. Vielleicht wollte er hier mit seinem Rivalen Rosenberg abrechnen, sich zumindest von dessen dogmatischer Position abgrenzen. Auch Goebbels ließ bei dieser Inpflichtnahme der Künstler durch das NS-Regime keinen Zweifel daran, daß der Staat und seine »neuen Gesetze« allen vor- und übergeordnet seien, um sogleich hinzuzufügen, daß der »Künstler darüber hinaus... frei und ungebunden« ist. Obwohl er damit einen faktischen Widerspruch benannte, tat er so, als ob dieser eigentlich, also in einem »höheren Sinne«, nicht bestand. Das störte offenbar niemanden. Im Gegenteil. Unter dem Beifall seines Publikums hob er auch noch einen anderen Konflikt mühelos auf: die Reichskulturkammer, versicherte er, stehe »über den überlebten Begriffen von modern und reaktionär«. In einer »jungen Zeit«, die mit dem Nationalsozialismus angebrochen sei, müsse auch der Künstler »jung empfinden und neu gestalten«.[18]

Das schien bei aller pathetisch verquollenen und blumig verklausulierten Sprache verschiedene Optionen offen und die Entwicklung einstweilen noch in der Schwebe zu halten. Jedenfalls brachte Goebbels mit dieser Rede das demagogische Kunststück fertig, Beruhigung, Drohung und Versprechen gegenseitig zu neutralisieren. Das geschah nicht grundlos. Widersprüche kennzeichneten die NS-Kulturpolitik. Goebbels und seine Leute waren nicht jene »guten Schutzpatrone der deutschen Kunst und Kultur«, die sie zu sein immer wieder vorgaben. Andererseits überließen sie aber auch nicht einfach Rosenbergs »Kampfbund« das kulturpolitische Feld. Gewiß, die politischen »Säuberungen« und »Gleichschaltungen« gingen weiter. Aber zugleich fanden in dieser Übergangsphase heftige innerparteiliche Macht- und Richtungskämpfe statt.[19]

Sie wurden vor allem auf dem Feld der bildkünstlerischen Moderne ausgetragen. Unterstützt von Kunstkritikern, Galeristen und Museumsdirektoren hatte sich um die Maler Otto

Andreas Schreiber und Hans Weidemann, der Referent in Goebbels Ministerium war, im NS-Studentenbund eine Oppositionsgruppe formiert, die sich nachdrücklich für die Vertreter eines »nationalen« und auch »nordischen Expressionismus« einsetzte und die Verfolgung von Barlach, Heckel, Kirchner, Mueller, Rohlfs, Schmidt-Rottluff und Nolde als ein völkisch-reaktionäres »Vergehen an deutscher Kultur« attackierte. Mit verschiedenen Aktionen ging sie an die Öffentlichkeit. So mit einer publizistischen Offensive, die auch in der bürgerlich-liberalen Presse ihren wohlwollenden Niederschlag fand. So in Ausstellungen und Vortragsveranstaltungen. Unter dem Motto »Jugend kämpft für deutsche Kunst« fand Ende Juni in der Friedrich-Wilhelm-Universität in Berlin eine große Kundgebung statt, auf der sich die NS-Studentenführer gegen jede reaktionäre Reglementierung der Kunst aussprachen und die »nordischen Expressionisten« zum Programm erhoben. Die Rosenbergschen »Kampfbund«-Gruppen wurden kurzerhand für aufgelöst erklärt. Solidaritätsadressen kamen nicht nur aus anderen Universitätsstädten. Beifall spendeten auch die liberalen Zeitungen. Hartnäckig hielten sich Gerüchte, wonach Hitler die öffentliche Diffamierung von Barlach bedauerte, Reichsminister Rust Nolde für den größten lebenden deutschen Maler hielt und Goebbels sogar mit mehreren Nolde-Bildern aus der Nationalgalerie seine Wohnung schmückte.

Ende Juli wurde in der Galerie Ferdinand Moeller die Ausstellung »Dreißig deutsche Künstler« eröffnet, auf der u. a. Barlach, Macke, Nolde, Pechstein, Rohlfs und Schmidt-Rottluff gezeigt wurden. Frick ließ sie wenige Tage später schließen. Bald darauf wurde sie wieder geöffnet, allerdings nicht mehr als Veranstaltung des NS-Deutschen Studentenbundes. Gleichzeitig hatte Professor Alois Schardt, Direktor der Berliner Nationalgalerie, die Bestände des Kronprinzenpalais neu geordnet, eine der repräsentativsten Sammlungen moderner Kunst in Deutschland. Um die expressionistische Kunst der Gegenwart zu retten, interpretierte er die Kunstgeschichte um. Die selbstgestellte, aber zeitgemäße Frage: Was ist deutsche Kunst? beantwortete er mit dem Hinweis, daß der Kern des deutsch-völkischen Wesens im Prophetischen und Ekstatischen liege und diese Elemente ihren Ursprung in der Ornamentik der deutschen Bronzezeit hätten. Nicht einmal darauf mochten sich die Partei und der zuständige Minister Rust einlassen. Der Versuch scheiterte, und Schardt mußte später emigrieren.

Die nationalsozialistische Kunstavantgarde ließ sich noch nicht entmutigen, zumal sie durch Goebbels Rückendeckung bekam. Sie gründete die Gruppe »Der Norden«, die – 1935 allerdings wieder eingestellte – Zeitschrift *Kunst der Nation* und konnte sogar Vertrauensleute in offizielle Positionen bringen. Zum Höhepunkt dieser kunstpolitischen Oppositionsbewegung geriet dann im März 1934 die Ausstellung »Italienische Futuristische Flugmalerei« (Aeropittura) in der Galerie Flechtheim, die unter höchster offizieller Protektion stand. Das hinderte Rosenbergs »Kampfbund« allerdings überhaupt nicht, den Wortführer der Futuristen und Mussolini-Vertrauten Marinetti sowie seine Berliner Sympathisanten heftig im *Völkischen Beobachter* zu attackieren. Mit scharfem Protest reagierte Rosenberg auch darauf, daß der Propagandaminister anläßlich der »Volksbefragung« vom 19. 8. 1934 prominente Künstler wie Barlach, Mies van der Rohe und Nolde gedrängt hatte, »führerfreundliche« Wahlaufrufe zu unterschreiben.[20]

Der Konflikt zwischen nationaler Moderne und völkischer Antimoderne spitzte sich zu. In zahlreichen aggressiven Briefen an Goebbels, die auch dem Hitler-Stellvertreter Rudolf Heß zugeleitet wurden, zog Rosenberg immer wieder dessen Linientreue in Zweifel. Goebbels verbat sich schließlich solche Beschuldigungen und weigerte sich, einen solchen »Federkrieg« zu führen. Für ihn war Rosenberg bloß ein »sturer eigensinniger Dogmatiker«.[21] Aber ihre Auseinandersetzung war längst über den persönlichen Konflikt von zwei ehrgeizigen Kulturpolitikern hinausgewachsen. Er beschäftigte auch die Öffentlichkeit und die Partei sowieso, zumal mit der NS-Gemeinschaft »Kraft durch Freude« (KdF) innerhalb der DAF ein neues kulturpolitisch wichtiges Tätigkeitsfeld entstand. Während Rosenberg lautstark vor allem in Reden, Briefen und den Spalten des *Völkischen Beobachters*, deren Schriftleiter er war, gegen die als »Otto-Strasser-Bewegung« titulierte kulturpolitische Opposition in der NSDAP agitierte, versuchte Goebbels seinen Einfluß und seine eigene Machtposition unauffälliger, aber womöglich erfolgreicher vor allem durch eine geschickte Personalpolitik zu stärken und zu stabilisieren.

In diesen Konflikt griff Hitler erst spät ein. Zwar hatte er bereits Anfang Juli 1933 die »nationalsozialistische Revolution« für beendet erklärt, aber erst auf dem Reichsparteitag im September 1934 erteilte er auch den kunstpolitischen Flügelkämpfen eine Absage. Zunächst schien es allerdings so, als ob er sich auf die Seite Rosenbergs und des »Kampfbundes« stellen würde. Heftig beschimpfte er »das ganze Kunst- und Kulturgestotter von Kubisten, Futuristen [und] Dadaisten«, die für ihn bloße »Kunstverderber« waren. Dann aber ging er noch auf eine weitere Gefahr ein: »Zum zweiten aber muß der nationalsozialistische Staat sich verwahren gegen das plötzliche Auftauchen jener Rückwärtse, die meinen, eine ›teutsche Kunst‹ aus der krausen Welt ihrer eigenen romantischen Vorstellungen der nationalsozialistischen Revolution als verpflichtendes Erbe für die Zukunft mitgeben zu können.«[22] Auch wenn Hitler keine Namen nannte, jeder wußte, wer gemeint war. Politisch hatte er sich bereits in den zwanziger Jahren von den vielen »völkischen Veteranen« (Brenner) und ihren apolitisch-kulturorientierten Gruppen abgesetzt, um sie gleichwohl für seine Zwecke zu instrumentalisieren. Jetzt, nachdem sie in seinem machtpolitischen Kalkül offensichtlich keine wichtige Rolle mehr spielten, rechnete er auch kulturpolitisch mit ihnen ab.[23]

Damit war aber weder eine neue programmatische Leitlinie für die NS-Kunst- und Kulturpolitik erkennbar geworden, noch der Machtkampf zwischen Goebbels und Rosenberg entschieden. Wie also ging es weiter? Wie wurde dieser Konflikt schließlich gelöst, wenn er überhaupt gelöst wurde? Vor allem aber: Waren beide gleichermaßen geschwächt, nachdem Hitlers Intervention ihren Handlungsspielraum begrenzt und zumindest definiert hatte, wie er sich nationalsozialistische Kultur nicht vorstellte?

Zwar hatte Rosenberg aus dem Prozeß der kulturpolitischen »Gleichschaltung« zunächst einen gewissen Nutzen gezogen und die beiden wichtigsten deutschen Theater-Besucher-Organisationen – den Verband der freien Volksbühne und den Bühnenvolksbund – im Juni 1934 mit seinem »Kampfbund« zur neuen, mitgliederstarken »NS-Kulturgemeinde« vereinigen können. Zwar war seine im Winter 1933/34 ziemlich angeschlagene Position in gewisser Weise aufgewertet worden, als Hitler ihn im Januar 1934 mit der »Überwachung der gesamten geistigen und weltanschaulichen Schulung und Erziehung der Partei und aller gleichgeschalteten Verbände sowie des Werkes ›Kraft durch Freude‹« beauftragt hatte. Diese Funktion war jedoch ein recht zweifelhafter Ersatz für das entgangene Ministeramt. Zwar hatte er dadurch – zumindest vorübergehend – in Robert Ley einen neuen, einflußreichen Bündnispartner gefunden. Ley suchte als Reichsorganisationsleiter nach neuen Inhalten und Richtlinien für die Schulung seiner Funktionäre – die bloße Agitation gegen Weimar genügte nun nicht mehr. Deshalb hatte er Hitler vorgeschlagen, Rosenberg mit dieser Aufgabe zu betrauen. Aber eine Gegenmacht zum umfassenden kulturpolitischen Lenkungsapparat seines Rivalen Goebbels war Rosenberg damit nicht zugefallen.

Zudem erwies sich das Bündnis zwischen Ley und Rosenberg als wenig stabil, während es zugleich zwischen Ley und Goebbels zu einer Annäherung kam. Zwischen ihnen hatte sich zunächst ein Konflikt an der Frage entzündet, wer von beiden die große Künstlerorganisation aufbauen und leiten würde. In dem Maße, in dem die Gründung einer großen Freizeitorganisation innerhalb der DAF Gestalt annahm, verlor die Frage der Künstlergewerkschaft für Ley schnell an Bedeutung. Um in kürzester Zeit ein populäres Massenkulturprogramm auf die Beine zu stellen, war er vor allem auf talentierte Kulturfunktionäre und befähigte Künstler angewiesen und insofern auch auf Goebbels, der über beide verfügte.

Damit hatte sich die Konfliktkonstellation, hatten sich aber auch die Bündnismöglichkeiten erweitert und kompliziert. Auf kulturpolitischem Feld konkurrierten und kooperierten jetzt außer Göring vor allem Goebbels, Rosenberg und Ley, wobei dessen Interesse weniger kultur- als vielmehr organisationspolitisch motiviert war.[24] Man mochte glauben, daß in dieser Machtkonstellation Rosenberg den schwächsten Part spielte. Er wurde in der NS-Führung oft verspottet und von nicht wenigen verachtet. Göring bezeichnete Rosenbergs *Mythus des 20. Jahrhunderts* schlichtweg als »Schund« und »philosophischen Rülpser«, und Goebbels fand für ihn die sarkastische Formel

»Beinahe-Rosenberg«, da dieser – ambitioniert, aber nur mäßig qualifiziert – weder Gelehrter noch Schriftsteller geworden war, nicht Kultusminister und – obwohl Hitlers langjähriger außenpolitischer Berater – auch nicht Außenminister. Machtlos war er keineswegs. Und erfolglos schon gar nicht. Vielleicht wurde sein Einfluß sogar unterschätzt.[25] Das sollte sich spätestens im Wendejahr 1936/37 zeigen, als das NS-Regime durch seine glanzvolle Selbstdarstellung während der Olympischen Spiele einen Höhepunkt seiner kulturellen Täuschungs- und Selbsttäuschungs-Kampagnen erreichte und zugleich die innen- und außenpolitische Radikalisierung einleitete.

Rosenbergs bevorzugtes Angriffsziel waren die »Kunstbolschewisten«, die sich unter Goebbels Mitarbeitern befanden und von ihm protegiert wurden. Dazu gehörten Otto Andreas Schreiber und Hans Weidemann. Beide hatte Goebbels aufgrund einer Absprache mit Ley in das Kulturamt von KdF lanciert. Rosenberg erreichte, daß das Kulturamt aufgelöst bzw. in das Amt Feierabend umgewandelt wurde und Weidemann wieder zurück in Goebbels Mitarbeiterstab mußte. Er stieg später zum stellvertretenden Präsidenten der Reichsfilmkammer auf, während Schreiber blieb und – ein »Meister der Tarnkunst« (R. Bollmus) – bei KdF eine unglaublich anmutende Ausstellungsaktivität entfalten konnte. Bis in den Krieg hinein wurde – abgeschirmt von aller Öffentlichkeit – in mehreren hundert Fabrikausstellungen deutschen Arbeitern moderne Kunst gezeigt.[26]

Goebbels konnte diese Schlappe allerdings schon bald ausgleichen. Im Juli 1934 ernannte Ley den gelernten Theatermann und Präsidenten der Reichsrundfunkkammer, Horst Dreßler-Andreß, der als Kulturamtsleiter zuvor abgelehnt worden war, zum neuen Amtsleiter von KdF.[27] Rosenberg war außer sich und lamentierte, daß sich KdF »wie ein Ölfleck ... formlos und anmaßend über das ganze Leben Deutschlands« ausbreite, um zugleich seine NS-Kulturgemeinde als Stätte »einer Auslese der kulturempfangenden Menschen« herauszustreichen.[28] So ging der kulturpolitische Kleinkrieg weiter, denn überall sah Rosenberg die »Reinheit der Idee« durch »kulturelle Skandale« gefährdet. Ob Goebbels das ignorierte oder mit ironischer Schärfe kommentierte, er konnte nicht verhindern, daß Rosenbergs weltanschauliche Definitionsmacht Skandale produzierte. So kam es zu den »Fällen« Richard Strauss, Wilhelm Furtwängler, Paul Hindemith und Hermann Oncken. Strauss wurde gezwungen, sein Amt niederzulegen, Hindemith mußte Deutschland verlassen und Oncken wurde aus seinem Amt entfernt, weil er als Leiter der Historischen Reichskommission dem NS-Historiker Walter Frank im Wege stand. Auch mehrere Kammer-Präsidenten, die Goebbels berufen hatte, mußten ihr Amt verlassen. So der NS-Schriftsteller und Präsident der Reichsschrifttumskammer, Hans Friedrich Blunck, der unter den Nazis immerhin als namhafter Vertreter der »nordischen Renaissance« galt. So der Präsident der Reichsfilmkammer, Fritz Scheuermann. So schließlich auch der als gemäßigt geltende Präsident der Reichskunstkammer, der Architekt Eugen Hönig. Er wurde durch Adolf Ziegler ersetzt, jenen radikalen Vertreter der von Hitler als »Rückwärtse« titulierten Völkischen, der bereits am Bildersturm und an der Liquidierung der Moderne in Thüringen in vorderster Reihe beteiligt gewesen war. Allerdings scheiterte Rosenberg bei seinem Versuch, gegen Goebbels – oder an ihm vorbei – einen Reichskultursenat zu berufen. Er verknüpfte mit diesem Projekt den Plan, seinen parteipolitischen Einfluß zu vergrößern und zugleich zu ministeriellen Kompetenzen zu kommen. Er strebte an, »Ordenskanzler der NSDAP« zu werden und gleichzeitig zum »Reichsminister für Weltanschauung und Kultur« ernannt zu werden. Doch Hitler lehnte ab.

Offenbar sah sich Goebbels unter dem Druck der anhaltenden Interventionen von Rosenberg zum Einlenken gezwungen, zumindest aber zu taktischer Vorsicht. Die Möglichkeit einer Annäherung war begrenzt. Zu einer Eingliederung der NS-Kulturgemeinde in die Reichskulturkammer als einer selbständigen Reichskammer für Kulturpflege kam es jedenfalls nicht. Das wäre wohl auch nur durch einen tiefen Eingriff in die kulturpolitische Kompetenzstruktur möglich gewesen, insbesondere durch Auflösung des Staat-Partei-Dualismus in den von Goebbels in Personalunion wahrgenommenen Leitungsfunktionen.

Rosenbergs viele Vorstöße und zahlreiche »Erfolge« bei der Diskriminierung und Verfolgung von Künstlern und Kulturfunktionären, die ihm nicht linientreu erschienen, konnten allerdings nicht darüber hinwegtäuschen, daß er sich in einer prekären Lage befand. Seine Kulturgemeinde und seine weltanschauliche Überwachungs-Dienststelle waren von den Überweisungen der DAF abhängig und insoweit von dem Wohlwollen Leys. Beides ließ – jedenfalls aus der Sicht von Rosenberg – mehr und mehr zu wünschen übrig. Der Konflikt zwischen ihnen entzündete sich einmal am schon erwähnten KdF-Kulturamt und zum anderen an den bei KdF beschäftigten Goebbels-Vertrauensleuten, die Rosenberg immer wieder attackierte, wohl auch, weil er Goebbels nicht ohne weiteres direkt angreifen konnte. Ley, der als Organisationstalent galt, ebenso ehrgeizig wie mißtrauisch war, intelligent, aber sprunghaft, fürchtete stets um seinen Einfluß auf den NS-Funktionärsapparat.[29] So ging er bald schon wieder auf Distanz zu Rosenberg, kürzte ihm die vertraglich vereinbarten Zahlungen und drohte schließlich gar mit ihrer Einstellung. Auch in diese Auseinandersetzung griff Hitler erst spät ein, allerdings ohne den Konflikt wirklich zu lösen. Er stellte Rosenberg lediglich in Aussicht, ihn zu einem späteren Zeitpunkt zum »Beauftragten für die Fragen des Bolschewismus« zu machen. Tatsächlich wurde Rosenberg mit Kriegsbeginn »Ost-Minister«. Erst als die NS-Kulturgemeinde ihren immerhin etwa eintausend Angestellten gegenüber zahlungsunfähig geworden war, ordnete Hitler ihre Auflösung bzw. Überführung in die NS-Gemeinschaft KdF an. Rosenberg schien vor der Übermacht dieser neuen Großorganisation für Freizeit-Kultur zur resignieren. In einem Brief an Heß klagte er jedenfalls: »Nach der neuen Sachlage gibt es nahezu nichts mehr im deutschen Leben, worüber ›Kraft durch Freude‹ nicht verfügt! Reisen und Wandern, Schönheit der Arbeit, Sport, [die] gesamte kulturelle Betreuung, Feierabend, und jetzt auch [das] Erziehungs- und Vortragswesen. Es entsteht also ... buchstäblich eine zweite Partei ... gestützt auf die riesigen Geldmittel der DAF.«[30]

Damit war die Geschichte des völkischen Kultur-»Kampfbundes« sang- und klanglos zu Ende gegangen. Vier Jahre hatte ein Theaterabonnentenverband die Rolle der »wichtigsten Hilfsorganisation des offiziellen Interpreten der nationalsozialistischen Weltanschauung« gespielt.[31] Rosenberg mochte daher organisationspolitisch, also unmittelbar, als gescheitert gelten, mittelbar war er erfolgreicher denn je. Denn zur selben Zeit trat Goebbels die Flucht nach vorn an. Er, der Rosenberg als »sturen Dogmatiker« bezeichnete, ihn »unerträglich« fand und sich wiederholt mokierte, es sei purer Unsinn, wenn Ideologen glaubten, »daß der U-Boot-Mann, wenn er verdreckt und verölt aus dem Maschinenraum kommt, am liebsten zum *Mythus des 20. Jahrhunderts* greift«, vollzog nun jene ideologische Radikalisierung, die Rosenberg immer verlangt hatte.[32]

Mit seinem Verbot der Kunstkritik Ende 1936, vor allem aber mit der spektakulären »Schandausstellung Entartete Kunst« im folgenden Jahr, gab Goebbels definitiv jene Politik eines »gemäßigten Dirigismus« (K. Backes) auf, in der er jahrelang bemüht gewesen war, das taktische Lavieren über die orthodoxen Glaubensgrundsätze zu stellen, den Geschmack über die Gesinnung. Als ob er sich damit abgefunden hätte, bloß »Statthalter eines Mittelmaßes« (H. Brenner) zu sein, als ob er das Scheitern einer »aktiven Kulturpolitik« und damit das Ausbleiben des auch von Hitler erwarteten »Aufblühens einer deutschen Kunst« überspielen und zugleich seine eigene Position stärken wollte, ließ er jetzt alle Zurückhaltung und Mäßigung fallen und suchte sich durch eine repressive Politik und eine radikale Propagandasprache zu profilieren: als »Treuhänder des Führers für das Kunst- und Kulturleben im neuen Deutschland«.[33] Ein weiterer Grund kam hinzu. Goebbels' Liebesaffäre mit der tschechischen Schauspielerin Lida Baarova belastete nicht nur dessen Verhältnis zur Ehefrau Magda, sondern auch das zu Hitler.

So stellt sich die Frage, ob seine Stellung in der Propaganda und Kulturpolitik tatsächlich so unangreifbar und einflußreich war, wie sie aufgrund ihrer mehrfachen Absicherung erschien. Als Minister hatte er eine nahezu umfassende staatliche Verfügungsgewalt. Als Präsident der Reichskulturkammer besaß Goebbels eine nicht unbedeutende berufsständische Kontrollkompetenz, die vom Stardirigenten bis zum Kartenverkäufer reichte. Und als Reichspropagandaleiter verfügte er auch innerhalb der Partei über eine Spitzenposition. Er besaß somit viele und auch einflußreiche Ämter, aber über eine politische Hausmacht verfügte er nicht. Um so wichtiger war für ihn sein Verhältnis zu Hitler. Das wußte er selbst nur zu gut: »Ich habe wenig Freunde in der Partei: Fast nur Hitler. Alle neiden mir meine Erfolge und meine Popularität...«, notierte er auf seinem Weg nach oben.[34] Wohl nicht zu Unrecht. Nahezu überall in seiner weitläufigen »Kulturprovinz« (H. Heiber) mußte er sich mit konkurrierenden Kompetenzen und Rivalen auseinandersetzen, die – wie er – gleichermaßen um ihre Macht bangten und um die Gunst Hitlers buhlten.

Das war am wenigsten dort der Fall, wo sich »seine Parteikompetenz mit seiner Staatskompetenz deckte«, im Bereich der modernen Massenmedien, die er als seine eigentliche Domäne betrachtete.[35] Insbesondere beim Film hatte es der »leidenschaftliche Liebhaber der filmischen Kunst« – so Goebbels über Goebbels – nicht selten mit einem anderen prominenten und leidenschaftlichen Liebhaber dieser modernen Illusionskunst zu tun: mit Hitler. Alle anderen Bereiche des kulturellen Lebens waren Goebbels weniger wichtig, zumal sie wegen ihrer begrenzten Reichweite und Massenwirkung politisch als weniger bedeutsam angesehen wurden. Sie verfügten eben nicht über das, was schon in Weimarer Jahren der deutschnationale Medienkonzernchef Hugenberg den unverzichtbaren »Kanal zum Gehirn der Masse« genannt hatte. Gleichgültig konnten Goebbels die anderen Kulturbereiche dennoch nicht sein. Denn sie lagen zugleich im Einflußbereich anderer NS-Führungspersonen, mit denen er rechnen mußte, auf die er aber nicht zählen konnte. So hatte er es in Fragen der bildenden Kunst und Architektur mindestens mit Hitler, Speer und Rosenberg zu tun. In den heiligen Hallen bürgerlicher Repräsentationskultur, dem Theater, der Oper und dem Konzertwesen, wollten auch manch andere NS-Größen renommieren. Allen voran Hitler mit seinem Wagner-Kult und Göring, der sich als Preußischer Ministerpräsident und Gönner der Preußischen Staatstheater gefiel. Hier machte Goebbels frühzeitig die Erfahrung, daß es sehr viel wirkungsvoller und leichter war, die deutsche Theatertradition für das NS-Regime zu instrumentalisieren, als ein neues, nationalsozialistisches Theater zu begründen. Der aufwendige Versuch mit einem »Thing-Theater« scheiterte kläglich. Bei der Kontrolle des Pressewesens wollten vor allem Max Amann und Otto Dietrich mitreden, und bei der »Neuordnung des deutschen Schrifttums« wetteiferten u.a. Philipp Bouhler und Alfred Rosenberg mit Goebbels.[36]

Angesichts dieses unübersichtlichen Wirrwarrs von Zuständigkeiten, wechselnden Rivalitäten und Bündnissen ist es kaum überraschend, daß sich Goebbels' kulturpolitischer Opportunismus jenseits aller Personalpolitik und Bündnisstrategien nach zwei Seiten orientierte. Relative Fixpunkte waren für ihn die Resonanz beim Publikum sowie Hitlers Wünsche und Wohlwollen. Er wollte vor allem ankommen, hier wie dort. Mag sein, daß Goebbels anfangs eine eher pragmatisch-progressive, dabei deutsch-national eingefärbte Kulturpolitik vor Augen hatte. Eine Reihe von Indizien sprechen für seine Sympathie gegenüber Teilen der künstlerischen Avantgarde. Mag auch sein, daß den »kleinen Doktor« – wie er respektvoll-spöttisch genannt wurde – »Intellektualität und Krüppeltum« in Hitlers Umkreis, der von Intrigen und Rivalitäten geprägt war, zum »hemmungslosen Opportunisten« machten.[37] Wie groß seine Machtmittel auch waren und wie umfangreich seine kulturpolitische Lenkungskompetenz, er, der auf keinem Parteitag über Kulturpolitik reden durfte – die »Kulturrede« behielt sich Hitler jeweils selbst vor –, der ab etwa 1936 alle wichtigen Reden Hitler vorher vorlegte und sich wie ein Kind über dessen Lob freute, dieser Josef Goebbels stand wohl in mancher Hinsicht »im Schatten des kompetenten Schirmherrn der deutschen Kultur«.[38] Dafür hielt Hitler sich auch selbst. Der Beinahe-Absolvent der Wiener Kunstakademie und ehedem schriftstellernde Staatsgefangene (*Mein Kampf*) hatte einst »akademischer Maler« und »freier Schriftsteller« als Berufsbezeichnung angegeben. Als verhinderter Baumeister verstand er sich sowieso. Und Goebbels, sein Chefpropagandist und politischer Markentechniker zögerte nicht, Hitler auch zum größten Kunstförderer aller Zeiten zu stilisieren: »Kein königlicher Mäzen war den Künstlern gegenüber je so aufgeschlossen wie er.«[39] In einer bestimmten Hinsicht war diese Aufgeschlossenheit tatsächlich grenzenlos. Im besetzten Europa, im Schatten des Krieges und der Völkermorde, wurde der vielleicht größte Kunstraub aller Zeiten organisiert.

Ein Programm ohne Perspektive: Reaktionäre Modernität

Nachdem von kulturpolitischen Konflikten, Kompetenzen und Akteuren die Rede war, stellt sich nun auch die Frage nach dem kulturpolitischen Programm des Nationalsozialismus. Vielleicht impliziert diese Frage bereits ein Maß an politischer Rationalität, das der Wirklichkeit des NS-Regimes nicht entsprach. Die Frage nach dem kulturpolitischen Programm der Nazis ist denn auch weitgehend identisch mit ihrer Kulturideologie.[40] Sie läßt sich – zumindest partiell – an den sogenannten »Kulturreden« Hitlers und den kulturpolitischen Erklärungen anderer NS-Führungspersonen ablesen, aber natürlich auch an der Kulturproduktion des Dritten Reiches selbst. Die Metaphern von der »Zerstörung der Kultur« oder der »Dekoration der Gewalt« erfassen jedenfalls nur Teilaspekte. Auch der vielzitierte völkische Traditionalismus trifft nicht das Ganze. Die kulturelle und kulturpolitische Wirklichkeit war differenzierter und damit auch widersprüchlicher, als es zumindest eine totalitarismustheoretisch eingeschränkte Sichtweise wahrhaben will.[41] Gleichwohl läßt sich so etwas wie ein charakteristischer Grundzug erkennen. Jedenfalls dann, wenn man den Nationalsozialismus als Erbe der bürgerlichen Gesellschaft begreift und zugleich als antimodernistischen Protest gegen sie. Schon aufmerksame Zeitgenossen haben dieses Doppelgesicht erkannt. Und die spätere Forschung hat daraus einen analytischen Ansatz gewonnen.

Wenn Goebbels etwa von »stählerner Romantik« sprach, brachte er damit nicht nur ein zentrales Element seines eigenen kulturellen Leitbildes zum Ausdruck. So oder so ähnlich dachten viele. »Dies eben war das Charakteristische und Bedrohliche«, schrieb Thomas Mann am Ende des Zweiten Weltkrieges, »die Mischung von robuster Zeitgemäßheit, leistungsfähiger Fortgeschrittenheit und Vergangenheitstraum, der hochtechnisierte Romantizismus.«[42] Später entwickelten und begründeten dann vor allem Ralf Dahrendorf und David Schoenbaum in ihren sozialgeschichtlichen Studien die These, daß Deutschland unter der NS-Herrschaft trotz einer völkisch-vormodernen

Ideologie in nicht geringem Maße modernisiert wurde. Schoenbaum sprach von einer »doppelten Revolution«, einer »Revolution der Zwecke und der Mittel«, einem »Krieg gegen die industrielle Gesellschaft... mit industriellen Mitteln«.[43] Diese Perspektive hat die Forschungsentwicklung nachhaltig geprägt. So hob beispielweise Karl Dietrich Bracher in seiner Auseinandersetzung mit der »Speer-Legende« pointiert die »Doppelgleisigkeit« hervor, die das Dritte Reich und seine Geschichte bestimmt habe, das Nebeneinander von »radikaler politischer Romantik und Verherrlichung des modernen technologischen Fortschritts«.[44] Henry Ashby Turner nannte den Faschismus »eine utopische Form des Antimodernismus«.[45] Tim Mason betonte die hohe Bedeutung des Spannungsverhältnisses von »archaischen« und »modernen« Elementen im Hinblick auf die Arbeits- und Sozialpolitik des Dritten Reiches.[46] Und auch in den jüngsten Veröffentlichungen über den NS-Staat heißt es akzentuiert: »Konstitutiv für die Wirklichkeit des Dritten Reiches... war eine nicht aufzulösende Verknüpfung von technischer Modernität und reaktionärer Vision.« Ähnlich erkennt Ulrich Thamer die »Doppelgesichtigkeit des Regimes« in einer »doppelten Lebenswirklichkeit«, in der »Sphäre von nationalsozialistischer Weltanschauung und Herrschaft« und in der »davon scheinbar unberührten Ebene moderner zivilisatorischer Lebensformen«.[47]

Für das widersprüchliche Doppelgesicht des Dritten Reiches und seine (selbst)zerstörerische Dynamik hat der amerikanische Historiker Jeffrey Herf mit der Formel »reaktionäre Modernität« den m.E. treffendsten Ausdruck gefunden und bereits in mehreren ideen- und kulturgeschichtlichen Beiträgen differenziert erörtert. Herf sieht darin die spezifisch deutsche Antwort auf das universelle Dilemma, vormoderne nationale Traditionen mit moderner Ökonomie, Technologie und Massenkultur zu verbinden. Das – nur mit Vorbehalt so zu nennende – »Programm« der reaktionären Modernität bot dabei gleich mehrere Vorteile:

– Mit ihm schien ein vorgeblich unpolitischer Schlüssel zur Lösung aller politischen und gesellschaftlichen Lebensfragen gefunden zu sein;
– zudem verhalf es der NS-Ideologie, die nach der Machter-

greifung an mobilisierender und emotionalisierender Kraft verlor, zu neuer Dynamik;
– und schließlich überbrückte es den Konflikt zwischen technischem Fortschritt und technikfeindlicher NS-Ideologie.[48]

Mit dieser Formel ist ein Regime auf den kulturellen bzw. kulturpolitischen Begriff gebracht, das antiindividualistisch, antiliberal und antiurban war und doch »modern«, das zwar nicht umstandslos der Logik und den Imperativen technischer Rationalität folgen mochte, aber auch nicht antiindustriell war, das trotz seiner rückwärtsgewandten völkischen Vision die Modernisierung der Gesellschaft und Massenkultur vorantrieb oder duldete – besonders in der Motorisierung und in der Massenkommunikation, in der Architektur und Produktkultur, im Tourismus und im Sport –, das politische Irrationalität und technischen Fortschrittsglauben, Barbarei und Modernität zu verbinden suchte und – daran scheiterte. Gleichwohl hinterließ das Dritte Reich seinen Nachfolgern, der Bundesrepublik ebenso wie der DDR, jenseits aller Trümmer und Trostlosigkeit eine sozialstrukturell begradigte und mental modernisierte Gesellschaft, in der Leistungs- und Konsumorientierung, Pragmatismus und Risikobereitschaft höher bewertet werden als ineffizientes Standes- und chauvinistisches Nationalbewußtsein.

Das Programm der reaktionären Modernität hat indes nicht nur eine bis in die Gegenwart hineinreichende politisch-kulturelle Nachgeschichte. Größere Beachtung verdient hier die Vorgeschichte dieses Programms, insbesondere in den Bereichen der modernen Sozialtechnologien und Technikkultur. Ohne sie wäre die Ästhetisierung der Politik im NS-Regime kaum möglich gewesen. Erst im Vorfeld des Krieges profilierte sich die technische Ästhetik zu einer Art Nazi-Sachlichkeit. Das war allerdings nur möglich, weil sich das NS-Regime dabei auf Trägergruppen und Traditionen stützen konnte, die bis in die Anfänge des industriellen Aufstiegs Deutschlands zurückreichten.[49]

Zum einen war es die Kulturkritik der »Konservativen Revolution«, die ja nicht durchgängig technikfeindlich war und im »heroischen Realismus« eines Oswald Spengler und Ernst Jünger geradezu eine »Verkultung der Technik und Planung« (J. Hermand) betrieb. Für sie gab es keinen Zweifel, daß Technik im 20. Jahrhundert eine entscheidende Voraussetzung für militärische Macht und nationale Größe sein würde. Der andere Traditionsstrang war der am Leitbild der deutschen Kulturnation orientierte Diskurs der Ingenieure und Techniker im Umkreis der technischen Hochschulen und der großen technisch-wissenschaftlichen und berufsständischen Organisationen wie des Vereins Deutscher Ingenieure (VDI), des Verbands Deutscher Diplom-Ingenieure (VDDI) und des Reichsbunds Deutscher Technik (RDT).[50]

Konfrontiert mit den technikfeindlichen Ressentiments vieler kulturpessimistischer Intellektueller und geisteswissenschaftlicher Fachvertreter, betonte vor allem eine einflußreiche Minderheit im Umkreis der VDDI-Zeitschrift *Technik und Kultur* (1909ff.), daß Deutschland das Land der schöpferischen Synthese von Technik *und* Kultur sei. Zunächst war das Selbstverständnis der technischen Intelligenz berufsständisch geprägt und ihr Sozialprestige von einem bestimmten Qualifikationsprofil abhängig. Kaiserabdankung und Kriegsniederlage, Revolution und Republikgründung blieben auf das Selbstverständnis der sich als »überparteilich« verstehenden technischen Intelligenz und ihrer Organisationen nicht ohne Einfluß. Zumindest ein Teil sah sich nun verstärkt als Wegbereiter einer neuen Ordnung, als Elite kulturell und wissenschaftlich kreativer Produzenten, ja als Künstler-Techniker. Nicht ohne Erfolg bemühte sich diese Gruppe um eine nationalistische und kulturalistische Deutung der Technik und verknüpfte sie mit dem vom Fronterlebnis geprägten Bewußtsein der Kriegsgeneration. Gegen den weit verbreiteten Vorwurf einer »seelenlosen« Technik zogen deutsche Ingenieure und Techniker alle irrationalistischen Register.

Dadurch wurde der naturwissenschaftlich-moderne Begründungszusammenhang der Technik mehr und mehr mit einer höchst selektiven Aneignung der ökonomischen, politischen und kulturellen Moderne durchmischt.[51] Gegen die bourgeoise Kraftlosigkeit und den Verfall der wilhelminischen Gesellschaft stellte die technische Intelligenz eine ästhetizistische und voluntaristische Sicht moderner Technologie. Deren funktionale Schönheit wurde zum Ausdruck einer Synthese von Natur, Technik und nationaler Kultur stilisiert. Ihren eigentlichen Widerpart fand diese Ideologie allerdings in westlicher Zivilisation, im Kapitalismus und in der Demokratie. Gegen den Intellekt, die Abstraktion und das konzeptionelle Denken stellte sie die konkrete Erscheinung, das unmittelbare Erlebnis und die visuelle Wahrnehmung und Gestaltung. Die Überlegenheit des aufgeklärten und »kalt berechnenden« Verstandes konfrontierte sie mit der Emphase des Gefühls, der Seele und des Blutes. Gemeinschaft stand gegen Gesellschaft. Form, Ordnung und Gestalt gegen Formlosigkeit und Chaos. Tiefe gegen Oberflächlichkeit. Ewigkeit gegen Vergänglichkeit. Ruinenwert gegen Tauschwert. Schönheit, Wille und Produktivität gegen Häßlichkeit, Parasitismus und Passivität. Unternehmer gegen Händler. Schöpferische Arbeit der »Faust und der Stirn« gegen Spekulation und »Zinsknechtschaft« des internationalen Finanzkapitals. Idealismus gegen Materialismus. Opferbereitschaft gegen Eigennutz. Und nicht zuletzt: das Deutsche gegen »das Jüdische«, sei es in seiner westlich-kapitalistischen, sei es in seiner östlich-bolschewistischen Ausprägung. Folgerichtig plädierte diese Ideologie für den »dritten Weg« zwischen amerikanischem Individualismus und sowjetischem Kollektivismus. Für diesen Weg stand längst ein vermeintlich verheißungsvolles Leitbild bereit: die unter Führung eines starken Staates und einer von Kapitalinteressen unabhängigen Technologie erneuerte deutsche Kulturnation. Man mag einwenden, daß der Politisierung der technischen Intelligenz Grenzen gezogen waren. Jedenfalls mochte sich nur eine Minderheit mit dem von Gottfried Feder u. a. gegründeten Kampfbund Deutscher Architekten und Ingenieure (KDAI) identifizieren. Die Mehrheit der etwa 300000 Ingenieure, Techniker, Naturwissenschaftler und Architekten verstand sich als eine gesellschaftspolitisch eher neutrale Gruppe zwischen Staat und Wirtschaft, die durch ihre technisch-wissenschaftlichen Vereinigungen geprägt und vor allem an einem »staatlich geförderten Einsatz der Technik« interessiert war.[52]

Gemessen an dieser Erwartung wurde es der technischen Intelligenz nicht allzu schwer gemacht, sich in den Dienst des Dritten Reiches zu stellen. Denn Hitler kam ihr mindestens auf halbem Wege entgegen. Kein anderer Politiker der Weimarer Republik war der modernen Technik gegenüber so aufgeschlossen wie er. Und wie kein anderer verstand er es, mit öffentlich inszeniertem Engagement für technische Großprojekte eine geradezu magische Wirkung zu erzielen.[53] Diese Wirkung ging weit über den Kreis der Techniker hinaus. Daß das Leitbild der reaktionären Modernität massenkulturell wirksam wurde, lag ja nicht zuletzt daran, daß die NS-Führung ihr Engagement für technischen Fortschritt und industrielles Wachstum mit dem Schutz der natürlichen Umwelt verknüpfte. In diesem Konzept hatten Freizeit, Sport und Lebensfreude schlechthin einen hohen Stellenwert.

Insofern war es kein Zufall, sondern machtpolitisches Kalkül und technisch-ökonomisches Interesse, daß zum Programm der reaktionären Modernisierung eine Reihe attraktiver technischer Projekte gehörte: der Autobahnbau und die Massenmotorisierung, die Massenproduktion von Radios, Fotoapparaten usw. und nicht zuletzt der KdF-Massentourismus und Massensport. Dafür und erst recht für die seit Mitte der dreißiger Jahre forcierten rüstungswirtschaftlichen Anstrengungen wurden Ingenieure und Techniker gebraucht. Die Aufwertung ihres Sozialprestiges war ebenso eine Konsequenz wie ihr Aufstieg in politische und administrative Führungspositionen. Gottfried Feder, Albert Speer und Fritz Todt waren die profiliertesten, aber natürlich nicht die einzigen. Die Partei, voran der NS-Bund Deutsche Technik, tat viel für die Förderung der technischen Wissenschaft, des technischen Nachwuchses und natürlich auch für die politische Instrumentalisierung der technischen Intelligenz. So wurden in den Provinzen Gauhäuser der Technik eingerichtet. In München sollte das Haus der Deutschen Technik das Deutsche Museum erweitern. Und seit 1937 wurde auf der Plassenburg bei Kulmbach die Reichsschule der Deutschen Technik aufgebaut, die – unter dem Einfluß von Feder, Todt und Speer – zum ideologischen Zentrum der NS-Ingenieure avancierte.[54]

Technik war jedoch längst kein Thema mehr, mit dem sich allein die Techniker beschäftigten, geschweige denn eine technische Elite. Mit der Motorisierung des Personen- und Güterverkehrs zu Lande, zu Wasser und in der Luft sowie mit der maschinellen Produktion von Konsumgütern drangen seit dem Ersten Weltkrieg technologisches Denken und technoides

Formbewußtsein in die Alltagswelt eines Massenpublikums. Der in der Generation der 20–40jährigen weit verbreitete »konservative Idealismus« hatte sich unter dem desillusionierenden, aber auch mobilisierenden Weltkriegserlebnis in einen »revolutionären Materialismus« (E. Noth)[55] verwandelt. In ihrem politisch und existentiell verunsicherten, aber auch in Bewegung geratenen Bewußtsein verbündeten sich Ressentiments und Ängste mit einem neuen Glauben. Nun galt er der Zahl, der Macht des Materiellen und der Machbarkeit, und natürlich – dem Zeitgeist gemäß – der Nation. Dem Alter und dem Verfall wurde jugendliche Vitalität entgegengesetzt, dem Parteienstreit die in den Schützengräben und »Stahlgewittern« gehärtete soldatische Kameradschaft, dem »Chaos« der pluralistischen Massengesellschaft die Herrschaft der neuen Elite, des auserwählten Führers bzw. des »Herrenvolkes«.

Für die Popularisierung des Technikkultes sorgte der Mythos des Fliegens als Inbegriff einer neuen, technischen »Ritterlichkeit« und »Aristokratie« ebenso wie die rasch anwachsende Literatur eines technokratisch-heroischen Bewußtseins. Bücher wie die von Hans Dominik und Karl Aloys Schenzinger waren über viele Jahre und noch lange nach 1945 Bestseller und erreichten teilweise Millionenauflagen.[56] Die Protagonisten dieses literarisch-publizistischen Technik- und Tatsachenkultes knüpften ebenso an die Naturbegeisterung ihrer Zeit an, wie sie sich um eine Entdämonisierung und Vermenschlichung der Technik bemühten. Der technische Fortschritt galt noch als verläßliches Versprechen auf eine bessere Zukunft. Und der einflußreiche VDI plädierte gar für eine »Ingenieurisierung der Politik«.[57] Weltweit wurden technokratische Gesellschaftsmodelle diskutiert. Mit ihnen verknüpfte sich nicht selten die Vision des Übergangs in ein postliberales Zeitalter. Die faschistischen Bewegungen verstanden sich als Vorreiter dieses Prozesses und insoweit durchaus als avantgardistisch. Bei den italienischen Faschisten war dieses Selbstverständnis stärker ausgeprägt als bei den Nationalsozialisten, die eine scharfe Trennungslinie zogen zwischen technologischer und künstlerischer Avantgarde.[58]

Die faschistischen Organisationen waren ihrem Erscheinungsbild, ihrer Zielsetzung nach totalitär-moderne und nationalistische Protestbewegungen. Insofern kann ihr Versuch, »technokratische Avantgarde und nationalen Traditionalismus« zu verbinden, vielleicht als ihr eigentliches Charakteristikum gelten.[59] Während das modernistische Element neben den modernen Sozialtechniken im Technik-Mythos exemplarisch zum Ausdruck kam, standen dem NS-Regime für das antimodernistische Element gleich drei Mythen zur Verfügung: Volk, Führer und Reich. In ihnen suchte das regressive Widerstandspotential gegen die Moderne, das aus ihrer massenhaft »subjektiven Undurchschaubarkeit« resultierte, Ausdruck und Zuflucht zugleich.[60]

Der Technik-Mythos konnte den Widerstand gegen die Moderne nur partiell kanalisieren und absorbieren. Und die nationale Identität war im Bewußtsein vieler Deutscher offenbar so wenig gefestigt, die politische Freiheit so wenig selbst erobert (W. Grab), und die Angst vor dem Chaos (J. Schumacher) der modernen demokratisch-pluralistischen Industriegesellschaft so groß, daß erhebliche Teile der Gesellschaft Zuflucht in der mythisch verklärten Vergangenheit suchten. Die von der »Volksphantasie« ausgemalten Bilder dienten als Ersatz für eine kritische Gesellschaftsanalyse und die Entwicklung pragmatisch-realistischer Lösungsstrategien, die so schon im Ansatz blockiert wurden. Komplexität und Widersprüchlichkeit, Entfremdung und Bedrohung in der modernen Welt waren in diesen rückwärtsgewandten Leitbildern gleichsam auf »unbewußt künstlerische Weise« aufgehoben.[61] Mythen schaffen »eine ästhetische Wirklichkeit«; sie sind »sinnerschließend und kompensatorisch zugleich«.[62] Die kulturpolitische Relevanz dieses mythischen Denkens war insoweit erheblich. Sie lag in der »eingebildeten Beherrschung« von Natur, Geschichte und gesellschaftlicher Gegenwart, die eben zu einer bloß fiktiven, ästhetisierenden Lösung faktisch nicht gelöster Probleme führte, voran der nationalen und der sozialen Frage.[63]

Es fällt schwer, unter den genannten drei Mythen eine Rangordnung auszumachen oder festzulegen. Reich, Volk, Führer bildeten für sich durchaus eine Art mythologischer Einheit. Aber das »Reich« war wohl doch das übergreifende Leitbild, das den anderen erst ihren Rahmen und ihre Bedeutung gab. Das Reich war das Unvergleichliche, umgeben mit einer Aura und mit Hoffnungen verknüpft, die über die staatsrechtliche, historisch-politische Dimension hinauswiesen in die religiöse Sphäre des Numinosen.[64] Im Mythos vom Reich war frühzeitig der Gedanke der Weltherrschaft angelegt, aber auch der eines papstunabhängigen, gottesunmittelbaren Heiligen Reichs. Aber weder das erste noch das zweite Reich hatten diesen hohen Anspruch erfüllt. Um so größer waren die Erwartungen an das »dritte Reich«. Vor allem im gleichnamigen Werk Moeller van den Brucks wurde es in zeitgemäß prophetischer Manier folgerichtig zum »Endreich« stilisiert. Allerdings zielte diese Vision nicht auf einen herrschaftsfreien, irdischen Glückszustand, eine Vision, die sich im Leitbild der urchristlichen Gemeinde jahrhundertelang behauptet und immer wieder Erlösungshoffnungen genährt hatte. Umrankt von der Mystik einer »germanisch-christlichen Vermählung« befriedigte der Reichs-Mythos in hohem Maße spirituelle Bedürfnisse. Den konservativen Revolutionären und erst recht den Nazis diente er lediglich dazu, eine neue Herrschaftsordnung ästhetisierend zu verbrämen.[65] Die Glaubenssehnsucht des zwischen Geschichtsoptimismus und Kulturpessimismus hin- und hergerissenen Bürgertums nutzten sie politisch. Wie sich zeigte, mit beachtlichem Erfolg. Wohl nicht zuletzt deshalb, weil dieser Mythos ebenso vage wie verheißungsvoll war und insofern bestens geeignet erschien für die Politisierung und Integration der verschiedenen landsmannschaftlichen, religiösen und politisch-ideologischen Gruppierungen. Und nicht zuletzt: Deutschland hatte Provinzen verloren und Prestige, die Monarchie und eine Armee, »aber das ›Reich‹ war ihm geblieben, wie einem Verarmten der Adelstitel«.[66] Es gab Staaten und Nationen, aber eben nur ein Reich. So unbestimmt und so alt dieser Mythos war, so stark war der Glaube an die Wiederherstellung deutscher Größe, der sich mit ihm verband.

Es war kein Zufall, daß Ende der dreißiger Jahre der ursprünglich jungkonservative Ausdruck »Drittes Reich« aus dem offiziellen NS-Sprachgebrauch getilgt wurde. Für den die Zeiten übergreifenden Anspruch auf eine »tausendjährige« Kontinuität schien nur noch die Bezeichnung »Reich« oder »Deutsches Reich« angemessen. Das fand seinen publizistischen Niederschlag u.a. in der ab Mai 1940 erscheinenden Wochenzeitung *Das Reich* und in der Umbenennung der Zeitschrift *Die Kunst im (Dritten) Deutschen Reich*.

Der Mythos vom Deutschen Reich beflügelte indes nicht nur religiöse und chiliastische Phantasien, sondern vor allem auch bizarre räumliche Vorstellungen und mystisch-rassistische Visionen einer neuen deutschen »Volksgemeinschaft«, ja eines deutsch-germanischen »Herrenvolkes«. Das Reich war so wenig ohne Raum vorstellbar, wie das »Volk ohne Raum« (H. Grimm). Auf diese räumlich-völkische Dimension fixiert, ging Hitler schon früh über die Revision des Versailler Vertrages hinaus. Die bloße »Wiederherstellung der Grenzen des Jahres 1914« hielt er für »politischen Unsinn«. Weil in seiner außenpolitischen Vorstellungswelt ein Krieg unvermeidlich war, hielt er einen solchen »Bluteinsatz« nur dann für gerechtfertigt, wenn »dem deutschen Volk« dadurch der »ihm gebührende Grund und Boden auf dieser Erde« gesichert würde.[67] Und als er sich Jahre später anschickte, durch seine Revisionspolitik zunächst den Vorkriegszustand wiederherzustellen und durch die Annexion Österreichs auch noch ein »Großdeutsches Reich« zu errichten, da hatten seine maßlosen Eroberungspläne und Raumphantasien die deutschen Grenzen längst weit nach Westen und Osten verschoben. Und mit den faktischen Grenzverschiebungen veränderte sich auch die Rechtfertigungsrhetorik. Was anfangs – völkerrechtskonform – »Selbstbestimmungsrecht der Deutschen« hieß, wurde bald zur aggressiven Forderung nach »Lebensraum für das deutsche Volk«. Dabei spielte die Unterscheidung zwischen dem deutschen Volk und den germanischen Völkern nur noch eine untergeordnete Rolle. Jetzt zählten nur noch die »biologische Substanz des germanischen Raumes«[68] und die Abwehr ihrer Bedrohung durch die »Fremdvölkischen«. Ebenso triumphierend wie trotzig und drohend beendete Hitler seine mehrstündige Schluß-Rede auf dem Nürnberger Parteitag vom 13.9.1937 unvermittelt mit der Erklärung: »Die deutsche Nation hat doch bekommen ihr germanisches Reich.«[69]

Die Verbindung von »Reich« und »Lebensraum« fand ihre mythische Überhöhung in der Figur des »Führers« und hatte ihre Grundlage in der »Volksgemeinschaft«. Ähnlich wie der

Reichs-Mythos war auch der der »Volksgemeinschaft« vage und – zumindest für einen Großteil der bedrängten Zwischenschichten – verheißungsvoll zugleich. Auch dieses Leitbild weckte Hoffnungen und ließ unterschiedliche Ausdeutungen und Ausgestaltungen zu. So den aufwendigen und ehrgeizigen, letztlich aber erfolglosen Versuch, in den chorischen Massenspielen der Thingbewegung ein Volkstheater für die »Volksgemeinschaft« zu inszenieren. So die sehr viel erfolgreicheren, weil massenwirksamen, Versuche, in den Betrieben, in der »Volkswohlfahrt«, dem »Winterhilfswerk« und den Einrichtungen von »Kraft durch Freude« pseudosozialistische Gleichheitsvorstellungen zur Geltung zu bringen. Hier wurde »Volksgemeinschaft« inszeniert und zugleich eine Entwicklung initiiert, die Klassengegensätze und Statusunterschiede überspielte, nationalen Gemeinsinn predigte, Frohsinn und völkische Verbundenheit propagierte und nicht nur als bloßes Versprechen die »formierte« Mittelstandsgesellschaft der fünfziger Jahre vorwegnahm. Diesen sozial- und kulturpolitischen Programmen lagen NS-Maximen zugrunde, die auch noch nach 1945 nützlich waren: »Zwietracht zerstört, Eintracht vermehrt«, »Gemeinnutz geht vor Eigennutz« oder »Einer für alle, alle für einen«.[70]

Angesichts des hohen Stellenwertes seiner völkischen Ideologie konnte das NS-Regime nicht darauf verzichten, darüber hinaus den »Volksgemeinschafts«-Mythos auch in einem dezidiert elitären und rassistischen Programm umzusetzen. Dabei tat sich besonders Heinrich Himmler hervor, der als Diplom-Landwirt und Hühnerzüchter begonnen hatte und bis zum Reichsführer-SS und Reichskommissar für die Festigung des Deutschen Volkstums aufstieg. Seine mystischen germanophilen Neigungen waren ausgeprägt, sein Machthunger und seine organisatorischen Fähigkeiten kaum weniger. Er förderte die »Ahnenerbe-Forschung« und wollte die SS zu einer Art neuen »Reichsritterschaft« aufbauen. Eine »germanische Elite« für das »Großgermanische Reich« sollte sie allemal werden.

All diese Mythen fanden ihr Publikum, kamen an, wurden als politisches Programm (miß)verstanden und noch mehr als politische Verheißungen geglaubt. Nicht zuletzt deshalb, weil das politisch-kulturelle Feld, auf dem sie entstanden und benutzt wurden, längst vorbereitet war. Die »Konservative Revolution« umfaßte verschiedene Gruppen, die sich auf der Grundlage ihrer antirepublikanisch-nationalistischen Einstellung an diesen Mythen orientierten, wenn auch mit unterschiedlichster Akzentsetzung.[71] Die Vorstellungswelt der überwiegend antisemitisch eingestellten »Völkischen« reichte in die germanische Vorzeit zurück, aus der sie ihre teils biologistisch, teils spiritistisch gefärbten Leitbilder der nordischen Rasse, Sprache, Landschaft usw. bezogen. Zu dieser Gruppe zählte etwa die in der Münchener Gesellschaft einflußreiche Thule-Gesellschaft, in deren Umfeld sich auch Hitler und eine Reihe späterer NS-Größen bewegten; ferner die Wiener Lesegemeinden um Guido von List und Jörg Lanz von Liebenfels und nicht zuletzt die Ludendorff-Bewegung. Die Gruppe der »Jungkonservativen« stand der verschwommenen Blutmystik der »Völkischen« eher distanziert gegenüber und orientierte sich am Mythos des Reiches und an der ständisch gegliederten Welt des christlichen Mittelalters. Zu ihren einflußreichsten Wortführern zählten Moeller van den Bruck und Edgar Jung. Die »Nationalrevolutionäre« waren kaum noch in der alten, vormodernen Welt verwurzelt. Ihr Zeitbewußtsein war nicht linear, sondern augenblicksorientiert. Ihr Lebensgefühl hatten die Schlachtfelder Flanderns und die Materialschlachten Verduns geprägt. Ihr Leitbild war das des soldatischen Nationalismus und Sozialismus. Es trug heroisch-realistische, technisch-moderne und dynamische Züge. Zu ihren wichtigsten Wortführern zählten Ernst Jünger, Ernst von Salomon, Ernst Niekisch, Werner Beumelburg, Edwin Erich Dwinger, Franz Schauwecker und Otto Strasser, zu ihren wichtigsten Organisationen der »Stahlhelm« und der »Jungdeutsche Orden«. Schließlich müssen auch noch die jugend-, natur- und liedbewegte »Bündische Jugend« und die vor allem in Schleswig-Holstein verwurzelte »Landvolkbewegung« genannt werden, die sich als ausgesprochen führerbetont, aktionistisch, antibürgerlich und antiurban charakterisieren lassen.

Daß die alten Mythen – Reich, Führer, Volk/Rasse und Natur – zusammen mit den neuen Mythen der Nation, der Revolution und der Technik seit der Jahrhundertwende Konjunktur hatten, ist im wesentlichen als Folge der Krise des Liberalismus und der modernen »Rationalitätskultur« (Th. Nipperdey) zu begreifen. Mit der unzureichenden Verarbeitung dieser Krise wurde Politik mehr und mehr zur politischen Religion. Und angesichts der – von Max Weber diagnostizierten – Entzauberung der modernen Welt avancierten Mythen wieder zu politischen Programmen.[72] Sosehr auch der Mythos als solcher die Einheit von Gesinnung und Tat, von Theorie und Praxis, verkörpert, all die alten und neuen Mythen mußten sich eben doch letztlich in der politischen Praxis bewähren. Erst dort fanden sie einen Handlungsträger und einen Wirkungszusammenhang, ob nun in einer organisierten sozialen Bewegung oder eben in der Tat eines politischen Führers. Es war kein Zufall, daß das Vakuum der Führungs- und Orientierungslosigkeit nach dem Zusammenbruch der Monarchie geradezu eine Überproduktion von monarchistisch-deutschnationalen Erlöser- und Retter-Utopien ausgelöst hatte. Der spätere Hitler-Kult und die werbewirksame Ausgestaltung und Nutzung des Führer-Mythos brauchten daran nur anzuknüpfen. Wie überhaupt die politische Funktionalisierung der Mythen ihre volle Wirkung erst erreichte, als sie unter der Regie des NS-Regimes in ein ritualisiertes Gesamtbild ästhetisierter Politik und Gesellschaft integriert werden konnten.[73]

4. Kapitel
»Volksgemeinschaft« und Personenkult

Im irrationalen Weltbild des Nationalsozialismus gab es zwei Leitbegriffe, die übergeordnete Fixpunkte für alle anderen ideologischen Elemente waren und auch den Rahmen absteckten für die Ästhetisierung von Politik und Gesellschaft: das Volk oder die – rassistisch und pseudosozialistisch verstandene – »Volksgemeinschaft« und der von diesem Volk als Erlöser und Retter erwartete »Führer«. Diese Leitbilder waren der Bevölkerung seit den späten Tagen des Kaiserreichs vertraut. Damals, in den Augusttagen 1914, schien die Geschichte die Träume von Größe und Harmonie einzuholen, schien aus der Klassengesellschaft eine Gemeinschaft aller Deutschen zu werden, schienen nationaler Mythos und Wirklichkeit zur Einheit zu verschmelzen. Der Krieg versprach das Außergewöhnliche, Erneuerung und Erfüllung, Reinigung von allem Politischen. Mit ihm wurde – wie Friedrich Meinecke es formulierte – die »Idee der Nation« nun endgültig »in die Sphäre der Religion und des Ewigen« erhoben. Die romantische Sehnsucht nach einer »unpolitischen Politik« schien sich zu erfüllen. Doch es sollte anders kommen. Sie erfüllte sich nicht, aber sie blieb lebendig. Ungeachtet des großstädtischen Glanzes der »goldenen« zwanziger Jahre. Die »graue« Novemberrepublik, das materielle Elend, der Parteienstreit und die vermeintliche Perspektivlosigkeit hielten diese Sehnsucht wach und gaben ihr immer wieder neue Nahrung.

Die Nazis kannten diese Sehnsucht nicht nur, denn sie kamen aus diesem Milieu, sie verstanden es auch, diese Gefühle und Wahrnehmungen politisch zu nutzen, differenziert und umfassend zugleich. Die Ästhetisierung der politischen Sphäre verfolgte mit unterschiedlichen Mitteln verschiedene Ziele. Mit dem Führer-Mythos und dem Personenkult um Hitler intendierte sie eine Überwindung schwer verständlicher, komplexer und abstrakter politischer Strukturen zugunsten einer volksnahen *Personifizierung* der Politik. Mit der *Mythisierung* des Regimes im Leitbild des »Dritten Reiches« und der »Volksgemeinschaft« ebenso wie mit der Stilisierung der NS-Ideologie zur politischen Religion sollte eine gleichsam meta-politische Legitimation erreicht werden. Denn auf Legitimation war auch das NS-Regime angewiesen. Mit der *Dekoration* der Macht schließlich konnte die häßliche Seite des NS-Staates buchstäblich zugedeckt werden. Und mit der Selbst*inszenierung* des Regimes – in öffentlichen Feiern, aufwendiger Symbolik, monumentaler Architektur sowie einem breit gefächerten massenkulturellen Angebot – wurde die Gesellschaft mobilisiert, integriert und über das eigentliche politische Ziel hinweggetäuscht: die Entfesselung eines Eroberungs- und Vernichtungskrieges.

Die Personifizierung der Politik, die Mythisierung der Herrschaft und die Dekoration der Macht bedienten sich verschiedener Medien und unterschiedlicher Formensprachen. Der schöne Schein hatte kein einheitliches Gesicht. Für die Überhöhung der Ideologie zur politischen Religion wurden sakrale Ausdrucksformen bemüht. Die Choreographie und Dramaturgie von Massenveranstaltungen konnten auf den Fundus theatralischer Darstellungs- und Inszenierungskunst nicht verzichten. Militärische Ausdrucksformen betonten einmal den kämpferischen Charakter dieses Bewegungsregimes, und zugleich garantierten sie die Disziplinierung und Formierung der Massen, die für das Regime von allergrößter Bedeutung war. Die architektonische Formensprache schließlich sollte der Maßlosigkeit der Massenaktionen und politischen Visionen einen räumlichen Ausdruck und zugleich einen begrenzenden Rahmen geben.

Die politische Inszenierung der »Volksgemeinschaft« hatte ihre bevorzugte Bühne auf dem Reichsparteitag. Sie wurde zugleich für den Personenkult um Hitler genutzt. Er war dort der einzige Hauptdarsteller. Und so wie er zur Darstellung seines Mythos die dort versammelten Hunderttausende als chorische Resonanz und als Statistenkulisse benötigte, so benötigten jene ihn als Souffleur, als Regisseur und Hohepriester, um sich als »Volksgemeinschaft« aufführen zu können. Für den thematischen Gesamtzusammenhang haben diese beiden Teilthemen überragende Bedeutung.

Selbstinszenierung eines Bewegungsregimes: Der Reichsparteitag

»Niemand, der nicht Zeuge der verschiedenen Veranstaltungen während der eine Woche dauernden Versammlung in Nürnberg gewesen oder der dort herrschenden Atmosphäre ausgesetzt worden ist«, schrieb der englische Botschafter Sir Nevile Henderson im Rückblick auf die dreißiger Jahre, »kann sich rühmen, die Nazibewegung in Deutschland völlig kennengelernt zu haben.«[1] Das war wohl übertrieben. Schließlich fanden Selbstinszenierungen des Dritten Reiches vielerorts statt, und sie kamen vielfältig zum Ausdruck. Schließlich konnte man die Manifestationen nationalsozialistischer Macht an zahlreichen kulturellen, politischen und militärischen Erscheinungen analysieren oder auch nur bestaunen. Und doch: Vielleicht zeigte sich der Charakter dieses Regimes nirgendwo sonst »in so unmißverständlicher und spektakulärer Weise« (H. Burden). Vielleicht war der Reichsparteitag im Rahmen der »faschistischen Öffentlichkeit« (E. Henning) sogar die wichtigste Institution. Jedenfalls für die symbolisch-rituelle Vermittlung und audiovisuell effektvolle Inszenierung einer neuen »Volksgemeinschaft«. Immerhin war der finanzielle, organisatorische, architektonische, technische und choreographische Aufwand enorm, mit dem das spannungsreiche Neben- und Gegeneinander von klassenübergreifender Massenbewegung, verselbständigter Parteioligarchie und traditionellen Machteliten auf dieser anfangs vier-, später achttägigen Großveranstaltung zur Einheit stilisiert wurde.

Ihre ersten, schon »Reichsparteitage« genannten Parteiversammlungen hatte die NSDAP in München (1923), dem Geburtsort der »Bewegung«, und – weil Hitler zu der Zeit noch Redeverbot in Bayern hatte – 1926 in Weimar abgehalten. Seit 1927 fanden alle Parteitage in Nürnberg statt.[2]

Nach gescheitertem Putschversuch und Parteiverbot, nach Führungslosigkeit und Organisationsverfall befand sich die Bewegung wieder im Aufwärtstrend, wenngleich das gerade erst überwundene Tief noch nachwirkte. Zwar hatte die Partei 1926/27, also binnen Jahresfrist, ihre Mitgliederzahl auf 40 000 verdoppelt, aber die Unsicherheit in den eigenen Reihen war noch groß. An diese innere Ambivalenz erinnert sich der damalige Hamburger Gauleiter Albert Krebs. Zwar sei der Parteitag für die »meisten Teilnehmer ein gewaltiges Erlebnis« gewesen, das schon durch »die Begegnung mit der Masse der Mitkämpfer aus allen Teilen des Vaterlandes« neuen Auftrieb gegeben hätte. Und »so war es kein Wunder«, schreibt er weiter, »daß sich am Ende fast alle Teilnehmer, überhitzt und übermüdet zugleich, in einem Rausch und Taumel der Begeisterung befanden, die jedes kritische Vermögen ausschloß«, und fügt nicht ohne Erstaunen hinzu: »Als ich auf der Heimfahrt im allerengsten Kreise erklärte, daß nicht 30000 SA-Männer an Hitler vorbeimarschiert seien, sondern höchstens 15000 – zusammen mit Dr. Otto Strasser und anderen hatte ich genau gezählt –, erweckte ich Zorn, Entsetzen, Widerspruch und tiefes Mißtrauen.«[3] Diese Unsicherheit war nicht grundlos. Denn eine Reihe von gewalttätigen Zusammenstößen zwischen SA-Leuten, Kommunisten und Polizei sorgten für erhebliche Nervosität unter den Teilnehmern und ließen den Kongreß in ziemlich spannungsgeladener Atmosphäre zu Ende gehen, zumal die SA-Verbände angesichts der Präsenz von Angehörigen des Rotfrontkämpferbundes und des Reichsbanners »Schwarz Rot Gold« die handgreifliche Auseinandersetzung suchten, während Hitler auf Disziplin bestand. In der Presse und unter der einheimischen Bevölkerung fand der Parteitag zwar erstmals größere Aufmerksamkeit, aber man nahm das merkwürdige Schauspiel der Braunhemden und roten Fahnen, der Fackelzüge und politischen Phrasen nicht ganz ernst. Nur wenige Linke, genau beobachtende Journalisten und phantasiebegabte Politiker, zumeist Außenseiter, Abtrünnige oder Ausgestoßene ihrer Parteien, erkannten in diesen mittleren Jahren der NS-Bewegung, welche Gefahr sich da zusammenbraute.

Der Wiederaufstieg der NSDAP hatte indes längst begonnen. Die Reorganisation der Basis war im vollen Gange. Der »Bruderkampf« unter den völkischen Organisationen wurde zugunsten der NSDAP entschieden. Die Mitgliederzahlen stiegen. Die Anzahl der Ortsgruppen nahm zu. Aber indem die Partei sich ausdehnte und organisatorisch ausdifferenzierte, wurde sie auch mit inneren Konflikten und Rivalitätskämpfen ihrer Führungsgruppen konfrontiert, nicht nur zwischen Partei und SA, sondern vor allem auch zwischen der »rechten« süddeutsch-katholischen Parteileitung und dem »linken« norddeutsch-protestantischen Strasser-Flügel. Während dieser Konflikt schwelte und sich hinzog, konnte Hitler, nach seiner Haftentlassung im Dezember 1924 und nachdem er Ludendorff und vorübergehend auch Röhm ausgeschaltet hatte, seine Führungsstellung sehr viel schneller festigen.

Bei den Reichstagswahlen im Mai 1928 schnitt die extreme Rechte schlecht ab, während die SPD ihren Stimmenanteil noch einmal deutlich vergrößern konnte, von 7,8 auf 9 Millionen Stimmen. Die Deutschnationalen verloren rund 2 Millionen, und die Nazis mußten sich mit für sie enttäuschenden gut 800 000 Stimmen begnügen. Die innenpolitische Stabilisierung und die außenpolitischen Erfolge unter Stresemann verursachten einen deutlichen Popularitätsverfall der NSDAP. Einen Parteitag veranstalteten sie nicht, wohl nicht zuletzt mangels ausreichender finanzieller Mittel.

Aber schon 1929 ging es für Hitler wieder aufwärts. Unterstützung fand er beim »Stahlhelm«, dem »Alldeutschen Verband« und führenden Repräsentanten der »Nationalen Opposition«, voran durch Alfred Hugenberg, den mächtigen Medienkonzernchef und Vorsitzenden der Deutschnationalen. Die Radikalisierung der öffentlichen Meinung kam nicht zuletzt im gescheiterten Volksbegehren gegen den Young-Plan zum Ausdruck. Mehr und mehr Menschen wandten sich von der Republik ab – oder haßerfüllt gegen sie. So kam die Partei auch bei den Wählern wieder an. Stärker als je zuvor. Ihre Stimmengewinne bei den Landtags- und Kommunalwahlen in Preußen, Sachsen und Thüringen waren beachtlich und bedenklich zugleich. Der »Erdrutsch« der September-Wahl 1930, die der NSDAP 6,5 Millionen Stimmen und 107 Parlamentssitze bringen sollte, hatte sich vorher angekündigt. Aber selbst jetzt erkannten nur wenige die Zeichen der Zeit.

Im zehnten Jahr ihres Bestehens befand sich die NS-Bewegung erkennbar im Aufwind. Mit ihrer symbolisch aufgeladenen Entscheidung, den Parteitag am 1. 8. 1929 zu eröffnen, also am 15. Jahrestag des Weltkriegsbeginns, gelang es ihr wirkungsvoll, die eigene Parteiversammlung zum »Fest- und Gedenktag für das ganze nationale Deutschland« umzudeuten. Das Echo auf diesen bis dahin größten Parteikongreß war dennoch zwiespältig. Auch in den eigenen Reihen. Aber diese Veranstaltung konnte man nicht mehr übersehen. Noch fehlte das architektonische Ambiente der imposanten Parteitagsbauten der dreißiger Jahre, noch fehlte auch die letzte Perfektion und choreographische Differenzierung in diesem vielteiligen Showgefüge, aber bereits hier zeichnete sich das spätere Parteitagsprofil ab, zu dem wenigstens vier Elemente gehörten:

- der schon 1926 vom demonstrativen Teil des Parteitages abgetrennte politische Teil mit Delegiertenkongreß, Führungsakklamation und Sondertagungen für die gesellschaftlichen Großgruppen (Bauern, Beamte, Arbeiter usw.), die somit der allgemeinen Öffentlichkeit weitgehend entzogen waren;
- das pseudo-sakrale, religiöse Element mit »Blut-Fahnenweihe«, Totenehrung und »Niederländischem Dankgebet«,
- der Volksfestteil mit Feuerwerk und Fackelzug, Wagner-Oper und Marschmusik und
- das (para)militärische Element mit den SA- und SS-Aufmärschen.[4]

Zwischen 1930 und 1933, in den dramatischen letzten Republikjahren also, fanden keine Parteitage statt. Der Kampf gegen die Republik und um die Staatsmacht wurde nicht auf einer Parteiversammlung entschieden, nicht durch ritualisierte Selbstdarstellung und Massenspektakel an einem Ort, sondern durch die überlegene Präsenz und Allgegenwart der Bewegung an möglichst vielen Orten zugleich. Dazu boten die dichte Folge von Gemeinde- und Landtagswahlen, von Reichspräsidenten- und Reichstagwahlen und die sie lärmend begleitenden Straßenkämpfe, Saal- und Redeschlachten ausreichend Gelegenheit. Aktionen und Agitation sollten Mitglieder werben und Wähler mobilisieren. Und die anhaltenden Wahlerfolge schienen Hitlers Strategie einer legalistischen Machtgewinnung immer wieder zu bestätigen.

Die wahlkampftechnisch und -organisatorisch spektakulärste Neuerung durch die Nazis war wohl der Einsatz des Flugzeugs als Propagandaträger. Unter dem wirkungsvoll doppeldeutigen Motto »Hitler über Deutschland« fand in der ersten Aprilwoche 1932, unmittelbar vor dem 2. Wahlgang zur Wahl des Reichspräsidenten, der erste von mehreren Deutschlandflügen Hitlers in jenem Jahr statt. In nur sieben Tagen trat er auf 22 Großveranstaltungen auf. So sprach er beispielsweise an einem Tag in Lauenburg (i. Pom.), Danzig, Elbing und Königsberg, um am folgenden Tag in Würzburg, Nürnberg und Regensburg aufzutreten. Goebbels' euphorische Schätzung, daß der »Führer« in einer Woche etwa 1,5 Millionen Menschen »erfassen« würde, ging an der Wirklichkeit weit vorbei, aber schon die Mobilisierung von einigen hunderttausend Menschen in so kurzer Zeit suchte damals ihresgleichen.

Hitlers Flüge wurden von einer gewaltigen Publicitykampagne begleitet, mit Plakaten und Fotos, Extraausgaben und suggestiv aufgemachten Berichten im *Völkischen Beobachter* und anderen NS-Zeitungen. Dafür waren insbesondere Hitlers Fotograf Heinrich Hoffmann und sein Sonderkorrespondent Josef Berchtold verantwortlich. Sie stilisierten Hitlers Flüge zum historischen, ja, zum Naturereignis: »Wenn Berge und Meere, das Blau des Himmels und die Sterne der Nacht erzählen könnten, so müßten sie künden des deutschen Volkes Erhebung... diese einzigartige Symphonie der Begeisterung, die dem Führer überall entgegenbrandete, wo der riesige Vogel auf seiner Reise die Erde berührte, war das Gewaltigste und Erhabenste, das Deutschland je gesehen und erlebt« hatte.[5]

Eine der größten Massenkundgebungen, auf der Hitler während dieses ersten Deutschlandfluges sprach, war die im Berliner Lustgarten am 4.4.1932. Eine unübersehbare Menge von vielleicht 150000 Menschen hatte sich bei strahlendem Frühlingswetter zwischen Dom, Museum, Zeughaus und Schloß versammelt, um Hitler zu hören. Starke SA-Trupps, zahlreiche Standartenträger und ein großes Aufgebot Berliner Schupos gaben dem Straßenbild kämpferisch-bedrohliche Akzente. SA-Kapellen sorgten für Unterhaltung, Goebbels bestritt das rhetorische Vorprogramm und skandierte »Sieg Heil«-Rufe, während über dem Platz ein Flugzeug kreiste und die Schaulustigen aufforderte: »Wählt Adolf Hitler«. Die Massen wollten ihn erst einmal sehen und hören. In seiner Rede setzte er sich mit einer weiteren »Hauptlüge des Systems« auseinander, so, wie es das Programm für diesen Wahlfeldzug vorsah. Konkret sprach er über die Politik der NSDAP für die Frauen, eine der wichtigsten Wählergruppen bei der Stimmenwerbung. Und während in der Menge am Ende das Deutschlandlied angestimmt wurde, war Hitler schon wieder unterwegs, denn in Potsdam wartete bereits die nächste Veranstaltung auf seinen Auftritt. Der Berichterstatter des *Völkischen Beobachter* überschlug sich anderntags geradezu: »Dieser Hitlertag im Lustgarten war die gewaltigste Kundgebung, die Berlin, die Deutschland jemals erlebt hat. Man kann das alles, was aus dieser ungeheuren Menschenmenge an Kampfeswillen, Siegeszuversicht, Treue und innerer Verbundenheit sprach, nicht in Worte fassen. Es ist ein Erlebnis, an dem man lebendigen, blutvollen Anteil genommen haben muß. Was hier im Lustgarten geschah, das hat uns in der ganzen Geschichte noch keiner vorgemacht, und das wird uns auch keiner nachmachen.«[6] Der Chronist irrte. Die Nazis selbst überboten sich. Es sollte noch aufwendiger und opernhafter werden.

Doch erst nach der Machtübertragung auf Hitler und die NS-Führung kam die Ästhetisierung der Politik zu ihrer vollen Entfaltung. Erst die Beendigung der »Kampfzeit«, erst die Ausschaltung der Spontaneität an der Basis, insbesondere der in der SA gleichsam institutionalisierten Bewegungsdynamik, ließen die Parteitage in einer Art Gesamtkunstwerk ihre definitive Form finden. Die Eroberung der Staatsmacht hatte deren Schaustellung zur Folge, die wiederum die militärische Präzision der Parteitagsorganisation und die sakrale Strenge des ritualisierten Parteitagsgeschehens möglich und notwendig machte. Daß die Nazis Politik auf bloße Gewalt reduzierten, um sie andererseits in der Ästhetik inszenierter Massenveranstaltungen und theatralischer Effekte aufgehen zu lassen, hatten einige »linke« Intellektuelle schon vor 1933 erkannt. Aber erst unter der Regie des Regimes kamen diese Ansätze zu ihrer äußersten Ausprägung, veränderten sich Struktur und Funktion faschistischer Öffentlichkeit. Die Geschichte der Reichsparteitage ist dafür ein besonders anschauliches Beispiel.

Sie ist aufs engste mit der Stadt Nürnberg verknüpft, beginnt lange vor 1933 und war mit dem letzten Parteitag 1938 nicht einfach zu Ende. Die völkisch-nationalen Kräfte veranstalteten Anfang September 1923 in Nürnberg einen ihrer sogenannten »Deutschen Tage«, zur Erinnerung an den September 1870, als die deutsche Armee bei Sedan die Franzosen geschlagen hatte. Unter den Kriegsvereinen, Offiziersbünden und vaterländischen Verbänden bildeten die Nationalsozialisten eines der stärksten Kontingente, und unter den zahlreichen Rednern, die mit »flammenden Worten das deutsche Gewissen« wachrütteln wollten, war Hitler bereits eine auffällige Erscheinung. Die Spuren dieser Vorgeschichte haben sich verloren, sind nur noch in Zeitungsberichten und Polizeiakten aufzufinden. Demgegenüber hat sich das Parteitagsgeschehen zumindest in der Bühne, auf der es sich abspielte, gleichsam verewigt. Wer einmal im Südosten von Nürnberg über das unübersehbar weite Gelände zwischen ehemaligem Luitpoldpark, Zeppelinwiese und Märzfeld gegangen ist, vorbei an den Ruinen der Reichparteitagsbauten oder über sie hinweg, der bekommt wohl noch im Verfall vergangener Monumentalität einen Eindruck von dem Versuch der Verewigung vermeintlicher Größe.

Diese eigentümlich kulissenhaft-unwirklichen Überreste lassen sich mit dem melancholischen Charme jener, die in der »ewigen Stadt« von der Pracht vergangener Tage zeugen, kaum vergleichen. Gleichwohl mag Albert Speer die Architektur des römischen Imperiums vor Augen gehabt haben, als ihm seine »Ruinenwerttheorie« einfiel. Eine durch ihn inspirierte, romantisierende Zeichnung zeigt die Tribüne des Zeppelinfeldes nach Generationen: »... überwuchert von Efeu, mit eingestürzten Pfeilern, das Mauerwerk hie und da zusammengebrochen, aber in den großen Umrissen noch deutlich erkennbar«.[7] Solche Niedergangsvision galt in der engstirnigen Umgebung Hitlers als bloße Blasphemie. Schließlich hatte man das »tausendjährige Reich« gerade erst gegründet. Hitler selbst war eine solche Vorstellung jedoch durchaus nicht fremd. Er wußte, daß allein »die großen Kulturdokumente der Menschheit aus Granit und Marmor... ein wahrhaft ruhender Pol in der Flucht all der anderen Erscheinungen« sind. Die Bauten des neuen Deutschland sollten nicht nur bis zum Jahre 2000 Bestand haben, sondern »gleich den Domen unserer Vergangenheit [hineinragen] in die Jahrtausende der Zukunft«.[8] Und entsprechend wurde nach der »Ruinenwerttheorie« konzipiert und gebaut.

Ein Weltwunder der Neuzeit, wie manche meinten, war das Nürnberger Parteitagsgelände deshalb gewiß nicht. Eher entstand hier eine gigantomanische »Weihestätte der Nation«, auf jeden Fall aber bis Kriegsbeginn die größte Baustelle Deutschlands, wobei Nürnberg ja nur eine von fünf städtebaulich bevorzugten »Führerstädten« war. Die Bebauung des über 16 qkm großen Geländes sollte 1945 abgeschlossen sein. Auf den Tribünen und in den Aufmarscharenen hätten rd. 1 Million Menschen gleichzeitig Platz gehabt. Immens waren auch die mit rd. 800 000 RM veranschlagten Baukosten. Sie mußten auf mehrere Träger verteilt werden. Genauso wie die jährlichen organisatorischen und die mehrjährigen bauplanerischen Aufgaben.

Die ursprünglichen Pläne von Hitlers erstem Architekten, Paul Ludwig Troost, hatten sich noch auf den Aus- und Umbau des früheren Luitpoldparks mit alter Kongreßhalle, Arena und Tribünen beschränkt. Der Nürnberger Architekt Ludwig Ruff wurde dann mit dem Bau der Neuen Krongreßhalle beauftragt.[9] Zu einer Gesamtplanung des Parteitagsgeländes kam es erst im Herbst 1934 unter Speer. Für die verschiedenen Programmteile des Parteitages konzipierte er auf einem axial geteilten Gelände eine funktional differenzierte Bebauung, wobei er das nationalsozialistische Volks-Führer-Prinzip zur Leitschnur der architektonischen Gestaltung machte. Das Gelände erstreckte sich von der bis 1937 fertiggestellten Luitpoldarena, die für Totenehrungen und Fahnenweihen von SA und SS genutzt wurde, bis zum Märzfeld, der unvollendet gebliebenen martialischen »Spielwiese« der Wehrmacht, 1000 Meter breit und 600 Meter lang, umrahmt von Tortürmen und Tribünen für 160 000 Zuschauer. Weitgehend Torso blieb auch die Neue Kongreßhalle, obwohl an diesem Lieblingsprojekt Hitlers – trotz des bei Kriegsbeginn verfügten Baustopps – noch bis in den Winter 1942/43 weiter gebaut wurde. Am römischen Kolosseum orientiert, sollte dieses 265 Meter breite, 275 Meter lange, 70 Meter hohe, hufeisenförmig-vierstöckige Gebäude der kultische Mittelpunkt des Parteitages werden. Mit einem Fassungsvermögen von rd. 50 000 Menschen wäre es nahezu dreimal so groß gewesen wie die alte Kongreßhalle. Aber bereits dieses Bauwerk, das in den dreißiger Jahren für alle Saalveranstaltungen genutzt wurde, hatte Superlative aufzuweisen. So war es mit der gerade erst erfundenen Neonbeleuchtung bestückt und verfügte über eine der größten elektrischen Orgeln, die je gebaut wurde.

Die kleinste der zahlreichen Pfeifen war 60 cm lang, die größte maß 16 Meter.

Das axiale Verbindungsstück zwischen Neuer Kongreßhalle, Luitpoldarena und Märzfeld war die zwei Kilometer lange und 80 Meter breite »Große Straße«. Eingefaßt von Kolossalfiguren, Tribünen und Eichen, belegt mit verschiedenfarbigem, für Marschstiefel eigens aufgerauhtem Granit diente sie der Wehrmacht als Paradestraße. Flankiert wurde sie auf der westlichen Seite vom »Deutschen Stadion«, einem hufeisenförmigen Tribünenbau von 540 Meter Länge, 445 Meter Breite, 80 Meter Fassadenhöhe und einem Fassungsvermögen von 400 000 Zuschauern. Hier sollten NS-Kampfspiele und sportliche Wettkämpfe stattfinden, aber über eine riesige Baugrube kam dieses größte aller Bauvorhaben nicht hinaus. Gegenüber, auf der anderen Seite der »Großen Straße«, befand sich das Zeppelinfeld mit der auf Hitlers Anordnung errichteten 20 Meter hohen Haupttribüne an der Nordostseite des Feldes. Diese großenteils erhaltene Anlage war wiederum von Türmen und Tribünen umschlossen und konnte rd. 300 000 Teilnehmer und Zuschauer aufnehmen. Sie wurde insbesondere für die Aufmärsche des Reichsarbeitsdienstes und der Politischen Leiter genutzt.

Daß die »Große Straße« als Hauptachse des gesamten Geländes auf die Nürnberger Kaiserburg ausgerichtet war, wurde von Speer als bloßer Zufall abgetan. Daß zudem die alte Reichsstraße nach Wien am Parteitagsgelände entlang führte, machte den historischen Bezug und großdeutschen Anspruch der Nazis noch augenfälliger, wurde aber in den zeitgenössischen Darstellungen kaum beachtet. Gleichwohl war Nürnberg nicht zufällig die Stadt der Reichsparteitage geworden. Es gab wohl andere Bewerber und gewiß attraktive Alternativen. Aber aus seiner persönlichen Präferenz für Nürnberg machte Hitler kein Hehl.

Nürnberg war im Vergleich mit anderen deutschen Großstädten eher zweitrangig. Aber für die Nazis hatte es den unschätzbaren Vorteil, daß es vom Mittelalter bis zur Renaissance eine der führenden deutschen Städte gewesen war. Und den nationalen Bewegungen des 19. Jahrhunderts galt es als Verkörperung vaterländischer Ideale schlechthin. Wo konnte sich also das »neue Deutschland« des Dritten Reiches wirkungsvoller als Erbe des Ersten und Zweiten Kaiserreiches und als Erneuerer der alten Reichsherrlichkeit darstellen?[10] Wie Hamburg, Lübeck und Augsburg war Nürnberg freie Reichsstadt und nur dem Kaiser Gehorsam schuldig. Und wie diese gehörte es zu jenen Städten, in denen sich früh ein freies Unternehmertum und eine neue, bürgerlich-mittelständische Kultur entwickelt hatte. Aber keine dieser Städte wurde so berühmt wie Nürnberg. Keine wurde als Stadt so sehr Symbol wie des »Reiches Schatzkästlein«. Nürnberg brachte es nicht nur zu großem Wohlstand. Hier wurden bedeutende technische Erfindungen gemacht. Als erste Reichsstadt vollzog Nürnberg den Übergang zum Protestantismus. Und natürlich fanden Fortschrittlichkeit und Reichtum auch ihren kulturellen und ästhetischen Niederschlag. Später fiel Nürnberg für lange Zeit in die Bedeutungslosigkeit zurück. Aufklärung und deutscher Idealismus orientierten sich an klassischen und französischen Vorbildern.

Erst im Aufbruch nationalkultureller Bewegungen, also im Übergang zum 19. Jahrhundert, wurde Nürnberg wiederentdeckt. Ein Beispiel: Im Frühjahr 1796 machten sich die beiden jungen Berliner Studenten Ludwig Tieck und Heinrich Wakkenroder nach beendetem Wintersemester auf Wanderschaft nach und durch Süddeutschland. Bis dahin waren sie noch nicht südlich des Mains gewesen. Vertraut nur mit dem strengen preußischen Neoklassizismus und vielleicht auch seiner ein wenig überdrüssig, gerieten sie beim Anblick Nürnbergs ins Schwärmen: »Nürnberg! du vormals weltberühmte Stadt! Wie gerne durchwanderte ich deine krummen Gassen, mit welcher kindlichen Liebe betrachtete ich deine altväterischen Häuser und Kirchen, denen die feste Spur von unserer alten vaterländischen Kunst eingedrückt ist. Wie innig lieb ich die Bildungen jener Zeit, die eine so derbe, kräftige und wahre Sprache führen! Wie ziehen sie mich zurück in jenes graue Jahrhundert...«[11] Die romantisierende Verklärung Nürnbergs und altdeutscher bürgerlicher Lebenswirklichkeit zog sich durch das ganze Jahrhundert. Sie fand in Wagners Bühnenweihfestspiel *Die Meistersinger* ihren Höhepunkt.

Diese Musik mochte Bekenntnis zur »heiligen deutschen Kunst« und zur deutschen Einheit zugleich sein. Den Nazis war bloße romantische Schwärmerei eher verdächtig. Sie suchten weder das musikalische Bekenntnis noch den künstlerisch sublimierten Appell als kulturelle Ausdrucksform an sich. Aber in ihrem rückwärtsorientierten Vorwärtsdrang erkannten sie den hohen instrumentellen Wert der Symbolik und Theatralik, der mit der Geschichte und Architektur Nürnbergs verbunden war. Und sie nutzten diese Möglichkeit, wo und wie immer sie konnten.

So stand vor allem der Auftakt des Reichsparteitages ganz im Zeichen von Alt-Nürnberg. »Glanzvoller als der Reichstag der alten Kaiser« sollte dieser »Generalappell« der Partei gestaltet werden.[12] Die Kulisse der alten Stadt an der Pegnitz gab dem neuartig-unwirklichen Geschehen mit seiner Vermischung von politischen und sakralen, volkstümlichen und militärischen Elementen den passenden Rahmen. Ein Hauch von Mittelalter lag über der Stadt. Die Verklärung altdeutschen Ambientes sollte Glück und Geborgenheit versprechen. Das vorgeblich »neue Deutschland« der Nazis suchte Rückhalt in der alten Geschichte.

Glockengeläut und Fanfarenklang erfüllten die Straßen, wenn die jubelnde, fähnchenschwenkende Menge den »Führer« empfing. So hielt Hitler alljährlich Einzug in die Stadt. Im festlich geschmückten Rathaussaal wurde ihm zunächst vom Bürgermeister vor ausgewählten Ehrengästen regelmäßig ein beziehungsreich-symbolisches Geschenk überreicht. Zum »Parteitag des Sieges« (1933) war es Dürers Kupferstich *Ritter, Tod und Teufel*. Zum »Parteitag der Freiheit« (1935) hatte man eine Reproduktion des kaiserlichen Reichsschwertes gewählt. Das Original befand sich seit Jahrhunderten im stolzen Besitz der Stadt. Ihren Höhepunkt erlebte die Inszenierung dieser Parteitagsouvertüre wohl 1938. Nach der Annexion Österreichs hatte Hitler als Symbol erneuerter Reichsherrlichkeit die Reichskleinodien aus der Wiener Hofburg nach 123 Jahren an ihren ursprünglichen Aufbewahrungsort zurückbringen lassen. In ihrem Selbstverklärungswahn mochten die Nazis auf den mythischen Zauber des Heiligen Römischen Reiches nicht verzichten.

Auch abends stand Nürnberg auf dem Programm. Eine Aufführung der *Meistersinger* durch ein Ensemble der Berliner

Staatsoper unter der Leitung Furtwänglers beschloß diesen ersten Tag festlich und glanzvoll. Zumindest sollte sie das tun. Aber ein solcher Galaabend war wohl nicht nach dem Geschmack eines großen Teils der Parteiprominenz, und nach dem der unteren Parteifunktionäre schon gar nicht. Diese wußten die Qualität des Nürnberger Biers und des Fränkischen Weins weit mehr zu schätzen, wie Speer berichtet, so daß – um die Peinlichkeit eines 1933 fast leeren Opernhauses zu vermeiden – in den folgenden Jahren teure Karten an das allgemeine Publikum verkauft wurden.[13]

Das Zeremoniell der Parteitagseröffnung am zweiten Tag trug Züge eines politischen Festgottesdienstes. Nachdem Hitler bereits am frühen Morgen vom Balkon seines Hotels, dem »Deutschen Hof«, den Fahnenmarsch der Hitler-Jugend abgenommen hatte, eröffnete er in der alten Luitpoldhalle den Parteitag oder besser: er ließ ihn eröffnen. Denn die Reden hielten hier die anderen: der Stellvertreter, der Gauleiter. Der dramaturgische und dekorative Aufwand war gleichwohl schon am Anfang beträchtlich. Der Riesenraum der ehemaligen Ausstellungshalle war ganz mit weißer Seide ausgeschlagen. Von der tiefroten Stirnwand hob sich – hoch über dem Podium für die Parteiführung – wirkungsvoll ein großes goldenes Hakenkreuz ab, das – um die Farbensymphonie vollkommen zu machen – von grünem Eichenlaub umkränzt war. Verschwenderischer, aber kalkulierter Bühnenzauber. Das Parteipublikum sollte schon überwältigt sein, bevor die erste Rede begann.

Und natürlich fehlte die Musik nicht. Das Reichssymphonieorchester intonierte den Badenweiler Marsch, während Hitler unter dem brausenden Beifall der Versammelten zum Podium schritt. Von Wagner-Musik umrahmt, wurden danach Hunderte von Standarten in den Saal getragen, voran die »Blutfahne«, jenes inzwischen mystisch verklärte Requisit, das durch die »Blutopfer« des gescheiterten November-Putsches von 1923 gleichsam geweiht war und fortan für die rituelle Fahnenweihe durch Hitler unentbehrlich wurde. Orgelklang ertönte und das »Niederländische Dankgebet«. Heß eröffnete den Kongreß, der Stabschef der SA verlas die Namen aller »Gefallenen der Bewegung«, und der Gauleiter durfte schließlich die »Proklamation des Führers« verlesen. Danach und auch an den anderen Tagen fanden Sondertagungen statt, die sich mit den Anträgen der Parteibasis zu befassen hatten. Gleichzeitig wurde in der unweit des Parteitagsgeländes am Valzner-Weiher errichteten »KdF-Stadt« ein Volksfest eröffnet, mit Würstchenbuden, Limonadenverkäufern und Bierzelten, mit sportlichen Wettkämpfen, gymnastischen und akrobatischen Vorführungen. Dieses Volksfest fand seinen Höhepunkt und Abschluß regelmäßig in einem Feuerwerk. Es war das größte, das Deutschland bis dahin gesehen hatte. Und es sollte nicht das letzte bleiben. Die Nazis waren skrupellose Pyromanen. Mit Fackelzug und Feuerwerk machten sie Stimmung, wo immer sie konnten. Feuermetaphorik, Verbrennungsprojektionen und -rituale gehörten zur mystisch-irrationalen Vorstellungswelt und zum Fundus der NS-Regisseure.[14] Auch Hitlers pyromanische Phantasien sind in diesem Zusammenhang zu sehen. Schon früh sprach er Rauschning gegenüber vom Weltenbrand.[15] Und Speer beschreibt, wie sehr Hitler durch Feuer in Erregung versetzt wurde. Ob Hitler in Bayreuth die brennende Götterburg zusammensinken sah oder Filmaufnahmen vom Feuermeer über Warschau, stets war es »ganz unmittelbar das Feuer«, Hitlers »eigenstes Element«, das in ihm diese Erregung auslöste.[16]

Am dritten und vierten Tag stand die soziale Frage auf dem Programm, inszenierten die Parteitagsregisseure jedenfalls »Volksgemeinschaft«. Seit 1934 hatte zunächst der Reichsarbeitsdienst seinen Auftritt. Die choreographische Regie machte daraus eine politische Demonstration und eine sakrale Feier in einem. Zweieinhalb Stunden und länger dauerte der Auf- und Vorbeimarsch der 50000 in Vorbereitungslagern gedrillten Arbeitsdienstmänner auf dem Zeppelinfeld. Sie formierten sich in exakt ausgerichteten »Marschsäulen« um das Symbol des Arbeitsdienstes: »Spaten und Ähre«. In seinem *Berliner Tagebuch* beschreibt William L. Shirer anschaulich die optische Wirkung, die davon ausging, wenn die 50000 im Licht der Morgensonne ihre Spaten zum Präsentiergriff erhoben und eine »Silberwelle« über sie hinwegzurollen schien.[17] Fahnenschwinger ergänzten das ebenso bewegte wie abgezirkelt disziplinierte Bild. Die in konzentrischen Kreisen um die Fahnenmasten formierten sogenannten »Arbeitsmaiden« mit ihren einheitlich weißen Blusen rundeten es ab. Was mit Glockengeläut und Gesang pseudosakral begonnen hatte, endete auch so: Aus allen Kehlen ertönte noch einmal: »Werk unserer Hände, laß es gelingen / denn jeder Spatenstich, den wir vollbringen / soll ein Gebet für Deutschland sein.«

So optisch auffällig die Fahnen und die symbolischen Zeichen waren, so unvermeidlich die Marschkolonnen und quasi-religiösen Gesänge, das choreographisch-liturgische Kernelement war das Führer-Gefolgschaftsverhältnis, war das gleichsam orgiastische Wechselspiel zwischen Sprecher und Chor, zwischen Führer und »femininer« Masse.[18] Das Regieraffinement dieses menschenverachtenden Regimes machte Menschenmassen zu beweglichen Kulissen. So ließ Leni Riefenstahl in ihrem Parteitagsfilm *Triumph des Willens* aus den landsmannschaftlichen Gruppen im chorischen Ritual des Arbeitsdienstappells die längst zum realen Mythos verklärte »Volksgemeinschaft« hervorgehen. Auf die vom Sprecher beständig wiederholte Frage: »Kamerad, woher stammst du?« ertönten die jeweils mundartlich gefärbten Antworten: »Aus Friesland – aus Bayern... von der Donau, vom Rhein« usw. – bis diese Wechselrede in das chorische Finale einmündete: »Ein Volk – ein Führer – ein Reich! Heimat!«.

Der Parteitag von 1936 führte eine neue Variante des Arbeitsdienstappells vor. Von der Haupttribüne ertönte eine durchdringende Lautsprecherstimme über das weite Feld: »Einmal im Jahr soll der Spaten ruhen. Einmal im Jahr kommt für uns die Zeit, vor unserem Führer zu stehen... In dieser Stunde entzündet sich ein neuer Glaube.« – »Wir sind bereit«, ertönte es aus dem Innenraum. Darauf wieder der Sprecher: »Niemand ist zu gut« – »... um für Deutschland zu arbeiten«, vollendete die Menge der Arbeitsdienstmänner. Worauf der Sprecher erneut deklamierte: »Niemand ist zu niedrig«, und ihm der Chor wiederum zuschrie: »um für Deutschland, das Vaterland, zu arbeiten.«

Daß es letztlich um mehr als nur um eine neue kollektive Arbeitsmoral und Arbeitspflicht ging, machte die Schlußsequenz deutlich, in welcher der Sprecher rief: »Wir erheben den Blick und gedenken unserer Brüder, die in den Schützengräben litten, und der anderen, die in den Straßen Mord und Haß bekämpften. Sie starben für Deutschland« und der Chor emphatisch erwiderte: »Aber heute dürfen wir für Deutschland leben.«[19] Das war wörtlich zu verstehen und fraglos hinzunehmen. Politische Liturgie läßt Zweifel und Widerspruch nicht zu.

Seit der Grundsteinlegung für das gigantische »Deutsche Stadion« im Jahr 1937 wurde der vierte Tag, an dem bis dahin die Politischen Leiter der NSDAP ihren Auftritt hatten, zum »Tag der Gemeinschaft« gemacht und mit sportlichen Schauvorführungen gefüllt. Den Zuschauern zeigte sich das beeindruckende Bild einer Symphonie aus Farben und Formationen, aus Musik und Bewegung. Weiße Sportkleidung auf grünem Rasen, kraftstrotzende Männlichkeit braungebrannter Jünglingskörper und anmutige Weiblichkeit in gymnastischen Tanzvorführungen, schwungvolle Rhythmen und Fanfarensignale. Hier wurde augen-scheinlich Lebensfreude inszeniert, kameradschaftliche Gemeinschaft vorgeführt und körperliche Schönheit zur Schau gestellt. Allerdings fehlte dem Schönheitsideal der Nazis Sinnlichkeit. Der Anblick sollte faszinieren, aber nicht erotisieren. Die Mobilisierung der Massen und ihrer Gefühle war für das Regime von großer Bedeutung, ihre Kontrolle nicht minder. Liebe als zugleich romantisch-bewegtes und aufklärerisch-befreiendes Medium tiefer Seelenbindung und leidenschaftlicher Sinneslust blieb kleinbürgerlich-nazistischem Ordnungsdenken unzugänglich.[20]

Einen Höhepunkt anderer Art erlebte der Parteitag am Abend des fünften Tages. Im Mittelpunkt stand die nächtliche Weihestunde der sogenannten Politischen Leiter, also der kleineren und mittleren Parteifunktionäre. Seit der Premiere des »Lichtdoms« im Jahre 1934 galt diese von Speer kreierte Veranstaltung als die spektakulärste, als optische Demonstration täuschender Vollkommenheit. Dabei war ihr Anlaß das genaue Gegenteil. Speer jedenfalls berichtet, wie schwierig es war, diese »Amtswalter« der Partei vorteilhaft in Szene zu setzen.[21] SA und SS, Arbeitsdienst und Wehrmacht beeindruckten durch ihre zum Massenornament stilisierte Disziplin und körperliche Haltung. Die nachgeordneten Parteifunktionäre hatten »ihre kleinen Pfründen in ansehnliche Bäuche umgesetzt; exakt ausgerichtete Reihen konnten ihnen schlechterdings nicht abverlangt werden«. Deshalb schlug Speer vor, sie einfach »in der Dunkelheit aufmarschieren« und darin fürs Auge verschwinden zu lassen. In der Dunkelheit ließen die Nazis auch andere, von ihnen als unschön bezeichnete Körper verschwinden. Allerdings für immer. Im Abstand von nur zwölf Metern wurden um das ganze Zeppelinfeld 130 Flak-Scheinwerfer aufgestellt, deren scharf umrissene Strahlen eine Höhe von sechs bis acht Kilometern erreichten und dort zu einer leuchtenden, kuppelähnlichen Fläche zusammenflossen, wodurch »der Eindruck eines riesigen Raumes [entstand], bei dem die einzelnen Strahlen wie gewaltige Pfeiler unendlich hoher Außenwände erschienen«. Gelegentlich hindurchziehende Wolken steigerten den Eindruck dieses Spektakels zur »surrealistischen Unwirklichkeit«. Parteitags-Illusionsarchitektur jenseits der Ruinenwerttheorie. Die »einzige Raumschöpfung« jedenfalls, so Speer über Speer, die »auf ihre Weise die Zeit überdauerte«.

Mit der hereinfallenden Dämmerung hatte sich auf dem Feld ein dichtgedrängter brauner Block von weit über 100 000 Männern formiert, während sich die Tribünen mit noch einmal ebensovielen Zuschauern füllten. Ein Fanfarenstoß und aufbrausender Jubel kündigten Hitlers Ankunft an. Hunderte von roten Fahnen bauschten sich im Abendwind, von hellen Bogenlampen erleuchtet. Die Rampenlichter im Säulengang der Haupttribüne verbreiteten eine magisch-weiße Helligkeit. An den Eckpfeilern der Tribüne loderten die unvermeidlichen Feuer. Als Hitler dann das Feld betrat und die Tribüne hinaufstieg, schossen die Flakscheinwerfer in die Höhe und bildeten eine Art »Lichtdom«. Es war, »als ob man sich in einer Kathedrale aus Eis befände«, beschrieb der britische Botschafter Henderson seinen Eindruck.[22]

Nachdem sich vollkommenes Schweigen über das weite Areal und die unübersehbare Masse der Viertelmillion Menschen gelegt hatte, näherte sich von der der Tribüne gegenüberliegenden Seite, wie der Korrespondent der *New York Times* berichtete, »ein Meer von wogendem Rot… die 25 000 Fahnen der Ortsgruppen aus allen Teilen Deutschlands«. Es war, »als wälze sich eine karmesinrote Flut durch die Gassen zwischen den Blöcken einheitlichen Brauns«. Dazu kamen die im Scheinwerferlicht glitzernden vergoldeten Adler auf den Standarten. Gesichter waren so nicht mehr zu erkennen, und Menschen als Individuen, von Hitler einmal abgesehen, auch nicht vonnöten.

Das menschenverachtende Regime brauchte die Menschenmenge, um den einzelnen in der Masse unkenntlich zu machen. Vor dunkler Nachtkulisse gab es nur noch die stehenden oder fließenden farbigen Flächen des Rot und Braun, übersät von silbernen und goldenen Tupfern und überhöht vom gleißenden Weiß des Scheinwerferlichts. Totenehrung und Weihelied, eine kurze Ansprache Hitlers, Heilrufe und die von Abertausenden gesungene Nationalhymne: das gehörte auch hier zum rituellen Ablauf. Dieses nächtliche Spektakel zeigte besonders deutlich, daß das NS-Regime nicht nur die Gesellschaft zur »Volksgemeinschaft« schönte. Es versteckte auch die längst unattraktiven Seiten seiner Bewegung hinter Kulissenzauber und schönem Schein. Und der wurde offensichtlich auch so empfunden, selbst von Unbeteiligten, nämlich als »unbeschreiblich schön«, wie die *New York Times* überschwenglich schrieb.

Ein solcher Aufwand an Beleuchtungs- und Farbchoreographie mußte am folgenden Tag nicht getrieben werden. Die 50000 zwölf- bis achtzehnjährigen Jungen und Mädchen der Hitlerjugend kamen mit weniger Lichtkosmetik und Verkleidung aus. Die Jungen trugen braune, die Mädchen weiße und die Marinejugend blaue Hemden. Mit ihren blonden Haaren und der reklame-rosigen Frische ihrer gesunden Gesichter mußten sie sich nicht im schützenden Dunkel der Nacht verbergen. Der Wirkung dieses Anblicks war offenbar auch diesmal die innere Distanz des ausländischen Chronisten nicht gewachsen. Diese Versammlung, schrieb die *New York Times* entzückt, habe wie ein riesiges Blumenbeet gewirkt.[23] Und wenn Hitler unter Fanfarenklang aufrief: »Ihr seid die Zukunft der Nation, die Zukunft des Deutschen Reiches«, dann mochte oder konnte wohl kaum jemand argwöhnen, daß diese Generation einer düsteren Zukunft entgegenging. Es sei denn, man hätte Zusammenhänge erkennen können und wollen.

Gegen Ende des Parteitages trat das militärische Element stark in den Vordergrund. Am vorletzten Tag hatten SA und SS ihren Auftritt, während die Wehrmacht, die erst seit 1934 dabei war, den Abschluß bildete. Als Hitler die Luitpoldarena betrat, hatten dort längst die Marschsäulen der »Braunen Armee der SA« und die schwarzgekleideten SS-Männer hinter ihren Standarten Aufstellung genommen. »Heil meine Männer!«

schallte Hitlers Gruß durch die Lautsprecher – »Heil mein Führer!« kam es hunderttausendfach zurück. Dumpfer Trommelwirbel begleitete wenig später den Zug der Fahnen und Standarten zum Ehrenmal, das dem Führerstand gegenüberlag. Trauermusik legte sich über das Areal, als Hitler – barhäuptig und gemessenen Schrittes, ganz in der Pose cäsarischer Größe und Einsamkeit –, in respektvollem Abstand begleitet nur vom Stabschef der SA und dem Reichsführer der SS, auf der steinernen »Straße des Führers« zur Totenehrung schritt und in schweigender Verneigung dort lange verharrte. In einem solchen Szenarium »eines politisierten Karfreitagszaubers... kam Hitlers Vorstellung ästhetisierter Politik zur Deckung mit dem Begriff«.[24] Was Adorno schon kritisch über Wagner angemerkt hatte, war in diesem Rahmen nicht weniger berechtigt: Auch hier machte »der Glanz für den Tod Reklame«.[25] Unter diesem verhängnisvollen Vorschein wurden die Fahnen mit Marschrhythmen zur Haupttribüne zurückgetragen, wo Hitler unter Salutschüssen schließlich neue Standarten der Parteiformationen »weihte«, indem er sie mit der »Blutfahne« berührte.

1934 war dieses Ritual besonders heikel. Seit der Ermordung Röhms und eines Teils der SA-Führung standen sich Sturmabteilung und Schutzstaffel feindselig gegenüber; »ein lautloser, unsichtbarer Krieg war eröffnet«.[25] Und Hitler stand nach der »Säuberung« zum ersten Mal vor seinen Sturmmännern. »In einer feierlichen Rede sprach er 50000 von ihnen von einer Beteiligung an der Röhm-Revolte frei. Über dem Stadion lag eine beträchtliche Spannung, und ich beobachtete«, schreibt Shirer in seinem Tagebuch, »daß Hitlers Leibwache, die sich aus SS-Leuten zusammensetzte, einen starken Riegel gebildet hatte, der ihn vor der Masse der Braunhemden abschirmte. Wir fragten uns, ob nicht einer von diesen 50000 Braunhemden den Revolver ziehen würde, aber das geschah nicht.«[27] Wie begründet die Befürchtungen gegenüber der SA auch immer sein mochten, ihre rein zahlenmäßig starke Repräsentanz konnte nicht darüber hinwegtäuschen, daß die SS ihr inzwischen den Rang abgelaufen hatte. Aber nicht nur zwischen SA und SS gab es Mißtrauen und Feindseligkeiten. Auch die Wehrmacht sah im Aufstieg der SS, insbesondere im Aufbau der Waffen-SS, einen ebenso gefährlichen wie letztlich überflüssigen Konkurrenten, zumal sie sich selbst als einzig legitimen »Waffenträger der Nation« verstand. Umgekehrt verfolgte die SS die Annährung der seit 1934 entscheidend geschwächten SA an die Wehrmacht mit äußerstem Mißtrauen.

Von diesen latenten Konflikten und offenen Machtkämpfen war nichts zu sehen, wenn die drei Waffengattungen der nun »Wehrmacht« genannten Reichswehr Stärke, Beweglichkeit, Präzision und modernste Technik zur Schau stellten. Die romantisierende, an germanische Vergangenheit erinnernde Umbenennung wollte allerdings niemanden darüber im unklaren lassen, daß mit der einseitigen Aufhebung der Beschränkungen des Versailler Vertrages in kürzester Zeit hochmoderne Streitkräfte entstanden waren. Vor einer gewaltigen Zuschauerkulisse führten Zehntausende von Soldaten und Offizieren nicht nur modernstes Kriegsgerät vor und demonstrierten den beeindruckten internationalen Beobachtern den hohen Motorisierungsgrad der Truppen, sie zeigten auch ihre »Kriegsspiele«: Luftangriff und Luftabwehr, Infanterie gegen Artillerie, Pioniere, Aufklärungs- und Nachrichtenabteilungen im Einsatz. Den Abschluß bildete eine große Truppenparade, unter einem Meer von Fahnen, begleitet von zahllosen Musikzügen. Rhythmus und Bewegung, Farben und Formationen – die Sinnesorgane sollten beschäftigt sein, Augen und Ohren wollten befriedigt werden. Nach einer Abschlußkundgebung mit Hitler in der Kongreßhalle fand schließlich gegen 22 Uhr im Fackelschein und mit zahlreichen Musikkapellen auf dem Platz vor dem »Deutschen Hof« der große Zapfenstreich statt und der Parteitag sein Ende. Das Wechselspiel zwischen Solohorn und Musikkorps ging über in dumpfen Trommelwirbel und endete schließlich mit dem Choral »Ich bete an die Macht der Liebe«. Ausgerechnet.

Hier wurde noch einmal vorgeführt, was ein Signum des Parteitages überhaupt war: der säkular-religiöse Charakter dieses Bewegungsregimes. Hitler selbst verstand ja die Bewegung als »Orden«, sprach von der »gläubigen Inbrunst« seiner Parteigenossen und stilisierte sie gern zu »eingeschworenen Aposteln«.[28] Sein vormaliger Vertrauter Hermann Rauschning sprach im Hinblick auf den süddeutschen Flügel der NSDAP vom »atheistischen Barock« dieser Bewegung, die »den katholischen Glauben durch die Katholizität des neuen Glaubens« an den Führer-Messias ersetzt habe.[29] Aber die NSDAP hatte auch einen beachtlichen norddeutschen Flügel. Sie war in ihrer sozialstrukturellen Zusammensetzung in weit höherem Maße protestantische Protestbewegung. Sie nahm das Erbe beider konfessioneller Kulturen auf und demonstrierte damit zugleich, daß sie liturgische Formen römisch-deutscher Katholizität mit preußisch-protestantischer Fest- und Staatskultur mühelos verknüpfen konnte.

Allerdings mochten sich die Nazis auf das pseudoreligiöse Element und das liturgische Instrumentarium nicht allein verlassen. Der Parteitag war eine Demonstration dafür, daß sie ebenso auf die Macht der Technik und Organisation setzten wie auf die des Führer-Mythos und der altdeutschen Tradition, soldatische Disziplin und militärische Stärke nicht weniger zur Selbstdarstellung und Massenunterhaltung nutzten als Volksfest und pseudoreligiöse Rituale. Wohl nicht zu Unrecht glaubten sie an die Massenwirkung dieser Show. Hollywood, meinte ein amerikanischer Beobachter, würde vor Neid erblassen. Diese Veranstaltung sei einmalig und unnachahmlich.

Mit »nur« einigen hunderttausend Teilnehmern und Zuschauern mochte man sich denn auch nicht begnügen. Schließlich ging es nicht nur darum, die Einheit der Partei mit der Führung *dar*zustellen, sondern die Einheit der Partei mit der Masse des Volkes *her*zustellen. Die ganze Nation sollte an diesem Massenspektakel (an)teilnehmen. Der Rundfunk hatte den großen Nachteil, daß er bloß Reden, aber eben nicht das Anschauliche vermitteln konnte. Der *Völkische Beobachter* war für die authentische Übermittlung des Atmosphärischen schon gar nicht geeignet. Das Fernsehen steckte noch in seinen Anfängen. Was lag näher, als das Kino für die Massenverbreitung einzusetzen?

Schon in den frühen dreißiger Jahren hatte Hitler die junge Filmregisseurin Leni Riefenstahl kennengelernt, deren Filme wie *Die weiße Hölle von Piz Palu* oder *Das blaue Licht* er bewunderte. Filme, die in der Tradition der Bergfilme Arnold Fancks (*Stürme über dem Mont Blanc*) und Luis Trenkers (*Berge in Flammen*) stehen. Filme, die – wie Kracauer treffend schrieb – Gefühle auf eine bestimmte Weise zum Ausdruck bringen, Gefühle der Sehnsucht nach einer mythischen Vergangenheit, Gefühle der »Traurigkeit über eine entzauberte Welt, in der das Wunderbare zur Ware wird«.[30] Schon früh hatte Hitler Leni Riefenstahl nach ihrem eigenen Bekunden für die filmische Darstellung seiner Person und der Parteitage auserkoren: »Sehr bald, in ein oder zwei Jahren«, soll er gesagt haben, »werde ich Deutschlands Führer sein. Und wenn ich es bin, möchte ich, daß Sie nur für mich Aufnahmen machen, nur über mich und die Bewegung.«[31]

So drehte die Riefenstahl zunächst den Film vom »Reichsparteitag des Sieges« (1933), mit dem Titel *Sieg des Glaubens*. Die Geschichte dieses Films ist recht widersprüchlich und unklar. Von Goebbels und der NS-Presse wurde er hochgelobt. Leni Riefenstahl tat ihn als eher unbedeutend ab. Aber vor allem aus objektiven Gründen konnte er kaum zum offiziellen Parteitagsfilm avancieren. Gegenüber den später stark formalisierten Massenveranstaltungen hatte der Parteitag von 1933 noch eher provisorischen Charakter. Er erinnerte sehr an die Kampfzeit. SA-Chef Röhm spielte hier noch eine gewichtige Rolle.

Auch im folgenden Jahr wurde die Riefenstahl mit den Dreharbeiten für den Reichsparteitag beauftragt. Ihr standen nicht nur beachtliche finanzielle und technische Mittel zur Verfügung, sondern auch Hitler selbst als Berater. Ein kongeniales Regiepaar: der Schauspieler-Politiker und die Filmemacherin. Die Zusammenarbeit zwischen Film- und Parteitagsregie war zwar nicht frei von Pannen, aber sie war zwangsläufig eng. Der Parteitag wurde zwar nicht eigens für die Dreharbeiten veranstaltet.[32] Aber die Grenzen zwischen beiden waren fließend. Auf den verschiedenen Ebenen der Inszenierung bewegte man sich wie in einem »Spiegelkabinett« (S. Kracauer). Ob man dabei an die realistische Verkleidung der Kameraleute in SA-Uniformen denkt oder an die visuelle »Gleichschaltung« von Militär- und Parteiformationen (SA): »Aus dem wirklichen Leben der Menschen wurde eine gefälschte Realität aufgebaut, die für die genuine ausgegeben wurde; aber diese Travestie der Realität diente, statt das eigentliche Ziel zu sein, bloß als Ausstattung für einen Film, der dann den Charakter eines authentischen Dokumentarfilms annehmen sollte. *Triumph des Willens* ist zweifellos der Film des Reichsparteitages, der Parteitag war jedoch auch inszeniert worden, um mit *Triumph des Willens* die Ekstase der Menschen wieder anzufachen.«[33]

Ob das gelang, mag fraglich sein, wie ja überhaupt über Art und Ausmaß der Wirkung solcher Inszenierungen zumeist keine empirisch gesicherten Aussagen möglich sind. Aber auch eine Spekulation in die umgekehrte Richtung führt in die Irre. Belanglos waren solche Veranstaltungen gewiß auch nicht. Ungleich besser zugänglich sind die kulturpolitischen Interessen und künstlerischen Intentionen. So ging es Leni Riefenstahl, wie sie selbst schreibt, nicht um eine bloße Dokumentation oder Reportage in der Art einer Wochenschau-Kompilation. Die hätte zwangsläufig auch das Unheroische, Langweilige und Strapaziöse dieser Mammutveranstaltung zeigen müssen. Und auch die peinlichen Pannen und Schwierigkeiten hinter den Kulissen und am Rande des Geschehens. Ihr ging es vielmehr um den »Sinn der Tage«, den »heroischen Stil« und »inneren Rhythmus«.[34] Hier wurde die inszenierte Öffentlichkeit des Parteitages noch einmal inszeniert, die Dramaturgie der Veranstaltung durch akzentuierende Bildauswahl und Schnitttechnik noch einmal dramatisiert, der schöne Schein gleichsam verdoppelt. Und obwohl das Parteitagsgeschehen im Film auf drei Tage gerafft wurde, war offenbar auch das noch zuviel. Ermüdend wirkten vor allem die vielen Aufmärsche und die Monotonie der Marschkolonnen, obwohl sie von den teils fahrenden, teils am Boden liegenden, teils in luftiger Höhe auf Türmen agierenden Kameraleuten raffiniert und blickungewohnt ins Bild gesetzt wurden. Von den etwa 130 000 Metern belichteten Zelluloids kam nur eine knapp zweistündige Fassung in die Kinos.[35]

War der Reichsparteitag das bei weitem spektakulärste und aufwendigste Beispiel nazistischer Selbstdarstellung, dann war *Triumph des Willens* die gelungene Inszenierung dieser Inszenierung. Vor allem aber war er ein Film mit und über Hitler. Hier agierten Hunderttausende von Statisten, aber nur ein Hauptdarsteller trat auf. Er beherrschte das Bild noch dort, wo er gar nicht zu sehen war – wie beim Anflug auf Nürnberg, dem an Metaphorik überreichen Anfang des Films: Die Türme und Zinnen Alt-Nürnbergs und modernste Flugzeugtechnik, der dramatisch zerklüftete Wolkenhimmel und der von »oben« kommende Führer, den die »Vorsehung« schickte. Der Film kultiviert eine Vielzahl gegensätzlicher ästhetischer Formelemente: Moderne Technik und altfränkisches Ambiente; das Führer-Gefolgschaftsprinzip und den zum »Ornament der Masse« stilisierten Gemeinschaftskollektivismus; Jugend, körperliche Schönheit ohne Sinnlichkeit und romantisch-heroisierende Totenverehrung. Im Zentrum steht jedoch der Führer-Kult. Hitler ist einmal der aus den Wolken herabsteigende »Messias«. Ein anderes Mal ist er »Hans Sachs«, der Meister in der Schar seiner Mitstreiter. Ein Hauptdarsteller mit vielen Rollen und Gesichtern.

Leni Riefenstahl hatte wohl ein besonderes Gespür für das, was Joachim Fest die »theatralische Natur« Hitlers genannt hat.[36] Bei allem machtpolitischen Instinkt und taktischen Geschick neigte er doch beständig dazu, »die politischen Kategorien den inszenatorischen nachzuordnen«. Sein Hang zum Zeremoniell und »angestrengter Stilisierungswille« haben sich durch Wagnersche Operndramaturgie womöglich ebenso inspirieren lassen wie durch die früh erlebte katholische Liturgie. Wer psychologisierender Deutung zuneigt, mag darin auch »Beschwörungstechniken eines geängstigten Bewußtseins« sehen. Nach *Triumph des Willens* brauchte kein Film mehr über Hitler gedreht zu werden. Und es wurde auch keiner mehr gemacht. »Hier wurde er ein für allemal so gezeigt, wie er gesehen werden wollte.«[37]

Die Personifizierung der Politik: Hitler und der Führer-Mythos

Wer oder was war Hitler? Als ob in der Antwort auf diese eine Frage letztlich doch der Schlüssel zu allem liegen könnte. Auch mehr als vierzig Jahre nach seinem Tod in den Trümmern der Reichskanzlei werden immer noch und immer wieder diese Fragen gestellt und – kontrovers diskutiert: War Hitler ein Dämon? Eine demagogische (Un)Heilsfigur? Eine Unperson? Ein »Niemand aus Wien« (J.P. Stern)? Ein früh gescheiterter Durchschnittstyp der entwurzelten Weltkriegsgeneration? Ein verhinderter Architekt, in seinen Raumvorstellungen und Bauplänen so exorbitant wie in seinem Zerstörungswerk? Ein »schwacher Diktator« (H. Mommsen) und doch – zumindest für ein Jahrzehnt – das »Bewegungszentrum der Welt« (J. Fest)? Ein als Privatperson farbloses Individuum und zugleich die Kristallisationsfigur für einen bis heute faszinierenden Mythos? Ein von Ängsten besessener und von Sehnsüchten wie Ressentiments erfüllter, kleinbürgerlicher Künstler-Politiker und zudem der »größte Verbrecher aller Zeiten« (A. Miller)? Ein Revolutionär wider Willen? Der größte Zerstörer und Beweger dieses Jahrhunderts und insoweit vielleicht doch der »größte Deutsche«? Der letzte »Alleinherrscher« oder eher ein populistisch-moderner Medien-Politiker, durch den jedenfalls die Personifizierung *und* Personalisierung der Politik erstmals zur äußersten Professionalität und Perfektion gesteigert wurde?[38]

Thomas Mann schrieb über ihn im Exil – ablehnend und anteilnehmend zugleich – als »Bruder Hitler«. Für ihn war »der Bursche« zwar eine »Katastrophe«. Aber es erschien ihm so »beschämend« wie unvermeidlich, dieses »Lebensphänomen« nicht »interessant« oder gar »fesselnd« zu finden. Eine »gewisse angewiderte Bewunderung« konnte oder wollte er ihm jedenfalls nicht versagen.[39] Einer seiner bis zuletzt engsten Mitarbeiter, Albert Speer, nannte ihn noch Jahre später einfach »ein Rätsel«.[40] Jacob Burckhardt, auf den sich manche berufen, mochte der verbrecherischen, aber erfolglosen Persönlichkeit historische Größe nicht zubilligen.[41] Aber noch bis in die sechziger Jahre rechnete eine relative Mehrheit der westdeutschen Bevölkerung den Vorkriegs-Hitler zu den größten deutschen Staatsmännern.[42] Und Joachim Fest hat in seiner Hitler-Biographie mit Recht zu bedenken gegeben, daß womöglich nur wenige zögern würden, Hitler »einen der größten Staatsmänner der Deutschen, vielleicht den Vollender ihrer Geschichte, zu nennen«[43], wäre er Ende 1938 einem Attentat zum Opfer gefallen oder ganz banal: einem Unfall.

In den siebziger Jahren schwappte geradezu eine Hitler-Welle durchs Land.[44] Hunderttausende von hakenkreuzgeschmückten Werbeprospekten und Zeitschriften wie die unsäglichen *Landser*-Hefte, das *III. Reich* und der *II. Weltkrieg*, Schallplatten (*Hitler spricht*), Kassetten und Filme überschwemmten den Markt. Kriegsspielzeug und Nazikitsch verhalfen Einzelhändlern, Kaufhäusern und ominösen Postfach-Anbietern zu einträglichen Umsätzen. NS-Embleme und Erinnerungsstücke an eine – wie es unkommentiert und unkritisch hieß – »große Zeit« fanden auf Flohmärkten und Verkaufsmessen reißenden Absatz. Dieser kommerzielle Erfolg stand gewiß auch im Zusammenhang mit dem neuen jugendlichen Rechtsextremismus, aber er ging weit über die neonazistische Subkultur hinaus. Auch seriöse Autoren und Verlage profitierten von der Vermarktung Hitlers bzw. dem anhaltenden oder neuerlichen Interesse an ihm und dem Hitler-Bild in der westdeutschen Öffentlichkeit. Sei es, daß mehrere tausend Schüler im ganzen Bundesgebiet das Aufsatzthema zu bearbeiten hatten: »Was ich über Adolf Hitler gehört habe...«[45] oder daß der Erfolgsautor Walter Kempowski von seinen Landsleuten wissen wollte: »Haben Sie Hitler gesehen?«[46] Sei es, daß umstrittene Hitler-Filme (von Joachim Fest und Hans-Jürgen Syberberg) in die Kinos und neue Hitler-Bücher auf den Markt kamen und in Großauflagen abgesetzt wurden. So die vermutlich mehr verkaufte als gelesene tausendseitige Hitler-Biographie von Joachim Fest, die Karl Dietrich Bracher zu Recht »ein großes Buch« und »eine Summe der Hitler-Forschung« genannt hat. So Sebastian Haffners *Anmerkungen zu Hitler*, für Alfred Sohn-Rethel »ein journalistisches Meisterwerk der falschen Maßstäbe«[47], die aber dennoch – oder gerade deswegen – ein großer Publikumserfolg wurden.

Denn was im sogenannten Historiker-Streit seinen vorläufigen Höhepunkt gefunden hat, begann schon hier: die nachträgliche Normalisierung der Nazizeit, ein für die Wahrnehmung der Nachgeborenen ebenso notwendiger wie höchst ambivalenter Vorgang, zumal mit Blick auf die Opfer und ihre Nachkommen. Statt behutsam dem Kriterium der »unterschiedlichen Relevanz« (Saul Friedländer) zu folgen, welche die NS-Zeit für Deutsche und Nicht-Deutsche, für Täter und Opfer hat, wurden die Deutschen auf ein versöhnlicheres, historisierendes Hitler-Bild eingestimmt. Als ob es vor allem darauf ankäme, und als ob es vornehmlich oder allein um uns Deutsche ginge. Statt Hitler als Verkünder und skrupellosen Vollstrecker einer (selbst)mörderischen Weltanschauung aus den strukturellen Bedingungen seiner Zeit verständlich zu machen, wie das Eberhard Jäckel in seinen Essays ebenso präzise wie eindringlich getan hat[48], unterschied Haffner sorgfältig zwischen den Leistungen und den Verbrechen Hitlers, seinen Erfolgen, Irrtümern und Fehlern. Was so vielschichtig und verwirrend zusammenhängt, wurde hier – vielleicht unbeabsichtigt – auseinanderdividiert. Das kam dem Bewußtsein großer Teile der Bevölkerung entgegen, die inzwischen nicht mehr nur ihren Wohlstand genießen, sondern nun auch das »Positive« in ihrer Geschichte wieder entdecken möchten, zumindest aber nach Entlastung und einem normalisierten Status unter den Nationen drängen.

Aber nicht nur Hitler selbst ist in der Beurteilung der Zeitgenossen und der Nachwelt umstritten geblieben. Auch die Frage nach dem methodisch angemessenen Zugang zum Verständnis des Dritten Reiches entzündet sich immer wieder an seiner Person, an seiner Rolle als Führer eines Bewegungsregimes. Dabei mögen die Einwände gegen biographische Darstellungen so zahlreich sein wie die biographischen Versuche über ihn. Gleichgültig läßt er nur wenige. Während etwa der amerikanische Historiker Norman Rich meint, Hitler sei »der Herr und Meister im Dritten Reich« gewesen, sieht der Historiker Hans Mommsen in Hitler eher einen »entscheidungsunwilligen, häufig unsicheren, ausschließlich auf Wahrung seines Prestiges und seiner persönlichen Autorität bedachten, aufs stärkste von der jeweiligen Umgebung beeinflußten, in mancher Hinsicht schwachen Diktator«.[49]

Hier wie in anderen umstrittenen Forschungs- und Bewertungsfragen stehen sich im wesentlichen zwei unterschiedliche Interpretationen gegenüber, die man im zeitgenössischen Diskurs über den deutschen Faschismus vereinfacht, aber zutreffend, wenn auch sprachlich unschön als die der »Strukturalisten« und »Intentionalisten« bezeichnet.[50] Während diese von den Handlungsabsichten und inneren Dispositionen des Akteurs ausgehen, also den programmatischen und psychopathischen Hitler in den Mittelpunkt stellen, plädieren die Kritiker dieser personalistischen und psychologisierenden Sichtweise dafür, vielmehr von den gesellschaftlichen Bedingungen, den Konflikten, Widersprüchen und Interessen, kurz: den vielfältig gebrochenen Herrschaftsstrukturen auszugehen. Aus diesen unterschiedlichen Perspektiven und methodischen Vorgehensweisen ergeben sich beinahe zwangsläufig auch unterschiedliche Bewertungen. Bei den Intentionalisten erscheint Hitler eher als »starker«, bei den Strukturalisten umgekehrt als »schwacher« Diktator, wenn er überhaupt nähere Beachtung findet. Als schwach könnte er gelten, wenn sich zeigen ließe, daß er sich regelmäßig vor Entscheidungen drückte, diese zudem von seinen Untergebenen häufig mißachtet wurden und sein Handlungsspielraum überhaupt stark von äußeren und systemimmanenten Sachzwängen bestimmt war. Die Forschung stimmt weitgehend darin überein, daß Hitler auf alle Versuche einer institutionellen Beschränkung seiner Macht sehr empfindlich reagierte, einen unbürokratischen, auf persönlicher Gefolgschaftstreue beruhenden Herrschaftsstil praktizierte und überhaupt wenig Weisungen erteilte. Jedenfalls in der Innenpolitik, aus der er sich – je länger desto mehr – zurückzog. Denn vor allem hatte er Angst vor Autoritätsverlust und dem Verfall seines Mythos, den er mit überlegenem Gespür für das machtpolitisch Mögliche und Notwendige mitaufbaute, den er, der die mythossüchtigen Massen brauchte und zugleich verachtete, meisterhaft zu nutzen verstand und dem er schließlich womöglich selbst verfiel. Ein Blick zurück auf das konkrete historische Geschehen macht das deutlich.

»Wie fühlen wir nicht wieder in dieser Stunde das Wunder, das uns zusammenführte«, rief er im September 1936 seinen in Nürnberg versammelten Anhängern zu. »Ihr habt einst die Stimme eines Mannes vernommen und sie schlug an eure Herzen, sie hat euch geweckt, und ihr seid dieser Stimme gefolgt. Ihr seid ihr jahrelang nachgegangen, ohne den Träger der Stimme auch nur gesehen zu haben... Das ist das Wunder unserer Zeit, daß ihr mich gefunden habt... unter so vielen Millionen! Und daß ich euch gefunden habe, das ist Deutschlands Glück!« Die Heerscharen seiner Gefolgsleute mochten das glauben. Glaubte Hitler selbst, was er redete? Er, der gewiefte Taktiker und machtpolitische Realist, sprach jedenfalls so, als ob er nicht gewußt oder inzwischen schon verdrängt hätte, daß sein Aufstieg und der seiner Bewegung nicht einem »Wunder« oder übersinnlichen Kräften zuzuschreiben war, sondern einer

Vielzahl von Bedingungen. Oder war es vielleicht nur bloße Rhetorik eines zwar zweitklassigen, aber doch ungewöhnlich erfolgreichen Prediger-Politikers? Es war womöglich doch mehr.

Als ob er die Enstehung seines eigenen Mythos noch einmal nachspielen und nacherleben lassen wollte, fügte er hinzu: »Wenn wir uns hier treffen, dann erfüllt uns alle das Wunderbare dieses Zusammenkommens. Nicht jeder von euch sieht mich, und nicht jeden von euch sehe ich. Aber ich fühle euch, und ihr fühlt mich! Es ist der Glaube an unser Volk, der uns kleine Menschen groß gemacht hat, der uns arme Menschen reich gemacht hat, der uns wankende, mutlose, ängstliche Menschen tapfer und mutig gemacht hat; der uns Irrende sehen machte und der uns zusammenfügte!... Nun sind wir beisammen, sind bei ihm [gemeint ist Hitler, d. Verf.] und er bei uns, und wir sind jetzt Deutschland!«[51] Als Schauspieler-Politiker wußte er wohl, daß es nirgendwo eine bessere Kulisse gab, den Reich-Führer-Volksgemeinschafts-Mythos in Szene zu setzen. In der nationalsozialistischen Rundfunk- und Zeitungspropaganda war die nur sprachliche und insoweit abstrakte Verbreitung und Stilisierung des Hitler-Mythos stets auf die assoziative Phantasie und gesteigerte Glaubensbereitschaft der Zuhörer und Leser angewiesen. Hier aber, im Festivalszenarium des Parteitages ließ sich dieser Mythos in einer Art mystischer Kommunikation erleben. Ein Jahr später suchte er wieder den pseudomessianischen Offenbarungscharakter des Führer-Mythos für seine theatralische Selbstinszenierung zu nutzen: »Daß ihr mich einst gefunden habt und daß ihr an mich glaubt, hat eurem Leben einen neuen Sinn, eine neue Aufgabe gestellt! Daß ich euch gefunden habe, hat mein Leben und meinen Kampf erst ermöglicht!«[52]

Das war die Sprache des Propheten, jedenfalls sollte sie es sein. Die Anspielungen auf Textstellen des Lukas- und Johannes-Evangeliums sind zahlreich. Diese Reden beschworen biblische Bilder: Jesu Stimme in der Wüste und Jesu Epiphanie. Und dazu noch eine Anspielung auf die bekannten und schönen Verse mittelalterlicher deutscher Liebeslyrik: »Du bist mîn, ich bin dîn...« Hitler als werbende, messianische Führer-Gestalt, umgeben von einer Glaubensbewegung, seiner Kirche?

Ein politischer Agitator – geprägt durch die »Sprachgewohnheiten der österreichischen unteren Mittelklasse«[53] – mit einer durch Luthers Bibelübersetzung eingefärbten Sprache? Eine groteske Situation.

Nur wenige mochten an die konkrete Person Adolf Hitler glauben, die da unmittelbar vor ihnen stand. Aber sie glaubten wohl an das Bild, das sie gemeinsam schufen. Die suggestive Kraft seines Mythos war groß. Für die Masse der Anhänger und Mitläufer, und für die fanatisch Gläubigen sowieso. Seiner Faszination erlagen inzwischen aber auch jene, die dem Regime zunächst distanziert bis ablehnend gegenüberstanden. Er überstrahlte alles. Der Führer-Mythos kompensierte einstweilen auch die Kritik an der Partei und am Regime mühelos. Hitler war zum personifizierten »Sinnbild der Nation« avanciert. Vielleicht wurde er auf dem Höhepunkt der Wirkung seines Mythos nun selbst ein Opfer desselben. Vielleicht war der »Anfang vom Ende des Dritten Reiches« jener Zeitpunkt, als Hitler an seinen eigenen Mythos zu glauben begann.[54] Die Bedeutung des Hitler-Bildes für den Aufstieg der NS-Bewegung und für die zeitweilig – so Martin Broszat – »trotz aller inneren Friktionen stupende Kohäsionskraft« des NS-Regimes kann jedenfalls kaum überschätzt werden. Aber wie kam es überhaupt dazu?

Hitler und Goebbels haben den Führer-Mythos nicht erfunden. Sie konnten an eine kulturelle Tradition anknüpfen, die bis in die romantisch-konservative Vorstellungswelt des frühen 19. Jahrhunderts zurückreicht. Dem demokratischen Herrschaftsmodell der Französischen Revolution stellte sie das deutsch-germanisch heroisierte Volksführertum entgegen. Eine Tradition, die im nachmärzlichen Deutschland zusehends breiter und einflußreicher wurde, vom Bismarck-Kult nicht weniger profitierte als von der zunehmenden Kritik an Kaiser Wilhelm II., der als bloß besserwisserisch-bramarbasierender Kostümfetischist und schwächlicher Herrscher galt. Er war im doppelten Sinn ein Kind seiner Zeit, des spätpubertären Deutschen Reiches.[55] In der um die Jahrhundertwende ebenso erwartungsvollen wie gelangweilten und verunsicherten wilhelminischen Gesellschaft war das Verlangen nach Erweckung und Erneuerung, nach Führung, Identifikation und Faszination groß. In ihrem Lebensgefühl national, romantisch und heroisch zugleich eingestimmt, hatte sie für eine gesellschaftskritische Wirklichkeitsdeutung wenig, für eine naturwissenschaftlich-technische Wirklichkeitsbeherrschung schon sehr viel mehr übrig und für eine ästhetizistische Wirklichkeitswahrnehmung und -darstellung geradezu eine Leidenschaft.

Das wachsende Krisenbewußtsein verstärkte nicht nur bei der äußersten Rechten, sondern in weiten Kreisen der bürgerlichen Gesellschaft die Kritik an der auf Liberalismus und Rationalität beruhenden Kultur. Zugleich steigerte es den Mythosbedarf und die Hoffnung auf nationale und soziale Erneuerung durch charismatisches Führertum als »die revolutionäre Kraft in traditionell eingebundenen Epochen«, wie Max Weber schrieb, als Mitbegründer der modernen Sozialwissenschaften und kritischer Nationalliberaler einer der herausragenden Sprecher seiner Zeit.[56] Er hat die Entwicklung der modernen Gesellschaft als unabänderlichen Prozeß der Differenzierung und Rationalisierung analysiert. Mit einer poetisch-melancholischen Wendung sprach er – in einem sehr ambivalenten Sinne – von »Entzauberung«. Als Kenner der Weltreligionen wußte er, daß die moderne bürokratische Rationalität aus den nichtrationalen Grundlagen besonders der jüdisch-christlichen Religion hervorgegangen war, ihren Heilsversprechen und ihren Erlösungshoffnungen.

Für die auf Führung angewiesene parlamentarische Parteien-Demokratie der Weimarer Republik, die er nicht mehr erleben sollte, schwebte ihm wohl ein dialektisches Wechselverhältnis zwischen charismatischer Führung und institutioneller Rationalität vor. Denn er wußte auch, daß man unter den Bedingungen der modernen Gesellschaft das Spannungsverhältnis von Außeralltäglichem und Alltäglichem nicht auflösen kann, sondern aushalten muß. Angesichts der Erstarrungstendenzen der technisch-wissenschaftlich-kulturellen Dynamik im »stahlharten Gehäuse« moderner Großorganisationen und staatlicher Verwaltungsapparate, angesichts des im Anschluß an nietzscheanische Kulturkritik beschwörend gezeichneten Bildes vom »letzten Menschen«, forderte er nachdrücklich charismatische Führungspersonen. Zugleich warnte er jedoch davor, die Götter wieder aus ihren Gräbern aufsteigen zu lassen. Aber sie stiegen empor. Zwischen Revolutionslärm und gegenrevolutionärem Getöse verhallte seine Warnung bei seinen Landsleuten ungehört. Deren Rationalitätsverdrossenheit und Krisenangst war größer als das Mißtrauen gegenüber den neuen Mythen und dem alten Traum vom neuen Reich.[57]

Aristokratisches Ideal und Künstlerkult hatten Konjunktur. Bündisches und soldatisches Führertum genoß den Glanz pseudoreligiöser Überhöhung. Die barfüßigen, sei es lebensreformerischen, sei es wahrheitssuchenden Propheten hatten Zulauf. Völkische Jakobiner und Freikorpsführer nicht minder. Die Gesellschaft war in Bewegung geraten. Sie schien in ihren überkommenen Grundlagen erschüttert. Die Emotionen der Massen eskalierten zum vehementen Protest gegen die Moderne.[58] Denn die Bedrohungen schienen ebenso zahlreich wie erdrückend und unabwendbar. Da kam viel zusammen. Zunächst das alles überschattende Weltkriegserlebnis und die »Schmach« von Versailles. Die »häßliche« November-Revolution und die »schäbige Sozi-Republik«. Inflation und wirtschaftliche Depression. Organisierter Kapitalismus und internationaler Kommunismus. Und nicht zuletzt die sogenannten »Entartungserscheinungen« der ästhetisch-künstlerischen Moderne. Sie schürten Statusfurcht und Existenzangst, steigerten das kulturelle Unbehagen und radikalisierten die kleinbürgerlichen und mittelständischen Klassen schließlich auch politisch.

Angesichts der mangelnden Attraktivität der altkonservativen Parteien kam es unter diesen Einflüssen im deutsch-national-völkischen Lager nicht nur zu einem Organisationsboom, sondern in seinem Gefolge auch zu einer – zweifelhaften – Blüte präfaschistischer Science-fiction-Literatur. Waren vor dem Weltkrieg vor allem katastrophische Zukunftsromane populär, so bestanden die Romanstoffe nach der Katastrophe, nach Niederlage und Kaiserabdankung vorzugsweise aus Erlöser- und Erneuerungsphantasien. Jetzt ging es um die »deutsche Weltmission«, ja um den Herrschaftsanspruch der »weißen Rasse« überhaupt – natürlich unter deutscher Führung. Dafür wurden charismatische Retter- und Führer-Figuren verlangt. Das war wörtlich zu nehmen. Aber woher sollte der eine, auf den es ankam, kommen?

Die Führer der vielen kleinen völkischen Verbände verstrickten sich lieber in einen ideologisch überspannten, realitätsfernen Konkurrenzkampf. Und es war zunächst keineswegs sicher, daß die NSDAP mit Hitler an der Spitze aus diesem Wettbewerb erfolgreich hervorgehen würde. Es bleibt vielleicht eines der »kaum lösbaren Rätsel« aus der Frühzeit der »Bewegung«, warum gerade er, der »provinzielle Bierlokal-Agitator« sich durchsetzte.[59] Er wollte sich mit den organisatorischen und agitatorischen Aufgaben des »Trommlers« begnügen, die er keineswegs gering einschätzte. Lange glaubte er selbst nicht daran, daß ihm die Führerrolle zufallen würde. Ja, er wähnte sich schon am Ende, bevor seine politische Karriere richtig begann. Am Anfang stand jedenfalls eine schwere Niederlage.

Denn der Putschversuch am 9. November 1923 scheiterte kläglich.[60] Eine Gewehrkugel verfehlte ihn nur um Haaresbreite. Ein Zufall. Für die Geschichte kein glücklicher. Zwar war sein Verhalten an jenem Tag alles andere als heroisch, aber das Ereignis selbst stilisierte er schon damals zu einem solchen. Die Stunde des Demagogen und Schauspieler-Politikers schlug einige Wochen später, als er sich wegen Hochverrat vor Gericht verantworten mußte. Mühelos vertauschte er die Rollen. Und er spielte mit den Figuren. Der Staatsanwalt geriet schnell in die Defensive, und aus dem Angeklagten wurde der Ankläger, dem das Publikum begeistert Beifall klatschte: »Ich fühle mich nicht als Hochverräter«, rief er emphatisch, »sondern als Deutscher, der das Beste wollte für sein Volk!« Immerhin war er damals noch österreichischer Staatsbürger. Aber das störte niemanden. Schon früh begann die Verklärung jenes dunklen Novembertages. Ganz in der Pose des kommenden Führers bemühte er selbstgewiß die Geschichte und höhnte: »... nicht Sie, meine Herren, sprechen das Urteil über uns... Mögen Sie uns tausendmal schuldig sprechen, die Göttin des ewigen Gerichts der Geschichte wird lächelnd... das Urteil des Gerichtes zerreißen; denn sie spricht uns frei.«[61] Fast hätte ihn schon das Gericht freigesprochen. Immerhin hob es den »vaterländischen Geist und edelsten Willen« des Angeklagten hervor. Das Urteil sah nur die Mindeststrafe von fünf Jahren Festungshaft vor, mit der Aussicht auf vorzeitige Freilassung. Der Verurteilte war der Sieger. Wohl nicht zu Unrecht hat Hitler später selbst die in einen Triumph verwandelte Niederlage als das »vielleicht größte Glück« seines Lebens bezeichnet.[62]

Zunächst sah es allerdings wenig verheißungsvoll für ihn und seine Partei aus. Verboten und führungslos geworden, zerfiel sie in der Illegalität und verschliß sich in Gruppenkämpfen, während Hitler in Landsberg einsaß, Lehren aus seiner Niederlage zog, über seine zukünftige Rolle in der Politik nachdachte und ein Buch schrieb. »Der Programmatiker einer Bewegung«, heißt es da, »hat das Ziel derselben festzulegen, der Politiker seine Erfüllung anzustreben. Der eine wird in seinem Denken von der ewigen Wahrheit bestimmt, der andere in seinem Handeln von der jeweiligen praktischen Wirklichkeit. Die Größe des einen liegt in der... Richtigkeit seiner Idee, die des anderen in der richtigen Einstellung zu den gegebenen Tatsachen und einer nützlichen Verwendung derselben...«[63] Bis dahin war sein Verständnis von Politik durch seine künstlerische Neigung und soldatische Erfahrung geprägt; es trug demagogisch-eruptive und emotional-naive Züge, war gleichsam auf den außerordentlichen Augenblick fixiert. Der gescheiterte Putschversuch hatte ihm indes gezeigt, daß er die Macht im Staate – wenn überhaupt jemals – nicht gewaltsam erringen konnte, nicht gegen die Verfassung, nicht gegen die traditionellen Eliten, und vor allem nicht gegen die Reichswehr. Sie war nur im Bündnis mit ihr zu haben und unter Ausnutzung der Legalität, was ihre bedenkenlose Aushöhlung nicht ausschloß. Sein Verhältnis zur Politik wurde also strategischer, instrumenteller, zynischer und insoweit auch rationaler.[64] Vielleicht entstand es überhaupt erst in dieser Zeit.

Der Führer-Mythos wurde allerdings nicht durch ein einzelnes Ereignis, nicht über Nacht geboren. Hitlers innerparteiliche Position war keineswegs unumstritten, und seine öffentliche Popularität hielt sich Mitte der zwanziger Jahre durchaus in Grenzen. Der Neuaufbau der Partei und die Integration der verschiedenen regionalen und richtungspolitischen Flügel verlangten Zeit und Geschick. Einen wichtigen Erfolg konnte Hitler auf der Bamberger NSDAP-Versammlung im Februar 1926 verbuchen, auf der er den norddeutschen Flügel schwächte und aus ihren Reihen den »linken« Joseph Goebbels zu sich herüberzog, der bald zu seinem wichtigsten Sprecher und Regiegehilfen werden sollte, der sich »dem politischen Genie« beugte und damit zugleich selbst erhöhte, der mit ihm aufstieg und mit ihm fiel.

Aber erst mit der September-Wahl 1930 kam der Durchbruch zur »Massenpublizität«; Hitler und die NS-Bewegung beherrschten die Schlagzeilen und Nachrichten. Nun entstand das Bild vom »Führer des kommenden Deutschland«, schon pseudoreligiös überhöht. Sein erfolgreiches Abschneiden bei der Reichspräsidenten-Wahl im Frühjahr 1932 trug dazu nicht wenig bei. Zwar zögerte er lange mit seinem Entschluß, gegen Hindenburg anzutreten. Vielleicht erkannte er die Gefahr, den lebenden Mythos herauszufordern. Vielleicht sah er aber auch die Chance, von diesem Mythos einmal selbst zu profitieren. Jedenfalls ließen Wahlkampf und Wahlausgang Hitler, die Leitfigur des »jungen«, nationalsozialistischen Deutschland, neben Hindenburg, dem ruhmreichen Feldherrn und Repräsentanten einer untergegangenen Epoche, wie selbstverständlich als dessen Nachfolger erscheinen. So, als gäbe es die Republik schon nicht mehr. Dabei war seine Anziehungskraft auch in der Agonie der Republik keineswegs unbegrenzt. Vor allem der politische Katholizismus und jene Teile der Arbeiterschaft mit langjähriger Organisationsbindung in der Arbeiterbewegung standen Hitler skeptisch bis ablehnend gegenüber. Und der erhebliche Wählerverlust von etwa 2 Millionen Wählerstimmen im November 1932 zeigte, daß sein Aufstieg durchaus nicht unaufhaltsam war.

Als er dann wenige Wochen später doch Reichskanzler geworden war, gab das »große Wunder« dieser »historischen Wende«, wie Goebbels enthusiastisch übertrieben, aber nicht ganz falsch, in seinem Tagebuch notierte, dem Mythos neue Nahrung.[65] Von der NS-Propaganda wurde Hitler nun zum »Kanzler der nationalen Erhebung« und »Wiedergeburt« ausgerufen. Für zwei Drittel der deutschen Bevölkerung war er einstweilen nur der neue Regierungschef, aber noch keineswegs der »Volkskanzler«, zu dem ihn der *Völkische Beobachter* schon stilisierte, und »der Führer« aller Deutschen schon gar nicht.[66] Die NS-Propagandisten und Medienregisseure wußten das natürlich, und sie handelten entsprechend. Sie nutzten jede Gelegenheit, Hitlers Popularität zu steigern, spektakulär und in rascher Folge. Zu einem von Goebbels und Hitler selbst sorgfältig vorbereiteten Höhepunkt geriet die zum »Tag von Potsdam« theatralisch stilisierte Eröffnung des neuen »Reichstages« am 21.3.1933, der diesen Namen schon nicht mehr verdiente.[67] Ort und Zeit der Handlung hatte man mit Bedacht gewählt. Es war strahlender Frühlingsanfang und zugleich der Tag, an dem Bismarck 1871 den ersten Deutschen Reichstag des Zweiten Kaiserreichs eröffnet hatte. Die Garnisonkirche und das Grab Friedrichs des Großen bildeten die benötigte historische Kulisse, vor der Hindenburg dem »neuen Deutschland« seinen »Segen« geben und Hitler sich vor dem Erbe des alten Reiches »verbeugen« konnte. Dieses – ohne Sozialdemokraten und Kommunisten – ebenso verlogen wie suggestiv und effektvoll zum »Volksfest der nationalen Einigung« stilisierte Spektakel schien an Symbolik und Sentimentalität kaum noch gesteigert werden zu können. Seit den Tagen des von erhebenden Festen und Feiern verwöhnten Kaiserreichs hatte man ein solches Bild nicht mehr erlebt. Und die Folge aufwendiger Selbstdarstellungen, großer Aufmärsche und überraschender Aktionen riß vorläufig nicht ab. Augen und Ohren der Massen waren immerzu beschäftigt.

Am 20.4.1933 folgten die Veranstaltungen zu Hitlers 44. Geburtstag mit Hitler-Bildern und Hitler-Ehrenbürgerrechten, mit Hitler-Eichen und Hitler-Linden zu Tausenden, mit Fackelzügen, Fahnen und Blumenschmuck in Hülle und Fülle. Besonders Goebbels bemühte sich, neben dem staatsmännischen Image des nationalen »Führers« und Reichskanzlers nun auch dessen menschlich-schlichte Züge zur Geltung zu bringen. Die konkrete Person kümmerte ihn dabei natürlich nur wenig. Hitler wurde nun als »Volkskanzler« dargestellt, als »treuer«, »herzensguter«, »kinderfreundlicher« und »einfacher Mann aus dem Volke«. Mochte der Kult um ihn auch auf manche lächerlich oder gar abstoßend wirken, der Eindruck verdichtete und verbreitete sich, daß Hitler doch irgendwie anders war, daß er jedenfalls nicht mehr dem verhaßten Partei-Politiker und Pfründenjäger aus vergangenen Weimarer Jahren entsprach.

Bei den nur noch halbfreien März-Wahlen stimmte jedoch mehr als die Hälfte aller Wähler nicht für die Nazis. Und selbst in der sich anschließenden Welle der Euphorie und Einschüchterungen blieb die Stimmung in der Bevölkerung Schwankungen ausgesetzt, war auch Hitler noch keineswegs unumstritten, trotz des Neunzig-Prozent-Plebiszits im November 1933 aus Anlaß des Völkerbund-Austritts. In ihren Erwartungen enttäuscht und unzufrieden mit der wirtschaftlichen Realität waren vor allem Bauern, Arbeiter und Teile des Mittelstands. Aber der entstehende Hitler-Mythos war davon weitgehend unabhängig, ja, er wurde mehr und mehr zur Kompensation für die Kritik an der alltäglichen Lebenswirklichkeit und am politischen System der Nazis. Mißstände und Verschlechterungen wurden der Regierung, vor allem aber der Partei angelastet, den »Goldfasanen« und »Parteibuchbeamten«, wie die »kleinen Hitler« verächtlich genannt wurden. Soziale Verbesserungen aber schrieb man Hitler zu, außenpolitische und militärische Erfolge – oder was man dafür hielt – sowieso. Das solchermaßen »gespaltene Bewußtsein« (H.D. Schäfer) fand seinen Ausdruck in Redensarten wie: »Wenn das der Führer wüßte...« Und in völliger Verkennung der faktischen Zusammenhänge seufzte Volkes Stimme auch noch nach den sich häufenden Niederlagen und dem vermeintlichen Verrat vom 20. Juli 1944: »Dem Führer bleibt auch nichts erspart.«[68]

Es gehört wohl zu den bemerkenswerten Erkenntnissen über die Abspaltung des positiven Hitler-Bildes vom negativen Partei-Image[69], daß die Verfolgung und Unterdrückung bereits »diskreditierter Minderheiten« Hitlers Popularität ebenso zugute kam wie die von ihm – mit Rücksicht auf die Reichswehr – befohlene Ermordung zahlreicher SA-Führer, irreführend und schönfärberisch als Niederschlagung des »Röhm-Putsches« ausgegeben. Der »theatromanische« (Fest) Träger des Führer-Mythos hatte viele Gesichter und spielte je nach Situation und Gegenüber unterschiedliche Rollen: Mal war er »Volkskanzler«, mal »durchgreifender« Garant für Ruhe und Ordnung, mal »königliche Vaterfigur«. Dafür sorgte nicht zuletzt sein erfindungsreicher und zungenfertiger Propagandist Joseph Goebbels. Was immer Hitler jenseits seiner professionellen Image-Inszenierung sonst noch war oder tat, privat wie in seinen politischen Funktionen innerhalb des polykratischen Führer-Staates, als Träger und Darsteller eines Mythos wurde er die entscheidende Identifikations- und Projektionsfigur für die Ängste und Hoffnungen, für die Ressentiments und Sehnsüchte der Massen. Das Verhältnis zwischen ihm und den Deutschen beruhte weitgehend auf Täuschung und Selbsttäuschung; gegen ihre geradezu »kindliche Anhänglichkeit« stand seine Distanz zu ihnen.[70]

Und so wie er zu allen Gruppen, die ihm zur Macht verholfen hatten, auf Distanz hielt, um sie gegeneinander auszuspielen, so sehr tendierte auch sein Bild zur Verselbständigung. Das war in der Innenpolitik so, von der er sich Mitte der dreißiger Jahre jedoch mehr und mehr abwandte. Und das galt natürlich erst recht in den nationalen Fragen von Frieden und Krieg. Wo konnte er die nationalistischen Gefühle der Deutschen besser mobilisieren, wo mehr Licht auf sich lenken als an der »Sonnenseite des Regimes«?[71] Dabei wollte die weit überwiegende Mehrheit der Bevölkerung nach der nationalen Demütigung durch den Versailler »Diktat-Frieden« durchaus den nationalen Erfolg und Wiederaufstieg auf jenen Rang, der seiner Geschichte, Größe und Leistung entsprach. Aber es wollte dafür keine Opfer bringen. Hitlers verblüffende Außenpolitik der »vollendeten Tatsachen«, welche die europäischen Nationen weitgehend in die Passivität abdrängte, schien diesen Erwartungen zu entsprechen. Von der Aufkündigung des Versailler Vertrages bis zum »Anschluß« Österreichs. Auch die so spektakulär siegreichen »Blitzkriege« paßten noch in diese Vorstellung. Gleichwohl war die Stimmung in der Bevölkerung bei allen militärischen Aktionen schwankend und unsicher. Beunruhigung und Begeisterung wechselten sich ab. Von der Rheinland-Besetzung bis zum Einmarsch in Österreich. Die vielen Stimmungs- und Lageberichte, insbesondere des Sicherheitsdienstes der SS, machen das deutlich.[72] Mit der Zuspitzung der Sudetenkrise im Sommer 1938 verdichtete sich diese ambivalente Stimmung mehr und mehr zur konkreten Kriegsfurcht. Deutschland erlebte keinen neuen Juli 1914. Nach Kriegsbegeisterung suchten die Stimmungsbeobachter nahezu vergeblich.

Nachdem Hitler die Beseitigung der Arbeitslosigkeit, das »Wirtschaftswunder« und der nationale Wiederaufstieg schlechthin zugeschrieben wurden, identifizierte sich – wie Kershaw am Beispiel Bayerns eindringlich gezeigt hat – von kleiner gewordenen Teilen einer linksorientierten Arbeiterschaft und regimekritischen Kirchenkreisen abgesehen, »unzweifelhaft die große Mehrheit der Bevölkerung im Frühjahr

1939 ganz mit ihrem Führer«.[73] Und Hitlers 50. Geburtstag gab noch einmal Anlaß zu einer – auch filmisch groß aufgezogenen – demonstrativen Selbstdarstellung.[74] Hier wechselte er aus der Rolle des »Staatsmannes« über in die des zukünftigen »Feldherrn«. Mit seiner Parade »der modernsten aller Wehrmachten« (Hitler) verfolgte er wohl zweierlei: die eigene Bevölkerung auf den Krieg einzustimmen, nachdem er jahrelang vom Frieden geredet hatte, und das Ausland, das sehr genau zusah, einzuschüchtern. Mit dem Einmarsch der deutschen Truppen in Paris am 14.6.1940 erreichte der Hitler-Mythos einen neuen und – einen letzten Höhepunkt.

Die Hochstimmung hielt sich jedoch nur einen kurzen Sommer. Nach dem Ende einer achtzehnmonatigen Serie ebenso mühelos erscheinender wie triumphal erlebter Siege, spätestens aber nach dem Angriff auf Rußland verschlechterte sich die Stimmung in der Bevölkerung zusehends. Und mit den Niederlagen und Opfern an der Front, den Verlusten und Bombardierungen der Städte im Innern sowie der Verschärfung repressiver Maßnahmen gegen »Wehrkraftzersetzung« setzte auch der Verfall des Hitler-Mythos ein. Jetzt zeigte sich, daß Hitlers »Erfolgscharisma« (Kershaw) die wichtigste Grundlage seines Mythos gewesen war. Wo nur noch Niederlagen gemeldet und Zerstörungen registriert, aber keine Erfolge mehr gefeiert werden konnten, ließ sich auch der Glaube an sie nicht länger aufrechterhalten. Mochte Hitler, der sich bald immer seltener öffentlich äußerte, anfangs auch rhetorische Siegeszuversicht verbreiten und Wunder versprechen, er verkörperte diesen Glauben nicht mehr, und in persönlichen Gesprächen und halböffentlichen Reden machte er kein Hehl aus seinen düster-drohenden Untergangs- und Zerstörungsvisionen. Sein Mythos war bereits verbraucht, bevor er sich in den Trümmern der Reichskanzlei das Leben nahm.

Hitler kam zu den Deutschen von außen – wie Eberhard Jäkkel schrieb –, und er ist ihnen auch wieder von außen genommen worden. Aber wirklich losgeworden sind wir ihn bis heute nicht. Und er wird uns womöglich noch durch Generationen begleiten, »als ewiges Denkmal des Menschenmöglichen«.[75] Karl Kraus meinte zwar schon im Sommer 1933, als sich alle Welt mit diesem Mann beschäftigte: »Mir fällt zu Hitler nichts ein«, um dann eben doch einen mehrhundertseitigen polemischen Essay über Deutschland und das erste Drittel unseres Jahrhunderts zu schreiben.[76] Jahrzehnte später griff Rudolf Augstein dieses Diktum wieder auf. Nun hatten mehr als dreitausend westdeutsche SchülerInnen offenbart, wieviel ihnen zu Hitler einfiel, nämlich »nichts, leider« – wie eine Berufsschülerin gestand. Und angesichts der Vergeblichkeit aller filmischen, publizistischen und pädagogischen Vergangenheitsbewältigung, die jener Schultest so eklatant zu offenbaren schien, polemisierte Arno Plack zu Recht: »Wie oft wird Hitler noch besiegt?« Doch zugleich plädierte er nachdrücklich dafür, Hitler endlich als »irrationales Faszinosum« ernst zu nehmen. Denn, »was im epochalen Verbrecher groß und faszinierend herauskommt, die Verbindung von Brutalität mit Charme, ist in der Nettigkeitsheuchelei des sadistischen Familienvaters oder Firmenchefs alltägliche Gegenwart«.[77]

In der Tat. Hitler war zwar von außen gekommen. Aber als »Sprecher der Nation« konnte er nur deshalb so erfolgreich sein, weil er weitgehend war, was er immer wieder vorgab zu sein: ein typischer »Vertreter seines Volkes«, dessen durchschnittliche Sehnsüchte und Ressentiments, Anschauungen, Neigungen und Gewohnheiten er sehr genau kannte, denn es waren weitgehend die seinen. Als das vielleicht »bedeutendste Einzelphänomen« seiner Epoche wird er uns wohl noch lange beschäftigen.[78]

Dabei zeigt sich im Rückblick, daß der Hitler-Diskurs über die anfangs unvermeidlich verkürzten und emotional befangenen Debatten inzwischen hinweggegangen oder hinausgewachsen ist. Hitler wurde zur Inkarnation des Bösen oder zum netten Nachbarn stilisiert. Verteuflung stand gegen Verharmlosung. Moralisierende Attitüde und pädagogischer Impetus verfehlten das Dritte Reich und Hitler aber ebenso wie die alternativ zugespitzte Frage nach dem dominierenden Faktor in der Geschichte: Ist es die Persönlichkeit oder die unpersönliche »Struktur«? Insbesondere die in den USA weit entwickelte Psychohistorie entging nicht der Gefahr, über der psychoanalytischen Deutung der Lebensgeschichte und Karriere Hitlers und ihrer Fixierung auf frühe traumatische Erlebnisse den politisch-kulturellen und politisch-gesellschaftlichen Kontext zu vernachlässigen oder ganz aus dem Blickfeld zu verlieren, so anregend und erhellend ihre Beiträge auch immer waren.[79] Die sozialpsychologisch akzentuierten Analysen zeigen indes, daß die »subjektive Dimension« – also die kulturellen Milieuerfahrungen, kollektiven Motivationen und Mentalitätsmuster – keineswegs in den »objektiven Strukturen« der sozialökonomischen Lebens- und politischen Herrschaftsverhältnisse untergehen muß.[80] Und umgekehrt haben insbesondere die Hitler-Bücher von Joachim Fest und Joseph Peter Stern eindrucksvoll gezeigt, daß biographische Deutungen keineswegs »den Mann von seiner Welt abstrahieren« müssen. Um so weniger, je mehr es gelingt, ihn als »repräsentatives Individuum« (Stern) zu begreifen, als »exemplarische Verbindung aller Ängste, Protestgefühle und Hoffnungen der Zeit« (Fest), mit einem ebenso deutschen wie treffenden, aber unschönen Ausdruck: als »Hitlerismus«.

Wenn die Doppelthese dieser Studie von der Ästhetisierung der Politik und der Entdifferenzierung der politischen Sphäre durch den Nationalsozialismus für dessen Verständnis nur irgendwo erhellend ist, dann hier. Hitler-Image und Führer-Mythos – mit äußerster Professionalität und Konsequenz aufgebaut und politisch instrumentalisiert – waren zugleich Produkt und Produzent von Illusionen, Fehlwahrnehmung, Übervereinfachung und (Selbst)Täuschung. Die Differenz von Anspruch und Realität wurde eingeebnet, die Unterscheidung von Schein und Wirklichkeit durch Inszenierungen und Kulissen verstellt und der Gegensatz von Wort und Tat im ideologisch überhöhten Medium des »schöpferischen Willens« aufgehoben.[81] Politik hatte scheinbar ihre Undurchschaubarkeit verloren, schien sich rückverwandelt zu haben in ein Medium religiöser Offenbarung mit einer ebenso unvermittelten wie unwiderstehlichen Naturhaftigkeit. Die *Personifizierung* der Politik schien die strukturellen und anonymen Aspekte der Politik in der modernen Gesellschaft, also Recht, geregelte Verfahren, Bürokratie usw., zu überwinden. Jedenfalls versprach sie Authentizität, Emotionalität und symbolische Repräsentation und damit Kompensation für die niederdrückende und desorientierende Entfremdungserfahrung unter industrie- und massengesellschaftlichen Lebensbedingungen. Die komplementäre *Personalisierung* der Politik hob zudem die Trennung von privater und öffentlicher Sphäre tendenziell auf. Sei es durch extreme Entpolitisierung, sei es umgekehrt durch eine extreme »Politisierung aller Werte, der privatesten und persönlichsten inbegriffen«.[82] Das gleichfalls ideologisch stark überhöhte Medium dieser Aufhebung war die zum »gesunden Volksempfinden« verallgemeinerte, nationalistisch und rassistisch radikalisierte »bürgerliche Normalmoral«.

Es mag sein, daß die Personifizierung und Personalisierung der Politik Hitlers wichtigster Beitrag zur Theorie und Praxis des Faschismus war. Jedenfalls hat er sich als ebenso fragwürdig wie folgenreich erwiesen. Und er wird die postfaschistische Ära überdauern. Der Faschismus hat die Struktur politischer Öffentlichkeit nachhaltig beschädigt. Der Hang, Politik auf Personen zu verkürzen und zu elementarisieren, ist längst ein fester Bestandteil unserer Politik- und Medienkultur geworden. Und der zeitgenössische Populismus kann – keineswegs nur hierzulande – auf die aufdringliche und selbstgefällig Pose »unschuldiger Privatheit« nicht verzichten.[83]

5. Kapitel
Propaganda und Unterhaltung

Als totalitäre Bewegungspartei, die zu sein sie beanspruchte, war die NSDAP vielleicht stärker als alle anderen politischen Organisationen auf wirkungsvolle Selbstinszenierung und multimediale Massenmobilisierung angewiesen. Sie, die den Protest gegen die Moderne sammelte und formierte, bediente sich dabei wie selbstverständlich der modernsten Massenmedien, Kommunikationstechniken und Beeinflussungsstrategien. Und sie tat es professioneller und erfolgreicher als ihre Gegner. Es erscheint deshalb kaum übertrieben, diese Partei, die sich selbst als Glaubens- und Kampfbewegung verstand, auch eine Propagandabewegung zu nennen.

Schon während des Krieges habe er erkannt, schrieb Hitler Mitte der zwanziger Jahre, daß Propaganda »eine Waffe ersten Ranges« sein könne. Sei es im »Kampf um das Dasein« des eigenen Volkes, sei es im Kampf um die Macht im Staate.[1] Und schon früh verfügte die Partei über eine »Reichspropagandaleitung« mit den Abteilungen »Propaganda und Presse« und »Rednerschulung«. Immer wieder und auf unterschiedliche Weise machte sie den Versuch, auch auf die neuen audiovisuellen Medien Einfluß zu gewinnen. Aber ein Einbruch in den halbstaatlichen Rundfunk und in die kommerzielle Filmindustrie gelang ihr bis Anfang der dreißiger Jahre nicht. Schwerpunkt ihrer Medienpolitik und Mediennutzung blieb zunächst das Pressewesen. Doch nur wenige der über 300 NS-Blätter – so der *Völkische Beobachter, Der Angriff* und der *Freiheitskampf* – erreichten Massenauflagen. Und nur eine Minderheit von wenig mehr als 5 Prozent der im letzten Republikjahr zwischen 12 und 14 Millionen Wähler der NSDAP las diese Zeitungen. Der Kampf um die Stimmen und die Stimmung gegen die Republik fand in erster Linie auf der Straße statt, bei Wahlkundgebungen und auf Parteiversammlungen. Erst in zweiter Linie waren auch jene Medien bedeutsam, die sich in der Hand des politischen Gegners befanden: der »Systemrundfunk« und das pluralistische Pressewesen mit seinen großstädtisch-liberalen, sozialistischen, konfessionellen und bürgerlich-konservativen Zeitungen.

Im Dauerwahlkampfjahr 1932 gelang dem NS-Propagandaapparat dann ein erster beachtlicher Erfolg in der multimedialen Massenmobilisierung. Nicht nur Plakate, Flugblätter und Zeitungs-Sonderausgaben wurden hunderttausendfach gedruckt. Auch Filme, Fotoserien und Schallplatten mit Hitler-Reden kamen in großer Zahl zum Einsatz. Vielleicht ließ sich hier zum ersten Mal erkennen, daß die NS-Propaganda die berühmt-berüchtigten Techniken der englischen Kriegspropaganda ebenso zu nutzen verstand wie die sozialistischen Wahlkampfmethoden und die Werbestrategien kapitalistischer Warenproduzenten. Mit Blick auf die überlegene Wählermobilisierung durch die Nazis hat Georg Lukács von der »Verschmelzung von deutscher Lebensphilosophie und amerikanischer Reklametechnik« gesprochen.[2] Und bei Ernst Bloch heißt es zugespitzt, daß »sich Nazi-Rhetorik von der Reklame, deren sie sich mitbedient, sowohl durch das prunkvolle Ausmaß der Verlogenheit unterscheidet, als dadurch, daß ihre Käufer hinter die Ware erst kommen, wenn es zum Umtausch ohnehin zu spät ist«.[3] Wie wahr. Denn lange vor Hitlers Ernennung zum Reichskanzler begann sich dessen Image von der Person zu lösen, verselbständigte sich der Führer-Mythos zu einer Zukunftsverheißung, zu einer Art »ästhetischer Gebrauchswertversprechen«, war Goebbels nicht bloß Reichspropagandaleiter, sondern bereits ein versierter »Markentechniker«, der vor allem den Begriff »Führer« und das Leitbild der »Volksgemeinschaft« zu Markennamen machte, in denen das Bild der »Ware« mit dem »Bild der Sehnsucht« des Wähler-Käuferpublikums zur Deckung kommen sollte.[4] Soweit wie möglich und mit allen Mitteln.

Zeit- und volksnah: Presse und Reichsrundfunk

Diese Mittel standen Goebbels seit 1933 zwar umfassend, aber doch nicht unbeschränkt zur Verfügung. Hitler hatte immerhin drei Reichsleiter mit medienpolitischer Kompetenz ausgestattet. So konnte Goebbels in der Medienpolitik so wenig unumschränkt agieren wie in der Kulturpolitik überhaupt.

Unumstritten schien für ihn aber zunächst noch nicht einmal der Nutzen der Medien selbst zu sein. Der Presse stand er eher argwöhnisch gegenüber. Sie galt ihm als »Produkt der Französischen Revolution« und als »Exponent des liberalen Geistes«.[5] Im Dezember 1925 notierte er, der sein Talent als politischer Prediger und Versammlungs-Agitator gerade entdeckt hatte, nicht ohne zynische Untertöne: »Radio, Radio! Radio im Hause! Der Deutsche vergißt über Radio Beruf und Vaterland! Radio! Das moderne Verspießungsmittel! Alles im Hause! Das Ideal des Spießers!«[6] Und das war erst der Anfang. Das Fernsehzeitalter und der Rückzug der Massen in die private Welt des totalen Medienkonsums stand erst noch bevor. Mochten Goebbels Worte auch voller Verachtung sein, den propagandistischen Wert des Rundfunks hatte er gleichsam instinktiv richtig erfaßt. Schon im März 1933, in seiner ersten Rede vor den Rundfunk-Intendanten, erklärte er jedenfalls, daß er den Rundfunk »für das allermodernste und für das allerwichtigste Massenbeeinflussungsinstrument« halte, »das es überhaupt gibt«. Damit wollte er »der Regierung die fehlenden 48 Prozent zusammentrommeln« und die Menschen »so innerlich durchtränken mit den geistigen Inhalten unserer Zeit, daß niemand mehr ausbrechen kann«. Dabei wußte er, daß es nicht so sehr darauf ankommt, »was man macht«, sondern »wie man es macht«. So ermahnte er seine Intendanten: »Nur nicht langweilig werden. Nur keine Öde. Nur nicht die Gesinnung auf den Präsentierteller legen. Nur nicht glauben, man könne sich im Dienste der nationalen Regierung am besten betätigen, wenn man Abend für Abend schmetternde Märsche ertönen läßt... Gesinnung muß sein, aber Gesinnung braucht nicht Langeweile zu bedeuten. Die Phantasie muß alle Mittel und Methoden in Anspruch nehmen, um die neue Gesinnung modern, aktuell und interessiert den breiten Massen zu Gehör zu bringen, interessant und lehrreich, aber nicht belehrend. Der Rundfunk soll niemals an dem Wort kranken, man merkt die Absicht und wird verstimmt«.[7] Das galt für den Film natürlich genauso.

Goebbels hatte ehrgeizige Ziele ins Auge gefaßt. Für ihre Realisierung mußten allerdings zuvor noch eine Reihe von Voraussetzungen geschaffen werden. Einstweilen besaß nur eine Minderheit von immerhin etwas über 4 Millionen Haushalten ein Radiogerät. Mit dem massenhaften Verkauf des »Volksempfängers« VE 301, der für 76 RM zur Funkausstellung im Frühjahr 1933 auf den Markt kam, und den leistungsstärkeren und teureren Markengeräten für die Besserverdienenden wurde bis 1938 die Zahl von 9 Millionen Rundfunkteilnehmern erreicht. Und vor allem der »Deutsche Kleinempfänger« – ein Billigstgerät für 35 RM – ließ diese Zahl bis 1941 sogar bis auf rd. 16 Millionen ansteigen. Ein Netz von etwa 6000 im Freien aufgestellten Lautsprechersäulen kam hinzu. Zudem wurde im Rahmen der »Volksgemeinschafts«-Ideologie unablässig das gemeinschaftliche Radiohören propagiert, ob im Betrieb oder in der KdF-organisierten Freizeit.

Die Gleichschaltung des Rundfunks vollzog sich ungleich schneller als die des Zeitungswesens, wenn es auch am 30. 1. 1933 nicht zu einer spontanen »Funkrevolution« kam, wie die von Reichssendeleiter Eugen Hadamovsky geschaffene Legende glauben machen sollte. Die NSDAP hatte ihre rundfunkpolitische Machtübernahme vorbereitet.[8] Schon seit den späten zwanziger Jahren bemühte sie sich um Einflußnahme auf dieses Massenmedium. Sei es durch Berufung von Gaufunkwarten zur Unterstützung der Gaupropagandaleitungen. Sei es durch Agitation gegen den »Systemrundfunk« in den Parlamenten und in der Presse, so in dem von Goebbels herausgegebenen *Angriff* oder in dem rundfunkpolitischen Kampfblatt *Deutsch der Rundfunk* (»Brecht den roten Rundfunkterror!«). Sei es durch Unterwanderung des dem Hugenberg-Pressekonzern und der Deutschnationalen Volkspartei nahestehenden Reichsverbandes Deutscher Rundfunkteilnehmer oder durch Druck auf die Aufsichtsgremien des Weimarer Rundfunks. Aber erst der Reichstagswahlkampf im Sommer 1932 brachte der Parteispitze den Zugriff auf die Rundfunkmikrophone. Die Premiere durch Goebbels und Gregor Strasser fiel allerdings nicht sehr eindrucksvoll aus. Goebbels jedenfalls fand seine Rede über den »Nationalcharakter als Grundlage der Nationalkultur« »nicht durchschlagend«. Er monierte, daß ihr durch den Reichsrundfunkkommissar »die Flügel gestutzt und die Zähne gebrochen« seien.[9] Der Zensur mußten sich die Nazis schon aufgrund ihrer Legalitätstaktik beugen. Aber einen Zugang zum Rundfunk hatten sie sich jetzt erobert.

Die Verstaatlichung des Rundfunks im November 1932 fand jedoch ohne die NSDAP statt. Das Ergebnis kam ihren Interessen und Vorstellungen allerdings auch ohne eigenes Zutun weit entgegen. Schon vor der Machtübertragung auf sie rückte die »Pflege nationalen Kulturgutes« in den Vordergrund, wurde die Reichsrundfunkgesellschaft als Träger der Programmkontrolle und Einheitsverwaltung aufgewertet und die staatliche Rundfunkaufsicht durch den Reichsinnen- und Reichspostminister nachdrücklich gestärkt. Zu Lasten der Länder.

Damit mochte sich der neue Minister allerdings nicht begnügen. Bereits im März verlor zunächst der Innenminister seine Kompetenz für die Personalpolitik und Programmkontrolle an das neue Propagandaministerium. Und bald darauf mußte auch der Postminister auf seine Zuständigkeit für die Gebühren und die wirtschaftlichen Fragen des Rundfunks verzichten. Eine umfassende, bis in nachgeordnete Stellen hineinreichende personelle Säuberung schloß sich an. Ihr fielen die Direktoren der Reichsrundfunkgesellschaft und nahezu alle Intendanten ebenso zum Opfer wie die jüdischen, sozialdemokratischen und kommunistischen Redakteure und Mitarbeiter. Der Schriftsteller und Rundfunkredakteur Jochen Klepper notierte in seinem Tagebuch: »Welch merkwürdige Einheitsfront hat sich jetzt den Nationalsozialisten gegenüber ergeben! Nun gelten wir alle als gleich verdächtig, gleich demokratisch, gleich liberal, gleich kulturbolschewistisch.«[10]

Als sehr viel schwieriger erwies sich die »Gleichschaltung« der Rundfunkgesellschaften der Länder, die als Träger der Kulturhoheit auf ihrer Mitsprache bestanden. Sie fanden zunächst in Göring als preußischem Ministerpräsidenten einen eifrigen Fürsprecher. Hitler beendete schließlich diesen schwelenden Konflikt, indem er den Rundfunk zur Reichsangelegenheit erklärte. Am 1. April 1934 wurden die regionalen Sendegesellschaften zu bloßen Reichssendern der Reichsrundfunkgesellschaft degradiert. Sie hatten damit jede Selbständigkeit verloren. Die personell schwach besetzte Rundfunkabteilung im Propagandaministerium, an deren Spitze bis Anfang 1937 Horst Dreßler-Andreß stand, war nun die »Befehlszentrale des deutschen Rundfunks«. Allerdings blieb sie auf den bürokratischen Apparat der Reichsrundfunkgesellschaft unter Reichssendeleiter Eugen Hadamovsky angewiesen, mit dem sich Goebbels immer wieder kurzschloß. Zudem unterstand dem Propagandaminister die auf Zwangsmitgliedschaft beruhende Reichsrundfunkkammer, als Körperschaft des öffentlichen Rechts die korporative Vereinigung aller »Funkschaffenden und Hörerkreise«.[11] Aber das ehrgeizige Ziel, den Sendebetrieb, Rundfunkindustrie und -handel, Hörerschaft und Funkpresse unter der alleinigen Kontrolle des Propagandaministers zu vereinheitlichen, war wohl doch zu weit gesteckt. Jedenfalls wurde es nicht erreicht. Die Rundfunkwirtschaft ließ sich nur begrenzt einbeziehen. Die Organisationen der Rundfunkhörer waren bereits aufgelöst. Auch die Post-, Wirtschafts- und Justizministerien widersetzten sich der angestrebten »Rundfunkeinheit« ebenso wie der Schaffung eines »nationalsozialistischen Rundfunkrechts«.

Auch der Versuch einer Zentralisierung durch Einrichtung von programmspezifischen Sendergruppen scheiterte. Beispielsweise sollte Köln die orchestrale und chorische E-Musik produzieren, Stuttgart die Kammermusik und Frankfurt die U-Musik. Unbehelligt von Ressortinteressen und Auseinandersetzungen mit den Gauleitern schien zunächst nur der Ausbau des Deutschen Kurzwellensenders zu sein. Er war das Instrument der nationalen Repräsentation gegenüber dem Ausland. Nach Beginn des Krieges stellte allerdings das Auswärtige Amt die bisherige Zuständigkeitsregelung für den Auslandsrundfunk nachdrücklich in Frage.[12]

Kompetenzkonflikte gab es auch im Zusammenhang der Einführung des neuen Mediums Fernsehen. Erneut wurde die Rivalität zwischen Göring und Goebbels sichtbar. Aus Gründen der Kriegswichtigkeit hatte Hitler in einem Geheimerlaß zunächst dem Reichsluftfahrtminister (Flugsicherung; Luftschutz) und dem Reichspostminister die Zuständigkeit übertragen. Auf Goebbels Intervention kam ein zweiter Erlaß zustande, der die Kompetenzen für die militärischen Belange beim Luftfahrtminister und für die Fernsehtechnik bei der Post beließ, aber dem Propagandaminister nun die Zuständigkeit für »die darstellerische Gestaltung von Fernsehübertragungen für Zwecke der Volksaufklärung und Propaganda« zuwies.[13] Einer breiteren Öffentlichkeit wurde das Fernsehen erstmals während der Olympischen Spiele 1936 bekannt, als in Berlin und Leipzig etwa 150000 Zuschauer die Wettkämpfe per Gemeinschaftsempfang live erleben konnten. Bei der Eröffnung der »Großen Deutschen Rundfunk- und Fernsehrundfunk-Ausstellung« im Juli 1939 kündigte die Post die Einführung des Fernsehens für alle an. Aber der Beginn des Zweiten Weltkrieges verhinderte die Serienproduktion des Fernseh-Volksempfängers.

Alle Versuche einer Vereinheitlichung und Zentralisierung des Rundfunks waren schwierig und nur sehr bedingt erfolgreich. Um so wichtiger war es, den rundfunkpolitischen Lenkungsapparat mit Macht auszustatten. Um Reibungsverluste an der Spitze zu vermeiden, wurden Funktionsteilungen aufgehoben und Ämter zusammengelegt. Aber die Neuordnung des Rundfunks im Jahr 1937 war nicht struktureller, sondern personalpolitischer Art. Der bisherige Reichssendeleiter Hadamovsky und der Leiter der Rundfunkabteilung im Ministerium, Dreßler-Andreß, der zugleich Amtsleiter der NS-Gemeinschaft »Kraft durch Freude« war, verloren ihre einflußreichen Positionen. An die Spitze des Rundfunks rückte der bisherige Intendant des Reichssenders Köln, Heinrich Glasmaier, der in Personalunion Reichsintendant des Deutschen Rundfunks und Generaldirektor der Reichsrundfunk-Gesellschaft wurde. Das geschah nicht zuletzt mit Blick auf das Ausland und im Bestreben, den Rundfunk in der Phase der Kriegsvorbereitung als »nationales Kulturgut« eines »friedliebenden Deutschland« erscheinen zu lassen. Das geschah aber auch im Hinblick auf den sich schon in der Kriegsvorbereitung abzeichnenden Kompetenzkonflikt zwischen Wehrmacht, Auswärtigem Amt und

Propagandaministerium. Dabei ging es jedoch nicht nur um militär-, außen- und innenpolitische Interessen, sondern auch um die der Hörer, was seinen Niederschlag in einer breiten rundfunkideologischen Diskussion fand.[14]

Die NS-Rundfunkpolitiker zielten – einem verbreiteten Verständnis vom »deutschen Volkscharakter« folgend – auf die »deutsche Seele« und das »deutsche Herz«. Zugleich attackierten sie »das Lehrhafte und Lebensfremde« im Rundfunk. Beruhte der Rundfunk der »Systemzeit« auf Parität und Pluralität der gesellschaftlichen Gruppen und politischen Organisationen, wurde er nun in den Dienst der Gemeinschaftsbildung gestellt. Nicht die am Volkshochschulideal orientierte Volksbildung war gefragt, sondern »Volkbildung«. Auch hier versprachen antiintellektualistische und ästhetizistische Einstellungen, die ihren Nährboden im kulturpessimistischen Irrationalismus hatten, über Theorie und Abstraktion hinauszugelangen und in die Rundfunkprogramme »echtes, wahres Leben« zu bringen und den »tieferen Sinn« hinter der bloßen Erscheinungswelt der Dinge zu offenbaren. Diese »Metaphysik des Rundfunks« suchte nach grenzenlosem Ausdruck. So scheute sich Hadamovsky nicht, den Rundfunk nicht nur »im physikalisch-technischen, sondern im geistigen Sinne ›Sendung‹« zu nennen. Damit war der Zusammenhang zur nationalsozialistischen Weltanschauung als politischer Religion hergestellt. Der Rundfunk beanspruchte, das Medium ihrer »Verkündigung« zu sein, ihre »Kirche«. Was die Presse für das liberale und individualistische 19. Jahrhundert gewesen war, das sollte der Rundfunk für das »neue, nationalsozialistische Zeitalter« werden. »Die Rundfunkkunst«, so hieß es etwa in einer aktuellen Fachzeitschrift, »will wieder vom Marktplatz in die Kirche, in eine Kirche, die alle Hörenden mit derselben Kraft der Atmosphäre umfaßt und alle Entfernungen überbrückt gleich dem alles einenden Gotteshause. Die handelnden Personen sind nicht mehr individuelle Schicksale, sie sind Ideen, gemeinschaftsbewegende Kräfte, die *einen* Mund aussprechen lassen, was *viele* bewegt«.[15] Mit den Göttern stieg aus den Gräbern auch der sakrale Bühnenzauber wieder empor, und das in den modernsten technischen Formen.

So überrascht es kaum, daß die Idee einer solchen »Rundfunkkunst« nicht nur politisch-religiös inspiriert war. Sie rekurrierte auch auf Richard Wagners Philosophie vom Gesamtkunstwerk. Ob es dabei – wie im Hörspiel – um rundfunkspezifische Eigeninszenierungen ging oder um Direktübertragungen von inszenierten Massenveranstaltungen: auch im »Hörwerk« sollte das Spannungsverhältnis von Kunst und Politik aufgehoben sein. Wie Kunst in jenen Tagen bloß als Mittel der Politik aufgefaßt wurde, galt umgekehrt auch Politik als Kunst. Gerade seine »örtliche Ungebundenheit« schien den Rundfunk als Medium eines »imaginären Raumes« besonders dafür zu qualifizieren, die »innere Einheit« aller Deutschen als »Volksgemeinschaft« zu befördern. Jedenfalls sollte sich vor allem seine »volksverbindende Macht« bewähren. Die Frage stellt sich, wie er das tat.

Das entscheidende Kriterium für die Neuorganisation der Programmstruktur und ihre Vereinheitlichung zwischen den einzelnen Reichssendern unterhalb der Reichsrundfunkgesellschaft war nicht mehr die Sendeform oder eine bestimmte Zielgruppe, sondern der Inhalt. »Das lebendige Leben« sollte in seiner Totalität erfaßt werden. Dafür waren vier Abteilungen vorgesehen: Unterhaltung, Zeitfunk, Weltanschauung und Kunst. Hinzu kamen weitere Einheiten für die Leitungs- und Ausführungsaufgaben. Diese Arbeitsteilung bewährte sich offenbar nicht. Im Zuge der Neuordnung wurde die Zahl der Abteilungen auf vier verringert: Sendeleitung, Zeitgeschehen, Kunst und Unterhaltung, Ausführung. Die Abteilung Weltanschauung war bereits zuvor aufgelöst worden. Darin spiegelte sich die zunehmende Zentralisierungstendenz wider, aber eben auch die reale Programmentwicklung. Sie stand von Anfang an im Spannungsverhältnis von politischer Aktualität und unpolitischer Unterhaltung.

Vor allem mit der Dosierung der Propaganda gab es nicht unerhebliche Schwierigkeiten. Die Zeit nach der Machtübertragung erlebte geradezu ein »Trommelfeuer politischer Reden«. Allein im Jahr 1933 wurden fünfzig Hitler-Reden übertragen. Keine Woche verging ohne eine Führerrede. Hinzu kamen die Übertragungen von anderen öffentlichen Veranstaltungen und den neu eingeführten NS-Feiertagen. Und schon im Mai 1933 nahm die Kritik an der Übersättigung mit politisch-propagandistischen Sendungen zu. Auch die häufigen Programmänderungen verstimmten die Hörer und verschreckten die Redakteure. Goebbels sah sich gezwungen, die Propagandawelle zurückzudrängen. Im März, nach der »musterhaften Wiedergabe« des Potsdamer Tages, hatte er noch erklärt: »Es darf in Zukunft in Deutschland kein Ereignis von politisch-historischer Tragweite geben, woran das Volk nicht beteiligt wäre... Es wird einmal so kommen, daß kein Mensch mehr ohne Rundfunk auskommt, daß er einfach zum täglichen Bedarf gehört..., daß die Aktualisierung des Rundfunks, wie sie am 30. Januar eingetreten ist, nicht etwa zu einer Verminderung der Hörerzahl, sondern zu einer Vermehrung geführt hat.«[16] Und eben diese Gefahr drohte jetzt: Hörerschwund. So verfügte Goebbels bereits im Mai, daß höchstens zwei politische Reden im Monat übertragen werden durften. Aber das reichte noch nicht. Im November 1933 wurde dann sogar die Übertragung aller politischen Veranstaltungen untersagt, wenn sie nicht von staatspolitischer Wichtigkeit und vom Propagandaminister zuvor genehmigt waren. Da kam immer noch einiges an politischer Propaganda zusammen. Aber auch die Art ihrer Vermittlung änderte sich.

Für den 1. Mai 1935 beispielsweise ordnete Goebbels an, mit »Hörberichten sehr sparsam zu arbeiten«. An die Stelle einer einzigen Propagandasendung trat jetzt ein umfangreiches, »buntes« Unterhaltungsprogramm. Es begann am 1. Mai in der Frühe mit Musik und klang am andern Morgen mit dem »Tanz in der Maiennacht« aus. In diese musikalische Dauerberieselung wurden die Höhepunkte der politischen Kundgebung der zentralen Berliner Veranstaltung zwischen Tempelhofer Feld und Lustgarten eingeblendet.[17] Eine ähnliche Entwicklung gab es auch mit der Renommiersendung »Stunde der Nation«, die zunächst täglich zwischen 19 und 20 Uhr ausgestrahlt wurde. Sie galt als »funkische Vertretung des neuen deutschen Kulturwillens und Kulturschaffens vor Deutschland und der Welt« und diente der »geistigen Uniformierung« und »Gemeinschaftsbildung«. Goebbels war es wiederum, der aus der drohenden Gefahr einer Übersättigung der Hörer mit »nationalen Ideen« rasch Konsequenzen zog. Seit Frühjahr 1934 wurde die Sendung nur noch dreimal wöchentlich halbstündlich ausgestrahlt, um 1935 ganz eingestellt zu werden.[18]

So begann bereits im Winter 1933/34 eine zweite Phase der Programmgestaltung. Die massive politische Propaganda der ersten Stunde wurde von einer Offensive der Kulturpropaganda abgelöst. Hatte die kurze Phase der »nationalen Erhebung« das »Revolutionäre« des Nationalsozialismus betonen wollen, kam es jetzt darauf an, das »traditionslose« Regime in der deutschen Geistes- und Kulturgeschichte zu verankern. Nun sollte »der Rundfunk durch Kunst für die Politik« werben, wie der Reichssendeleiter unverblümt zugab. Das begann im Januar 1934 mit einem Beethoven-Zyklus. Innerhalb von zwölf Tagen wurden über alle deutschen Sender *Fidelio* und alle neun Sinfonien ausgestrahlt und natürlich als »gigantische«, »einmalige nationalsozialistische Kulturleistung« gepriesen.[19] Ein Wagner-Schiller-Chamberlain-Zyklus folgte. Er fand seinen Abschluß und Höhepunkt in der Übertragung von Wagners *Ring des Nibelungen*, an die eine große Zahl ausländischer Sender angeschlossen war. Diese Sendungen wollten nicht nur jene ansprechen, die noch abseits standen. Sie sollten darüber hinaus auch »das Ohr der Welt« gewinnen. Es mochte dem lädierten Nationalbewußtsein mancher Hörer schmeicheln und Deutschlands ersehnten Wiederaufstieg zu neuer Weltgeltung verheißen, wenn die Ansage begann: »Hier ist der Deutsche Rundfunk, angeschlossen die Sender ...« und dann eine lange Reihe von internationalen Rundfunkstationen folgte. Das gab den Hörerwünschen ferne Ziele. Die Ansagen bei den Ringschaltungen zu den Fronten während des Krieges mußten ihnen eigentümlich vertraut vorkommen.

Das kulturell vergleichsweise ambitionierte Programm ließ sich nicht lange durchhalten. Schon 1935 schlug sich die Rücksicht auf Hörerwünsche in der Zunahme von leichten Unterhaltungssendungen nieder. Während außer dem Zeitfunk jede Programmgruppe, selbst der Nachrichtendienst, Einbußen hinnehmen mußte, konnte die Unterhaltungsmusik ihren Anteil im Laufe der dreißiger Jahre von zunächst 60 bis auf etwa 70 Prozent vergrößern.[20] Auch der Deutschlandsender als der »repräsentativste Sender des nationalsozialistischen Deutschlands« blieb von diesen Programmveränderungen nicht ausgenommen. In seiner Rede zur Eröffnung der Rundfunkausstellung 1936 stellt Goebbels klar: »Das Programm des

Rundfunks muß so gestaltet werden, daß es den verwöhnten Geschmack noch interessiert und dem anspruchslosen noch gefällig und verständlich erscheint. Es soll in einer klugen und psychologisch geschickten Mischung Belehrung, Anregung, Entspannung und Unterhaltung bieten. Dabei soll besonderer Bedacht gerade auf die Entspannung und Unterhaltung gelegt werden, weil die weitaus überwiegende Mehrzahl aller Rundfunkteilnehmer meistens vom Leben sehr hart und unerbittlich angefaßt wird, ...und Anspruch darauf hat, in den wenigen Ruhe- und Mußestunden auch wirkliche Entspannung und Erholung zu finden. Demgegenüber fallen die wenigen, die nur von Kant und Hegel ernährt werden wollen, kaum ins Gewicht.«[21] Dieser Richtlinie, die darauf abzielte, die Masse der Hörer jederzeit »empfangsbereit zu machen und empfangsbereit zu halten«, folgte auch der neue Reichsintendant. Er kündigte 1937 an, daß die Programme »auf alle Art geistigen Hochmuts« verzichten und »weitgehendst aufgelockert« werden sollten. Die Medienregisseure hatten die Möglichkeiten des Rundfunks inzwischen soweit erkundet, daß sie mit einer Programmgestaltung für differenzierte Bedürfnisse in der Lage waren, vor und mit dem Radio »die ganze Volksgemeinschaft täglich und stündlich wie eine große Familie zusammenzurufen«.[22]

Im Vorfeld und nach Beginn des Krieges kam es jedoch erneut zu Gewichtsverlagerungen in der Programmgestaltung. Nachrichtensendungen und politisch-propagandistischer Zeitfunk erhielten wieder einen größeren Anteil an der Sendezeit, während literarische und Vortragssendungen noch weiter in den Hintergrund rückten. Der zeitweilige Zuwachs beim Wortprogramm ging auch zu Lasten der Musiksendungen. In der Zeit der schnellen und leichten Siege drängten politische Aktualität und Propaganda auch die »unpolitische« Unterhaltung vorübergehend weiter zurück. Das blieb bei den Hörern jedoch nicht unwidersprochen. Erneut wurde die Programmgestaltung korrigiert. Schon bald kam es vor allem darauf an, die Bevölkerung »zu höchster Leistungs- und Leidensbereitschaft« zu motivieren, und zugleich, den Hörern »eine heile Welt« vorzuspielen.[23] Dafür ist das »Wunschkonzert« ein besonders ergiebiges Beispiel. Vielleicht war es die populärste Sendung überhaupt.[24]

Bereits der Weimarer Rundfunk hatte Wunschabende und musikalische Wunschnachmittage eingeführt. Aber erst die Medienregisseure des Dritten Reiches machten aus dem Wunschkonzert eine ständige Einrichtung. Erst jetzt erhielt es seine spezifische Form, wurde es vor allem auch politisch funktionalisiert. Dabei kam manches zusammen: Die »Volksgemeinschaft« der Rundfunkhörer, Spenden fürs »Winterhilfswerk« und schließlich sogar die Soldaten an der Front und die Hörer in der Heimat. Die Premiere kündigte der Deutschlandsender für den 13. Januar 1936 so an: »20.10 Uhr bis 24 Uhr: Sie wünschen – wir spielen, geholfen wird vielen! Vier Stunden Wunschkonzert mit fünf Kapellen für die Winterhilfe.« Es wurden fünf Stunden. Mit einem solchen Ansturm von Hörerwünschen hatte man nicht gerechnet. Wer eine Geld- oder Sachspende leistete, war dabei, bekam seinen Musikwunsch erfüllt. Allein in den ersten vierzehn Wunschkonzerten bis Kriegsbeginn wurde rd. eine Viertelmillion Reichsmark eingezahlt. Man erkannte schnell, welche Möglichkeiten sich mit dem Wunschkonzert als einer ständigen Einrichtung boten.

Am 1. Oktober 1939 hatte dann das »Wunschkonzert für die Wehrmacht« Premiere. Es wurde anfangs zweimal wöchentlich, später nur noch sonntags übertragen, live, aus dem Großen Sendesaal des Berliner Funkhauses oder der Philharmonie. Mit der 75. Sendung im Mai 1941 hatten die Geld- und Sachspenden der begeisterten Hörer bereits die 15 Millionen-Marke überschritten. Das Wunschkonzert war offenbar so publikumswirksam, daß die Ufa unter demselben Titel und der Regie von Eduard von Borsody 1940 einen Film machte. Er verzeichnete Rekordbesuche und spielte allein zwischen 1940 und und 1942 über 7 Millionen Reichsmark ein.[25]

Die Programmfolge der Sendung war bunt gemischt und breit gestreut, von kurzen Wortbeiträgen und Gedicht-Rezitationen unterbrochen. Die Sendung begann zumeist mit Fanfarenmusik und Hitlers Lieblingsmarsch, dem *Badenweiler*. Im Schlußteil wurden die Namen der Spender verlesen. Dazwischen lag ein Potpourri aus Opern- und Operettenarien, Volksliedern und Chören, Märschen, Ouvertüren und Kammermusiksätzen. Die für das deutsche Musikleben traditionelle Trennung von U- und E-Musik war hier aufgehoben. Da folgte auf *Wotans Abschied* aus Wagners *Walküre* der *Pepitamarsch*. Beethovens *Die Himmel rühmen des Ewigen Ehre* und das *Largo* von Händel fehlten ebensowenig wie *Heinzelmännchens Wachtparade*. Das Wunschprogramm bot für alle etwas, aber nur wenig Gutes. Hier sollte die Mehrheit der Hörer auf ihre Kosten kommen. »Im übrigen«, belehrte Goebbels alle »Miesmacher« – wie Kritiker damals gern diffamiert wurden –, »komme es darauf an, ... den Wünschen der Bevölkerung einen ungefährlichen, völlig freien Spielraum zu belassen. Wenn wirklich auch Stücke ausgesucht würden, die nach strengem Maßstab kitschig seien, so sei dagegen im allgemeinen gar nichts zu sagen.« Zumal auch alle militärischen Dienststellen – wie er betonte – den dringenden Wunsch geäußert hätten, in den Kriegsjahren das Abendprogramm ganz »auf Heiterkeit, Entspannung und Unterhaltung umzustellen«.[26] Jetzt hatten nur noch Soldaten und ihre Angehörigen das Recht, Musikwünsche zu äußern. Sie durften auf dem Wege auch Grüße und Familiennachrichten austauschen. Darauf sollte die Nation so wenig verzichten wie auf die Ankündigung von »freudigen Ereignissen«.

Die »Tyrannei der Intimität« (R. Sennett) unseres narzißtischen Zeitalters hat ihre nazistische Vorgeschichte. Das NS-Regime forcierte die Auflösung der Grenze zwischen öffentlicher und privater Sphäre dadurch, daß es immer wieder die Totalität der »faschistischen Öffentlichkeit« gegen die der privat-unpolitischen Welt ausgespielt hat – und umgekehrt. Das »Wunschkonzert« ist dafür ein wichtiges Beispiel. Als eine Art kulturelles »Narkotikum und Stimulans für die Erduldung der Kriegsnot«[27] war diese Musiksendung zugleich Ausdruck der »Bösartigkeit einer allgemeinen Lebensheuchelei« (H. Broch).

Wenn die Kitsch-Harmonie dieser »gemeinschaftsbildenden« Sendungen noch irgendwo zu steigern war, dann bei der weihnachtlichen Ringschaltung, mit der zwischen den Soldaten und den vielen Sendern in den besetzten Gebieten sowie den Rundfunkanstalten und Hörern zu Hause eine Verbindung hergestellt wurde. Wann war die – inzwischen in Bedrängnis geratene – »Volksgemeinschaft« wirkungsvoller zu inszenieren, wie konnte besser an die Sentimentalität, die Hoffnungsbereitschaft und den Durchhaltewillen von Millionen appelliert werden, als am Heiligabend, *dem* deutschen Festtag, mit einem stimmengewaltigen Chorgesang deutscher Weihnachtslieder: »Hier ist noch einmal der Schwarzmeerhafen auf der Halbinsel Krim«, verkündete der Rundfunksprecher am 24. Dezember 1942, »wir bitten euch, Kameraden, noch einmal in das schöne, alte Weihnachtslied ›Stille Nacht, heilige Nacht‹ einzustimmen. Stille Nacht, heilige Nacht / alles schläft, einsam wacht... Diesem spontanen Wunsch der Kameraden drunten im Süden am Schwarzmeer, schließen sich nun alle Stationen an. Jetzt singen sie schon am Eismeer in Finnland und jetzt schalten wir dazu alle die anderen Stationen, Leningrad, Stalingrad und jetzt kommt dazu Frankreich, kommt dazu Katania, kommt dazu Afrika, und nun singen alle mit uns gemeinsam: Schlaf in himmlischer Ruh...«[28]

Im Vergleich zum Rundfunk galt die Presse als weniger wirkungsvolles Medium, jedenfalls bei den Machthabern und Medienregisseuren des NS-Regimes, die dem gesprochenen Wort allemal mehr zutrauten als dem gedruckten. Stand die Zeitung im Verdacht, in ihrer Reichweite auf ein mehr oder minder intellektuelles Publikum beschränkt zu sein, sprach für den Rundfunk seine gefühlsmobilisierende Wirkung, aber auch seine Überlegenheit bei der Übermittlung von Aktualität und Authentizität. Zwar hatte Goebbels in der »Kampfzeit« in Berlin mit dem *Angriff* u.a. bei der Rufmord-Kampagne gegen den jüdischen Polizeivizepräsidenten Dr. Bernhard Weiß bewiesen, wozu eine Zeitung imstande ist. Gleichwohl stand er der privaten Presse als einer traditionell bürgerlich-liberalen Einrichtung mißtrauisch gegenüber. Während er den Rundfunk – ein Napoleon-Wort abwandelnd – die »achte Großmacht« nannte und »seinem Wesen« nach als »autoritär« begriff, wußte er aus eigener Erfahrung, daß sich die Presse nach Möglichkeit »totalitärer Erfassung und Ausrichtung« entzieht.

Seine Skepsis dürfte aber auch dadurch beeinflußt worden sein, daß er sich – im Unterschied zu Rundfunk und Film – in allen wichtigen Fragen der Pressepolitik gleich mit mehreren einflußreichen Institutionen und Personen auseinandersetzen mußte: mit dem Reichspressechef von Partei und Regierung, sowie Staatssekretär im Propagandaministerium, Dr. Otto Dietrich, den Pressestellen der Ministerien, vor allem der des

Auswärtigen Amtes, und nicht zuletzt mit dem Direktor des NSDAP-Verlages, Max Amann, Hitlers ehemaligem Feldwebel, Träger des »Blutordens« und Inhaber des Parteibuches mit der Mitgliedsnummer 2.[29] So war das System der Presselenkung von Anfang an zum einen geprägt durch die spannungsreiche Verflechtung unterschiedlicher persönlicher Einflußzonen und zum anderen durch den organisatorischen Dualismus von Partei und Staat. Trotz gewisser Beschränkungen nahm Goebbels auch hier eine herausgehobene Stellung ein. Er kontrollierte insbesondere die inhaltliche Gestaltung der Zeitschriften und Zeitungen. Demgegenüber lag bei Amann die finanzielle, verlegerische und kaufmännische Kontrolle. Gestützt auf seinen Stabsleiter, den Rechtsanwalt Rolf Rienhardt, hatte er durch Schließungen und Aufkäufe von zahlreichen privaten Presseunternehmungen einen gewaltigen NS-Zeitungskonzern geschaffen. Und auch Dietrich – als Reichsleiter in der Partei Goebbels gleichgestellt, als dessen Staatssekretär ihm untergeordnet – verfügte über wichtige pressepolitische Kompetenzen. Er war für vier Aufgabenbereiche zuständig: für die gesamte Parteipresse, die 1931 auf Betreiben Hitlers eingerichtete *Nationalsozialistische Parteikorrespondenz*, die aktuelle Unterrichtung und Kontrolle der deutschen Tagespresse und – ab 1937 – als Leiter der Presseabteilung der Reichsregierung für die Vertretung derselben gegenüber der In- und Auslandspresse.

Angesichts dieser Abhängigkeiten und Kompetenzüberschneidungen waren Interessenkonflikte und Machtkämpfe geradezu vorprogrammiert.[30] Eine erste Auseinandersetzung löste das Schriftleitergesetz aus. Mit ihm sicherten sich Goebbels und Dietrich den Zugriff auf die ideologische Ausrichtung der Zeitungsredaktionen, während Amanns Einfluß trotz hartnäkkiger Gegenwehr auf die Zeitungsverleger beschränkt blieb, deren Verfügungsgewalt wiederum auf die wirtschaftlichen Belange eingegrenzt wurde. Zum Hauptstreitpunkt zwischen Goebbels und Dietrich wurden die von beiden täglich herausgegebenen Presseanweisungen. Hier arbeiteten sie mehr neben- und gegeneinander. An der täglichen Ministerkonferenz unter Goebbels Leitung, die der Abstimmung zwischen Partei, Ministerien und dem Oberkommando der Wehrmacht und zugleich der Vorbereitung der Pressekonferenz diente, nahm Dietrich bezeichnenderweise nie teil. In eigenen Abstimmungsgesprächen mit den Ressortspitzen bemühte sich dieser vielmehr darum, der Goebbelschen Sprachregelung mit der »Tagesparole des Reichspressechefs« etwas entgegenzusetzen, wobei er generell die Tendenz verfolgte, die Parteipresse gegenüber der Nicht-Parteipresse zu bevorzugen. Das führte nicht selten zu unklaren oder widersprüchlichen Anweisungen und Verlautbarungen auf der täglichen Pressekonferenz. Auch im Verhältnis zu den Nachrichtenagenturen, von denen das Deutsche Nachrichtenbüro die größte Bedeutung hatte, war die Rivalität zwischen Goebbels und Dietrich nicht zu übersehen. Daß es zudem und auf Dietrichs Veranlassung eine tägliche Pressekonferenz für die ausländischen Pressevertreter gab, verstärkte das chaotische Erscheinungsbild noch, zumal es dadurch auch immer wieder zu Reibereien mit dem Auswärtigen Amt kam. Ein weiterer Konflikt entzündete sich an der Lenkung der Zeitschriftenpresse. Dafür fand im Propagandaministerium regelmäßig eine Kulturpresse- oder Reichszeitschriftenkonferenz statt. Dietrich war daran kaum interessiert, Goebbels um so mehr. Aber zugleich bemühte sich auch Alfred Rosenberg mit seinem Amt für die Überwachung der weltanschaulichen Erziehung nachdrücklich um Einfluß. So stand die Presselenkung im Spannungsverhältnis unterschiedlicher Interessen der Repräsentanten der Partei und des Staates. Und so komplex die Interessen- und Machtstruktur hier war, so verschiedenartig waren die Mittel und Methoden der Presselenkung, zwischen Sympathiewerbung und polizeistaatlicher Repression.

Eine der ersten Gewaltmaßnahmen nach der Machtübertragung galt der Zerschlagung der »linken« Presse sowie der Verfolgung und Vertreibung jüdischer, sozialdemokratischer und kommunistischer Journalisten und Redakteure.[31] Mit den vorgeblich »zum Schutz des deutschen Volkes« und »zum Schutz von Volk und Staat« erlassenen Verordnungen im Februar 1933 wurde die Meinungs- und Pressefreiheit beseitigt. Das führte zu erheblichen strukturellen Veränderungen und einer bisher unbekannten ökonomischen Konzentration. Bis zum Beginn des Krieges stieg der NSDAP-Eher-Verlag mit ca. 35000 Beschäftigten, 150 Verlagen und einem Marktanteil von über

80 Prozent zum größten Pressekonzern der Welt auf. Die Kehrseite dieses Konzentrationsprozesses war allerdings die Massenflucht der Leser und das Massensterben der Zeitungen. Am Ende der Republik hatte es rd. 4700 Zeitungen gegeben. Diese Zahl sank innerhalb kurzer Zeit auf etwa 2500. Von über 10000 Zeitschriften, die das kulturelle Profil der Weimarer Republik in hohem Maße mitgeprägt hatten, überlebten bis Kriegsbeginn nur knapp die Hälfte. Die Presse »siecht dahin«, notierte Goebbels in seinem Tagebuch. Und die *Frankfurter Zeitung* zögerte nicht, die Ursache dafür auch beim Namen zu nennen: Die Leser, schrieb sie, vermißten »Wirklichkeitsnähe«.[32] Auch der qualitätsbewußte und als Journalist nicht unerfahrene Goebbels mochte das bisweilen bedauern und die Gängelung der Journalisten durch die tägliche Pressekonferenz als erniedrigend empfinden. Gleichwohl hütete er sich, auf Abhilfe zu sinnen. Zumal ja auch Hitler, der die politisch-propagandistische Bedeutung wie überhaupt das geschriebene Wort gering schätzte, die Verhältnisse im Pressewesen nicht geändert sehen wollte. Für ihn war es ausreichend, wenn er eine gute Presse hatte. Und dafür sorgten Amann, Dietrich und Goebbels je auf ihre Weise.

Aber trotz weitgehender ideologischer »Gleichschaltung«, trotz erheblicher ökonomischer Konzentration und trotz des großen Umfangs der NS-Parteipresse: auch im Pressewesen blieben noch Elemente einer gewissen, wenn auch unpolitisch verstandenen Liberalität bestehen. Sie sollten den ideologisch-repressiven Charakter dieses Mediums relativieren, und sie taten das ja auch, allerdings nur scheinbar, denn zugleich wurden sie wiederum politisch instrumentalisiert: zur Schönung der Wirklichkeit und zur Täuschung der Öffentlichkeit. Da sind einmal jene Zeitungen wie die *Frankfurter Zeitung*, die *Deutsche Allgemeine Zeitung* und *Das Reich*, die – unter Goebbels Aufsicht – ein gewisses Maß an Liberalität und Offenheit bewahren konnten, mit Blick auf das Ausland, aber auch auf jene Teile der Bevölkerung, die dem Regime distanziert gegenüberstanden. Und da ist zum anderen die illustrierte Massenpresse, voran die *Berliner Illustrirte Zeitung*, die – mit einer 1,5 Millionen-Auflage – Modernität und Weltläufigkeit suggerierte und – teils mit, teils gegen die Zeittendenz – an »unpolitischer«

Unterhaltung festhielt und die wachsenden visuellen Bedürfnisse der noch fernsehlosen Massen befriedigte.[33]

Die NS-Medienkontrolleure konnten sich gegenüber der bürgerlich-konservativen Presse auch deshalb eine gewisse Zurückhaltung auferlegen, weil diese sich vor allem durch Anpassung an den neuen »nationalen Staat« hervortat, und nicht etwa durch Solidarisierung mit der zerschlagenen »linken« Publizistik. Differenzierungen in dem so stark uniformierten und gelichteten deutschen Blätterwald wurden aber eben auch durch den medienpolitischen Lenkungsapparat begünstigt. Goebbels brachte das auf die Formel: »Die Presse soll monoform im Willen und polyform in der Ausgestaltung des Willens sein.«[34] Einige Beispiele seien genannt:

Die Mitte des 19. Jahrhunderts von dem jüdischen Bankier Leopold Sonnemann gegründete *Frankfurter Zeitung (FZ)* gehörte zusammen mit dem *Berliner Tageblatt* und der *Vossischen Zeitung* zu den führenden liberalen Blättern in Deutschland.[35] Aus der Sicht der nationalen »Rechten« waren sie der Inbegriff »jüdischer Asphaltpresse«. Die *FZ* hatte Bismarcks »Kulturkampf« gegen die Katholiken ebenso attackiert wie das Sozialistengesetz, mit dem die Arbeiterbewegung zerstört werden sollte. Nach 1918 unterstützte die *FZ* die Politik der Deutschen Demokratischen Partei. Dabei trat sie nachdrücklich für eine Revision des Versailler Vertrages ein, warnte aber zugleich vor einer Eskalation des deutschen Nationalismus. Den anderen liberalen Blättern vergleichbar, ignorierte die *FZ* weitgehend den Aufstieg der NSDAP. Ihre Kommentare waren eher Ausdruck einer allgemeinen Ratlosigkeit. Ungenau, wenn auch nicht ganz falsch, war da von den »unklaren Gefühlen« *(FZ)* der Nazis und ihrer Anhänger die Rede, von »geistiger Erkrankung« *(Vossische Zeitung)* oder von »rassenneidischem Minderwertigkeitsgefühl« und »blöden Brutalitätsinstinkten« *(Berliner Tageblatt)*.[36]

Der Haß der Nazis auf diese Zeitungen war entsprechend groß. Hitler hatte schon in *Mein Kampf* das »Gift« dieser »jüdischen Zeitungsvipern« mitverantwortlich gemacht für die Niederlage von 1918.[37] Um so größer war die Überraschung, daß die *FZ* nach 1933 weiterbestehen konnte, während viele andere bürgerliche Zeitungen sich zwar ebenfalls den neuen Verhältnissen anzupassen suchten, aber unter ihrem Druck nach und nach ihr Erscheinen einstellen mußten. Die Geschichte der *FZ* verlief anders, jedenfalls eine längere Zeit. Das im Ausland hochangesehene Blatt unterstützte die Außen- und Wirtschaftspolitik des neuen Regimes, aber nicht den Antisemitismus, und es galt insbesondere im kulturellen Bereich als »das Organ einer gezähmten Opposition«.[38] Das Interesse an einer vorteilhaften Auslandswirkung war es denn auch, das die *FZ* immerhin bis 1943 schützte. Gleichwohl war sie von Anfang an einem Wechselbad ausgesetzt: Auf der einen Seite stand sie unter dem Druck von Mißbilligung und Verbotsdrohung führender NSDAP-Repräsentanten; auf der anderen Seite genoß sie das Wohlwollen gemäßigter Ministerialbeamter. Auch Goebbels schwankte. Einmal schien er entschlossen, die *FZ* »möglichst bald verschwinden« zu lasen, um sich anderntags wieder zu besinnen: »auflassen will ich sie noch nicht, da sie soviel in ausländischen Geschäftskreisen gelesen wird.«[39] So befand sich das Blatt in einem Zustand fortgesetzter Unsicherheit und versuchte, seine Existenz zwischen Opportunität und begrenzter Nonkonformität zu behaupten. Die kam bald nur noch im Feuilleton zum Ausdruck und in der nüchtern-maßvollen Sprache. Sie unterschied sich wohltuend von der vulgären Propaganda und aggressiven Hetze der Parteipresse. In Goebbels Propagandafabrik war sie in mehrfacher Hinsicht ein nützliches Instrument der Irreführung. Sei es durch falsche Nachrichten, die Goebbels lancierte – und dann selbst dementierte. Sei es durch Vorspiegelung einer Liberalität, die faktisch immer weniger bestand. Aber die *FZ* diente nicht nur der Täuschung und der Erzeugung eines schönen Scheins in der eintönigen Presselandschaft. Sie wurde am Ende auch ein Opfer der Selbsttäuschung. Bis zuletzt hatte sie sich an die Fiktion geklammert, daß der internationale Friede bewahrt werden könnte, und nicht erkannt, daß diese Hoffnung Illusion war.[40]

Ein Ausnahmebeispiel innerhalb der NS-Publizistik ist auch die Wochenzeitung *Das Reich*. Die Motive ihrer Entstehung waren vielfältig. Einmal sah sich die NS-Führung wohl gezwungen, den von ihr selbst verursachten Niedergang der deutschen Publizistik und damit ihrer internationalen Geltung aufzuhalten. Zum andern spielte das Bestreben eine wichtige

Rolle, einen ausländischen Vorbildern vergleichbaren Zeitschriftentyp zu haben. Und schließlich setzte sich die Auffassung durch, daß die NS-Presse stärker Einfluß auf die Meinungsbildung der deutschen Intelligenz nehmen müsse. Amann selbst war es, der die Hoffnung äußerte, daß ein »Höchstmaß an innerem Gehalt, Gedankenreichtum und Sachsubstanz [*Das Reich*, d. Verf.] über alle bereits vorhandenen Zeitungen hinausheben« würde.[41] Das Konzept fand allenthalben Zustimmung. Auch Goebbels sparte nicht mit Lob und verlangte für sich eine ständige Leitartikelspalte. Davon konnte er sich eine Aufbesserung seines lädierten öffentlichen Ansehens versprechen und gewiß auch eine Verbesserung seiner nicht gerade spärlichen Einkünfte. Wöchentlich kassierte er dafür 2000 RM.

Mit der Leitung der *Reich*-Redaktion wurde Eugen Mündler beauftragt, der letzte Chefredakteur des gerade eingestellten *Berliner Tageblatts*. Mit ihm kamen eine Reihe renommierter Journalisten aus den ehemals führenden Blättern in die Redaktion oder wurden freie Mitarbeiter. Für die Innenpolitik waren u. a. Erich Peter Neumann und Elisabeth Noelle zuständig. Als Auslandskorrespondenten, außenpolitische Redakteure und Kriegsberichterstatter u. a. Felix Lützkendorf, Jürgen Petersen, Ernst Samhaber, Paul Scheffer und Jürgen Schüddekopf. Später kam auch noch Margret Boveri hinzu, die auf Umwegen aus den USA in das halb zerstörte Berlin zurückkehrte. Im umfangreichen, anspruchsvollen und differenziert gegliederten Kulturteil schrieben u. a. Will Grohmann, Hans Havemann, Theodor Heuss, Karl Korn, W. E. Süskind und Wolfgang Weyrauch. Bildungsfragen und Wissenschaftsprobleme erörterten Max Planck, Max Bense, Pascual Jordan, Franz Schnabel, Eduard Spranger und Benno v. Wiese. Die Qualität der literarischen Beiträge garantierten gleichfalls illustre Namen: Manfred Hausmann, Karl Krolow, Kurt Kusenberg, Oskar Loerke, Ernst Penzoldt und Frank Thieß.

Ursprünglich war vorgesehen, die Auflage dieser Wochenzeitung, die auf ein elitäres Publikum zielte, auf 100 000 zu begrenzen. Aber sie stieg unerwartet schnell und hoch. Noch gegen Kriegsende lag sie bei 1,4 Millionen Exemplaren. Diese Entwicklung verdankte *Das Reich* nicht zuletzt seiner attraktiven Aufmachung, seinen Abbildungen und Karikaturen, u. a. aus der Feder von A. Paul Weber, der mit seinen satirischen Zeichnungen und seinem *Kritischen Kalender* in den sechziger und siebziger Jahren in der »linken« Protestszene der Bundesrepublik populär wurde. Die hohe Bildqualität der kulturellen Berichterstattung war von einem ästhetischen Reiz, den andere deutsche Zeitungen nicht mehr hatten. Auch wenn *Das Reich* zahlreiche Nicht-Nazis beschäftigte, eine Insel des publizistischen Widerstands war es deshalb nicht, konnte es nach Lage der Dinge auch nicht sein. Die innere Distanz vieler Redakteure zum NS-Regime mochte sich in einer differenzierteren Sprache äußern oder im Aufgreifen wenig beachteter Themen und Tatsachen. Über das Unrecht des Krieges, die Ermordung der europäischen Juden und die Millionen anderer ziviler Opfer deutscher Militärgewalt war auch im *Reich* nichts zu lesen. Wenn Opfer beklagt wurden, dann waren es deutsche. Wer sich unter diesen Bedingungen für das Schreiben entschied, mußte das »mit der Schere im Kopf« tun und natürlich in einer mehr oder weniger verklausulierten Sprache. »Verhüllungsjournalismus« nannte man das. Im selbstkritischen Rückblick auf den ästhetizistischen Charakter dieses Journalismus und den Habitus des bürgerlichen Lesepublikums sprach ein ehemaliger *Reich*-Redakteur auch vom »Nationalsozialismus im Frack«. Ob die Mitarbeiter dieses Blattes für »Enthüllungsleser« schrieben oder fürs bloße Überleben, sie waren unweigerlich verstrickt in das Dilemma von Anpassung und Kollaboration. Ihr Handlungsspielraum war denkbar gering. Vor Verweisen und Entlassung waren auch sie nicht sicher. Andererseits erfüllten sie als Angehörige der Intelligenz mit ihrem Schreiben eine objektive gesellschaftliche Funktion, waren sie das publizistische Aushängeschild eines Regimes, das die Meinungsfreiheit verachtete und verfolgte. Von welcher subjektiv-oppositionellen Motivation sie auch immer geleitet waren, ihr Schreiben schönte das verbrecherische Gesicht des Dritten Reiches.

Dazu trug nach Kräften auch die illustrierte Massenpresse bei, voran die *Berliner Illustrirte Zeitung (BIZ).* Sie war die auflagenstärkste unter den zahlreichen illustrierten Zeitschriften und wurde im Krieg noch um die Auslandsillustrierte *Signal* erweitert, die in nicht weniger als zwanzig Sprachen und in 2,5 Millionen Exemplaren gedruckt wurde. Die Auflage der

BIZ war doppelt so hoch wie die des *Illustrierten Beobachters*, des Bilderblattes der Partei, das vergeblich an Willi Münzenbergs verbotene *Arbeiter-Illustrierte-Zeitung* anzuknüpfen suchte. Die *BIZ* präsentierte sich modern und international. Sie wollte ihre Leser weniger informieren als vielmehr richtig ins Bild setzen. Sie schien auf der Höhe der Zeit, um dieselbe doch entscheidend zu verfehlen. Von Politik war kaum die Rede, geschweige denn vom Terror des NS-Regimes; von den internationalen Stars aus Sport und Film, Mode und Musik, den kleinen privaten Freuden und den großen (Natur-) Katastrophen um so mehr. Das noch nicht vom Fernsehen versorgte und verwöhnte bildhungrige Publikum sollte visuell beeindruckt und unterhalten werden. Die *BIZ* verströmte ein von Optimismus und Schönheit geprägtes jugendliches Lebensgefühl. Zerstörung und Niederlagen kamen in den Illustrationen, Kurztexten und Fortsetzungsromanen nicht vor. Der Staatsterror wurde verschleiert, die häßliche Seite des Krieges geschönt, die deutschen Opfer – andere gab es natürlich nicht – heroisiert. Der von Berufs wegen um das Gemüt der Massen besorgte Goebbels wollte dem einzelnen »das Herz« durch Berichte über die Schrecken des Krieges nicht »unnötig schwer« machen, zumal er wußte, daß die »gute Laune« der Menschen »kriegswichtig« war.[42] Als die Verluste und Zerstörungen immer weniger kaschiert werden konnten und nahezu alle Verschönerungs-Ressourcen verbraucht waren, ließ sich nur noch die antijüdische und antibolschewistische Hetz- und Durchhaltepropaganda steigern. So unglaubwürdig sie weithin auch geworden war, teilweise mochte sie noch der »Glauben-an-ein-Wunder«-Haltung Auftrieb geben, zumal das Regime seine Stabilität jahrelang nicht nur auf Schönheit und Gewalt, sondern auch auf Glauben gestützt hatte. Und schließlich verfügte es ja noch über ein weiteres Medium, das sich für die glaubensbedürftigen und schönheitssüchtigen Massen längst als unentbehrlich erwiesen hatte: den Film.

Das Medium, das die Herzen erobert: Der Film

Auch hier hatte Goebbels wieder einmal den zeitgemäßen Vergleich und die passende Formel parat: Optimismus sei »genau so wichtig wie Kanonen und Gewehre«, instruierte er kurz nach Kriegsbeginn die »Kulturschaffenden« auf der Jahrestagung der Reichskulturkammer und von »Kraft durch Freude«, denn »ohne Optimismus ist kein Krieg zu gewinnen«.[43] Und als ob er die fehlende Kriegsbegeisterung gemeint oder den Stimmungsverfall in den kommenden Jahren schon geahnt hätte, fügte er hinzu: »Gerade in kritischen Stunden hilft der Optimismus Schwierigkeiten überwinden und Hindernisse beiseite schieben.« Natürlich kannte der versierte Medienvirtuose und Werbungstechniker die Mittel und die Methoden, Optimismus zu verbreiten und eine Welt des schönen Scheins aufzubauen. Er wußte, daß eine Kampf-Bewegung zeitweise durch Agitation und durch Aktionen Aufmerksamkeit finden kann, eine Regierung aber kontinuierlich auf massenkulturellen Einfluß und ihre Integrationskraft angewiesen ist. Schon in einer früheren filmpolitischen Grundsatzrede hatte er erklärt: »Ich wünsche nicht etwa eine Kunst, die ihren nationalsozialistischen Charakter lediglich durch Zurschaustellung nationalsozialistischer Embleme und Symbole beweist... Es ist im allgemeinen ein wesentliches Charakteristikum der Wirksamkeit, daß sie niemals als gewollt in Erscheinung tritt. In dem Augenblick, da eine Propaganda bewußt wird, ist sie unwirksam.«[44] Und auch nach Kriegsbeginn schien ihm Propaganda weniger wichtig als Stimmungsmache. »Je dunkler die Straßen sind«, malte Goebbels seinen Zuhörern in expressionistischer Metaphorik aus, »desto heller [sollen, d. Verf.] unsere Theater und Kinosäle im Lichterglanz erstrahlen... Je schwerer die Zeit ist, desto leuchtender muß sich über ihr die Kunst als Trösterin der Menschenseele erheben.«[45] Unterhaltung war von Anfang an für die NS-Herrschaft eine »staatspolitisch wichtige« Angelegenheit. Im Winter 1939/40 wurde sie zu einer »kriegswichtigen«.

Es ist also kein Zufall, daß im Gesamtangebot der rd. 1100

NS-Spielfilme die heiteren, vermeintlich »unpolitischen« Unterhaltungsfilme mit knapp 50 Prozent unangefochten an der Spitze lagen. Nach dem Motto »schwere Zeiten, leichte Filme« suchte das Regime vor allem den Publikumswünschen Rechnung zu tragen. Folgt man Gerd Albrechts Differenzierung und Berechnung, dann kam der »ernste (latent politische) Film« auf 27 Prozent, der »manifest politische Film« auf 14 Prozent und der »aktionsbetonte« (latent politische) Film auf 11 Prozent der Produktion.[46] Zwar stieg dessen Anteil zwischen 1939 und 1942, dem Jahr der größten militärischen Expansion auf 25 Prozent, während die heiteren Filme vorübergehend rückläufig waren. Aber nach der Niederlage in Stalingrad im Winter 1942 nahmen sie wieder erheblich zu, auf über 50 Prozent. Ob in der Produktion ernste, spannende oder heitere Unterhaltung überwog, ob die »deutschen Lande« verklärt wurden, die deutsche Geschichte und die »großen Deutschen«, oder ob der Film andere »realitätsferne Räume« (K. Witte) aufsuchte, immer ging es darum, in Bildern und mit Musik das wirkliche Leben zu »überhöhen« und zu »verschönern« (Goebbels), um dem Kinobesucher jenseits des eintönigen und niederdrückenden Alltags ein »Erlebnis« zu verschaffen. Zwar sollte die Filmkunst mehr sein als »dramatisiertes Parteiprogramm«, nämlich eine »tiefe Vermählung des Geistes der heroischen Lebensauffassung mit dem ewigen Gesetz der Kunst«.[47] Aber im Dienste von Partei und Staat sollte sie schon stehen. Mit Blick auf die Mobilisierung und Disziplinierung der Massen war dem Film letztlich eine umfassende »Erziehungsaufgabe« (Goebbels) gestellt. In seiner Reichweite und Vermittlung elementarer Orientierungs- und Wahrnehmungsmuster sah Goebbels im Film ein »nationales Erziehungsmittel«, das er gelegentlich mit der Volksschule verglich.[48]

Entsprechend wichtig nahm er ihn. Er selbst rühmte sich verschiedentlich, »die meisten in- und ausländischen Filme gesehen« zu haben und fühlte sich deshalb wohl auch künstlerisch kompetent, »ein immerhin beachtliches Urteil über diese Dinge abzugeben«.[49] Daß er die meisten Filme kannte, war womöglich übertrieben. Und wahrscheinlich hat er sich als Propagandaminister auch mehr mit der politisch brisanteren Wochenschau beschäftigt, jedenfalls während des Krieges. Gleichwohl erscheint es kaum übertrieben, Goebbels und Hitler als »Filmnarren« (Cadars / Courtade) zu bezeichnen. Als »leidenschaftlicher Liebhaber der filmischen Kunst« und als ihr »Schirmherr« sah Goebbels sich selbst.[50] Und er verstand wohl auch einiges von ihr. Zu den von ihm bevorzugten Streifen zählten nicht Veit Harlans *Der Herrscher* oder *Der große König*, sondern Sergej Eisensteins *Panzerkreuzer Potemkin* und Josef v. Sternbergs *Der blaue Engel.* Mit den Namen einer Marlene Dietrich oder eines Fritz Lang hätte er seine Filmprovinz gern geschmückt. Wie er dem Geschmack überhaupt mehr vertraute als der Gesinnung und dem Image wenn möglich den Vorzug gab vor der Ideologie. Diese Präferenz fand ihre Grenze allerdings in seiner Abhängigkeit von Hitler und in seinem machtpolitischen Ehrgeiz.

Sein Umgang mit dem Illusionsmedium Film stand selbst im Zeichen von Illusion und Täuschung. So war es eine Illusion, wenn er glaubte oder glauben machen wollte, daß der Film »im nationalsozialistischen Zeitalter« einen »geradezu märchenhaften Aufstieg« erfahren habe.[51] Eine künstlerische Weiterentwicklung erfuhr der deutsche Film – nach allgemeiner Auffassung – unter ihm nicht. Eine Ausnahme bilden vielleicht die sogenannten Kultur- oder Dokumentarfilme. Noch heute rühmen Cineasten die Kameraführung und Montagetechnik vor allem der von Leni Riefenstahl und Walter Ruttmann gedrehten Streifen, aber auch die von Hans Cürlis, Curt Oertel oder Willy Zielke gedrehten dokumentarischen Filme. Diese Namen sind dennoch weitgehend vergessen.[52] Andererseits hinterließ Goebbels auch kein »moribundes Kino«. Zutreffender erscheint das Urteil, wonach der deutsche Film mehr als zehn Jahre hindurch »mit und nicht eben schlecht vom Nationalsozialismus gelebt…, von dessen Glanz profitiert und viel von dessen Haß übernommen« hat.[53] Jedenfalls vollzog sich der Übergang von der Kriegs- in die Nachkriegszeit fließend. Soweit das Filmgerät nicht zerstört und die Künstler nicht tot waren, wurden sie wieder eingesetzt und abgebrochene Produktionen beendet. Nur manche Kameraeinstellung und manches Drehbuch mußten leicht korrigiert werden: nicht mehr der große Deutsche, sondern der kleine Mann sollte die – leinwandbeherrschende – Figur sein.

Nicht ganz so bruchlos vollzog sich der Übergang von Hugenbergs Ufa ins Dritte Reich. Zwar hatte Goebbels den Filmschaffenden im März 1933 versprochen, nicht »die Produktion zu lähmen« und die »private Initiative zu behindern«.[54] Aber das war eine Täuschung. Denn zunächst fand eine personelle »Säuberung« statt. Jüdische, marxistische und sonstwie unerwünschte Schauspieler und Regisseure wurden verfolgt und mußten emigrieren. Zu den prominentesten Namen gehörten Kurt Bernhardt, Marlene Dietrich, Slatan Dudow, Fritz Lang, Peter Lorre, Max Ophüls und Robert Siodmak; aus Österreich Fritz Kortner, Otto Preminger, Billy Wilder und Fred Zinnemann. Andere – wie Frank Wysbar – emigrierten erst in den späten dreißiger Jahren, wechselten – wie Detlef Sierck (Douglas Sirk) – einige Male zwischen USA und Deutschland oder kehrten – wie Georg Wilhelm Pabst – später wieder nach Deutschland zurück.

Trotz des großen Exodus blieben dem deutschen Film jedoch viele hervorragende Regisseure, Kameraleute und Schauspieler erhalten.[55] Für die Spielfilme des Dritten Reichs wurden mehr als zweihundert Regisseure verpflichtet. Nicht wenige von ihnen waren bereits vor 1933 erfolgreich: Carl Froelich, Produzent und Regisseur vieler Stummfilme und späterer Präsident der Reichsfilmkammer, Carl Boese und Georg Jacoby, die Routiniers des Operetten- und Revuefilms, sowie Hans Steinhoff, der vor allem mit Emil Jannings zusammenarbeitete und einige der bekanntesten Filme des Dritten Reiches überhaupt drehte: *Hitlerjunge Quex, Robert Koch* und *Ohm Krüger*. In diese Reihe gehören ferner Willi Forst (*Leise flehen meine Lieder; Bel ami*), die aus Wien stammenden Brüder Marischka und Gustav Ucicky (*Yorck; Der zerbrochene Krug*), aber auch der aus dem Kreis um Brecht gekommene Erich Engel (*Wer nimmt die Liebe ernst?; Inge und die Millionen; Altes Herz wird wieder jung*). Zu den Namen, die als Regisseure in den dreißiger Jahren bekannt wurden, zählen Veit Harlan (*Jud Süß; Kolberg*), vielleicht die Symbolfigur des NS-Propagandafilms schlechthin; ferner: Wolfgang Liebeneiner, Kurt Hoffmann, Paul Verhoeven, Hans Schweikart, Helmut Käutner und Wolfgang Staudte, die auch den deutschen Nachkriegsfilm entscheidend prägten. Zu den gefragten und bekanntesten Drehbuchautoren, die sich früher oder später teilweise auch als Schriftsteller und Publizisten einen Namen machten, zählten u. a. Josef Bauer, Felix von Eckhardt, Thea von Harbou, Ernst Marischka, Alexander Lernet-Holenia, Gerhard Menzel, Eckart von Naso, Ernst von Salomon, Heinrich Spoerl, Robert A. Stemmle, Frank Thieß und nicht zuletzt auch Axel Eggebrecht.

Das waren in der Filmwelt bekannte, teilweise auch populäre Namen, aber sie standen zweifellos im Schatten ihrer Akteure, der großen Theater- und Filmschauspieler. Vielleicht überstrahlten zwei Namen alle anderen: Emil Jannings und Hans Albers. Zu den weithin bekannten und überaus beliebten männlichen Leinwandstars zählten aber auch: Gustav Fröhlich und Willy Fritsch (mit seiner langjährigen Film-Partnerin Lilian Harvey), dem bereits in den zwanziger Jahren von den Backfischen umschwärmten Beau und Liebling der Damenwelt. Als schon in der Weimarer Republik berühmte Theaterschauspieler avancierten in den dreißiger Jahren Werner Krauss, Heinrich George, Paul Wegener, Ewald Balser, Paul Hartmann und Paul Hörbiger auch zu populären Filmstars. In dieser Zeit schoben sich auch neue Namen auf der Bühne wie auf der Leinwand in den Vordergrund: Horst Caspar, Gustaf Gründgens, Gustav Knuth, Theo Lingen, Heinz Rühmann, Werner Hinz, Willy Birgel und Curd Jürgens.

Zu den populärsten Filmschauspielerinnen dieser Zeit zählten Lil Dagover und Olga Tschechowa, die als Tischdamen bei den Empfängen in Hitlers Reichskanzlei so beliebt und unentbehrlich waren wie bei der Truppenbetreuung. Zu den erfolgreichsten und angesehensten Theater- und Filmschauspielerinnen gehörten weiter Käthe Dorsch, Lucie Höflich, Heidemarie Hatheyer, Brigitte Horney, Marianne Hoppe, Hilde Körber, Hilde Krahl und Paula Wessely. Auch einige Ausländerinnen waren unter den Spitzenstars, insbesondere im melodramatischen Fach und im überaus beliebten Musik- und Revuetheater: die Polin Pola Negri, die später in die USA ging, die Schwedinnen Zarah Leander und Kristina Söderbaum und nicht zuletzt die Ungarin Marika Rökk. Nachdem der beliebte Tenor der zwanziger Jahre, Richard Tauber, nicht mehr singen durfte, war es ein Italiener, der sich mit Wagner- und mit Puccini-Arien gleichermaßen in die Herzen des

Konzert- und Kino-Publikums sang und spielte: Beniamin Gigli.

Die Liste der klangvollen Namen ließe sich fortsetzen. Das Reichsfinanzministerium verfügte über ein vergleichsweise einfaches Kriterium: als prominenter Filmkünstler galt, wer im Kalenderjahr mehr als 100 000 RM aus künstlerischer Tätigkeit verdiente. Das waren nicht wenige. Wer auf etwa 20 000 RM kam, was dem Jahresgehalt eines Staatssekretärs oder dem zehnfachen Jahreslohn eines Facharbeiters entsprach, lag im unteren Bereich dieser Einkommensskala.

Aber nicht nur die Namen der Stars und der Prominenten allein lockten die Massen ins Kino. Mindestens so wichtig waren die Geschichten, die »Stoffe«, aus denen die Filmträume gemacht wurden. Das wußte auch Goebbels. Er legte keinen besonderen Wert darauf, daß die »SA über die Bühne oder über die Leinwand marschiert«. Ihre Bestimmung und ihr Ort war die Straße. Die Leinwand sollte »das wahre Leben« widerspiegeln, jedenfalls eine Fülle menschlicher Schicksale und Geschichten, und so den Zuschauern das Gefühl vermitteln, das Leben selbst »kehre auf wundersame Weise in einer konzentrierten und sublimierten Form zurück«.[56]

Um das zu realisieren, standen beachtliche filmkünstlerische und filmwirtschaftliche Ressourcen zur Verfügung. Und damit sie die politisch gewünschten Resultate hervorbringen würden, waren sie verschiedenen Institutionen der NS-Filmkontrolle unterstellt. Schaltstelle war die Filmabteilung im Propagandaministerium, unter der langjährigen Leitung von Fritz Hippler, der zeitweilig auch Reichsfilmintendant war, aber am Ende des Krieges beide Posten für den vormaligen Präsidenten der Reichskulturkammer und SS-Gruppenführer Hans Hinkel räumen mußte. Goebbels hatte sich zunächst bemüht, Fritz Lang zum Reichsfilmintendanten zu machen, aber ohne Erfolg. Lang verließ Deutschland. Der Reichsfilmintendant und der Reichsfilmdramaturg waren ebenso dem Propagandaministerium unterstellt wie die Filmprüfstelle, die es – teilweise mit demselben Personal – schon in der Weimarer Republik gab. Ihre Bedeutung war nicht zuletzt wirtschaftlicher Natur. Denn die Vergabe von Prädikaten hatte steuerbegünstigende oder auch -befreiende Wirkung. Goebbels und seine Mitarbeiter kontrollierten indes nicht nur die Filmproduktion und ihre Planung. Darüber hinaus bestand auch ein unmittelbarer Zugriff auf alle »Filmschaffenden«, die in der Reichsfilmkammer zwangsvereinigt waren.

Goebbels neigte bisweilen dazu, die Bedeutung der Zensur herunterzuspielen. Im Zusammenhang des Streits um das Ansinnen von Winifred Wagner, alle Wagner-Veröffentlichungen zu verbieten, die dem Wahnfried-Archiv nicht genehm seien, erklärte er, daß »jede Zensur durch Beamte... die freie Entwicklung des kulturellen Lebens« gefährde und er entschlossen sei, »diese Beschränkung des deutschen Geisteslebens nach dem Kriege so bald wie möglich aufzuheben«.[57] Aber es gab selbstverständlich eine umfassende politische Kontrolle über die gesamte Filmproduktion, vom Spielfilm über die Wochenschau bis zur Filmreklame. Als »Schirmherr des deutschen Films« nahm Goebbels auch selbst Einfluß auf die Filmproduktion. Allerdings ist umstritten, in welchem Umfang das geschah.[58] Er sah wohl zumindest in der Vorkriegszeit viele Filme, ließ sich Drehbücher vorlegen, griff in Besetzungslisten ein und verlangte diese oder jene Änderung. Bei filmpolitischen Kontroversen wurde gelegentlich auch Hitler einbezogen, zumal Goebbels' ständiger Rivale, Alfred Rosenberg, auch im Film seinen Ehrgeiz als Chefideologe zu befriedigen suchte. Immer wieder äußerte seine Dienststelle weltanschauliche Bedenken, nicht selten in aggressiver Form.[59] Trotz dieser Restriktionen war die Zahl derer nicht gering, die zum Film drängten und von ihm künstlerisch und kommerziell viel erwarteten. Aber zunächst ging es erst einmal mit dem deutschen Film bergab.

Das »Reichslichtspielgesetz« vom 16.2.1934 hatte dem Film u.a. die Aufgabe zugewiesen, »das deutsche Ansehen« im Ausland zu stärken. Aber der Filmexport war nach 1933 extrem rückläufig. Die Defizite der deutschen Filmwirtschaft gingen in die Millionen. Vor Beginn der NS-Herrschaft hatten die Auslandsverkäufe immerhin 40 Prozent der Produktionskosten eingespielt; 1935 lag dieser Anteil nur noch bei knapp über 10 Prozent. Die Ufa mußte Büros im Ausland schließen und ihre Kinos in der Schweiz verkaufen. Eine Konzentration der Filmwirtschaft erschien unvermeidlich. Die Krise, die der NS-Staat selbst herbeigeführt hatte, zwang ihn nun zum rettenden

Eingriff. Unter der Regie des »Reichsbeauftragten für die deutsche Filmwirtschaft«, Max Winkler, und der schon in den späten zwanziger Jahren gegründeten Holding-Gesellschaft Caution-Treuhand GmbH gingen 1936/37 die beiden Film-Riesen Universum-Film-Aktiengesellschaft (Ufa) und die Bavaria mittelbar in Staatsbesitz über, nachdem das Dritte Reich bereits 1933 das deutsch-holländische Ton-Bild-Syndikat (Tobis) gekauft hatte. Kurz vor Kriegsbeginn kontrollierten vier große Filmproduzenten etwa drei Viertel der gesamten Produktion: die Ufa, die Bavaria, die Tobis und die Terra. Aber erst 1942 war der Prozeß der Verstaatlichung des deutschen Films weitgehend abgeschlossen. Unter dem Druck der knapper werdenden technischen, personellen und organisatorischen Ressourcen wurde nun die staatliche Dachgesellschaft Ufa-Film-Gesellschaft mbH (Ufi) gegründet, ein Zusammenschluß von weit mehr als einhundert Betrieben aus allen Bereichen der Filmwirtschaft.

Technisch gesehen bestanden längst optimale Voraussetzungen für den deutschen Film. Die Ateliers in Berlin und München-Geiselgasteig galten als die besten Europas. Die Ufa-Stadt Neubabelsberg wurde als europäisches Hollywood gerühmt. Seinen kurzen Aufschwung zwischen den späten dreißiger und frühen vierziger Jahren verdankte der deutsche Film allerdings in erster Linie dem Kriegsgeschehen. Einerseits wurden nun die Freizeitangebote und der Konsumgütermarkt mehr und mehr eingeschränkt. Andererseits erweiterte sich das Verleihgebiet auf nahezu ganz Europa. Entsprechend nahm die Zahl der Lichtspieltheater zu, von rd. 5500 im »Altreich« auf fast 8600 allein im »großdeutschen Raum«. Damit standen hier zumindest zeitweise insgesamt etwa 2,8 Millionen Sitzplätze für die regelmäßigen oder gelegentlichen Kinobesucher zur Verfügung. Hinzu kam eine große Zahl von Tonfilmwagen, die vor allem bei der Truppenbetreuung an der Front eingesetzt wurden. In dem für sie erfolgreichsten Jahr, 1943, zählte die deutsche Filmwirtschaft weit mehr als 1 Milliarde Kinobesucher.[60] Was sahen sie, und was bevorzugten sie?

Die Stoffe, aus denen die Träume und Alpträume dieser fiktiven Welt fabriziert wurden, waren vielfältig. Das Spektrum reichte von den antisemitischen (*Jud Süß*, 1940), antikommunistischen (*Weiße Sklaven*, 1936) oder antienglischen (*Ohm Krüger*, 1941) Propagandafilmen bis zu den vermeintlich unpolitischen und überaus beliebten Unterhaltungs- und Musikfilmen (*Wunschkonzert*, 1940). Auch die vorgeblich »neue Zeit« machte der Film zum Thema. Während der NS-Alltag durchaus realistisch dargestellt wurde – so z. B. in Hans Steinhoffs *Hitlerjunge Quex* (1933) –, zielten insbesonders Leni Riefenstahls halbdokumentarische Filme über die Reichsparteitage von 1933 und 1934 (*Sieg des Glaubens* und *Triumph des Willens*) und die Olympischen Spiele 1936 in Berlin (*Fest der Schönheit* und *Fest der Völker*) auf eine Mythisierung und ästhetisierende Überhöhung des Nationalsozialismus. Hoch im Kurs standen auch die heroisch verklärten oder heiter verlogenen Kriegsfilme, wobei die Fliegerfilme (*Stukas*, 1941, von Karl Ritter; *Quax der Bruchpilot*, 1941, mit Heinz Rühmann) und Marine- bzw. U-Boot-Filme (*U-Boote westwärts*, 1941) besonders beliebt waren. Auch Liebesabenteuer und Eheglück kamen nicht zu kurz. Diese Streifen erschienen schon bevölkerungspolitisch unverzichtbar (*Frauen sind keine Engel*, 1943; *Der Mustergatte*, 1943, mit Heinz Rühmann). Einen erheblichen Stellenwert hatten ferner die historischen Stoffe. Das »traditionslose« NS-Regime konnte auf den Glanz der »großen Deutschen« nicht verzichten. Friedrich II. von Preußen und Bismarck waren bei den Drehbuchautoren, beim Publikum und bei Hitler besonders beliebt. Großes Interesse fanden auch die künstlerischen und naturwissenschaftlichen »Wohltäter des Menschengeschlechts« (Hitler) als Film-Helden – so z. B. *Friedrich Schiller* (1940), *Andreas Schlüter* (1942), *Robert Koch* (1939) oder *Rembrandt* (1941). Aber nicht nur die Vergangenheit zählte. Auch mit der Zukunft wurde gerechnet. Jedenfalls kamen sogar einige Science-fiction-Filme in die Kinos.

Der Tunnel (Kurt Bernhardt, 1937) führte – fotografisch überaus eindrucksvoll – nicht nur 4000 Meter unter dem Atlantik von Europa in die USA, sondern zeigte darüber hinaus auch spektakuläre Sabotageaktionen. Harry Piel antizipierte mit dem Roboter bereits 1934 die zukünftigen »Herren der Welt«. Und Karl Hartl demonstrierte in seinem Science-fiction-Spionage-Film *Gold* (1934) einen Unterwasser-Atomreaktor offenbar so wirklichkeitsgetreu, daß die Alliierten bei Kriegsende angesichts des Atelier-Laboratoriums zunächst annahmen, die Deutschen hätten schon in den frühen dreißiger Jahren diese Technologie besessen.[61]

Die Filmarchitekten hatten wohl kaum an einen solchen Überraschungscoup gedacht. Aber die Täuschung war kein Zufall. Sie hatte Methode und längst ein hohes Niveau erreicht. Der deutsche Film verdankte in der Weimarer Republik seinen internationalen Ruf seinen bedeutenden Regisseuren und Schauspielern und nicht zuletzt auch seinen »ausdrucksstarken Filmarchitekten«.[62] Berühmte Beispiele sind Friedrich Wilhelm Murnaus *Nosferatu* (1921), Leopold Jessners *Hintertreppe* (1921), Georg Wilhelm Pabsts *Die freudlose Gasse* (1925) und nicht zuletzt *Metropolis* (1927), jenes von Fritz Lang und Thea von Harbou gedrehte phantastisch-utopische Spektakel, in dem expressionistische Großstadtdämonisierung und ihre funktionalistisch-sachliche Domestizierung zu einer spannungsreichen, suggestiven Synthese finden.[63] Was mit Massenchoreographie und raffinierter Bühnenarchitektur im Theater vor allem Max Reinhardts begonnen hatte, wurde bald auch auf die Leinwand übertragen. Schließlich machten sich die Nazis Techniken dieser Illusionskunst zu Nutze. Auch außerhalb von Bühne und Leinwand.

Bei Aufführungen von realistischen Kriegsfilmen oder melodramatischen Historien- und Bergfilmen hatte man in den zwanziger Jahren wiederholt beobachtet, daß es im Publikum zu Weinkrämpfen oder Saalschlachten gekommen war, und in pädagogischer Absicht gewarnt: »Man glaubt, was man sieht, weil man es sieht, und bekommt ein verzeichnetes Bild von Charakteren, Zeiten und Ereignissen.«[64] Genau daran waren die NS-Regisseure in hohem Maße interessiert. Diese Warnung war ihnen eine willkommene Lehre: bei den Film- wie bei den Parteibauten und der Staatsarchitektur, bei den Massenmedien nicht weniger als bei den Inszenierungen öffentlicher Massenveranstaltungen. Ihr Ehrgeiz zielte darauf, die Grenze zwischen Realität und Fiktion fließend werden zu lassen: »Alles war wie im Film« (S. Kracauer).

Zur Ironie dieser Geschichte gehört, daß die politischen Regisseure, die jahrelang große Teile der Bevölkerung mit ihrer Inszenierungs- und Visualisierungskunst getäuscht hatten, am

Ende selbst in diese Scheinwirklichkeit flüchteten. So berichtet Veit Harlan über die Entstehung seines Durchhalte-Melodrams *Kolberg*: »Sowohl Hitler wie Goebbels mußten von der Idee besessen sein, daß ein solcher Film ihnen mehr nutzen konnte als etwa eine gewonnene Schlacht in Rußland. Vielleicht warteten sie auch nur auf ein Wunder, weil sie nicht mehr auf irgendeine errechenbare oder fundierte Art an einen Sieg glaubten. In der Traumfabrik Film waren die Wunder ja eher zu Hause als an der Front.«[65] Deshalb wurde dieses Illusionstheater auch so ernst genommen. Jedenfalls sparte man an *Kolberg* nicht, während überall bereits lebenswichtige Güter fehlten und sich die Versorgungslage zusehends verschlechterte. Der Film verschlang über 8 Millionen RM. Zeitweise waren für die Dreharbeiten mehr als zehntausend Soldaten und mehr als sechstausend Pferde abgestellt. Goebbels notierte in sein Tagebuch: »Ich verspreche mir von diesem Harlan-Film außerordentlich viel. Er paßt genau in die militärisch-politische Landschaft, die wir wahrscheinlich zu der Zeit haben werden, wenn dieser Film erscheint.«[66] Er durfte das Publikum natürlich nicht entmutigen. Goebbels ordnete deshalb nach Fertigstellung im Dezember 1944 die Kürzungen solcher Szenen an, die »das Grauen des totalen Krieges« (Harlan) beschrieben. Dabei war der von Goebbels selbst ausgerufene »totale Krieg« längst Wirklichkeit. Große Teile Deutschlands und Europas lagen in Schutt und Asche. Die Uraufführung fand in der Ruinenmetropole Berlin statt. Und als ob sie *Kolberg* auch noch in der Wirklichkeit »spielen« wollten, warfen die Nazis über der Atlantikfestung »La Rochelle« eine Kopie des Films ab. Kurze Zeit darauf ergaben sich die eingeschlossenen Truppen. *Kolberg* wiederholte sich nicht, weder hier noch in der »Festung Kolberg« selbst. Der Berichterstatter des *Völkischen Beobachters* nannte die »Beziehung« dieses Films »zu unseren Tagen gespenstisch«. Immerhin. Daß *Kolberg* in Kolbergs Kinos gezeigt wurde, als sowjetische Truppen die Stadt nach kurzer Belagerung im März 1945 besetzten, durfte natürlich nicht berichtet werden.

Und als am Ende nichts mehr ging, flüchtete sich Goebbels, dieser ebenso zynische wie sentimentale Opportunist und Virtuose eines verhängnisvollen Verwirrspiels zwischen Realität und Fiktion, selbst in die fiktive Welt des Films: »Meine Herren«, forderte er seine Mitarbeiter auf, kurz vor seinem Freitod im April 1945, »in hundert Jahren wird man einen schönen Farbfilm über die schrecklichen Tage zeigen, die wir durchleben. Möchten Sie nicht in diesem Film eine Rolle spielen? Halten Sie jetzt durch, damit die Zuschauer... nicht johlen und pfeifen, wenn Sie auf der Leinwand erscheinen.«[67]

Sie johlen und pfeifen nicht. Im Gegenteil. Nazistoffe sind längst ein lukratives Element der zeitgenössischen Unterhaltungsindustrie geworden. Und es ist wohl kein Zufall, daß dabei vor allem der Film und das Musical erfolgreich sind. Sie bieten offenbar die wirkungsvollsten Möglichkeiten für einen »Grand opera approach« bei der Nachgestaltung der NS-Zeit, heißen die Beispiele nun *Die Verdammten* (L. Visconti), *Cabaret* (B. Fosse), *Hitler. Ein Film aus Deutschland* (H.J. Syberberg) oder *Lili Marleen* (Rainer Werner Fassbinder). Saul Friedländer hat an diesen und anderen Beispielen sehr eindringlich gezeigt, daß der Unterhaltungswert und »ästhetische Reiz« dieser Filme im »Gegensatz zwischen Kitsch-Harmonie und permanenter Beschwörung der Themen Tod und Zerstörung« liegt, in der »Erotisierung der Macht« und in der »Entfesselung der unterdrückten Affekte«[68], ungeachtet der Intentionen der Regisseure und Autoren.

Aber nicht nur die von zeitgenössischen Autoren und Filmemachern aufgegriffenen Nazistoffe locken das Publikum ins Kino. Auch die während des Dritten Reiches entstandenen Filme erfreuen sich bis in unsere Tage großer Beliebtheit. Das DDR-Fernsehen mochte seinerzeit nicht auf sie verzichten, aber auch in den westdeutschen Fernsehprogrammen tauchen sie von Zeit zu Zeit auf. Dabei ist vor allem der vordergründig »unpolitische« Unterhaltungsfilm gefragt, auf den immerhin die Hälfte der NS-Filmproduktion entfiel. Mit ihren verschiedenen Sparten hatte die U-Abteilung der NS-Traumfabrik vielfältige Möglichkeiten zur Hand, an der Entwirklichung der Realität zu arbeiten, die partiell auch die Entpolitisierung des Publikums begünstigte. Beides war für das Regime überlebens- und kriegswichtig. Der wegen seiner NS-Vergangenheit selbst nicht unumstrittene österreichische Regisseur Arthur Maria Rabenalt hat die Funktionen des Unterhaltungskinos typologisch-treffend charakterisiert: »Die romantische Filmkomödie entflieht vor dem politischen Alltag in eine märchenhafte Spielwelt... Der unverbindlich gewordene Gesellschaftsfilm begibt sich in eine Wunschtraumwelt... Die Artistenwelt war das bevorzugte ›Fluchtgebiet‹ des unpolitischen Films...«, während »der Musikfilm, die zweite Gattung spezifisch untendenziöser Filme, bereits gewissen Beschränkungen [unterlag]. Jazzmusik war Negermusik...«[69]

In dieser Scheinwelt waren Sinnlichkeit und Sexualität ausgeklammert oder wurden in bloß repressiver Form gezeigt. Das Geschlechterverhältnis war Geschlechterkampf und ganz dem traditionellen Rollenbild von Weiblichkeit und Männlichkeit verhaftet. Die Klassengegensätze und realen sozialstrukturellen Konflikte wurden über die »ständische Versöhnung« in der »Volksgemeinschaft« aufgehoben. Die immer wiederkehrenden Topoi der Aufstiegsillusion und des Glücksversprechens abstrahierten zwar nicht vom Leistungsprinzip, diskreditierten aber – wie versteckt auch immer – Markt, Wettbewerb und Konkurrenz, um zugleich für die nationale Autarkie und das Staatsmonopol zu werben. Und nicht zuletzt: Der Ort der Handlung war zumeist der »realitätsferne Raum der höheren Gesellschaft, der kostümierten Historie, der Revue, des Varietés«. Diese Fluchträume erschienen unverzichtbar. Je mehr die realen Lebensräume bedrängt wurden, desto unentbehrlicher wurden sie. Und das in ihnen inszenierte Illusionstheater wurde um so »realitätsferner«, »je stärker die Realität des Krieges in die Filmproduktion« einbrach.[70]

Unter sechzig Filmen, die im Jahr der Kriegswende, 1942/43, gedreht wurden, findet sich nur ein Kriegsfilm und mit G.W. Pabsts *Paracelsus* nur ein Film über einen »großen Deutschen«. Dazu kamen zwei völkische Harlan-Söderbaum-Streifen. Alles übrige Zelluloid wurde für Operetten, Schlagerparaden und Revuen verbraucht. Ihre bis heute andauernde Popularität verdanken diese Filme Darstellern wie Hans Albers, Theo Lingen oder Heinz Rühmann, ihren trivialen Handlungen, tröstlichen Glücksversprechungen und ihrer Musik. Zumindest hier konnte man einmal – oder öfter – den *Himmel auf Erden* erleben. Beim zeitgenössischen Publikum waren diese Filme nicht zuletzt deshalb so beliebt, weil »ihre Helden eben keine Parteiabzeichen trugen und beim Grüßen den Hut abnahmen«.[71] Was

Goebbels bereits für den Funk als oberste Maxime verkündet hatte, galt erst recht für den Film: »Er durfte »nicht langweilig« werden, sollte »keine Öde« verbreiten und schon gar nicht »die Gesinnung auf den Präsentierteller legen«.

Das war wohl am wenigsten in den Komödien und Musikfilmen der Fall, die bereits in den schwierigen späten Weimarer Jahren das Kinopublikum aufheiterten und von den alltäglichen Widrigkeiten ablenkten. Daran knüpften Filme wie *Capriccio* (1933 von Karl Ritter mit Lilian Harvey), *Das Schloß in Flandern* (1936 von Geza von Bolvary mit dem Wiener Operettenstar Martha Eggerth) oder *Glückskinder* (1936 von R. A. Stemmle, Curt Goetz und Paul Martin mit Lilian Harvey und Willy Fritsch) bruchlos an. Auch zum Kriegsbeginn kam – termin- und titelgerecht – der passende U-Film in die Kinos: *Wir tanzen um die Welt*. Schon in den dreißiger Jahren hatte der Unterhaltungsfilm den faschistischen Propagandafilm (*Hitlerjunge Quex, SA-Mann Brand, Hans Westmar, Sieg des Glaubens, Triumph des Willens*, alle 1934/35) und den antisemitischen Hetzfilm (*Jud Süß, Der ewige Jude, Die Rothschilds*, alle 1940) auf eine kurze, politisch akzentuierte Phase beschränkt. Nach 1939 kam es geradezu zu einem Boom dieses Genres: »Krieg als Unterhaltung«.[72] Zu Höhepunkten gerieten *Wunschkonzert* (Eduard von Borsody, 1940) und *Die große Liebe* (Rolf Hansen, 1942). Jedenfalls zählen diese beiden Filme zu den populärsten und kommerziell erfolgreichsten der deutschen Filmgeschichte überhaupt.

Den Stoff für *Wunschkonzert* lieferte die gleichnamige Rundfunksendung. Schon in Friedenszeiten überaus beliebt, wurde sie seit Oktober 1939 – von Heinz Goedecke moderiert – über den Großdeutschen Rundfunk auch für die Wehrmacht ausgestrahlt. Der natürlich um eine Liebesgeschichte aufgebaute Film war ebenso harmoniesüchtig wie konfliktscheu. Er wollte alles und alle zusammenbringen: Rundfunk und Film, Krieg und Frieden, Heimat und Front, die handelnden Personen und die Waffengattungen sowieso. Auch die musikalische Ausgestaltung trug dem Rechnung. Der Reigen führte von der schwungvollen Olympiafanfare über sentimentale Heimat- und forsche Seemannslieder (mit dem »unerschütterlichen Trio« Heinz Rühmann, Josef Sieber, Hans Brausewetter) bis zur Ouvertüre der *Zauberflöte*, die Eugen Jochum dirigierte. Schlager und Witze verbreiteten Frohsinn, und Orgelklänge verhalfen der melodramatischen Schlüsselszene zu herzzerreißender Wirkung: Ein junger Musiker-Soldat spielt nachts in einer französischen Kirche Orgel, um seinen Frontkameraden akustisch den richtigen Weg durch die Linien zu weisen. Damit lenkt er zugleich das feindliche Geschützfeuer auf das Gotteshaus und verliert dabei sein Leben, der einzige Tote in diesem Kriegsfilm. Der »schmerzgebeugten, doch nicht verzweifelten Mutter spielt das ›Wunschkonzert‹ ›Gute Nacht, Mutter‹«. Das Publikum dankte mit ergriffener Begeisterung und anhaltendem Rekordbesuch. In drei Jahren sahen den Film mehr als 25 Millionen Menschen. Über 200 Tausend Exemplare wurden vom Buch zum Film abgesetzt. Natürlich erhielt er Prädikate. Bei der internationalen Filmkritik fand er allerdings kaum Beachtung.[73]

Zum zweiten Höhepunkt des musikalischen Unterhaltungsfilms wurde *Die große Liebe* mit Zarah Leander. In weiteren Rollen waren Grethe Weiser, Paul Hörbiger, Wolfgang Preiss und Viktor Staal zu sehen. Dieser Film sollte die Moral der Frauen stärken, deren Söhne und Männer an der Ostfront kämpften, starben und immer seltener siegten. Im Sommer 1942 war die Zeit der »Blitzkriege« und schnellen Siege vorbei und die Dauer des Krieges kaum abzusehen. Aber wenn Zarah Leander den Zuschauern temperamentvoll vorführte, daß im Krieg zwar die heroische Pflichterfüllung Vorrang habe, im Wechsel von Liebe, Trennung und Schmerz zwischen Rom, Paris und Berlin aber schließlich doch das ersehnte private Glück triumphiere, und angesichts der widrigen Lebensumstände im besetzten Europa auch noch sang: »Davon geht die Welt nicht unter«, und denen, die nicht mehr so recht an das eigene Glück und an den »Endsieg« schon gar nicht glauben mochten, mit ihrer kehligen und kraftvoll-männlichen Stimme ungebrochenen Optimismus entgegenhielt: »Ich weiß, es wird einmal ein Wunder geschehen«, dann war das Publikum einfach hingerissen. Es hörte und sah, was es glauben wollte. Das war zwar nicht viel anderes als das, was die Propagandaparolen versprachen. Aber es war viel attraktiver, betörte Augen und Ohren. Gemessen an seinem Einspielergebnis nahm dieser Film den ersten Platz unter allen NS-Spielfilmen ein.[74]

Weitere Glanzlichter des Musik- und Revuefilms, dessen Vorbilder aus Hollywood kamen, waren die ersten Farbfilme mit Marika Rökk: *Frauen sind doch bessere Diplomaten* (1941) und *Die Frau meiner Träume* (1944). Ein beliebtes Genre war auch der Zirkusfilm: *Menschen, Tiere, Sensationen* (1938, Harry Piel) oder *Akrobat Schöön* (1943, Wolfgang Staudte). Geradezu enthusiastisch gefeiert wurde der Eissport-Film *Der weiße Traum* (1944, Geza v. Cziffra). Hier wie auch anderswo klafften der schöne Schein fiktiver Filmrealität und die längst alptraumartige Kriegswirklichkeit immer mehr auseinander. Aber wen kümmerte das? So hieß einer der letzten Filme, der noch vor dem Ende des Dritten Reiches unter der Regie von Erich Engel gedreht wurde, ausgerechnet *Fahrt ins Glück*. Und es war gewiß Zufall, aber doch bezeichnend für die vorherrschende Zeitstimmung, daß Wolfgang Liebeneiner bereits im Frühsommer 1945 an dem filmischen Großprojekt arbeitete: *Das Leben geht weiter.*

Neben dem musikalischen Unterhaltungsfilm sollte vor allem der historische Film das Kinopublikum in eine vorgeblich bessere Welt entführen.[75] Er tat das, indem er die Vergangenheit glorifizierte und widersprüchlich-komplexe Ereignisse und Entwicklungen auf das erfolgreiche Wirken überragender Persönlichkeiten der deutschen Kultur, Wissenschaft, Staats- und Kriegsführungskunst verkürzte. Das geschah nicht zuletzt mit Blick auf Hitler und die mediale Nutzung und Ausgestaltung des »Führer«-Mythos. Auf ihn war die Heroisierung der Geschichte und die Personifizierung der Politik durch die NS-Medienregisseure in hohem Maße zugeschnitten. Hitler selbst hatte schon in den zwanziger Jahren der weithin als »farblos« geltenden Republik vorgeworfen, daß sie es »nicht verstanden habe, die wirklich bedeutenden Männer unseres Volkes in den Augen der Gegenwart als überragende Heroen erscheinen zu lassen, die allgemeine Aufmerksamkeit auf sie zu konzentrieren und dadurch eine geschlossene Stimmung zu erzeugen«.[75] Doch schon der Weimarer Film mochte auf den Kult mit den »großen Männern« nicht verzichten. Mit Otto Gebühr in der Hauptrolle wurden nicht wenige Fridericus-Rex-Filme gedreht (*Ein Königsschicksal, Sanssouci, Schicksalswende, Der alte Fritz, Das Flötenkonzert*).[76]

Der NS-Historienfilm konnte daran bruchlos anschließen. Mit Emil Jannings und dem jungen Werner Hinz in den Hauptrollen drehte Hans Steinhoff *Der alte und der junge König* (1935). Der Film, der die Pflicht und die Nation verherrlichte und für die traditionellen Werte der Arbeit, der Armee und der Autorität eintrat, erhielt höchste Prädikate, war aber auch in Frankreich und den USA erfolgreich. Einen weiteren Film über Friedrich II. (*Der große König*, 1942) drehte Veit Harlan, mitten im Krieg. Das Motto zum Film gab denn auch ein passendes Zitat des Preußen-Königs: »Es wird dies Jahr stark und scharf hergehen, aber man muß die Ohren steif halten, und jeder, der Ehr' und Liebe für das Vaterland hat, muß alles dransetzen.«[77] Die Parallelen zwischen Film-Historie und Gegenwart waren offenkundig, zumindest sollten sie es sein. Da wurde die Kriegsschuld der Gegner »bewiesen«, da war vom »Verrat« Rußlands und Englands die Rede, da wurde Friedrich der Große schließlich von seinen Generälen im Stich gelassen. Eine solche Anspielung konnten die Wehrmachtsgeneräle nicht unwidersprochen hinnehmen. Wie dieser Film überhaupt umstritten war. Beim Publikum wie bei der Filmkritik – oder was von ihr noch übriggeblieben war. Auch Goebbels verlangte verschiedene Änderungen, hob dann aber die politische Bedeutung des Films hervor: »Wir leben in einer Zeit, in der wir friderizianischen Geist nötig haben. Nur mit letzter Anspannung werden wir der Schwierigkeiten Herr werden, vor denen wir stehen...« Und in einer Rundfunkansprache zu Hitlers Geburtstag erklärte er am 20.4.1942 in der ihm eigenen melodramatisch-verlogenen Sprache: »Der große Preußen-König ersteht hier vor unseren Augen und mitfühlenden Herzen als ein ringender Titan, der sieben Jahre lang ein Inferno des Leidens, der Schmerzen aller nur erdenkbaren körperlichen und seelischen Art, der tiefsten menschlichen Enttäuschungen und höchsten sachlichen Prüfungen durchschreiten mußte... Die Parallelität zur Gegenwart ist in den Worten, die der große König spricht, in den seelischen Krisen, die er mit seinem Volk kämpfend und leidend durchlebt, manchmal so verblüffend, daß die Schöpfer dieses Dramas sich genötigt sahen, gebührend darauf aufmerksam zu machen, daß er nicht etwa kurz vor Weihnachten [1941, d. Verf.] zu bestimmten lehrhaften Zwekken, sondern schon im Frühsommer 1940 geplant wurde, die aktuelle Prägnanz der Sentenzen und die Gleichartigkeit mancher hier geschilderter Vorgänge also nicht auf bewußte Propaganda zurückgeführt werden könne, sondern ihre Ursachen in tiefliegenden geschichtlichen Gesetzen zu suchen habe.«[78] Was beim Unterhaltungsfilm sehr viel einfacher war: die politische Intention der Regisseure hinter den Leinwandillusionen zu verstecken, das erwies sich beim politischen Historien-Film naturgemäß als sehr viel schwieriger. Aber es war hier nicht weniger wichtig. Wie hatte sich Goebbels doch Jahre zuvor geäußert: Man merkt die Absicht und wird verstimmt. Obwohl *Der große König* sie allzu deutlich merken ließ, hielt das rd. 19 Millionen Zuschauer nicht davon ab, sich den Film anzusehen.

Neben Friedrich II. war Bismarck die zweite historische Gestalt, die den heroischen Zeitgeist und das vom NS-Regime beanspruchte preußische Erbe auf der Leinwand verkörperte. Dafür sorgte Wolfgang Liebeneiner gleich mit zwei Filmen: *Bismarck* (1940) mit Paul Hartmann und *Die Entlassung* (1942) mit Emil Jannings, Werner Krauss und Werner Hinz in den Hauptrollen. Nicht zuletzt der schauspielerischen Leistung wegen wurde *Die Entlassung* ein Publikumserfolg und spielte 6 Millionen Reichsmark ein. Trotz höchster Prädikate (»Film der Nation«) war die zeitgenössische Resonanz allerdings zwiespältig. Auch Goebbels war nicht ganz zufrieden. Unter dem Titel *Schicksalswenden*, der den veränderten Zeitläuften angepaßt war, kam dieser Film am Ende der Adenauer-Ära zu Beginn der sechziger Jahre noch einmal in die Kinos.

Es gab keinen Mangel an historischen Stoffen. Der »großen Deutschen« gab es viele, und auch an talentierten Regisseuren und begabten Schauspielern fehlte es nicht. Die beiden vielleicht populärsten Filme dieses Genres wurden *Robert Koch* (1939) und *Ohm Krüger* (1941). Mit beiden feierte Emil Jannings Triumphe. Beide wurden von Hans Steinhoff gedreht. Der Robert-Koch-Film hatte den »unerschütterlichen Glauben« des »genialen Forschers« an seine »Sendung« zum Inhalt. Er idealisierte Pflicht und Opferbereitschaft. In ihm dominierte – gleich in doppelter Hinsicht – der »heroische Kampf«. Die Projektionen sind deutlich: Koch kämpft gegen den Bazillus und die »kleingläubigen Seelen« um ihn herum wie ein Feldherr: »Wo steckt der Feind, wie sieht er aus, mit welchen Waffen kann ich ihn bekämpfen?« Dabei steht der Konflikt zwischen Koch und Virchow im Mittelpunkt, dem bedeutenden Mediziner und Liberalen. Virchow wird nur als ebenso reaktionärer wie seniler Rivale Kochs gezeigt und zugleich als Repräsentant der »dekadenten Demokratie«. Als solcher ist er der »kleinmütige« Gegenspieler Bismarcks, dessen Größe er nicht anerkennen will. So wurde über die parallelen Konflikte Koch-Virchow und Bismarck-Virchow der wissenschaftliche Revolutionär mit dem »Eisernen Kanzler« gleichgesetzt und beide in eine Perspektive gerückt, die sie zu Vorläufern und Vorkämpfern Hitlers stilisierte.[79] Der Film hatte seine Uraufführung im September 1939, also während des deutschen Überfalls auf Polen. Neben Emil Jannings waren Eduard v. Winterstein und Bernhard Minetti, Elisabeth Flickenschildt, Lucie Höflich und Hilde Körber zu sehen. Neben anderen hohen Auszeichnungen erhielt der Film auch den ersten Preis bei der Biennale in Venedig. Durch Deutschland ging eine Robert-Koch-Welle. Der Stoff wurde für die Bühne und den Funk bearbeitet, und als Roman war er 1940 ein Bestseller.

Zu der Zeit, als der Hitler-Mythos seinen Höhepunkt erreichte und überschritt, hatten Filme über »Führer«-Persönlichkeiten und bedeutende Künstler Hochkonjunktur. Neben den beiden antibritischen Kolonialfilmen *Ohm Krüger* und *Carl Peters* (1941, Regie und Drehbuch Herbert Selpin und Ernst v. Salomon) entstanden unter der Regie des Steinhoff-Schülers Herbert Maisch die Filme *Friedrich Schiller* (1940) mit Horst Caspar und *Andreas Schlüter* (1942) mit Heinrich George in der Hauptrolle. Beide Filme waren Variationen des Bildes vom charismatischen Künstler-Führer. Entsprechend klar waren die Projektionen und Botschaften. Die Stilisierung des Dichter-Genius zum nationalen Heros folgte dem, was Hitler schon in *Mein Kampf* über Schiller geäußert hatte: »… der größte Pionier der Freiheit unseres Volkes gewesen zu sein.« Und der Bildhauer und Baumeister Andreas Schlüter wurde zum »Giganten des Städtebaus« gemacht, der »ein neues Berlin baut, wie Hitler das neue Deutschland entwirft«.[80]

Auch die Musiker-Filme fehlten nicht. Zu den bekanntesten gehören der Gründgens-Film *Friedemann Bach* (1941), der aus

Anlaß von Tschaikowskys 100. Geburtstag von Carl Froehlich gedrehte Film *Es war eine rauschende Ballnacht* (1940), in dem Zarah Leander *Chanson triste* und *Nur wer die Sehnsucht kennt* sang, sowie die *Träumerei* (1943) von Harald Braun mit Hilde Krahl und Matthias Wiemann in den Rollen von Clara und Robert Schumann. Mozart wurde gleich zweimal verfilmt: *Eine kleine Nachtmusik* (1939, Leopold Hanisch) und *Wen die Götter lieben* (1942, Karl Hartl). Auch diese Filme entführten das Publikum für einige Stunden in eine politik- und kriegsferne Welt. An ihrer politischen Absicht ließen die NS-Medienregisseure gleichwohl keinen Zweifel. Anläßlich des 150. Todestages von Mozart würdigte ihn Goebbels zeitgemäß nationalsozialistisch: »Seine Musik klingt allabendlich über Heimat und Front. Sie gehört mit zu dem, was unsere Soldaten gegen den wilden Ansturm des östlichen Barbarentums verteidigen. Sie ist unser... Wenn auf irgendwen, dann paßt auf sein Werk das Wort, daß deutsch sein klar sein heiße...«[81]

Der deutsche Film wich indes nicht nur in die schöne Scheinwelt der Operette und der Revue aus oder in die heroisch verklärte Welt der großen Deutschen. Auch die Gegenwart kam im Kino des Dritten Reiches vor. Auf vielfältige Weise: in der Wochenschau, im Dokumentar- bzw. Kulturfilm und in den Filmen über den NS-Alltag. Wie realistisch auch immer.

Zwar hatte Goebbels in einer Grundsatzrede erklärt, daß die SA nicht auf die Leinwand gehöre, sondern auf die Straße. Aber noch im Sommer 1933 kam der Film *SA-Mann Brand* in die Kinos. Er sollte den schon verblassenden Mythos der SA noch einmal filmisch zur Geltung bringen. Aber selbst bei den Nazis fand dieser Streifen kaum Anklang. Weitaus größeren Erfolg hatte der von Hans Steinhoff gedrehte erste NS-Spielfilm *Hitlerjunge Quex* (1933). Stilistisch und in der Intensität seiner Bilder knüpfte er an den Realismus des proletarischen Films der deutschen Stummfilmzeit an. Mit seinen eindringlichen Bildern der tristen Berliner Mietskasernen- und Kneipenmilieus erinnert dieser Film ästhetisch und atmosphärisch an *Kuhle Wampe* und *Mutter Krausens Fahrt ins Glück*.[82] Politisch lag er jedoch ganz auf der Linie der »neuen Zeit«. Die komplizierten und widersprüchlichen politischen Verhältnisse am Ende der Weimarer Republik werden hier reduziert auf den Straßenkampf zwischen den »Roten« und den »Braunhemden«, die – nicht ohne »Blutopfer« – schließlich die Oberhand behalten. Der Film erzählt die Geschichte, wie der vierzehnjährige Heini Völker, Lehrling und Sohn eines verbitterten, arbeitslosen Kommunisten (Heinrich George) durch eine Art Erweckungserlebnis in die Reihen der Hitlerjugend findet, deren gemeinschaftliches Sonnenwendfeierritual er heimlich und fasziniert beobachtet. In der Romanvorlage von Karl Aloys Schenzinger heißt es dazu: »Er wollte mitsingen, aber seine Stimme versagte. Dies war deutscher Boden, deutscher Wald, dies waren deutsche Jungens, und er sah, daß er abseits stand, allein, ohne Hilfe, daß er nicht wußte, wohin mit diesem großen Gefühl.«[83]

Mit den »großen Gefühlen« und dem »selbstlosen Einsatz« ihrer jugendlichen Mitglieder mochte sich die NS-Bewegung nicht begnügen. Die »neue Zeit« verlangte ihre Märtyrer. Beim Verteilen von antisowjetischen Flugblättern wird der flinke Heini, genannt Quex, von Kommunisten verfolgt, eingekreist und schließlich auf einem Spielplatz niedergestochen. Mit leuchtenden Augen, das verklärte Gesicht himmelwärts gerichtet, haucht er in den Armen seiner Kameraden den Anfang des Hitlerjugend-Liedes: »Unsere Fahne flattert uns voran...« Die Plakate propagierten dieses politische Melodram als einen »Film vom Opfergeist der deutschen Jugend«. Das schreckte diese nicht etwa ab. Zumindest jene nicht, die mit »glühendem« Eifer den Refrain sangen: »Vorwärts! Jugend kennt keine Gefahren!« Im Ewigkeitspathos des Fahnensymbols schien alles aufgehoben und vereint: Vergangenheit und Zukunft, Leben und Tod, Kampf, Glaube und Hoffnung.[84]

Auch der dritte Film dieser Reihe konnte auf Fahnenapotheose und Geschichtsmystik nicht verzichten: *Hans Westmar* (1933, Franz Wenzler), die zur Märtyrersaga stilisierte Geschichte von Horst Wessel, dem – wie es damals hieß – »strahlendsten Blutzeugen der deutschen Freiheitsbewegung«. Der Film geht über den politisch-ideologischen Konflikt zwischen Nazis und Kommunisten noch hinaus und versucht, die Wahrnehmung des Publikums auch auf ein rassistisches Freund-Feind-Bild zu fixieren: die eigene »Volksgemeinschaft« und die, die nicht dazu gehören, die »Gemeinschaftsfremden«. Der ins nächtliche Berlin entführte Zuschauer erfährt, daß hier alles, was deutsch ist, durch den amerikanischen, jüdischen und bolschewistischen Internationalismus bedroht wird. Im ausschließlich französischsprachigen Kabarett »Chez Ninette« wird sogar schon *Die Wacht am Rhein* von einer afroamerikanischen Kapelle verjazzt und pantomimisch parodiert. Demgegenüber erscheinen die SA-Männer als »moderne Ritter«, ebenso schlicht wie selbstlos, während ihr Programm maßlos ist: »Alles für Deutschland!« Ähnliche Parolen standen ja in den frühen dreißiger Jahren – und stehen in den späten achtziger Jahren schon wieder – auf Wahlplakaten, etwa: »Für ein deutsches Berlin!« Anders als der Hitlerjunge Quex stirbt hier der Held nicht mit einem Lied, sondern nur mit einem »geheiligten Namen« auf den Lippen: »Deutschland«.[85]

Um Deutschland – oder richtiger: ein bestimmtes Deutschlandbild – ging es auch in den nichtfiktionalen Genres des NS-Films, der Wochenschau und dem Kultur- oder Dokumentarfilm.[86] Auch hier konnte das NS-Regime an ältere Entwicklungen und bereits bestehende Einrichtungen anknüpfen. Während anfangs neben der *Ufa-Tonwoche* andere Wochenschauen gezeigt wurden – wie etwa die mehr unterhaltsame als politische *Deulig-Tonwoche* oder *Fox Tönende Wochenschau* – gab es seit dem Sommer 1940 nur noch die *Deutsche Wochenschau*. Hier ging es nicht um irgendeine Art objektiver Berichterstattung, wenn auch die Authentizität der – nur selten arrangierten oder nachgestellten – Bilder diesen Eindruck suggerieren sollte. Sprecher und Sprache, Texte, Bildauswahl, Schnittechnik und Begleitmusik bemühten sich vielmehr um eine »optimistische, siegesbewußte Propaganda«, die das »seelische Kampfpotential« der Bevölkerung stärken sollte.[87] Die politische Bedeutung des aktuellen filmischen Zeitberichts wurde hoch veranschlagt. Zumindest in den ersten Kriegsjahren. Auch dieses nicht-fiktionale Genre war ein höchst willkommenes und zeitweise wohl auch recht wirkungsvolles Medium der Ästhetisierung des Krieges durch Verfälschung seiner Realität. Jedenfalls sahen Millionen von Menschen in Deutschland und den besetzten Gebieten die *Deutsche Wochenschau*. Dafür wurden in über dreißig Sprachen mehr als dreitausend Kopien pro Woche hergestellt, die bis nach Japan gingen. Der jährliche Rohfilmverbrauch war enorm, die Länge des wöchentlich angelieferten

Bildmaterials beträchtlich: Von den etwa 150 Kilometern Zelluloid blieben allerdings nur jeweils 600–800 Meter pro Wochenschau übrig. Im Verlauf des Krieges wurde die Wochenschau zwangsläufig immer kürzer. Das war eine Folge des Materialmangels und der sich häufenden Niederlagen und Verluste. Sie machten die Ästhetisierung des Krieges durch schönfärberische Überhöhung der Wirklichkeit mehr und mehr zum Problem. Schon im Frühsommer 1943 hatte Goebbels notiert, daß es mit der Wochenschau bei längerer Kriegsdauer immer schwieriger wird: »Man weiß nicht mehr, was man bringen soll.« Und noch im März 1945 wunderte er sich, »daß das deutsche Volk noch Lust hat, überhaupt ins Kino zu gehen«.[88]

Das war indes nicht nur eine Frage der Bilder, sondern auch der Schnitt- und Montagetechnik. Zum dramaturgischen Markenzeichen der Wochenschau gehörten die kurzgeschnittene Bildfolge und die suggestive Kommentierung. Dieses Verfahren verdichtete sich zum Eindruck dramatischer, wenngleich »unerklärter Faktizität« (H. Hoffmann). Für das Material sorgten militärisch voll ausgebildete Filmberichterstatter. Sie waren ständig an der vordersten Front unterwegs, um »packende Bilder« einzufangen, möglichst mit der Reporterhandkamera und aus fahrendem Kübelwagen. Als deutsche Truppen am 1. September 1939 in Polen einfielen, wurden sie bereits von mehreren Propagandakompanien begleitet. Ihre Zahl vergrößerte sich mit der Erweiterung der Kriegshandlungen zusehends. Die der Verwundeten und Getöteten dieser Einheiten natürlich auch. Das war einkalkuliert. Goebbels und Hitler, die obersten PR-Experten und Wochenschauzensoren wußten ja nur zu gut, daß die Kinobegeisterung der Bevölkerung weitaus größer war als ihre Kriegsbegeisterung und dieser womöglich zugute kommen würde.

Wenn der *Manchester Guardian* urteilte, daß sich die englischen Wochenschauen »zu den deutschen wie laues Wasser zu starkem Whisky« verhalten würden und ein zeitgenössischer Filmautor gar meinte, daß Millionen »nicht wegen der Spielfilme, sondern wegen der Wochenschauen vor den Lichtspieltheatern Schlange gestanden«[89] hätten, dann war das vielleicht übertrieben. Ganz falsch war diese Einschätzung wohl nicht. Einem ebenso kinofreudigen wie wundergläubigen Publikum wurden hier Bilder von schauriger Schönheit gezeigt, realistische und zugleich unterhaltsame Bilder, die zwar Wirklichkeit widerspiegelten, aber noch mehr über sie hinwegtäuschten.

Das kann man in gewisser Weise auch vom sogenannten »Kulturfilm« sagen, in dem es ebenfalls Kinobilder von Deutschland zu sehen gab. Auch der Kulturfilm war keine Nazierfindung, wohl aber eine deutsche Errungenschaft. Bereits das Kaiserreich hatte sich im Landschafts- und wissenschaftlichen Lehrfilm die filmische Kulturpflege zur Bildungsaufgabe gemacht. Und die international ohnehin hoch angesehene Filmkunst der Weimarer Republik war auch in diesem Genre überaus erfolgreich. Die vielen experimentellen Verbindungen jener Zeit zwischen Wissenschaft, Literatur, Malerei und Theater brachten zusammen mit dem neuen filmtechnischen Raffinement des Zeitraffers und der Zeitlupe, der Röntgenaufnahme, des Mikroskops und des Teleobjektivs gerade im Dokumentarfilm höchst eindringliche, bisher unbekannte Bilder hervor. So etwa die psychoanalytisch inspirierte, expressionistische Visualisierung von Traumbildern durch Georg Wilhelm Pabst und Guido Seeber (*Geheimnis der Seele*, 1926). So der von Walter Ruttmann und Karl Freund im Stil der Neuen Sachlichkeit gedrehte Querschnittfilm *Berlin – Die Symphonie einer Großstadt* (1926), in dem »das pulsierende Leben in filmische Dynamik übersetzt« wird und »eine entfesselte Kamera... eine Faszination der puren Bewegung« erzeugt.[90] – Die Franzosen sprachen anerkennend vom »Film de niveau«, und in der angloamerikanischen Welt galten deutsche Kulturfilme nicht nur unter Cineasten als »Oddities«. Die NS-Filmpublizistik stand in ihrer Wertschätzung nicht zurück, zumal dieses Medium versprach, pseudo-romantische und pseudo-metaphysische Bedürfnisse ebenso zur Geltung zu bringen wie den sozialdarwinistisch gefärbten Zeitgeist: »Das tausendfältige mikroskopisch kleine Leben in einem Wassertümpel, der Kampf ums Dasein... das langsame Wachsen, Blühen, Verwelken der Pflanzen, die Unergründlichkeit des Firmaments, der Sterne, das Reich der Wolken... aber auch die grandiose Welt der modernen Fabriken... das unendliche All und die kleine Welt der Menschen... Der Kulturfilm ist der große Zauberer, der uns Geheimnisse schauen läßt, wie selbst die kühnste Phantasie sie nicht großartiger und bunter ersinnen könnte.«[91]

In der Bundesrepublik ist das Interesse am NS-Kulturfilm lange Zeit gering gewesen. Es war vor allem der Berliner Filmemacher Hartmut Bitomsky, der sich zu Beginn der achtziger Jahre mit diesem Genre auseinanderzusetzen begann und aus dem umfangreichen Filmmaterial zwei Kompilationsfilme gedreht hat.[92] Was er im Vorspann zu den *Deutschlandbildern* sagt, ist nicht nur für den NS-Kulturfilm erhellend, sondern für die Film- und Bildkunst im Dritten Reich schlechthin: Die Nazis »haben eine Flut von Bildern über Deutschland verbreitet... (sie) glaubten an Filme und Bilder, sie waren ausgesprochen schönheitsbedürftig. Sie wollten Deutschland ein Gesicht geben, eine Kultur, die ihnen gefiel.«[93]

Das begann Ende der zwanziger Jahre mit ersten parteieigenen Filmproduktionen der NSDAP. Unter ihrer Regie oder in ihrem Auftrag entstanden bis Kriegsende mehr als zweihundert Filme.[94] Das Interesse am Kulturfilm war groß. Auch die Deutsche Reichsbahn richtete bereits in den zwanziger Jahren eine eigene Filmstelle ein, die technische Aufklärungs- und Werbefilme machte. Später folgte die Reichspost. Großunternehmen wie die IG-Farben oder die Krupp AG unterhielten ebenfalls eigene Filmproduktionen. Die weitaus wichtigsten Kulturfilmproduzenten waren jedoch die großen Filmkonzerne.[95] Vom Interesse der Nazis an Kultur- und Propagandafilmen profitierten auch die vielen Kleinproduzenten. Die NS-Filmkontrolleure ließen für jeden Meter Spielfilm mehr als einen Meter Spielfilm ohne Spielhandlung drehen. Rund 30 Prozent davon waren Kulturfilme. Filmverleiher wie Kinobesitzer wurden verpflichtet, vor dem Hauptfilm ein etwa halbstündiges Beiprogramm mit Wochenschau und Kulturfilm zu zeigen. Das Interesse war klar: »Der Hauptfilm mochte Romanzen oder Revuen behandeln – die Kulturfilme nahmen ihm die Bürde der expliziten Wochenschau ab.«[96] Für die Lenkung und Förderung der Kulturfilmproduktion wurde im August 1940 die »Deutsche Kulturfilmzentrale« eingerichtet. Ihre Tätigkeit wirkte sich rasch, wenn auch nur noch kurzzeitig aus. In vielen Großstädten entstanden spezielle Kulturfilmtheater, Kulturfilmmatineen und Kulturfilmwochen. Noch im Dezember 1944 wurde im bereits stark zerstörten Berlin das neue Kulturfilm-Theater »Franziskaner« eröffnet. Vorstellungen gab es täglich bereits ab 9 Uhr: zum totalen Krieg das totale Kino. Das Frühstücksfernsehen unserer Tage hat seine Vorgeschichte. Und seit September 1941 veranstaltete München die »Reichswochen für den Kulturfilm«. Infolge des Kriegsverlaufs allerdings nur dreimal.

Die Themen des NS-Kulturfilms, der einige tausend Produktionen umfaßt, sind breit gestreut. Gleichwohl lassen sie sich im wesentlichen drei großen Bereichen zuordnen: der Alltagswelt, der Natur und der Technik. Dahinter werden unterschiedliche Bedürfnisse erkennbar: das wachsende Bildungsverlangen der Zeit, eine allgemeine Technikfaszination und Fortschrittsgläubigkeit, aber auch die Neigung zu romantisierender Naturverklärung und einer politikfernen Sehnsucht nach Harmonie und privatem Glück. Auch der Kulturfilm stand unter dem Einfluß einer teilweise extremen politischen Funktionsbestimmung, in die kriegspolitische und rassenideologische Interessen auf vielfältige Weise eingingen: als Naturschwärmerei und Heimatverherrlichung, als Schönheits- und Sauberkeitswahn, als Sport- und Kampfglorifizierung, als Arbeits- und Leistungskult, als Zahlen-, Geschwindigkeits- und Maschinen-Mythos, aber auch als Freizeitfetischismus. Hier wurden Werte visualisiert und Wahrnehmungen geformt, die für die Stabilität des Regimes so vorteilhaft waren wie für die Anpassung an die Belastungen und Entbehrungen während des Krieges sowie den raschen Wiederaufbau danach.

In seinem Film *Deutschlandbilder* und in seinen kritischen Kommentaren zu den NS-Kulturfilmen überhaupt hat Hartmut Bitomsky auf spezifische Mechanismen und Funktionen ihrer Bildersprache aufmerksam gemacht. Zwar verzichten diese Filme auf Rollenspiel und Handlungsdramaturgie, aber auch hier erscheinen nicht selten Menschen auf der Leinwand. Sie agieren indes nicht als konkrete, unverwechselbare, einzelne Individuen. Sie bleiben vielmehr eigentümlich gesichtslos, sind bloß namenlose Funktionsträger. Die Unterschiede zwischen ihnen sind unkenntlich gemacht, scheinen aufgehoben, durch Uniformierung ihrer äußeren Erscheinung und durch Synchronisation ihrer Bewegungen, im Marschtritt der Kolonne oder in der Choreographie gymnastischer Übungen.

Nach dem pseudosozialistischen Motto »Gemeinnutz geht vor Eigennutz« oder der nicht minder menschenverachtenden Devise: »Du bist nichts, Dein Volk ist alles«, geht der einzelne hier in der »Volksgemeinschaft« auf oder richtiger: unter. Jeder gilt gleich viel, d.h. gleich wenig. Nicht grundlos wird immer wieder vom »Volkskörper« gesprochen, so »als wäre eine Nation organisch zusammengefügt, harmonisch gewachsen, auf natürliche Weise ein funktionales Ganzes«. Das visuell beherrschende Formelement dafür sind Zahlen und Reihen, Kolonnen und Paraden. In sie fügt sich der einzelne ein, aus ihnen bildet sich das fiktive Ganze der »Volksgemeinschaft«. Diese Bilder sollten ein von sozialen Gegensätzen befreites Deutschland zeigen. Nur mit ästhetischen Mitteln war ein sinnfälliger Gesamtzusammenhang herzustellen.

Dazu gehörte auch, daß diese Bilder Frohsinn und Lebensfreude ausstrahlten. Ob nun gezeigt wurde, wie »Mädel im Landjahr« lernen, Betten zu beziehen, Schuhe zu putzen, Spinde einzuräumen und Stullen zu schmieren, ein »Segelflug im Sommerwind« euphorische Stimmung verbreitete, oder die demonstrative Verschönerung der Werkstätten den Klassenkonflikt vergessen machen und das kämpferische Proletarierbewußtsein auslöschen sollte. Viele dieser Filme »funktionierten wie ein umgekehrtes Plebiszit: Die Regierung bestätigt ihr Volk, da es sich so anstellig zeigt und so schaffensfroh mitmacht«. Diese pointierte Deutung unterstreicht einmal mehr, daß die Ästhetisierung von Politik und Gesellschaft nicht in irgendeiner nazistischen Stilbildung zum Ausdruck kam, sondern ein Element der Machttechnik und Systemsteuerung des NS-Regimes war.

Und nicht zufällig spielte dabei der Film eine so herausragende Rolle, ob als Spiel- oder Dokumentarfilm. Denn – so ein zeitgenössischer Autor in affirmativer Wendung: – jedes Bild ist »zugleich Abbild einer Wirklichkeit und Sinnbild einer Idee«.[97] Kritisch gewendet kann man diesen Satz so lesen: »Jeder Beweis, der mit einem Bild angetreten wird, ist darauf angelegt, das Bild zu liquidieren.«[98] Darin liegt wohl die Erklärung für die Bilderflut der Nazis und die bis in letzte Details durchkomponierten Bildfolgen und Schnitte. Das Raffinement der Schnitt- und Montagetechnik funktioniert wie ein – unhörbares – militärisches Kommando: Es nimmt dem Zuschauer das Distanz und Unabhängigkeit schaffende Denken ab und läßt ihm weder Zeit noch Raum für eigene Assoziationen und Träume. Die Zuordnungen der Kulturfilm-Bilderwelt sind vorgegeben und unveränderlich: »Für jedes Bild gibt es eine übergeordnete Instanz«, resümiert Bitomsky seine *Deutschlandbilder*, »für das Sockenstopfen den Aufmarsch; für das Leben den Feiertag; für die Arbeit den Arbeitsrausch; für die Industrie die Scholle; für den Schmutz das Duschen; für das Sparbuch die Millionäre; für das Aktbild die Uniform; für den Körper den Stahl; für den Nazi das Konfetti; für die Gesellschaft die Naturgesetze; für die Naturgesetze den gesunden Menschenverstand; für die Arbeitslosigkeit den Krieg; für die Eroberung die Autarkie; für die innere Emigration den Durchmarschbefehl; für die Evakuierung den Koffer; für den Trennungsschmerz die Schönheitskur; für die Industrie die Flak; für die Rationierungen die Monumentalwerke; für das Wegschauen die Ausrede; für die Lebensmittel den Süßstoff; für den Materialfehler den Sabotageverdacht; für den Widerstand die Mobilmachung; für die Begeisterung die Disziplin und die Ehre für die Würdelosigkeit... Bilder machen unkenntlich und entstellen. Ein Bild ist die Maske des anderen.«[99]

6. Kapitel
Politische Magie und militärische Macht

Keine Definition der NSDAP als einer totalitären Bewegungspartei kann von deren Doppelstruktur absehen: Sie war von Anfang an politische Glaubens- *und* Kampfbewegung. Die Sturmabteilung (SA) aus ehemaligen Berufssoldaten und Freikorpskämpfern bestand – zumindest bis zu ihrer Säuberung und Reorganisation im Juni 1934 – als Kampfinstrument »der Straße« und der direkten Aktion weitgehend unabhängig von der Partei als politischer Organisation. Erst in der Person Hitlers als »Parteiführer« und »Oberster SA-Führer« fanden diese beiden Säulen der Bewegungspartei ihre faktische Verbindung und ihren symbolischen Zusammenhalt. Die SS beerbte die SA nach deren politischer Ausschaltung nicht nur in ihrer Rolle als eine unmittelbar Hitler unterstellte »Privatarmee«. Sie verstand sich – zumal unter den Bedingungen des an die Macht gelangten Nationalsozialismus – nicht mehr nur als eine politisch-militärische Organisation mit den speziellen Aufgaben einer Partei-Polizei. Auf dem angestrebten Weg in die soziale Exklusivität und in einen eigenen SS-Staat versuchte die SS vielmehr, die ursprüngliche Doppelstruktur der NS-Bewegung, das Glaubens- und das Kampfelement, unter dem Leitbild des »politischen Soldaten« in einer militant-religiösen Ordensgemeinschaft zur vollen, organisatorisch einheitlichen Geltung zu bringen. Hier entstand eine »Mystik außerhalb der Moral«, hier wurde die »Vergöttlichung des Irrationalen« durch glaubenslose »Tatmenschen« propagiert und betrieben, wie das Albert Camus Anfang der fünfziger Jahre in *Der Mensch in der Revolte* so treffend charakterisiert hat.

Schon früh hatte sich die NSDAP als paramilitärische Kampf- und antichristliche Glaubensbewegung um einen religiösen Anstrich ihrer Weltanschauung bemüht. Schon das Parteiprogramm der 25 Punkte nannte Hitler die »Gründungsurkunde unserer Religion, unserer Weltanschauung«. Das hielt ihn nicht davon ab, das Parteiprogramm – wenn es denn die Situation erforderte und der Erfolg verlangte – zu revidieren, zu relativieren oder überhaupt zu ignorieren. Um so größer war die Bedeutung des kämpferischen und des religiösen Elements in Hitlers Selbstdarstellung und der des NS-Regimes überhaupt. An zwei Themen mag das beispielhaft deutlich werden: an den politisch-religiösen Feiertagen und Kultformen des NS-Regimes und an der SS, dem »Orden unter dem Totenkopf«.

Lebensfeier, Volksfest und Totenkult

»Jede Revolution schafft neue Formen, neue Mythen und Riten: da muß man alte Traditionen benutzen und umwandeln. Neue Feste, Gesten und Formen muß man schaffen, damit die selber wieder Tradition werden.« Denn: »Die Demokratie hat dem Volksleben den ›Stil‹ genommen: das heißt eine Linie des Verhaltens, die Farbe, die Macht, das Malerische, das Unerwartete, das Mystische; im ganzen all jenes, was im Gemüte der Massen zählt. Wir spielen die Leier auf allen Saiten: von der Gewalt bis zur Religion, von der Kunst bis zur Politik.«[1]

Der das sagte, Benito Mussolini, wußte, wovon er sprach. Schon früh hatte er den hohen instrumentellen Wert des Visuellen und Farbigen, der Symbolik und Theatralik in der Politik erkannt und erprobt. Als Demagoge und Schauspieler-Politiker kannte er die Bedeutung eines unverwechselbaren Darstellungsstils. Und als Führer eines Bewegungsregimes stand er selbst viele Jahre im Mittelpunkt des politischen Rituals der italienischen Faschisten, das für viele zum Vorbild wurde. Auch für die Nazis.

Während sich jedoch die Italiener mit Mussolini-Kult, nationalem Pathos und imperialem Wahn begnügten, waren die Nazis auch hier die radikaleren Faschisten. Zwar war allen faschistischen Bewegungen die Flucht in ein »irrationales Weltbild« (G. L. Mosse) gemeinsam, aber nur die Nazis versuchten, aus einer bestimmten Mentalität einen ideologischen Kult, eine politische Religion zu machen und in alle Lebensbereiche hineinzutragen. So groß der Aufwand war, so begrenzt blieb jedoch der Erfolg. Dabei konnte das NS-Regime an mehrere, wenn auch unterschiedliche Traditionen anknüpfen: an den nationalistischen Staatskult des 19. Jahrhunderts, insbesondere an die wilhelminischen Staatsfeiertage mit ihrer Vermischung von politischen und protestantisch-christlichen Inhalten; an die kultischen Formen der Jugendbewegung und die kulturellen Aktivitäten der Jugendmusik- und Laienspielbewegung und schließlich auch an die deutschgläubigen sowie deutsch-christlichen Glaubensbewegungen.[2]

Vor diesem Hintergrund sind die Bestrebungen zu sehen, ein NS-Feierjahr einzuführen. Es war zwar am christlichen Festtagskalender orientiert, sollte ihn aber zurückdrängen und schließlich ganz ersetzen. Das NS-Feierjahr begann mit dem »Tag der Machtergreifung« am 30. Januar, wurde am 24. Februar mit der Parteigründungsfeier und im März mit dem »Heldengedenktag« und der »Verpflichtung der Jugend« fortgesetzt und führte über den »Führer-Geburtstag« am 20. April, den zum »Nationalen Feiertag« umfunktionierten 1. Mai sowie den »Muttertag« und die »Sommersonnenwende« schließlich zum Reichsparteitag Anfang September, von da zum »Erntedankfest« und zum Gedenktag für die »Gefallenen der Bewegung« am 9. November und endete schließlich mit der »Deutschen« oder »NS-Volksweihnacht«.

Mit dieser Flut von Festen mochten sich die Feiertags-Regisseure noch nicht begnügen. Die »höheren Gefühle« sollten auf sonntäglichen »Morgenfeiern« im wöchentlichen Rhythmus »wachgerufen« werden und auf »Lebensfeiern« ihren angemessenen, nach Möglichkeit »arteigenen« Ausdruck finden. »Geburts-, Hochzeits- und Totenfeier« galten als »gemeinschaftsbildende« Rituale und schienen geeignet, die private Sphäre aufzulösen.

Die insbesondere von der Hitlerjugend organisierten und gestalteten, zudem im Rundfunk übertragenen »Morgenfeiern« konkurrierten mit den christlichen Gottesdiensten. Die »Lebensfeiern« waren vor allem eine Angelegenheit von SS-Angehörigen. Mit der zunehmenden Zahl von Kirchenaustritten Ende der dreißiger Jahre wurden sie nicht nur von den »gottgläubigen« Nazis, sondern auch von den »Taufscheinchristen« in Anspruch genommen, die wohl auf die christliche Botschaft, aber nicht auf die kirchlichen Riten der Taufe, der Trauung und der Beerdigung verzichten wollten. Außerdem gab es Betriebsappelle und Dorfgemeinschaftsabende. Mütterehrungen fanden ebenso statt wie solche für die Gefallenen. Eine besonders skurrile Einrichtung waren die Thing-Spiele. Auch sie zielten auf die Stärkung des Gemeinschaftsgefühls. Als chorisches Spektakel, halb griechisches Theater, halb germanische Gerichtsversammlung, wollte das Thing-Spiel Ausdruck des neuen NS-Kultes sein. Aber die »Thing-Bewegung«, die kaum eine war, galt schon bald nicht mehr als »reichswichtig«. Von mehreren hundert geplanten »Thing-Stätten« wurden nur wenige in Betrieb genommen. Einige werden noch heute genutzt, allerdings in anderer Funktion: die »Waldbühne« in Berlin, die Freilichtbühne der Karl-May-Festspiele in Bad Segeberg oder der »Rockpalast« auf der Loreley.[3]

Angesichts dieser Fülle von Festen und Feiern, die die Nazis in ihrem gemischten Angebot hatten, kann es kaum überraschen, daß sie in der Bevölkerung – vorsichtig gesprochen – sehr unterschiedliche Resonanz fanden. Viele Veranstaltungen blieben weitgehend innere Angelegenheit der Partei. So gelang es insbesondere nicht, den Jugend- und Lebensfeiern Geltung zu verschaffen.[4] Rosenbergs bürokratische Feiertagsregelungen eigneten sich im übrigen kaum, religiöse Gefühle zu befriedigen. Und die Forderung mancher NS-Ideologen, Gott einfach »an sich zu reißen«, war leichter erhoben als erfüllt. Im Unterschied zu ihnen hatte Goebbels nicht nur eine mehr instrumentelle Einstellung zu den NS-Feiern. Er besaß wohl auch ein besseres Gespür für das, was ankam, und mehr Geschick für Inszenierungen, zumal von Großveranstaltungen wie den »Reichsfeiern« in Berlin. Ihm ging es zuallererst um die spektakuläre Selbstdarstellung des Staates, um die Außenwirkung des Bewegungsregimes, und erst in zweiter Hinsicht um die »Reinheit der Lehre«.

Aber selbst im staatsoffiziellen NS-Feierkalender reihten sich nicht nur Höhepunkte aneinander. Dafür war wohl auch die Folge der »Feiern im nationalsozialistischen Jahreslauf« zu dicht und zu strapaziös. Und dafür gab es zu oft zu viele Feiern für dieselbe Zielgruppe, für die Jugend beispielsweise gleich drei: »Einreihung der Zehnjährigen in das Deutsche Jungvolk und den Deutschen Jungmädelbund«, die »Verpflichtungsfeier« der Vierzehnjährigen zur »Überstellung« in die Hitlerjugend und schließlich die »Aufnahmefeier der NSDAP«.

Offizielle Staatsfeiertage waren der 1. Mai als »Nationaler Feiertag des deutschen Volkes«, der »Heldengedenktag« am 5. Sonntag vor Ostern und das »Erntedankfest« am 1. Sonntag nach Michaeli. An diesen Tagen ruhte im ganzen Reich die Arbeit, blieben die Schulen geschlossen, fühlten sich die NS-Feiertagsorganisatoren in ihrem Element. Zu den im Selbstverständnis des NS-Regimes höchsten politischen Feiertagen zählten neben dem 1. Mai der Reichsparteitag und der 9. November. Der machtpolitisch heikelste und insoweit symbolisch bedeutsamste von ihnen war ohne Frage der 1. Mai.

Als machtvolle Demonstration internationaler Arbeitersolidarität und als Kampftag für den Achtstundentag besaß dieser »Maientag der Arbeit« seit 1889 »explosive Symbolkraft«.[5] Er begleitete und manifestierte den Aufstieg der Arbeiterbewegung Jahr für Jahr. In der Weimarer Republik hatte man ihn mit Ausnahme von 1919 nicht als gesetzlichen Feiertag durchsetzen können, sinnfälliger Ausdruck der republik- und arbeiterfeindlichen Mehrheitsverhältnisse im Reichstag. Am 1. Mai 1932 notierte Goebbels in seinem Tagebuch: »Die Roten demonstrieren... Aber das zieht nicht mehr... Im nächsten Jahr werden wir ihnen wahrscheinlich zeigen, wie so etwas gemacht wird.«[6] Er sollte recht behalten. Goebbels kannte die Machtverhältnisse des »schleichenden Bürgerkriegs« der späten Weimarer Jahre aus nächster Nähe und unmittelbarer Anschauung in Berlin. Zwar hatte er unter dem Eindruck des »Blut-Mai« 1929 geschrieben, daß »dem Gesindel einmal die Zähne gezeigt werden« müßten. Aber er dürfte wohl frühzeitig erkannt haben, daß ein unterdrückter 1. Mai von den »Roten« leicht zum Tag des Widerstands gemacht werden könnte, ein zum Volksfest der »nationalen Verbrüderung« stilisierter »Feiertag der nationalen Arbeit« ihnen aber den Wind aus den Segeln nehmen und sie zumindest symbolisch integrieren würde. Schon Ende März schreibt Goebbels in seinem Tagebuch: »Wir werden das in größtem Rahmen aufziehen und zum ersten Mal das ganze deutsche Volk in einer einzigen Demonstration zusammenfassen. Von da ab beginnt dann die Auseinandersetzung mit den

Gewerkschaften. Wir werden nicht eher Ruhe bekommen, bis sie restlos in unserer Hand sind.«[7] Die Gewerkschaftsführung war jedoch weit davon entfernt, sich auf diesen Tag kämpferisch einzustellen und eine machtvolle Demonstration der Arbeitermassen gegen die Nazis zu organisieren. Im Gegenteil.

Zunächst diente sich der Gewerkschaftsbund dem neuen Regime mit einer Sympathieerklärung an, die einer öffentlichen Unterwerfung gleichkam. Man liest das mehrmals und begreift es trotzdem kaum: »Wir begrüßen es«, heißt es im Aufruf vom 15. April 1933, »daß die Reichsregierung diesen unseren Tag zum gesetzlichen Feiertag der nationalen Arbeit, zum deutschen Volksfeiertag erklärt hat. An diesem Tag soll nach der amtlichen Ankündigung der deutsche Arbeiter im Mittelpunkt der Feier stehen. Der deutsche Arbeiter soll am 1. Mai standesbewußt demonstrieren, soll ein vollberechtigtes Mitglied der deutschen Volksgemeinschaft werden. Das deutsche Volk soll an diesem Tag seine unbedingte Solidarität mit der Arbeiterschaft bekunden... In herzlicher Kameradschaft mit euch allen unerschütterlich verbunden, senden wir euch zu diesem Tage unseren gewerkschaftlichen Gruß.« Das schien den Gewerkschaftsführern offenbar noch nicht zu reichen. Wenige Tage später forderte der Bundesausschuß des ADGB »die Mitglieder der Gewerkschaften auf, im vollen Bewußtsein ihrer Pionierdienste für den Maigedanken, für die Ehrung der schaffenden Arbeit und für die vollberechtigte Eingliederung der Arbeiterschaft in den Staat sich allerorts an der von der Regierung veranlaßten Feier festlich zu beteiligen«.[8]

Die Nazis mochten sich darauf nicht verlassen. Die Vorbereitung dieses Tages und die Kontrolle seines Ablaufs nahmen sie selber in die Hand. Generalstabsmäßig, wie Goebbels bemerkte. Er wollte ein »Massenereignis« inszenieren, »wie es die Welt noch nicht gesehen hat. Das ganze Volk soll sich vereinen in *einem* Willen und in *einer* Bereitschaft.«[9] Und die Massen strömten zum Tempelhofer Feld. Vermutlich versammelte sich mehr als eine Million Menschen auf der Festwiese, in abgesteckten Feldern, nach einem detaillierten Aufstellungsplan, »geometrisch« geordnet zum »Massenornament« (Kracauer). Die Berliner Betriebe marschierten geschlossen, »wenn auch nicht ganz freiwillig«, wie Goebbels später zugab.[10] Per Flugzeug kamen bis zum Mittag Arbeiterdelegationen aus dem ganzen Reichsgebiet. Sie wurden von Hitler persönlich begrüßt. Zahlreiche Ehrengäste waren erschienen, und eine große Zuschauermenge füllte die Tribüne. Überall war frisches Maiengrün zu sehen. Tausende von schwarz-weiß-roten Fahnen, die inzwischen das Schwarz-Rot-Gold der Weimarer Nationalfarben verdrängt hatten, und Tausende von roten Hakenkreuzfahnen und -wimpeln umsäumten das Feld. Flugzeuge kreisten über dem Gelände und auch der »Graf Zeppelin«. Musikkapellen schmetterten die unvermeidliche Marschmusik in die Menge. Nach Einbruch der Dunkelheit schwenkten Scheinwerfer riesige Lichtkegel über die Köpfe der Massen ins weite, nachtdunkle Feld. Schließlich erschien Hitler auf der Tribüne. Er kündigte die Einrichtung des obligatorischen Arbeitsdienstes an, versprach ein Arbeitsprogramm für Millionen und beschwor jene, die »in künstlichen Klassen auseinandergefallen... und vom Standesdünkel und Klassenwahnsinn befallen« sind, wieder eins zu sein »in einer einzigen Gemeinschaft«, denn: »Dieser 1. Mai soll dokumentieren, daß wir nicht zerstören wollen, sondern aufzubauen gedenken. Man kann nicht den schönsten Frühlingstag des Jahres zum Symbol des Kampfes wählen, sondern nur zu dem einer aufbauenden Arbeit, nicht zum Zeichen der Zersetzung und damit des Verfalls, sondern nur zu dem der völkischen Verbundenheit und damit des Emporstiegs.«[11] Und Hunderttausende sangen das Lied vom Gott, der Eisen wachsen ließ. So anstrengend das stundenlange Warten und Stehen trotz Bierausschank, Verzehr von Würstchen und sauren Gurken auch war, viele waren wohl beeindruckt, daß hier nun erstmals Unternehmer und Arbeiter, Angestellte und Selbständige – räumlich – gemeinsam versammelt waren. Man sah »Berufsstände«, Jugendgruppen und Sportverbände. Unter diesen Formationen war der »innere Feind« buchstäblich unsichtbar geworden. Nach einbrechender Dunkelheit bildeten Fackelzug und großes Feuerwerk, für die Masseninszenierungen der Nazis unentbehrlich, den eindrucksvollen Abschluß.

Beeindruckt war auch der kurz zuvor engagierte junge Albert Speer, der dafür gesorgt hatte, daß das Ganze nicht aussah »wie die Dekoration zu einem Schützenfest«.[12] Aber vermutlich gerieten nur wenige so außer Fassung wie Goebbels, der von seiner eigenen Inszenierung geradezu hingerissen schien: »Ein toller Rausch der Begeisterung hat die Menschen erfaßt. Gläubig und stark klingt Horst Wessels Lied in den ewigen Abendhimmel hinauf. Die Ätherwellen tragen die Stimmen der anderthalb Millionen Menschen... über ganz Deutschland, durch Städte und Dörfer, und überall stimmen sie nun mit ein. Die Arbeiter im Ruhrgebiet, die Schiffer vom Hamburger Hafen, die Holzfäller aus Oberbayern und der einsame Bauer oben an Masurens Seen. Hier kann keiner sich ausschließen, hier gehören wir alle zusammen, und es ist keine Phrase mehr: wir sind ein einzig Volk von Brüdern geworden... Berlin will nicht schlafen gehen, und mit dieser Riesenstadt zittert noch das ganze Reich in seligem Erbeben und wird sich der großen Stunde, die die Wende zweier Zeiten in sich schließt, bewußt... Die Sonne ist wieder aufgegangen über Deutschland!«[13] An jenem strahlenden Frühsommertag mögen das viele geglaubt haben, zumal sie es glauben wollten. Viel Nüchternheit wäre vonnöten gewesen, dieses Blendwerk zu durchschauen. Ebensoviel Phantasie, seine Massenwirkung auszumachen. Und noch mehr Mut, ihm zu widerstehen.

Am 2. Mai besetzten im ganzen Reich SA und SS die Gewerkschaftshäuser, beschlagnahmten das Gewerkschaftsvermögen und nahmen die Gewerkschaftsfunktionäre mit Leipart an der Spitze in »Schutzhaft« – wie es zynisch-beschönigend hieß. Goebbels hatte »ein paar Tage Krach« einkalkuliert. Es gab ihn nicht. Erleichtert notierte er: »Kein Zwischenfall. Bonzen verhaftet. Das geht wie am Schnürchen.«[14] Aus einer ohnmächtigen Demonstration der Arbeitermassen gegen die vormals herrschenden Verhältnisse war eine machtvolle Demonstration und Selbstdarstellung des neuen Regimes geworden. Die Nazis hatten aus einem internationalen Arbeiterkampftag einen arbeitsfreien nationalen Volksfeiertag »der Arbeit« gemacht, der die Arbeiter einzuschließen vorgab, aber zugleich gegen ihre Organisation zielte – eine verwirrende Situation. Sie erschien verheißungsvoll und bedrohlich zugleich. Auch deshalb war es nicht leicht zu erkennen, daß den Arbeitern kein neuer Maitag geschenkt, sondern ihnen der alte genommen wurde.[15] Daß faschistische Herrschaftspraxis Gewalt und schöner Schein war, daß sie Politik in Terror und Ästhetik rückverwandelte, zeigte sich kaum irgendwo konzentrierter als am 1. und 2. Mai 1933.

Nachdem der 1. Mai zum »Nationalen Feiertag des deutschen Volkes« erklärt worden war, erhielt er in der Folgezeit einen stärker nationalen oder »deutschen« Anstrich. Besonders Rosenberg war daran gelegen, ihn als »Frühlingsfest« zu gestalten, mit Maibaum, Maikönigin und Maikönig, als »symbolischen Tag, da die Schöpferkräfte der Natur hervorschießen, von denen die deutschen Lieder singen«. So sollte der 1. Mai zum »Sinnbild für das neue Deutschland« werden, in dem das verhaßte »marxistische Zeitalter« ausgelöscht war, aber »auch sein bürgerliches Gegenspiel«. Soweit wollten nicht alle gehen. Über die altgermanischen »Urvoraussetzungen deutschen Lebens« geriet nur eine völkische Minderheit ins Schwärmen.[16] Robert Ley brachte den Inhalt der politischen Werbung dieses Tages auf eine zeitgemäßere und griffigere Formel: »Freut Euch des Lebens« gab er 1936 als Motto für die von »Kraft durch Freude« veranstalteten Volks- und Betriebsfeste aus.

Wie viele Zuschauer und Teilnehmer der stets besonders aufwendigen Berliner »Reichsfeier« erinnerten sich Mitte der dreißiger Jahre noch an die roten Nelken der republikanischen Arbeitermaifeiern? Wie vielen war noch der »Blut-Mai« von 1929 gegenwärtig, in dem es nach einem Demonstrationsverbot durch den Berliner SPD-Polizeipräsidenten Zörgiebel zahlreiche Tote, Verletzte und Hunderte von Verhaftungen gegeben hatte, besonders unter Kommunisten im »roten« Wedding? Und wie viele dachten noch an die Zerschlagung der Arbeiterorganisationen vor und nach dem 1. Mai 1933? In der überwältigenden Farbensymphonie aus Rot, Gold und Birkengrün auf der kilometerlangen, fahnengeschmückten Feststraße zwischen Deutscher Oper und Lustgarten schienen die blutigen und bedrückenden Bilder kaum vergangener Tage wie ausgelöscht. Die »schöne« Inszenierung dieser Maifeiern entpuppte sich gerade deshalb als so massenwirksam, weil sie die alten Klassenverhältnisse unkenntlich machte und die neuen brutalen Machtverhältnisse verdrängte.

Stand am 1. Mai die Überwindung der »inneren Zerrissenheit« zugunsten einer neuen deutschen »Volksgemeinschaft« im Mittelpunkt, so war das Erntedankfest der »Blut und Boden«-Ideologie verpflichtet. Sollte der Maifeiertag die Integration der Arbeiterschaft demonstrativ zum Ausdruck bringen, so stilisierten die NS-Regisseure das Erntedankfest zum »Ehrentag des Bauerntums«. Wie jener wurde auch dieser bald zum gesetzlichen Staatsfeiertag erklärt. Die zentrale Veranstaltung fand auf dem Bückeberg zwischen Hannover und Hameln statt. Sie gestaltete sich kaum weniger aufwendig und spektakulär als die Berliner Maifeier. Am 1. Oktober 1933 belief sich die Zahl der Landwirte, die mit Bussen und Sonderzügen in das kleine Weserstädtchen gebracht wurden, »nur« auf eine halbe Million. Bis Mitte der dreißiger Jahre stieg sie auf eine Million oder mehr.[17]

Das Gelände an den sanft abfallenden Hängen des Bückeberges war geschickt und gut überschaubar angelegt: mit riesiger Tribüne und breitem Mittelweg, der hinaufführte zu einem höher gelegenen und mit Feldfrüchten überladenen »Erntealtar«. Die Dekoration war wie immer verschwenderisch: Erntekränze, Blumenkörbe und das unverzichtbare Meer von Fahnen. Zahlreiche Musikkapellen und Chöre, Tanz- und Trachtengruppen sorgten auf dem Festplatz für kurzweilige Unterhaltung. Währenddessen war Hitler, der vormittags in Goslar Ehrendelegationen des »Reichsnährstandes« begrüßt hatte, im Auto zum Bückeberg unterwegs. Wenn schon nicht alle ihn dort erleben konnten, so sollten ihn doch möglichst viele an diesem Tag sehen. Hitler fuhr durch zahlreiche festlich geschmückte Dörfer und unter ungezählten Erntetoren hindurch, vorbei an Spalieren winkender Menschen. Salutschüsse kündigten sein Kommen an. Den langen Weg hinauf zur Höhe des Berges umdrängten ihn Frauen und Kinder. Nachdem er so »durch sein Volk hindurch«-gegangen war, wie er es selbst ausdrückte, nahm er schließlich die Erntekrone als Symbol für die von den Bauern der »Nation geschenkten« Ernte entgegen. Auch das noch.

Daß für die Nazis zum fruchtbaren Boden auch viel Blut gehörte, demonstrierten sie beim Erntedankfest 1935. Nach dem Bruch des Versailler Vertrages wurde in diesem Jahr erstmals ein Manöver der neuen Wehrmacht veranstaltet. Im Tal ratterten Maschinengewehre, donnerten Geschütze, und die Luft war voll Qualm und aufheulenden Flugzeugmotoren. Wieder einmal ließen Hitler und seine Regisseure das »Bild der im Glauben und Willen geeinten Nation« entstehen: im Innern befriedet, in ihrer Ernährung durch den deutschen Bauern gesichert und nach außen durch die neue deutsche Wehrmacht geschützt. In seiner Rede machte Hitler deutlich, daß er keineswegs nur an den Ertrag der Landwirtschaft und die Bauern dachte. Produktiv waren nicht nur sie: »Die Vorsehung hat es uns ermöglicht, in diesem Jahr nicht nur wirtschaftlich eine reiche Ernte einzubringen, sie hat uns auch noch mehr gesegnet...: Erstanden ist uns wieder die deutsche Wehrmacht. Erstehen wird die deutsche Flotte. Die deutschen Städte und die schönen Dörfer, sie sind geschützt, über ihnen wacht die Kraft der Nation, wacht die Waffe in der Luft. Weit darüber hinaus wollen wir aber noch für eine besondere Ernte danken: Wir wollen in dieser Stunde den Hunderttausenden und Hunderttausenden deutscher Frauen danken, die uns wieder das schönste gegeben haben, das sie uns schenken konnten: viel Hunderttausende kleine Kinder!...«[18]

Mit diesem Dank mußten sich die Frauen keineswegs begnügen. Sie erhielten einen eigenen Ehrentag, der ganz im Zeichen der NS-Bevölkerungspolitik stand. Erst im Vorfeld des Krieges fand er stärkere öffentliche Beachtung. Hitler nannte das Wochenbett ebenso drastisch wie selbstentlarvend das »Schlachtfeld« der Frau, deren Gebärfreudigkeit »Kampf für die Nation« sei und über deren Erhalt entscheide.[19] Den Auszeichnungen für sportliche Höchstleistungen oder militärische Tapferkeit vergleichbar, wurden kinderreichen Müttern Ehrenkreuze in Gold, Silber und Bronze verliehen. Vor allem im Krieg war es nötig, den Anteil der Frauen und Mütter am »Freiheitskampf des deutschen Volkes«, zu dem der Vielfrontenkrieg stilisiert wurde, gebührend herauszustreichen. Die Geburtenrate befand sich in einer Art Wettstreit mit der Gefallenenrate.

Zwar mußte der »heroischen« Zeit an diesem Ehrentag Rechnung getragen werden. Aber die Richtlinien sahen vor, dem Muttertag gleichwohl eine »frohe, lebensbejahende Grundstimmung« zu geben. Nicht Gefallenenehrung und Trauerstimmung waren gefragt, sondern heitere Besinnlichkeit, innere Entspannung und seelische Stärkung. Der Heimaturlaub der

Soldaten sollte bevölkerungspolitisch schließlich nicht umsonst sein. Und je mörderischer der Krieg wurde, desto größer wurde der Zwang, die Geburtenrate zu erhöhen.[20] Wie hatte sich Hitler doch während seiner »Tischgespräche« im Führerhauptquartier geäußert: »Wenn der deutsche Mann als Soldat bereit sein soll, bedingungslos zu sterben, dann muß er auch die Freiheit haben, bedingungslos zu lieben. Kampf und Liebe gehören nun einmal zusammen.«[21]

Dieses politisch-religiöse und heroisch-martialische Element kam erst dort zu seiner vollen Entfaltung, wo es um die Mythisierung der Kampfzeit ging. Dafür gab es gleich drei Anlässe. Aber nur einer von ihnen erreichte eine größere öffentliche Beachtung. Nicht die »Geburtsstunde des Reiches« am 30. Januar wurde zum herausgehobenen Ereignis. Der »Tag der Machtergreifung« konnte nur ein einziges Mal spektakulär als »Zeitenwende« inszeniert werden; er eignete sich nicht für eine wiederholte Inszenierung. Und die Parteigründung am 24. Februar schon gar nicht. Anders verhielt es sich mit dem Gedenktag für die »Gefallenen der Bewegung«. Eine »Groteske«, ein »Melodram«, wie Theodor Heuss schon früh treffend schrieb.[22] Die Nazis machten daraus ein »Heldenepos«. Wo es um Opfer und Märtyrer, um Kampf, Blut, Macht und die »Ewigkeit des Todes« ging, da waren sie in ihrem Element. Sie konnten völkisch-religiöse Lebensfeiern arrangieren, Massenaufmärsche organisieren und Volksfeste inszenieren, aber hier vollbrachten sie eines ihrer theatralisch-schaurigen Meisterstücke.

In München, der »Hauptstadt der Bewegung«, waren bis November 1935 neben den Parteibauten am Königsplatz unter der Regie des Architekten Paul Ludwig Troost zwei klassizistische »Ehrentempel« errichtet worden. Am Vorabend des 9. November hielt Hitler vor den »alten Kämpfern« im Bürgerbräukeller seine Gedenkrede. Nach weitschweifigen Ausführungen zur Geschichte der Partei und nach vieldeutigen Verklärungen jener historischen Ereignisse kam er schließlich auf die »Blutzeugen der Bewegung« selbst zu sprechen: »Andere Generationen, die lernen von Heldensagen, von Heldenzügen. Wir haben diese Sage gelebt und sind mit im Zug marschiert... So wie es bei mir feststand, daß, wenn mir das Schicksal einmal die Macht übergeben wird, ich diese Kameraden aus ihren Friedhöfen herausholen und sie ehren und der Nation zeigen werde,... so habe ich ihn (meinen Entschluß, d.V.) nun erfüllt. Sie gehen jetzt ein in die deutsche Unsterblichkeit. Damals, da konnten sie das heutige Reich noch nicht sehen, nur ahnen... Nachdem sie dieses Reich nicht mehr erleben und nicht mehr sehen durften, werden wir dafür sorgen, daß dieses Reich sie sehen wird. Und deshalb habe ich sie in keine Gruft gelegt und in kein Gewölbe verbannt. Nein, so wie sie damals mit offener Brust marschierten, so sollen sie jetzt in Wind und Wetter, bei Sturm und Schnee unter Gottes freiem Himmel liegen...«[23] Das war nicht ganz wörtlich zu nehmen und wäre den Gebeinen auch kaum gut bekommen. Sie wurden dauerhaft und »würdig« aufgebahrt, in bronzenen Sarkophagen, zunächst in der mit braunem Tuch ausgeschlagenen Feldherrnhalle vor sechzehn lodernden Flammenschalen. Gegen Mitternacht kam Hitler im offenen Wagen stehend durchs Siegestor und fuhr – vorbei an SA- und SS-Einheiten – über die Ludwigstraße zum Odeonsplatz. Wie ein Herrscher im Totenreich, in einer von flackerndem Fackelfeuer geisterhaft erhellten nächtlichen Kulisse. Minutenlang verharrte er in »stummer Zwiesprache« vor jedem der sechzehn Sarkophage. Danach zogen Tausende von SA- und SS-Männern schweigend an den längst zu »Märtyrern der Bewegung« stilisierten Toten vorbei.[24]

Erst am nächsten Tag wurden die Särge in die »Ehrentempel« überführt. Wiederum begann der Marsch beim Bürgerbräukeller. In München ruhte die Arbeit. Zehntausende säumten die Straßen. Das »Menschenmeer« war umgeben von einem roten »Fahnenwald« und rot umhüllten Pylonen, die in großen goldenen Buchstaben die Namen der »Gefallenen« trugen. In permanentem Wechsel mit dem Horst-Wessel-Lied wurden sie durch die Lautsprecher ausgerufen. An der Feldherrnhalle schlossen sich dem Zug mit Hitler und dem »alten Führungskorps« an der Spitze die Repräsentanten der Wehrmacht an. So wurde die Geschichte gleichsam symbolisch korrigiert. Denn 1923 war hier der Marsch der Putschisten durch die Reichswehr gewaltsam gestoppt worden. Schließlich erfolgte auf dem Königsplatz der »letzte Appell«, ein Zeremoniell, das Goebbels der Totenehrung bei den italienischen Faschisten abgeguckt hatte.

Aber die intensive Wirkung, die von der nächtlichen Totenzeremonie ausgegangen war, wurde an jenem trüben Novembertag offenbar nicht noch einmal erreicht. Selbst Goebbels, der doch bei wagnerianischer Theatralik so leicht ins Schwärmen geriet, war in seinem Urteil eher zwiespältig: »Es regnet in Strömen. Endloses Warten. Wir Norddeutschen stehen ganz hinten. Vorne die Münchener. Der Lokalpatriotismus tobt. Laß sie, sie haben ja sonst nichts! Endlich Abmarsch...« Als aber die »Blutzeugen« die »Ewigen Wachen« bezogen, war das auch für ihn »ein großer herrlicher Augenblick«.[25]

Auch hier machte der »Glanz für den Tod Reklame« (Adorno). Wieder einmal zogen die NS-Feiertagsregisseure alle Register, adaptierten unterschiedliche Formen und Traditionen und fügten sie nach Belieben zusammen: Todesverklärung und Ahnenverehrung, nationale Opferbereitschaft und soldatischen Mythos, »Blutweihe«, Feuerkult, Licht- und Dunkelsymbolik und militärisches Ritual. Das Vorbild der katholischen Fronleichnamsprozession war ihnen ebenso willkommen wie die shintoistische Verbindung von politischer und religiöser Funktion im japanischen Gottkaiser. Totensonntag und Allerheiligen sollten mit der Zeit überflüssig werden. Was lag in der Verklärung des Untergangs – auch des eigenen – schließlich näher, was war angesichts der Millionen Kriegstoten konsequenter, als den 9. November kurz vor dem Ende zum »allgemeinen Totengedenktag« zu erklären?

Doch wo die Nazis vorgaben, der Toten zu gedenken, verdrängten sie bloß den Tod. Sterben, zumal fürs Vaterland, stilisierten sie zur »Ewigkeit« des Heldenlebens, zum Todeskitsch. Inzwischen hatte jedoch die Realität des Kriegsinfernos alle Theatralik und Symbolik überholt und entwertet. Die Perversion in der Nazifizierung christlicher Traditionen und Glaubenselemente wurde nun offenkundig. Zehn Jahre zuvor hatte Hitler das »Blut der Gefallenen« seiner Bewegung zum »Taufwasser für das Reich« stilisiert. Jetzt versank es in der Selbstzerstörung. Die nazistischen »Stimmungstechniker« hatten stets vorgegeben, »das Leben zu feiern«. Aber der schöne Schein hatte sich längst als trügerisch erwiesen. Indem sie ihre Vorstellung vom Leben an apokalyptische Visionen knüpften, konnten sie es nur noch »pathetisch entwerten«.[26]

Ästhetisierung des Außergewöhnlichen: Die SS

In seinem Roman *Der Pfahl im Fleische* (1948) beschreibt Jean-Paul Sartre, pronazistischer Sympathien ganz unverdächtig, die Wahrnehmung und erotischen Empfindungen eines jungen Franzosen beim Einmarsch der deutschen Wehrmacht im Juni 1940 in Paris:

> »... sein Herz schlug bis in die Schläfen, und er sah *sie*... sie streiften ihn mit ihrem ausdruckslosen Blick, und andere kamen nach ihnen, andere genau solche Engel, die ihn genauso ansahen. Daniel hörte in der Ferne Militärmusik, es kam ihm vor, als füllte sich der Himmel mit Fahnen... Er hatte keine Angst... er dachte: Unsere Besieger! Und Wollust umfing ihn. Er erwiderte kühn ihren Blick, er konnte sich nicht satt sehen an diesen blonden Haaren, diesen wettergebräunten Gesichtern, in denen die Augen wie Gletscherseen wirkten, an diesen schmalen Hüften, diesen unglaublich langen und muskulösen Schenkeln. Er murmelte: Wie schön sie sind!... Engel des Hasses und des Zorns... Das sind die neuen Richter, dachte er, das ist das neue Gesetz! Eine unerträgliche, köstliche Erregung stieg ihm von den Schenkeln in die Schläfen; er sah nicht mehr ganz klar, er wiederholte ein wenig keuchend: Wie in Butter – sie dringen in Paris ein wie in Butter... sie werden uns Böses antun, die Herrschaft des Bösen bricht an, welche Wonne!«[27]

Bloß eine fiktive Geschichte? Ein verwirrter Einzelfall dazu? Kaum. Für viele war und ist Faschismus die ästhetische Erfahrung des Außergewöhnlichen. Vor und nach 1945. Im Film und auf der Bühne, im Roman und in der Realität, in der Erinnerung und in der obsessiven Nachgestaltung. Immer wieder sind Glauben und Gehorsam, körperliche Schönheit und Gewalt, Kampf und Tod, Licht und Feuer zum Thema gemacht worden: von Leni Riefenstahl und Albert Speer, von Ernst von Salomon und Ernst Jünger, von Hans-Jürgen Syberberg und Rainer Werner Fassbinder, von Jean Genet und Michel Tournier, von Yukio Mishima und Marguerite Yourcenar, von Luchino Visconti und Liliana Cavani.[28]

Dabei ist es kein Zufall, daß sich die Obsessionen dieses Diskurses und die mit ihm einhergehende Vermarktung von Todeskitsch, Gewaltkult und sexuellen Phantasien vor allem mit der SS verknüpfen. So groß die Bedeutung des Soldatischen im allgemeinen war, so außerordentlich war die der SS. Hitlers Schutzstaffel stieg aus unbedeutenden Anfängen zu jener ordensähnlichen militärischen Elitegemeinschaft auf, die dazu bestimmt schien, »nicht nur an Gewalttätigkeit, sondern auch an Schönheit alle anderen [zu] übertreffen«. Sie erschien als »Aristokratie des Nationalsozialismus« (Bernd Wegner), als »die ideale Verkörperung des offenen Anspruchs des Faschismus auf das Recht zur Gewalt als ehrbarem Mittel..., auf das Recht der unbegrenzten Macht über andere und deren Behandlung als in jeder Hinsicht Minderwertige«.[29] Der schwarze Orden unterm Totenkopf gilt seit den Tagen des Dritten Reiches als die Inkarnation des Bösen schlechthin. Das Außergewöhnliche seiner Schreckensherrschaft und seines äußeren Erscheinungsbildes erschwert die analytische Distanz und erregt bis heute die – nicht zuletzt sexuellen – Phantasien der Nachwelt.

Jede Beschäftigung mit der SS sieht sich einem höchst heterogenen Erscheinungsbild gegenüber. Hinzu kommt, daß die Geschichte der SS ebenso kurz wie verheerend war. Die »Schutzstaffel« bestand knapp zwanzig Jahre. Davon stand sie die ersten Jahre ganz im Schatten der SA. Erst als sie diese auf Geheiß Hitlers und unter dem Druck der Reichswehr ausgeschaltet und damit zugleich den Übergang von der Bewegungs- zur Regimephase vollzogen hatte, begann der rasante Aufstieg und Ausbau dieser mächtigsten NS-Organisation zum SS-Staat: mit Sicherheitsdienst und Gestapo, mit Ahnenerbe, Lebensborn und Rasse- und Siedlungshauptamt, mit Waffen-SS und Reichskommissar für die Festigung des deutschen Volkstums, mit den SS-Totenkopfverbänden und Wirtschaftsunternehmen. In wenigen Jahren wurde aus einer Art Parteipolizei und aus Hitlers Leibgarde eine bürokratische, geheimdienstliche, militärische und wirtschaftliche Macht, die über weite Teile des von Deutschland besetzten Europas eine Schreckensherrschaft ohnegleichen errichtete und sich schließlich – vergeblich – als neue Elite eines »germanischen Europa« zu etablieren suchte.[30] So entstand ein ebenso bizarrer wie widersinniger Männerorden, der Idealisten und Verbrecher anzog, Karrieristen und Romantiker, und der zu einem Sammelbecken all derer wurde, »die sich nicht einordnen konnten und wollten in ein ruhiges, friedliches, ›ziviles‹ Leben ...«; der »zur Bruderschaft derer [wurde], die nur existieren konnten im Rausch der Macht, im Gefühl des ›Gefährlich-Lebens‹ im Protest gegen die kleine Sehnsucht der Umwelt, ein Stückchen Glück und ein wenig Ruhe ihr eigen zu nennen«.[31]

Für die Verklärung von Gewalt mußte die SS zu einem Eliteorden stilisiert werden. Das kam nicht nur in der Ideologie und Hierarchie dieser Organisation zum Ausdruck, sondern auch in der Sozialstruktur ihrer Mitglieder, ihrem äußeren Erscheinungsbild und ihrem öffentlichen Auftreten. Mit schwarzen Uniformen, schwarzen Stiefeln und weißen Handschuhen gab die SS ihrem äußeren Bild einen Anflug von Exzentrik und steigerte ihren elitären und radikalen ideologischen Anspruch ins Dramatische und Bedrohliche.[32] Sie überrundete die SA nicht nur machtpolitisch. Das Ordensschwarz drängte auch das plebejische Braun der SA-Bataillone zurück.[33] Hinzu kam ein verwirrendes System von abgestuften Rangzeichen und symbolischen Signaturen, mit denen die SS-Führer von den Mannschaften deutlich unterschieden wurden. Als ob diese Kennzeichen noch nicht ausreichten, führte Himmler drei zusätzliche Ehrensymbole ein: den Totenkopfring, den Dolch und den Degen. Während der Dolch recht willkürlich an die höheren SS-Führer verliehen wurde, war der Ehrendegen die höchste SS-Auszeichnung. Wer ihn bekam, gehörte zum innersten Kreis der SS.

Das mochte dieser militärischen Elitegemeinschaft einen aristokratischen Ausdruck verleihen und ihrer Gewaltausübung den Anschein einer höheren Legitimität. Die Phantasie hierarchiegläubiger Menschen wurde allemal beschäftigt. Diese »Maskerade des Bösen« – wie Dietrich Bonhoeffer die Dekoration des schwarzen Ordens einmal genannt hat – versetzte die Verfolgten in ganz Europa in Angst und Schrecken. Zugleich befriedigte sie die geheimen Sehnsüchte all derer, die vom Exotischen, Außergewöhnlichen, Verbotenen und Verbrecherischen magisch angezogen wurden. Der neue Mensch im rassistischen Leitbild der Nazis sollte Herr sein über »Tod und Leben«, wie Hitler gelegentlich erklärte. Dem entsprach unter den NS-Führern kaum einer so wie der zweitmächtigste Mann in der SS-Hierarchie: Reinhard Heydrich. Seine Umgebung nannte ihn »mit einer Mischung aus Schrecken und Bewunderung ›die blonde Bestie‹«. Für Carl Jacob Burckhardt war er »ein junger böser Todesgott«.[34]

Die SS begnügte sich weder mit dem »schönen Schein« des Schreckens noch mit der bloß äußeren Nobilitierung. Sie bemühte sich darüber hinaus nach Kräften um soziales Prestige, um qualifizierte Führungskräfte und finanzielle Mittel.[35] Bis 1933 war sie vor allem geprägt von ehemaligen Freikorpsleuten, »alten Kämpfern« und in der Wirtschaftskrise beruflich gescheiterter Intelligenz. Danach strömte der Adel in großer Zahl in ihre Reihen. In den oberen Rängen des SS-Führerkorps – vom Standartenführer (Oberst) bis zum Obergruppenführer (General) – saßen Ende der dreißiger Jahre zwischen 10 und 20 Prozent Adlige. Noch darüber lag der Anteil der Akademiker: Immerhin hatten 30 Prozent aller SS-Führer ein Universitätsstudium absolviert. In der Gesamtbevölkerung waren das nur 3 Prozent. Weitaus stärker als in anderen NS-Organisationen bestimmten Kaufleute und freiberufliche Akademiker, insbesondere Juristen, das soziologische Bild der SS. Sie sollten dem schwarzen Orden zu bürgerlicher Respektabilität verhelfen. Hier entstand jener Typ des intellektuellen und unsentimentalen SS-Technokraten, den vom »Schützengraben-Sozialismus« der SS-Veteranen ebensoviel trennte wie vom »kleinbürgerlich-vulgären Nationalsozialismus der Kampfzeit«. Intelligent und illusionslos schien er »kaum noch einer Ideologie verschrieben, außer jener der Macht«.[36] Darüber hinaus rekrutierte sich die SS, zumal die Totenkopfverbände, auch aus der ländlichen Bevölkerung. Dabei spielten die ländlichen Reitervereine eine besondere Rolle. Reichswehroffiziere kamen ebenfalls in großer Zahl zur SS. Ihr Sozialprestige suchte Himmler nicht zuletzt durch Verleihung des SS-Ehrenführer-Titels an hohe Beamte, Diplomaten und Wissenschaftler aufzubessern, ihre Finanzen durch die Einrichtung des »Freundeskreises Reichsführer-SS«. Ihm gehörten spendenfreudige Großunternehmen und Großbanken an, vertreten durch einflußreiche Industriebosse und Wirtschaftsmanager.

Je größer die SS wurde und die Zahl ihrer fördernden Mitglieder und je mehr sie sich organisatorisch ausdifferenzierte und in ihrem Aufgabenbereich ausdehnte, desto stärker stand ihre innere Geschlossenheit und ihr exklusives Profil in Frage. Die Klagen aus den eigenen Reihen mehrten sich, daß Rangabzeichen und Uniform immer weniger über die Einstellung, die Führungseigenschaften und die Leistungsfähigkeit des jeweiligen SS-Mannes aussagten. Es kam zeitweilig zum Eintrittsstop und auch zu umfassenden »Säuberungen«. Einige zehntausend SS-Angehörige wurden ausgeschlossen. Besonders scharf ging Himmler dabei gegen Homosexuelle vor. Und was die sozialstrukturelle Selektion nicht erreichen konnte und die Soziologie der Organisation nicht bot, das mußten Rituale und Konventionen wettmachen, Ideologie, Image und Mentalität. Dafür stand ein ganzes Arsenal von historischen und aktuellen Versatzstücken bereit. Es reichte von frühgermanischen über mittelalterliche bis hin zu friderizianischen Vorbildern. Was immer die SS aufgriff und in deutschtümelnder Umdeutung ihrer Ideologie einverleibte, ihr spezifisches Profil fand sie im national- beziehungsweise konterrevolutionären Leitbild des »politischen Soldatentums«. Mit ihm verknüpften sich antichristlich-religiöse Vorstellungen, die entscheidend zur Radikalisierung und zur Kompromißlosigkeit des rassistischen Feindbildes beitrugen.[37]

So erbittert Himmler gegen die christliche Kirche kämpfte, so ausgeprägt war der religiöse Impuls, der die SS zu einer Ordensgemeinschaft machen sollte. Nicht zufällig wurde Himmler gelegentlich als »schwarzer Jesuit« verspottet. In seinen mystischen Phantasien und ostkolonisatorischen Ambitionen war der Deutsche Ritterorden allgegenwärtig. In der SS, jedenfalls in ihrem Führerkorps, sah er eine »Ritterschaft«, einen »neuen Adel«. Für diesen führte er nicht nur allerlei Rangabzeichen ein, Symbole und Auszeichnungen. Für diesen ließ er nicht nur die Ahnenerbe-Forscher auf altgermanische Spurensuche gehen. Für diesen fand er auch eine angemessene Behausung: die nahe Paderborn gelegene Wewelsburg, deren Geschichte in die Zeit der Sachsenherrschaft zurückreicht. Hier sollten Himmlers Gralsritter ihre Zusammenkünfte abhalten. Für ihr Ende hatte er schon vorgesorgt: Im Kellergewölbe unter dem Speisesaal befand sich die Kultstätte der SS, »das Reich der Toten«, mit den Urnen verstorbener Obergruppenführer.[38]

Während der deutsche Ordensstaat offiziell in der politischen Ideologie der SS verankert war, hatte das Vorbild des Jesuitenordens, an dem sich innere Struktur und Binnenleben der SS orientieren sollten, mehr informellen Charakter. Gleichwohl kann man in der SS-Ideologie eine Art Ordensideologie und Glaubensbekenntnis erkennen. Sie bestand aus mehreren Elementen: der Doktrin des unbedingten Gehorsams und der ewigen Treue, dem Kult des Kampfes und der Organisation, sowie dem Dogma des rassistischen Feindbildes.

Zur operativen Anwendung und Kontrolle dieser Ordensideologie entstand ein dichtes Netz von Ämtern und Hauptämtern, Disziplinvorschriften und Dienstordnungen. Auf der Grundlage einer am Idealbild des »nordischen Herrenmenschen« ausgerichteten »Rassentabelle« wurde die Auswahl und Aufnahmeprüfung der SS-Bewerber kontrolliert. Ein Ritual von Prüfungen, Schwüren, Diensten und Bewährungsproben schloß sich an. Erst hier wurde endgültig über die Aufnahme des Kandidaten in den Orden entschieden. Aber damit mochte sich die SS-Führung nicht begnügen. Die Rituale und Rangordnungen, Konventionen und Symbole bestimmten das gesamte Binnenleben der Organisation. Ihren elitären Status versuchte die SS zudem in einem eigenen Ehrenkodex und in einem Sonderrecht zum Ausdruck zu bringen. Über dieses wachte eine Art »ständische« Sondergerichtsbarkeit. Im Sonderrecht wurde ein »Fossil aristokratischer Selbstüberhebung« wiederbelebt: das Duell.[39] Die Abkehr vom Christentum stellte den Versuch dar, eine germanisch-mystische Gottgläubigkeit zu installieren, eine Gegenkirche mit eigenen Feiertagen und religiösen Ritualen. Mit der Annahme eines siegreich beendeten Krieges schließlich verknüpfte sich nicht nur der Plan, im besetzten Osten Wehrdörfer zu errichten, sondern auch die Wunschvorstellung, in Burgund einen eigenen SS-Staat aufzubauen.[40]

Dieses Geflecht von ständischen, männerbündischen und kultischen Elementen, von Konventionen und Symbolen, von militärischen Rangordnungen und religiösen Ordensregeln war deshalb so wichtig, weil es der SS zu jenem elitären Profil und zu jener inneren Geschlossenheit verhelfen sollte, die sie – im Konkurrenzverhältnis zwischen Partei und Wehrmacht – anstrebte. Ihre ideologischen Grundlagen reichten dafür jedoch kaum aus. Die Weltanschauung der SS war im wesentlichen nicht mehr als »eine Synthese aus germanischem Heidentum, Re-Interpretation des Alten Testaments und okkulten und rituellen Elementen«.[41] Was der Ideologie an Prägnanz fehlte, mußte daher das Image wettmachen. Vordringlicher als die Frage der Legitimität ihres mörderischen Tuns war die Mentalität der Ordensmitglieder, die dieser Aufgabe gewachsen sein sollten. Wichtiger als jede Art von theoretischer Schulung war das am Leitbild des »politischen Soldaten« ausgerichtete mentale Training. Schließlich kam es auf den Vollzug der Weltanschauung an, auf den entscheidenden Schritt von der Tatgesinnung zur Gesinnungstat.[42]

Gewiß, die expansionistische Rassen- und Lebensraumideologie, die daraus abgeleiteten Ziele und Feindbilder und die zu einer Gegenmoral umgedeuteten Ideale und Verhaltensnormen bildeten so etwas wie den theoretischen Überbau dieser Organisation. Aber wichtiger als das Was war das Wie. Werner Best, der bald zu einem der ranghöchsten SS-Führer und NS-Juristen aufsteigen sollte, schrieb schon 1930 in einem von Ernst Jünger herausgegebenen Sammelband: »Die Sittlichkeit der neuen Haltung kann kein ›was‹ vorschreiben, weil sie kein solches kennt. Sie ist nicht auf ein Ziel eingestellt... Jeder Augenblick stellt den vorhergehenden wieder in Frage. Kein Wert, für den jeweils gekämpft wird, hat Anspruch und Aussicht auf Sicherheit und Dauer. So bleibt als Maß der Sittlichkeit nicht ein Inhalt, nicht ein was, sondern das Wie, die Form.« Hier wird einmal mehr deutlich, daß die Handlungsnormen im NS-Regime in hohem Maße ästhetizistisch und voluntaristisch geprägt waren. Denn weiter heißt es bei Best: »Auf den guten Kampf kommt es an, nicht auf die ›gute Sache‹ und den Erfolg. So ersteht aus realistischer Bejahung der Wirklichkeit eine heroische Sittlichkeit; deshalb mag... die den Nationalsozialismus tragende innere Haltung als heroisch-realistische gekennzeichnet werden.«[43] Ernst Jünger brachte in demselben Buch diese Ideologie auf die bündige Formel: »Nicht wofür wir kämpfen ist das wesentliche, sondern wie wir kämpfen.« Und der Franzose René Quinton schrieb wenig später: »Das Heldentum ist das Glück des Hingerissenseins aus Freude am Kampf« und »das Unmögliche ist der Sinn des Heldischen«.[44]

Die Mentalität des »politischen Soldaten«, der ein »unmöglich« nicht kennen durfte, kennzeichnete indes nicht nur diese Einstellung zum Kampf. Weitere Merkmale kamen hinzu. So vor allem Gehorsam ohne Einsicht, bedingungslose Treue, Härte als körperliche Abhärtung, aber auch als Verhärtung gegenüber allen mitmenschlichen Empfindungen, Verachtung alles »Minderwertigen«, ja, Geringschätzung des Lebens überhaupt, des eigenen wie des fremden. »Den Tod zu geben und zu nehmen«, wurde auf den SS-Junkerschulen gelehrt.[45] In Himmlers berühmt-berüchtigter Posener Rede vor SS-Gruppenführern von Anfang März 1943 heißt es u. a.: »Ehrlich, anständig, treu und kameradschaftlich haben wir zu Angehörigen unseres eigenen Blutes zu sein und sonst zu niemandem.«[46] Die Härte richtete sich allerdings auch gegen jene, die als Schwächlinge galten, und gegen jene, die noch nicht richtig zur Ordensgemeinschaft gehörten, die Rekruten. Demgegenüber waren die, die dazugehörten, durch soldatische Kameraderie geschützt und zugleich ihr ausgeliefert. Denn sie milderte den Rigorismus der dem Anspruch nach unnachsichtigen Härte durch das Prinzip gegenseitiger Zugeständnisse, ohne daß deshalb nach außen die Fiktion einer heroisch-elitären Existenz des SS-Mannes in Frage gestellt wurde. Aber sie nahm dem einzelnen auch die Würde seiner individuellen Eigenständigkeit.[47]

Schon früh hatte Hitler Rauschning im Gespräch erklärt, daß der Nationalsozialismus mehr sei als eine soziale Bewegung und eine politische Religion. Er war offensichtlich von der Vorstellung besessen, einen neuen Menschentypus zu schaffen. »In meinen Ordensburgen wird eine Jugend heranwachsen, vor der sich die Welt erschrecken wird. Eine gewalttätige, herrische, unerschrockene, grausame Jugend will ich... Es darf nichts Schwaches und Zärtliches an ihr sein... In meinen Ordensburgen wird der schöne, sich selbst gebietende Gottmensch als kultisches Bild stehen und die Jugend auf die kommende Stufe der männlichen Reife vorbereiten.«[48] Und Rauschning selbst brachte das auf die Formulierung: »Diese Jugend... sieht als den Sinn des Lebens die Gefährlichkeit, als Aufgabe die Herrschaft, als Mittel die Gewaltsamkeit und als Ziel das umfassende totale Imperium der Welt.«[49]

Im Leitbild des »politischen Soldaten« waren überkommene

normative Begrenzungen und rollenspezifische Differenzierungen aufgehoben. In ihm verband sich die Frontkämpferideologie des Weltkrieges und die nationalrevolutionäre Tendenz der Weimarer Jahre mit militärischer Professionalität und politischem Führertum.[50] In ihm vollzog sich die Ablösung des Politischen aus einem normativ-vorstaatlichen Rahmen. Zugleich löste sich das Kämpferische vom Militärischen. Der »politische Soldat« wurde der »politische Aktivist als solcher«.[51] Er war Ausdruck und Protagonist einer »Radikalisierung der Gemeinschaftssehnsucht«, einer »Entgrenzung des Nationenbegriffs«, einer »Entbindung der Autoritätsgläubigkeit« aus traditionellen herrschaftlichen Verhältnissen, einer »Subjektivierung des Kampferlebnisses« und nicht zuletzt der Technisierung und Industrialisierung des Krieges.[52]

Während das traditionelle, bürgerlich-konservativ gefärbte Paradigma des Militärischen »durch eine eigentümliche Mischung aus Aggressivität und Zurückhaltung« geprägt war[53], bildete sich in der SS – jenseits aller Unterschiede zwischen ihren verschiedenen Gliederungen – der Typus des »Verschworenen eines politisch-militärischen Ordens« heraus.[54] Auch zur SA war der Abstand unverkennbar. Idealtypisch gesehen war der SA-Mann ein kleinbürgerlicher »Rebell im Rahmen der bürgerlichen Ordnung«. Er revolutionierte gegen sie nur, um seine soziale Lage zu verbessern. Das Leben in der Ordensgemeinschaft stand dagegen unter einem eigenen Gesetz. Die Anti-Kirche machte Ernst mit der Herauslösung ihrer Mitglieder aus überkommenen klassengesellschaftlichen und lebensweltlichen Bindungen: »Du bist nichts, der Orden ist alles«, war die Devise. Was im einzelnen auch immer über die Angehörigen der Waffen-SS und der Totenkopfverbände gesagt werden kann, zwei Grundzüge waren ihnen wohl gemeinsam: sie waren innerlich »Heimatlose« und »Militante«, bereit, allein »für die Idee zu töten«.[55]

Insofern erscheint die SS als der extremste und grausamste Ausdruck für das, was den Nationalsozialismus überhaupt charakterisiert: reaktionäre Modernität. In dieser militärisch-rassistischen Ordensgemeinschaft verbündete sich ein antimoderner Romantizismus mit einem hochmodernen Technizismus. Nicht zu Unrecht hat man die SS eine »bizarre, exklusive

Bruderschaft« genannt, »in der sich Sektenfanatismus, feudalistische Lebensgewohnheiten und romantischer Germanenkult mit modernem politisch-wirtschaftlichem Management und kaltblütigster Staatsräson zu einem seltsamen Gemisch vermengten«.[56] Diese NS-Organisation war eine höchst widersprüchliche »Synthese des Uralten und des Modernsten«.[57] Wie keine zweite erschien sie als eine Gemeinschaft der Auserwählten und des Außergewöhnlichen. Ihr Profil verdankte sie dem Schreckenseffekt und dem utopischen Charakter ihrer Existenz. Aber statt eine »utopische Moral« zu verkünden, wie das die sozialistische Avantgarde getan hatte, suchte sie einer »utopischen Ästhetik« Ausdruck – und mörderische Geltung zu verschaffen.[58]

Diese Utopie hatte zwei Seiten. Hier das rassistische Leitbild asexueller Schönheit, physischer Vollkommenheit und Überlegenheit des »nordischen Herren-Menschen«. Mit ihm wurde das durch die Moderne verunsicherte und bedrängte Bündnis von Nationalismus und bürgerlicher Moral zugleich erweitert und radikalisiert. Die Grenze zwischen Normalität und Abweichung konnte nun schärfer gezogen werden, die Unterschiede zwischen den Völkern konnten sichtbar gemacht und darüber hinaus auch noch als natürlich und unwandelbar ausgegeben werden. Das lief auf eine ästhetizistische, politische und naturwissenschaftliche Stereotypisierung und Stigmatisierung zugleich hinaus. Der Nationalsozialismus faßte alle zusammen: Juden und Homosexuelle, Geisteskranke und Gewohnheitsverbrecher, Kommunisten und Zigeuner – zu einer »verfluchten Rasse« von Außenseitern, auf die der Tod wartete.[59] Denn die andere Seite jener utopischen Ästhetik waren die »politischen Soldaten« der SS, die diese Vision des Schreckens und den Schönheitskult nicht nur verkörpern, sondern auch verwirklichen sollten. Dem mörderischen Exzeß ging der ästhetische voraus.

7. Kapitel
Arbeit und Freizeit

Auf einer Tagung der Reichsarbeitskammer Ende November 1936 erklärte der Reichsleiter der Deutschen Arbeitsfront (DAF), Robert Ley, vor DAF-Funktionären: »Es ist unsere Aufgabe, wenn wir auf der einen Seite von den Menschen mehr Arbeit verlangen, mehr Einsatzbereitschaft und damit auch mehr Opfer, alles zu tun, zu denken und zu erforschen... was wir ihnen dafür auf der anderen Seite für Erleichterungen schaffen können. Das ist ebenso notwendig, denn wenn man von einem Volk nur Opfer verlangt – das hat uns der Krieg mit unerhörter Deutlichkeit gezeigt: aushalten, aushalten, durchhalten, durchhalten! –, so ist das alles ganz schön; es gibt aber für jeden Menschen ein Ende der Belastungsprobe und für ein Volk natürlich auch... Da gibt es eine Grenze, und wenn (die)... erreicht ist, dann bricht das eben. Und die war bei uns eben 1918 da am 9. November...«[1]

Das war nicht die einzige Konsequenz, die die Nazis aus dem »Trauma« des 9. November zogen. Sie dachten nicht zuerst an Erleichterungen, wenn es um die Arbeiterschaft ging. Zu groß war der Haß auf die »Novemberverbrecher«. Zu tief saß die Angst vor den »Roten«. Die von der republikfeindlichen »Rechten« in die Welt gesetzte Dolchstoßlegende bestimmte ihre Wahrnehmung. Zunächst mußte der »Verrat« vom November 1918 gerächt werden. Deshalb hatte nach der Machtübertragung die Zerschlagung der Arbeiterparteien und Gewerkschaften höchste Priorität. Zugleich wußten die Nazis, daß sie ihre Herrschaft, sollte sie dauerhaft sein, nicht bloß auf Angst und Schrecken gründen konnten. Sie mußten vielmehr versuchen, die Arbeiter so weit wie möglich für sich zu gewinnen, wenigstens ihr Wohlverhalten zu erreichen, und sie wenn möglich zur Anpassungs- und Leistungsbereitschaft zu motivieren. Denn ohne die Arbeiterschaft war die gigantische Aufrüstung nicht zu realisieren und gegen ihren Widerstand schon gar nicht. Entsprechend vielfältig und widersprüchlich waren die Strategien des NS-Regimes zur »Bändigung der Arbeiterklasse« (T. Mason). Terroristische Repression stand neben der Bereitschaft zu Konzessionen. Der Versuch, durch Spaltungen innerhalb der soziokulturell nicht-homogenen Arbeiterschaft die Solidarität der Arbeiterklasse weiter zu schwächen und ihr zumindest latentes Widerstandspotential zu neutralisieren, ging einher mit dem Bemühen, die Arbeiter durch gezielte Gratifikationen zu integrieren. Ob durch Wohlfahrt und sozialpolitische Regulierung – wichtigstes Beispiel dafür ist das groß aufgezogene »Winterhilfswerk« (WHW)[2] – oder durch kulturelle »Betreuung« – jene breit gefächerten Aktivitäten, die der Intention und Logik eines »inhumanen Akkusativs«[3] folgten und für die innerhalb der DAF eine große Zahl von Ämtern und Organisationen eingerichtet wurde.

Das Verhältnis von NS-Regime und Arbeiterschaft hat man lange Zeit ziemlich einseitig gesehen und bewertet. Konservativere Autoren folgten im wesentlichen der Selbstdarstellung des Regimes, wonach es diesem gelungen sei, die Arbeiter in erheblichem Umfang in die »Volksgemeinschaft« zu integrieren. Demgegenüber gingen progressivere Wissenschaftler von der fortgesetzten Unterdrückung der Arbeiterschaft aus, um vor diesem Hintergrund die vielfältigen Formen ihres Protestverhaltens hervorzuheben.[4] Mit dieser Interpretation verband sich problemlos die ebenfalls seit langem vertretene Auffassung, daß die NSDAP als Massenbewegung vor allem kleinbürgerlich-mittelständisch geprägt war. Neuere wahlsoziologische Untersuchungen haben diese Einsicht inzwischen zwar nicht in den Bereich der wahlhistorischen Folklore[5] verwiesen, aber doch stark relativiert. Demnach war die NSDAP als Partei neuen Typs die »sozial ausgeglichenste aller großen Weimarer Parteien«. Sozialstrukturell gesehen kam ihre Anhängerschaft vor 1933 dem Idealtypus der Volkspartei am nächsten. Auch die nicht-katholische und nicht-sozialistische Arbeiterschaft hat diesen Analysen zufolge eine hohe Anfälligkeit gegenüber dem Nationalsozialismus gezeigt.[6]

Mag sein, daß das NS-Regime bei Teilen der Arbeiterschaft »an ein schon vorhandenes Integrationsbedürfnis« anknüpfen konnte.[7] Womöglich sagen aber Erkenntnisse über das *Wahl*verhalten der Arbeiter bis Anfang 1933 doch nicht allzuviel aus über die Entwicklung ihrer Einstellungen gegenüber dem neuen Regime seit 1933, also über Ausmaß und Wandel von Apathie und Akzeptanz, von Distanz und Protest unter veränderten Systembedingungen. Eben darauf zielen die überwiegend neueren Studien über die Rolle der DAF und der »Nationalsozialistischen Betriebszellenorganisation«[8], der »NS-Volkswohlfahrt« und des »Winterhilfswerks«[9], über »Kraft durch Freude« und über »Schönheit der Arbeit«.[10] Andererseits liegt immer noch keine Untersuchung über Auflösung und Wandel der deutschen Arbeiterkultur vor, die der von Victoria de Grazia über das faschistische Italien vergleichbar wäre.[11] Immerhin haben uns die Impressionen, Beobachtungen und Analysen der »Deutschland-Berichte der SPD« in den letzten Jahren einen sehr viel differenzierteren Einblick in die Alltagswirklichkeit und Bewußtseinslage der Arbeiter im Dritten Reich gegeben.[12] Vielleicht kann man von einer »wachsenden Hinwendung der deutschen Arbeiterschaft zur Diktatur« sprechen[13], so problematisch derlei generalisierende Aussagen auch immer sind. Jedenfalls dürfte den sozial- und kulturpolitischen Integrationsstrategien des NS-Regimes erheblich größere Bedeutung zukommen, als lange an- und wahrgenommen wurde. Pointiert hat inzwischen Tim Mason die These vertreten – und ist damit zugleich von seiner früheren Auffassung abgerückt: »Die Fähigkeit des Regimes, die Arbeiterklasse zu integrieren, muß auf allgemeinster Ebene im umgekehrten Verhältnis zur Stärke der Arbeiterkultur gestanden haben. Nur diejenigen, deren Loyalität und Einstellung fest verwurzelt war, werden in der Lage gewesen sein, *allen* Verführungskünsten und *allen* schmeichelhaften Hochstilisierungen der Arbeiter durch die Nationalsozialisten zu widerstehen, werden zwischen nationalsozialistischer Kumpanei und sozialistischer Solidarität zu unterscheiden gewußt haben.«[14]

»Schönheit der Arbeit« statt Klassenkampf

Das NS-Regime unternahm nicht nur große organisatorische und materielle Anstrengungen. Es entwickelte auch bemerkenswerte Fähigkeiten bei der kulturellen Überredung der Arbeiter, ja, bei der Ästhetisierung der Arbeitswelt überhaupt. Dabei griff man durchaus auf Konzepte der Arbeitsrationalisierung und Ansätze einer funktionalistischen Ästhetik aus der Weimarer Republik zurück und nutzte sie für die eigenen, repressions- und integrationspolitischen Ziele. Wenn das NS-Regime den Klassenkampf nur gewaltsam unterdrücken konnte, aber zugleich vorgab, den Konflikt zwischen Kapital und Arbeit zugunsten einer neuen »deutschen Volksgemeinschaft« überwunden zu haben, dann mußte es zunächst und zumindest das *Bild* von der Klassenlage der Arbeiter verändern, dann mußte es nach Möglichkeit die milieuspezifischen Wahrnehmungsmuster der sozialen Klassen überhaupt auflösen. Hinter dieser Strategie stand das politische Kalkül, daß ein verändertes Selbst- und Fremdbild als Ausdruck einer veränderten gesellschaftlichen Wirklichkeit verstanden würde. David Schoenbaum hat das in seiner immer noch überaus lesenswerten Sozialgeschichte des Dritten Reiches schon vor über zwanzig Jahren auf den Begriff gebracht: »Das Sein bestimmt das Bewußtsein, sagt Marx. Der Nationalsozialismus war der Versuch, dieses Verhältnis umzukehren.«[15]

Die Wirklichkeit der kapitalistischen Produktionsverhältnisse wurde nicht verändert, sie wurde nur anders interpretiert und inszeniert. Ihre Wahrnehmung sollte verändert werden. Durch einen Schleier des schönen Scheins. Die Devise des Amtes »Schönheit der Arbeit«, das innerhalb der NS-Gemeinschaft »Kraft durch Freude« eingerichtet wurde, hieß jedenfalls: »Der deutsche Alltag soll schön werden.« Dem Arbeiter sollte »das Gefühl für die Würde und Bedeutung seiner Arbeit« zurückgegeben werden.[16] Aber nicht er selbst, das Arbeitsethos war gemeint, die Arbeit schlechthin. »Arbeit adelt«, hieß ein geläufiger NS-Slogan, worauf der Volksmund witzelte: »Wir bleiben bürgerlich.«[17] Unter einer nahezu identischen Berufsbezeichnung sollten sich die Unterschiede zwischen dem »Arbeiter der Stirn« und der »Faust« zugunsten einer neuen Gemeinsamkeit verwischen. Aber sie war vermutlich nicht immer so sichtbar und nur selten so ausgeprägt wie am 1. Mai, wenn beide auf festlich geschmückten Bierwagen durch die Straßen zogen. Weniger blumig und sehr viel konkreter versprach Speer als zumindest nomineller Leiter von »Schönheit der Arbeit« ein »neues Gesicht der deutschen Arbeitsstätten«, ja, eine neue Fabrikarchitektur überhaupt.[18]

Nach einigen Jahren hieß es in einer einschlägigen Bestandsaufnahme, daß »Schönheit der Arbeit« in den Betrieben bereits dafür gesorgt hätte, die »körperliche Arbeit von dem Fluch der Verdammnis und der Minderwertigkeit zu befreien, der ihr jahrhundertelang anhaftete«.[19] Ende der dreißiger Jahre war man sich des Erfolges der geleisteten Arbeit offenbar schon recht sicher. Jedenfalls wurde unumwunden an die anfangs mißtrauischen und ideologiekritischen Vorbehalte aus den Betrieben erinnert. Zunächst hatten viele »Schönheit der Arbeit« für eine eher »poetische und wirklichkeitsferne Verbrämung der Arbeitsverhältnisse« gehalten: »Die Verbindung der Begriffe ›schön‹ und ›Arbeit‹ war so ungewöhnlich und unerwartet, daß sie Kopfschütteln hervorrief. Wirkliche Arbeit konnte doch gar nicht schön sein! Sie war schmutzig und schwer – und alles andere eher, als schön!« Angesichts dieser anfänglichen »Kleingläubigkeit« – wie man derlei Skepsis damals gern nannte – mußte der Erfolg der Aktionen in um so strahlenderem Lichte erscheinen. Jedenfalls wurde er entsprechend herausgestellt. Und die Programmpalette war breit gefächert. Die beratenden, planerischen und gestalterischen Aktivitäten reichten von der Dorfverschönerung bis zur funktionalistischen Produktionsästhetik, von »Schönheit der Arbeit« im Bergbau bis zur »Schönheit der Arbeit« der Binnenschiffahrt oder auf hoher See, von »gutem Werkzeug« über zweckmäßig-formschöne Büromöbel bis zur architektonischen Gesamtgestaltung von Produktionsstätten, von bloßen Aufräumaktionen der anfänglichen »Säuberungsperiode« (!) bis zu den technischen »Aufklärungsfeldzügen«, wie die Nazis ihre Strategien innerbetrieblicher Rationalisierung und produktionsbezogener Ästhetisierung in enthüllender Deutlichkeit nannten.

Zunächst stand die »Säuberung der Arbeitsumwelt« im Vordergrund. Ziel war es, »den Staub und Schmutz aus Arbeitsstätten und Hallen zu entfernen, die Werkhöfe zu entrümpeln, die Waschanlagen zu säubern und hygienisch herzurichten und würdige Arbeitsräume zu schaffen«.[20] Vielleicht wurde in den vom Amt »Schönheit der Arbeit« ausgewiesenen etwa 12 000 Betrieben das äußere Erscheinungsbild verbessert; vielleicht wurden dafür von den jetzt »Betriebsführer« genannten Unternehmern und Managern 100 Millionen RM ausgegeben; vielleicht kamen sogar die jetzt »Gefolgschaft« genannten Beschäftigten in den Genuß dieser Verbesserungen. Sie waren allerdings im Zuge des konjunkturellen Aufschwungs zumeist ohnehin notwendig, ob sich das Amt diese kostengünstigen, aber sichtbaren und insoweit propagandistisch wirkungsvollen Veränderungen nun als »praktische Tat« selbst zuschrieb oder nicht.

Bringt Blumen in die Aufenthaltsräume, legt Freibäder, Sportwiesen und Gärten an für die »Gefolgschaft« – tönte es fröhlich aus den amtlichen Aufrufen der Kampagne »Sonne und Grün allen Schaffenden«. Denn unter dem »neuen Frühling«, der über dem »nationalsozialistischen Deutschland angebrochen« war, konnte – so Speer – die Devise auch für die gewerblichen Arbeitsstätten nur lauten: »Laßt den Frühling in die Betriebe.«[21] Hinter Blumentopfromantik und Fassadensozialismus – wie diese Aktionen von Kritikern spöttisch genannt wurden – mochte man noch einen späten Hauch von Lebensreformbewegung und Gartenstadt-Gesellschaft spüren. Aber mit der Freude an der Arbeit war nicht etwa an die allgemeine Lebensqualität gedacht. An die Stabilisierung der politischen Verhältnisse schon eher. Zuallererst sollte jedoch ein Rationalisierungseffekt erzielt werden.

Darum ging es erst recht in einer ganzen Serie von technisch-hygienischen Aktionen, in denen sich kommerzielle Interessen mit sozialpolitischen und ästhetischen Motiven verknüpften. Den Anfang machte die Aktion »Gutes Licht – Gute Arbeit«.[22] Die Frage der Beleuchtung wurde im Rahmen der Rationalisierungsdebatte und der Einführung neuer Produktionstechnologien schon seit den zwanziger Jahren diskutiert. Arbeitswissenschaftliche Untersuchungen von AEG, Osram und Siemens sowie des Instituts für industrielle Psychotechnik der TH Berlin hatten die Wirtschaftlichkeit verbesserter Beleuchtung nachgewiesen, aber auch die erhöhte Betriebssicherheit. Die staatliche Gewerbeaufsicht machte sich diese Einsichten in ihren Empfehlungen zu eigen und sich selbst so zugleich zum Fürsprecher unternehmerischer Interessen. Vor diesem Hintergrund begann im Herbst 1935 die Kampagne »Gutes Licht – Gute Arbeit« mit großem Werbe- und Medienaufwand. Erhebungen wurden durchgeführt und zahlreiche lichttechnische Beratungsstellen eingerichtet. Für den Erfolg dieser Aktion sprachen nicht zuletzt die erheblich gestiegenen Umsätze der Elektroindustrie, die sich durch den »Leistungskampf« zahlreicher Betriebe um das Prädikat des »NS-Musterbetriebes« noch steigern ließen. Dieser »Aufklärungs-« und »Werbefeldzug« wurde verschiedentlich wiederholt. Noch – oder gerade – unter Kriegsbedingungen war das industrielle Interesse an moderner Lichttechnik groß. Der abgewandelte Slogan trug dem Rechnung. Nun hieß es: »Gutes Licht trotz Verdunklung.«

Es folgten die Werbeaktionen »Saubere Menschen im sauberen Betrieb«, »Gesunde Luft im Arbeitsraum« und »Warmes Essen im Betrieb«. Ihr Erfolg wird im Vergleich zur Beleuchtungskampagne als geringer angesehen. Der wirtschaftliche Nutzen war fraglich, der materielle Vorteil für die Beschäftigten nicht sonderlich attraktiv und die ideologische Ausrichtung zudem wenig sinnfällig. Reichsärzteführer Dr. Wagner meinte wohl, was er sagte, und glaubte womöglich, daß ihm das auch abgenommen würde: »Wer den Klassenkampf beseitigen wolle, müsse von der Arbeit und vom Schaffenden erst einmal den Vorwurf der Schmutzigkeit nehmen.«[23] Das war als Maßnahme einer »Entproletarisierung« denn doch zu durchsichtig und zu wenig. Wasch- und Umkleideräume steigerten weder die Arbeitsleistungen noch den Arbeitslohn.

Manches mochte bieder erscheinen und war in seiner kompensatorischen Funktion auch allzu offensichtlich. Manche Aktionen wurden zunächst improvisiert. Ungewöhnlich erschien die Einrichtung eines Amtes mit dem merkwürdigen Namen »Schönheit der Arbeit« allemal. Dabei war die Idee einer Verschönerung der Arbeitswelt und des Arbeitsplatzes als Beitrag zur Überwindung der »Proletarität«, zur »Gesundung« der Sozialbeziehungen und zur Rettung der Natur so neu nicht. Die

Nazis haben auch dieses Handlungskonzept nicht erfunden, sondern nur besser genutzt als ihre Vorgänger.

Unter dem Einfluß genossenschaftlicher und romantisch-antikapitalistischer Ideen eines »homespun-Sozialismus«[24] war schon im 19. Jahrhundert eine Gartenstadt-Bewegung entstanden. Industrialisierung und Verstädterung hatten die soziale Frage verschärft und vielerorts die Schäden und Schattenseiten der schnellen Modernisierung offenbart. Die sozialutopischen Rezepte zeugten von wenig Einsicht in die strukturellen Zusammenhänge der industriellen Welt, aber von um so mehr Phantasie. Luft, Licht und Sonne sollten von der »Last der Häßlichkeit« (Henry van de Velde) ebenso befreien wie von den physischen und psychischen Beeinträchtigungen eines »unnatürlichen Industrialismus« (William Morris). Wo aber konnte man die soziale Harmonie eher bewahren oder wiederherstellen, wo die Lebensqualität des Arbeiters leichter verbessern als in seiner unmittelbaren Wohnumwelt? So entstanden vor allem in England zahlreiche Gartenstadt-Siedlungen: in Port Sunlight bei Liverpool auf Initiative des Seidenfabrikanten Lever oder in Bournville bei Birmingham durch den Schokoladenfabrikanten Cadbury.[25] Auch auf dem Kontinent breitete sich diese Bewegung aus. Schon in den 1870er Jahren ließ Alfred Krupp Werkssiedlungen für »seine« Arbeiter bauen, und 1909 wurde in Dresden-Hellerau mit dem Bau einer Gartenstadt begonnen. An ihrer architektonischen Ausgestaltung wirkte Heinrich Tessenow mit, der Lehrer Albert Speers.

Den im Industriezeitalter nicht mehr sinnfälligen Zusammenhang von Ästhetik und Arbeit suchte man mit architektonischen Mitteln herzustellen. Schlichte, symmetrische und sachliche Formen sollten die bürgerlichen Sekundärtugenden, also Ordnungsliebe und Sauberkeit, Ausdauer und Fleiß, symbolisieren. Tugenden, die man durch die großstädtische Umwertung und »Zersetzung« aller Werte und Traditionen überall gefährdet sah. Die Gartenstadt als eine Art architektonisch-indirekter Psychotechnik war eine erste Antwort wohlmeinender, zumindest aber weitsichtiger Unternehmer.

Arbeitsunzufriedenheit und Rentabilitätsverlust, Berufserkrankungen und Betriebsunfälle ließen sich durch direkte Verbesserungen der Arbeitsverhältnisse und durch unmittelbare

Eingriffe in den Produktionsprozeß leichter und wirkungsvoller vermeiden. Jedenfalls fand die Gartenstadt-Bewegung in der vor allem in den USA populären und erfolgreichen Rationalisierungs-Bewegung ihre Ergänzung. Sogenannte »sunshine campaigns« und »scientific management« à la Frederik Taylor und Henry Ford hatten dort eine Entwicklung eingeleitet, die mit Hilfe einer optimistisch-sachlichen Arbeitsatmosphäre den Klassenkampf in eine pragmatische Sozialpartnerschaft verwandeln sollte. Dieses Konzept fand anfangs bei SPD und Gewerkschaften ebenso Anerkennung wie im Lager der »Konservativen Revolution«. Aus der vermeintlichen Gefahr des »unheimlich leuchtenden roten Sozialismus« schien hier ein erfolgversprechender Weg gefunden zu sein in den »weißen Sozialismus der reinen, tatfrohen Gesinnung« (F. v. Gottl-Ottlilienfeld).[26] Mehr und mehr wurden Taylorismus und Technifizierung, betriebliche Personalführung und Sozialpolitik nach »rechts« politisiert. Nicht zuletzt unter dem Einfluß der betriebspsychologischen Schule von Götz Briefs. Zu seinen Mitarbeitern zählte jener Adolf Geck, der in einer Reihe von Schriften dem Amt »Schönheit der Arbeit« die theoretischen Grundlagen lieferte.[27]

Das Problem »Freude bei der Arbeit«, das der zeitgenössische Sozialismus in seiner »psychologischen Ahnungslosigkeit« (Hendrik de Man) so sträflich vernachlässigte, wurde auch mit einer Ästhetisierung der Technik zu lösen gesucht. Das ging nicht ohne Widersprüche ab. Der Nationalsozialismus tendierte ja in seiner Liberalismus- und Kapitalismuskritik zu einer maschinenfeindlichen Dämonisierung moderner Technologie. Und das auf »Führung« und »Gefolgschaft« beruhende Modell der »Betriebsgemeinschaft« war einer vorindustriellen Sozialverfassung verpflichtet. In seiner reaktionären Modernität ging der Nationalsozialismus jedoch zugleich darüber hinaus. Zumal der zur »Schönheit der Technik«[28] stilisierte Kult um funktionale Industriebauten und Stahlkonstruktionen, um Eisenbahn, Rennwagen, U-Boot und Flugzeug die Widersprüchlichkeit des technischen Fortschritts scheinbar auflöste. Jedenfalls reduzierte er ihn auf nur eine Dimension, den schönen Schein, und abstrahierte insofern von den ebenso konfliktreichen wie »unschönen« gesellschaftlichen Verhältnissen. Schon Deutscher Werkbund[29] und Bauhaus[30] hatten ja – in Umkehrung des kantischen Satzes, der Schönheit als »Zweckmäßigkeit ohne Zweck« definierte – in der technischen Zweckmäßigkeit eine »zweite Natur« entdeckt, aus ihr eine neue »Ästhetik des Konkreten« abgeleitet und damit ein zeitgemäßes Leitbild der Schönheit entworfen. Zwischen Neuer Sachlichkeit und »Schönheit der Arbeit« bestand insoweit ein konzeptioneller Zusammenhang. Aber auch ein personeller. Der Herausgeber der Zeitschrift *Schönheit der Arbeit*, Wilhelm Lotz, war zuvor schon Herausgeber der allgemein beachteten Werkbund-Zeitschrift *Die Form* gewesen.[31]

Am nachdrücklichsten kam die Nazi-Sachlichkeit wohl in der Industriearchitektur zum Ausdruck. Zwar hatte die Propaganda des Kultur-»Kampfbundes« den Bauhaus-Modernismus als »Architektur-Bolschewismus« beschimpft. Wohl protestierte Rosenberg, daß Peter Behrens, der Lehrer von Gropius und Mies van der Rohe, das neue AEG-Verwaltungsgebäude bauen durfte. Er sah darin bloß Architektur-Radikalismus, der die »Straße des Führers« verschandelte. Hitler war indes anderer Meinung, wie Speer berichtet.[32] Der funktionalistische Modernismus drängte den völkischen Traditionalismus in Architektur und Design mehr und mehr zurück. Zu den Glanzstücken zählten die Glas-, Beton- und Stahlkonstruktionen der Deutschen Versuchsanstalt für Luftfahrt, 1936/37 von den Architekten Hermann Brenner und Werner Deutschmann in Berlin-Adlersdorf errichtet, und das Volkswagen-Werk bei Fallersleben, mit dessen Bau Anfang 1938 begonnen wurde. Es sollte »die gewaltigste und schönste Automobilfabrik der Welt« werden.[33]

»Schönheit der Arbeit« erwies sich somit als Ensemble gleichgerichteter Wertvorstellungen und Strategien. Gartenstadt- und Rationalisierungsbewegung, Architekturmodernismus, Technikkult und Leistungsideologie zielten über eine Entpolitisierung der Arbeitsverhältnisse auf eine industrielle Gesellschaft jenseits des Klassenkampfes. In dieser Gesellschaft würde die Arbeit nur noch schön sein und die düstere, zumindest eintönig-graue Arbeitswelt in einem hellen »Lebensraum« aufgehen. So waren womöglich die Visionen und Versprechungen noch bedeutsamer als der unmittelbare Nutzen der Verschönerungsfeldzüge. Denn mit jenen Verheißungen wurde »eine technokratische Ästhetik aus der Produktion [abgeleitet], die das völkische und vorindustrielle Bild des Nationalsozialismus vor 1933 zerstörte und eine neue Rechtfertigung in der Autonomie der technischen Rationalität suchte«.[34]

Diese Perspektive weist über den unmittelbaren Einfluß und Aktionsradius von »Schönheit der Arbeit« bereits hinaus. Aus kleinsten Anfängen hatte sich dieses Amt rasch vergrößert. In wenigen Jahren wurden mehrere Abteilungen aufgebaut und vielfältige Aktivitäten entwickelt oder begonnen. Das eigene Zahlenwerk zeichnete ein eindrucksvolles Bild. Das Amt gab an, rund 70 000 Betriebe besichtigt und zigtausend Küchen und Kantinen, Gemeinschaftseinrichtungen und Grünanlagen, Schlafsäle und Sportplätze geplant, gebaut oder angeregt zu haben. Der dafür – von den Betrieben – geleistete finanzielle Aufwand wurde mit rd. 1 Milliarde Reichsmark veranschlagt. Zum Vergleich: Die »Pyramiden des Reichs«, die Reichsautobahnen, kosteten mehr als das Sechsfache. Man mag das dennoch durchaus als beeindruckende, wiewohl geschönte Leistungsbilanz lesen, zumal das Amt mit der staatlichen Gewerbeaufsicht konkurrierte und die Betriebe weder mit finanziellen Anreizen lokken, noch mit Sanktionen einschüchtern konnte. Gleichwohl wird man den unmittelbar materiellen Erfolg eher zurückhaltend beurteilen müssen.

Die optischen Vorzüge dieser Verbesserungen konnte man vielen, aber längst nicht allen Arbeitern vermitteln und schmackhaft machen. Ausdrücklich wurden vom Amt jene erwähnt und natürlich mißtrauisch beobachtet, »die für alles Neue und Bessere nur eine hämische Bemerkung übrig haben«.[35] Eine bissige Äußerung wie: »... das Geld, das die Wasserklosetts gekostet haben, hätte man lieber verteilen sollen«, war wohl keine Ausnahme. Und die Aussicht auf das Vergnügen, sich im betriebseigenen Schwimmbecken tummeln zu können, war weniger vergnüglich, wenn es außerhalb der Arbeitszeit erst noch gebaut werden mußte und zudem in unmittelbarer Nähe der Werkhallen und Fabrikschornsteine lag. Jedenfalls hätte »Schönheit der Arbeit« allein kaum ausgereicht, den mißtrauischen, zweifelnden und abseits stehenden

Arbeitern das NS-Regime als »Sozialismus der Tat«[36] nahezubringen. Aber die Nazis hatten ja weitere, womöglich noch attraktivere Angebote im Programm.

»Kraft durch Freude«: Die Freizeitgesellschaft entsteht

»... das Gelingen dieses Werkes hat uns gezeigt«, so noch einmal Robert Ley in seiner Rede vor DAF-Funktionären im November 1936, »welchen Weg wir überhaupt gehen müssen; selbst wenn wir vor drei Jahren dieses Werk aus Verlegenheit gegründet hätten in Ermangelung etwas Anderem und Besserem, selbst wenn wir es als einen Ersatz angesehen hätten meinetwegen für Lohnerhöhungen, selbst wenn wir es aus einem Angstgefühl heraus getan hätten, ja selbst wenn es geradezu aus verbrecherischen Gründen getan worden wäre, um meinetwegen den Arbeitern etwas vorzugaukeln, so ist uns doch das Schicksal in allen Fällen gnädig gewesen... Das ist vielleicht das Allergrößte dieses Werkes..., daß es uns allen den Weg gezeigt hat, wie wir für alle Zeiten, in kommenden Jahrhunderten..., eine richtige und vernünftige Sozialordnung und Sozialpolitik machen müssen. Es heißt Mobilisation der Energien in einem Volke, heißt den Gemeinschaftsgedanken pflegen und heißt alles untermauern durch die Freude...«[37]

Was Ley hier vor ausgewähltem Publikum ebenso unbeholfen wie großspurig erklärte und verräterisch im Irrealis formulierte: die politischen Motive und Ziele der NS-Gemeinschaft »Kraft durch Freude«, das ließ sich in seiner menschenverachtenden Skrupellosigkeit an Deutlichkeit kaum noch überbieten. Gewiß, die Nazis sahen in der Lebensfreude keinen Selbstzweck, in der Urlaubsfreude kein bloßes Vergnügen. Der »Volksgenosse« sollte nicht etwa in der Freizeit seine Erfüllung finden, sondern in der Arbeit, der »Volksgemeinschaft« verpflichtet und verbunden. Schließlich hieß es nicht grundlos, daß »Gemeinnutz vor Eigennutz« gehe. Zugleich wußte das Regime aber, daß sich Arbeit und Freizeit »nicht wie Zwang und Freiheit gegenüberstehen« dürfen, sondern sich »harmonisch zu einer Einheit ergänzen« müssen.[38] In dieser Einheit sollten beide Sphären allerdings weder autonom noch gleichberechtigt sein. Freizeit stand stets im Dienste der Arbeit, der Gesellschaft, der Politik. Sie hatte zuallererst der Regeneration der Arbeitskraft aller »Schaffenden« zu dienen und ihre Leistungsbereitschaft zu erhöhen. Darüber hinaus verfolgte Freizeitgestaltung das Ziel, die Arbeiter in die »Volksgemeinschaft« zu integrieren, also das Regime zu stabilisieren. Auch hier stellten die Nazis marxistische Grundeinsichten auf den Kopf – oder versuchten es zumindest. Mit kulturellen Veranstaltungen wollten sie die Lebensfreude der Menschen erhöhen und sie zudem glauben machen, daß sich die Wirklichkeit verändere. Statt vollerer Lohntüten bot KdF bisher unbekannte Urlaubsreisen an und versprach höheres Sozialprestige.[39]

Gemäß der NS-Ideologie besaß diese Organisation eine weitgehende Kontrolle über den Freizeitbereich, zumindest für die älteren Arbeitnehmer. Die Teilnahme an den KdF-Veranstaltungen war allerdings freiwillig. Nicht zuletzt deshalb dürfte KdF innerhalb der unbeliebten DAF eine der erfolgreichsten und eine der populärsten NS-Gemeinschaften überhaupt gewesen sein. Die Nazis hatten sie nach dem Vorbild der Freizeitorganisation der italienischen Faschisten konzipiert, der 1925 gegründeten »Opera Nazionale Dopolavoro«. Während sich KdF jedoch am ideologischen Leitbild der »Volksgemeinschaft« orientierte, war »Dopolavoro« (»Nach der Arbeit«) betont berufsständisch ausgerichtet. Anders als »Dopolavoro« konzentrierte sich KdF auf ästhetische Aufgaben und massenkulturelle Veranstaltungen. Ihre Realisierung lag in der Regie spezieller Ämter: Für Massenunterhaltung war das »Amt Feierabend« zuständig, für Massentouristik das »Amt Reisen, Wandern und Urlaub«, für den Volkssport das »Sportamt« und für die sogenannte Volksbildung das »Amt Deutsches Volksbildungswerk«.

Anfang 1934 machte KdF mit ersten Aktivitäten auf sich aufmerksam. Das KdF-»Theater des Volkes« in Berlin begann mit Schillers *Räubern*. Wenig später verließen die ersten KdF-Urlaubszüge mit je etwa eintausend Arbeitern die großen deutschen Industriestädte Richtung Riesengebirge, Schwarzwald oder Oberbayern. Der *Völkische Beobachter* schlagzeilte dazu: »Die Fahrt in die Freude. Von Hannover in den Harz. Von Breslau nach der Rhön. Von Düsseldorf nach Thüringen.« Und bald darauf stachen auch die ersten KdF-Schiffe von Bremerhaven und Hamburg in See, nach Madeira oder in die norwegischen Fjorde. Der organisatorische Auf- und Ausbau vollzog sich rasch, zumal er der Gliederung von NSDAP und DAF weitgehend folgte. In den Dienststellen von KdF waren Ende 1939 etwa 7500 hauptamtlich Beschäftigte tätig. Das eigentliche Rückgrat dieser Organisation bildeten jedoch die über 130000 ehrenamtlichen KdF-Mitarbeiter. Sie war einmal vertikal gegliedert, vom hauptamtlichen KdF-Gauwart bis zum ehrenamtlichen KdF-Betriebswart, und zudem noch horizontal oder funktional: auf allen Organisationsebenen gab es zumeist KdF-Warte für die verschiedenen kulturellen Aufgaben- bzw. Amtsbereiche. KdF erhielt keine staatlichen Finanzmittel, wohl aber Zuschüsse aus dem erheblichen DAF-Beitragsaufkommen. Zwischen 1934 und 1942 beliefen sich diese Zuwendungen auf insgesamt 240 Millionen Reichsmark. Das war etwas mehr als ein Viertel des Gesamtumsatzes von rd. 880 Millionen RM, den KdF im selben Zeitraum erzielte. Die DAF-Zuschüsse deckten vornehmlich die Verwaltungskosten, die durchschnittlich 25 Prozent der Umsätze ausmachten. Wäre diese NS-Gemeinschaft ein privatwirtschaftlicher Reiseveranstalter gewesen, hätte sie also ihre Preise um etwa diesen Prozentsatz erhöhen müssen. So aber brauchte sie auf dem Touristikmarkt keine Konkurrenz zu fürchten.

Wohin ging nun die Reise mit KdF, welche Programme waren im Angebot und zu welchem Preis? Wer konnte sich überhaupt eine KdF-Reise leisten? Und wieviel Urlaubstage standen dafür zur Verfügung? Fragen, die von der Forschung lange vernachlässigt worden sind.[40] – Bei den maximal dreitägigen Kurzreisen wurde eine »Blütenfahrt an den Bodensee« bereits für 7,90 RM angeboten, inkl. Bahnreise (ab München), Mittagessen und Bodenseerundfahrt. Wer ein Wochenende im Riesengebirge verbringen wollte, zahlte dafür ab Berlin für Fahrt, Unterkunft und Verpflegung 13,– RM. Ein 14tägiger Sommerurlaub am Tegernsee kostete 54,– RM inkl. Billiger war es, Weihnachten im winterlichen Schwarzwald zu verleben. Der Preis für einen siebentägigen Aufenthalt betrug 34,– RM inkl. Die Annexion Österreichs machte dann auch Reisen nach Tirol und Kärnten, in die Steiermark und ins Salzkammergut möglich. Ein Abkommen mit »Dopolavoro« öffnete 1937 für die ganz Sonnenhungrigen und Italienfans den Weg in den Süden. In den Vorkriegsjahren kamen noch einige Zehntausend deutsche Touristen an die Riviera und an den Gardasee – und in umgekehrter Richtung viele italienische Urlauber nach Deutschland.[41]

Die Zahl der KdF-Urlauber ging in die Millionen, wobei verläßliche und genaue Zahlen nicht vorliegen und auch alle nachträglichen Berechnungen daher zwangsläufig nur annäherungsweise richtig sind. Unbestritten ist indes, daß KdF in kürzester Zeit zum mächtigsten Touristikunternehmen in Deutschland aufstieg, wenngleich es mit knapp 10 Millionen Übernachtungen nur einen Anteil von etwa 10 Prozent am gesamten Fremdenverkehr in Deutschland erreichte. Und unbestritten ist auch, daß die Land- und Inlandreisen den weitaus größten Teil des KdF-Umsatzes ausmachten. Von den knapp 8,5 Millionen KdF-Urlaubern im letzten Vorkriegsjahr hatten rd. 6 Millionen nur an den 1–2tägigen Kurzfahrten teilgenommen. Beliebt waren Fahrten an den Bodensee, in den Harz oder auch zum Münchner Oktoberfest. Dabei konnte man schon für wenige Reichsmark zumindest einige Stunden »Lebensfreude« genießen. Nur einer Minderheit, die aber immerhin schon die Millionengrenze überschritt, blieben die längeren Urlaubs- und Wanderfahrten vorbehalten.

Am attraktivsten und werbewirksamsten waren natürlich die Seereisen. Dabei knüpfte KdF an das unerfüllte Gewerkschaftsversprechen aus vergangenen Weimarer Tagen an, die Arbeiter würden einmal »mit eigenen Schiffen die Meere befahren«.[42] Bei den Nazis fuhren sie. Mit der »Admiral« nach Helgoland, der »Sierra Cordoba« nach Palermo und Genua, mit der »Oceana« in die norwegischen Fjorde oder der »Robert Ley« nach Teneriffa. Auch wenn jährlich wenig mehr als hunderttausend Passagiere in See stachen, die knapp 70 Millionen Deutschen wurden nun zu einem »Volk der Seefahrer«.[43] Auch wenn der Anteil der seereisenden Arbeiter unter 20 Prozent aller KdF-Passagiere lag und noch nicht einmal 1 Prozent aller Arbeiter in Deutschland eine KdF-Seereise genießen konnten, die eigene

Propaganda nahm das nicht so genau. Auf die »Volksgemeinschaft« fixiert, konnte sie ohnehin nur zwischen »Schaffenden« und »Schädlingen« unterscheiden. Der *Völkische Beobachter* tönte: »Deutsche Arbeiter reisen zur See«. Gelegentlich klang es auch schon wie die freudige Meldung einer Landeroberung: »Unsere Arbeiter auf Madeira!«[44] Auch wenn der Komfort, zumal auf den älteren Schiffen, durchaus zu wünschen übrig ließ und kritische Stimmen laut wurden, die meisten KdF-Urlauber suchten Harmonie, wollten ausgelassen sein und sangen lieber: »Uns treibt die Urlaubsfreude, / uns treibt die Fröhlichkeit. / Wir suchen ›Kraft durch Freude‹, / so will's die neue Zeit. / Wir kennen keine Grillen, / nicht Eigensinn, / nicht Willen, / Kameraden sind wir jederzeit. / Tirallala, tirallala... / Was du im Arbeitskleide / auch bist, ist einerlei. / Die Zeit vom Haß und Neide / ist längst vorbei. / Wir bleiben Kameraden, / sind deutsche Werksoldaten, / die Treue unsere Losung sei. / Tirallala, tirallala...«[45]

Man amüsierte sich und ließ sich verwöhnen. Bordfeste und Filmvorführungen, Sport und Sonnenbaden, reichlich Bier, zollfreie Spirituosen und kulinarische Genüsse – bei vier bis fünf Mahlzeiten pro Tag – boten dazu ausreichend Gelegenheit. Wenn auch nicht auf allen Schiffen gleichermaßen. Die meisten waren von deutschen Reedereien gecharterte ältere, kleinere und wenig komfortable Dampfer. KdF stellte in den dreißiger Jahren nur zwei eigene Kreuzfahrtschiffe in Dienst. Anfang Mai 1937 lief die – nach dem ermordeten Schweizer NSDAP-Landesgruppenleiter benannte – »Wilhelm Gustloff« in Hamburg vom Stapel. Ein knappes Jahr später folgte die »Robert Ley«. Selbst Rosenberg, nicht gerade ein Freund von Ley, mußte neidvoll zugestehen, daß man »wirklich stolz auf diese Schiffe sein« könne. Die leuchtendweißen KdF-Flaggschiffe waren über 25000 BRT groß, natürlich »klassenlos« gebaut, hatten Klimaanlage, Zentralheizung und fließend Warm- und Kaltwasser. Den überwiegend aus Einzelpersonen bestehenden Passagieren – Ehepaare waren in der Minderzahl – standen Zwei- und Vierbett-Außenkabinen zur Verfügung. Zudem mehrere Gesellschaftsräume und Speisesäle, Wintergarten, Theater- und Musiksaal. Die »Robert Ley« verfügte darüber hinaus noch über mehrere Sonnendecks, Leseräume und Verkaufsläden, Photoatelier und Frisiersalon. Arzt und Zahnarzt befanden sich ebenfalls an Bord. Und auch die V-Leute der Gestapo und des SD fehlten nicht. Getarnt in der Rolle von Hilfsreiseleitern und KdF-Funktionären versahen zumeist zwei Beamte Spitzeldienste. Bei 800 bis 1700 Teilnehmern pro Reise blieb allerdings eine umfassende Überwachung und Bespitzelung nahezu aussichtslos, selbst nach sorgfältiger vorheriger Überprüfung der Passagierlisten.[46] Es dürfte aber auch ziemlich überflüssig gewesen sein, gerade hier nach »staatsfeindlichen Umtrieben« Ausschau zu halten. Politik war ziemlich verpönt. In den Berichten der V-Männer gaben denn auch eher »menschliche Schwächen« zu Beanstandungen Anlaß. Kleine Schmuggeleien und Devisenvergehen, Zechgelage und anschließende Schlägereien, zumal zwischen den verschiedenen landsmannschaftlichen Gruppen. Und natürlich wurde auch das amouröse Abenteuer gesucht und genutzt. Nicht wenige hielten KdF wohl einfach für eine Art Ehevermittlungsagentur. Der Volksmund spottete gern über so manchen Urlauber, daß er zuviel Kraft durch Freude verloren hätte.

Da war auch viel Neid im Spiel. Denn die Seereisen zählten zweifellos zum Attraktivsten, was das NS-Regime zu bieten hatte. Gerade weil nicht alle in ihren Genuß kamen, aber immerhin zwischen 1934 und 1939 schon einige Hunderttausend. Eine Berlinerin, die zu diesen glücklichen KdF-Seereisenden gehörte, erinnerte sich Jahrzehnte später: »Zum ersten Mal sind wir richtig in den Urlaub gefahren. Mit der ›Oceana‹ von der HAPAG. Früher konnten ja nur die Reichen mitfahren, das hat mindestens 300, 400 Mark gekostet. Und wir haben für eine Woche 54 Mark bezahlt. Reichsmark natürlich. Sechs Mahlzeiten gab es täglich und zu Mittag immer mehrere Gänge. Bedient worden sind wir von livrierten Kellnern. Es gab keine Propagandareden, wenig Parteiabzeichen und überhaupt keine Politik an Bord. Statt dessen wurden wir bestens unterhalten mit Bordspielen, Musik, Tanz, neuen Filmen und Lichtbildvorträgen. Um sich heute so etwas zu leisten, muß man schon ganz schön lange sparen.«[47]

Das Hochgefühl, das solche Reisen auslösten, die »zufriedene und dankbare Stimmung über das Gebotene« kamen offensichtlich vor allem dem Führer-Mythos zugute. Immer wieder wurde Hitler gerühmt, der das alles doch erst ermöglicht habe. Diese Propagandafahrten gerieten zu »Bekenntnisfahrten« für das Regime, wenn die Reise etwa ins südliche Italien führte, mit Aufenthalten in Neapel oder Palermo. Nicht selten wurde betont, daß die »Lebensverhältnisse und Lebensansprüche der breiten Masse des italienischen Volkes... in einem krassen Gegensatz« zu denen der Deutschen stünden.[48] Solche anschaulichen und konkreten Vergleiche weckten oder steigerten Gefühle der Dankbarkeit und des nationalen Stolzes. »Es gibt halt nur ein Deutschland« – solche und ähnliche Aussprüche konnte man häufig hören. Selbst die Gegner des NS-Regimes mußten resignierend zugeben, daß vom KdF-Tourismus »die weitaus größte Anziehungskraft« ausgehe. Bei allem Mißtrauen, das in Arbeiterkreisen gegenüber DAF und auch KdF fortbestand, trotz vieler Vorbehalte und Beanstandungen von KdF-Reisenden, die in den Sopade-Berichten sorgfältig vermerkt wurden, es heißt darin eben auch: »Beeindruckt von dem großartigen Reiseerlebnis waren alle.«[49] Und das bei einem Preis von ca. 155 RM inkl. – was etwa dem durchschnittlichen Bruttoarbeitslohn eines Arbeiters entsprach – für eine 14tägige Madeira-Reise. Bei den großen privaten Reiseveranstaltern wie Cook-Deutschland oder dem Norddeutschen Lloyd mußte man dafür etwa 100 RM mehr bezahlen.[50]

Schon früh hatte die Exil-SPD aus den Berichten ihrer Informanten erkannt: »Das alles hat Methode und darf in seiner Bedeutung nicht unterschätzt werden.« KdF scheine zu beweisen, »daß die Lösung der sozialen Fragen umgangen werden kann, wenn man dem Arbeiter statt mehr Lohn mehr ›Ehre‹, statt mehr Freizeit mehr ›Freude‹, statt besserer Arbeits- und Lebensbedingungen mehr kleinbürgerliches Selbstgefühl verschafft. KdF ist nicht nur eine raffiniert erdachte und geleitete Organisation zur ›Betreuung‹ der Massen, sondern geradezu ein Symbol des von der NSDAP repräsentierten ›nationalen Sozialismus‹.«[51] In der Tat. Wo konnte das Stück »Volksgemeinschaft« besser aufgeführt, wo wirkungsvoller demonstriert werden, daß »Arbeit adelt«, daß zwischen dem »Arbeiter der Faust und der Stirn« Gleichberechtigung besteht – oder doch möglich ist? Wo konnte die »Brechung bürgerlicher Privilegien« erlebnisreicher, wo der immer wieder propagierte »Sozialismus der Tat« konkreter erfahren werden als hier?

Und die Propaganda half kräftig nach. So schön manche Reise sein mochte, die Berichte des *Völkischen Beobachters* schilderten sie immer noch ein bißchen schöner. Auch die Statistiken mußten geschönt werden, damit Ley beweisen konnte, was er behauptete: daß KdF eine Einrichtung für die deutschen Arbeiter geworden war. Offiziell sollten nur »minderbemittelte Volksgenossen« eine KdF-Reise machen dürfen, und nicht auch jene Einkommensschichten, die eine private Urlaubsreise selbst bezahlen konnten. Mit Blick auf die damalige Sozialstruktur hätten demnach etwa 50 Prozent aller KdF-Reisenden Arbeiter sein müssen. Die soziologisch unbekümmerte NS-Propaganda mochte sich mit derlei spitzfindigen Differenzierungen nicht aufhalten. Sie machte die KdF-Urlauber schlicht zu »Arbeitskameraden«. Das Arbeitswissenschaftliche Institut der DAF nahm die Zusammensetzung der Reisegesellschaften schon etwas genauer unter die Lupe und räumte immerhin ein, daß die Teilnahme an KdF-Reisen »noch ein Vorrecht der besserverdienenden« Arbeiter sei.[52] Die unteren Einkommensgruppen und die kinderreichen Familien blieben von diesem Vergnügen weitgehend ausgeschlossen. Wenn sie überhaupt in den Genuß einer KdF-Reise kamen, mußten sie sich größtenteils mit den einfachen und billigen Landreisen begnügen. Wie unsicher die quantitative Beschreibung dieses Unternehmens auch immer ist, von den etwa 750000 KdF-Urlaubern, die zwischen 1934 und 1939 eine Seereise erlebten, dürften nur gut 100000 Personen auch Arbeiter gewesen sein. Was die Nazis als »Arbeiter-Kreuzfahrten« propagierten, erwies sich bei näherem Hinsehen als »Seereisen für den Mittelstand«.[53] Immerhin konnten ein bis zwei Millionen Arbeiter überhaupt in dieser Zeit mit KdF verreisen. Erheblich weniger als die DAF-Propaganda versprochen hatte, aber doch »mehr als eine quantité négligeable« (Spode).

Um den Arbeitern in wachsender Zahl die Teilnahme an den KdF-Reisen zu ermöglichen, gab es mehrere Möglichkeiten der Finanzierung. So wurde das schon vor 1933 eingeführte Reisesparen von der DAF-eigenen »Bank der Deutschen Arbeit« in Zusammenarbeit mit den öffentlichen Sparkassen fortgesetzt.

Die Reisesparkarte finanzierte 1935 immerhin etwa 2 Millionen Menschen eine KdF-Fahrt. Außerdem gab es Betriebsreisekassen, Reisegutscheine der Unternehmen, beispielsweise als Weihnachtsgratifikation, oder Reisekostenzuschüsse für die im Öffentlichen Dienst Beschäftigten. Hier setzte allerdings der Rahmen der Staatsfinanzen enge Grenzen. Dabei lag der gesamtwirtschaftliche Nutzen der Nachfragesteigerung im Freizeitgewerbe auf der Hand. Der Amtsleiter von KdF, Dreßler-Andreß, brachte den Zusammenhang auf den Punkt: »Die von der Idee der Lebensfreude ausgehende sozial-kulturelle Organisation ist zugleich auch immer ein wirtschaftlicher Faktor.«[54]

Angesichts staatlicher Zwangs- und Förderungsmaßnahmen auf der einen und des rasanten Aufschwungs im privaten Touristikgewerbe auf der anderen Seite mag man die tourismuspolitischen Erfolge von KdF eher gering einschätzen. Im Vergleich zur Weimarer Republik und zum Ausland scheinen die Fortschritte, zumal in der »Volkstouristik«, nicht unerheblich. Zwar wurde von Leys Plan einer allgemeinen »drei- bis vierwöchigen Jahresfreizeit« durchschnittlich nur ein Urlaubsanspruch von ein bis zwei Wochen Wirklichkeit. Zwar blieb die Realität weit hinter Leys Versprechen zurück, daß jährlich 14 Millionen »Volksgenossen« einen zwölftägigen KdF-Urlaub verbringen sollten. Aber: Die symbolische, normbildende und zukunftsweisende Funktion dieses NS-Unternehmens kann kaum überschätzt werden, »die Tür zur exklusiven Welt touristischen Erlebens hatte sich einen Spalt breit geöffnet«.[55] Ley mochte seine Zahlenbilanz fälschen und bei seinen Erfolgsmeldungen zu dick auftragen. Aber er hatte wohl so unrecht nicht, wenn er betonte, daß sich mit KdF eine »neue Lebenshaltung«, ein neuer »Lebensstil« durchzusetzen begann. Als Element der ästhetisierenden Überwindung klassengesellschaftlicher Lebensverhältnisse war der moderne Massentourismus à la Neckermann und TUI noch nicht materielle Wirklichkeit. Aber als Anspruch, als konkretes Zukunftsprojekt hatte er sich im Massenbewußtsein durchgesetzt. Die Deutschen waren durch KdF weder eine Reisegesellschaft noch ein »Volk zu Schiff« geworden. Und auch im Urlaub blieb die »Volksgemeinschaft« weitgehend Fiktion, trotz »klassenloser« Schiffskabinen. Aber zwischen die kostspielige Badekur in Bad Pyrmont oder Badenweiler für das bessergestellte Bürgertum und die billige Wochenend-Wanderung für die Arbeiterfamilie begann sich eine »neue, ›mittlere‹ Ebene touristischen Verhaltens« zu schieben.[56]

Sie sollte ausgebaut und das touristische Angebot noch attraktiver werden. Schon seit 1936 wurde mit großem Aufwand das neue Seebad Rügen südlich von Saßnitz gebaut. Das erste von fünf geplanten. Bei einer errechneten Jahreskapazität von ca. 350000 Urlaubern hätte es gleichzeitig etwa 20000 Badegäste beherbergen können. Sie sollten sich auf einem über 7 km langen Badestrand vergnügen und Zerstreuung in zahlreichen Freizeiteinrichtungen finden, im Kino oder beim Kegeln, beim Billardspielen oder beim Lesen in der Bibliothek. Für einen siebentägigen Aufenthalt mußte eine Person 20 RM inkl. zahlen. Darüber hinaus waren KdF-Erholungsheime und KdF-Urlaubsdörfer für kinderreiche Arbeiter-Familien ebenso geplant oder schon im Bau wie preisgünstige KdF-Hotels für gehobene Ansprüche. KdF hatte sich ehrgeizige Ziele gesteckt und stand im Begriff, neue Projekte zu realisieren. Sogar eine Japanreise wurde noch ins Programm aufgenommen, als der Krieg begann und sich die florierende Freizeitorganisation kurzfristig umstellen mußte. Für gute Laune zu sorgen war zwar immer noch oder gerade jetzt wichtig. Kriegsbedingt stand allerdings die »Stärkung der militärischen Kraft der Nation«[57] im Mittelpunkt ihrer Tätigkeit. Auch jetzt operierte die KdF-Flotte in den europäischen Gewässern, von der Nordsee bis zum Mittelmeer. Aber die Schiffe wurden nun für den Truppentransport genutzt und – als schwimmende Lazarette.

Die Touristik-Abteilung von KdF erwies sich als ebenso bedeutsam wie beliebt; neben dem »Amt Reisen, Wandern und Urlaub« gab es weitere Einrichtungen. KdF sollte den gesamten Bereich der Freizeitkultur organisieren und kontrollieren, von der Erwachsenenbildung bis zum Volkssport, Kunstausstellungen, Konzerte und Theateraufführungen ebenso wie Varietés und Tanzvergnügen. Hier konnten bürgerliche Hochkultur und Volkstümliches, Volksbildung und Massenunterhaltung miteinander verknüpft werden. Mit der Wahrnehmung dieser Aufgabe war das 1936 gegründete Amt »Feierabend« betraut worden.[58] Seine Einrichtung markiert den Höhepunkt des kulturpolitischen Konflikts zwischen Rosenberg und Ley, der damit unmittelbar in den Aufgabenbereich der NS-Kulturgemeinde eindrang. Erst mit ihrer Eingliederung in die NS-Gemeinschaft »Kraft durch Freude« wurde dieser ideologisch aufgeladene und personalpolitisch um die Person Dreßler-Andreß zugespitzte Machtkonflikt entschieden, zugunsten von Ley. Ende 1937 wurden schließlich die Ämter »Feierabend« und »Deutsches Volksbildungswerk« zum Arbeitsbereich »Kulturgemeinde« zusammengefaßt. Das kulturelle Programm war von »U« bis »E« breit gefächert und vielfältig. KdF-Mitglieder erlebten Verdis *Traviata* oder Mozarts *Figaro* in der Berliner Volksoper für 1 RM, die *Fledermaus* von Johann Strauß im Berliner Admiralspalast-Theater oder Millöckers *Bettelstudent* im Münchener National-Theater. Sie genossen Beethoven-Abende mit Wilhelm Backhaus oder Elly Ney und bewunderten die Star-Dirigenten wie Karl Böhm, Wilhelm Furtwängler oder Eugen Jochum.

Das Amt »Feierabend« verfügte in mehreren Großstädten über eigene Bühnen und eine Reihe von mobilen Theatereinrichtungen. Es übernahm das NS-Reichssymphonie-Orchester mit 90 Musikern, die Klassisches und Unterhaltsames vor allem in Werkshallen und in der Provinz zu Gehör brachten. Zahlreiche Tonfilmwagen fuhren bis in die entlegensten Orte Deutschlands, um den Menschen im Kino Spannung und Entspannung zu bieten. Auch Bayreuth fehlte nicht im Angebot. Etwa 7000 Wagner-Fans erlebten 1939 mit KdF die Festspiele. Zuschüsse verringerten die Kosten, aber gottlob nicht das großbürgerliche Flair. Ein Festspielarrangement mit Fahrt (ab Goslar), Übernachtung, Verpflegung und drei Vorstellungen kostete 65 RM. So hoch Wagner und seine Musik auch im kulturpolitischen Kurs der Zeit standen, Bayreuth blieb einer Minderheit vorbehalten. KdF war nicht auf eine kulturreligiöse Gemeinde, sondern auf ein vergnügungshungriges Massenpublikum eingestellt und ausgerichtet. Und das bevorzugte Lustspiel und Operette, Varieté und sogenannte Bunte Abende. Allein im Jahr 1938 will das Amt »Feierabend« nach eigenen Angaben auf mehr als 140000 Veranstaltungen mehr als 50 Millionen Zuhörer, Zuschauer oder aktive Teilnehmer erreicht haben. Das war vielleicht übertrieben und schloß Mehrfachzählungen ein.

Aber kaum zu bezweifeln ist, daß die organisierte KdF-Kultur ein Millionen-Publikum fand.

Neben den bürgerlich-hochkulturellen Genüssen und der massenkulturellen Unterhaltung ermöglichte KdF seinen Mitgliedern auch eine mehr aktive, volkskulturelle Betätigung. Im gemeinsamen Singen von Volksliedern und beim Volkstanz, zumal der Trachtengruppen, im Laienspiel, in der handwerklichen Kunst und auf Heimatabenden: Hier ging es stets darum, das Überkommene zu bewahren und zu erneuern, »die Schönheit und Würde eines höheren Menschentums« zum Ausdruck und das Innere des »deutschen Menschen« mit seinem äußeren Erscheinungsbild zur Deckung zu bringen. Dabei verfolgte die betont völkisch-weltanschaulich ausgerichtete Volks- und Brauchtumspflege des Amtes in Zusammenarbeit mit Reichsbauernführer Walter Darré nicht zuletzt den Zweck, die Landflucht einzudämmen. Man befürchtete nicht zu Unrecht, daß eine Verbreitung städtischer Freizeitangebote die Abwanderung aus dem ländlichen Raum begünstigen und beschleunigen könnte.[59]

Anders als die KdF-Touristik konnte die Abteilung »Feierabend« ihre Tätigkeit nach Kriegsbeginn fortsetzen, wenn auch unter veränderten Rahmenbedingungen. Der Parole des *Völkischen Beobachters* folgend, daß »Waffenlärm und Kunst keine Gegensätze« sind, wurden Künstler und Soldaten nun gemeinsam tätig. Von Athen bis Brüssel, von Lappland bis zum Kaukasus reichte das Netz von KdF-Truppenbetreuungsstellen. Die Deutsche Oper Berlin ging in den besetzten Gebieten ebenso auf Truppen-Tournee wie das Ensemble Olga Tschechowa. Große Orchester beteiligten sich und bedeutende Künstler. Wenn auch mit der Fortdauer des Krieges der Künstlermangel zu- und die Zahl der kulturellen Veranstaltungen abnahm und an Qualität verlor, zumindest in den ersten Kriegsjahren gelang es KdF offenbar, »ein beachtliches Unterhaltungsprogramm auf die Beine zu stellen«.[60]

Die Religion des 20. Jahrhunderts: Der Sport

Die touristischen, künstlerischen und unterhaltsamen KdF-Veranstaltungen stellten ein ebenso umfangreiches wie attraktives Angebot dar. Doch was wäre diese große Freizeitorganisation ohne Sportprogramm gewesen? Der Sport hatte sich seit den zwanziger Jahren zur »Weltreligion des 20. Jahrhunderts« (H. Seiffert) entwickelt. Wie keine zweite Kulturbewegung begann er, die Gesellschaft zu verändern und sie ihn. Er blieb nicht länger das kostspielige und zeitaufwendige Privileg der »leisure class« oder eine Angelegenheit spleeniger Außenseiter. Sport mobilisierte die Massen. Er machte sie in großer Zahl zu aktiven Freizeitsportlern und in noch größerer zu begeisterten Zuschauern. Der Massensport veränderte die Öffentlichkeit und wurde zum bevorzugten Medienereignis. Die Betonung von Kraft, Kampf und Körperlichkeit galt nicht mehr als unästhetisch. Gesundheit und Vitalität gewannen an Bedeutung, zumal im Selbstverständnis der jungen Generation. Das Sportgirl mit Bubikopf und der elegant-lässige Sportsman bestimmten den modischen Trend. Fitness und Fairplay wurden neue Leitbegriffe. Sport, Spannung und Unterhaltung waren jenseits des monotonen Arbeitsalltags gefragt. Der spektakuläre Wettkampf und die zum Geschwindigkeitsrausch gesteigerte Bewegung gleichermaßen. Technik und Naturbeherrschung faszinierten die Massen. Der moderne Maschinensport wurde zum Kassenmagneten. Die Flieger und Rennfahrer avancierten zu Volkshelden. Die Lindbergh, Caracciola und Rosemeyer wurden vom Publikum geradezu vergöttert. Die moderne Sportbewegung forderte, zumal in Deutschland, die vormoderne Tradition des Turnens nachdrücklich heraus. Der Sport wurde technisch und wissenschaftlich. Unter diesem Einfluß erfuhr er in kurzer Zeit eine enorme Leistungssteigerung. Diese begünstigte seine Professionalisierung und machte seine Ablösung vom Volkssport unvermeidlich. Die Betonung der formalen Chancengleichheit, der wettbewerbsorientierte Leistungsvergleich und seine Funktion für Freizeit und Konsum, Technik und Wirtschaft kennzeichnen ihn in hohem Maße als ein Kind der Industriegesellschaft. In ihm fand – und findet – ein neues Lebens- und Zeitgefühl seinen verbindlichen Ausdruck.[61]

Das mußte die Massenmedien und die Industrie, die Parteien und Interessenverbände auf den Plan rufen. Es war unvermeidlich, daß der Sport unter ihrem Einfluß kommerzialisiert und natürlich auch politisiert wurde. Mochte sich das einzelne Individuum von sportlicher Betätigung Gesundheit und Geselligkeit, Vergnügen und überhaupt mehr Lebensqualität versprechen. Mochten die Pädagogen und Lebensreformer im Sport den Weg zu einem von Zwängen befreiten, sachlich-nüchternen Verhältnis zwischen den Geschlechtern sehen, jenseits bürgerlicher Lüsternheit und verklemmter Erotik, die politischen Akteure dachten weiter, zumindest an ihre Interessen.

Der Arbeitersport, der sich in der Weimarer Republik wie die gesamte Arbeiterbewegung richtungspolitisch auseinanderdividierte, sollte vor allem das Selbstwertgefühl der Arbeiter heben und ihren jeweiligen ideologisch-kulturellen Zusammenhalt festigen. Die bürgerlichen Parteien und ihre Sportfunktionäre, voran Carl Diem und Theodor Lewald, hatten eher die Regenerierung der Arbeitskraft im Auge – als Ersatz für den weggefallenen Wehrdienst. Nach amerikanischem Vorbild setzten sie sich für Fitnessprogramme ein, bauten Sporthallen und propagierten Wehrsportvereine. Für die nationalistisch und rassistisch radikalisierte Rechte war das entschieden zu wenig. Sie sah die Gesellschaft von allen Seiten und in ihrer Totalität bedroht. Sport wurde hier folglich als eine Art Vorschule der Nation verstanden, als Instrument zur »völkischen Gesundung« und zur Erneuerung der »Wehrkraft«, also als vormilitärische Ausbildung.

Vor diesem Hintergrund ist die Entwicklung des Sports in den dreißiger Jahren zu sehen, und auch die der NS-Sportpolitik mit ihren inneren Gegensätzen und Spannungen.[62] Die NS-Führung verkannte die politische Bedeutung der großen Popularität des Sports nicht. Sie teilte wohl auch weitgehend den Sportenthusiasmus der Massen, ungeachtet der Grenzen ihrer eigenen Sportlichkeit. Der extrem unsportliche Hitler konnte schon beim Anblick des Fotos einer schönen Schwimmerin ins Schwärmen geraten: »Was für herrliche Körper sie heute sehen können. Erst in unserem Jahrhundert nähert sich die Jugend durch den Sport wieder den hellenischen Idealen...«[63] Die Aufwertung des Sports gipfelte im »Primat des Leibes« (H.-J. Gamm) und fand ihren ideologisch verbindlichen Ausdruck in Alfred Baeumlers Lehre von einer »politischen Leibeserziehung«.[64] Die Leibeserziehung war Anfang und Ende nationalsozialistischer Erziehung, ja, sie wurde zur »Lebensfrage des deutschen Volkes« schlechthin erklärt. Hitler wollte eine »athletische Jugend«, die »stark und schön« sein sollte. Schon in *Mein Kampf* hatte er geschrieben:

> »Der völkische Staat muß von der Voraussetzung ausgehen, daß ein zwar wissenschaftlich wenig gebildeter, aber körperlich gesunder Mensch mit gutem, festem Charakter, erfüllt von Entschlußfreudigkeit und Willenskraft, für die Volksgemeinschaft wertvoller ist als ein geistreicher Schwächling. Ein Volk von Gelehrten wird... den Himmel nicht erobern, ja nicht einmal auf dieser Erde sich das Dasein zu sichern vermögen... Ein verfaulter Körper wird durch einen strahlenden Geist nicht im geringsten ästhetischer gemacht... was das griechische Schönheitideal unsterblich sein läßt, ist die wundervolle Verbindung herrlichster körperlicher Schönheit mit strahlendem Geist und edelster Seele... Die körperliche Ertüchtigung ist daher im völkischen Staat nicht eine Sache des einzelnen,... sondern eine Forderung der Selbsterhaltung des durch den Staat vertretenen und geschützten Volkstums... Nicht im ehrbaren Spießbürger oder der tugendsamen alten Jungfer sieht er sein Menschheitsideal, sondern in der trotzigen Verkörperung männlicher Kraft...«

Vom Weltkriegserlebnis geprägt und auf ein kriegerisches Weltbild fixiert, fügte er hinzu:

> »... der Sport [ist] nicht nur dazu da, den einzelnen stark, gewandt und kühn zu machen,... er soll auch abhärten und lehren, Unbilden zu ertragen.«[65]

Während des Parteitages 1935 brachte Hitler dieses Leitbild auf eine ebenso bündige wie verräterische Formel: »Flink wie Windhunde, zäh wie Leder und hart wie Kruppstahl« sollte der »neue Mensch« im zukünftigen Deutschland sein.

Die NS-Idoeologie wertete den Sport indes nicht nur auf, sie verschärfte auch die Widersprüche zwischen gegensätzlichen Wertpositionen und unterschiedlichen sportpolitischen Optionen. Der auf »körperliche Ertüchtigung« und Formierung der

»Volksgemeinschaft« fixierte Massensport war mit dem auf Konkurrenz, Vergleich und Individualisierung angelegten Leistungsprinzip des Wettkampf- und Vereinssports nicht, zumindest nicht ohne weiteres, zu vereinbaren. Das Elitäre, das ja bereits in den auf Auslese beruhenden »Nationalpolitischen Erziehungsanstalten« (Napola) und in der Rassenideologie betont wurde, stand gegen das Egalitäre des Breitensports. Und schließlich widersprach die mit dem Leistungs- und Individualisierungsprinzip unlöslich verbundene Spezialisierung der körperlichen Allgemeinbildung und Vielseitigkeitsprüfung, wie sie im leichtathletischen Zehnkampf oder im Modernen Fünfkampf ihren sinnfälligen Ausdruck fand.

Zwar kann man auch im NS-Regime von einer »Verabsolutierung der Leistung« sprechen, aber der Leistungsbegriff blieb – im Spannungsverhältnis von völkischer Gemeinschaftsideologie und moderner Industriegesellschaft – widersprüchlich bis unklar. Der NS-Sport versuchte diesem Dilemma in der Doktrin der »politischen Leibeserziehung« mit einer organisatorischen Dreigliederung beizukommen. Die unterste Stufe bildete die für alle verbindliche Grundausbildung. Hier stand die Erziehung im Vordergrund, hatte die Mannschaft als »symbolische Darstellung des Volkes« Vorrang vor dem einzelnen Sportler, herrschte das gemeinschaftsbezogene Prinzip des »Sich-Tummelns und Spielens«. Auch der Sport wurde von deutschen Eigentümlichkeiten geprägt. Darauf folgte die Stufe des Wettkampfes mit Spezialisierung und Leistungsorientierung. Und nur eine mehr oder weniger kleine Zahl von Spitzenathleten, die internationale Normen erfüllte, erreichte die Stufe des »olympischen Kampfes«, der im Zeichen der »Faszination durch die absolute Leistung« stand.[66]

Diese dreistufige Gliederung wurde als Einheit verstanden. Ein Spannungsverhältnis zwischen Hochleistungssport und allgemeiner Leibeserziehung blieb gleichwohl bestehen. Und trotz aller Harmonisierungsbestrebungen durch den Reichssportführer und SA-Mann Hans von Tschammer und Osten, der ja in Personalunion den »Deutschen (später: Nationalsozialistischen) Reichsbund für Leibesübungen« und das KdF-Sportamt leitete, erschien dieser Gegensatz unvermeidbar. Zumal seine Zuständigkeit zwar den gesamten Vereins-,

Freizeit- und Berufssport erfaßte, aber nicht in die NS-Organisationen, die Schulen und die Wehrmacht hineinreichte. Die Einrichtung einer besonderen sportpolitischen Koordinierungsstelle im Innenministerium, deren Leitung von Tschammer gleichfalls übernahm, vermochte diese Harmonie ebensowenig herzustellen. Dabei darf man nicht vergessen oder übersehen, daß dafür schon 1933 wesentliche Weichenstellungen gewaltsam erfolgt waren. Sei es durch die Liquidierung des Deutschen Reichsausschusses für Leibesübungen bzw. die Selbstgleichschaltung führender Fachverbände mit ausgeprägt »schwarz-weiß-roter Tradition« (Bernett), voran die Deutsche Turnerschaft, der Deutsche Ruderverband, der Deutsche Schwimmverband und der Deutsche Fußball-Bund. Sei es durch die Zerschlagung der konfessionellen Sportverbände, des Arbeiter-Turn- und Sportbundes sowie die Eliminierung der jüdischen und marxistischen Sportler aus den deutschen Sportorganisationen.[67]

Mit der äußeren Anpassung der traditionellen Sportverbände an den NS-Staat und der Beseitigung konfessionell und ideologisch unliebsamer Sportorganisationen aus der »Systemzeit« konnten und mochten sich die Führungsgruppen des neuen Bewegungs-Regimes nicht begnügen. Gleich mehrere NS-Organisationen machten – neben der staatlichen Sportaufsicht oder gegen sie – ihren Anspruch geltend, den Sport zu kontrollieren. Da gab es zunächst die SA, die den Sport auf den »Wehrgedanken« reduzieren wollte, auf den »Schutz von Rasse und Volk«. Die Hitlerjugend verstand sich im Sport als Organisation einer umfassenden »Jugendbetreuung« und mußte hier unvermeidlich mit dem Vereins- und Schulsport kollidieren, aber eben auch kooperieren. Da war ferner der Schul- und Hochschulsport, der besonders an das Technikinteresse der Jugend appellierte und so attraktive Sportarten wie Fliegen, Segeln und Skilaufen propagierte. Und da war nicht zuletzt die NS-Gemeinschaft »Kraft durch Freude«, die für die Arbeitnehmer und älteren Menschen ein attraktives Angebot im Betriebs- und Freizeitsport entwickeln mußte, zumal nach der Auflösung der Arbeitersportorganisationen.

Ähnlich wie »Schönheit der Arbeit« und »Reisen, Wandern und Urlaub« war auch der KdF-Sport eine Art Ersatz für

»effektive Sozialpolitik«.[68] Der KdF-Sport sollte als »Elementarschule« für alle »sportlichen Analphabeten« das »Sportalter« der Bevölkerung erhöhen. Vor allem aber mußte die sportliche Betätigung Spaß machen. In großer Auflage, mit suggestiven Fotos und flotten Sprüchen attraktiv aufgemacht, warb eine Illustrierte für den KdF-Sport. Auch in Tageszeitungen wurde für die KdF-Sportkurse geworben. In vielen Ortsgruppen und Betrieben agierten »Sportwerbewarte«. Daß sich der KdF-Sport so schnell und auf so breiter Basis durchsetzen konnte, wird allerdings weniger der Sportpropaganda zugeschrieben als vielmehr dem Umstand, daß eine große Zahl arbeitsloser Sportlehrer und Gymnastiklehrerinnen unversehens eine neue Beschäftigungsmöglichkeit erhielt.

An den offenen Kursen konnte jedes DAF-Mitglied, das eine Jahressportkarte für 30 Pfennige erworben hatte, jederzeit teilnehmen. Gefragt waren vor allem Gymnastik und Schwimmen. Eine Übungsstunde kostete 20 Pfennig. Und immer sollte es fröhlich und volkstümlich zugehen. Von der Morgengymnastik bis zur Tummelstunde für Mutter und Kind, vom Strandsport in den Seebädern und der Körperschule auf den Sonnendecks der KdF-Schiffe bis zum Ausgleichssport für die unter extrem schweren Bedingungen lebenden Autobahnarbeiter. Außerdem wurden Spezialkurse oder Lehrgänge in Spezialsportarten angeboten. Radfahren und Rudern standen ebenso auf dem Programm wie leichtathletische Kurse, die nicht selten zum Erwerb des begehrten Reichssportabzeichens führten. Selbstverständlich fehlten die Kampfsportarten wie Boxen und Ringen, Fechten und Schießen nicht. Und es erscheint nur konsequent, daß der KdF-Sport auch in die großbürgerlichen Reservate der teuren und elitären Sportarten einzudringen versuchen würde. Er tat es offenbar nicht ohne Erfolg. Unter dem Slogan »Kampf den Vorurteilen – Es gibt keine ›feudalen‹ Sportarten mehr!« sollten die weniger betuchten Schichten mit Tennis und Skilaufen, Reiten und Golf bekannt gemacht werden. Es war wohl für manchen Arbeiter, kleinen Angestellten und Beamten ein erhebendes Gefühl, erstmals ein Tennisracket zu schwingen, hoch zu Roß durchs Gelände zu traben oder im Hochgebirge auf Skiern die Berge hinunter zu wedeln, die man bis dahin nur aus Trenker- oder Riefenstahl-Filmen kannte. Ein solches Vergnügen kostete etwas mehr als die Grundkurse. Für eine Tennis- oder Reitstunde mußte man 1 RM bezahlen. Ein einwöchiger Segelkurs in Dießen am Ammersee wurde für ca. 30 RM inkl. angeboten. Und wer einen achttägigen Skikurs im Stubaital mitmachen wollte, zahlte für Reise (ab Nürnberg), Unterkunft, Verpflegung und Kursgebühr 52 RM.

Der Massenerfolg des KdF-Sports ist unstrittig. Zahlen für eine zuverlässige Erfolgsbilanz fehlen jedoch auch hier. Aber bei aller gebotenen Vorsicht wird man davon ausgehen können, daß bis 1939 Hunderte von neuen Sportplätzen, Turnhallen, Schwimmbädern und Schießständen gebaut wurden, daß die Zahl der Kurse vor allem in den Anfangsjahren sprunghaft anstieg und die Zahl der TeilnehmerInnen in die Millionen ging. Man darf durchaus bezweifeln, daß der KdF-Sport allein 1938 mehr als 20 Millionen Menschen mobilisierte, wie die KdF-Sportamtsstatistik glauben machen wollte. Und doch wird man hier von einer organisierten »Volkssportbewegung«[69] sprechen können, die in mancher Hinsicht an die Sportbewegung und Sportbegeisterung der zwanziger Jahre anknüpfte, sie aber eben in bestimmte Bahnen lenkte.

Im Laufe der Jahre verlagerte sich der Schwerpunkt des KdF-Sports vom Freizeit- zum Betriebssport. Nicht mehr die informellen und offenen Kurse mit ihrer unkonventionellen und ungezwungenen Spielatmosphäre standen im Mittelpunkt. An ihre Stelle sollte nun das »organisierte Wettkampfwesen« treten und der Betriebssport als »Exerzierplatz der Betriebsgemeinschaft« (R. Ley). Die Gründe dafür sind vielfältig. Der Versuch, die Kosten des durch die DAF hochsubventionierten KdF-Sports wenigstens teilweise auf die Betriebe abzuwälzen, mag ebenso eine Rolle gespielt haben wie das Bestreben, die »Kampf-« und »Wehrkraft« der »Volksgemeinschaft« zu erhöhen. Der KdF-Sport wurde so mehr und mehr Leistungs- und Wettkampfsport und geriet so immer stärker in Konkurrenz zum »NS-Reichsbund für Leibesübungen« (NSRL), dessen Domäne ja der Vereins- und Wettkampfsport war. Diese Rivalität wurde noch dadurch verschärft, daß sich Ley und SA-Stabschef Lutze gegen v. Tschammer, den Reichssportführer, verbündeten. Vor allem Lutze war an diesem Konflikt interessiert, denn er wollte der seit 1934 politisch ins Hintertreffen geratenen SA »das gesamte Gebiet der körperlichen Ertüchtigung« erschließen und sichern, während sich der NSRL ganz auf den engen Bereich des Hochleistungssports und des internationalen Wettkampfsports beschränken sollte. Aus der Sicht der SA drängte sich für die Organisation des deutschen Sports eine klare Arbeitsteilung und Rangordnung geradezu auf. Unter Führung des SA-Stabschefs als »Reichsleiter für körperliche Ertüchtigung« war die SA danach für den »Wehrsport« zuständig, KdF für den »Volkssport« und der NSRL für den »Leistungssport«. Ein Modell, das den Sport offen als »kriegswichtige« Aufgabe auswies. Nun allerdings nicht mehr unter dem Motto »Kraft durch Freude«, sondern nach der Devise Stärkung des »Siegeswillens«. Und sollte sich dieser einmal verbrauchen, mußte der Sport wenigstens den »Durchhaltewillen« der Bevölkerung stabilisieren.

Spätestens hier ließ sich kaum noch übersehen, daß ein Zusammenhang von Sport und Kriegsvorbereitung bestand. Wer genauer hinsah, konnte das schon während der Olympischen Spiele 1936 erkennen, die stark soldatisch-militärisch geprägt waren. Nach anfänglichem Widerstand hatte sich das Regime die Olympiade – wenn auch nicht die olympische Idee – zu eigen gemacht. Mit großem propagandistischem und inszenatorischem Aufwand wurden die Olympischen Spiele in Garmisch-Partenkirchen, Kiel und Berlin zu einem »stimmungsmäßigen Höhepunkt nationalsozialistischer Herrschaft« überhaupt.[70]

»Fest der Schönheit« und Spiele der Gewalt: Olympia 1936

Bis heute klammert sich der Sport an die Illusion seiner Politikfreiheit, zumindest aber seiner Politikferne. Er wird darin von den Massenmedien und einer großen Zahl angestrengt ahnungsloser Sportreporter nach Kräften unterstützt. Sie wollen ihr Publikum unterhalten und nicht etwa durch kritische Analysen und ungeschminkte Hintergrundinformationen erschrecken. In der Sportreportage sind Sensationen gefragt, aber eben keine Reflexionen. Das ist, zumal aus kommerziellem Interesse, verständlich, aber Täuschung und Selbsttäuschung zugleich. Die in ihrer Ahnungslosigkeit ebenso betulichen wie beschämenden Berichterstattungen über die Olympischen Spiele in Seoul, Los Angeles und Moskau sind dafür nur die jüngsten, aber vermutlich nicht die letzten Beispiele. Dabei wissen wir spätestens seit den Spielen 1936 in Berlin, mit welcher Professionalität und Perfektion diese großen internationalen Sportereignisse inszeniert und politisch instrumentalisiert werden. Wir könnten es wissen.

Man kann da sogar noch einen Schritt weiter zurückgehen. In der Aufbruchszeit der modernen Massensportbewegung wurde der Zusammenhang von Macht, Politik und Sport unumwunden beim Namen genannt. Im Hinblick auf die erstmals für 1916 nach Deutschland vergebenen Olympischen Spiele forderte beispielsweise der junge Carl Diem im kulturimperialistischen Pathos der damaligen, spätwilhelminischen Zeit seine Landsleute auf: »Wir müssen auf der ganzen Linie siegen.« Denn die »Größe und Macht des deutschen Vaterlandes« erweise sich nicht zuletzt im internationalen sportlichen Wettkampf. Die Olympischen Spiele, die im eigenen Land ausgetragen würden, seien Teil und Ausdruck der »nationalen Repräsentation«. Mit ihren wissenschaftlichen, künstlerischen und literarischen Leistungen hätten sich die Deutschen als »getreue Erben der griechischen Kultur« erwiesen. In diesem Sinne gelte es, »den Olympischen Spielen der Neuzeit den Stempel deutschen Geistes aufzudrücken«.[71] Die Welt mußte darauf allerdings noch zwanzig Jahre warten. 1916 wurde nicht um olympische Medaillen gekämpft, sondern um militärische Überlegenheit. Nicht sportliche Rekorde und Höchstleistungen machten Schlagzeilen, sondern Stellungskriege, Giftgaseinsatz und gewaltige Materialschlachten. Erst 1936 bekamen die Deutschen wieder Gelegenheit, die Olympischen Spiele zu veranstalten. Sie nutzten ihre Chance. Nun allerdings im Geist des »jungen« nationalsozialistischen Deutschlands.

Auf dem Weg dahin waren so manche Hindernisse zu überwinden.[72] Das Internationale Olympische Komitee (IOC) hatte sich zwar 1930/31 für Berlin als Austragungsort der XI. Olympischen Spiele entschieden. Aber die neuen politischen

Machtverhältnisse in Deutschland stellten das zunächst in Frage. Die NSDAP hatte sich aus ideologischen Gründen von Anfang an strikt gegen die Ausrichtung der Spiele ausgesprochen. Schon eine Beteiligung an Wettkämpfen mit »jüdischen Weltvernichtern« und »Neger-Sklaven« lehnte sie ab. Aber bereits Ende 1932 gab Hitler auf Anfrage des IOC-Präsidenten de Baillet-Latour seine grundsätzlich positive Einstellung zur Ausrichtung der Spiele zu erkennen. Die deutschen Olympiafunktionäre Theodor Lewald und Carl Diem, die sich längst das Ziel gesetzt hatten, die Olympischen Spiele in Deutschland zu einer »Lehr-Olympiade« zu machen, haben Hitler und Goebbels früh auf die »ungeheure Propagandawirkung« dieser Veranstaltung hingewiesen und offenbar schnell überzeugen können. Jedenfalls wurden im Oktober 1933 auch materiell die Weichen gestellt. Mit einer spektakulären Erhöhung der Haushaltsmittel von ca. 5 Millionen auf über 100 Millionen RM begannen jetzt großzügige Planungen für die Sommer- und Winterspiele. Nach einer Besichtigung vorhandener Sportstätten, zu denen auch das noch von Kaiser Wilhelm II. eingeweihte Deutsche Stadion gehörte, entschied sich Hitler »spontan« für den Bau eines neuen Olympiastadions: »Wenn man die ganze Welt zu Gast geladen hätte, müßte etwas Großartiges und Schönes entstehen... da spielten einige Millionen gar keine Rolle...«[73] Damit mochte sich der Künstler-Politiker und Staatsarchitekt aber noch nicht begnügen. Er wies die NSDAP-Gaue an, das Reichssportfeld mit Kunstwerken auszuschmükken und ließ Josef Thoraks monumentales »Faustkämpfer«-Standbild aufstellen, als Ausdruck des »Willens der Nation«. Und er veränderte auch die Gesamtkonzeption des Olympia-Architekten Werner March. Die Anlage des Olympiastadions wurde um ein Aufmarschgelände, das sogenannte Maifeld, einen über 70 m hohen Glockenturm (»Führerturm«) und die Langemarck-Halle erweitert, zur Erinnerung an die 1914 bei Langemarck singend in den Tod geschickten jungen deutschen Soldaten. Dort, wo der Bedeutungszusammenhang von sportlichem und soldatischem Kampf symbolisch kaum noch zu steigern war, fanden Jahre später die letzten Kämpfe im Westen Berlins statt.

Wohl niemand durchschaute die zukünftigen kriegerischen

Absichten des NS-Regimes. Doch das IOC mißtraute der Entwicklung in Deutschland besonders nach der Zerschlagung, Selbstgleichschaltung und Neuorganisation des deutschen Sports unter v. Tschammer und Osten. Vor allem die Amerikaner drohten mit Boykott. Nur eine knappe Minderheit der Sportverbände entschied sich schließlich für die Teilnahme. Erst als die Reichsregierung zusicherte, daß die Verantwortung für die Organisation der Spiele weiterhin beim NOK liege und seinen führenden Mitgliedern, daß die olympischen Regeln eingehalten und daß auch jüdische Sportler in die deutsche Mannschaft aufgenommen würden, trat eine gewisse Beruhigung im IOC ein. Aber die Befürchtungen verstummten nur vorübergehend. Denn die Rassendiskriminierung in Deutschland ging weiter. Nach den Nürnberger Rassegesetzen wurden die internationalen Proteste und Boykottaufrufe wieder lauter und zahlreicher. Im Anschluß an ein längeres Gespräch mit Hitler, Innenminister Frick, v. Tschammer und Osten und Lewald, versicherte de Baillet-Latour der erstaunten Sportöffentlichkeit, daß der Durchführung der Spiele nun nichts mehr im Wege stehe.

In die deutsche Mannschaft waren inzwischen zwei Alibi-»Halbjuden« aufgenommen worden. In vielen Gemeinden wurde offenbar der »antisemitische Schilderwald« (»Juden unerwünscht!«) beseitigt. Auch die antijüdische Propaganda mag zurückgegangen sein.[74] Auf Anweisung von Goebbels durfte allerdings in dieser Zeit über Ausländerfeindlichkeit und antisemitische Ausschreitungen auch nicht berichtet werden. Der Verkauf des Hetzblattes *Der Stürmer* wurde vorübergehend eingestellt. Und nach der weißen Premiere, dem glänzend gelungenen Auftakt der Winterspiele in Garmisch-Partenkirchen mit mehr als einer halben Million Zuschauern, ließ sich die olympisch-festlich eingestimmte Weltöffentlichkeit auch nicht mehr nachhaltig irritieren, als Hitler den Locarno-Vertrag brach und deutsche Truppen Anfang März 1936 in die entmilitarisierte Rheinlandzone einmarschierten. Man sah nur, was man sehen wollte, und ließ sich beeindrucken von dem großen finanziellen, baulichen und organisatorischen Aufwand, mit dem die Spiele vorbereitet wurden, und den vermeintlich friedfertigen Obertönen, die sie begleiteten. Der Mechanismus von

Täuschung und Selbsttäuschung funktionierte. Die Regisseure hatten Programm und Ablauf festgelegt und geprobt. Wehrmacht und Staatssicherheit trugen nach Kräften zum Gelingen bei. Die Kulissen waren aufgestellt und die Rollen verteilt. Die sportlichen Akteure fieberten ihrem Start entgegen und Hunderttausende von Besuchern und Zuschauern warteten voller Ungeduld und Spannung auf den Beginn der Wettkämpfe. Das Massenspektakel konnte beginnen.

Das Eröffnungszeremoniell am 1. August 1936 gab gleich einen Vorgeschmack aufs Ganze.[75] Es begann – natürlich feierlich und christlich – mit Festgottesdienst und Kranzniederlegung. Wehrmachtsuniformen, Abordnungen der Hitlerjugend und des Bundes Deutscher Mädel (BDM) fehlten nicht. Jugend und Sport prägten das festlich geschmückte Stadtbild, staatliche und militärische Macht bestimmten den Rahmen. Hitler konnte allerdings nicht wie gewohnt eine Rede halten. Der IOC-Präsident hatte sich politische Propaganda verbeten und Hitler (»Herr Graf, ich werde mich bemühen, den Satz auswendig zu lernen«) angewiesen, nur die Eröffnungsformel zu sprechen.[76] Unter olympischem Glockengeläut, dem Klang der von Richard Strauss komponierten olympischen Hymne und der am Mast aufsteigenden weißen Fahne wurde das olympische Feuer entzündet, sprach ein deutscher Olympiasieger von 1932 den olympischen Eid, im Halbkreis umgeben von den Fahnenträgern der neunundvierzig teilnehmenden Nationen. Die olympischen wurden von den nationalsozialistischen Symbolen überlagert. Zwar hatten sich die einzelnen Sportler im Stadionrund versammelt. Aber sie waren kaum als Individuen zu erkennen, sondern – zu »Blöcken« formiert – als Mannschaften aufmarschiert. Deren unterschiedliche Personenstärke wies dieselben unübersehbar als »Großmächte des Sports« oder als »sportliche Kleinstaaten« aus. Die deutsche Olympiamannschaft bildete als Gastgeber selbstverständlich den Schluß. Sie war allerdings nicht nur zahlenmäßig die größte. Sie überstrahlte auch in ihrem weißen Olympiadress alle anderen. Die deutschen Sportler-Soldaten hatten es allerdings vorgezogen, in Wehrmachtsuniform aufzumarschieren. Ganz Ausdruck des »wiedergeborenen Deutschland«. Aber die Stimmung schwankte, trotz aller »unpolitischen« Eröffnungseuphorie.

Bei den Franzosen, die mit vermeintlich »deutschem Gruß« an der Ehrenloge vorbeimarschierten, wurde lauthals gejubelt. Beim Einzug der Briten herrschte kühle Reserviertheit. Die Nationenbegrüßung verlief »etwas peinlich« – wie Goebbels bemerkte. Aber das hatte man anderntags vergessen. Denn: Ganz Berlin liegt im »Festfieber«, notierte er nun wieder ganz in dem ihm eigenen Überschwang. »Alle sind berauscht von den Eindrücken..., ein schöner, großer Tag. Ein Sieg für die deutsche Sache.«[77]

Die Deutschen bestachen nicht nur durch ihre Erfolge bei den sportlichen Wettkämpfen. Gewiß, hier waren sie so erfolgreich wie nie zuvor, vor allem in den leicht- und schwerathletischen Disziplinen, im Radrennen, Rudern und Reiten, im Turnen und Fechten, aber auch beim Schießen und Schwimmen errangen sie viele Medaillen. Die inoffizielle Nationenwertung gewannen sie vor den USA. Doch mit dem Glanz der sportlichen wetteiferten die organisatorisch-technischen Leistungen, die auch im Urteil der internationalen Presse meisterlich waren. Dabei durfte die Wehrmacht mit ihren verschiedenen Waffengattungen schon mal ihre Vielseitigkeit und Schlagkraft unter Beweis stellen. Sie baute nicht nur das olympische Dorf und eine Pontonbrücke zur Pfaueninsel, auf der Goebbels für rd. 3000 Gäste (»die ganze Welt«) und 300000 RM aus Steuergeldern ein »traumhaft schönes« Fest veranstaltete. Aus eigenen Brieftaubenbeständen organisierte sie auch den Flug von Zehntausenden von »Friedenstauben«(!). Eine Fernmeldeeinheit verlegte die Telefonkabel für die in- und ausländischen Zeitungs- und Rundfunkreporter. Die Flakartillerie ließ mit ihren riesigen Scheinwerfern über dem nächtlichen Olympiastadion den bereits in Nürnberg spektakulär inszenierten »Lichtdom« in den Nachthimmel aufragen. Und die Luftwaffe unterstützte Leni Riefenstahls olympische Filmaufnahmen mit einem Fesselballon.[78]

Auch die Bäcker und Barkeeper, die Kneipenwirte und Köche, die Fotografen und Feuerwerker standen im Großeinsatz. Künstlerisches, kulinarisches und anderes vergnügliches Gewerbe hatte Hochkonjunktur. Schauspieler, Musiker und Tänzer waren ebenso gefragt wie Taxifahrer. Die internationale Prominenz, voran die IOC-Mitglieder, sollte und wollte unterhalten werden. Die NS-Größen versuchten sich darin gegenseitig zu überbieten.[79] Mit Galadiners und Gartenfesten, privaten Partys und offiziellen Empfängen. Niemand wollte zurückstehen. Aber Göring übertrumpfte offenbar alle. Ausländische Beobachter und erfahrene Partyprofis zweifelten nicht, daß es so etwas wie das nächtliche Gartenfest auf dem Gelände des neuen Luftfahrtministeriums seit den Tagen Ludwigs XIV. nicht mehr gegeben habe. Goebbels konnte seinen Neid nur mühsam verbergen: »Viele Leute. Etwas steif und kalt.«

Wenn es auch vielen so scheinen mochte, daß Berlin friedlich gestimmt war und in einem olympischen Festrausch lag, die Wirklichkeit hinter den Kulissen sah anders aus. Während Hunderttausende die Attraktionen und Annehmlichkeiten genossen, die dieses Fest ihren Augen, Ohren und Gaumen bot, ging es an manchen Plätzen in und um Berlin eher unfriedlich und sehr unfestlich zu. Zum Beispiel im Konzentrationslager Oranienburg, nur eine knappe Autostunde vom Olympiastadion entfernt. Hier – und anderswo – zeigte das Regime sein wahres Gesicht – oder versuchte es zu verbergen –, hielt es seine politischen Gegner unter unmenschlichen Bedingungen in sogenannter »Schutzhaft« gefangen, folterte und tötete sie. Aber das IOC verschloß davor die Augen. Schon damals hielt man sich lieber an die Devise, die der robuste Avery Brundage ausgab: »The Games must go on!«[80]

In das grandiose Bild paßte nichts Häßliches. Weder aus olympischer noch aus nazistischer Perspektive. Gerade der »totalitäre Staat« mußte sich »durch Schönheit maskieren«.[81] Und er tat das ebenso gründlich wie effektvoll. Schon im Vorfeld der sportlichen Wettkämpfe begann das bunte Rahmenprogramm mit ungezählten geselligen und kulturellen Veranstaltungen. Es gab viel zu sehen und zu erleben: Kongresse und Konzerte, Kunstausstellungen und KdF-Unterhaltung, Feuerwerk und Filmvorführungen, Oper, Operette und Varieté. Die Besucher waren pausenlos beschäftigt. Aber nicht nur sie kamen in den Genuß dieses Spektakels. Dank Rundfunk, Wochenschau und illustrierter Massenpresse konnte ein Millionenpublikum die Ereignisse zumindest miterleben. In Berlin sogar schon an den ersten Fernsehgeräten. Hier fanden die »ersten Weltmedienspiele« statt.[82]

Im Vergleich zu Zeitung und Rundfunk hatte sich der Film als das technisch-ästhetisch überlegenere Medium erwiesen. Er machte geradezu eine Verdoppelung der Selbstinszenierung des Regimes möglich. So aufwendig die Spiele organisiert und so gekonnt sie inszeniert waren, im Ablauf gab es Pannen und Peinlichkeiten. Selbst ein so routinierter Schauspieler-Politiker wie Hitler machte auf der für ihn ungewohnten internationalen Bühne nicht immer eine gute Figur. So hatte er angeordnet, die drei Erstplazierten jeweils in der »Führerloge« zu empfangen, was protokollwidrig war. Der IOC-Präsident intervenierte, worauf sich Hitler bei ihm entschuldigte und damit begnügen mußte, nur die deutschen Medaillengewinner zu empfangen. Auch die Nicht- oder Mißachtung der schwarzen amerikanischen Olympiasieger, voran der vierfache Goldgewinner Jesse Owens, verbesserte sein Image nicht gerade. Das Urteil der internationalen Presse blieb zwiespältig. Es schwankte zwischen Bewunderung und Ablehnung.[83]

Über solche und andere unvorteilhafte Seiten der Spiele sah Leni Riefenstahls, von Cineasten noch heute bewunderter, zweiteiliger Olympia-Film mühelos hinweg. Sie, die sich erklärtermaßen nur für das interessierte, was »schön ist, stark und gesund«[84], wollte die sportlichen und kulturellen Ereignisse nicht bloß fotografisch dokumentieren, sondern ästhetisch überhöhen. So stilisierte sie die konkrete Realität zum mythischen Ereignis, zur »grandiosen Verbindung« von griechischer Antike und deutscher Gegenwart und Zukunft. Die Olympischen Spiele sollten im Film noch »schöner als in Wirklichkeit« (Riefenstahl) sein.[85]

Der Darstellung der ohnehin imposanten Eröffnungsfeier geht im Film eine Art »mythischer Prolog« voraus.[86] Aus Wolkenfetzen, Morgenlicht und Tempelruinen treten langsam Statuen hervor, hellenische Göttergestalten und Olympiakämpfer, die sich – als wollten sie aus jahrhundertelangem Schlaf erwachen – in germanische Diskus- und Speerwerfer verwandeln. »Wiederbelebte Antike« hat die Riefenstahl das genannt und zugleich das »wiederauferstandene« Deutschland gemeint. Die griechisch-germanische Synthese wird zudem sinnfällig in der – 1936 von Diem eingeführten – Fackelläuferstaffette zwischen Olympia und Berlin. Auch Weiblich-Erotisches kommt ins Bild. Im Reigen und mit schwungvollem Reifenspiel tanzen junge Frauen nackt über die Leinwand, umspielt von Wolken und Wind, Sonne, Sand und Dünengras. Je mehr sich der Fackelläufer dem Ort des olympischen Geschehens nähert, desto deutlicher werden die politischen Zeichen. In wechselnden Überblendungen erscheinen Hakenkreuz und Deutschland-Schriftzug, Olympiaglocke und Olympiastadion, Menschenmassen und Hitler-Profil. In suggestiver Bildsprache soll Harmonie und Einheit entstehen, Schönheit und Stärke demonstriert werden: antiker Mythos und junges, neues Deutschland, Volk und Führer, nationalsozialistischer »Geist« und olympisches Ideal.

Einmal mehr zeigt sich hier, daß die faschistische Strategie der Entdifferenzierung und Ästhetisierung mit der Herstellung fiktiver Einheitsbilder und neuer, in der Regel reaktionär-moderner Sinngebungen eng verbunden ist. Hier werden Zeitdifferenzen von Jahrhunderten aufgehoben, als gäbe es sie nicht, räumliche Distanzen mühelos überbrückt wie im strategischen Planspiel und Bedeutungsunterschiede eingeebnet: »Die anachronistische Ritterwelt des Sports wird zur Anständigkeit des deutschen Kämpfers, der Elitismus Coubertins zum Rassismus, die Wiedergeburtsidee Olympias zu einer nationalsozialistischen Erlösungsreligion, die Dramatik des Wettkampfes zur Tragik, das Sportfest zum Weihfest, aus Zeus wird Hitler.« Jede Erscheinung verbindet sich mit einer anderen, jedes einzelne Ereignis wird mit einem zweiten in Beziehung gesetzt. Grenzen werden überschritten in eine neue Dimension der Wahrnehmung, mit einem Wort: »das Wirkliche wird Symbol für das Unwirkliche«.[87]

Oder auch für das Noch-Nichtwirkliche. Denn Inszenierung und Verfilmung der Spiele zielten nicht nur auf eine fiktive Harmonie. Sie antizipierten auch – symbolisch-bildlich – das kommende Kriegsereignis. Jedenfalls verrieten sie die expansionistische Absicht. Die sichtbare Überlegenheit der Deutschen in vielen sportlichen Wettkämpfen verdichtete sich zur allgemeinen, »rassischen« Überlegenheit. Die – wie es schien – mit »deutschem Gruß« vorbeimarschierende französische Delegation wurde zum Triumph über den »Erbfeind«, die Unterwerfung der Nation unter das vom NS-Ritual überhöhte Zeremoniell des olympischen Eides konnte als Kapitulation gedeutet werden und die in der deutschen Delegation in Uniform mitmarschierenden Wehrmachtssportler als Ausdruck der Sportler-Soldat-Synthese. Bilder als »Vorform des kriegerischen Kampfes«.[88]

Zum Gesamtkunstwerk Olympia trug auch der Generalsekretär des Organisationskomitees nach Kräften bei. Durch engagiertes Management ebenso wie durch dramaturgische Beiträge. Carl Diem ließ es sich nicht nehmen, für die Eröffnungsfeier ein Festspiel zu schreiben (*Olympische Jugend*). Die Zuschauer wurden chorisch einbezogen. Prominente Künstler beteiligten sich. Carl Orff und Werner Egk sorgten für die musikalische Ausgestaltung, Harald Kreuzberg und Mary Wigman für die tänzerischen Darbietungen und die Choreographie. Reichsdramaturg Schlösser hatte zuvor ideologisch zweifelhafte Stellen gestrichen. Unumstritten erschien wohl nur die Schlußszene. Was spielerisch und tänzerisch begonnen hatte, steigerte sich zum kriegerischen Zweikampf und fand seinen Höhepunkt im »Heldentod« und in der »Totenklage«. Zwar gab der Schluß mit dem letzten Satz aus Beethovens 9. Sinfonie und Schillers *Lied an die Freude* vor, das Leben zu feiern, aber die Botschaft dieses heroisch-martialischen Weihespiels zielte auf das genaue Gegenteil: den Opfertod des Sportler-Jünglings fürs Vaterland. Hier wurde wiederum der »Geist« von Langemarck beschworen, während über dem Stadion der »Lichtdom« der Flakscheinwerfer in den nachtschwarzen Himmel emporragte. Die Zuschauer dankten es durch stumme Ergriffenheit, um sich am nächsten Tag wieder lautstark und voller Begeisterung den sportlichen Wettkämpfen zuzuwenden.[89]

So waren die olympischen Tage in Berlin zugleich nationales Weihespiel und Wagner-Oper, internationales Sportfest und Medienspektakel. Aber hinter dem schönen Schein dieser filmästhetisch zum »Fest der Völker« und »Fest der Schönheit« verklärten Spiele verbarg sich ihre »geheime Gewalt«[90]: die irreführende Stilisierung der Akteure und die Instrumentalisierung des Ereignisses durch das NS-Regime für seine innere Stabilisierung und außenpolitische Aufwertung. Hier wurde der Kampf verherrlicht und die Überlegenheit der »weißen Rasse« gefeiert. Die Deutschen präsentierten sich als »die erste Sportnation der Welt« (Goebbels). Damit hatten sie ihren »Wiederaufstieg« demonstriert und sich – jedenfalls im eigenen Verständnis – für »größere Aufgaben« qualifiziert. Sie waren längst dabei, sich dafür zu rüsten. Die »heimliche Gewalt« ging der unheimlichen voraus.

8. Kapitel
Bauen und Wohnen

Im Umgang mit der ästhetischen Kultur des Dritten Reiches geht es nicht selten um den Versuch, einen spezifisch nationalsozialistischen Kunst- und Baustil auszumachen. Ein ebenso verbreitetes wie nutzloses Spiel. Ihm liegt eine in langen Verdrängungsjahren unentbehrlich gewordene Legende zugrunde. Danach steht einer als faschistisch etikettierten Monumentalarchitektur eine ebenso eindeutig als antifaschistisch identifizierte, zudem ins Exil verbannte Architektur des Neuen Bauens gegenüber. Auch in diesem Punkt war die Wirklichkeit des Dritten Reiches weniger eindeutig. Das populistische Gewand nationalsozialistischer Kultur- bzw. Architekturpolitik hatte viele Falten, in denen Unterschiedliches Platz fand. Diese Politik war eben nicht nur ideologisch, sondern auch pragmatisch begründet und vor allem erfolgsorientiert. Sie erklärte zwar immer wieder den tiefen Bruch mit der Vergangenheit, um gleichwohl populäre Strömungen aufzugreifen und zu integrieren. Nur die extremen Positionen hatten keine Chance, zum Leitbild der offiziellen Baukunst aufzurücken. Die als Sozialrevolutionäre verdächtigten, zudem internationalistischen Avantgardisten des Neuen Bauens so wenig wie die »völkisch« orientierten Verfechter des rustikal-idyllischen und regionalistisch geprägten Heimatschutzstils. Aber dazwischen gab es viele Entfaltungsmöglichkeiten und Anwendungsbereiche. Die architektonischen Aufgabenfelder waren zahlreich. Sie reichten vom sozialen und privaten Wohnungsbau über die vielen technischen Zweckbauten für Industrie und Wehrmacht, Handel und Verkehr, Sport und Freizeit, bis hin zu den Repräsentationsbauten von Partei und Staat.

In der Monumentalarchitektur der öffentlichen Bauten war der harte, großflächig-glatte Neoklassizismus eines Hermann Giesler, Wilhelm Kreis, Albert Speer und Paul Ludwig Troost unangefochten. Diese demonstrative, dabei nicht unvertraute

Machtdekoration bot einer zwischen Ohnmachtsgefühlen und Großmachtträumen desorientiert schwankenden Bevölkerung buchstäblich Orientierung und visuellen Halt. Der Anblick dieser Bauten mochte erhebend sein und zur Identifikation mit der Macht einladen, unterordnend und erniedrigend war diese Momumentalität allemal.

Am stärksten behauptete sich der neue Stil einer funktionalistischen Architektur in den Zweckbauten der Rüstungsbetriebe und in den Produktions- und Erprobungsstätten moderner Technologien. Zumal mit der Expansion der Rüstungsproduktion seit Mitte der dreißiger Jahre eine Generation junger Ingenieure und Architekten an Einfluß gewann, für die Sachlichkeit, Sparsamkeit und technische Rationalität Leitbegriffe ihres professionellen Selbstverständnisses und des technischen Fortschritts schlechthin waren. Aber auch am Wohnungsbau ging die fortschreitende Modernisierung nicht spurlos vorbei. Auch hier vollzog sich unter den Bedingungen der dreißiger und vierziger Jahre eine Hinwendung zur zweckmäßigen, materialgerechten und klaren Formensprache, deren Grundlagen der Deutsche Werkbund schon zu Jahrhundertbeginn formuliert hatte – jene Vereinigung von Künstlern, Politikern und Industriellen, aus der gleichermaßen Traditionalisten und Neuerer hervorgegangen waren.

Zur Einführung in dieses Kapitel, in dem es um die politische Instrumentalisierung der Architektur geht, ist allerdings nicht nur von Interesse, daß es unter dem Faschismus eine »Konvergenz zwischen verfeindeten Architekturrichtungen«[1] gegeben hat, eine Art Architekturpluralismus. So wichtig diese konvergenten Entwicklungen zwischen Traditionalismus und Modernismus waren, weil sie noch einmal auf die schon verschiedentlich hervorgehobene reaktionäre Modernität verweisen, so bedeutsam waren die auseinanderstrebenden Tendenzen und spannungsreichen Gegensätze. Was sich im Doppelgesicht der Architektur des Dritten Reiches abbildet, ist von geradezu monströser Divergenz. Da ist zunächst der Gegensatz zwischen einer an Volkstümlichkeit orientierten Alltagsarchitektur und einer gigantomanischen Weltmachtarchitektur, deren Ewigkeitspathos Zeitlosigkeit und dauerhaften Machtanspruch zum Ausdruck bringen sollte.

Da ist vor allem das Doppelgesicht einer sich als unpolitisch verstehenden, doch politisch gelenkten Architektur, die dem totalen Krieg schließlich mit dem Konzept einer totalen Aufbauplanung folgte. Der Krieg mochte ein allgemeines Desaster sein, den Architekten erschien er als günstige, ja einmalige Gelegenheit. Noch über den Untergang konnte der schöne Vorschein des Neuen hinwegtäuschen. »Dieses Werk der Zerstörung wird Segen wirken«, erklärte Konstanty Gutschow, der zu Speers »Arbeitsstab Wiederaufbauplanung« gehörte, im Hinblick auf das Neue Hamburg im Frühjahr 1944. »Das Wort des Führers, daß die zerstörten Städte schöner als vorher wiedererstehen werden, gilt doppelt für Hamburg. Dem allergrößten Teil der baulichen Zerstörung weinen wir keine Träne nach.« Zur Vorstellungswelt dieser Architekten gehörte es offenbar, sich im »Rausch der Vernichtung« diese »als Chance der Erneuerung auszumalen«.[2] Diese Architekten und Städteplaner wurden durch die Trostlosigkeit der Trümmerwüsten eher stimuliert als gelähmt. Sie gebärdeten sich wie »Rivalen des Schöpfers«.[3]

Und da ist schließlich das Doppelgesicht der Reichsautobahn, der zu »Pyramiden des Reiches« verklärten »Straßen Adolf Hitlers«. Einer erlebnishungrig aus großstädtischer Enge und eintönigem Arbeitsalltag herausdrängenden, sich motorisierenden Freizeitgesellschaft schienen die endlosen Straßen in lockender Ferne Abenteuer oder das ersehnte Familienglück im grünen Winkel zu versprechen. Die Nachbarvölker sahen in diesen Straßen mögliche Aufmarschwege für einen Eroberungskrieg. Sie waren nicht weniger beeindruckt und fühlten sich zugleich bedroht. Zumal die Deutschen nicht müde wurden, sich in ihrem politisch stimulierten Fernweh als ein »Volk ohne Raum« aufzuspielen.

Endlose Straßen und lockende Ferne: Die Reichsautobahn

Die Geschichte der Autobahn im Dritten Reich und die seiner Motorisierung ist reich an Verklärung und Verfälschung. Hitler selbst hat dazu immer wieder beigetragen.

»Ich bin froh«, soll er einmal zu seinem Fotografen Heinrich Hoffmann – ebenso selbstherrlich wie süffisant – gesagt haben, »daß es mir gelungen ist, die Autofeindlichkeit und den Neid im deutschen Volk zu beseitigen. Das war aber nur möglich, weil ich für den kleineren und mittleren Arbeiter den Volkswagen schuf. Zum Glück hat mir der Bayerische Staat in der Landsberger Festung Gelegenheit und Zeit gegeben, über viele Probleme nachzudenken und zum Beispiel Pläne für den Bau der Reichsautobahn und des Volkswagens zu schmieden.«[4]

Bis in die Gegenwart behauptet sich hartnäckig die Legende, er habe die Autobahn nicht nur gebaut, sondern sogar »erfunden« und mit ihrem Bau zugleich die Arbeitslosigkeit überwunden. Für den, der in dieser Geschichte nach positiven Leistungen sucht, ist sie so schön wie einleuchtend. Aber die Wirklichkeit sah anders aus.

Das »Unternehmen Reichsautobahn« war die Umsetzung längst vorliegender und technisch ausgereifter Straßenpläne aus der Weimarer Zeit. Und mit dem Volkswagen wurde allenfalls der Traum von Ferdinand Porsche wahr. Aus seiner produktionsreifen Kleinwagen-Konstruktion gingen zumindest einige Prototypen hervor. Ansonsten aber nur einige Zehntausend Kübelwagen, die im Krieg gegenüber dem KdF-Wagen zwangsläufig Vorrang hatten.

Als Hitler am 11. Februar 1933 auf der Internationalen Automobilausstellung in Berlin erklärte: »Wenn man früher die Lebenshöhe eines Volkes oft nach der Kilometerzahl der Eisenbahn zu messen suchte, wird man in der Zukunft die Kilometerzahl der für den Kraftverkehr geeigneten Straßen anzulegen haben...«[5] und als er dann am 1. Mai den baldigen Beginn dieser »gigantischen Aufgabe« ankündigte, da war zwar ein solches milliardenteures staatliches Straßenbauprogramm neuartig, aber nicht das Konzept einer kreuzungsfreien Straße mit getrennten Richtungsfahrbahnen, Tankstellen und überhöhten Kurven. Die Geschichte dieser damals so genannten »Nur-Autostraßen« reicht in die Vorkriegszeit zurück. Die Wiege der deutschen Autobahn steht in Berlin. Genauer: zwischen Wannsee und Charlottenburg. Die Bauarbeiten für die 10 km lange »Automobil-Verkehrs- und Übungsstraße« begannen bereits

1912. Aber erst 1921 konnte die »Avus« eingeweiht werden. In den zwanziger Jahren entstanden gleich mehrere Vereine und Gesellschaften zur Förderung des verkehrs- und automobilgerechten Ausbaus des Straßennetzes. So die von Vertretern aus Wissenschaft, Technik, Kommunen und Wirtschaft gegründete Studiengesellschaft für Automobilstraßenbau (Stufa). So die Studiengesellschaft für die Finanzierung des Deutschen Straßenbaus (Stufistra). Zur bedeutendsten Organisation wurde der 1926 gegründete Verein zur Vorbereitung der Autostraße Hansestädte-Frankfurt-Basel (Hafraba), dem mehrere Städte, Industrie- und Handelskammern sowie Vertreter preußischer Provinzen, der Bauindustrie und der Verkehrsverbände angehörten. Auch das Ausland blieb nicht untätig, zumal hier die Motorisierung teilweise schon weiter fortgeschritten war. Als vorbildlich in Europa galt die »Autostrada«, die der italienische Ingenieur Pierro Puricelli in den zwanziger Jahren mit Unterstützung Mussolinis zwischen Mailand und den oberitalienischen Seen gebaut hatte.[6]

Die ehrgeizigen und zukunftsweisenden deutschen Autobahnpläne fanden jedoch zunächst nur geringe Resonanz. Die Reichsbahn fürchtete um ihr Monopol bei der Güterbeförderung. Die verkehrstechnische Notwendigkeit der Nur-Autostraßen wurde ebenso bezweifelt wie ihr gesamtwirtschaftlicher Nutzen. Den antikapitalistischen Gruppen in der NSDAP und KPD galten sie als überflüssiger Luxus für die trotz rascher Motorisierung noch wenigen privilegierten Autobesitzer. Immerhin hatte sich aber der Bestand an Kraftfahrzeugen aller Art in den wirtschaftlich prosperierenden Weimarer Jahren mehr als vervierfacht; 1930/31 gab es in Deutschland 1,5 Millionen zugelassene Kraftfahrzeuge. Erst die Wirtschaftskrise wirkte sich für das Autobahnprojekt politisch günstig aus. Das erscheint nur auf den ersten Blick widersprüchlich. Einerseits befanden sich Eisen-, Stahl- und Zementindustrie in Nöten. Andererseits empfahlen sich große Straßenbauvorhaben als Maßnahmen zur Arbeitsbeschaffung, zumal für die vielen ungelernten Arbeiter. Die Reichsregierung unter Brüning bewilligte erstmals 120 Millionen RM und stand auch der Einrichtung einer zentralstaatlichen Straßenbaubehörde aufgeschlossen gegenüber. Die Hafraba hatte ihre Planungen inzwischen teilweise bis zur Baureife vorangetrieben. Aber zwischen Zerstörung und Selbstzerstörung der Republik ging nichts mehr.

Um so leichter hatte es Hitler. Was baureif in den Schubladen lag, brauchte nur noch entschlossen aufgegriffen und in der Öffentlichkeit vor einer politisch erwartungsvollen und autobegeisterten Bevölkerung spektakulär in Szene gesetzt zu werden. Die notwendige Unterstützung fand Hitler vor allem bei den Konstrukteuren und Straßenbauern, voran in der Person von Fritz Todt, einem mit den Hafraba-Plänen bestens vertrauten Tiefbauingenieur. Er gehörte der NSDAP bereits seit 1923 an und war in der Reichsleitung kein Unbekannter mehr. Seine Straßenbau-Denkschrift vom Januar 1933 trug nicht wenig zu ihrem Sinneswandel bei. Zumal Todt die politische und propagandistische Bedeutung des Autobahnbaus gleichermaßen plausibel machen konnte. Er sah gleich einen dreifachen Nutzen: sozial- und wirtschaftspolitisch in der drastischen Verringerung der Arbeitslosigkeit; militärstrategisch in der »Wehrhaftmachung«, also in der Wiederaufrüstung, und schließlich technisch und kulturell in der weiträumigen Landschaftsgestaltung.[7]

Todt war zusammen mit dem neben ihm aufsteigenden Albert Speer wohl der prominenteste Techniker im Dritten Reich und einer der einflußreichsten Ratgeber Hitlers, der ihn wegen seiner organisatorischen, technischen und künstlerischen Fähigkeiten stets in den höchsten Tönen lobte. William Shirer nennt Todt einen »imaginative engineer«.[8] Im Juni 1933 wurde Todt von Hitler zum Generalinspektor für das deutsche Straßenwesen ernannt. Damit verbunden war die Übertragung der ländereigenen Straßenbaukompetenz auf die Reichsebene, und die seit langem geforderte zentrale Straßenbaubehörde wurde Wirklichkeit. Das »Unternehmen Reichsautobahn« umfaßte 15 Oberste Bauleitungen im ganzen Reichsgebiet, von Köln bis Königsberg, von Altona bis München, und beschäftigte rund 6000 Ingenieure und Verwaltungskräfte.[9] Der Gesamtnetzplan sah eine Streckenlänge von rd. 7000 km vor und ein Finanzvolumen von über 6 Mrd. RM. Bis 1942 waren davon rund 3800 km dem Verkehr übergeben und weitere 3000 km im Bau. Die Finanzierung erfolgte überwiegend aus Mitteln der Arbeitslosenversicherung.

Die Forschung ist sich im wesentlichen einig, daß der arbeitspolitische Effekt des Autobahnbaus weitaus geringer war als der propagandistische Erfolg dieser Maßnahme.[10] Aber die Legende lebt fort. Konkrete Zahlen kümmern wenig. Todts ursprünglicher Plan sah vor, ca. 600 000 Personen und damit etwa 10 Prozent der Erwerbslosen zu beschäftigen. Dabei empfahl er, der moderne Ingenieur, den Maschineneinsatz einzuschränken, denn er wußte, daß auch der Straßenbau durch die Technik inzwischen weniger arbeitsintensiv geworden war. Tatsächlich wurde erst im Jahreswechsel 1934/35 die Zahl von 100 000 Arbeitskräften überschritten. Und auch wenn man alle Nebentätigkeiten und Zulieferbetriebe mitrechnet: Auf dem Höhepunkt der Baumaßnahme im Jahr 1936 beschäftigte der Reichsautobahnbau nicht mehr als 250 000 Personen. Schlechte Lebens- und Arbeitsbedingungen sowie unattraktive Verdienstmöglichkeiten führten im übrigen schon 1934 zu einem spürbaren Arbeitskräftemangel, der noch verschärft wurde, als sich das gesamtwirtschaftliche Arbeitsplatzangebot zusehends verbesserte.

Auch im Prozeß der Wiedererlangung »deutscher Wehrkraft« spielte die Autobahn keine große Rolle. Todt hatte zunächst angenommen, daß es im Kriegsfalle möglich sein würde, 300 000 Soldaten mit Sturmgepäck in 100 000 requirierten Kraftfahrzeugen in zwei Nächten von der Ost- an die Westgrenze zu befördern. Sosehr den Militärs an einer Motorisierung der Wehrmacht gelegen war, dem Autobahnprojekt gegenüber blieben sie skeptisch. Mit Beginn des Krieges wurde der Autobahnbau zunächst reduziert und mit der Zuspitzung des Krieges gegen die Sowjetunion schließlich ganz eingestellt. Die Bauwirtschaft hatte nun kriegswichtigere Aufgaben zu erfüllen. Zunächst war es die Errichtung des »Westwalls«, später die Wiederherstellung zerstörter Brücken in den besetzten Gebieten. Hinzu kam das Problem des Verschleißes und der Verknappung technischer Ressourcen. Der hohe Verlust an Kraftfahrzeugen im Osten und verschärfter Treibstoffmangel machten die Eisenbahn für den Truppen- und Waffentransport unersetzbar.[11]

So wird die Frage nach der Bedeutung der Reichsautobahn für das Dritte Reich auf die kulturelle, raumgestaltende und symbolisch-integrative Funktion eingeschränkt. Die Ingenieure im Umkreis von Todt mochten dem völkisch-antikapitalistischen Techniker und Programmatiker aus der »Kampfzeit« der Bewegung, Gottfried Feder, nahe- oder fernstehen. Wie jener verstanden aber auch sie sich als »Baumeister einer besseren Welt«.[12] Auch sie fragten nicht zuerst nach dem materiellen Ertrag technischer Produkte und Problemlösungen, sondern nach gestalterischer Harmonie. Ausdrücklich betonte Todt den kulturellen Wert und die ästhetische Bedeutung von technischen Konstruktionen und baulichen Gestaltungen. Wiederholt wies er seine Obersten Bauleitungen an, »nicht nur irgendeine technische Lösung zu suchen, sondern die kulturell und künstlerisch bestmögliche«.[13] Hitlers Meinung hat dabei offensichtlich keine geringe Rolle gespielt. Technik und Natur sollten ein harmonisches Ganzes bilden, sich gleichsam zu einer kulturellen Einheit verbinden. Dieses Denken, in dem völkisch-organologische, idealtechnische und ökologische Grundsätze zusammentrafen, verdichtete sich in den Planungsrichtlinien zu einem Bewegungskonzept, das mit der Massenmotorisierung und dem Autobahnbau ein neues Reise- und Raumerlebnis ermöglichen wollte:

> »Für den Bau neuer Straßen ist oberster Grundsatz, daß sie die Schönheit des Landes nicht beeinträchtigen dürfen, sondern sie vermehren sollen. Der Reisende soll die neuen Verkehrswege nicht nur benutzen, um schnell von einem Ort zum andern zu gelangen, sondern auch, um auf der Reise die Schönheiten des Landes zu erleben und zu genießen... Die rasche Fahrt mit dem Kraftwagen läßt die Landschaft in ihren großen Zügen und Zusammenhängen erleben... das Erlebnis der Landschaft ist in hohem Maße ein Raumerlebnis... Mit der Erschließung und Erhaltung geschlossener Landschaftsräume ist es aber noch nicht getan. Das Reiseerlebnis ist ein Erlebnis der Bewegung. Daher muß auch Bedacht genommen werden auf die Aufeinanderfolge der Räume, auf... den Rhythmus von Enge und Weite, Höhe und Niederung... große Fläche und aufstrebenden Baumwuchs. Zu der Reise gehört auch das Verweilen. Daher ist... besonders an den Reichsautobahnen für Rast- und Parkplätze gesorgt; im Schatten des Waldes... oder auf aussichtsreichen Höhen...«

Das klingt wie eine romantisierende Reminiszenz aus der Frühzeit der Massenmotorisierung. Eine scheinbar unpolitische Empfehlung. Eine Richtlinie zudem mit überraschend ökologischen Obertönen. Denn weiter heißt es:

»Bis alle Ingenieure sich in die landschaftlichen und biologischen Erfordernisse ihrer neuen Aufgabe eingearbeitet haben, ist die Beratung durch besonders vorgebildete, im freien Beruf tätige Gartenarchitekten oder biologisch geschulte Forstleute unentbehrlich. Jeder Bauleitung der Reichsautobahn ist ein solcher ›Landschaftsanwalt‹ beigegeben...«[14]

Das schien auf den ersten Blick vorbildlich zu sein und erschien selbst manchen Zweiflern noch als zukunftsweisend. Die ideologische Begleitmusik ließ indes kaum einen Zweifel, in welche Richtung die Reise des Regimes auf und mit der Reichsautobahn ging. Zunächst sollte sie das innere »Verbindungsnetz« werden, »die Klammer der Volksgemeinschaft und das Instrument der Reichsbildung«.[15] Darüber hinaus konnte sie wohl das Fernweh der »Volksgenossen« wecken und Volkes Blick schon mal in Friedenszeiten dorthin lenken, wo für das »Volk ohne Raum« der versprochene »neue Lebensraum« lag. Manchen NS-Technikern mochte das immer noch unverdächtig erscheinen, denn sie sahen sich in Opposition zum kapitalistischen Materialismus und wähnten sich unabhängig von wirtschaftlichen Interessen. Im Schatten der Kriegspolitik standen sie allemal. Auf das Regime waren sie fixiert. Von ihm blieben sie abhängig. So ging es auch Todt während des Krieges nicht mehr vorzugsweise um Landschaftspflege, sondern um Ausbeutung und militärische Herrschaftssicherung, insbesondere in den eroberten Ländern.

Das politisch und propagandistisch so groß herausgestellte »Unternehmen Reichsautobahn« fand im benachbarten Ausland ein zumindest zwiespältiges Echo. Bewunderung und Mißtrauen standen sich gegenüber. Vor allem in Frankreich, der Tschechoslowakei und Polen war der Argwohn verbreitet, der Autobahnbau verfolge militärisch-aggressive Zwecke.[16] Aber dieses Projekt fand auch Bewunderung und Nachahmer. Ein Berichterstatter der *London Times* schrieb gar: »Die deutsche Straßenpolitik kostet weniger, wahrt die Schönheit der Landschaft und gibt den Autofahrern einen... sicheren Weg...«[17]

Die vierspurige deutsche Autobahn hat den internationalen Standard maßgeblich geprägt. Wenn die Autobahn in Deutschland auch zunächst nicht über ein eher bescheidenes Streckennetz hinauskam, so wurde sie vor allem in technisch-ästhetischer Hinsicht im »Zeitalter der Autobahn« doch zu einer Art Schrittmacher.

Als architektonisches »Kulturdenkmal« haben besonders die Autobahnbrücken große Beachtung gefunden. Bis zum Beginn des Rußlandkrieges wurden im Deutschen Reich etwa 9000 Brücken gebaut, auf die allein etwa ein Drittel der Gesamtkosten von 6,5 Milliarden Reichsmark entfiel. Architekturideologisch waren sie so etwas wie das Kernstück des Autobahnbaus.[18] »In diesen Straßen und Brücken«, so heißt es in einem Standardwerk der Zeit, »ist ein Zusammenklang von Organisation, Technik, Natur und Kunst erreicht, der dem alles umfassenden, alles einbeziehenden Lebensgefühl unserer Zeit entspricht; aus dieser Haltung heraus ist in diesem Werk das technische Bauen von einer rein materiellen zu einer kulturellen Leistung umgewandelt worden.«[19] Zwar wurden in den dreißiger Jahren nicht wenige noch heute als gelungen geltende Brücken gebaut. Aber die Wirklichkeit war wieder einmal widersprüchlicher. Sie entsprach dieser euphemistischen Sichtweise jedenfalls nicht.

Nicht nur, weil die Vorstellungen über die Brücken-Ästhetik weit auseinander gingen, sondern auch, weil der architekturideologische Diskurs von ökonomischen und politischen Zwängen abhängig war. Die Gleichartigkeit vieler Bauvorhaben und das große Tempo, das die Ausbauplanung vorlegte, verlangten nach konstruktivistischer Funktionalität, nach Typisierung der Modelle und nach Standardisierung der Bauteile und Bauausführung. Das galt vor allem für die zahllosen Autobahnüberführungen, die zunächst aus Stahlbeton gefertigt wurden.

Architektonisch ungleich attraktiver waren die Berg-, Tal- und Flußbrücken. Bis etwa Mitte der dreißiger Jahre fand hier vorzugsweise die Stahlbrücke Verwendung. Sei es – was seltener vorkam – als reine Stahlbalkenbrücke wie etwa die Rheinbrücke bei Krefeld von Friedrich Voß. Sei es als Mischform mit Stahlvollwandträger und massiven Pfeilern wie beispielsweise die Mangfallbrücke auf der Autobahn München-Salzburg.

Vierjahresplan und Autarkieprogramm führten ab 1936 jedoch zu einer drastischen Verknappung von Stahl und Zement. Rüstungswirtschaftliche Vorgaben begünstigten mehr und mehr massive Brückenbauten, die sich vor allem an traditionalistischen Leitbildern und an handwerklicher Bauweise orientierten. Krieg und Kriegsvorbereitung wirkten sich hier also gerade nicht modernisierend aus. Im Gegenteil. Sie drängten die noch vorhandenen funktionalistischen Tendenzen des stählernen Leichtbaus zugunsten der monumentalen Natursteinbrücke zurück. Die Tendenz ging weg vom konstruktivistischen Stahlkunstwerk hin zum wuchtigen Brücken-Denkmal in Massivbauweise.[20] Aber selbst dieser Brückentypus ließ noch gewisse Variationen in der ästhetischen Konzeption zu. Zwei Beispiele mögen das verdeutlichen. Während die Lahnbrücke bei Limburg sich noch um eine »romanisch« inspirierte Einheit mit Dom und Lahntal bemüht und offensichtlich Vergangenheit und Gegenwart symbolisch integrieren will, erinnern andere Natursteinbrücken nur noch an römische Viadukte und mittelalterlich-wehrhafte Steinbrücken. So etwa die Rheinbrücke bei Franckenthal mit ihrem eher festungsähnlichen Zuschnitt.

Konnte man unter dem nachwirkenden Einfluß von Neuer Sachlichkeit und Bauhaus-Funktionalismus anfangs noch Ansätze des Versuchs einer »Versöhnung von Natur und Technik« erkennen, so wurde im Vorfeld und im Verlauf des Krieges immer deutlicher, worauf das NS-Regime zielte: auf die Eroberung und Erschließung großer Räume. Das machte die Beherrschung von Natur und Mensch mit technischen Mitteln zur unabdingbaren Voraussetzung. Der Widerspruch zwischen technologiefeindlicher Ideologie und modernem Industriestaat, zwischen Agrarromantik, Rassenutopie und hochtechnisierter Kriegsführung war damit nicht gelöst. Aber es ging dem Faschismus auch nicht um die Auflösung von Widersprüchen, sondern bloß um deren gewaltsame Unterdrückung und ästhetische sowie massenkommunikative Überspielung.

Sein Ziel war Krieg und Zerstörung. Sein Zweck war Herrschaft. Herrschaft des Führers über die Masse, der »Herrenrasse« über die »minderwertigen« Völker, der Jugend über das Alter, der Technik über die Natur. Für den Faschismus waren daher Radio und Film, Flugzeug und Automobil unverzichtbare Instrumente der Herrschaftsausübung. In ihnen verkörperte sich ein neues Raum-Zeit-Bewußtsein, die Ästhetik männlicher Stärke, Schönheit und Aggressivität, Geschwindigkeitsrausch und Bewegungsekstase, mit einem Wort: der »*élan vital* des neuen faschistischen Menschen«[21], das Lebensgefühl einer »reaktionären Modernität«.[22] Allerdings gilt das noch mehr für den italienischen als für den deutschen Faschismus. Der italienische stand der technologischen und ästhetischen Moderne aufgeschlossener gegenüber als der deutsche mit seiner zugleich völkisch-traditionalistischen Ausrichtung. »Der neue Mensch des Südens besaß Eigenschaften der Avantgarde, die ihm im Norden fehlten.«[23] Die Nazis konnten kaum mehr als die Dynamik der technologischen Moderne integrieren. Das aber taten sie konsequent.

Schon bei der Eröffnung der Internationalen Automobil- und Motorradausstellung im Februar 1933 hatte Hitler auf die große Bedeutung des Kraftfahrzeugs und des Straßenbaus für die Zukunft Deutschlands hingewiesen und gesetzgeberische Maßnahmen, Parteiaktionen und Sportveranstaltungen zur Förderung der Motorisierung angekündigt.[24] Maßnahmen zur Befreiung von der KfZ-Steuer ließen nicht lange auf sich warten. Überhaupt wurden Hindernisse für die Motorisierung allenthalben beseitigt. Geschickt appellierte Hitler an die »geheime Sehnsucht von Millionen« (K.H. Ludwig). Wenn auch der »Volkswagen« bloßes Versprechen blieb und Hunderttausende bei Kriegsende nur einen KdF-Sparvertrag in Händen hielten, aber keinen KfZ-Schein, die Vision von einem »Volk auf Rädern« nahm nun erstmals konkrete Gestalt an. Sie hob das Lebensgefühl und stärkte den »Drang in den freien Raum«, wie Todt meinte. »Im Kraftwagen ist auch der kleine Mensch, dessen Veranlagung und Schicksal nicht zum kühnen Eroberer gereicht hat, in der Lage, selbst seine kleinen Entdeckungsfahrten zu machen.«[25] Mochte auch die politische und geistige Freiheit eingeschränkt sein, Natur und Technik sorgten für Kompensation. Sie ermöglichten eine neue Bewegungsfreiheit und erschlossen eine neuartige Erfahrungswelt. Gerade das »Autowandern« vermittelte »eine glückliche Zeitlosigkeit und ein glückliches Sich-leiten-lassen von der Landschaft, von der

Sonne, von der Natur«.[26] Gerade auf der Autobahn schien die Welt damals noch in Ordnung. »Hier... ist nichts, was uns plötzlich vor die Fahrt läuft, daß die Bremsen laut kreischen müssen, daß man schon Tote und Verletzte sieht, daß man wild schimpfen muß über soviel Unverstand dummer Fußgänger und frecher Radfahrer. Man entspannt sich immer mehr, legt sich lockerer zurück, weiß, daß man die Landschaft ruhig in sich aufnehmen darf, und genießt die Fahrt. Freier und freier macht uns das Glücksgefühl über diese Leichtigkeit und Eleganz im Vorankommen, über solche Herrschaft des Menschen über alle Materie und alle Hindernisse der Natur. Wir schweben, werden fast vogelgleich... Weit soll es uns hintragen über das deutsche Land.«[27]

Und wie weit es trug! Die Fahrt führte am Ende nicht nur durch deutsches Land, sondern weit über seine Grenzen hinaus. Von dem beschwingten oder auch abenteuerlichen Gefühl freier Bewegung blieb unter der strapaziösen Dauerbelastung der Kolonnenfahrt oder im lebensgefährlichen Fronteinsatz allerdings wenig übrig. Dabei hatten die Nazis schon früh keinen Zweifel daran gelassen, daß die Motorisierung keineswegs nur private Freizeitbedürfnisse befriedigen oder gewerbliche und öffentliche Funktionen erfüllen sollte. Schon das »Nationalsozialistische-Kraftfahr-Korps« (NSKK) war unter seinem Leiter, dem ehemaligen Major und späteren SA-Gruppenführer Adolf Hühnlein, nach der Devise angetreten, daß die Motorisierung des Volkes eine entscheidende Voraussetzung für die Modernisierung der Wehrmacht sei. Die Bedeutung des NSKK lag in den dreißiger Jahren vor allem in der Organisation und Kontrolle aller motorsportlichen Aktivitäten, während es im Krieg als kraftfahrtechnische Kadertruppe von den motorisierten Verbänden der SS und Waffen-SS an den Rand gedrängt wurde. Das paramilitärische NSKK veranstaltete Rallyes und Zuverlässigkeitsfahrten, Lehrgänge und Kameradschaftsabende. In »Motorsportschulen«, »Motorlehrstürmen« und der »Motor-HJ« rekrutierte es aus der motorsportbegeisterten Jugend den Nachwuchs für die motorisierten Wehrmachtsverbände.[28]

So faszinierend Auto, Motor und Sport an sich schon waren, als das Größte galten natürlich die Rennwagen und Rekordjagden auf Hochgeschwindigkeitskursen. Zu den erfolgreichsten Rennfahrern zählten damals von Brauchitsch, Caracciola, Rosemeyer und Stuck. Sie waren so populär wie die beliebtesten Filmschauspieler und wurden wie Kriegshelden gefeiert, zumal dann, wenn sie als »Kämpfer am Lenkrad« oder gar im »Rekordfahrerduell« tödlich verunglückten. Wie der legendäre Bernd Rosemeyer, der im Januar 1938 auf der Autobahn-Rennstrecke bei Darmstadt ums Leben kam. Das Duell Caracciola gegen Rosemeyer war ein stets höchst willkommenes Ereignis, das die alltagsweltliche Normalität und Gleichförmigkeit für einen Augenblick lang unterbrach. Hier konnte man Geschwindigkeit und Todesgefahr, wenn schon nicht selbst, dann doch wenigstens live erleben. Dieser Wahrnehmung entging aber wohl, daß das Rennfahrerduell die spektakuläre Inszenierung eines unerbittlichen Konkurrenzkampfes war. Rosemeyer fuhr für Auto-Union, Caracciola für Mercedes-Benz.

Reichsautobahn, Motorsport und beginnende Massenmotorisierung sind ein besonders anschauliches, weil komplexes und zeitnahes Beispiel für die Verknüpfung von politischen, kulturellen, wirtschaftlichen und militärischen Interessen sowie deren ästhetischer Überhöhung. Die Reichsautobahn wurde insoweit auch ein besonders bevorzugter Gegenstand bildkünstlerischer Gestaltung und massenmedialer Vermittlung. Die bildenden Künstler sollten dazu beitragen, aus dem technischen Kulturdenkmal eine Art Gesamtkunstwerk zu machen. Es entstand eine umfangreiche Autobahnmalerei, deren Werke von Historienbildern und Monumentalfresken über neusachliche und spätimpressionistische Darstellungen bis zum Reportage-Aquarell reichten. Auch Fotografie und Kulturfilm beteiligten sich fleißig an der Verbreitung des Autobahn-Mythos.[29] Dabei zeigt sich, daß die Darstellung der Technik zu einer wesentlich modernen Bildthematik und ästhetischen Formensprache führte, während die Darstellung von Mensch, Arbeiter und Landschaft einer stark heroisch-traditionalistischen Sichtweise verhaftet blieb. Ausdruck des Spannungsverhältnisses von technologischer Moderne und vormoderner Herrschaftsform.

Kaum anderswo werden die Dimensionen einer reaktionären Modernisierung so deutlich sichtbar wie hier, wo Technik, Kunst und Macht so unmittelbar aufeinander stoßen: Größenwahn und Großmachtstreben, Geschwindigkeitsrausch und bewegungsorientierte Gemütlichkeit. Kaum anderswo wird der ideologiepolitische Versuch einer kulturellen Aufhebung gesellschaftlicher Widersprüche so augenfällig wie hier. Die spannungsreichen Gegensätze von Kapital und Arbeit, Natur und Technik, Zivilisationsfeindlichkeit und technologischer Avantgarde schienen überwunden oder doch überwindbar. Insoweit wird vielleicht verständlich, daß die »Straßen Adolf Hitlers« zum Mythos avancieren konnten, zum Inbegriff einer politikfernen technischen Spitzenleistung, zum Modell für »positive Schaffenskraft« und gesellschaftsverändernde Wirkung. Dieses Modell avancierte mit seiner eleganten Linienführung und imposanten Fahrbahnbreite, seinen Zubringerstraßen und Brückenbauten, seinen Tankstellen, Parkplätzen und Rasthäusern zum weltweit bestaunten Vorbild.

Monumental und volkstümlich: Architektur und Städtebau

Während man Realität und Mythos der Reichsautobahn gewöhnlich mit Hitler und Todt identifiziert, werden Architektur und Bauen im Dritten Reich mit Hitler und Speer in einem Atemzug genannt. Gewiß, es gab viele Architekten, die in dieser Zeit mit Großaufträgen oder Plänen beschäftigt waren. Aber nur einer avancierte zum »Architekten des Führers«, wurde Staatsarchitekt, »Generalbauinspektor für die Reichshauptstadt« und Rüstungsminister in einer Person.[30] Und der Künstler-Politiker Hitler interessierte sich bekanntlich für viele kulturelle Gebiete. Das Spektrum seiner Vorlieben war groß. Aber nichts schien ihm so wichtig zu sein wie Architektur. Kaum etwas beschäftigte ihn dauerhafter und mehr als seine Bauten und Baupläne für die »Führerstädte«. Bis zuletzt. Berlin lag längst in Trümmern, aber noch im Bunker unter der Reichskanzlei saß er immer wieder vor den Linzer Modellbauten, seinem Lieblingsprojekt.

Nicht-ausgelebte Architektenleidenschaft, Sendungsbewußtsein und ein politisches Denken, das in hohem Maße von ästhetischen Kategorien geprägt war, kamen hier wohl zusammen. Immer wieder versicherte er seiner Umgebung, wie gerne er Architekt geworden wäre.[31] Er, der zwischen Müßiggang und Ruhelosigkeit ein unstetes Leben führte und zu kontinuierlicher Arbeit kaum fähig war, bewies in den Gesprächen mit seinen Architekten ungewöhnliche Ausdauer, bemerkenswerte Aufmerksamkeit, ein vorzügliches Gedächtnis und erstaunlich viel Sachverstand. Des öfteren begab er sich spät nachts von der Reichskanzlei durch die eigens dafür durchbrochenen Mauern der Ministergärten hinüber zur Modellstadt in den ehemaligen Ausstellungsräumen der Akademie der Künste. Hier konnte er sich an Phantasiebauten begeistern, die nie Wirklichkeit werden sollten. Nie und nirgendwo sonst, berichtet Speer, habe er ihn »so lebhaft, so spontan, so gelöst erlebt wie in diesen Stunden«. Vor allem dann, wenn er – die etwa dreißig Meter lange Modellstraße der neuen »Nord-Süd-Achse« war auf Rolltischen montiert und zerlegbar – in »seine Straße« trat, »um die spätere Wirkung« einzelner Gebäude zu prüfen, aus der Perspektive der Passanten, tief gebückt, das Auge knapp über dem Modell.[32]

Dabei ging es vor allem um zwei Bauten, die alles Vergleichbare buchstäblich in den Schatten stellen sollten: den Triumphbogen – oder auch das »Siegestor« – und die »Große Halle«, eine Art »Volksgemeinschafts«-Pantheon für 150–180000 Menschen. Mit einer Höhe von 290 Metern und einem Kuppeldurchmesser von 250 Metern hätte sie den Petersdom in Rom bei weitem übertroffen. Sie wäre der alles überragende Mittelpunkt der zukünftigen »Welthauptstadt Germania« geworden, zudem das größte Gebäude der damaligen Welt, mit den von Speer auf über 2 Milliarden RM geschätzten Baukosten vermutlich das teuerste und wohl auch das schwerste. Allein für das dreißig Meter tiefe Fundament waren 30 Millionen Kubikmeter Beton vorgesehen. Weil es auf märkischem Sand stehen mußte, aber die Zeiten überdauern sollte, wurde der Boden vorsorglich auf seine Belastbarkeit überprüft: mit einem 12000 Tonnen schweren zylindrischen Betonklotz. Er steht noch heute, nahe der Schöneberger Kolonnenbrücke, ein ebenso mysteriöses wie martialisches Ungetüm, »zu nichts zu gebrauchen und kaum zu beseitigen«.[33]

Der Triumphbogen war als südlicher Gegenpol der »Großen Halle« geplant. Ein Mahnmal aus Granit. Zum Gedenken an die 1,8 Millionen Weltkriegstoten und als Ruhmeszeichen zukünftiger Siege. Mit einer Höhe von 120 Metern und einer Breite von 170 Metern hätte es Napoleons 50 Meter hohen Arc de Triomphe auf der Place de l'Etoile geradezu degradiert. Ein magischer Blickfang für alle ausländischen Staatsgäste und Reisenden aus der Provinz, die die große Freitreppe des neuen Berliner Zentralbahnhofes hinuntergegangen wären. Magisch, weil ihr Blick vermutlich weiter gegangen wäre, durch die achtzig Meter hohe Öffnung des großen Bogens hindurch, auf die in über fünf Kilometer Entfernung aus dem Großstadtdunst herausragende Kuppel der »Großen Halle«. Schon hier, am Beginn der 100 Meter breiten Prachtstraße, sollten sie vom städtebaulichen Eindruck überwältigt werden. Und wer hätte sich der Faszination dieses architektonischen Fluidums aus Neoklassizismus, altägyptischer Monumentalität und moderner Funktionalität entziehen können? Vor allem der Bahnhofsplatz machte diesen Spannungsbogen sichtbar: Mit seinen von Beutewaffen umsäumten tausend mal dreihundert Metern erinnerte er an den Tempelbezirk und die Sphinxallee zwischen Karnack und Luxor. Und die Glas-Kupfer-Stahlskelett-Konstruktion des neuen Bahnhofs hätte sich mit ihren vier übereinanderliegenden Verkehrsebenen, die mit Rolltreppen und Fahrstühlen verbunden waren, nicht nur von den »steinernen Ungetümen vorteilhaft abgehoben«, sondern zugleich auch dem »Grand Central« in New York den Rang abgelaufen.[34]

Angesichts dieser auch finanziell gigantischen Dimensionen – die Gesamtkosten allein für die Berliner Bauten wurden grob auf 6 Milliarden RM geschätzt – sprach selbst Speer – später – von der »Megalomanie« eines »entfesselten Empire«.[35] Dabei war er wie nur wenige neben ihm an dieser Entfesselung selbst maßgeblich beteiligt. Früher und umfassender als andere hatte er erfahren, daß und warum Hitler eine Architektur dieser Ausmaße wollte. Dieser beauftragte ihn bereits im Sommer 1936 mit der gesamten Bauplanung für die neue Reichshauptstadt: »Mit dieser Stadt Berlin ist nichts anzufangen. Von jetzt an machen Sie den Entwurf…«, sagte er zu Speer, nicht ohne diesem seine eigenen Entwürfe und Skizzen mitzugeben, die schon aus den frühen zwanziger Jahren datierten, als er sich mit den Großbauten und Grundrissen anderer europäischer Hauptstädte beschäftigt hatte. »Berlin ist eine Großstadt«, fuhr er fort, »aber keine Weltstadt. Sehen Sie Paris an, die schönste Stadt der Welt! Oder selbst Wien! Das sind Städte mit einem großen Wurf. Berlin aber ist nichts als eine ungeregelte Anhäufung von Bauten. Wir müssen Paris und Wien übertrumpfen...«[36]

Daraus mochte ein »pathologischer Bau-Fanatismus« (H. Brenner) sprechen, Ausdruck bloßer Verschwendung war es nicht. Hitler verfolgte auch mit seiner Architektur politische Absichten. »In meinen Bauten stelle ich dem Volk meinen zum sichtbaren Zeichen gewordenen Ordnungswillen hin«, erläuterte er seine Ziele und Motive einmal im Gespräch mit Hermann Rauschning, »von den Bauten überträgt sich der Wille auf den Menschen selbst. Wir sind von den Räumen abhängig, in denen wir arbeiten und uns erholen. Nur an der Größe und Reinheit unserer Bauten ermißt das Volk die Größe unseres Willens. Es wäre das Falscheste, was ich hätte tun können, mit Siedlungen und Arbeiterhäusern zu beginnen. Alles dies wird kommen und versteht sich von selbst. Das hätte auch eine marxistische oder bürgerliche Regierung machen können. Aber nur wir, als Partei, können wieder frei und groß an dieser edelsten aller Künste schaffen. Seit den mittelalterlichen Domen sind wir es, die erstmalig wieder dem Künstler große, kühne Aufgaben stellen. Keine Heimstätten, keine kleinen Privatbauten, sondern das Gewaltigste, was es seit den Riesenbauten Ägyptens und Babylons gegeben hat: Wir schaffen die heiligen Bauten und Wahrzeichen einer neuen Hochkultur. Mit ihnen mußte ich beginnen. Mit ihnen präge ich meinem Volk und meiner Zeit den unverwischbaren geistigen Stempel auf.«[37]

Dieser architektonische Stempel verkörperte indes weniger eigenen Stil, geschweige denn Geist, als vielmehr imperialen Größenwahn. Und nicht einmal die monumentale und für die kommenden Jahrhunderte geplante Partei- und Staatsarchitektur war unverwischbar. Kriegszerstörung, Materialmüdigkeit, Sprengung und – eine allerdings oft halbherzige – »Entsorgung« trugen dazu bei.[38] Und dennoch: Die NS-Architektur beschäftigt uns bis heute. Sie war ein Element der vielseitigen und professionellen Selbstdarstellung und Stimmungsmache des Regimes; sie war Staats- und Stimmungsarchitektur.[39] Die Zeitgenossen wurden von Hitlers »Worten in Stein« kaum weniger beeindruckt als von seinen Reden. Und für die Nachgeborenen blieben sie Steine des Anstoßes.

Nicht nur, weil sich zeigte, daß es auch in der Architektur nach 1945 keine Stunde Null gab. Weder die NS-Architekten noch ihre Leitbilder wurden ausgetauscht, sondern nur deren Argumente und Begründungen. Die Kontinuität war nahezu bruchlos. Als in ganz Europa noch der Krieg tobte, planten und zeichneten sie bereits die Modelle für den Wiederaufbau. Schon von Berufs wegen hieß ihre Devise: »A disaster – but an opportunity«.[40] Und nach 1945 kooperierten die ehemaligen Kollegen aus Speers Wiederaufbaustab im Coesfelder Kreis mit den Emigranten und einstigen Verfechtern des Neuen Bauens. Politik war nicht mehr gefragt. Vergangenheitsbewältigung schon gar nicht. Die Kämpfe der Weimarer Zeit konnte und wollte man nicht noch einmal austragen. Der Funktionalismus des Neuen Bauens galt nicht mehr an sich schon als demokratisch und der Historizismus nicht einfach als proto- oder präfaschistisch. So fanden die einstigen Modernisten und Traditionalisten im stillen Einvernehmen zusammen. Das Leitbild der aufgelockerten und gegliederten Stadt bestand einstweilen nahezu unverändert fort. Nur seine Begründung wurde der Zeit angepaßt. Einst galt es als besonders »luftschutzgerecht«. Nach Abzug der Bombengeschwader und Beseitigung der Trümmerberge sollte nun wieder »Licht, Luft und Sonne« in die Städte einziehen.

Seitdem sind vierzig und mehr Jahre vergangen. Inzwischen wird die Architekturgeschichte auch in ihrer ästhetischen Formensprache von der Vergangenheit eingeholt. Der architektonische Diskurs der Postmoderne hat Säulen und Symmetrien, Monumentales und Klassizistisches längst wieder baufähig gemacht. Dabei zeigt sich nun, daß der »Januskopf der Postmoderne«[41] der reaktionären Modernität des Nationalsozialismus nicht unähnlich ist: Beide wenden sich von der Moderne ab – oder gar vehement gegen sie – und haben sie doch zugleich fest im Blick.

So ist auch für 1933 die Kontinuität stärker zu betonen als die Zäsur, jedenfalls stärker, als das aus einer moralisch akzentuierten Schwarz-weiß-Perspektive lange wahrgenommen wurde. Dabei hat die amerikanische Historikerin Barbara Miller Lane schon vor zwanzig Jahren hervorgehoben, daß der deutschen Architekturgeschichte vor und nach 1933 nicht gerecht wird, wer sie auf den Gegensatz von Bauhaus-Stil oder Neuem Bauen und NS-Architektur reduziert. Sie war vielfältiger und widersprüchlicher. Personell, ästhetisch und konzeptionell. Es gab – bis 1933 – eben nicht nur die radikalen »Ring«-Architekten um Walter Gropius, Ludwig Mies van der Rohe, Ernst May, Bruno Taut und Martin Wagner und ihre konservativen bis völkischen Gegenspieler in der »Block«-Gruppe um Paul Schultze-Naumburg, Paul Schmitthenner und Alexander von Senger. Auch nach 1933 hatten die völkischen, zumeist im »Kampfbund« von Alfred Rosenberg tätigen Architekten nie einen dominierenden Einfluß, wenn sie überhaupt noch darüber verfügten. Die Architekturszene, die ja in den zwanziger Jahren vor allem durch den Wohnungs-, Industrie- und Verkehrsbau, in den dreißiger Jahren mehr durch Bauten für Staat, Partei und Rüstungswirtschaft Aufschwung erfuhr, ging in jenen beiden Gruppen und Positionen nie auf.

Das wird vor allem mit Blick auf den Deutschen Werkbund deutlich, jene bereits 1907 in München gegründete Vereinigung von Künstlern, Architekten, Intellektuellen und Industriellen. Zu den führenden Mitgliedern der ersten Stunde gehörten u. a. die Architekten und Künstler Peter Behrens, Paul Bonatz, Theodor Fischer, Hermann Muthesius, Hans Poelzig, Richard Riemerschmid, Fritz Schumacher und Henry van de Velde, die Politiker, Publizisten und Verfechter eines national-sozialen Liberalismus wie Friedrich Naumann und Theodor Heuss, die Industriellen Peter Bruckmann, Robert Bosch und Karl Schmidt-Hellerau sowie der Verleger Eugen Diederichs.[42] Der Zweck dieses Zusammenschlusses war die »Veredelung der gewerblichen Arbeit im Zusammenwirken von Kunst, Industrie und Handwerk«. Diese Leitidee entsprang einem zweifachen Motiv: dem Unbehagen an den Billigprodukten der in jenen Jahren rasch expandierenden Konsumgüterindustrie und dem Wunsch nach Harmonie von Kunst und Industrie. Dabei standen sich Verfechter des technischen Fortschritts und funktional gestalteter Gebrauchswaren auf der einen und handwerklichvorindustriell orientierte Anti-Modernisten auf der anderen Seite mehr oder minder unversöhnlich gegenüber. Aber nicht nur die gegensätzlichen Einstellungen zur modernen Maschinen-Technologie sorgten für Dissens und polarisierten die Werkbund-Mitglieder. Es gab weitere Widersprüche und Spannungen. Zu den folgenschwersten gehörte ein höchst fragwürdiges Verständnis vom Verhältnis zwischen Kultur und Politik. Fragwürdig, weil es entweder diffus-unpolitisch war oder – wie vor allem bei Friedrich Naumann – zum »Ästhetisieren des Machtgedankens« tendierte.[43] Umstritten blieb ferner das Verhältnis von Künstler-Elite, Volkskultur und Massengesellschaft. Und natürlich spielte auch der Nationalismus als die vielleicht wichtigste Zeitströmung eine bedeutsame Rolle. Denn auf der Suche nach der »guten Form« wollte man zugleich modern und national sein. Dabei zeigte sich jedoch, daß der Internationalismus der deutschen Avantgarde-Architekten mit dem Nationalismus der Anhänger eines »deutschen Stils« kaum zu vereinbaren war. Der Versuch, von der Metropole Berlin oder von Weimar und Dessau aus eine kulturrevolutionäre Modernisierung zu betreiben, blieb jedenfalls erfolglos. Er stärkte nur das Bündnis von landsmannschaftlichem Partikularismus und antimodernistischer Reaktion. Gestützt auf Alfred Rosenbergs »Kampfbund für Deutsche Kultur«, fand sie vor allem in Thüringen ein in ihrem Sinne erfolgreiches Betätigungsfeld. Schon 1925 hatte sie das aus dem Werkbund hervorgegangene Bauhaus aus Weimar vertrieben. Und unter dem NSDAP-Volksbildungsminister Frick und seinem zeitweilig einflußreichen Kunstberater Schultze-Naumburg wurde in Thüringen seit 1929/30 erstmals auf staatlicher Ebene eine völkisch-reaktionäre Kulturpolitik durchgesetzt.[44]

So schillernd und schwankend das künstlerische Profil des Werkbundes zwischen Kunstgewerbe- und Bauhaus-Bewegung war, so widersprüchlich blieben sein verbandspolitisches Verhalten und sein Verhältnis zur Politik. Hatte er sich während des Ersten Weltkrieges den kaiserlichen Behörden untergeordnet, drängten viele seiner Mitglieder im vermeintlich revolutionären Aufbruch des Jahres 1918/19 vorübergehend zu den Parteien der sozialdemokratischen und bürgerlich-liberalen Linken. Enttäuscht, daß sich die Vision von einer neuen Gesellschaft nicht erfüllte, zogen sie sich aber schon bald in ihre Werkstätten und Ateliers zurück, um nun wieder ein unpolitisches Künstlerdasein zu führen. Auf die »politische Neutralität« ihrer Kunst beriefen sie sich noch, als es dafür längst zu spät war und der Sieg der gegenrevolutionären Rechten dies nicht mehr zuließ. Wiederum machte der Werkbund den Versuch, sich den neuen Machthabern anzudienen oder anzupassen. Nicht ohne Erfolg.

Erfolglos blieben allerdings alle Bemühungen der jüngeren und radikalen Bauhaus- und Werkbund-Architekten. Als »Kulturbolschewisten« diskriminiert, erhielten sie nach 1933 keine Aufträge mehr, sie wurden entlassen und mußten emigrieren. Aber auch die völkisch-rassistischen Architekten kamen zumeist nicht zum Zuge. Jedenfalls nicht so, wie sie das gehofft hatten. So etwa Schultze-Naumburg, dessen Fähigkeiten Hitler gering schätzte. Zwar wurde er noch in den letzten Kriegsjahren zum »unersetzlichen Künstler« ernannt, aber zu dieser Zeit war er zusammen mit anderen »Rückwärtsen« – wie Hitler die völkischen »Kampfbund«-Künstler verächtlich nannte – längst durch andere, zumeist ältere Werkbund-Architekten ersetzt worden. Sie waren von Anfang an sehr viel erfolgreicher.

Wie vor allem Paul Ludwig Troost, Hitlers erster Lieblingsarchitekt.[45] Er gehörte schon vor dem Ersten Weltkrieg dem Werkbund an und hatte sich als Innenarchitekt der Hapag-Lloyd-Luxusdampfer im Nordatlantikverkehr einen Namen gemacht (»Dampferstil«), als er den Auftrag erhielt, das schon 1929 von der NSDAP in München gekaufte Palais Barlow zum »Braunen Haus« umzubauen. Außerdem wurde er mit dem Bau des Hauses der Deutschen Kunst und der Neugestaltung des Königsplatzes in München beauftragt. Er starb jedoch bereits 1934. Sein Nachfolger wurde der damals unbekannte, sehr junge Albert Speer, der über seinen Berliner Lehrer Heinrich Tessenow eine eher indirekte Verbindung zum Werkbund hatte.[46] Tessenow, weder Radikaler noch Antimoderner, beteiligte sich an den NS-Großbauten nicht, obwohl sich Speer wiederholt um ihn bemühte. Nicht alle widerstanden solchen Versuchungen. So gelang es Speer, den Stuttgarter Werkbund-Architekten Paul Bonatz, der wegen seiner Kritik an Troost bei Hitler zunächst in Ungnade gefallen war, mit Fritz Todt beim

Bau der Autobahnbrücken zusammenzubringen. Auch Peter Behrens, Ring-Architekt, Werkbund-Gründungsmitglied und künstlerischer Berater der AEG-Konzernführung unter Emil und Walther Rathenau, war im Dritten Reich erfolgreich, ganz im Gegensatz zu seinen berühmten Schülern Walter Gropius und Ludwig Mies van der Rohe, die in die USA emigrieren mußten. Sehr zum Ärger der an den Rand gedrängten völkischen »Kampfbund«-Apologeten um Rosenberg erfreute sich Behrens der Gunst Hitlers, der dessen noch aus dem Kaiserreich stammende Petersburger Botschaft schätzte.[47]

Andere Werkbund-Architekten der ersten Stunde, wie Theodor Fischer, Richard Riemerschmid und Fritz Schumacher, verloren jedoch Stellung und Ruf. So war es weniger ideologische Zuverlässigkeit, die über Bauaufträge oder Berufsverbot entschied, denn eine reine Lehre gab es so wenig wie einen nationalsozialistischen Stil, sondern vielmehr die Fürsprache einflußreicher Freunde und – hier besonders – Hitlers persönliche Intervention. Die einzig zulässige Verallgemeinerung, so resümieren Joan Campbell, Barbara Miller Lane und Werner Durth ihre Untersuchungen, ist die, daß es nach 1933 keinen völligen Bruch mit der Weimarer Architektur gab. Auch nach der Machteroberung durch die Nazis blieb die Architektur vielgestaltig. Vielgestaltiger jedenfalls, als es das gängige Bild vom Bauen im totalitären Staat lange Zeit wahrhaben wollte. Allerdings verschoben sich die Akzente.

Das handwerksorientierte und landschaftsgebundene Bauen der traditionalistischen »Heimatschutz«-Bewegung stand zumindest anfangs im Vordergrund der NS-Propaganda. Es bestimmte auch den Bau von Siedlungshäusern, Jugendherbergen, Freizeitheimen und Schulungsburgen der DAF und der NSDAP-Ordensburgen, wenn auch mit deutlichem Übergang zum Monumentalstil. In den großen Städten, vor allem in den gigantischen Bauplänen für die »Führer-Städte«, war das Leitbild die monumentale Staatsarchitektur. Diese Bauweise mußte einem doppelten Anspruch genügen: Sie sollte den klassischen Vorbildern folgen und zugleich neu sein, zumindest so wirken. So ist kaum verwunderlich, aber eben doch nicht ohne weiteres ersichtlich, daß sich in diesen Bauten – was immer die NS-Architekturideologie verkünden mochte – expressionistische, klassizistische und funktionalistische Stilelemente zu einer »Ikonographie des Vagen« mischten.[48] Diese Mischung schien für die beabsichtigte suggestive Wirkung der Staats- und Stimmungsarchitektur in hohem Maße geeignet. Für die Kontinuität des sachlich-modernen Bauens sorgte vor allem die an internationalen Standards orientierte Verkehrs-, Stadt- und Industriebauentwicklung. Sie begünstigte die eingeschränkte und modifizierte Fortführung des offiziell als »undeutsch« verurteilten Neuen Bauens.

Diesen mit Vorsicht so zu charakterisierenden Stil-Pluralismus oder »programmatischen Eklektizismus« (G. Fehl) gilt es zu erkennen und im Auge zu behalten, wenn man sich mit NS-Architektur beschäftigt. Schon die Reichsautobahn erwies sich als aussagekräftiges Beispiel für den Versuch der Nazis, »technologische Avantgarde mit nationalem Traditionalismus« zu verbinden.[49] Städte- und Industriebau sind es nicht weniger. Die hier erreichte Vielfalt und Intensität in der Verbindung von Schaubild und Bauwerk, von Rauminszenierung und architektonischer Funktion unterstreicht die große Bedeutung, die die Architektur für die Ästhetisierung von Politik und Gesellschaft im NS-Regime hatte.

Wie kaum ein zweiter Repräsentationsbau jener Jahre kann das »Haus der Deutschen Kunst« an Münchens Prinzregentenstraße eine Art Schlüsselfunktion für die Kulturpolitik und Architektur im NS-Regime beanspruchen.[50] Die Grundsteinlegung im Oktober 1933 und die Einweihung im Sommer 1937 wurde mit großem propagandistischem Aufwand inszeniert. Zweifelhafter Höhepunkt war die »Große Deutsche Kunstausstellung« und die parallel dazu gezeigte Ausstellung »Entartete Kunst«. Sie machten den ästhetischen Traditionalismus und die vulgäre Verdammung der modernen Kunst gleichermaßen sichtbar. Mit einem aufwendigen Festprogramm versuchte das Regime gleichwohl, sich in der Stadt Ludwigs I. als Kulturstaat darzustellen und – jenseits aller Klassengegensätze und Geschmacksunterschiede – eine »Kunst für Alle« zu propagieren.

Das in offizieller Sprachregelung »Tempel der Kunst« genannte Museumsgebäude spielte indes nicht nur kulturpolitisch, sondern vor allem architektonisch eine herausragende Rolle. Der hier von Troost erstmals realisierte Neoklassizismus wurde zur »idealen Ikone« (W. Durth) der Monumentalarchitektur des Nationalsozialismus. Der Rückbezug auf die Antike und den Klassizismus des 18. und 19. Jahrhunderts war unübersehbar. Demgegenüber blieben seine höchst modernen Konstruktions- und Ausstattungselemente – Stahl und Beton, Fahrstühle, Luftheizungs- und Klimaanlage – hinter Donaukalkstein und verschiedenfarbigem Marmor nahezu unsichtbar. Ein reaktionäres, wenngleich verschwiegenes Bündnis von technischer Modernität und architektonischem Traditionalismus. Ihm stand Karl Friedrich Schinkels »Altes Museum« am Berliner Lustgarten ebenso Pate wie dessen archaisierende Rückführung auf elementare Formen etwa durch Peter Behrens' Bauten. Schinkels Architektur eines »heiteren Äußeren«, einer reich gegliederten, spannungsreich durchgebildeten und tempelartig geschlossenen Fassadengestaltung mit Architrav und Kolonnade wurde spätestens bei Troost vom »massiven Pathos« eines waagerecht-wuchtigen Baukörpers verdrängt. Im Haus der Deutschen Kunst dominieren »scharfkantige, hart und schwer wirkende Formen«.[51] Dieses Gebäude sollte eine erste Veranschaulichung »ewiger Werte« sein, die ihren Ausdruck in einer zeitlosen bzw. zeitübergreifenden und überdauernden Architektur suchte. In einer Architektur, die nicht zukunftsweisend war, sondern bloß einem deutsch-nationalen Ewigkeitspathos verfallen. Noch im späten Kaiserreich hatte Moeller van den Bruck, der bald darauf einflußreicher Sprecher der »Konservativen Revolution« wurde, den Klassizismus zum »preußischen Stil« verklärt und zugleich gegen den Ansturm der Moderne zu retten versucht. Weil dieser Stil sehr sachlich sei, wie er meinte, und insofern durchaus zeitlos-modern.[52] Während das technisch-funktionalistische Bauen als »seelenlos« galt, wurde an der klassizistischen Architektur aus konservativer Sicht immer wieder gerühmt, daß sie zu einer geglückten Verbindung von strenger Sachlichkeit, Idealität und repräsentativer Würde gefunden hätte.

Es gab also keine spezifisch nationalsozialistische Architektur und einen eigenen »Führer-Stil« schon gar nicht. Gleichwohl wurde das Haus der Deutschen Kunst so etwas wie ein Prototyp für die Repräsentationsbauten im Dritten Reich. Wenn Troosts trostloser Kunsttempel stilistisch zum Vorbild avancieren konnte und wenn der mit diesem Bau verbundene politische Entscheidungsprozeß für die NS-Baugeschichte typisch wurde, dann vor allem deshalb, weil Hitler daran ein großes Interesse hatte: Auf diesem künstlerisch-politischen Feld engagierte er sich wie sonst nur in den großen nationalen Fragen der Kriegs-, Eroberungs- und Vernichtungspolitik.[53] Als Troost schon Anfang 1934 starb, soll Hitler – wie Speer berichtet – einen Augenblick sogar mit dem Gedanken gespielt haben, dessen Münchner Büro selbst zu übernehmen. Daß er dann Speer zu Troosts Nachfolger machte und nicht einen anderen renommierten, älteren Vertreter der Traditionalisten, war nicht grundlos.

Hitler suchte wohl einen talentierten jüngeren Architekten, einen der einfallsreich und effektiv war, der aber auch seine, Hitlers Vorstellungen konkretisieren und baulich-organisatorisch umsetzen konnte und zugleich die Baupläne und stilistischen Vorgaben von Troost aufnehmen würde. Speer hatte erstmals Anfang 1933 in Berlin auf sich aufmerksam gemacht, auf sein Geschick und sicheres Gespür für die Erfordernisse einer wirkungsvollen Selbstdarstellung des neuen Regimes. Bauaufträge von Goebbels führte er nicht nur zu dessen voller Zufriedenheit aus, sondern auch in Rekordtempo. Und für die erste große nächtliche Massenveranstaltung, die Machtdemonstration des neuen Regimes am 1. Mai 1933, improvisierte er auf dem Tempelhofer Feld aus Gerüsttribünen, Scheinwerferlicht und Fahnentuch eine Art Filmkulissen-Architektur. Das fand allgemeinen Beifall. Speers Lehrer Tessenow jedoch blieb skeptisch: »Es macht Eindruck, das ist alles.«[54] Aber darauf kam es Hitler ja gerade an. Noch bevor Speer Gelegenheit fand, seine Inszenierungskunst bei anderen Massenveranstaltungen zu demonstrieren und seine improvisierte Kulissen-Architektur in die steinernen Monumente für die Massenaufmärsche des Nürnberger Parteitages zu verwandeln, erhielt er einen anderen Auftrag.

Vordringlich erschien der Umbau der alten Reichskanzlei an der Wilhelmstraße samt »neusachlichem« Erweiterungsbau, den Eduard Jobst Siedler in den späten zwanziger Jahren an der Voßstraße errichtet hatte. Für Hitler war das die »reinste Zigarrenkiste«, mit der er sich nicht begnügen mochte. Und offenbar dachte er von Anfang an an etwas Neues, Größeres. Schon während der Umbauarbeiten, aber noch vor dem Tod Hindenburgs und der Übernahme des Reichspräsidentenamtes durch Hitler entstanden jedenfalls Pläne für den Neubau einer Reichskanzlei. Sie war weniger als Sitz einer obersten Staatsbehörde gedacht, sondern vielmehr als Residenz Hitlers für seine Selbstdarstellung als »Führer der Nation« und als Kanzler des »Großdeutschen Reiches«. Für das Verhältnis von Architektur und Politik im Nationalsozialismus ist dieser Gebäudekomplex insofern vermutlich eines der aufschlußreichsten Beispiele.[55]

Das gilt nicht nur im Hinblick auf die politische Symbolik und beabsichtigte Wirkung dieses Gebäudes, sondern auch wegen des weniger auffälligen Zusammenhangs von Baugeschichte und innenpolitischer Entwicklung. Zum Ritual nationalsozialistischer Selbstdarstellung gehörte es, schon die Baupläne für die gigantischen Großprojekte einer für spektakuläre Nachrichten empfänglichen Bevölkerung bekannt zu geben. Zumal dann, wenn das für sie materiellen Vorteil oder Prestigegewinn bedeutete, wie beim Bau der Reichsautobahn, bei neuen Industrieanlagen oder -städten (Salzgitter, Wolfsburg), Seebädern (Rügen) oder Wohnsiedlungen. Demgegenüber umgab den geplanten Neubau der Reichskanzlei lange eine eigentümliche Verschwiegenheit.

Hier galt es, den Baugrund erst noch zu schaffen, und zwar in einem doppelten Sinne. Zunächst mußten auf dem weitläufigen Gelände zwischen Wilhelm-, Voß- und Hermann-Göring-Straße (heute: Ebert-Straße) zahlreiche private Grundstücke aufgekauft werden. Darüber hinaus erforderte aber auch der politische Hintergrund eine gewisse Rücksichtnahme. Hitler selbst hat seine Entscheidung für diesen Neubau, die bereits 1934/35 gefallen war, auf den Jahreswechsel 1937/38 datiert. Auf einen Zeitpunkt also, als die machtpolitischen Hindernisse auf dem Weg zur forcierten Aufrüstung und zur Annexion Österreichs und des Sudetenlandes beseitigt, als führende Repräsentanten des national-konservativen Lagers wie Schacht und Neurath, Blomberg und Fritsch ausgeschaltet waren. Erst jetzt, nachdem Hitler nicht nur über Macht, sondern auch über die Herrschaft verfügte, war der Weg für seine imperialistischen Ziele frei.[56] Und erst jetzt schien es ihm offenbar opportun, die Notwendigkeit und Dringlichkeit dieses monumentalen Repräsentationsbaus öffentlich darzustellen. Ende Januar 1938 erhielt Speer alle Vollmachten. Die durch den Vierjahresplan allgemein verfügten Materialbeschränkungen galten hier nicht. Bereits Anfang August desselben Jahres war Richtfest. Hitler machte nun kein Geheimnis mehr aus seinen Motiven und Absichten. Als neue Hauptstadt des »Großdeutschen Reiches« sollte Berlin das inzwischen ebenfalls zum Reich gehörende Wien, die »wunderschöne, gewaltige, große deutsche Stadt« (Hitler) noch übertreffen. Wieder einmal zeigte sich, daß er, der Künstler-Politiker, ein ausgeprägt imaginatives und voluntaristisches Verständnis von Politik hatte. »Wenn es möglich ist«, rief er den beim Richtschmaus versammelten Arbeitern zu, »einen Staat in drei oder vier Tagen dem Reich anzugliedern, dann muß es eben auch möglich sein, ein Gebäude in ein oder zwei Jahren aufzurichten.«[57]

Die Übergabe der neuen Reichskanzlei war bereits für Anfang Januar 1939 vorgesehen, zum Neujahrsempfang des Diplomatischen Corps. Und tatsächlich wurde der riesige Gesamtkomplex, dem allerdings mehrere Einzelbaumaßnahmen vorausgegangen waren, in dieser extrem kurzen Zeit fertig. Sogar noch »zwei Tage früher« als zugesagt, wie Speer stolz hervorhob. Er galt bereits als »genialer Architekt«, jedenfalls bei Hitler. Nun erwarb er sich auch noch den »Ruf eines großen Organisators«.[58] Speers Büro und rund 8000 Handwerker und Arbeiter in den Steinbrüchen hatten das Unwahrscheinliche möglich gemacht. Der Hausherr war voll des Lobes für Speer und alle am Bau Beteiligten. Die langen Gänge und Flure zu den Empfangs- und Arbeitsräumen hatten es ihm besonders angetan. Noch bevor die Besucher, Diplomaten, Generäle und Staatsgäste ihm gegenüberstanden, sollten sie durch das Raumerlebnis beeindruckt und eingeschüchtert werden. Schon hier, auf dem über zweihundert Meter langen Weg ins Innerste der Macht. Immerhin mußten sie durch eine ganze Flucht von Vorhallen und Sälen hindurch, über spiegelglatten, vielfarbigen Marmor hinweg, vorbei an Fenstergalerien und schweren, verschlossenen Türen. Dabei waren sie umgeben von den traditionellen und nationalsozialistischen Symbolen wie Eichenlaub, Lorbeer, Fackeln, Thyrusstäben und Adler, einer erdrückenden Dekoration aus Gold, Bronze und Marmormosaik. Dieses

Ensemble, das in seiner Eindringlichkeit noch verstärkt wurde durch Speers raffinierte Lichttechnik, betonte das Mystische und Sakrale der Staatsmacht und verdichtete sich zu einem Ambiente des Außerordentlichen. In diesen Räumen wurde ein Machtanspruch erlebbar, der vielleicht nur noch zwei Einstellungen zu diesem Regime zuließ, ja zur Politik überhaupt: »sich als Opfer der Macht oder als Teilhaber an ihr« zu fühlen.[59] Und der *Völkische Beobachter* tönte entsprechend: »Dem Zuwachs an Macht und Größe Deutschlands entspricht auch der äußere Rahmen, in dem der Führer gestern die fremden Diplomaten empfing, denn durch den großartigen Bau der neuen Reichskanzlei hat der Führer in weit vorausschauender Weise ein Baudenkmal geschaffen, das als erster Monumentalbau des Großdeutschen Reiches diesen geschichtlichen Aufstieg Deutschlands versinnbildlicht« und sich im Innern als »Meisterstück der Raumgestaltung« erweist.[60] Ein Meisterstück der Täuschung war es allemal. Professioneller Kulissenzauber.[61]

Die kunsthandwerklich aufwendige Innenausstattung der Reichskanzlei – mit individuell gefertigten, schweren Möbelstücken, Wandteppichen, Kristallüstern und Holztäfelungen – konnte als Ausweis einer mittelstandsfreundlichen Handwerksgesinnung des Regimes und als Ausdruck seiner zumindest latenten Technikfeindlichkeit gedeutet werden. Dieser Eindruck wäre trügerisch gewesen. Und er sollte es sein. Denn tatsächlich war die Reichskanzlei mit den modernsten technischen Einrichtungen ausgerüstet. Ob nun Lautsprecher in altdeutsche Kommoden eingebaut oder Filmvorführgeräte hinter Gobelins versteckt waren, die technischen Einbauten blieben nahezu unsichtbar. So auch die von Granitplatten verdeckte Hebebühne vor dem Mittelbau der Voßstraße, über die vollbeladene Lastwagen zu den Vorratsräumen in die gut vier Meter tief gelegenen Kellergeschosse gelangen konnten oder die Mercedes-Limousinen der Wehrmachtsgeneräle in die unterirdischen Bunkeranlagen. Auf Täuschung beruhte auch das Verhältnis von äußerer und innerer Erscheinung.

Die übersichtliche Dreiteilung der Fassade an der Voßstraße vermittelte den Eindruck eines wohlgeordneten Gefüges von Bürotrakten und Repräsentationsräumen, deren nach außen gerichtete Bedeutung durch die Monumentalportale der Reichs-

und Präsidialkanzlei eigens hervorgehoben wurde. Wo hinter langen Fensterreihen von der Straße aus die Verwaltung vermutet werden mußte, befanden sich jedoch nicht selten bloß Lichtschächte und funktionslose Luftkammern für die überdimensionierten Repräsentationsräume. Die Büros waren dazwischen in chaotischer Desorganisation eingezwängt. Vielleicht war kein zweites Bauwerk, zumal unter den vergleichsweise wenigen ausgeführten NS-Repräsentationsbauten, so aufschlußreich wie die Neue Reichskanzlei. Wo gab es das sonst: Bürofenster, hinter denen sich keine Arbeitsräume befanden; ein Kabinettssitzungsraum, den die Minister allenfalls von einem Besichtigungstermin bei Speer kannten, weil es Kollegialentscheidungen nicht mehr gab; ein Kanzler-Arbeitszimmer, in dem nur Empfänge stattfanden und militärische Lagebesprechungen; und schließlich Repräsentationsräume, die der Öffentlichkeit zwar unzugänglich, aber durch massenhafte visuelle Medienverbreitung bestens bekannt waren. So wurde nationale Größe und staatliche Würde raumbildlich zur Geltung gebracht und zugleich verdeckt, daß dieser Staat wesentlich auf Gewalt, Eroberung und Unterdrückung baute. Der kulissenhafte Charakter dieses Gebäudes fand seinen sinnfälligen Ausdruck nicht zuletzt darin, daß Speer – den Illusionsarchitekten der Filmstudios vergleichbar – Fassadenteile für die Reichskanzlei als Modell im Maßstab 1:1 anfertigen und am Bauplatz aufstellen und begutachten ließ, bevor sie gebaut wurden. Nicht erst der fertige Bau, schon seine Entstehung verwischte die Grenze zwischen Fiktion und Realität.

Suggestive Machtdemonstration, symbolische Überhöhung der Wirklichkeit und ihre blendende Umstellung mit Kulissen-Architektur gab es nicht nur an diesem einen Gebäude. Die ästhetisch-symbolische Funktion spielte in Speers Generalbebauungsplan für die Neugestaltung der Reichshauptstadt insgesamt eine herausragende Rolle.[62] Die Geometrie der Radial- und Ringstraßen, die Gleichförmigkeit der Fassaden, die Geschlossenheit der horizontal-massigen Bebauung und die Monumentalität der großen Plätze und wenigen zentralen Hochbauten: Sie waren in ihrer Gesamtheit Ausdruck einer – vermeintlich – neuen Ordnung und zugleich Assoziation an römische Städte, ägyptische Pharaonengräber und antike Tempelanlagen. In diesem Modell und auch in denen der anderen »Führer-« und »Gauhauptstädte« formte sich das Bild eines städtebaulichen – und das sollte ja immer auch heißen: politischen – Triumphes über Chaos und Anarchie.[63] Das großstadtfeindliche Ressentiment der NS-Propaganda benutzte dazu gern Luftbilder von den dichtbesiedelten und -bebauten Vierteln Alt-Berlins, den schmalen Straßen und engen Hinterhöfen, den grauen Mietskasernen und rußigen Fabrikschornsteinen.

Ein so aufwendiges Spiel mit schönem Schein und raffinierter Täuschung wurde bei den über das ganze Land verteilten Parteibauten, Ehrenhallen und Denkmälern nicht inszeniert. Die Foren in den »Gauhauptstädten« mit »Volksgemeinschafts«-Halle, Glockenturm, Gauleiter-Residenz und Kundgebungsplatz, die »Ordensburgen« der SS (z.B. Vogelsang/Eifel und Crössinsee) und die »Schulungsburgen« der DAF und der NSDAP (z.B. Erwitte, Saßnitz/Rügen und Chiemsee), die Nationaldenkmäler und »Totenburgen« an den zukünftigen Grenzen des Reichs, sie sollten nur eines sein: »steingewordene Stärkung der neuen Autorität und des neuen Glaubens«.[64] Neuartig an diesen Bauten war wiederum die Übersteigerung ihrer (geplanten) Zahl, ihrer Größe und ihrer äußeren Form. Voraussetzungs- und traditionslos waren sie jedenfalls nicht.

Schon die nationalen Befreiungsbewegungen des frühen 19. Jahrhunderts hatten ja mit der nationalen Einheit zugleich den sichtbaren Ausdruck derselben gefordert.[65] »Dem Stolz errichten wir Prunkschlösser, der Eitelkeit Museen und Kunstgalerien, den Völkerschlächtern Säulen des Ruhms«, hieß es in bewegter Rede auf dem Hambacher Fest, »aber für irgendein Nationaldenkmal, das die Majestät des deutschen Volkes widerstrahlte, hat die weite deutsche Erde keinen Raum, haben die vierunddreißig souveränen Fürsten keinen Sinn.«[66] Das sollte sich ändern. Das wilhelminische Kaiserreich erlebte einen Bauboom von Bismarck-Türmen, und die Weimarer Republik suchte sich von der Hypothek des Weltkrieges auch dadurch zu befreien, daß sie für die gefallenen deutschen Soldaten Hunderte von Ehrenmalen baute. In dieser Architekturgeschichte behauptete sich die Vorliebe für die Säule, die Pyramide und den Obelisk – symbolischer Ausdruck des Sonnenstrahls, des Feuers, der Kraft des Baumes oder der phallischen Potenz. Doch die

Versinnbildlichung des ewigen Lebens änderte ihre Formensprache. Was in dem von Säulen getragenen, frühen Nationaldenkmal »Walhalla« seinen antikisierten Ausdruck gefunden hatte, wurde im Laufe der Zeit immer mehr romantisiert. Die Vorliebe für das Monumentale und Vertikale blieb, aber der sachlich-heitere Klassizismus wurde nun durch eine germanisch-mystische Formgebung überlagert und verdrängt. Die Beispiele sind zahlreich. Da ist zuerst das Hermannsdenkmal im Teutoburger Wald zu nennen, dessen zwischen Befreiungsgestus und imperialer Herrscherattitüde schwankende Symbolik die Geschichte der deutschen Nationalbewegung wie kein zweites Denkmal widerspiegelt. Diese mit gotischer Krypta und Ruhmeshalle versehene, germanisch-deutsche Weihestätte wurde späteren Nationaldenkmälern zum Vorbild. Für das Niederwalddenkmal etwa, das Monument auf dem Kyffhäuser oder das Völkerschlachtdenkmal bei Leipzig. Allesamt als weltlich-nationale Heiligtümer monumentale Anlagen. Beherrscht von einer turm- oder pyramidenartigen Konstruktion im statischen Zentrum, sollten sie – umgeben von einer weitläufigen, bühnenartig-terrassierten Plattform – bei öffentlichen Festen zum Szenarium nationaler Bewegung, Einheit und Größe werden.

Das in der Weimarer Republik gebaute Tannenberg-Nationaldenkmal kehrte diese Anordnung um – eine Vorwegnahme Nürnberger Parteitagsarchitektur. Hier war das machtvolle Zentrum gleichsam an die Peripherie gerückt. Acht Wehrtürme, von fensterlosen Mauern oktogonal verbunden, umschlossen eine innere Fläche, die bis zu 100000 Menschen aufnehmen konnte. Das kam den NS-Regisseuren für Raumgestaltung und politisch-sakrale Massenspektakel schon sehr entgegen. Denn: »Der Raum, der uns zur Volksgemeinschaft auffordert«, verkündete einer ihrer Experten, »gilt uns mehr als die Figur, welche die Nation verkörpern will und die doch als isoliertes Gebilde keinerlei bindende Kraft über das bloß Individuelle hinaus ausstrahlen kann. Das Wesen der Volkheit selbst stellt der Raum nicht dar, aber er versinnbildlicht es in seiner Überindividualität und Forderungskraft.«[67] Bei aller Zustimmung, die diese Anlage bei ihnen fand, die Nazis mochten sie nur zweimal nutzen. Tannenberg war ihnen wohl doch zu sehr Hindenburg-Denkmal. Jedenfalls bauten sie für ihre Massenveranstaltungen lieber eigene Weiheplätze und Versammlungsorte. So vor allem den von Troost konzipierten Königsplatz in München mit den »Ehrentempeln« für die »Gefallenen der Bewegung«. So das »Reichssportfeld« beim Berliner Olympiastadion und nicht zuletzt eben das Nürnberger Parteitagsgelände mit seinen Riesenbauten.

Diese Rahmenarchitekturen ließen so etwas wie »magische Räume« entstehen. Zumindest sollten sie das tun, besonders in Verbindung mit den theatralisch-kultischen Lichteffekten nächtlicher Open-air-Veranstaltungen. Dabei verschmolzen die Tribünen und Treppen, die Fahnen und Kolonnaden mit den Massen zu einer Art »Menschenarchitektur«, degradierten sie zum bloßen Ornament.[68] Das Erscheinungsbild einer horizontal umschlossenen, dabei übersichtlich gegliederten Menschenmasse mochte als Ausdruck einer neuen, völkisch-nationalen Einheit und scheinsozialistischen oder »volksgemeinschaftlichen« Gleichheit erlebt und gedeutet werden. Auf das herrschaftliche, hierarchisch-vertikale Element konnte und durfte diese Architektur gleichwohl nicht verzichten. Türme benötigte sie in vielerlei Variationen. Kein Platz, der auf Pfeiler, Podeste und Pylone hätte verzichten können. Kein »Gauforum«, keine »Ordensburg«, die ohne Turm oder Kubus ausgekommen wäre. Sie waren als »Säule der Bewegung« in München, als »Gauhochhaus« in Hamburg oder als »Triumphbogen« in Berlin, also in den Zentren der Macht, so unentbehrlich wie an der Peripherie des Reiches.

Hier sollten Turmbauten als »Totenburgen« die Nachkriegsgrenzen der vom Deutschen Reich geführten zukünftigen »Nation Europa« weithin sichtbar markieren.[69] Im Westen entlang der Atlantikküste von Frankreich bis hinauf nach Hammerfest und im Osten der Linie vom Ural bis zum südlichen Griechenland folgend. Mit der Planung wurde der altgediente und in monumentaler Totenehrung erfahrene Architekt Wilhelm Kreis beauftragt. Er hatte sich bereits im Kaiserreich einen Namen gemacht, als er nach der Jahrhundertwende etwa fünfhundert Bismarck-Türme baute. Sie waren dem Grabmal Theoderichs des Großen in Ravenna nachgebildet, als Reminiszenz an den Ostgotenkönig und Ausdruck einer glorreichen klassisch-germanischen Synthese.

Selbst bei industriellen, kommerziellen und kulturellen Funktionsbauten wie Bahnhöfen, Autobahnbrücken, Markthallen, Fabrikanlagen, Kaufhäusern oder Ausstellungsgebäuden mochte man nicht auf den theatralischen Gestus expressiver Turmarchitektur verzichten. Schon im Neuen Bauen hatten sich »pathetische und nüchterne Formen«, funktionalistische und expressionistische Elemente gemischt. Man denke nur an Hans Poelzigs in den späten zwanziger Jahren gebautes IG-Farben-Verwaltungsgebäude, ein als »Palast des Geldes« titulierter klassizistisch-funktionalistischer Bau; an Peter Behrens' berühmte Berliner AEG-Turbinenhalle aus der Vorkriegszeit oder an Paul Bonatz' Stuttgarter Hauptbahnhof – teils Pharaonenresidenz, teils römische Basilika, teils Staufferkastell; an die suggestiven Verkaufspaläste, die hochaufragenden Warenhäuser von Wertheim und Karstadt oder an die Kinopaläste wie den UFA-Pavillon am Berliner Nollendorfplatz und den Titania-Palast in Steglitz. Vielleicht wurde diese »monumentale Beschwörungsarchitektur« als Ausdruck der Leistungsfähigkeit der neuen Industriekonzerne, Banken und Handelsunternehmen gedeutet. Vielleicht wurde sie auch als Begrenzung und Beruhigung empfunden in einer durch das Tempo des technischen Fortschritts und des kulturellen Wandels unübersichtlich und unruhig gewordenen Massengesellschaft. Vielleicht war es der Lebens- und Erlebnishunger des neuen Massenpublikums, den die effektvolle Stimmungsarchitektur der modernen Kultstätten des Konsums und der Zerstreuung wie magisch anzog. In dieser in Bewegung geratenen Gesellschaft regten sich jedenfalls höchst unterschiedliche Bedürfnisse und Interessen, prallten Hoffnungen und Visionen auf Ressentiments und Ängste, wetteiferten sachlich-zweckmäßige Formelemente mit expressiv-phantastischen Farb- und Lichteffekten, was – gewiß nicht zufällig – in der Illusionsarchitektur der Bühne und des Films seine größte Intensität erreichte. Wenn man denn das Widersprüchlich-Schillernde dieser Architektur auf einen formelhaften Begriff bringen will, dann trifft vermutlich der von der »mystischen Sachlichkeit« (D. Bartetzko) besser als jeder andere. Ihre Spuren finden sich in der theatralischen Überredungs- und Effektkunst Speers, seinen illuminierten Kolonnaden, Innenhöfen und Portalen, seinen Ausstellungsräumen und

Marmorgalerien in der Reichskanzlei, auf dem Reichsparteitagsgelände und im Deutschen Pavillon der Pariser Weltausstellung ebenso wie in den kugel- und kegelförmigen »Totenburgen« eines Wilhelm Kreis oder der Monumentalarchitektur eines Hermann Giesler mit ihren klassizistischen, altägyptischen und expressionistischen Adaptionen.[70]

Ein Rückgriff auf so vielfältige architektonische Stil- und Stimmungselemente schien im Industriebau weder möglich noch nötig. Wo Unternehmerinteressen und Erfordernisse technischer Produktionsabläufe respektiert werden mußten, schienen jedenfalls dem Einfluß der vormodernen NS-Architektur vergleichsweise enge Grenzen gezogen. Doch auch die Industriebaukunst sah sich mit dem Widerspruch zwischen einer »beseelten Volksgemeinschaftsarchitektur« und einer als »undeutsch« diskriminierten Architektur der »Maschinenästhetiker« konfrontiert.[71] Zumal in der Anfangsphase des Dritten Reiches völkisch-agrarromantische Bestrebungen und antitechnische Affekte des Handwerks gegen die großstädtische Industrie eine gewisse Rolle spielten und der Industriebau unter den Nachwirkungen der Weltwirtschaftskrise noch stagnierte.

Vor allem die 1935/36 durch Ernst Sagebiel errichteten Neubauten des Reichsluftfahrtministeriums und die der Tempelhofer Flughafenanlage schienen einen Weg zu weisen, wie dieser Konflikt aufgelöst werden konnte. Um architekturpolitische Kompromisse und Zugeständnisse an den heroischen Zeitgeist kam man offensichtlich auch bei den Bauten für modernste Technologien nicht herum. Zumal dann nicht, wenn solche Produktionsstätten – wie etwa die Flugzeughersteller – weitgehend oder ganz von staatlichen Aufträgen abhängig waren. Die Henschel-, Heinkel- und Junkerswerke konnten oder mochten jedenfalls bei ihren Hauptportalen, Verwaltungsbauten und Konstruktionsbüros auf Klinker- und Muschelkalksteinfassaden nicht verzichten. Demgegenüber setzte sich in der Eisen- und Stahlindustrie der Eisenfachwerkbau fort. Hier herrschten kubisch-funktionelle Bauten vor mit Flachdach und Fensterbändern, sichtbarem Eisengefache und Ziegelausmauerungen, bei denen die äußere Form aus der technischen Konstruktion abgeleitet wurde. Beispiele dieser strengen Sachlichkeit waren die Mannesmann-Röhrenwerke (1936) von Hans Väth oder die

Fabrik- und Zechenanlagen von Fritz Schupp und Martin Kremmer. Hierher gehört auch die schon erwähnte Versuchsanstalt für Luftfahrt (1936/37) in Berlin-Adlershof von Hermann Brenner und Werner Deutschmann.

Die *Bauwelt* rätselte bereits zu Beginn des Krieges, ob »es nun eine Überraschung oder eine zwangsläufige Folge des Gesetzes« sei, »daß die Not zum Anreger des Fortschritts wird: auf alle Fälle ist festzustellen, daß der Sparzwang dem Industriebau auch technisch neue Wege eröffnet hat«.[72] Und wie er das tat! Unter den Bedingungen von Kriegswirtschaft und Luftschutz wurde an »ideologische Romantik« und an »falsche Monumentalität« kaum noch ein Gedanke verschwendet, geschweige denn Zeit und Geld. Einen Eisenbetonbau jetzt noch »bodenständig zu verbrämen« galt als ungeheuerliche Verschwendung.[73] Die Mobilisierung aller materiellen Ressourcen für den totalen Krieg verhalf dem von Speer und Todt inaugurierten Mythos totaler Machbarkeit zum Durchbruch und brachte schließlich »die Technophobie völkisch-vorindustrieller Kreise zum Schweigen«.[74]

Am stärksten kam die traditionalistisch-bodenständige »Heimatschutz«-Architektur im öffentlich geförderten Wohnungs- und Siedlungsbau zur Geltung, teilweise sogar noch in Industrie-Neusiedlungsprojekten. Nachhaltigen Einfluß gewann die Stuttgarter Schule um die Architekten Paul Bonatz, Paul Schmitthenner, Heinz Wetzel und ihre Schüler, die bald im ganzen Reich in den Planungsämtern und kommunalen Bauverwaltungen, insbesondere im Reichsheimstättenwerk der DAF, tätig waren. Funktionalistisch-sachliche Elemente behaupteten sich auch hier. Denn nicht nur Heimstätten und Mehrfamilienhäuser mit »Volkswohnungen« wurden gebaut, sondern weiterhin auch bürgerliche Einfamilienhäuser und Villen.[75] Selbst in den als »Anti-Weißenhof«-Demonstrationen gebauten NS-Mustersiedlungen Kochenhof bei Stuttgart und Ramersdorf bei München blieb die Baupraxis hinter den agrarromantisch-idyllischen Leitbildern mehr oder minder weit zurück. Hier dominierte eher jene karge Schlichtheit der Heimstättensiedlung und des bereits im späten 19. Jahrhundert als Antwort auf die soziale Frage entstandenen Werkswohnungsbaus. Der soziale Wohnungsbau genoß bloß ideologisch Priorität. Faktisch stand er im Schatten des Autobahnbaus, der »Bauten für die Wehrhaftmachung« (Kasernen, »Westwall« usw.) und der »Neugestaltung der Führerstädte«, auch wenn 1937 mit über 300000 Einheiten der Höhepunkt im Wohnungsbau während der NS-Zeit erreicht und das Weimarer Rekordjahr 1929 – absolut gesehen – übertroffen wurde. Doch inzwischen hatte mit der Bevölkerung der Wohnungsbedarf zugenommen, war durch den Anreiz der Ehestandsdarlehen die Zahl der Eheschließungen gestiegen und mit ihr die Nachfrage nach Wohnraum. Im Vergleich zum Volumen des Nicht-Wohnungsbaus blieb der Anteil des Wohnungsbaus gering und war in den späten dreißiger Jahren sogar rückläufig. Die öffentlichen Gelder für den Wohnungsbau wurden sogar gekürzt, und die ohnehin stark leistungsdifferenzierten Arbeitereinkommen stagnierten. Die DAF-Parole, die jedem deutschen Arbeiter ein eigenes Häuschen versprochen hatte, blieb weitgehend Propaganda. Die Sehnsucht nach dem Eigenheim erfüllte sich im wesentlichen nur für den besser verdienenden Mittelstand. Zinssenkung, Reichsbürgschaften und Wohnungsbaugesellschaften förderten die private Baufreudigkeit nach Kräften.

Auch in den letzten Vorkriegsjahren warben Slogans wie »Heimatverbundenheit«, »Kinderreichtum« und »Nahrungsmittelfreiheit« für die Lebensform der Kleinsiedlung. Tatsächlich aber verschwand das Einzelhaus mehr und mehr hinter Mehrfamilienhäusern mit Geschoßwohnungen, die nun verstärkt gebaut wurden. Noch immer wurde das idyllische Leitbild einer dörflichen Siedler- und »Volksgemeinschaft« propagiert und in ästhetisierender Abkehr von den großstädtisch-industriellen Lebensverhältnissen altdeutsche Gemütlichkeit heraufbeschworen: mit Dorfbrunnen und Dorflinde, mit Anger und Gemeinschaftshaus, mit blumengeschmückten Fachwerkhäusern, Obst- und Gemüsegärten. Bilder, die geringe Lebenshaltungskosten und hohe Lebensqualität suggerierten: Gesundheit, Selbstversorgung und Familienidylle und beschauliches »Glück im Winkel«. Doch zugleich entstanden auf dem Reißbrett neue Industriestädte, wurden riesige Produktionsanlagen aus dem Boden gestampft und Wohnblöcke für einige Zehntausend Arbeiter und ihre Familien geplant. Gemeint sind die beiden spektakulären Stadtneugründungen, die

»Stadt der Hermann-Göring-Werke«, das spätere Salzgitter, und die »Stadt des KdF-Wagens«, das spätere Wolfsburg.[76]

Völkische Visionen hatten sich inzwischen überlebt. Unter dem rüstungswirtschaftlichen Primat des Vierjahresplans war vor allem technologische und organisatorische Modernisierung gefragt. Weder Gottfried Feder, der vormalige Reichskommissar für das Siedlungswesen und führende NS-Ideologe aus der Frühzeit, noch Alfred Rosenberg wurden an der Planung entscheidend beteiligt. Hitler erteilte Robert Ley den Auftrag, das KdF-Werk zu bauen. Dieser bediente sich dazu allerdings nicht des Verwaltungsapparates der DAF, sondern veranlaßte die Gründung der »Gesellschaft zur Vorbereitung des deutschen Volkswagens mbH« (Gezuvor), deren Leitung der KdF-Amtsleiter B. Lafferentz, der Konstrukteur F. Porsche und J. Werlin von der Daimler-Benz AG übernahmen. Der von Speer ausgewählte und durchgesetzte Architekt Peter Koller erhielt den Auftrag, am Mittellandkanal eine Produktionsstätte zu bauen, Wohnraum für 90000 Menschen zu schaffen und auf dem Klieversberg die »Stadtkrone« zu errichten. Bei der Grundsteinlegung verkündete der *Hannoversche Anzeiger* großspurig, daß hier die »modernste und schönste Arbeiterstadt« Deutschlands entstehen würde. Auch Ley sparte nicht mit Vorschußlorbeeren und schwärmte von einem »Olympia der Arbeit, gekrönt von einer Akropolis der Freude, der Schönheit«.[77] Aber 1938 waren dafür nicht nur die finanziellen Mittel zu knapp. Es fehlte auch an verfügbaren Bauarbeitern. Wo in kürzester Zeit eine Musterstadt aus dem Boden der leicht hügeligen, waldreichen Landschaft nahe Fallersleben und der alten Wolfsburg wachsen sollte, entstand erst einmal ein Holzbaracken-Lager für die in großer Zahl zwangsverpflichteten Arbeiter.[78]

Vorrang hatte die Errichtung des Werksgebäudes, für das die Architekten Schupp und Kremmer verantwortlich waren. In ihrer Industriebau-Ästhetik mischten sich funktional-sachliche und expressive Elemente aus der Festungsarchitektur. So auch hier. In jeder Hinsicht beherrschend, aber nahezu funktionslos ist die monumentale, 1500 Meter lange und in regelmäßigen Abständen von »wehrhaften« Treppentürmen unterbrochene Backsteinfassade, hinter der sich die Produktionsanlagen und technischen Einrichtungen verbergen. Dieses Bauwerk erinnert an das Nürnberger »Märzfeld« und an das »Seebad der 20000« auf Rügen. So erscheint es kaum abwegig, darin eine Art »nobilitierende Inszenierung« für die Produktion des ersten »Volksautos« zu sehen, das den »klassentrennenden Charakter der Kraftfahrzeuge« überwinden, den einzelnen »Volksgenossen« damit in die »Volksgemeinschaft« integrieren und zugleich dem Staat gegenüber verpflichten sollte.[79]

Zum Werk steht die Stadt in einer unverkennbaren Polarität. Beide sind durch Kanal, Eisenbahn und Grünflächen – gartenstadtähnlich – in zwei unterschiedliche Funktionsbereiche voneinander getrennt. Für den Stadtbereich mußten die Architekten eine Bebauungsform finden, die sich vom vorindustriellen Siedlungstyp ebenso unterschied wie von der Mietskaserne in großstädtisch-proletarischen Wohngebieten. Diese war aus »volksgemeinschaftlicher« Sicht verpönt. Eine Einzelhausbebauung für eine ganze Großstadt-Bevölkerung hätte die Landschaft zersiedelt und wäre selbst bei billiger Fertigbauweise zu kostspielig gewesen. Gleichwohl sollte die neue Industriestadt vorbildlich sein. So entstanden Mehrfamilienblocks mit leicht variierender Fassadengestaltung, einfache Kuben, die mit ihren knapp abschließenden Sattel- oder Walmdächern »den Eindruck von Strenge und Kargheit« hervorriefen, doch zusammen mit Torbögen und Arkaden, mit Zwerchhäusern und Zwerchgiebeln über den vertikalen Fensterbändern der Treppenhäuser noch einen Rest biedermeierlicher Gemütlichkeit bewahrten.[80] Keilförmig in die Stadt hereingezogene Grünflächen mit Schrebergärten, Sport- und Spielstätten sorgten für die Auflockerung der Wohngebiete, befriedigten Freizeitbedürfnisse und sollten schließlich auch die »Luftsicherheit« erhöhen. Für die Versorgung der Bevölkerung mit Gütern des täglichen Bedarfs wurde eine differenzierte Infrastruktur mittelständischer Gewerbebetriebe und öffentlicher Einrichtungen aufgebaut. Gemessen an den Arbeiter-Vorstädten aus dem 19. Jahrhundert konnten Wohnlage und Umgebung durchaus als vorbildlich gelten. Auch der Wohnkomfort entsprach diesen Ansprüchen, wobei noch immer Einkommen und sozialer Status die Größe der Wohnung bestimmten und nicht etwa die Zahl der zum Haushalt gehörenden Personen. Auch in der

KdF-Stadt konnte der Schein-Sozialismus das Wohlstandsgefälle zwischen den kinderreichen Arbeiterfamilien und den besser gestellten »Volksgenossen«, den Angestellten, nicht verdekken.[81]

Der Bau dieser neuen Industriestadt folgte also keinem einheitlichen städtebaulichen Konzept. Unter dem nachhaltigen Einfluß Speers setzten sich die Architekten über traditionalistische Extrempositionen mühelos hinweg und um so mehr mit materiellen Restriktionen, rüstungswirtschaftlichen Prioritäten und ästhetischen Wirkungen auseinander. Insofern war diese Musterstadt nicht untypisch für die Architektur und den Wohnungs- und Städtebau unter der NS-Herrschaft. Zu fragen bleibt allerdings noch, wie hier – und anderswo – der Wohnkomfort selbst beschaffen war. Diese Frage führt uns noch in das »Deutsche Heim« hinein, in die Welt der Produktkultur, der Warenästhetik und des Designs, in eine Welt, für die das in der KdF-Stadt produzierte »Volksauto« nicht grundlos zum verheißungsvollsten Symbol wurde.

Vom Volksempfänger zum Volkswagen: Moderne Produktkultur

Der Volkswagen ließ jedoch mehr als ein Jahrzehnt auf sich warten. Nicht der Wunschtraum von Millionen, ein Alptraum wurde wahr. Statt im ersparten KdF-Familienauto ins verdiente Ferienglück zu fahren, fuhren Deutschlands Kraftfahrer im Kübelwagen als Soldaten an die Front. Zwischen Friedens- und Kriegswirtschaft verlief der Weg in die Konsumgesellschaft nicht geradlinig und nicht ohne Unterbrechungen. Zwar hatte die Motorisierung in den zwanziger Jahren begonnen und war unter dem NS-Regime auch propagandistisch forciert worden. Zu einem Volk stolzer Automobilbesitzer avancierten die Deutschen jedoch erst in der Adenauer-Erhard-Ära, der Ära des zweiten Wirtschaftswunders. In den dreißiger Jahren mußte sich die technikfaszinierte Bevölkerung zunächst noch mit weniger spektakulären »Volksgeräten« begnügen: der Agfa-Box etwa oder ersten elektrischen Küchengeräten und eben dem

»Volksempfänger«. Anders als der KdF-Wagen war das billige Radiogerät von Anfang an massenhaft käuflich. Allerdings befriedigte es weder die Reiselust der Massen noch ihren Erlebnishunger.

Gleichwohl prangte über dem »Haus des Rundfunks« in Berlin in großen Buchstaben die Verheißung: »Rundfunk heißt miterleben«.[82] Das war – damals, am Beginn des audiovisuellen Medienzeitalters – kaum abwegig. Wo sonst – außer im Kino – schien man so viel und so oft etwas erleben, zumindest aber miterleben zu können wie am Hörfunkgerät? Und wenn Dreßler-Andreß, einer der zunächst maßgeblichen NS-Rundfunkfunktionäre, den Vorzug des Radios darin sah, daß es »ein Ereignis in der Sekunde des Geschehens aus der Ortsgebundenheit zu lösen und die Gemeinschaft der Miterlebenden räumlich zu erweitern« vermag und dabei »Millionen unserer Volksgenossen« erreicht, dann mochte das reichlich geschwollen klingen, falsch war es deshalb nicht. Der Hörfunk als programmgesteuertes Instrument der Massenbeeinflussung erschien der Zeitung hinsichtlich Reichweite und Intensität überlegen. Die Nazis wußten das, und sie wußten dieses Medium auch zu nutzen. Dabei konnten sie an Weimarer Entwicklungen anknüpfen. Immerhin gab es bereits 1933 über 4 Millionen Hörfunkgeräte und etwa drei- bis viermal so viele ständige Hörer, wenn man die durchschnittliche Personenzahl der Haushalte zugrunde legt. Und schon Mitte der zwanziger Jahre hatte die Firma Loewe ein »Volksempfangsgerät« auf den Markt gebracht und in großer Zahl abgesetzt.

Das hinderte das NS-Regime nicht, auf der 10. Jubiläums-Funkausstellung 1933 in Berlin unter der amtlichen Typenbezeichnung VE 301 (die Zahl sollte an das Datum der »Machtergreifung« erinnern) den neuen »Volksempfänger« zum Preis von 76 RM mit großem Propagandaaufwand vorzustellen. Zu wichtig war der »Volksempfänger« in seiner soziokulturellen und politischen Doppelfunktion. Die Begeisterung der Fachleute und Händler hielt sich jedoch in Grenzen angesichts der Leistung und bescheidenen Verdienstmöglichkeit bei diesem Einkreis-Zweiröhrenempfänger. Dahinter verbarg sich ein politisches Kalkül. Dieses Gerät war in doppelter Hinsicht ein Produkt des »sozialen Scheins« (Friemert). Es sollte zum sozialen Standard aller Haushalte werden und zugleich aus den Deutschen kulturell eine »Volksgemeinschaft« machen. Als Industrieprodukt selbst ein Gemeinschaftserzeugnis wurde es von 28 Herstellern nach einem einheitlichen Baukastenplan gefertigt. Selbstverständlich unter staatlicher Kontrolle. Die Standardisierung und kostengünstige Großserienherstellung kam aus der Rüstungswirtschaft und hatte sich bereits bei der Waffenproduktion im Weltkrieg bewährt. So war das wenig ansprechende Bakelitgehäuse, das die gewinnbringenden höherwertigen und leistungsstärkeren Empfangsgeräte weder optisch noch technisch gefährden durfte, konkurrenzlos billig. Ohne gezielte Maßnahmen zur Absatzförderung wie Gebührenbefreiung und Ratenkauf, Rabatte und Ehestandsdarlehen wäre es dennoch nicht millionenfach zu verkaufen gewesen. Dazu war die Massenkaufkraft zu schwach. Zwar wurde das hochgesteckte Ziel von 1933 – »Rundfunk in jede Wohnung« – trotz aller Anstrengungen sechs Jahre später nicht erreicht, aber in ihrer Mehrheit waren die Deutschen Rundfunkhörer geworden. Mit mehr als 11 Millionen Anschlüssen lag Deutschland hinter den USA an zweiter Stelle. Das Radio hatte sich als wichtiges Attribut eines modernen Lebensstils durchgesetzt.[83]

Nun kann man den VE 301 und die ihn ergänzenden Klein- und DAF-Empfänger vielleicht als die populärsten technischen Geräte des NS-Regimes bezeichnen. Und eines der wichtigsten Herrschaftsinstrumente war der Rundfunk womöglich auch. Aber dieses Gerät blieb eben doch nur ein Massenprodukt unter vielen und konnte ästhetisch nicht als besonders attraktiv gelten. Der Volksempfänger mochte dem Hörfunk als Massenmedium zum Durchbruch verholfen haben, einen Fortschritt in der Entwicklung des modernen Techno-Designs bedeutete er nicht. Insoweit war er dann aber doch ein sehr typisches technisches Gerät in der Produktkultur des Dritten Reiches zwischen industrieller Modernität und traditioneller Handwerklichkeit. Wie die Design-Geschichte herausgearbeitet hat, brachte das Dritte Reich keine Weiterentwicklung der sogenannten »Form um 1930« mit ihrer Vorliebe für »luft- und atmosphärelose Präzision, für kühldiskrete Farben, für harten metallischen Glanz und für elegant gezogene Konturen«.[84] Es war aber auch kein bloßer Rückfall in die Vormoderne. Auch hier ist das Erscheinungsbild ambivalent und widersprüchlich. Während das »völkische Spardesign« an die Werkbund-»Biederkeit« der zwanziger Jahre anknüpfte, wurde auf der Ebene der schillernd-faszinierenden »Techno-Moderne die Kontinuität des Vorbereiteten gewahrt«, aber nicht überboten.[85]

Was die Produktkultur aber erst eigentlich auszeichnete und viele der angebotenen Industrieerzeugnisse für das Auge so begehrlich machte, war ja gerade ihre »technoide Sinnlichkeit« (Selle). Sie kam in den zugleich effektvoll und zweckmäßigen Materialien wie Chrom, Stahl, Glas und Kunststoff ebenso zum Ausdruck wie in der Vielzahl kleinerer oder größerer, billiger oder teurer Identifikationsobjekte, die mehr und mehr zum Leitbild eines jugendlich-modernen Outfit in Haushalt, Arbeitswelt und Freizeit zählten: Telefon, 8mm-Filmkassette und Stahlrohrmöbel, Kühlschrank, Elektroherd und elektrischer Haartrockner und nicht zuletzt die windschnittigen Autokarosserien, die aerodynamischen Lokomotiven und Flugzeuge. Der für die Ziele der Naziherrschaft unentbehrliche Technik-Mythos wurde »ästhetisch zelebriert« und erlebt.[86] Ob in der glanzlos-nüchternen, rationalisierten Arbeitsumwelt oder in der auf Formschönheit, Zweckmäßigkeit und effektvolle Produktwerbung angelegten Konsumöffentlichkeit. Während jene – wie bereits gezeigt – zum bevorzugten Terrain von »Aufklärungsfeldzügen« und »Verschönerungsaktionen« des Amtes »Schönheit der Arbeit« wurde, waren es vor allem die auf Selbstdarstellung bedachten und auf Distinktion erpichten, sozial und beruflich arrivierten Träger der von Kracauer und Bloch anschaulich beschriebenen »Angestelltenkultur«, welche die Welt der Warenästhetik prägten und nutzten.[87] Der Masse der Erwerbstätigen blieb sie weitgehend versperrt. Und den Millionen Arbeitslosen zu Beginn der dreißiger Jahre stand sie wie eine zynisch-unerreichbare Traumlandschaft vor Augen. Und doch oder gerade deshalb: Die Popularität Hitlers beruhte in hohem Maße auf seiner Initiierung und Inszenierung sozial- (und zugleich: rüstungs) politischer Projekte und seinem wiederholten Versprechen einer gerechten Konsumgüterverteilung. Dabei wurden Fragen der materiellen Qualität und des technischen Designs nicht ignoriert. Im Gegenteil: »›Kulturell wertvolle‹ und ›für das Volk erschwingliche‹ Produkte zu erzeugen, war wohl die wichtigste Forderung einer sozialen Theorie des Designs... [und] zugleich Grundlage für nahezu alle kulturellen Projekte, die nun in Angriff genommen« wurden.[88]

Daß der neue Mythos der Technik ästhetisch differenziert genutzt und genossen wurde, empfand man in erster Linie wohl nicht als soziale Ungerechtigkeit, sondern vielmehr als Beweis nationaler Leistungsfähigkeit. Insofern erscheint es durchaus nicht widersprüchlich, daß sich der populistische Führer-Mythos vor allem vom Autobahnbau und KdF-Wagen nährte, während Hitlers persönliche Vorliebe nicht dem »Käfer« (*New York Times*), sondern dem Mercedes-Kompressor-Cabriolet galt. Die Aussicht, daß jeder an der Technikkultur mit ihren standardisierten Billigprodukten teilhaben konnte, erschien verlockend und als ein (selbst)verführerisches Element des scheinsozialistischen NS-Regimes. Begeisterung lösten aber wohl nur die besonders formschönen, qualitätsvollen und leistungsstarken Erzeugnisse aus. Sie schmeichelten dem seit Versailles lädierten Nationalstolz der Deutschen und gaben immerhin ein visuelles Versprechen auf eine – vermeintlich – verheißungsvolle Zukunft mit Radio und Fernsehen, Auto und Eigenheim, Kosmetik und Wohnkomfort. Einstweilen aber gab eine eher handwerklich gediegene, bisweilen geradezu karge Schlichtheit den unauffälligen Ton an.

Sie prägte vor allem das bürgerlich-mittelständische Wohnen.[89] So sahen die vom Werkbund-Design der zwanziger Jahre beeinflußten Musterentwürfe des DAF-Reichsheimstättenamtes »klare, helle Wohnräume« vor. In ihnen standen Möbel, die »schlicht, zweckentsprechend und dadurch schön« waren, nicht modisch sein durften, sondern »zeitlos und gutgearbeitet« sein mußten. Denn sie sollten, wenn schon nicht bis in die Ewigkeit, dann doch immerhin einige Generationen halten. In der heimatverbunden-handwerklichen Verarbeitung von Holzarten »deutscher Wesensart« – wie etwa Eiche – bewahrte sich bei aller Schlichtheit ein Hauch von symbolisch-expressivem Ausdruck. Zugleich behauptete sich in dieser Wohnkultur mit ihrer Tendenz zur Normierung und Sachlichkeit ein gewisses Maß an Rationalität und Funktionalität.[90] Dort, wo sich Rohstoffmangel und Autarkiepolitik, wo sich aber auch ideologische Rücksichtnahmen unmittelbarer auswirkten, kam der Heimatschutz-Stil zwangsläufig stärker zur Geltung. In den Gemeinschaftseinrichtungen von NS-Organisationen, den Kameradschaftshäusern, Kantinen und Büros, war der Normierungseinfluß von »Schönheit der Arbeit« auf Beleuchtung und Geschirr, Textilien und Möbel jedenfalls nicht zu übersehen.[91]

Während den Massenbedarfsträgern Einfachheit und Sparsamkeit verordnet wurden, gaben sich jene, die das verordneten, durchaus ihren Vorstellungen von Exklusivität hin. Die NS-Elite mochte auf Luxus nicht verzichten. Um allerdings den Schein von klassenloser Schlichtheit zu wahren, hüllte sie das auf Entwürfe von Troost zurückgehende, teure und pompöse Interieur mit Klassizismus-Imitationen und dem Glanz des Art Déco in oberbayrische und märkische Folklore. Beispiele dafür waren die Salonwagen der NS-Repräsentanten oder die Räume der deutschen Botschaft in London, der »Berghof«, Hitlers Domizil auf dem Obersalzberg, oder Görings Landhaus »Carinhall« in der Mark Brandenburg.[92] Das Nebeneinander von »volksgemeinschaftlicher« Schlichtheit und elitärer Exklusivität wurde auch auf den nicht wenigen Ausstellungen sichtbar: von der auf die Arbeiter zielenden »Deutschen Siedlungsausstellung« (München 1934) über die »Reichsausstellung Schaffendes Volk« (Düsseldorf 1937), die das kleinbürgerliche und mittelständische Bürgertum ansprechen wollte, bis zu den beiden »Deutschen Architektur- und Kunsthandwerkausstellungen« in München (1938/39), auf denen hohe Materialqualität und wohnliche Eleganz für gehobene Ansprüche dominierte.[93]

Hier wie auch auf den Ausstellungen »Ewiges Handwerk« (Mannheim) und »Ewige Formen« (München) wurde deutlich, daß das qualitätsverbürgende, allerdings auch recht biedermännische »mehr sein als scheinen« keineswegs den Verzicht auf formale Schönheit bedeutete und eben auch nicht auf die »Form um 1930«. Die Bedeutung des Designs und der Warenästhetik im Dritten Reich kann kaum überschätzt werden.[94] Die handwerkliche Form war wenig mehr als »ideologische Kosmetik« (Heskett), während das moderne Techno-Design den unveränderten Bedingungen industrieller Produktion und internationaler Wettbewerbsorientierung folgte, aber eben auch rüstungswirtschaftlichen Restriktionen entsprach. Eine Tendenz, die durch das Reichskuratorium für Wirtschaftlichkeit unterstützt und forciert wurde. Auch die industrielle Produktreklame wirkte in diese Richtung. So setzte der Werberat der deutschen Wirtschaft verbindlich die Richtlinie durch, »in sachlicher Beweisführung die Vorteile der eigenen Leistung hervor[zu]heben«. Damit konnte einerseits der Einfluß der antitechnischen Bewegung begrenzt, zugleich aber das intensiviert werden, was Konstrukteure und Designer die »Bestgestaltung« technischer Produkte nannten. Sie waren damit auch deshalb so erfolgreich, weil es ihnen gelang, den völkischen Vorbehalten in einem ästhetiktheoretischen Diskurs überlegen zu begegnen und die verfemten Bauhaus- und Werkbund-Konzepte der Funktionalität und Sachlichkeit auf einer »biologisch-volkhaften« Grundlage neu zu interpretieren. Die Stichworte sind »Deutsche Technik« und Biotechnik.[95]

Schon der Werkbund hatte in der Produktionssphäre Veredlungsabsichten verfolgt und seine vornehmste Aufgabe darin gesehen, deutscher Qualitätsarbeit durch Formgestaltung Weltgeltung zu verschaffen. Daran konnten Technik und Ästhetik im NS-Regime mühelos anknüpfen. Die weitreichenden neuen Staatsziele faschistischer Eroberungs- und Vernichtungspolitik nahm man hinter der nun forcierten technologischen Modernisierung nicht oder nur ungenau zur Kenntnis. Die Formsprache änderte sich kaum, nur die ideologischen Begründungen mußten modifiziert oder ausgetauscht werden. Galt seit Beginn der internationalen Techno-Moderne Louis Sullivans emotionsloser Satz: »form follows function«, so wurde dieser Grundsatz im NS-Regime nicht einfach aufgegeben, sondern umfunktioniert. Jetzt sprach man von »arteigener Zweckmäßigkeit«. Schließlich strebte der nationalsozialistische Form- und Ausdruckswille nach »Erhabenheit« und »Ewigkeit«. Nicht bloß irgendeine konkrete Funktion, die »Natur« galt jetzt als formbestimmende Kraft. Der abstrakten wurde die »innere«, um nicht zu sagen: »beseelte« Gesetzmäßigkeit des organischen Prozesses entgegengesetzt. Das bot gleich zwei Vorteile.

Einmal unterlief diese Umdeutung die industriefeindlichen Ressentiments der handwerklich-vormodernen Tradition und ermöglichte eine Anpassung an die sozialdarwinistische Rassenideologie des Nationalsozialismus. Zum anderen, und das war letztlich entscheidend, wurden der Technik unter dem »Primat der Biologie« wissenschaftlich und in der praktischen Anwendung neue Wege gewiesen. Die schon beim Autobahnbau intendierte Integration von Natur, Technik und Kultur gewann im Konzept einer »organischen Umweltgestaltung« Profil und nahm – unter extrem anderen politischen Vorzeichen – die aktuelle Ökologie-Debatte um Jahrzehnte vorweg: »Biologische Wasserwirtschaft, die Reinhaltung von Wasser und Luft, landschaftsverbundenes Bauen« und die Anpassung technischer Produkte an die gerundeten, organisch-natürlichen Formen wurden »Schwerpunkte nationalsozialistischer ›Technopolitik‹«.[96]

Daß dahinter sehr massive materielle Interessen standen, braucht kaum erwähnt zu werden. Rohstoffknappheit und Autarkiestreben machten die Nutzung und Entwicklung von »Ersatzstoffen« (Kunststoffe) ebenso zwingend wie die Beibehaltung funktional-sachlicher Formen und die Intensivierung und Rationalisierung industrieller Produktionsprozesse. So ist das technische Design im Dritten Reich weit weniger von völkisch-vormodernen Bedeutungsinhalten geprägt als etwa die bildende Kunst oder auch die Architektur. Das hängt nicht zuletzt mit der Kontinuität technologischer Entwicklungen selbst zusammen und mit der ideologischen Anpassung jener, die diese Prozesse als Ingenieure und Designer steuerten.

In erhellenden Interpretationen haben Gert Selle und Klaus-Jürgen Sembach darauf aufmerksam gemacht, daß diese Entwicklung einen Sozialisationstyp hervorgebracht hat, für den Sachlichkeit, Effektivität und Konkurrenzfähigkeit letzte Maßstäbe waren. Dieser Typ identifizierte sich vorbehaltlos mit der Technik und der Macht, die sie verkörperte, und fand gar nicht erst zum »Bewußtsein einer demokratischen Moderne« (Selle) oder kehrte sich früh von ihr ab. Insofern kann man hier vielleicht von einem proto- oder »präfaschistischen Habitus« sprechen. Es ist kaum ein Zufall, daß sich jene für die Zeit der dreißiger und zwanziger Jahre charakteristische Verbindung von »monumentaler Sachlichkeit« und »technoider Eleganz« unter den NS-Spitzenfunktionären und Technokraten wiederfindet. Der von ihnen geschaffene, genossene und genutzte

Mythos der Technik gipfelte in den spektakulären Produkten der Verkehrs- und Rüstungstechnologie, von denen etwas zugleich Faszinierendes und Erschreckendes ausging.

Vor diesem Hintergrund erscheint der am Vorabend des Krieges in einigen Prototypen vom Band laufende KdF-Wagen geradezu als Schlüsselobjekt. Aus dem »einfachen Betrug der Warenästhetik« wurde hier »ein doppelter«.[97] Das staatliche Gebrauchsversprechen machte ihn zum Symbol eines vermeintlich friedlichen industriegesellschaftlichen Fortschritts, zum heißbegehrten Produkt massenhafter Konsum- und Freizeitbedürfnisse und insoweit auch zum Symbol einer »blinden Vertrauensseligkeit«. Aber genutzt wurde er massenhaft zunächst nur im Krieg. Welche Rolle er auch immer in den Motorisierungsplänen der Militärs gespielt haben mag, schon früh hatten sie eine Größe verlangt, die nach Entfernung der Karosserie Platz für drei Soldaten, ein Maschinengewehr und ausreichend Munition bieten würde.[98] Und bis Kriegsende wurden immerhin über 50000 Kübelwagen gebaut. Ein Umstand, der dem Image seiner Fahrtüchtigkeit und Geländegängigkeit später voll zu Gute kam. Daß die über 300000 KdF-Sparer, die die Produktion während des Kriegs mit rund 270 Millionen RM weitgehend finanziert hatten, bis in die fünfziger Jahre warten mußten, hat dem Volkswagen auch nicht geschadet. Wie kein zweites Industrieerzeugnis ist er zum Inbegriff »pseudosozialistischer Design- und Verteilungspolitik« geworden, zum »produktgebundenen Mythos«, dessen Faszination so unverbraucht war, daß er der Konsum- und Freizeitgesellschaft der frühen Bundesrepublik ihren wirtschaftswunderlich-technoiden Glanz verleihen konnte.[99]

9. Kapitel
Erbauung und Repräsentation

Bis heute behauptet sich die Legende, daß das Jahr 1933 auch kulturell eine der einschneidendsten Zäsuren in der neueren deutschen Geschichte war. Zwar ist unbestritten, daß der Exodus jüdischer, pazifistischer und sozialistischer Intellektueller und Künstler zu einer enormen Schwächung kreativer Energien und künstlerischer Entwicklungen in Deutschland geführt hat. Unbestreitbar ist aber auch die bemerkenswerte Kontinuität im kulturellen Bereich. Das gilt – wie in den vorausgegangenen Kapiteln verschiedentlich angesprochen – insbesondere für die Massenmedien und die Architektur. Aber auch in der Literatur, im Theater, in der Musik und in der bildenden Kunst kam es 1933 nicht zum völligen Bruch. Sei es, weil die intendierte nationalsozialistische Kulturproduktion – von wenigen Ausnahmen abgesehen – weit hinter den hochgespannten Erwartungen der NS-Führung zurückblieb. Sei es, weil außen- und integrationspolitische Erfordernisse die Aufrechterhaltung zumindest eines eingeschränkten kulturellen Pluralismus bis zum Beginn des Krieges zweckmäßig erscheinen ließen. Hier war bürgerlichen Traditionen Rechnung zu tragen: der Repräsentationslust ebenso wie dem Rückzugsverlangen in politikferne, erbauliche Innenwelten. Sei es schließlich, weil das NS-Regime selbst ein hohes Interesse daran hatte, sich auf seine Weise mit den traditionellen Werten und Werken bürgerlicher Hochkultur zu schmücken und aufzuwerten.

Allerdings war die Wertschätzung, welche die einzelnen Kunstsparten genossen, durchaus unterschiedlich. Auch und gerade hier setzte der Künstler-Politiker Hitler Akzente. Von seiner Architekturbesessenheit und Kinoleidenschaft war schon die Rede. Von seiner Operetten- und Wagnermanie wird noch zu reden sein. Demgegenüber blieb ihm die Literatur eine »fremde Kunst« (A. Speer). Den Bildhauer Breker nahm er mit in das besetzte Paris, bei den Architekten Troost und Speer ver-

verbrachte er viele Stunden im Atelier vor den Modellbauten, in Bayreuth fehlte er nie, und auch die jährliche Eröffnung der Großen Kunstausstellung in München ließ er sich nicht nehmen. Zu den NS-Schriftstellern aber pflegte er keinen näheren Kontakt. Sein literarisches Desinteresse war auffällig, für seine Umgebung aber offenbar nicht unverständlich. »Hitler«, so erinnert und vermutet Speer, nahm »alles als Instrument... und die Literatur [kommt] dem machtpolitischen Zweck am wenigsten entgegen. Schon daß sie von lauter einzelnen aufgenommen wird, muß ihn mißtrauisch gemacht haben, ihre Wirkungen sind immer unberechenbar. Alles konnte man mit Regiekünsten steuern – den einsamen Leser in seinen vier Wänden nicht. Außerdem war Kunst für ihn immer mit dem großen Aplomb, mit dem Knalleffekt verbunden, er liebte die erschlagenden Wirkungen – und die Literatur erschlug nicht.«[1]

Neben den politischen Akteuren und dem bürgerlichen Konsumentenpublikum sind die Künstler und Intellektuellen im Umkreis des Nationalsozialismus die dritte Gruppe in diesem Feld. Zwar verfolgte das Regime die politisch, religiös oder »rassisch« mißliebigen unter ihnen und trieb sie in großer Zahl ins Exil.[2] Zugleich versuchte es aber, möglichst viele in seinen Bann zu ziehen.[3] Mit unterschiedlichem Erfolg. Zumal die Motive der so Umworbenen sehr verschieden waren. Da gab es Opportunismus und Eitelkeit, aber auch wirtschaftliche Not. Vielleicht auch die Absicht auszuharren, um im Rahmen des Möglichen die künstlerische Identität zu behaupten oder auch nur die Existenz zu retten. Und schließlich hat wohl auch – zumindest in der Anfangszeit des Dritten Reiches – die Hoffnung auf einen neuen Aufbruch, eine »nationale Erhebung«, ja eine »neue Zeit« eine nicht unerhebliche Rolle gespielt.

Dazu dürfte Hitlers Doppelzüngigkeit nicht unwesentlich beigetragen haben. Einerseits ließ er die Avantgarde verfolgen und diffamierte ihr Werk als »Kunst- und Kulturgestotter«, das »weder rassisch begründet noch volklich erträglich« sei. Andererseits sprach er davon, daß seine Regierung »die vielleicht größte kulturelle und künstlerische Auftragserteilung aller Zeiten« betreibe[4], ja, daß das Dritte Reich das Tor zur »endliche[n] Versöhnung von Kunst und Politik« aufgestoßen habe.[5] Und nach Überwindung ihrer materiellen Misere, nach Aufhebung von Überfremdung überhaupt, nach Erweckung und Erlösung war nicht wenigen in jenen Tagen zumute. Auch unter den Künstlern und Intellektuellen. Was Musil über die Stimmung unter ihnen am Vorabend des Ersten Weltkrieges geschrieben hatte, galt auch jetzt noch oder wieder: Es war »eine recht messianische Zeit«.[6] Nicht wenige erwarteten ein außerordentliches Ereignis, eine außerordentliche Führergestalt. Nach Jahren des Immobilismus und der Resignation, des Zerfalls, der tiefgreifenden Konflikte und selbstzerstörerischen Kämpfe sehnten sich wohl manche nach dem »Flügelschlagen einer transzendenten Tat« (Gottfried Benn). Metaphysische Verblendung hier, ästhetisch verblendeter Machtzynismus dort. Die Weichen für ein (selbst)mörderisches Spiel von Täuschung und Selbsttäuschung waren gestellt. An ihm beteiligten sich – zumindest zeitweilig – prominente Künstler wie Gottfried Benn und Richard Strauss ebenso wie renommierte Wissenschaftler und Philosophen; genannt seien nur Hans Freyer, Arnold Gehlen, Carl Schmitt und nicht zuletzt Martin Heidegger, um den erst in jüngster Zeit eine neue Debatte entbrannt ist.[7]

Die verbreitete Erlösungshoffnung wurde allerdings schnell enttäuscht. Und zumindest im Übergang von der Bewegungs- zur Regimephase gab es wenig schönen Schein. Den Auftakt der »revolutionären Erhebung« bildeten Bücherverbrennung und Bildersturm, politische »Säuberung« und Verfolgung, Kunstverbot und Kulturzerstörung.

Deutsche Dichtung: Ein »inneres Reich«?

Die Bücherverbrennungen durch Studenten und Professoren deutscher Universitäten im Mai 1933 gelten heute zu Recht als spektakuläres Symbol für die traditionelle Unversöhnlichkeit von Geist und Macht in Deutschland.[8] Und doch sind sie kein hinreichender Schlüssel zum Verständnis der Entwicklung von Literatur und Literaturpolitik im NS-Regime. Auch hier ist die Situation komplizierter und widersprüchlicher, als es eine moralisch akzentuierte Betrachtungsweise wahrhaben will. Die

Auffassung, daß die literarische Avantgarde 1933 vertrieben und unterdrückt wurde und der völkische Vitalismus zur Staatsliteratur avancierte, wird jedenfalls der historischen Wirklichkeit kaum gerecht.

Schon Anfang der 1960er Jahre hat Franz Schonauer in einem bemerkenswerten Aufriß mehrere Strömungen unterschieden und vor »falschen Bildern« im Umgang mit der NS-Literatur gewarnt.[9] Gleichwohl haben sich solche Bilder lange behauptet und die Periodisierung der deutschen Literatur bestimmt. Aus der zunächst vorherrschenden Sicht einer bloßen Dämonisierung des Dritten Reiches war die Zäsur von 1933 so einschneidend wie die zum »Nullpunkt« stilisierte Situation von 1945 mit ihrer angeblichen »Kahlschlag«-Literatur. Diese zugleich verzerrende und verklärende Perspektive bot manche Vorzüge. Sie ermöglichte einen bequemen Anschluß an die ins Exil vertriebene deutsche Moderne, sorgte für moralische Entlastung und verhinderte zugleich eine differenzierte Aufarbeitung der verschiedenen literarischen Strömungen, insbesondere eine Auseinandersetzung mit dem »Mythos einer literarischen ›inneren Emigration‹« (F. Schonauer) und der nichtnazistischen Literatur der jungen Schriftstellergeneration im NS-Regime, die die westdeutsche Nachkriegsliteratur entscheidend prägte.

Denn aus dem Blickwinkel der Ästhetisierungsthese sind nicht die Parteidichter von Heinrich Anacker und Hans Baumann (der nach 1945 als Jugendbuchautor recht erfolgreich war) bis Baldur von Schirach und Gerhard Schumann von besonderem Interesse. Auch nicht die Vertreter einer »volkhaften« Literatur wie Hans Grimm und Erwin Guido Kolbenheyer oder die Protagonisten einer »nordischen Renaissance« wie Adolf Bartels, Hans Friedrich Blunck und Will Vesper oder die Erfolgsautoren der militaristischen Belletristik wie Werner Beumelburg, Edwin Erich Dwinger oder Franz Schauwecker. Von größerem Interesse sind hier zweifellos die Autoren der »inneren Emigration«, die sich und ihre Leser aus der Barbarei und der Banalität einer lärmenden Zeit in die schöne und stille Welt ihrer »klassizistischen Kalligraphie« zurückzogen: Werner Bergengruen, Georg Britting, Hans Carossa, Manfred Hausmann, Ernst und Friedrich Georg Jünger, Erhart Kästner, Oskar Loerke, Ernst Penzoldt, Reinhold Schneider, Rudolf-

Alexander Schroeder, Ina Seidel und Ernst Wiechert, um die vielleicht wichtigsten Namen zu nennen.[10]

Allerdings sind schon im Bereich der Literatur des völkischen Vitalismus die Qualitätsunterschiede teilweise beträchtlich. Und die Übergänge von den »Dichtern des total platten Landes« zu einer mehr ästhetisierenden Literatur der artistisch-routinierten Form sind fließend. Nicht wenige dieser Bücher erschienen bereits vor 1933 in hohen Auflagen. So beispielsweise Kolbenheyers *Paracelsus*-Trilogie, eine groß angelegte Historienmalerei, die – dem entsprechenden Film-Genre vergleichbar – »Weltanschauung durch Ausstattung« zu vermitteln suchte. So auch Werner Beumelburgs Weltkriegsroman *Gruppe Bosemüller*, der die »häßlichen« Details des mörderischen Materialkrieges realistisch schildert und das Geschehen zugleich romantisch-heroisch verklärt. Eine besondere Stellung nimmt hier wiederum Ernst Jünger ein. In seinem Frühwerk wird das Bild des Weltkriegs-Frontsoldaten zum Mythos stilisiert und der Krieg zum außerordentlichen, elementaren Ausdruck des Lebens verklärt, zum Beginn eines neuen, männlich-heroischen und antizivilisatorischen Zeitalters, in dessen Zentrum der Arbeiter steht, ein Mensch neuen Typs, geprägt durch die Vitalität des Kampferlebnisses und die Solidarität des Schützengrabens – jenseits des Gruppenegoismus der politischen Parteien und sozialen Klassen, aber auch jenseits des bloß säbelrasselnden Nationalismus der Kriegsvereine vergangener Tage.[11] Auch wenn Jünger schon bald zum NS-Regime auf Distanz ging, sich in das Refugium der Reisebeschreibung und der kalligraphischen Miniaturen zurückzog und später zu den mißtrauisch beobachteten Schriftstellern zählte, seine Kriegsbücher wurden bis in die vierziger Jahre in hoher Auflage gedruckt und verkauft (*In Stahlgewittern; Das Wäldchen 125; Der Kampf als inneres Erlebnis; Feuer und Blut*).

Im Umfeld des NS-Regimes stand zeitweilig noch ein anderer, seine Zeit überragender Autor: Gottfried Benn. Anders als bei Jünger ist es jedoch hier nicht das Werk und schon gar nicht sein Einfluß auf ein Massenpublikum, die ihn vorübergehend in die Nähe des Nationalsozialismus bringen. Benn ist vielmehr als ein – beklemmend widersprüchliches – »Musterbeispiel für die Krise des bürgerlichen Intellektuellen« von Interesse.[12] Dieser Schriftsteller, der wegen seiner *Morgue*-Gedichte (1912), wegen seiner »abstoßenden Lust am abgründig Häßlichen« als »Höllenbreughel« diffamiert wird, den Carl Sternheim im Revolutionsjahr 1918 den »wahrhaft Aufständischen« nennt und den Klaus Mann noch 1931 für »radikal links« hält, dieser Gottfried Benn läßt sich am 24. April 1933 in einer Rundfunkrede über den neuen Staat und die Intellektuellen so vernehmen: »Die Geschichte verfährt nicht demokratisch, sondern elementar. Sie läßt nicht abstimmen, sondern sie schickt den neuen biologischen Typ vor...« Zu dieser Geschichte gehöre auch, daß sie »reich« ist »an Kombinationen von pharaonischer Machtausübung und Kultur; das Lied darüber ist drehend wie das Sterngewölbe; der Vers von heute lautet: Geistesfreiheit, um sie für wen aufzugeben? Antwort: Für den Staat.« Als ob das noch nicht schmerzlich und beschämend genug wäre, schreibt er an Klaus Mann, der auf jene Rede voller Bestürzung und mit dem Vorwurf reagiert hatte, Benn kämpfe für das Irrationale: »nie [wurde] in einer der wahrhaft großen Epochen der menschlichen Geschichte das Wesen des Menschen anders gedeutet... als irrational, irrational heißt schöpfungsnah und schöpfungsfähig. Verstehen Sie doch endlich dort am lateinischen Meer, daß es sich bei den Vorgängen in Deutschland... um das Hervortreten eines neuen biologischen Typs [handelt], die Geschichte mutiert und ein Volk will sich züchten. Wollen Sie, Amateur der Zivilisation und Troubadour des westlichen Fortschritts, endlich doch verstehen, es handelt sich gar nicht um Regierungsformen, sondern um eine alte, vielleicht um die letzte großartige Konzeption der weißen Rasse, wahrscheinlich um eine der großartigsten Realisationen des Weltgeistes überhaupt..., und wenn zehn Kriege aus dem Osten und aus dem Westen hereinbrächen, um diesen deutschen Menschen zu vernichten, und wenn zu Wasser und zu Lande die Apokalypse nahte, der Besitz dieser Menschheitsvision bliebe vorhanden..., und ihre philologische Frage nach Zivilisation und Barbarei wird absurd vor so viel Legitimation als geschichtliches Sein.«[13]

Man liest diese und ähnliche Sätze Benns aus jener Zeit zweimal und bleibt doch ratlos. Dieser Mann war also ein Nazi? Gottfried Benn, der die Literatur des 20. Jahrhunderts wie nur wenige beeinflußt hat, der ganze Germanistengenerationen beschäftigte und den kein Geringerer als Joseph Brodsky »sein Idol« nannte – ein Faschist? Oder vielleicht auch nur ein Verwirrter, ein Getäuschter, ein Opportunist?[14]

Man mag im nihilistischen Ästhetizismus Benns faschistische Dispositionen erkennen, aber man macht es sich – wie oft geschehen – zu einfach, wenn man den unpolitischen Individualisten und notorischen Außenseiter, den »proletarischen Dichter-Arzt« und »aristokratischen Arzt-Dichter«, den Antikapitalisten, Antikommunisten und Antirepublikaner, den Nietzsche-Verehrer und geschichtsfeindlichen »Wirklichkeitszertrümmerer« zum prominenten Parteigänger der Nazis macht. Es macht mehr Sinn, nach dem »exemplarischen Erkenntniswert« seiner heftigen, aber kurzen Identifikation mit dem NS-Regime zu fragen.[15] Immerhin war er nicht der einzige, der dieser Versuchung erlag. Schon unter Zeitgenossen entzündete sich gegen Ende der dreißiger Jahre im Exil eine leidenschaftliche Debatte darüber, ob nicht der Geist des Expressionismus mit seiner bloß abstrakten Opposition gegen wilhelminische Bürgerlichkeit, mit seinem überspannten subjektiven Pathos und seiner Wirklichkeitsflucht auch in den Faschismus geführt habe, wie Alfred Kurella pointiert formulierte.[16]

Nur einmal in seinem Leben, nur in den Jahren zwischen 1928 und 1934, verließ Benn, der die Gesellschaft verachtete und die Geschichte für sinnlos hielt, das Abseits seiner künstlerisch-heroischen Existenz, um sich in die Zeitgeschichte einzumischen. Spätestens im Sommer 1934, nach dem sogenannten Röhm-Putsch, waren seine »Träume von der Vereinigung von Geist und Macht« jedoch ausgeträumt, begann sein Rückzug in das »Unangreifbarste«, wie er die innere Emigration in seine Poesie genannt hat. Für ihn hält die Geschichte keinen Trost bereit: »Die Unschuld fällt / Der Mord ergreift die Macht.« Von seinem vergeblichen »Ausflug in die monumentale Geschichte kehrt er ins Gedicht zurück«.[17]

Insofern ist seine Flucht in den Sanitätsdienst der Wehrmacht nicht von einer gesellschaftspolitischen Klärung oder Einsicht begleitet. Sie ist bloß Ausdruck tiefer Enttäuschung und Verbitterung: »Das Ausland verhöhnt mich, weil ich Nazi und Rassist bin, und die Nazis, weil ich undeutsch, formalistisch und intellektuell bin.«[18] Daß Benn die Zwei-Reiche-Theorie von Kunst und Leben, von Kultur und Politik, Geist und Macht für sich für eine kurze Zeit aufhob und historisch aufgehoben wähnte, kann wohl nur aus seiner ästhetizistischen Wirklichkeitsauffassung erklärt werden: Für einen Augenblick schien die »ästhetische Faszinationsgewalt« (A. Schöne), schien die Kunst, der einzige »Ausweg« seiner privaten Existenz, »zu einem öffentlichen Erlösungs- und Rettungsphänomen« zu werden: »Sein ›Weg nach Innen‹ stülpt sich nach außen, seine Innenwelt in die Außenwelt um, und seine Kunst meldet einen diktatorischen Herrschaftsanspruch an, der ihn dann für die tatsächliche ›Machtergreifung‹, für das Vexierspiel von Geist und Macht, Herrschaft der Kunst und Kunst der Herrschaft so anfällig machen wird.«[19] Hinzu kommen gewisse Grundzüge seiner Persönlichkeitsstruktur. Benn war eine zugleich aristokratische und artistisch-heroische Lebenseinstellung eigen: Auszuhalten und Haltung zu bewahren bedeutete ihm viel.

Keiner hat diese »sehr ›deutsche‹ Spannung und Misere« der Ungleichzeitigkeit von geschichtlichem Sein und künstlerischem Bewußtsein ästhetisch so verarbeitet wie Benn, nachdem ihre vermeintlich revolutionäre Aufhebung durch das Hitler-Regime so grauenhaft-grotesk gescheitert war. Seit 1938 aus der Reichsschrifttumskammer ausgeschlossen und bei Strafandrohung unter Schreibverbot gestellt, verschickt er 1943 einen Privatdruck mit einigen Gedichten: »Den Darm mit Rotz genährt, das Hirn mit Lügen – / erwählte Völker Narren eines Clowns...«[20] Doch er war unter den in Deutschland gebliebenen Schriftstellern nicht der einzige, der eine Art von Doppelleben führte.

Zwischen Ohnmacht, Unterwerfung unter den faschistischen Führerstaat und selbstmörderischer Opposition versuchte sich auch eine bürgerlich konservativ und christlich geprägte Literatur zu behaupten. Autoren wie Bergengruen, Britting, Carossa, Hausmann, Lehmann, Loerke, Penzoldt, Schröder, Seidel und Wiechert standen nicht in der Gunst des Regimes. Sie waren nur geduldet. Eine Gefahr bedeuteten sie nicht. Im Gegenteil. Sie befriedigten den Eskapismus und das Bedürfnis nach Erbaulichkeit eines bürgerlichen Lesepublikums. Die Literatur der inneren Emigration war eine Fluchtliteratur: »Flucht in die Idylle oder in die sogenannten einfachen und zeitlos menschlichen Verhältnisse, Flucht in den Traditionalismus, in die forcierte Betonung des alten Wahren und Unvergänglichen, Flucht in das Bewährte und damit Problemlose, Flucht nicht zuletzt vor der Trivialität und der Barbarei in das Schöne, Edle und Ewige.«[21] Auf die Herausforderung der Zeit reagierten diese Dichter »zeitlos«. Vor der äußeren, materiellen, gesellschaftlich-politischen Welt zogen sie sich zurück in eine immaterielle, geistig-seelische Innenwelt. Gegen das aggressiv nach außen drängende (selbst)zerstörerische »Großdeutsche Reich« stellten sie mit ihrer realitätsflüchtigen, ästhetisierenden Literatur die Unverletzlichkeit und Unvergänglichkeit eines »inneren Reiches«. Gegen die Trostlosigkeit der kriegerischen Tagesereignisse verabreichten sie das tröstliche Bekenntnis zu einer apolitischen, romantisch-religiösen Innerlichkeit.

Die Legitimation für diese Literatur lieferte einer der meist gelesenen Autoren gleich mit. Bei Ernst Wiechert war nichts mehr vom ästhetischen Experiment und oppositionellen Engagement der Literatur aus vergangenen Weimarer Tagen übrig geblieben. Literatur wurde nun zur Dichtung mit gleichsam sakraler Aura. Deutsche Dichter übernahmen seelsorgerliche Funktionen. Sie avancierten zu Bewahrern der Tradition und zu stillen Mahnern im barbarischen Getöse der Zeit: »In allem Wandel der Zeiten und Meinungen ruht in ihrer Hand das Unwandelbare. In allem Verirrten und Angstvollen der Welt lösen und binden sie die Fäden der großen Ordnung, machen das Trübe klar, das Verwirrte einfach, das Schmerzliche heilig.« Damit war dem religiösen Glaubensverlangen offenbar noch nicht genug Ausdruck gegeben. Wiechert stilisierte die Schriftsteller schließlich zu wundervollbringenden Priestern: »Unter ihren Händen hört der Mensch auf, ein Spielball dunkler Gewalten zu sein. Das Unrecht der Erde wird vergänglich, der Tod verliert seinen Stachel, das Schicksal nimmt uns ruhig bei der Hand... Schön ist es, Schlachten zu gewinnen und Reiche zu gründen, aber nicht leichter wird vor dem letzten Urteil der gewogen werden, dessen Hand die Verse geschrieben hat: ›Der Mond ist aufgegangen...‹«[22]

Man darf dabei gewiß nicht übersehen, daß Wiechert mutig genug war, öffentlich für Martin Niemöller einzutreten, und dafür eine zeitweilige Konzentrationslagerhaft auf sich nahm.

Doch zugleich hielt der Schriftsteller Wiechert seine zahlreiche, gläubige Lesergemeinde in einer Traumwelt gefangen. Sein nach der Entlassung aus dem Lager Buchenwald geschriebener Roman *Das einfache Leben* (1939) wollte den Lesern die »wahre« Welt nahebringen und war doch eine Flucht aus der aktuellen, wirklichen. Wie viele Trostbücher dieser Zeit wurden auch die von Wiechert in den Kriegsjahren Bestseller. Und sie blieben es auch noch danach eine Weile.[23] Wiechert war ein prominenter, aber nicht der einzige Vertreter dieser Erbauungsliteratur. Die »Tornisterlektüre des deutschen Herzens« (F. Schonauer), die das bürgerliche Lesepublikum auf seinen illusionären und irrationalen Fluchtwegen mitnahm, ist durchaus nicht eintönig gewesen. Zum Angebot gehörte Christliches und Klassisches, zählten lyrische Ausflüge in die Beschaulichkeit der Natur ebenso wie in die zur Überzeitlichkeit überhöhte Geschichte. Auch die Reisebeschreibung – vorzugsweise der abendländisch-klassischen Landschaften Italiens und Griechenlands – fehlte nicht.

So entführte Friedrich Georg Jünger seine Leser in die mythologische Welt *Griechischer Götter* (1943). Apollon, Pan und Dionysos waren ihm nicht nur »Archetypen menschlicher Existenz«, sondern geradezu mythische Leitbilder einer utopisch-rückwärtsgewandten Ordnung. Man mochte und mag darin immer noch ein zivilisationskritisches und verhalten oppositionelles Moment erkennen, jedenfalls eine Abwendung vom faschistischen Staat mit seiner militärischen Totalität und seinen Deformationen.[24] Aber deren Überwindung ist ja nicht einfach durch die Wiederbelebung mythischer Leitbilder zu haben, gleichsam durch einen Sprung aus der Geschichte in archaische Lebens- und Gemeinschaftsformen.

»Ästhetischer Eskapismus« (R. Schnell) ist auch das Markenzeichen von Erhart Kästners Griechenland-Buch (1943). Anders als bei Jünger ist hier der Zeitbezug offensichtlich: Kästner schrieb das Buch im Auftrag des Kommandierenden Luftwaffengenerals Südost. »Das also war der Strand, an dem die Prinzessin Europa mit ihren Fräuleins spielte, als der weiße, junge Stier heranlief... An dieser Stelle unserer Fahrt begegneten wir einem Zug, der nordwärts fuhr... Es waren Männer von Kreta, die von dort kamen und nun einem neuen Ziel und einem neuen

Kampf entgegengingen... Ihre Körper waren von der griechischen Sonne kupferbraun gebrannt, ihre Haare weißblond. Da waren sie, die ›blonden Achaier‹ Homers, die Helden der Ilias. Wie jene stammten sie aus dem Norden, wie jene waren sie groß, hell, jung, ein Geschlecht, strahlend in der Pracht seiner Glieder... Wer auf Erden hätte jemals mehr Recht gehabt, sich mit jenen zu vergleichen? Um jeden von ihnen schwebte der Flügelschlag des Schicksals. Es wehte homerische Luft.«[25] Kalligraphische Kriegsberichterstattung auf germanisch-hellenische Art.

Den Vergleich mit der Geschichte suchte auch der jugendliche Hans Egon Holthusen. In seinen *Aufzeichnungen aus dem polnischen Kriege* schrieb er: »Der Atem der Geschichte blies, und es war ergreifend, in den durch und durch zeitgenössischen Anstalten einer motorisierten Armee die überzeitliche Bedeutung ihrer Bewegung zu entdecken. Der Sinn unseres Marsches war ein Jahrtausend alt. ›Nach Ostland wollen wir reiten‹, hatten die niederdeutschen Ordensritter und Siedler des ottonischen und staufischen Mittelalters gesungen... Der Krieg war der Vormarsch. Mit der tödlichen Unaufhaltsamkeit eines Mechanismus schoben unsere Heeressäulen sich nach Osten... als ginge es nach einem Naturgesetz... In Stahl und Panzern schien der kategorische, der preußische Imperativ sich verkörpert zu haben, diese eherne Sachlichkeit, die zu den wesentlichen Tugenden unseres Volkes gehört.« Phallische Phantasien in der kriegerischen Ausnahmesituation. Kaum verwunderlich also, wenn darauf aufmerksam gemacht wird, daß noch Holthusens lyrische Stilisierung des Jahres 1945 zur Tabula-rasa-Situation weniger Aufbruch signalisierte, als Ausdruck eines gerade überstandenen »rauschhaft-dämonischen Massenaufbruchs in den Untergang« war.[26]

Von den Schwierigkeiten beim Schreiben der Wahrheit – wie etwa Brecht sie beschrieben hat – konnte man in dieser apologetisch ästhetisierenden Prosa nichts oder wenig spüren. Das verhielt sich bei jenen Autoren ganz anders, die sich der Form einer historisierenden oder mythologisierenden Camouflage bedienten, wie unterschiedlich die Beispiele auch sind. So wendet sich in *Las Casas vor Karl V.* (1938) von Reinhold Schneider der Dominikanerpater mit den beschwörenden Worten an den Kaiser:

»Wir können mit schlechten Mitteln Gutes nicht erreichen. Und unsere Mittel sind schlecht. Und wenn ich den Spiegel der Wahrheit hier emporhalten dürfte, hier, vor deinen Augen, Herr und Kaiser, so würde er tausendfach die falschen Mittel spiegeln, und es müßten alle schamrot werden, die hineinblikken.« Diese Literatur wollte wohl ihrer Zeit und ihren Lesern einen Spiegel der Wahrheit vor Augen halten. Wie schwierig sich der Umgang mit der Wahrheit gestaltete oder anders gewendet: wie leicht die moralische Absicht des Autors ins Gegenteil verkehrt und zur Selbstbespiegelung umfunktioniert werden konnte, zeigt vielleicht besonders krass das anerkennende Urteil über Bergengruens *Großtyrann* im *Völkischen Beobachter*, der das Buch zum »Führerroman der Renaissancezeit« erklärte.[27] Gerade weil die ambivalent gezeichnete Figur des Großtyrannen nicht Hitler sein sollte, vielmehr den inneren Wandlungsprozeß vom bösen Herrscher zu seinem guten, geläuterten Gegenbild vor Augen führen wollte, konnte sie politisch instrumentalisiert werden. Die »Sublimierung des Führerprinzips« (R. Schnell), die Rückbindung des allmächtigen Herrschers an ein ewiges göttliches Recht, seine Stilisierung zu einer Art irdischem Stellvertreter und religiös inspiriertem Vollstrecker eines diffusen Volkswillens kam dem Regime kaum ungelegen. Für das nach Orientierungshilfe suchende bürgerliche Lesepublikum hielt diese Literatur die tröstliche, wenngleich unrealistische Aussicht einer inneren Katharsis bereit. Diese Fiktion erwärmte sich an der Aura des aufgeklärten feudal-autoritären Herrschers, um zugleich von den politischen Zielen und gesellschaftlichen Grundlagen seiner Herrschaft zu abstrahieren – und damit auch von denen des Dritten Reiches.

Noch radikaler abstrahierte die Naturlyrik eines Wilhelm Lehmann oder Oskar Loerke von Geschichte und Gegenwart, von Gesellschaft und Politik. Gleichwohl ist gerade sie mit ihrem zwiespältigen Status zwischen regressivem Naturgefühl und unverbindlichem Protest kontrovers beurteilt worden.[28] Für einige haftete der nach 1933 entstandenen Literatur ungeachtet ihrer Formen, Inhalte und Intentionen pauschal »ein Geruch von Blut und Schande«[29] an; für andere war zumindest die Literatur der »inneren Emigration« durchaus »Widerstandsliteratur«. Jedenfalls charakterisierte so Hermann Kasack später Loerkes Gedichte. Gewiß, wenn dieser in den dreißiger Jahren schrieb: »Unsere Kammern füllen die Abgeschiedenen. / Was sie reden, wenn man es hörte, bräche / Keinem das Herz, denn Totengepräche / Führen auch wir schon, die sanft Zufriedenen«[30], dann mochte das ein elitärer Kreis von Eingeweihten als mehr oder weniger chiffrierte Botschaft eines stillen, kontemplativen Protestes gegen eine in nahezu jeder Hinsicht als unmenschlich empfundene Realität lesen. Bei Lehmann findet sich nicht einmal mehr die chiffrierte Poesie des ohnmächtigen Protestes. Schon der Titel eines seiner Gedichtbände bringt das zum Ausdruck: *Antwort des Schweigens* (1935). Loerke las diese Gedichte denn auch als »Ausweg aus der Verzweiflung«, der nach innen führe, in die »innige Erquickung«. Bei Lehmann läßt sich das leidende, lyrische Ich von der magischen Kraft der Natur verzaubern, um schließlich ganz in ihr aufzugehen: »Bald hat sich / *ihrer* der Zauberer bemeistert. / Daß sie wie ein grüner Flügel geistert. / Fern mir selber treibe ich so fort, / Uns behält der gleiche Erdenort. / Die ihr röchelt, die ihr schreit, / Grüner Zauberer steht euch bereit.«[31]

Welcher Fluchtweg auch immer gewählt und welcher abgelegene Ort auch immer aufgesucht wurde, ob der Schauplatz des literarischen Geschehens Griechenland war oder das Spanien Karls V., die Natur oder die Fiktion von Kunstfiguren: Die ästhetisierende Literatur der »inneren Emigration« offenbarte »die Illusionen..., die letztlich in die Absage an die Wirklichkeit, in eine Hinwendung zu Innerlichkeit und Irrationalismus münden und damit die potentielle politische Verfügbarkeit solcher Dispositionen bestätigen«.[32] Sosehr also diese Literatur für die Wirklichkeitswahrnehmung ihrer Leser eine ästhetisierende, will sagen: selbsttäuschende Wirkung hatte, so sehr wurde diese Literatur selbst ein Element einer umfassenden Ästhetisierung der politischen und gesellschaftlichen Verhältnisse. Es spricht manches dafür, daß die Konformität der Literatur und die ideologische Kontrolle des Buchmarktes weit weniger ausgeprägt war, als das tendenziell überzeichnete Bild einer totalitären Kulturpolitik und einer »gleichgeschalteten« Kunstproduktion uns lange glauben machen wollte. Pointiert hat Hans Dieter Schäfer dieses durchaus heterogene Bild in seinen

Grundzügen fixiert und hervorgehoben, »daß der Nationalsozialismus die traditionalistischen Tendenzen der deutschen Literatur verstärkt, das Weiterleben der demokratisch-engagierten Traditionen unterbrochen und den Aufstieg der Modernen Klassik verzögert«, aber eben nicht verhindert hat, während der völkische Vitalismus keine dominierende Stellung erreichen konnte und Episode blieb.[33]

Wie differenziert das Literaturangebot unter dem NS-Regime zu sehen ist und wie breit darin die nichtnationalsozialistische Dichtung vertreten war – jedenfalls bis zum Beginn des Zweiten Weltkrieges –, wird erst dann wirklich sichtbar, wenn man auch die Übersetzungen ausländischer Werke einbezieht und nicht zuletzt die jungen deutschen Autoren wie etwa Emil Barth, Johannes Bobrowski, Günter Eich, Max Frisch, Peter Huchel, Marie Luise Kaschnitz, Wolfgang Koeppen, Karl Krolow, Horst Lange, Hermann Lenz, Wolf von Niebelschütz, Wolfgang Weyrauch u.a. Sie, die in nicht geringem Maße die deutsche Nachkriegsliteratur prägten, begannen in den dreißiger Jahren zu schreiben – und zu publizieren. Ihre zahlreichen, weit verstreuten Beiträge finden sich in Anthologien, Rundfunksendungen und Zeitschriften wie etwa *Das Innere Reich, Die Deutsche Rundschau, Die Neue Rundschau, Corona, Hochland* und *Europäische Revue*.[34] Es ist weitgehend Legendenbildung, an der im übrigen die sogenannten »Kahlschlag«-Autoren kräftig mitgewirkt haben, daß nur über die gleichsam unbefleckte Exilliteratur eine Brücke aus der frühen bundesrepublikanischen Literaturszene in das »bessere« Deutschland der Weimarer Republik führt. Die Moderne wirkte auch innerhalb Nazi-Deutschlands nach oder weiter.[35] Anfangs offen – wie die Debatte um den »Deutschen Expressionismus« zeigt –, später mehr in abseits gelegenen, politikfernen Zonen. Die junge Schriftstellergeneration bemühte sich, ihre »individuelle Verweigerung mit grundsätzlicher Bewahrung des Bestehenden in Einklang zu bringen«.[36] Dem Bewußtsein, auf schwankendem, unsicherem Boden zu stehen, und dem Rückzug in die private Welt gesteigerter Empfindsamkeit entsprach die Bevorzugung subjektiver allegorischer Ausdrucksmittel und die Hinwendung zur kleinen Form, zur Novelle, zur Reisebeschreibung, zum Tagebuch, zum Essay, zum Hörspiel, zum Gedicht, wobei ältere, vormoderne Stilelemente wiederauflebten. Das war kein Zufall. Und der Rückgriff auf klassizistische Formen ebenso wie das Interesse an mythischen Themen und anderen »entlegenen Sphären« (W. Benjamin) blieben weder auf die Literatur noch auf Deutschland beschränkt. »Zu welcher Zeit sich die Geschichte zutrug, war nicht mehr auszumachen«, heißt es programmatisch in Emil Barths *Lorbeerufer* (1943). Und Franz Schonauer sah die Ursache für die »merkwürdige Ortslosigkeit und Desorientiertheit« der in jener Zeit entstandenen Romane, Erzählungen und Gedichte in der »tiefen Schizophrenie, die für die Geschichte des deutschen Bürgers so bezeichnend ist«.[37]

Die Nazis hatten die »extreme Formzertrümmerung« durch die Weimarer Moderne nicht als Kritik der bürgerlichen Gesellschaft verstanden, sondern eben bloß als Ausdruck ihrer Krise, ihrer »Entartung« und ihres Verfalls. Dieses Mißverständnis war auch in weiten Teilen der nichtnationalsozialistischen Gesellschaft verbreitet. Unter dem Eindruck der Wirtschafts- und politischen Systemkrise bekamen so seit den dreißiger Jahren neben der völkisch-nationalistischen Partei- und Staatsliteratur auch die schon überwundenen historischen Stilrichtungen erneut Auftrieb. Romantik und Biedermeier, Realismus und Klassizismus avancierten zu ästhetischen Ordnungsfaktoren. Und die Idee einer »Überwindung des zeitlichen Chaos durch Besinnung auf über- und außerzeitliche Kräfte des Menschen« geriet zum Leitmotiv dieser Literatur. Denn die Tendenz, in der Kunst auf ältere Traditionen zurückzugreifen, war weniger das Ergebnis der Hitlerschen Kulturpolitik als vielmehr ein »Produkt ein und derselben geschichtlichen Krise, die auch den Nationalsozialismus zum Sieg geführt hatte«.[38]

Deutsches Schauspiel: Ein unpolitisches Theater?

Im Frühsommer 1920 hatte ein neues Stück des expressionistischen Dramatikers Hanns Johst Premiere: *Der König* – eine Verherrlichung des Revolutionärs »von oben«. Es wurde in mehreren Städten gespielt. Nicht ohne Erfolg. Der junge, noch weithin unbekannte Adolf Hitler, provinzieller politischer Agitator mit einem Hang zum dramatischen Fach, war von dem Stück so begeistert, daß er sich gleich mehrere Vorstellungen ansah. Johst läßt seinen Helden in diesem Drama zunächst umjubeln, dann als vom Volk unverstandenen Erneuerer scheitern, um seinen Untergang schließlich in einer Art Wiederauferstehung zu glorifizieren. Als es bald darauf in der Bruckmannschen Villa zu einer ersten Begegnung zwischen Johst und Hitler kam, vertraute dieser jenem an, daß er sich wünsche, auch einmal so unterzugehen.[39]

Schon diese groteske Begebenheit macht deutlich, was für Hitler und das NS-Regime überhaupt charakteristisch war: die falsche Aufhebung des Spannungsverhältnisses von Politik und Theater, also die Beseitigung jener in den Weimarer Jahren so kraftvoll begonnenen ästhetischen Revolutionierung und Politisierung des Theaters zugunsten einer Theatralisierung der Politik. Das fand seinen bezeichnenden Niederschlag auch im Rollentausch der Akteure: Als Hitler die Staatsbühne betrat, um auf ihr einige Jahre in wechselnden Rollen als Hauptdarsteller zu agieren, da wechselte der vormalige Dramatiker ins politische Fach. Johst wurde Präsident der Reichsschrifttumskammer. Jetzt, so schien es, hatte sich seine »dramaturgische Aufgabe als Dramatiker erfüllt«.[40] Jetzt ging es nicht mehr nur um die Gestaltung irgendeines Bühnenstoffes, jetzt ging es um die konkrete Gestaltung, Formung und Visualisierung des Volkes überhaupt. Nicht von ungefähr wurde »Gestaltung« zu einem ästhetisch-politischen Leitbegriff der Zeit.[41]

Diesen Gestaltungsanspruch erläuterte Goebbels im Juni 1935 anläßlich der 2. Reichs-Theaterfestwoche in der Hamburger Musikhalle vor Theaterleuten: »Die nationalsozialistische Bewegung hat von Anfang an diese innere Stellungnahme zum deutschen Künstlertum gehabt. Denn sie kam an sich aus künstlerischen Urgründen. Sie sah *auch* in der Politik nicht ein bloßes Handwerk, sondern sie meinte, daß die Politik eigentlich die edelste und größte aller Künste sei. Denn so, wie der Bildhauer aus dem toten Steine eine Leben atmende Gestalt meißelt, und so, wie der Maler Farbe in Leben verwandelt, und so, wie der Komponist die toten Töne in himmelentrückende Melodien umsetzt, so hat der Politiker und Staatsmann eigentlich keine andere Aufgabe, als eine amorphe Masse in ein lebendiges Volk zu verwandeln. Deshalb gehören auch Kunst und Politik zusammen.« Differenzen wurden eingeebnet, Grenzen aufgehoben. Die Kunst sollte politischen Anweisungen folgen, die Politik wollte künstlerischen Ansprüchen genügen, zumal in der als revolutionär deklarierten Phase des »nationalen Aufbruchs«. Das war auf der einen Seite mit Repression und viel individuellem Leid verbunden und auf der anderen mit nicht geringen Schwierigkeiten. Jedenfalls räumte Goebbels im Rückblick auf die Spielzeit 1933/34 ein: »Sowenig es gelingen konnte, daß im ersten Jahre unserer Revolution nun jeder deutsche Theaterleiter nur in Nationalsozialismus machte, so wenig kann es andererseits gebilligt werden, daß heute Theaterleiter vielfach den Versuch unternehmen, von Nationalsozialismus überhaupt nicht zu reden. Es ist nicht an dem, daß die Ideale unserer Zeit künstlerisch nicht gestaltungsfähig wären. Sie verlangen nur künstlerische Kräfte, die groß genug sind, sie zu gestalten!« Und als ob er trotz des starken Beifalls, den er daraufhin erhielt, noch Zweifel hatte oder bei seinen Zuhörern ausräumen wollte, fügte er pathetisch beschwörend hinzu: »Wenn eine Idee die Kraft besitzt, ein 66-Millionen Volk auf das tiefste aufzuwühlen, dann ist sie an sich voll gestalterischer Vitalität.«[42]

Johst formulierte den Auftrag für das Theater knapper, aber nicht weniger pathetisch: »Die Gestalt des Dichters kämpft mit dem Instrument des Theaters um die Gestalt der Masse.«[43] Für diese Gestaltungsaufgabe gab es Vorgaben und Vorarbeiten aus den eigenen Reihen. Für die Gestaltung der Masse stand das Leitbild der »Volksgemeinschaft« bereit, und für die Erneuerung des Theaters im nationalsozialistischen Sinne war bereits in den späten zwanziger Jahren ein »Verein deutsche Nationalbühne« gegründet worden. Seitdem wurde intensiv über einen »deutschen Spielplan« und ein »organisches« oder »Deutsches Nationaltheater« diskutiert.

Bevor mit seinem Aufbau begonnen werden konnte, mußte erst einmal das andere, das republikanische Theater beseitigt und ein zentraler Lenkungsapparat installiert werden. In Goebbels' Propagandaministerium übernahm Otto Laubinger, der bis zu seinem Tod im Jahr 1935 auch der Reichstheaterkammer vorstand, die Theaterabteilung. In dieser berufsständischen Zwangsorganisation gingen der Bühnenverein und die Bühnengenossenschaft auf. Die Reichsdramaturgie unter Rainer Schlösser hatte die Aufgabe, die Spielpläne zu überprüfen, Stücke zu begutachten und in Auftrag zu geben. Die organisatorischen und finanziellen Aufwendungen für das Theater waren erheblich.[44] Theaterfestwochen wurden seit 1934 veranstaltet, und eine groß aufgezogene Theaterwerbung sollte neue Zuschauermassen in die Schauspielhäuser bringen. Wenn dieser Aufwand sich lohnen, wenn das Theater die ihm zugewiesene symbolische Funktion erfüllen sollte, Bühne und Publikum, Akteure und Zuschauer im »theatralischen Akt« zu einer »volksgemeinschaftlichen« Einheit zu verschmelzen, dann mußten dafür die entsprechenden dramatischen Stoffe und eine neue Dramaturgie gefunden werden.[45]

Die Monate des »nationalen Aufbruchs« erlebten eine Schwemme neuer Stücke. Schon viele der Titel signalisierten die Absicht, das Theater in den Dienst des neuen Bewegungsregimes zu stellen: *Deutsche Passion* (Richard Euringer), *Ewiges Volk* (Kurt Kluge), *Schlageter* (Hanns Johst), *Aufbricht Deutschland* (Gustav Goes), *Jugend von Langemarck* (Heinrich Zerkaulen). Hier ging es nicht mehr um republikanische Werte, geschweige denn um sozialistische. Hier war nicht Aufklärung gefragt, sondern gefühlige Erweckung. Emotion statt Emanzipation, martialische Sentimentalität statt kritischer Solidarität, heroischer Opferkult und ewiger Kampf. Das Thema war die mythologisch überhöhte deutsche Geschichte, Hauptakteur das Volk. Spieler und Zuschauer zählten nach Tausenden. Deshalb fanden die Aufführungen im Freien statt, vorzugsweise an traditionsreichen Stätten. Sprechchöre und Chorführer, Lieder und Aufmärsche, uniformierte Kleidung,

Fahnen, Lautsprecher- und Lichteffekte waren unverzichtbare Ausdrucksmittel bei diesen Massenspektakeln. Das neue Volkstheater wollte Natur und Geschichte, Masse und Musik, Bewegung und strenge Form zu einer Stimmungstotalität zusammenfügen und so ein überwältigendes Gemeinschaftserlebnis erzeugen.[46]

Vorbilder und Vorläufer für diese »Thing« genannte Theaterbewegung waren neben den griechischen Tragödien und den mittelalterlichen Mysterienspielen vor allem die Freilichttheaterbewegung und die expressionistischen Theaterexperimente der zwanziger Jahre. Anregungen erhielt die Thingbewegung auch aus dem modernen Massentheater Max Reinhardts und Erwin Piscators sowie dem neuen Musiktheater eines Igor Strawinsky, Werner Egk und Carl Orff und nicht zuletzt auch aus der kommunistischen Agitprop.[47] Die Ähnlichkeiten zwischen den Nürnberger Parteitagsinszenierungen und der Choreographie dieser Massenspiele wurden zunehmend deutlicher. Nicht grundlos sprach man bald vom »politischen Thing« einerseits und vom »kulturellen Thing« andererseits.[48]

Damit kündigte sich eine konfliktträchtige Entwicklung an. Einerseits hatte Goebbels den Ehrgeiz, ein spezifisch nationalsozialistisches Theater aufzubauen, das dem sozialistischen Massentheater nach Möglichkeit überlegen sein sollte. Dazu kam ihm die konservative Theaterreformbewegung gerade recht. Sie hatte ihren organisatorischen Zusammenschluß im »Reichsbund der deutschen Freilicht- und Volksschauspiele« mit Otto Laubinger an der Spitze. Andererseits verstanden insbesondere Goebbels und Hitler das Dritte Reich selbst aus theatralischen Kategorien heraus. Goebbels sah die von ihm maßgeblich mitinszenierte Entwicklung im NS-Staat als eine Art »Volksdrama« an, das in Staatsakten und schwarz-weiß-rot-goldenen Staatsdekorationen mit verschwenderisch fließendem Fahnentuch und zahlreichen Feiertagen, in Paraden und auf pylonengesäumten Plätzen und Prachtstraßen seinen heroischen Ausdruck fand. Mit der Aufwertung, die jene Theaterbewegung nach 1933 zunächst erfuhr, sahen manche ihrer Vertreter das Thingspiel schon zu einer »monumentalen Kanzel« (W. Thießler), gar zum »nationalsozialistischen Gottesdienst« (G. Barthel) avancieren.[49] Diese Stilisierungen kamen den theatralischen Formen der Selbstdarstellung des Regimes bedenklich nahe. Doch der Reichsparteitag brauchte oder wünschte neben sich keine andere Bühne eines politischen Bewegungstheaters. Schon gar nicht nach Abbruch des »nationalen Aufbruchs« und nach Ausschaltung der SA. Dessen ungeachtet beschäftigte sich das Thingspiel als Geschichts- und Gerichtsspiel immer wieder mit Fragen der materiellen Gerechtigkeit und des Unrechts, führte also seinen Zuschauern sozialistische Themen vor und geriet damit immer mehr ins Abseits.[50]

So wurden zunächst die vielfältigen lokalen Initiativen und Aktivitäten der Thingbewegung unter die Kontrolle der zentralen kulturpolitischen Lenkungsapparate gestellt. Das bremste die Spontaneität der Basis. Und mit der bald offenkundig nachlassenden Attraktivität der Stücke und Spiele ging auch das Interesse der Zuschauer merklich zurück. Durch den Tod von Otto Laubinger im Herbst 1935 verlor diese Theaterbewegung schließlich ihren einflußreichsten Sprecher im kulturpolitischen Machtapparat des NS-Regimes. Die entscheidende Ursache für das Ende dieser Bewegung dürfte aber »im Ende der Illusion von der wahren, ›zweiten‹ Revolution« im Jahr 1934 zu suchen sein.[51] In einem Rundschreiben von Anfang 1936 erklärte Goebbels, »daß die Dichtungsform des Sprechchores, die vorbildlicherweise bei den großen Aufmärschen auf den Nürnberger Parteitagen verwandt wurde, nun nicht zu einer Lieblingsbeschäftigung von Konjunkturdichtern herabgewürdigt« werden dürfe, weshalb er ein Verbot dieser dramaturgischen Mittel verfügte. »Sie gehörten«, so Goebbels weiter, »zu den Werbemitteln, die in der Kampfzeit benötigt wurden, um den Gegner so zu schlagen, wie er angriff.«[52] Mitte der dreißiger Jahre war aber nicht mehr die Mobilisierung der Basis gefragt, sondern die Stabilisierung des Erreichten. Die Thingbewegung erlebte mit dem *Frankfurter Würfelspiel* (Eberhard W. Möller) während der Olympiade noch einen Höhepunkt und in den späten dreißiger Jahren wieder eine gewisse Aufwertung, so daß man von einem definitiven Scheitern kaum sprechen kann.[53] Auch blieben Sprechchor und Laienspiel auf lokaler und regionaler Ebene wichtige Elemente des Gemeinschaftslebens in verschiedenen NS-Organisationen (HJ, SA, DAF und RAD). Aber in der Theaterpolitik spielte das Thingtheater fortan nur noch eine sehr bescheidene Rolle.[54]

Das Zurückdrängen dieser Theaterbewegung war die eine Seite, die Rückkehr der Klassiker in die Spielpläne – forciert im Olympiajahr 1936 – die andere.[55] Die stärkere Rückbesinnung auf die Theatertradition resultierte auch daraus, daß die Entwicklung eines nach Form und Stoff neuen, spezifisch nationalsozialistischen Dramas weit hinter den Erwartungen zurückblieb. Wenn auch die zu einem Großteil schon vor 1933 entstandenen Historien-, Volks- und Tendenzstücke eines Johst, Langenbeck, Möller und Rehberg weiter gespielt wurden, so standen sie doch im Schatten der Dramen des 18. und 19. Jahrhunderts. Der Anteil der »Gesinnungsdramatik« (I. Pitsch) war in aller Regel sehr viel kleiner als der in- und ausländischer Klassiker und Unterhaltungsstücke.

Bei der Suche nach der strengeren, der höheren und großen Form rückten die Klassiker zwangsläufig in den Vordergrund. Damit wurde zugleich die alte dramaturgische Frage wieder aufgeworfen, welches denn die geeignetere Form sei: die klassisch-weimarische oder die romantisch-shakespearesche, das individualistische Schauspieler-Theater oder das Hochstildrama, Mimus oder Ethos.[56] In der Zeit der »nationalen Erhebung« galt Shakespeare als der »große Schöpfer des nordischen Charakterdramas«, als einer der »großen Befreier des germanischen Geistes«. Schon bald darauf wurde in der Reichsdramaturgie die »Shakespearomanie« als »typisch undeutsch« bezeichnet.[57] Auch Goebbels sprach sich nachdrücklich für die »Rettung des klassischen Erbes« und seinen »gefährdeten Ewigkeitswert« aus.

Die kulturelle Legitimationskraft, die von Weimar ausging, war offenbar so groß, daß Linke wie Rechte sie für ihre politischen Zwecke zu nutzen versuchten. Nach Weimar war die erste Republik benannt, im Weimarer Nationaltheater tagte – wenn auch nicht freiwillig – die Nationalversammlung, und auf Weimar mochte auch die Rechte nicht verzichten. Schon 1909 hatte dort der spätere NS-Literaturprofessor und Schriftsteller Adolf Bartels die »Weimarer Festspiele für die deutsche Jugend« begründet. Später wurden sie von der Hitlerjugend übernommen. Und Schirach und Schlösser verfälschten das Weimarer Erbe schließlich zur Vision einer »einheitlichen idealen deutschen Nationalerziehung«.[58]

Goethe und Schiller standen an der Spitze der meistgespielten Klassiker. Das Regime bemühte sich, vom Glanz der Weimarer Klassik zu profitieren und die dramatischen Stoffe nationalsozialistisch umzudeuten. Doch der Versuch einer ästhetisierenden Verklärung der Gegenwart mit Mitteln der literarischen Traditionspflege war nicht ohne Risiko. So wurde Schiller anläßlich seines 175. Geburtstages am 10. November 1934 mit großem Aufwand gefeiert. Den Höhepunkt bildete die Reichs-Schiller-Woche in Weimar mit zahlreichen Theateraufführungen, Gedenkakten und Reden. Dazu gehörte auch eine Freilichtveranstaltung von *Wallensteins Lager* und das von einem sechshundertköpfigen Knabenchor gesungene *Reiterlied*. Goebbels zögerte nicht, Schiller zum »Vorkämpfer der nationalsozialistischen Bewegung« zu erklären. Auch *Wilhelm Tell* fehlte nicht im Programm. Er war das in den ersten Jahren des NS-Regimes meistgespielte Schiller-Drama. Im Juni 1941 wurde es allerdings verboten. Möglicherweise fühlte sich Hitler nun durch die darin zum Ausdruck gebrachte Rechtfertigung des Tyrannenmordes selbst bedroht.[59]

Kleist, Grabbe und Hebbel waren ebenfalls oft auf den Spielplänen der deutschen Bühnen jener Jahre zu finden. Kleist stand für den Übergang »aus dem kosmopolitisch-humanen in das politisch-nationale Zeitalter«. Der durch die Nazis neu entdeckte Grabbe avancierte zum »völkischen Visionär«, und Hebbel wurde wegen der so gesehenen Verkörperung nordisch-heldischer Ideale in seinen Dramen geschätzt. Jürgen Fehlings Neuinszenierung der *Maria Magdalena* im Berliner Staatstheater mit Käthe Gold, Friedrich Kayßler und Bernhard Minetti galt als das Ereignis der Theatersaison im letzten Vorkriegsjahr. Auch Lessing fand sich auf den Spielplänen. Allerdings nicht mit dem Toleranz-Drama *Nathan*, für die Nazis ein bloßes Tendenzstück, sondern mit dem deutschen Lustspielklassiker *Minna von Barnhelm*. Auch mit diesem Stück machte Jürgen Fehling Furore. Seine Hamburger Inszenierung mit Gustav Knuth, Ehmi Bessel und Werner Hinz im Mai 1935 wurde ein großer Publikumserfolg. Selbst Büchner wurde gespielt, allerdings sehr selten. Immerhin kamen anläßlich seines 100. Todestages im Jahr 1937 Neuinszenierungen von *Dantons Tod* in den Münchener Kammerspielen in der Regie von Otto Falckenberg und 1939 im Berliner Staatstheater in der Regie von Gustaf Gründgens heraus.[60]

Dennoch war der Umgang mit den toten Klassikern nicht ohne Schwierigkeiten. Und mit den lebenden war er kaum einfacher. Das Beispiel von Gerhart Hauptmann beweist es. Einerseits wollte man die Prominenz und das internationale Ansehen des Literaturnobelpreisträgers politisch nutzen, andererseits mußte der Eindruck vermieden werden, daß sich das NS-Regime mit dem naturalistischen Dramatiker identifizierte. Er hatte im niederschlesischen Gauleiter Karl Hanke und in Reichsleiter Baldur von Schirach einflußreiche Fürsprecher, aber auch die von Rosenberg angeführte Fronde seiner Gegner war beachtlich. Goebbels lavierte zwischen beiden. Das führte immer wieder zu Beanstandungen von Spielplänen, zur Beschränkung und zur Ablehnung geplanter Inszenierungen und sorgte nicht nur in den weniger privilegierten Theaterprovinzen für erhebliche Unsicherheit.[61]

»Und dennoch«, so ließe sich wohl Erich Lüths Urteil über das Hamburger Theater auch auf die anderen Theaterhochburgen, auf München, Dresden und Berlin, übertragen, »wurde weiter Theater gespielt... fast so gutes Theater, als ob das Regime des Ungeistes außerstande wäre, das Niveau zu senken. Merkwürdig genug, beklemmend, ja makaber, daß sich während des Naziregimes... die ›Autonomie der Bühnenkunst‹ bestätigt hat.«[62] Das war nicht nur merkwürdig und beklemmend. Es war auch – bis zu einem gewissen Grade – erklärbar, nämlich aus dem Neben- und Gegeneinander verschiedener kulturpolitischer Machtgruppen. Im Bereich der Theaterpolitik gab es wenigstens drei: auf der einen Seite Goebbels und die beiden in der Reichsdramaturgie wichtigsten Mitarbeiter Schlösser und Möller, auf der anderen die Gruppe um Himmler und Rosenberg, dessen theaterpolitischer Einfluß nach der Vereinigung seiner »Kulturgemeinde« mit der NS-Gemeinschaft KdF allerdings zurückgedrängt wurde. Und schließlich spielte in diesem Bereich auch Göring eine wichtige Rolle; ihm unterstanden die ehemals preußischen Staatstheater in Berlin und Kassel. Auch im Bereich der bürgerlichen Hochkultur war es oftmals »von der Repräsentation zur Repression... nur ein kleiner Schritt«.[63] Aber dazwischen gab es Spielräume, wenn man sie nutzen wollte und zu nutzen verstand. Die große Attraktivität, die das Theater und die Schauspieler- bzw. Intendantenprominenz für die Größen des Regimes hatte, verhalf den Theatergrößen nicht selten zu einer Sonderstellung, zumal dann, wenn sie sich unpolitisch oder taktisch klug verhielten. Sie wurden dafür mit Preisen und Titeln, mit Sonderzuwendungen und hohen Gagen fürstlich belohnt.[64] Der Mehrzahl von ihnen scheint die zugleich künstlerisch und kommerziell motivierte Anpassung an das Regime nicht allzu schwer gefallen zu sein. Ihre späteren Interviews und zahlreich geschriebenen Autobiographien legen dafür ein recht beredtes Zeugnis ab.[65]

Um nur ein, aber womöglich doch nicht ganz untypisches Beispiel zu nennen: Heinz Rühmann, der »große alte Mann des deutschen Films«, wie er verehrungsvoll gern genannt wird, vertraute Anfang 1989 einer vielgelesenen TV-Zeitschrift an: »Das Publikum und ich, wir sind zusammen alt geworden. Und nun gehören wir auch zusammen, und es ist wunderbar.« Ein Volksschauspieler – immer noch erfüllt von »volksgemeinschaftlichen« Träumen – als Verkörperung einer die Zeiten übergreifenden Lebenslüge. Keine Zweifel, keine Irritationen, keine Widersprüche, keine Selbstbefragung. Ob er denn etwas anders machen würde, wurde er von einem TV-Moderator gefragt, wenn er sein Leben noch einmal leben könnte. »Nein«, antwortete Rühmann bloß, er würde alles genauso machen. Natürlich gab's dafür nur Beifall.[66] Auch eine Art deutscher Kontinuität.

Gewiß gab es in den Persönlichkeitsstrukturen und im Verhalten der Theaterleute vielfältige Unterschiede. Das wird schon deutlich, wenn man nur die vier Berliner Theaterdirektoren vergleicht. Den Göring-Protegé und Leiter des Schauspielhauses am Gendarmenmarkt, Gustaf Gründgens, Eugen Klöpfer als Leiter der Theater der Volksbühne, den Schauspieler Heinrich George als Direktor des Schillertheaters und nicht zuletzt den Nachfolger von Max Reinhardt am halbstaatlichen Deutschen Theater, Heinz Hilpert, der Risikobereitschaft und persönliche Rechtschaffenheit zu verbinden suchte und dafür von seinen Kollegen gelegentlich als »Pastor von Köpenick« bezeichnet wurde.[67] Ob die Theaterleiter nun ernste oder heitere

Stücke spielten, deutsche oder ausländische, moderne Autoren oder solche des klassischen bürgerlichen Theaters, sie mußten die Spielregeln kennen und beachten, die formellen wie die informellen. Zwar beanspruchten die Kulturpolitiker des NS-Regimes, das »traditionelle Kulturtheater« zu überwinden. Sie ließen davon in der Praxis aber zumindest die Fassade stehen, mit der sie »das Bildungsbürgertum täuschen und den ausländischen Beobachter beeindrucken« wollten.[68]

Deutsche Tonkunst: Hochstimmung zwischen U- und E-Musik?

Wenn es zum Theater und Film für die Nazis noch eine Steigerung gab, dann war es die Musik. Sie galt und gilt in Deutschland gleichsam als Krönung der schönen Künste, als bevorzugtes Medium der Offenbarung deutscher Eigentümlichkeiten, ebenso erhebend wie erhaben, volkstümlich und majestätisch, ausdrucksstark und überwältigend, tröstlich-erbauend und der Selbstdarstellung gleichmaßen dienlich. Ein Medium, nützlich in allen Lebens- und Gefühlslagen: zwischen heimeliger Sentimentalität und unheimlicher Seelentiefe, tragisch-heroischer Existenz und hochgestimmter Harmonie, unentbehrlich für die kleine Gemütlichkeit und die große Galavorstellung, für die Macht und das Schicksal, das Herz und den Schmerz. Die Musik »ist etwas ganz Einmaliges«, schwelgte Goebbels auf der Reichsmusiktagung im Mai 1939 in Düsseldorf, »sie hat die Kulturmenschheit mit den wunderbaren Schöpfungen wahren und echten Musikantentums beschenkt und beglückt. Ohne Deutschland, ohne seine großen Musiker, die mit hinreißenden Symphonien und großartigen Opern den musikalischen Spielplan aller Völker und Nationen heute noch beherrschen, wäre eine Weltmusik überhaupt nicht denkbar«.[69]

Aber es ging Goebbels nicht um eine »Weltmusik« in kosmopolitischer, sondern in aggressiv-nationalistischer Absicht. Diese deutsche Weltmusik sollte Deutschlands »rassisch«, militärisch und wirtschaftlich begründete beziehungsweise beanspruchte Weltmachtstellung mit einer höheren, weil kulturellen

Legitimation versehen. Solche Deutung kam der stark nationalistisch eingefärbten Sichtweise des bildungsbürgerlichen Publikums durchaus nicht ungelegen. Zudem war sie ihr aus den Zeiten des Kaiserreichs vertraut. »Deutschland ist das klassische Land der Musik«, erklärte Goebbels seinen Rundfunkhörern im August 1933 während einer *Meistersinger*-Übertragung aus Bayreuth. »Die Melodie scheint [in Deutschland] jedem Menschen eingeboren zu sein. Aus der Musizierfreudigkeit der ganzen Rasse entspringen seine großen künstlerischen Genies vom Range eines Bach, Beethoven und Richard Wagner; sie stellen die höchste Spitze des musikalisch-künstlerischen Genius dar.«[70]

Die Nazis machten davon für ihre Zwecke umfassenden und intensiven Gebrauch. Das schloß die ideologische Umdeutung berühmter deutscher Komponisten und die Ausgrenzung des diffamierten »Musikjudentums« nicht aus. Unter dem irreführenden Anspruch, einer angeblich überpolitisierten »kulturbolschewistischen« Kunst eine »wirkliche« Kunst entgegenzustellen, zogen sie auch in der Musik einen brutalen Trennungsstrich zwischen einer vorgeblich wahren »deutschen Musik« und einer »undeutschen« oder »entarteten Musik«.[71]

Wie bei den Schriftstellern, Künstlern und Architekten war auch hier die Liste der Verfolgten und Verfemten lang. Zu den als »zersetzend«, »atonal« und »entartet« gebrandmarkten modernen Komponisten zählten Alban Berg, Hans Eisler, Paul Dessau, Ernest Bloch, Ernst Krenek, Arnold Schönberg und Franz Schreker. Zu den wegen ihrer jüdischen Religionszugehörigkeit oder Herkunft »unerwünschten« Komponisten und Musikern gehörten u. a. Erich Wolfgang Korngold, Gustav Mahler, Felix Mendelssohn-Bartholdy, Giacomo Meyerbeer, Camille Saint-Saëns, Eric Satie und Alexander v. Zemlinsky, aber auch die populären Operetten-Komponisten Paul Abraham, Leo Fall, Viktor und Friedrich Hollaender, Leon Jessel, Emmerich Kálmán, Jacques Offenbach und Oscar Straus, um nur die bekannteren Namen zu nennen. Auf der Liste der Verfolgten und Vertriebenen standen darüber hinaus die Namen jüdischer Dirigenten und Instrumentalisten. Genannt seien nur Leo Blech, Otto Klemperer und Bruno Walter, ferner die Geiger Sascha Heifetz und Fritz Kreißler, die Cembalistin Wanda

Landowska, der Pianist Arthur Schnabel und der Tenor Richard Tauber.[72]

Wie widersprüchlich die Vertreibungen und Verfolgungen der Nazis sein konnten, zeigt der Fall von Paul Hindemith. Auch ein nichtjüdischer und nicht als »kulturbolschewistisch« verfemter Komponist war vor ihrem Verdikt nicht sicher. Dieser Fall ist nur vor dem Hintergrund des schon verschiedentlich erwähnten kulturpolitischen Dauerkonflikts zwischen Goebbels und Rosenberg verständlich. Hindemiths Sinfonie *Mathis der Maler*, von Furtwängler im März 1934 uraufgeführt, rühmte Goebbels als Ausdruck der »deutschen Seele«, wenngleich er dem Künstler durchaus nicht vorbehaltlos gegenüberstand. War das nicht die zeitgenössische Musik, welche die Nazis wünschten, fragt Prieberg – »deutsche Musik über einen deutschen Stoff, zugleich Bildung und Erbauung, Beschwörung einer Reliquie, des Isenheimer Altars, ganz ohne ›kulturbolschewistische‹ Töne, ein Meisterwerk, dem selbst frühere Feinde Hochachtung zollen mußten«? Nicht so der Kreis um Rosenberg. Für ihn blieb Hindemith allein wegen seiner früheren Werke ein »Bannerträger des Verfalls«, ein Repräsentant des »November-Deutschland«.[73] So kam es zum Eklat. Furtwängler wollte auch Hindemiths neue Oper *Mathis der Maler* aufführen, aber Hitler, der es Hindemith wohl nie vergessen konnte, daß dieser in seiner Oper *Neues vom Tage* eine Dame in der Badewanne auf die Bühne gebracht hatte, verbot die Aufführung. Daraufhin legte Furtwängler, der die direkte Kraftprobe mit dem Regime scheute, sein gerade erst übernommenes Amt als Chef der Staatsoper nieder. Hindemith verließ Deutschland Ende 1938 endgültig, während sich Furtwängler mit dem NS-Regime arrangierte.[74]

Das versuchten auch andere. Das prominenteste Beispiel ist wohl Richard Strauss, zu der Zeit Deutschlands berühmtester lebender Komponist, »*das* kulturelle Aushängeschild der Nazis« und ihr erster Reichsmusikkammer-Präsident.[75] Er war es allerdings nur für eine kurze Zeit. Strauss hatte eine neue Oper geschrieben, die *Schweigsame Frau*, zum Libretto des »nichtarischen« Schriftstellers Stefan Zweig. Hitler gab seine ausdrückliche Zustimmung. Doch es kam zu einer Auseinandersetzung zwischen Komponist und Librettist, der sich durch

Opportunismus brüskiert sah, was jenen wiederum zu einem Brief veranlaßte. Er ließ in der Verquickung von politischem Opportunismus, kommerziellem Interesse und elitärem Egoismus an Deutlichkeit nichts zu wünschen übrig: »... für mich«, schrieb Strauss, »existiert das Volk erst in dem Moment, wo es Publikum wird. Ob dasselbe aus Chinesen, Oberbayern, Neuseeländern oder Berlinern besteht, ist mir ganz gleichgültig, wenn die Leute nur den vollen Kassenpreis bezahlt haben... Wer hat ihnen denn gesagt, daß ich *politisch so weit* vorgetreten bin? Daß ich den Präsidenten der Reichsmusikkammer mime? Um Gutes zu tun und größeres Unglück zu verhüten. Einfach aus künstlerischem Pflichtbewußtsein! Unter jeder Regierung hätte ich dieses ärgerliche (oder: ärgerreiche) Ehrenamt angenommen, aber weder Kaiser Wilhelm noch Herr Rathenau haben es mir angeboten...«[76] Die Gestapo bekam den Brief in die Hände. Strauss beeilte sich, Hitler in einem persönlichen Brief pathetisch seine Loyalität zu versichern. Doch vergeblich. Er mußte das Präsidentenamt räumen. Auf die Musik des Komponisten mochte das Regime jedoch nicht verzichten, sowenig wie jener auf dieses. Strauss steuerte nicht nur zu den Olympischen Spielen die Hymne bei. Auch das deutsche Opernpublikum durfte sich bis weit in die vierziger Jahre an seiner Musik erfreuen. Nach Beendigung seines musikpolitischen Engagements nahm seine Karriere einen weitgehend ungehinderten Fortgang. Befreit von der Last der Politik konnten sich Regime und Komponist nun unbeschwerter verständigen.[77]

Nicht nur Strauss, auch viele seiner bekannten Kollegen förderten durch Wohlverhalten ihre Künstler-Karriere. So der Komponist Hans Pfitzner.[78] So die Pianisten Wilhelm Backhaus und Elly Ney, so die Dirigenten Karl Böhm und Clemens Krauss. Sie gehörten zu den gefeierten Stars, bei KdF-Konzerten ebenso wie bei der musikalischen Umrahmung von Staatsfeierlichkeiten. Und über einen weithin unbekannten jungen Dirigenten, dessen Aufstieg zum »Musikindustriellen« und »Generalmusikdirektor des 20. Jahrhunderts« noch bevorstand, geriet die bürgerliche Presse schon damals in Verzükkung: »... eine elementare Leidenschaft des musikalischen Erlebens... ein Wille von männlicher Kraft und geistiger Konzentration... durchglüht von der Leidenschaft des Aufgehens im Werk… mit geschlossenen Augen… im schönsten Gleichgewicht.«[78] Im schönsten Gleichgewicht befand sich der baldige Berliner Kapellmeister Herbert von Karajan – damals noch Generalmusikdirektor in Aachen – auch mit der Politik. Seinen unaufhaltsamen Aufstieg hatte er nicht nur zielstrebig, sondern auch politisch umsichtig begonnen, mit zwei Parteieintritten im April und Mai 1933, in Salzburg und in Ulm, gewissermaßen als ein »vorauseilender Mitläufer« (C. Widmann).

Aber selbst solche Musiker, die den Machthabern des Dritten Reiches nicht erwünscht waren und keine Aussicht auf eine Karriere in Deutschland hatten, standen dem Regime wohlwollend gegenüber. Igor Strawinsky etwa, der aus seinem Antikommunismus und Antisemitismus keinen Hehl machte, konnte noch bis kurz vor Kriegsbeginn in Deutschland konzertieren und Plattenaufnahmen machen. Und für Arnold Schönberg, der im Italien Mussolinis mit *Pierrot Lunaire* bis in die späten dreißiger Jahre auf Tournee gehen konnte, brach eine halbe Welt zusammen, als er ausgerechnet aus dem Land gewiesen wurde, dessen Vorherrschaft er nicht weniger ersehnte als andere deutsche Nationalisten der Zeit.[80]

Weil die Aktionen der Unterdrückung einer »undeutschen« Musik und das Verhalten vieler Musiker zwischen Emigration, Anpassung und Opposition spektakulär, widersprüchlich und vielfach undurchsichtig waren, ist das Interesse daran bis heute groß geblieben. Doch im Mittelpunkt der Musikpflege des Dritten Reiches stand die ideologisch-ästhetische Instrumentalisierung der klassischen Musik mit Beethoven und Wagner an der Spitze. Hier hatten es die Nazis leichter, hier konnten sie musikpolitisch nach Belieben verfahren. Ob das durch zumeist heroisierende Umdeutung oder sonstige ideologische Verfälschung geschah, durch gezielte Indienstnahme als Feiertags- und Filmmusik oder durch Kombination mit volkstümlicher Musik in den damals wie auch in unseren ARD-Tagen überaus beliebten Wunschkonzertsendungen.

Dank der langen Reihe weltberühmter deutscher Komponisten und der jahrhundertealten Tradition höfischer, sakraler und bürgerlicher Musikpflege hatten es die Nazis leicht, Deutschland zu *dem* Land der Musik zu stilisieren. Dieses Medium schien besonders gut geeignet, deutsche Größe und deutsche Ewigkeit zum Ausdruck zu bringen. So gut wie sonst nur die Architektur. Denn was diese für das ausschweifende Auge und das Raumerlebnis des nach außen drängenden Menschen ist, das konnte die Musik für die Höhen und Tiefen seiner Innenwelt sein mit ihren vielen Stimmungslagen von gläubiger Ergriffenheit und heroischem Durchhaltewillen über die Bombenstimmung unerschütterlicher Lebenslust bis zum feierlichen Kunsternst und zur erhebenden Hochstimmung.

So wurde beispielsweise bei großen Festakten vorzugsweise Beethovens *Coriolan*- oder *Egmont*-Ouvertüre gespielt. Wo es um die Verklärung des Publikums zur »Volksgemeinschaft« oder gar um die der Olympischen Spiele zum »Fest der Völker« ging, da war das Freudenchor-Finale aus Beethovens *Neunter* unverzichtbar. Das von deutschen Chören seit jeher und bis heute gern und oft gesungene Lied *Die Himmel rühmen des Ewigen Ehre* aus Beethovens Gellert-Vertonungen verhalf der neuen »Gottgläubigkeit« in majestätischer C-Dur-Tonart zum strahlenden Klangbild. Während der *Fidelio* ungeachtet seiner humanistischen Intention für den völkisch und heroisch mystifizierten »nationalen Aufbruch« herhalten mußte, begleiteten die *Eroica*- und die *Schicksals-Sinfonie* die Stationen des Zusammenbruchs. Das war Durchhaltemusik für höhere Ansprüche.[81] Hier wurde aus Musik und theatralischer Politik ein Gesamtkunstwerk fabriziert.

In noch größerer Verwendungsvielfalt und Breitenwirkung stand diese Musik in den Kompositionen Richard Wagners zur Verfügung, oder richtiger: sie wurde durch vielfältige Inbesitznahme breitenwirksam gemacht. Der *Walkürenritt* als Begleitmusik zum Angriff der »Stukas« im gleichnamigen Film von Karl Ritter und anderswo. Die *Meistersinger*-Hits wie der *Wach' auf*-Chor und Hans Sachsens Schlußansprache zur musikalischen Ausgestaltung des Führer-Mythos und zur altdeutsch-völkischen Verklärung des Nürnberger Reichsparteitages. Der Trauermarsch aus der *Götterdämmerung* als heroisch-tragische Einstimmung auf die Rundfunkmeldungen vom »heldenhaften« Tod von NS-Größen. Dank ihrer Verbreitung über Ufa-Wochenschauen, Filme und Rundfunksendungen erreichte diese Musik ein Millionenpublikum.[82] Musik konnte dadurch als Markenzeichen benutzt werden. Ereignisse, Personen und militärische Einrichtungen bekamen ihre Erkennungsmelodien, die ihre rasche Identifizierung ermöglichten. Alle Truppenteile wurden so markiert und entsprechend leicht unterscheidbar. Und auch für die verschiedenen Kriegsschauplätze gab es unterschiedliche Fanfarenmusik. Eine besondere Rolle spielte die *Siegesfanfare* (auch als *Rußlandfanfare* bezeichnet) aus *Les préludes* von Franz Liszt. Sie leitete Rundfunk-Sondermeldungen ein und wurde auch in der Deutschen Wochenschau benutzt.[83]

Insbesondere Wagner galt seinerzeit als der herausragende musikalische Wegbereiter des Dritten Reiches. Er wird noch heute von nicht wenigen als gleichsam »faschistischer Komponist« angesehen. Das ist in dieser Übervereinfachung keine haltbare Deutung. Allerdings ist sie auch nicht völlig abwegig. Zu Recht hat Hubert Kolland gerade am Beispiel Wagners darauf aufmerksam gemacht, daß sein Werk so wenig wie andere eine »Flaschenpost« ist, vielmehr ein Kunstwerk »der Möglichkeit nach«, das zu seiner »Vollendung« der »aneignenden Rezeption« bedarf.[84] Dabei ist die Frage wohl müßig, wer es sich leichter gemacht hat: Wagner mit der Aneignung seines Jahrhunderts oder seine Nachwelt mit der Aneignung seines Werkes. »Gespenstisch und irrational, sektiererisch und arrogant« waren wohl beide.[85] Wagner ist denn auch ein »genialischer Egoist« genannt worden, grenzenlos in der Ausbeutung »seiner Umwelt für die Verwertung eigenen Erlebens«. Mag sein, daß er sich so absolut sah wie den umfassenden künstlerischen Reformanspruch seiner zum Gesamtkunstwerk erhobenen Musikdramen. Jedenfalls verleibte er diesem alles ein und ordnete seinem radikalen Anspruch alles unter, was ihm dafür zwischen »Transzendenz und irdischer Realität« geeignet erschien: den christlichen Gott samt Erlösungsidee und Gnadenlehre.[86] Mag sein, daß sein Herz dabei eher für die Armen als für die Reichen schlug, wie Thomas Mann schrieb, daß er »als Politiker … sein Leben lang mehr Sozialist und Kulturutopist [war] im Sinne einer klassenlosen, vom Luxus und vom Fluche des Goldes befreiten, auf Liebe gegründeten Gesellschaft, wie er sie sich als das ideale Publikum seiner Kunst erträumte, denn Patriot im Sinne des Machtstaates«.[87] Gleichwohl hat ihn seine vielleicht lebenslange »sozialistisch-anarchistische Orientierung«[88] nicht davon abgehalten, zusammen mit einem Großteil des deutschen Bürgertums einen letztlich verhängnisvollen Weg zu gehen, »von der Revolution zur Enttäuschung, zum Pessimismus und einer resignierten, machtgeschützten Innerlichkeit«. Denn er war als Politiker in der Verfolgung eigener Interessen klug genug, seinen Erfolg an den des zweiten deutschen Kaiserreiches zu binden. So konnte »die europäische Hegemonie seiner Kunst« zum »kulturelle[n] Zubehör ... [der] politischen Hegemonie Bismarcks« werden.

Es mag sein, daß das Werk Wagners und die Art seines »Deutschtums« wenig oder gar nichts mit der Verherrlichung von Macht und Krieg zu tun haben. Und doch wurde es nicht ohne sein Zutun »als nationale Angelegenheit installiert« und blieb »mit diesem schwarzweißroten Kleide verbunden«. Die lange Geschichte einer konservativen bis reaktionären Tradition in der Rezeption Wagners ist die ernüchternde Bilanz seiner Wirkungsgeschichte. Man kann Wagner also – trotz Antisemitismus und trotz deutschtümelnder Obertöne – nicht ohne weiteres und für alles verantwortlich machen, was spätere Generationen vor allem nach 1933 aus ihm gemacht haben. Doch wird man zugleich fragen müssen, wie weit man ihn gegen sie in Schutz nehmen muß.[89]

Schon in der Vorgeschichte des Dritten Reiches war die Rezeption des Wagnerschen Werkes nicht am Spannungsverhältnis von »Selbstdarstellung und Selbstkritik deutschen Wesens« (Th. Mann) interessiert. Der faschistische Wagner-Kult hat sich erst recht nicht um mögliche Gegensätze und Ambivalenzen gekümmert. Der Nationalsozialismus konnte Wagner nicht als Revolutionär *des* 19. Jahrhunderts sehen und mußte zumindest von seinen politischen und künstlerischen Anfängen im Kontext der 48er Bewegung absehen. Aus nationalsozialistischer Sicht war Wagner vielmehr ein völkischer Revolutionär *gegen* das 19. Jahrhundert, ein »Führer zu deutscher Art«.[90]

Für diese Inbesitznahme und Instrumentalisierung eigneten sich die *Meistersinger* weitaus besser als etwa der *Ring*. »Es gibt wohl kein Werk in der gesamten Musikliteratur des deutschen Volkes«, begann Goebbels seine Rundfunkrede aus Anlaß einer *Meistersinger*-Übertragung im August 1933, »das unserer Zeit und ihren seelischen und geistigen Spannungen so nahestände ... Wie oft in den vergangenen Jahren ist ihr aufrüttelnder Massenchor *Wacht auf, es nahet gen den Tag* von sehnsuchterfüllten gläubigen deutschen Menschen als greifbares Symbol des Wiedererwachens des deutschen Volkes aus der tiefen politischen Narkose des November 1918 empfunden worden.« Und als ob das noch nicht ausgereicht hätte an sentimentaler und pathetischer Verlogenheit, stilisierte er das musikdramatische Werk Wagners zur »Inkarnation unseres Volkes schlechthin«. In Wagners Kompositionen sei »alles enthalten, was die deutsche Kulturseele bedingt und erfüllt. Sie sind eine geniale Zusammenfassung von deutscher Schwermut und Romantik, von deutschem Stolz und deutschem Fleiß, von jenem deutschen Humor, von dem man sagt, daß er mit einem Auge lächle und mit dem anderen weine ...«[91]

Humor und Gemüt – das war überhaupt das Motto für die Pflege »deutscher Geselligkeit und Unterhaltung«.[92] In besonderem Maße galt es für die leichte Unterhaltung, den Schlager und die Operette. Und obwohl die Nazis auf publikumswirksames Musiktheater angewiesen waren, war der Kahlschlag im Bereich der Operette besonders groß.[92] Zahlreiche erfolgreiche und beliebte Komponisten, Librettisten und prominente Bühnenkünstler der zwanziger Jahre, voran der Revuestar Fritzi Massary oder der Tenor Richard Tauber, wurden zur Emigration gezwungen oder kamen im Konzentrationslager um. Selbst Künstler sogenannter »arischer« Abstammung wie Eduard Künnecke und Franz Lehár blieben zumindest von zeitweiligen Anfeindungen durch die Rosenberg-Gruppe nicht verschont. Auch ihre Stücke waren vor antisemitisch motivierter Textbearbeitung nicht geschützt und wurden von den parodistisch-satirischen Elementen des liberalen Weimarer Zeitgeistes »bereinigt«. Die politischen »Widerhaken« (I. Grünberg), die sich trotz aller märchenhaft-exotischen Ausstattung und einer von intellektueller Blässe nicht angekränkelten »Schön ist das Leben«-Ideologie in dieser Gattung behauptet hatten, waren den Nazis ein Dorn im Auge. Ob man Kálmáns *Csárdásfürstin* nimmt oder Lehárs *Graf von Luxemburg* – in diesen Stücken widerspiegelten sich Scheinmoral und Lebenslüge der wilhelminischen Ära samt Endzeitstimmung. Und wenn im Walzerrausch die »Was-schert-uns-das Leben«-Stimmung ihren Höhepunkt erreichte, dann durfte angesichts dieses Spektakels schon einmal »die ganze Welt versinken«.[93] Das verlangte den Nazis wohl zuviel Humor ab, denn es traf in fiktiver Weise den Nerv ihres ideologischen und militärischen Programms. Nicht einmal Hitlers Lieblingsoperette *Die lustige Witwe* blieb von Beanstandungen und Bearbeitungen verschont.

Tonangebend wurde die Operettenproduktion im Berliner »Metropoltheater« und im »Theater im Admiralspalast« unter der Ägide von Heinz Hentschke und seinem Librettisten Günther Schwenn. Ihre Stücke gingen in den dreißiger und vierziger Jahren über alle deutschen Bühnen, überlebten aber das Kriegsende nicht. Sie waren einerseits einem nationalsozialistischen »Realismus« verpflichtet, um andererseits in politikferne Bereiche und die allgemeine Sphäre zeitlos »deutscher Werte« auszuweichen, weshalb man wohl für die politische Funktion der Operette insgesamt sagen kann, daß sie sich »im Spannungsfeld zwischen Agitation und Ablenkung [bewegte]«.[94]

Da hatte es der Schlager erheblich einfacher. Er ist ein Paradox an sich, wie Volker Kühn treffend schreibt. Kurzlebig und der Mode unterworfen, aber als Evergreen unvergänglich, erfreut er sich gerade in Krisenzeiten einer bemerkenswerten Beliebtheit. Mit ihm wird »fast alles möglich«. Wie kein anderes Medium macht er »die Wirklichkeit zum Märchen und das Märchen zur Wirklichkeit«.[95] Gerade deshalb besaß er in der Goebbelsschen Illusionskultur einen hohen Stellenwert. Und entsprechend ernst wurde er von den NS-Unterhaltungsagenten genommen. Wer der Desillusionierung überführt werden konnte, mußte mit dem Schlimmsten rechnen.[96] So wurde der anspruchslose Schlager zur »Hohen Schule der Anpassung«, dehnte sich aus zur unbegrenzten »Projektionsfläche« für die Sehnsüchte und Träume der Massen, ein unerschöpfliches Reservoir für die tendenzlos unpolitische Zerstreuung eines Millionenpublikums.[97]

Dabei verlor er allerdings auch – der Operette von einst nicht unähnlich – seine »frech-witzigen Zeitbezüge«. In den zwanziger Jahren hatte der Schlager von der Vitalität einer »Zwischenkunst« profitiert, von Brecht/Weills *Dreigroschenoper* ebenso wie von Schiffer/Spolianskys *Es liegt in der Luft*, von den Comedian Harmonists nicht weniger als von Hollaenders Chansons für Marlene Dietrich. Hier schien die Versöhnung von U- und E-Musik beinahe mühelos möglich. Aber ohne jenes »ästhetische Maß« drohte der heiteren Muse nach 1933 »der Fall ins Bodenlose«.[98] Ihre Entwicklung stand und fiel mit denen, die sie machten. Mit der Zeit gingen Norbert Schulze (*Lili Marleen*) und Werner Kleine (*Peterle; Jagdfliegerlied*), die einst für Helmut Käutners Kabarett *Die vier Nachrichter* komponiert hatten. Ebenso verhielten sich Peter Kreuder und Hans Heinz Zerlett, die zuvor mit Hollaender, Spoliansky, Benatzky u.a. für die berühmten Nelson-Revuen tätig gewesen waren.[99]

Jetzt wurde nur noch nach Herz-Schmerz-Tönen und Sehnsucht-Fernweh-Schnulzen gefragt. Zusammen mit der ausgedehnten Leinwandproduktion entstand eine »gewaltige Traumfabrik«. Die Schlager kamen nun vor allem aus der Filmmusik. Sie hatten die Aufgabe, »den schönen Schein weltflüchtiger Bilder« in seiner Wirkung noch zu verstärken. Denn: »Ohrenschmaus stimuliert die Augenweide, und im selbstvergessenen Hören schweigt der kritische Blick.«[100] Schon zu Kriegsbeginn hatte etwa der Rühmann-Film *Paradies der Junggesellen* die rechten Töne für männlichen Optimismus gefunden: *Das kann doch einen Seemann nicht erschüttern* wurde zu einem Erfolgsschlager der vierziger Jahre. Er blieb es auch in der frühen Nachkriegszeit. Je schwieriger und bedrohlicher die Lage wurde, desto forcierter predigte man Entsagung (*Zum Abschied reich ich Dir die Hände*) oder versprach fernes Glück und Happy end: *Es geht alles vorüber, es geht alles vorbei; Ich weiß, es wird einmal ein Wunder geschehen.* Seit dem Winter 1942/43, seit der militärischen Niederlage in Stalingrad, drohte der Vorrat an Optimismus-Konserven allerdings schneller zu Ende zu gehen, als er aufgefrischt werden konnte.

Was lag in so bedrängter Lage für das Propaganda-Ministerium näher, als einen Wettbewerb für »optimistische Schlager« auszuschreiben. Franz Grothe gewann ihn mit dem Titel *Wir werden das Kind schon richtig schaukeln*. Und als Deutschland und halb Europa in Trümmern lagen und nichts mehr zu schaukeln war, empfahl man dem Publikum, einfach weiterzuträumen: *Kauf dir einen bunten Luftballon, halt ihn fest in deiner Hand*. So träumten sich wohl Millionen ins »Wirtschaftswunder« der fünfziger Jahre. Musik erwies sich als probates Betäubungsmittel, das noch unter den Dauerbombardements für Bombenstimmung sorgte. Millionen konnten ermordet werden, Millionen kamen in den Trümmern um, und zugleich ließen sich Millionen musikalisch auf bessere Zeiten vertrösten. Denn, so rühmte ein Kommentator im Rückblick auf sechzig Jahre Radio noch Anfang der 1980er Jahre: »Die Musik war einfach nicht umzubringen.« Dieser immer noch ahnungslose Mensch sprach vermutlich aus, was Millionen mit ihm dachten: daß Menschen einfach »ihren Spaß haben« wollen, damals wie heute und »trotz allem, was um sie herum schwer ist«.[101] Er schien außerstande, zu erkennen, daß diese Musik – ob nun als U- oder E-Musik – durch die Nazis zur Täuschung und Lüge geworden war. Bei ihm war offenbar jener Brief nie angekommen, den Thomas Mann schon 1945 nach Deutschland geschickt hatte. Schon damals hätten Deutsche über die perverse Instrumentalisierung der Musik und der schönen Künste durch das NS-Regime entscheidende Einsichten gewinnen können. »Es war nicht erlaubt«, so Mann, »es war unmöglich, ›Kultur‹ zu machen in Deutschland, während rings um einen herum das geschah, wovon wir wissen… Wie durfte denn Beethovens *Fidelio*, diese geborene Festoper für den Tag der deutschen Selbstbefreiung, im Deutschland der zwölf Jahre *nicht* verboten sein?… welchen Stumpfsinn brauchte es, in Himmlers Deutschland den *Fidelio* zu hören, ohne das Gesicht mit den Händen zu bedecken und aus dem Saal zu stürzen!«[102]

Bildende Kunst: Verschönerung auf deutsche Art?

Daß gerade der Abschnitt über die Kunst im Dritten Reich am Schluß dieses Buches steht, mag Verwunderung auslösen. War die Nazi-Kunst nicht ein »raffinierter Bestandteil« eines der größten Verbrechen der Weltgeschichte, gleichsam »Dekoration für Auschwitz« (K. Staeck)? Ist dieses Thema nicht seit Jahren Gegenstand öffentlicher Auseinandersetzungen? Und gilt die NS-Kunst nicht geradezu als typisch für das ästhetische Erscheinungsbild des Dritten Reiches überhaupt? Erst vor dem

Hintergrund dieser dämonisierenden Bewertung wird verständlich, daß die Verwendung von NS-Symbolen in der zeitgenössischen Kunst[103] und die Präsentation von NS-Kunst in unseren Museen gleichermaßen als problematisch empfunden werden.

Gegen diese ebenso rigide wie unrealistische Einstellung hat der Hamburger Kunsthistoriker Martin Warnke zu Recht zu bedenken gegeben, ob diese Bilder und Skulpturen in ihrer Wirkung nicht einfach überschätzt werden. Die Zumutung ihrer Zurschaustellung würde dann nicht in ihrer Gefährlichkeit, sondern umgekehrt in ihrer Harmlosigkeit liegen. Die Frage wäre also zu stellen, ob und inwieweit diese Kunst zur Verharmlosung des NS-Regimes beigetragen hat. Wie immer sie im einzelnen beantwortet wird, die über Jahrzehnte – von Hildegard Brenner bis Klaus Backes – zusammengetragenen Erkenntnisse und Einsichten berechtigen wohl nicht dazu, ausgerechnet »den Künsten jene weltbewegende Rolle zuzuschreiben, die ihnen oft zugetraut wird«.[104] So ist die NS-Kunst weniger durch ihre »objektive« Bedeutung als vielmehr durch ihre offensichtliche Überschätzung zu einem der bevorzugten Felder der Forschung geworden.

Die Dämonisierung des Dritten Reiches im allgemeinen und die tendenzielle Überschätzung der NS-Kunst im besonderen dürften nicht unwesentlich zu ihrer stark polarisierten Wahrnehmung nach 1945 beigetragen haben: auf der einen Seite die »Entartete Kunst« und auf der anderen die ihr diametral entgegengesetzte NS-Kunst. Diese Perspektive behielt die ideologisch vereinfachte, dualistische Sichtweise der NS-Kulturpolitiker bei. Auch sie unterschied wie der NS-Staat zwischen einer »Ästhetik der Macht« und einer »Ästhetik der Moderne«.[105] Sie änderte nur die Vorzeichen der Bewertung. Nach 1945 wurde die ästhetische Kultur der NS-Zeit zur Nicht-Kunst erklärt, während die vormals als »entartet« verfemten Modernen nun als Inbegriff der »eigentlichen und einzigen deutschen Kunst der Epoche« galten.[106] Dieser allzu stark vereinfachenden Sicht, die in ihrer antifaschistischen Gesinnung verständlicherweise übers Ziel hinausschoß und 1933 als Bruch mit der Moderne überbetonte, entgingen wichtige Tendenzen.

Zum einen hatte es bis in die späten dreißiger Jahre manche

Berührungen und Verbindungen zwischen Nationalsozialismus und Expressionismus gegeben, nicht zuletzt aufgrund des ambivalenten, fortschrittlich-reaktionären Profils des NS-Regimes. So bemühte sich der Kreis um Goebbels, mit Andreas Schreiber und Fritz Hippler an der Spitze, um Künstler wie Schmidt-Rottluff, Barlach und Nolde in der Absicht, sie zu »nordischen Expressionisten« zu machen und zu Leitfiguren einer »arischen Kulturrevolution« zu stilisieren.[107] Und auch umgekehrt bemühten sich nicht wenige profilierte moderne Künstler um Anerkennung und Aufträge durch das neue Regime, wie etwa Karl Hofer, Ernst Ludwig Kirchner, Wassily Kandinsky, Emil Nolde und Oskar Schlemmer.

Zum anderen war der »Kampf um die Kunst« lange vor 1933 entbrannt. Schon vor der Jahrhundertwende hatte einer der vielen Verfallstheoretiker, Max Nordau, den Begriff »Entartung« geprägt.[108] Und in der Zuspitzung der Krise 1932 schrieb dann der »Kampfbund«-Architekt Paul Schultze-Naumburg: »In der deutschen Kunst tobt ein Kampf um Tod und Leben, nicht anders als auf dem Felde der Politik. Und neben dem Kampf um die Macht muß der Kampf um die Kunst mit demselben Ernst und derselben Entschlossenheit durchgeführt werden.«[109]

Aber es war leichter, die Moderne zu verteufeln und auszugrenzen, als eine neue Malerei hervorzubringen. Die Erfolge der völkischen Wende blieben auch in der Kunst bescheiden. Noch 1935 erschien eine Publikation unter der provozierenden Frage: *Zweierlei Kunst in Deutschland* (H. Guthmann). Zwar hatte es 1933 mehr oder weniger einschneidende Veränderungen gegeben. Aber an die Stelle der Moderne trat etwas, das es auch schon in der Weimarer Republik – neben oder besser: im Schatten der Moderne – gegeben hatte: die traditionalistische Malerei. Sie hatte sich abseits vom weltstädtisch-progressiven Berlin behauptet und erlebte nun eine deutliche Aufwertung.[110]

Nicht zuletzt aufgrund der besonderen Vorliebe Hitlers für die Malerei. »Auf allen Kunstgebieten hielt Hitler das späte 19. Jahrhundert für eine der größten Kulturepochen der Menschheit«, berichtet Speer, »aber diese Wertschätzung hörte beim Impressionismus auf, während der Naturalismus eines Leibl oder eines Thoma seiner betulichen Kunstneigung entsprach. Makart rangierte am höchsten, auch Spitzweg schätzte er sehr.«[111] Andere Personen aus seiner engeren Umgebung bestätigten diese Beobachtung. Auch öffentlich bekundete Hitler verschiedentlich seine Vorliebe fürs Traditionelle. Vor allem in seinen Reden zur Eröffnung der »Großen Deutschen Kunstausstellungen« in München. Zwar gab er noch 1937 pathetisch seiner Hoffnung Ausdruck, daß »das neue Deutsche Reich eine unerhörte Blüte der deutschen Kunst veranlassen wird«, denn eine größere Zahl der eingereichten Arbeiten erfüllte seine Erwartungen offenbar nicht. Nachdrücklich verwies er jedoch auf die Kunst des 19. Jahrhunderts als den allgemeinen und höchsten Kunstmaßstab.[112] Zwar kaufte er auf diesen Kunstausstellungen als staatlicher Mäzen reihenweise zeitgenössische NS-Kunst für die Berliner Büroetagen seiner Ministerialbeamten. Aber wohl doch eher, um diese Maler zu unterstützen und zu neuen Arbeiten anzuregen. Besonderer Wertschätzung erfreuten sich nur wenige.[113] In seiner nächsten Umgebung hingen vorzugsweise Bilder aus dem 19. Jahrhundert und aus früheren Epochen. Den Berghof auf dem Obersalzberg hatte er u.a. mit Bildern von Bordone, Tizian, Panini, Spitzweg und Feuerbach schmücken lassen. In München umgab er sich mit Lenbachs *Bismarck in Kürassieruniform*, Franz von Stucks *Die Sünde* und Anselm Feuerbachs *Parklandschaft*. Werke von Grützner und Spitzweg fehlten hier so wenig wie in der Reichskanzlei in Berlin.[114]

Hitlers besondere Vorliebe für die deutsche Malerei des 19. Jahrhunderts fand ihren Niederschlag nicht zuletzt in dem von ihm veranlaßten und als »Sonderauftrag Linz« getarnten europäischen Kunstraub.[115] An diesen Raubzügen waren gleich mehrere Gruppen und verschiedene Auftraggeber beteiligt: der Einsatzstab Rosenbergs ebenso wie die sogenannten Kunstschutzoffiziere Görings und Ribbentrops, später auch die SS. Hier wurde alles zusammengerafft, dessen die »Kunsthyänen« (K.-H. Janßen) des Dritten Reiches habhaft werden konnten. Unter den Tausenden von Gemälden und Graphiken, die für die geplante »größte Kunstgalerie der Welt« in Linz bestimmt waren und während des Krieges nach Stift Kremsmünster und in das Salzbergwerk Alt-Aussee ausgelagert wurden, befand sich das Beste vom Feinsten und was die Auftraggeber dafür hielten. Seinem Kunstgeschmack entsprechend wollte

Hitler in Linz zwei Schwerpunkte setzen: die alten Meister bis zum ausgehenden 18. Jahrhundert und daneben die deutschen Romantiker und Neoklassizisten. Hier offenbarte sich einmal mehr, daß die Nazis traditionsfixiert waren, im Umgang mit der Tradition aber ziemlich unsicher. Die großen Namen der internationalen Kunstgeschichte wie Breughel und van Dyck, Rembrandt und Rubens, Canaletto, Leonardo, Raffael und Tizian erschienen bei ihnen umstandslos neben den weniger bedeutenden. Berthold Hinz hat in diesem ständigen Rückgriff auf »›neuere‹ ältere Meister« den nach der Ausgrenzung der Moderne zwangsläufigen Versuch gesehen, »die fehlende Verbindung zur Gegenwart mit Hilfe der *Provinz* zu schließen«.[116]

Vor diesem Hintergrund wichen auch die Museumsdirektoren in das unproblematische 18. und 19. Jahrhundert aus und blieben so auf Distanz zur NS-Malerei.[117] Sie lagen damit durchaus auf der Geschmackslinie ihres obersten Dienstherrn und auch auf der des größeren Teils des konservativen deutschen Bildungsbürgertums. Insofern konnte die Kunst des Dritten Reiches im wesentlichen nur auf dem Ausstellungssektor Fuß fassen. Hier standen sich NS-Kunst und Moderne ebenso unversöhnlich wie scheinbar alternativlos gegenüber. Das fand seinen spektakulären Ausdruck in der inszenierten Konfrontation der beiden Münchener Kunstausstellungen im Sommer 1937.

Am 18. Juni 1937 wurde die erste »Große Deutsche Kunstausstellung« im damit feierlich eingeweihten »Haus der Deutschen Kunst« eröffnet. Einen Tag später begann in der Galerie der nahegelegenen Hofgartenarkaden die »Schandausstellung« mit Werken der »Entarteten Kunst«. Sie zog über 2 Millionen Besucher an, mehr als dreimal soviel wie die Ausstellung der »Deutschen Kunst«.[118] München war nicht nur die »Hauptstadt der Bewegung«, die Stadt sollte auch eine Kunstmetropole sein oder werden. Dafür wurde zunächst ein neues Museumsgebäude benötigt, denn dessen gläserner Vorgänger war 1931 durch einen Brand zerstört worden. Bei der Grundsteinlegung Ende 1933 widmete Hitler diesen ersten Monumentalbau des Dritten Reiches »in freudiger Tatkraft der deutschen Kunst«. Und der mit dem Bau beauftragte Architekt Paul Ludwig Troost stilisierte ihn gleich zum »Tempel der deutschen Kunst«.[119] Tatsächlich erfüllte er allerdings weniger repräsentative als vielmehr kommerzielle Zwecke. Die Großen Deutschen Kunstausstellungen waren in erster Linie Verkaufsausstellungen. Überwiegend traten hier die öffentliche Hand und die Industrie als Käufer auf, doch die Ausstellung empfahl sich nachdrücklich der deutschen Familie, die hier wieder »schönen und würdigen Wandschmuck« erwerben konnte.[120] Mit dem kommerziellen und aktuellen Akzent war das Ewigkeitspathos, das diesen Kunsttempel umgab, allerdings schwerlich zu vereinbaren. Ein eingehender Vergleich der Ausstellungskataloge hat zudem ergeben, daß hier nicht die vorgeblich neue »deutsche Kunst« dominierte, sondern die Kontinuität. Ein großer Teil der Künstler, die nach 1933 ausstellten, hatte das auch schon vorher getan. Die lokalen Münchener Kunstausstellungen, schreibt Hinz pointiert, seien »der Moderne gegenüber nie sonderlich aufgeschlossen gewesen«.[121]

Thomas Mann spottete schon in den zwanziger Jahren, daß München »eigentlich nicht sowohl eine Stadt der Kunst als vielmehr eine solche des höheren und hohen Kunstgewerbes [sei], der festlich angewandten und urwüchsig dekorativen Kunst...«[122] So war die Kunst, die hier gezeigt wurde, nicht neu und schon gar nicht revolutionär. Sie war vielmehr zutiefst traditionalistisch. »Neu war nur, daß diese Ausstellungen für *ganz* Deutschland und für die *gesamte* Kunst der Gegenwart repräsentativ in Szene gesetzt wurden.« Neu war auch hier bloß die instrumentelle Seite, »die Art der Inszenierung«.[123] Von ihr ließen sich wohl manche Schaulustige gefangen nehmen, zumal ihren Augen ja nicht nur mittelmäßige Landschaftsbilder, Stilleben, Porträts und Aktdarstellungen geboten wurden, sondern auch ein bajuwarisches Volksfest samt imposantem Festzug.

Während die Ausstellung sich auf die zeitgenössische NS-Malerei und -Plastik beschränken mußte, wurde hier weiter ausgeholt. Unter dem Motto »Zweitausend Jahre Deutsche Kultur« zog ein drei Kilometer langer Festzug durch die Stadt. Begleitet von 500 Reitern und Tausenden historisch kostümierter Männer und Frauen, wurden auf dreißig geschmückten Wagen symbolisierende Darstellungen der verschiedenen Kulturepochen gezeigt. Den abschließenden Höhepunkt bildeten Modelle der geplanten und bereits realisierten Monumentalbauten Hitlers sowie größere Kontingente der Wehrmacht, SS, SA und anderer Parteigliederungen.[124] Unter den Zuschauern befand sich als Berichterstatter auch ein gewisser Henri Nannen. Überwältigt von dieser »gewaltigen Willens- und Daseinsbezeugung unseres Volkes« und einem »Fest echt müchnerischer Lebensfreude«, schwärmte er von einem frohen »Innewerden der ewigen Sendung Münchens, ›Stätte des Erhabenen und des Schönen‹ zu sein«.[125]

Welche Kunst war hier nun zu besichtigen? Höheres Kunstgewerbe – wie Thomas Mann gespottet hatte? Vor allem springt ins Auge, daß wieder Inhalte und Gegenständliches, Motive und Sujets gefragt waren, nachdem die Moderne gerade Bildinhalte zugunsten formalisierender Tendenzen zurückgedrängt hatte.[126] Die traditionelle Gattungsmalerei lebte wieder auf, und mit ihr kam das Tafelbild zu neuen Ehren, wobei die NS-Ikonographie das Tier- und Landschaftsbild, die Bauern- und Handwerkerbilder, die Porträts, Akte und Allegorien mehr und mehr durch »realistische« Kriegsbilder und Industriemalerei zurückdrängte, deren Inhalte alles andere als traditionalistisch sind. Hier wird deutlich, daß Ideologie und Kunst wechselseitig zu verdecken suchten, was ihnen an Substanz fehlte. Die Malerei erschien als eine Art illustrierter Weltanschauung, während die Ideologie den substanzlosen Bildern zumindest bedeutungsschwere Titel und Themen lieferte. Besonders beliebt war das Präfix »Deutsch«, das allen möglichen Naturerscheinungen angehängt wurde – von deutscher Erde und deutscher Eiche bis zum deutschen Sommertag –, um damit die Aura von Allgemeinheit und Erhabenheit, Harmonie und Ewigkeit zumindest verbal zum Ausdruck zu bringen. Die ideologisch-thematische Ausrichtung war auch bei den vielen Wanderausstellungen gebräuchlich. Das reichte von »Frau und Mutter« und »Mensch und Landschaft« über »Lob der Arbeit« bis zur historischen Ausstellung »Deutsche Größe«.[127] Realitätsferne Harmlosigkeit und Volkstümlichkeit, Verständlichkeit und bildkünstlerische Anspruchslosigkeit mochten als Beitrag zur visuellscheinhaften Verschönerung verstanden werden, vielleicht zu einer Verschönerung auf deutsche Art. Tatsächlich war diese

Malerei nur eine, möglicherweise nicht einmal übermäßig massenwirksame Variante jener zahlreichen »Masken des faschistischen Systems«.[128]

Daß diese Malerei im übrigen Schwierigkeiten hatte, mit dem rapiden industriegesellschaftlichen Wandel und der fortschreitenden Modernisierung Schritt zu halten, verrät die NS-Kunstideologie. Sie beschwor eine fiktive vormoderne Welt und träumte von der Ewigkeit einer überschaubaren Lebensordnung. Ebenso blumig und verquollen wie verlogen und pathetisch schrieb einer ihrer Wortführer: Die deutschen Künstler »malen keine Absinthtrinker und Roulettespieler mehr, keine schwindsüchtigen Zirkusreiterinnen, keine marionettenhaften Balletteusen, keine gähnend leeren Masken und keine geschminkten Freudenmädchen. Es liegt ihnen nichts an der fatalen Einheitlichkeit von Elendsvierteln, großstädtischen Wüsteneien und Kaschemmen... Sie wollen Anwälte des positiv behaupteten Lebens sein...« Als solche suchen sie ihre Modelle folgerichtig »unter jenen Volksgenossen, die gleichsam von Natur wahrhaft in Ordnung sind, sie greifen da zu, wo die Nachbarschaft des heimischen Bodens, die pflegenden Kräfte der Landschaft, der Schutz des Blutes vor Vermischungen, die Macht gewachsener Traditionen und der Segen wohltätiger Arbeit die Substanz gesund erhielten.« Und da die NS-Ideologie auf eine ästhetisch-rassistische Utopie ausgerichtet war, fügte er hinzu, worum es der NS-Kunst vor allem gehen müsse: »um Leiber, so wie sie von Natur sein sollen, um Bestformen, um rein durchgebildeten Gliederbau, um gut durchblutete Haut, um den angeborenen Wohllaut der Bewegung und um sichtbare vitale Reserven, kurz um eine moderne [sic!] und deshalb fühlbar sportliche Klassizität«.[129]

Dieses Leitbild war in der Bildhauerei sehr viel leichter zu realisieren und vor allem wirkungsvoller in Szene zu setzen als in der Malerei. Die NS-Kunst-Ideologie verhehlte den politischen Zweck nicht und erklärte unumwunden, warum: »Dem Tafelbild ist ein Zimmer gemäß, der Skulptur ein Platz. Im Zimmer wohnt der einzelne, der Platz nimmt eine Menge auf. Hat diese nichts gemeinsam als Interessen und Geschäft, so kann sie kaum Beziehungen zu einer Skulptur auf dem Platz haben. Hat sie aber Ideale, so will sie deren Sichtbarmachung und braucht die Skulptur auf dem Platz als Symbol ihrer Einheit. Die Plastik strahlt aus in einem Raum und kann dadurch viele Menschen beherrschen. Sie wirkt in einer Zeit, die nicht das Abbild, sondern das Vorbild sucht, mit ihm Menschen prägen, Ideale künden will.«[130]

Es steht hier wiederum nicht zur Diskussion, ob und in welchem Umfang diese Skulpturen die politisch intendierten Wirkungen auch erzielt haben, zumal in aller Regel auf den einzelnen in der Menge ein ganzes Ensemble von optischen, akustischen und räumlichen Eindrücken gleichzeitig einwirkte, so daß sich mögliche Wirkungen einzelner Erscheinungen und Reize schwerlich isoliert bestimmen lassen. Im folgenden kann es einmal mehr nur darum gehen, Intentionen und Realisationen jener Variante der Ästhetisierung zu verdeutlichen, die gewissermaßen an einer plastischen Scheinwirklichkeit des Dritten Reiches gearbeitet hat.

Sie war vielfältiger als gemeinhin angenommen. Dazu zählte einmal das reichhaltige Angebot von kleinformatigen Tier- und Figurenplastiken, das sich auch heute noch im ständigen Angebot von Kunsthandlungen und Kaufhäusern befindet.[131] Im Dritten Reich wurde diese bäuerliche und kleinbürgerliche Geschmackskultur insofern zur scheinbar herrschenden aufgewertet, als diese Plastiken zu den Exponaten des offiziellen Münchener Kunsttempels gehörten. Die Aufwertung der Plastik im Dritten Reich kommt allerdings vor allem in der »monomanischen Einseitigkeit« repräsentativer Nacktdarstellungen zum Ausdruck. Der zumindest quantitative Aufschwung, den die Bildhauerei dadurch nach 1933 erfuhr, resultierte jedoch nicht daraus, daß sich das Dritte Reich der »Schönheit und Würde eines höheren Menschentums« verschrieben hätte, wie das Hitler in zeitgemäß pathetisch-verlogenem Tonfall frühzeitig glauben machen wollte. Ihren Boom verdankte die Bildhauerei wohl eher dem, was erst auf den zweiten Blick ins Auge springt: dem Gegensatz von »Leibvergottung« und »Leibverachtung«, den Klaus Wolbert in seiner politischen Geschichte der Körperästhetik des 19. und 20. Jahrhunderts eindringlich herausgearbeitet hat.[132]

Es ist gewiß nicht falsch, aber vielleicht zu vordergründig, diesen Gegensatz als monumental idealisierende Kompensation einer auf Zerstörung und Massenmord ausgerichteten Politik zu deuten. Jedenfalls erlauben Ideologie und Herrschaftspraxis des NS-Regimes eine weitergehende Deutung der Körperplastik: »Die in den Nackten programmatisch konzentrierten Werte der ›Schönheit‹, der Dignität, der Klassizität, der Unantastbarkeit und der Zeitlosigkeit mußten ins Absolute und Unbedingte deshalb so prononciert getrieben werden, um alles Relative und Bedingte mit dem Stigma des Unedlen und Hinfälligen versehen zu können. Je ausschließlicher nur dem Ideal die vollkommene Schönheit ... zuerkannt« wurde, »desto weniger war der wirkliche Mensch ideell geschützt.«[133] In der Konsequenz faschistischer Herrschaft bedeutete die fehlende oder stark eingeschränkte Schutzwürdigkeit des einzelnen Individuums auch seine weitgehende faktische Schutzlosigkeit. Unter diesen Rahmenbedingungen reduzierte das mit Massen rechnende Verwertungsinteresse von Kapital und Kriegführung den menschlichen Körper auf bestimmte Energieleistungen und Funktionen: die Arbeits- und (sportliche sowie militärische) Kampfkraft, den Lustgewinn und das Gebären, das Siegen, Sterben und Töten. Das mögen die Skulpturen des Dritten Reiches mehr oder weniger widerspiegeln, »abzulesen« sind solche Bedeutungen aus ihrer Formensprache nur insofern, als diese sich stets nur schwer vom faschistischen Kontext abstrahieren läßt.

Oder anders gewendet: Dieser funktionale oder instrumentelle Kontext muß zur Deutung der plastischen Formensprache im Dritten Reich stets mitgedacht werden. Gleichwohl behauptet sich bis heute die Auffassung, daß diese Skulpturen eine genuin faschistische Ästhetik verkörpern und insofern zugleich einen scharfen Bruch zur vorfaschistischen Plastik markieren. Ein genauerer Blick auf die für die Kunstproduktion repräsentativen Großen Deutschen Kunstausstellungen zeigt indes, daß dieses übervereinfachte Bild erheblich differenziert werden muß. Es hat sich von der Selbstdarstellung der Ästhetik im NS-Regime als »revolutionär« und neuartig offenbar stark beeinflussen lassen. Doch zeigt sich auch hier, was schon für andere ästhetische Erscheinungen und massenkulturelle Medien festgestellt wurde: Es gab eine, wenn auch begrenzte Kontinuität und eine gewisse stilistische Pluralität. Bildhauer wie Klimsch,

Kolbe und Scheibe zählten vor und nach 1933 zu den etablierten Künstlern. Sie hatten schon vor dem Faschismus den heroischen Ausdruck und die monumentale Form gesucht. Die Oberflächen ihrer Figuren waren jedoch weniger hart und weniger glatt, weshalb sie sich für die Bauplastiken der Repräsentationsarchitektur von Partei und Staat nicht nachdrücklich empfahlen. Sofern diese Künstler aber »realistisch« blieben in der Nachbildung von menschlicher Nacktheit und Schönheit oder in der Gestaltung von Porträts und Genreszenen, ließen sie sich in die Kunstszene nach 1933 so gut integrieren wie in die nach 1945. Gerade in ihrer Vieldeutigkeit lag ihre Brauchbarkeit im Sinne der faschistischen Ästhetisierung von Politik und Gesellschaft.[134] Nicht der nackte menschliche Körper an sich stand und steht im Verdacht, faschistoid zu sein. Charakteristisch für das Dritte Reich waren vielmehr seine »spezifische Aufrüstung« (Wolbert) und Instrumentalisierung als symbolisch-allegorischer Bedeutungsträger. Das galt für die männlichen Akte ebenso wie für die weiblichen.

Nahezu einhellig betont die Kunstgeschichtsschreibung den sexuellen »Objekt«-Charakter der Frau in der NS-Plastik. Für die auffällig große Zahl plastischer Frauendarstellungen konstatiert Wolbert, was Hinz bereits für die Ikonografie der Frau hervorgehoben hatte: Der weibliche Akt stelle sich dar als eine »von Männern für Männer gemachte Visualisierung ihrer sanktionierten sexuellen Herrschaft…«.[135] Und selbst dort, wo für eine differenziertere Betrachtung des allegorischen Ausdrucks plädiert wird, ist immerhin von einer »gewissen Sexualisierung« der weiblichen Aktskulptur die Rede.[136] Waren ältere Darstellungen weiblicher Akte vielfach liegend oder hockend, umhüllt oder in (sich) schützender Gebärde modelliert, so fehlt ihren Nachfolgerinnen im NS-Regime alles Bergende und Verbergende. Es sind demonstrativ aufgerichtete weibliche Körper, die dem männlichen Auge auf einen Blick, also »ganz« gezeigt werden. Die »prostituierenden Momente« sind unverkennbar, die Körperposen eigentümlich aufgesetzt. Sie lassen an Deutlichkeit kaum etwas zu wünschen übrig. Auf Titel wie *Erblühen, Erwartung, Zuneigung* oder *Hingabe* mochte man dennoch nicht verzichten.[137] Verbale Deutung als Präzisierung und Verstärkung der visuellen Demonstration. Zugleich wurde damit womöglich die Brücke zur ideologischen Rollenfixierung der Frau hergestellt, die der Faschismus bekanntlich aus ihrer biologischen Funktion und dem männlich dominierten Geschlechterverhältnis ableitete. Mag sein, daß diese weiblichen Schaustücke die männliche Lust am Schauen befriedigten oder gar mobilisierten. Zumindest hier gab es kein Verbot, gegen das man hätte verstoßen können oder müssen, und kein Geheimnis mehr, das erst noch zu enthüllen gewesen wäre.[138]

Andererseits ist die Sexualität, die hier versprochen wird, dem männlichen Betrachter auf eine bestimmte Weise entrückt. Denn sosehr auch die Titel der Skulpturen assoziativ Vorstellungen von bewegter Körperlichkeit und erotischer Intimität hervorrufen mochten, die Skulpturen selbst, die weiblichen wie die männlichen Akte, vollzogen den Übergang von einer »Kunst für das Volk« zu einer »Kunst über dem Volk«.[139] Sie suchten sich mit der Aura mythischer und göttlicher Gestalten zu umgeben. Auch die weibliche Aktskulptur erhielt einen monumental-erhabenen Zug. Im »apotheotischen Figurenprogramm« nahm sie gleichsam die unterste und die höchste Stufe ein. Der weibliche Akt figurierte als Sexualobjekt und als Siegesgöttin, war als versteinerter nackter Idealkörper anziehend und abweisend zugleich – Allegorie für »Sieg und Fortpflanzung des deutschen Volkes« in einem.[140] So insbesondere in der von Josef Thorak gefertigten Figurengruppe zur »Bekrönung« des Märzfeldes auf dem Nürnberger Reichsparteitagsgelände. Der Kranz, den die Siegesgöttin bereithält, kann ein Sieges-, aber auch ein Totenkranz sein. Damit verschiebt sich der Blick vom begehrten weiblichen Körper auf ein Jenseits, erweitert sich die allegorische Bedeutung des weiblichen Aktes, wird das Opfer, der Tod, zur Voraussetzung des Sieges verklärt und am Ende der Tod zum »ewigen Leben« umgedeutet.

Diese Botschaft der weiblichen Allegorie – wenn sie denn so und überhaupt verstanden wurde – war dem NS-Regime, zumal während des Krieges, so willkommen wie die als »Symbole heroischer Willensanspannung ins Übermenschliche« transformierten Mannsbilder[141] der deutschen Bildhauer mit Arno Breker und Josef Thorak an der Spitze. Sie signalisierten *Bereitschaft* und *Berufung*, stellten sich als *Wehrhaft* und *Kampfbereit* vor, figurierten als *Künder* und als *Kampf*, gruppierten sich zur *Kameradschaft* oder symbolisierten gleich *Die Partei* und *Die Wehrmacht*. Sie trugen Fackeln und Fahnen, Schwerter und Speere und vor allem illustre Namen: Prometheus, Dionysos, Apollon oder Merkur. Die Nobilitierungsabsichten der Nazis kamen darin unmißverständlich zum Ausdruck.[142]

Denn nicht schon der nackte Körper an sich genügte dem Verlangen der Nazis nach politischer Repräsentation und Indoktrination. Mochten sich im NS-Körperideal auch Spuren der von ihnen verbotenen völkischen Nackt- und Körperkulturbewegung erhalten, die von ihnen favorisierten Aktallegorien sollten Schönheit ohne jede Vertraulichkeit und Sinnlichkeit verkörpern. Nichts Vergängliches durfte diesen außerirdischen Bewohnern eines »faschistischen Olymps« (Wolbert) mehr anhaften. Sie waren umgeben von einer heroisch-mystischen Aura der Dignität und Klassizität. Jedenfalls zielte das Bemühen der Bildhauer dahin. Die mit so viel Ausdruck befrachteten Figuren waren kein dekorativer Selbstzweck mehr, sondern – und erst recht in Verbindung mit der monumentalen Staatsarchitektur – eindrückliche, jedenfalls gewichtige Herrschaftsinstrumente. Zumindest sollten sie es sein. In ihnen fand das vorrangige Ziel rassistischer Körperideologie, die Entindividualisierung des Menschen ihren geradezu vorbildlichen Ausdruck. Die exzessive Forderung des NS-Körperideals nach Schönheit, Jugend und Stärke, nach Willenskraft und Fruchtbarkeit verlangte eine exzessive Formensprache, wie Wolbert nachgewiesen hat.[143] Hitlers pädagogischen Grundsatz: »Das Schwache muß weggehämmert werden« nahmen seine Bildhauer wörtlich. Nicht alle waren dabei so erfolgreich wie Breker. Er entwickelte eine »metallische« Körpersprache, eine »panzerartige Anatomie«, eine unnatürlich-naturalistische Stilisierung und Oberflächenglättung seiner Figuren. Wolfgang F. Haug sieht in diesem Verfahren eine Art Synthese aus Body-Building und Staatsbildhauerei, sofern Breker den durchtrainierten Körperbau vorzugsweise von Sportler-Modellen zum »Staatskörper des statuarischen Vorbildes« mache, zum jugendlichen »Idol aus idealem Schein«.[144]

Fragt man abschließend nach der politischen Bedeutung dieser deutschen Verschönerungsvariante, dann lassen sich zumindest drei symbolische Funktionen erkennen: Die Ästhetisierung des Körpers (Haug) hatte einmal die »körpersprachlichen Anschauungsinstrumente« für ein Regime zu liefern, das unbedingten Wehrwillen und unbedingte Kampfbereitschaft verlangte.[145] Zum anderen grenzte das klassizistisch überformte, jugendlich rassistische Schönheitsideal alles »Unschöne« als »verfluchte Rasse« der Außenseiter aus, wie Marcel Proust Juden und Homosexuelle genannt hat. Und schließlich erschienen diese in Bronze gegossenen oder in Stein gehauenen Figuren wie für die Ewigkeit bestimmt, Ausdruck und Garanten unvergänglicher Werte und ewiger Herrschaftsordnungen. Darauf hatte Hitler seine Mit- und Nachwelt schon früh aufmerksam gemacht: »Selbst wenn ein Volk erlischt und die Menschen schweigen, werden dann die Steine reden.«[146]

Von dieser Aussicht waren angesichts der monumentalen Schönheit und jugendlichen Kraft der Brekerschen Aktskulpturen auch andere angetan. So fand nicht nur der Vichy-französische Erziehungsminister Abel Bonnard zur Eröffnung der großen Breker-Ausstellung 1942 im besetzten Paris anerkennende Worte für Brekers Werke. Bewunderung riefen sie auch unter der oppositionellen Pariser Intelligenz hervor. Bonnard traf den Nerv des instrumentellen Zweckes und möglichen Nutzens dieser menschenverachtenden Ästhetik, als er erklärte: »Sie... entfesseln die Anstrengungen derjenigen, die arbeiten, und derer, die kämpfen. Sie geben den Städten jene erhabenen Bewohner aus Marmor und Bronze, die ihnen nicht weniger not sind als die Bewohner aus Fleisch und Blut. Denn während diese kommen und gehen wie Passagiere über die Brücke eines Schiffes, gleichen die hohen Bildsäulen Schildwachen, die den Horizont von Jahrhunderten beobachten, während die Menschen nur für einen Horizont von Tagen bestehen.«[147]

Das hat sich auf eine überraschende Weise bewahrheitet. Denn einige dieser Skulpturen beobachten den Horizont tatsächlich weiterhin, wenn auch von einem inzwischen veränderten Standort aus. So stehen auf dem Sportplatzgelände der sowjetischen Kaserne in Eberswalde, ca. 40 km nordöstlich von Berlin entfernt, Brekers *Künder* und *Berufung*, umgeben von jenen beiden Pferden, die Josef Thorak 1939 für die Gartenfassade der Hitlerschen Reichskanzlei anfertigte. Zudem befinden sie sich dort in schöner weiblicher Gesellschaft: den beiden Akten *Olympia* und *Galathea* von Fritz Klimsch aus den dreißiger Jahren.[148]

Schlußwort

Das NS-Regime hat sich in hohem Maße – und vielleicht so wie kein zweites Herrschaftssystem der Neuzeit – über seine Kunst und Massenkultur definiert und zu legitimieren versucht.[1] Nicht die wirtschaftlichen, sondern die »großen Kulturleistungen«, zu denen auch die technologischen Errungenschaften zählten, galten im Selbstverständnis der NS-Führung und großer Teile der Bevölkerung als die eigentlichen »Höchstleistungen des Gemeinschaftslebens«.[2] Jedenfalls bis zum Beginn des Krieges. Hitler sah sich bekanntlich als verhinderten Architekten. Für ihn war die Grenze zwischen Kunstwerk und politischer Führungskunst fließend. Politik verstand er, der katholisch sozialisierte, von der Ausnahmesituation des Krieges geprägte und wagnerianisch inspirierte Schauspieler- und Künstler-Politiker als eine Art Gesamtkunstwerk. Kulturelle Fragen hatten nicht zuletzt auch in seinen zahlreichen Reden erhebliches Gewicht.[3] Beachtlich war der organisatorische, finanzielle und personelle Aufwand, mit dem das NS-Regime die kulturelle Entwicklung in Deutschland zu kontrollieren und zu fördern versuchte. Und selbst der Kern der NS-Ideologie, die Rassenlehre, war noch Bestandteil einer auf Visualisierung ausgerichteten und »im Bilde sich bestätigenden Gesellschaftskonzeption«.[4] Ihre biologisch-sozialdarwinistischen Grundlagen waren ästhetisch überhöht. So in der rassistischen Vision des »nordischen« Menschen. So im Leitbild des »Volks*körpers*«, dessen Überlegenheits-, Reinheits- und Harmonievorstellungen die »Volksgemeinschafts«-Ideologie prägten und die Ausgrenzung, am Ende die Liquidierung der »Fremdvölkischen« rechtfertigen sollten.

Die politische Funktion der Ästhetisierung war also im Dritten Reich für die gesellschaftliche Binnenintegration so notwendig wie für die Selbstdarstellung des Regimes und die in seinem Namen und Auftrag verübten Staatsverbrechen. Insofern erscheint auch die pointierte Feststellung berechtigt, daß die ästhetischen Phänomene und Handlungskonzepte dazu tendierten, »selber zu einer eigenständigen Form faschistischer Herrschaft« zu werden, »zu deren Ästhetisierung sie ursprünglich nur hatten beitragen sollen«.[5] Hitler verstand Ästhetisierung konkret, wenn auch vordergründig, als »Verschönerung des Lebens«, als Erzeugung einer Scheinwirklichkeit, welche die Wahrnehmung und das Realitätsbild von Millionen beeinflussen und ihnen visuell und symbolisch zugestehen sollte, was ihnen real versagt wurde. Die Regisseure dieser Scheinwirklichkeit wollten die Massen eine von der empirischen Wirklichkeit welt*anschaulich* abweichende Sicht der Dinge glauben machen. Sie konnten das um so leichter, weil sie selbst in einer Welt voller Mythen und Fiktionen lebten. Und sie waren mit der Erzeugung von schönem Schein wohl auch erfolgreich – jedenfalls bis weit in die Kriegsjahre hinein –, weil sie die verfügbaren technischen Mittel differenziert und professionell zu nutzen verstanden. Insofern wird man hier zumindest von einer instrumentellen Rationalität sprechen müssen. Zudem hatten es die NS-Regisseure mit einem Publikum zu tun, das – je nach Geschmack und Bildung – lieber unterhalten oder erbaut als politisiert oder gar indoktriniert werden wollte. Es gab sich dabei einer doppelten Selbsttäuschung hin. Es täuschte sich nicht nur in seinem Glauben an die Autonomie der schönen Künste, sondern vor allem über das politische Programm Hitlers. Der Bereitschaft der Massen zur Selbsttäuschung entsprach die auf Täuschung angelegte Politik seines Regimes, das die Ästhetisierung deshalb mit so großem Aufwand betrieb, weil die alten Eliten der neuen NS-Führung zwei große ungelöste Fragen hinterlassen hatten, deren Lösung die Anhänger Hitlers nun von ihm erwarteten:

(1) Einmal ging es um die soziale Frage. Ihre Lösung sollte die klassengesellschaftliche Spaltung der Weimarer Zeit überwinden, zumindest aber vergessen oder einfach unsichtbar machen. Darauf zielte einerseits die Zerschlagung der organisierten Arbeiterbewegung und zum anderen das Modell der »Volksgemeinschaft«. Mit seinen zahlreichen wohlfahrtsstaatlichen Einrichtungen und den vielen populären Veranstaltungen einer zeitgemäßen Freizeit- und Massenunterhaltungskultur

sollte es der deutschen Gesellschaft einen scheinsozialistischen Anstrich geben.

(2) Zum anderen ging es um die nationale Frage. Ihre Lösung gewann in den zum Mythos stilisierten Leitbildern des Führers und des Reiches sinnbildliche Gestalt, und in den vielen Dekorationen und Inszenierungen der Macht kamen für die Massen die ersehnte neue nationale Größe, Einheit und weltpolitische Geltung Deutschlands zum verheißungsvollen Vorschein.

Die Ästhetisierung erschien für die Bearbeitung der nationalen und sozialen Frage deshalb so unentbehrlich, weil die Realisierung dieser Ziele entweder nur mit repressiven Mitteln möglich oder überhaupt illusorisch war. Diese Strategie diente weniger der Veränderung der Wirklichkeit, als der Veränderung ihrer Wahrnehmung oder der Täuschung über die wahren Absichten des Regimes. Dafür nutzten die Nazis vielfältige Instrumente und Techniken, die sie überwiegend im Fundus der Selbstdarstellung bürgerlicher und proletarischer politischer Akteure vorfanden, die sie perfektionierten und zugleich pervertierten und die im übrigen mit dem Dritten Reich nicht einfach untergegangen sind.

Für die operative Umsetzung der Ästhetisierungs-Strategie waren die folgenden vier Konzepte von besonderer Bedeutung. Wobei allerdings einschränkend anzumerken ist, daß der nachträgliche Versuch einer um Differenzierung und Systematisierung bemühten Darstellung zwangsläufig dazu tendiert, den Akteuren und ihrem Handeln ein zu hohes Maß an Rationalität und Intentionalität zu unterstellen:

(a) Die *Personifizierung* der Politik, d.h. die Verkürzung von komplexen, anonymen politischen Strukturen auf einen Namen, ein Idol, ein persönliches Identifikationsleitbild und seine zeitgemäß heroisch-religiöse Stilisierung zum »Erlöser-Kaiser«, dem aus der Masse herausragenden, zugleich aus ihr hervorgegangenen und auf »Gedeih und Verderb« mit ihr verbundenen Führer.

(b) Die *Mythisierung* der Politik durch Beschwörung vormoderner Welten und Lebensformen (Führer, Reich, Gemeinschaft), aber auch durch mythologisch überhöhte moderne Leitbilder (Nation, Revolution, Technik). Darin fand insbesondere das Verlangen nach Überwindung des auf abstrakter System-Rationalität beruhenden politischen Prozesses seinen Ausdruck. Das Verlangen also nach Emotionalität, Spontaneität und Authentizität, jenseits einer Welt des als unbefriedigend erlebten gesellschaftlichen Interessenausgleichs und auch jenseits einer Welt unübersichtlicher, gleichwohl formell geregelter Verfahren. Mit dem Mythos schien sakraler Zauber in eine fast restlos »entzauberte Welt« (M. Weber) zurückzukehren.

(c) Die *Inszenierung*, Dekoration und Ritualisierung der Politik zur Überwindung ihrer Unansehnlichkeit und zur Befriedigung der Massenbedürfnisse nach Identifikation, nach Gemeinschaft, Unterhaltung und Schönheit. Dem suchte die Choreographie der Massenveranstaltungen ebenso zu entsprechen wie Architektur und bildende Kunst oder auch die Programmgestaltung der Massenmedien sowie ein zugleich volkstümlicher und monumentaler Repräsentationsstil der Eliten. Dabei wurden unterschiedliche Traditionen aufgegriffen und instrumentalisiert: das Erbe der Romantik und der Freiheitskriege, der preußische Klassizismus und Militarismus, die christlichen Liturgien ebenso wie Elemente der Arbeiterbewegungskultur und nicht zuletzt die Symbolik und Mystik des alt- und neudeutschen Nationalismus mit Feuer und Fahnen, Blut und Liedern.

(d) Die *Typisierung* des Individuums, d.h. die Überformung des einzelnen Menschen (zum »Volksgenossen« und Mitglied der »Volksgemeinschaft«) durch KdF-Betreuung, Warenästhetik und Kulturindustrie. Dieser Prozeß sich ausbreitender rationalisierter Arbeitsumwelt, Konsumöffentlichkeit und technoider Eleganz begann in Deutschland in den zwanziger Jahren und setzte sich in den dreißiger Jahren fort, um in den fünfziger Jahren seine volle Entfaltung zu erfahren. In ihm wurde der einzelne mehr und mehr dem technisch-industriellen Funktionalismus unterworfen. Dabei kam er gar nicht erst zum Bewußtsein einer auf individuelle Emanzipation und Autonomie angelegten demokratischen Moderne. Vielmehr sucht er in den Angeboten und Einrichtungen der audiovisuellen Massenmedien, der Freizeit, des Reisens, des Sports und der Technik nach Lebensglück, zumindest aber nach Kompensation. Indem das einzelne Individuum tendenziell in der Masse aufgeht und sich durch eine Wirklichkeit des schönen Scheins überwältigen läßt, greifen beständig sozialer Betrug und Selbstbetrug ineinander. Schönheit und Gewalt werden nicht mehr als Widerspruch wahrgenommen.[6]

Die politische Strategie der Ästhetisierung umschließt demnach ein ganzes Ensemble von kulturellen Medien und Instrumenten. Damit können Scheinwelten über zahlreichen Feldern des politisch-gesellschaftlichen Lebens errichtet werden. Das faschistische Herrschaftssystem war darauf vielleicht mehr als jedes andere angewiesen.

So kommt am Ende noch einmal die gesellschaftliche Totalität als entscheidender Bezugspunkt der Ästhetisierungsstrategie ins Blickfeld. Das erscheint hier auch deshalb angebracht, weil ja der Umgang mit der NS-Kultur nach 1945 lange durch eine auffällige Ungleichbewertung der verschiedenen Bereiche der NS-Kultur gekennzeichnet war, mit der eine bemerkenswerte »Parzellierung des Blicks« (B. Hinz) einherging.

So wurde und wird etwa die NS-Malerei ebenso wie auch die »volkhafte« Literatur jener Zeit als Blu-Bo-Kitsch eingestuft, während die Bildhauer von Breker bis Kolbe viel Aufmerksamkeit und nicht wenig Anerkennung finden, die Reichsautobahn und der KdF-Wagen von der öffentlichen Meinung zum Wirtschaftswunder-Symbol – sei es der Vor-, sei es der Nachkriegszeit – stilisiert werden, der Architektur selbst Kritiker den Rang »historischer Einmaligkeit« (H. Brenner) nicht vorenthalten mögen und der Goebbelssche Unterhaltungsfilm noch heute ein Millionenpublikum findet, wofür die ARD ebenso wie seinerzeit das erklärtermaßen antifaschistische DDR-Fernsehen sorgen, so, »als sei ausgerechnet das Ufa-Zelluloid jenseits von Gut und Böse«.[7]

Hinter dieser Disparität des Urteils und der unvermittelten Beliebigkeit in der Auswahl der Kulturphänomene und Kunstsparten verbergen sich widersprüchliche, politisch-moralisch begründete Vorurteile. Sie können und müssen hier nicht näher erörtert werden.[8] Wichtiger erscheint in dieser abschließenden Betrachtung, daß Willkür und Widersprüchlichkeit im Umgang mit der Ästhetik des Faschismus nicht nur den Blick auf die gesellschaftliche *Totalität* verstellt haben, sondern auch auf ihre politische *Funktionalität*. Die herkömmliche und verbreitete Sichtweise ist eher an rein ästhetischen Maßstäben orientiert und fragt nicht nach dem politisch-instrumentellen Wert dieser ästhetischen Produkte und Phänomene. Mit dieser Blickverengung wurde zugleich jene Dimension ausgeblendet, die in diesem Buch immer wieder thematisiert worden ist: die der *Kontinuität*. Diese Dimension kann für das Verständnis des Gesamtzusammenhangs kaum überschätzt werden. Das Dritte Reich ist in seiner Kulturgeschichte weitaus stärker mit der Weimarer Republik und dem Nachkriegsdeutschland verknüpft, als es jene wahrnehmen können, die vor allem die sogenannten Wendepunkte fixieren. Wer zu sehr die Diskontinuität von 1933 und 1945 betont, dem entgeht womöglich auch der ambivalente Status der NS-Kultur zwischen völkischem Traditionalismus und technologischer Moderne, der zuvor verschiedentlich – im Anschluß an Jeffrey Herf – als *reaktionäre Modernität* umschrieben worden ist.

Zum NS-Regime im allgemeinen und der von ihm betriebenen Ästhetisierung im besonderen gewinnt man keinen angemessenen Zugang, wenn man nicht von einem analytischen Ansatz ausgeht, der die gesellschaftliche Totalität und den instrumentellen Charakter der NS-Kultur, ihre relative Modernität und historische Kontinuität zugleich in den Blick nimmt, im Blick behält und miteinander verknüpft. Das dürften für eine Auseinandersetzung mit diesem Thema notwendige Bedingungen sein. Ob sie hinreichen, ist nicht zuletzt eine Frage ihrer wissenschaftlichen und/oder politischen Umsetzung. Wie schwierig sie ist und wie leicht sie mißlingen oder mißverstanden werden kann, in der sprachlichen Form ebenso wie in der Wahl des Adressaten, des Ortes und des Zeitpunktes, das hat zuletzt der frühere Bundestagspräsident Philipp Jenninger erfahren. Er hielt aus Anlaß des 50. Jahrestages der »Reichskristallnacht« genannten Pogrome am 10. November 1988 im Bundestag eine Rede, die ein Tabu im Umgang mit der NS-Zeit brechen wollte: die so lange verschwiegene Faszination des Faschismus. Jenninger hatte recht, wenn er darauf hinwies, daß der ebenso verheißungs- wie verhängnisvoll, also schillernd-widersprüchlich heraufziehende schöne Schein des Bösen – Hitler und das von ihm geführte Bewegungsregime – für Millionen ein Faszinosum gewesen ist. Und das weit über Deutschlands Grenzen hinaus. Insoweit war die Rede vom Ansatz her überfällig und richtig. In der Ausführung aber war sie mißglückt. Vor allem aber wurde sie dem Adressaten an diesem Tag nicht gerecht. Denn es ging nicht um die Täter von einst und ihre Nachkommen, also um uns selbst, es ging vielmehr um die Opfer und die Überlebenden des Novemberpogroms und des Holocaust sowie deren Nachkommen. Aber noch bedenklicher als die Form und der Zeitpunkt der Rede war die – von wenigen Ausnahmen abgesehen – wiederum bloß hilflos moralische Reaktion darauf. Hilflos, weil sie bloß die Person verurteilte, aber zur Sache sprachlos blieb.[9] Der Fall Jenninger ist kein Einzelfall in der von Skandalen und Verzögerungen geprägten Geschichte westdeutscher Vergangenheitsbewältigung. Sie hat viel Peinliches auf der politischen Bühne produziert und auch in der kulturellen Sphäre viel Fragwürdiges hervorgebracht: von Breker bis Speer und von Fassbinder bis Syberberg. Dort geht es nie allein um den literarischen oder künstlerischen Rang der umstrittenen Werke. Fragwürdig erscheinen sie zunächst und vor allem deshalb, weil sie etwas aussagen können über das politische Bewußtsein und das kollektive Gedächtnis der Gesellschaft, in der diese Bücher, Filme und Plastiken genossen und bewundert werden.[10] So zeigt sich von Fall zu Fall: Unser Umgang mit der NS-Vergangenheit schwankt weiterhin unsicher zwischen Extremen, zwischen historisierender Verharmlosung und pädagogisierender Verteufelung, zwischen aggressiver Verdrängung und obsessiver Kommerzialisierung. Wir werden mit der Last der Vergangenheit nicht fertig.

Wenn es daher, immer wieder und in jeder Generation aufs neue, darum gehen muß, über Auschwitz zu reden, so unterschiedlich die zeitspezifischen Bedingungen des Begreifens auch immer sein mögen, dann muß neben der repressiven Seite der NS-Wirklichkeit auch die gefährlich schöne Scheinwelt des Faschismus in den Blick kommen, dann müssen wir durch die Ambivalenz bürgerlicher Normalität und äußerer Respektabilität hindurch in den Abgrund des Entsetzlichen sehen lernen, dann müssen wir über das – hilflose oder heuchlerische – Moralisieren hinauskommen und eine anderswo kulturgeschichtlich durchaus verankerte Fähigkeit zur Imagination des Bösen entwickeln.[11] In Frankreich etwa und in England entfaltete sich im 19. Jahrhundert ein Diskurs über die »sinnliche Lust am Infernalischen«, hier entstand geradezu eine »Schule des Bösen«, welche die Lust am Perversen und die Faszination des Grauens als ästhetische Ekstase, als grenzüberschreitendes, utopisches Bewußtsein beschrieb. Demgegenüber machte sich in Deutschland eine Art »Selbstgenügsamkeit im Begreifen des Rätselhaften und Bedrohlichen« breit. Hierzulande wurde die ästhetische Bearbeitung des »Bösen« ignoriert und auch tabuisiert. Dafür sorgte zunächst der »gesunde Menschenverstand« und später dann »das gesunde Volksempfinden«. Dahinter aber tat sich ein ungeahnter Abgrund auf. Zugespitzt formuliert: Zwischen der kulturell vermittelten Unfähigkeit zur Imagination des Bösen und der – jede menschliche Vorstellungskraft übersteigenden – staatlich legitimierten und industriell organisierten Ermordung von Millionen zu »unwertem Leben« erklärten Menschen besteht ein Zusammenhang. Nicht zuviel, nein, zuwenig Phantasie hat das Ungeheuerliche hervorgebracht. Wenn dieser Phantasie künstlerisch doch einmal Raum gegeben wird, dann gerät sie prompt – wie in Syberbergs Hitler-Film – zu einer wagnerianisch inspirierten »Phantasmagorie«, zu einer »moralischen Horror-Show«, zu einer Beschwörung aus »Mythos und Travestie, Märchen und Science fiction«, wie Susan Sontag diese Film-Oper umschreibt, die – so ihr pointiertes Urteil – »selber die Schöpfung einer Welt« ist, »aus der ihr Schöpfer (man fühlt es) sich nur mit größter Mühe zurückziehen kann…«.[12]

Welche Formen im Umgang mit der NS-Zeit auch immer gefunden werden – obsessive »Ver-Gegenwärtigung« (S. Friedländer) hier, Verdrängung dort –, wir tragen bis heute schwer an der Last der Vergangenheit. Das hat viel mit Grundströmungen und Parametern unserer politischen Kultur zu tun, die bis heute nachwirken: mit unserer Weltsicht und unserem Selbstbild, unserem Geschichtsdenken und Politikverständnis. Deutsches Denken – dieser idealtypisch verstandene Topos sei bei aller Fragwürdigkeit hier einmal erlaubt – neigt nach draußen zu einer dualistischen Weltsicht und -deutung, im gemeinschaftlichen Binnenverhältnis aber zu einer harmonistischen Anschauung. Beide Haltungen sind gegenüber einer widersprüchlichen, komplexen und sich immer wieder verändernden Welt problematisch und tragen die Gefahr in sich, diese zu verfehlen.

Die erste, weil sie sich schwer tut, Gegensätzliches dialektisch und pragmatisch zugleich aufeinander zu beziehen. Die zweite, weil sie sich über Gegensätzliches im Konfliktfall gern ästhetisierend oder voluntaristisch hinwegsetzt.

Dabei wird immer wieder jener »böse Mangel an Fantasie« offenbar, der bis heute »die Türen zur Welt kontrolliert«[13], jene moralische Phantasielosigkeit, die zwischen Extremen schwankt, ohne Sensorium für das Rückseitige und Abgründige der bürgerlichen Vernunftmoderne, unfähig zur »Imagination des Bösen« (K. H. Bohrer). Wir reden zwar ständig über Katastrophen, ebenso freimütig wie folgenlos, aber wir verbannen sie in eine ferne Geschichte und in eine womöglich gar nicht mehr so ferne Zukunft, und wir haben sie aus unserer hochzivilisierten und hochgesicherten »Zitadellenkultur«[14] ausgelagert in eine Dritte Welt, um zugleich und umso genußvoller und unterhaltsamer unsere un-heimliche Lust an der Katastrophe zu befriedigen.

Wenn wir das extrem Unverständliche unserer eigenen Vergangenheit verstehen wollen – als Voraussetzung eines historisch aufgeklärten Gegenwartsbewußtseins –, dann müssen wir zuallererst auch die unversöhnlichsten Gegensätze unserer Kulturgeschichte anerkennen und annehmen, dann müssen wir begreifen lernen – wie mir ein israelischer Kollege einmal schrieb –, daß und warum auch das Widersinnigste der deutschen Wirklichkeit zusammengehört: »Herder und Hitler, Goethe und Goebbels, das ›Junge Deutschland‹ und ›Deutschland erwache‹, das Frankfurter Parlament und Hans Frank, die Goethe-Linde am Appell-Platz von Buchenwald vor den Toren Weimars, Himmler und Heine, deutsche Gotik und deutsche Götterdämmerung.«[15]

Anmerkungen

Abgekürzt zitierte Werke:

Backes	Klaus Backes, Hitler und die bildenden Künste. Kulturverständnis und Kunstpolitik im Dritten Reich, Köln 1988.
Bracher/Funke/Jacobsen	Karl Dietrich Bracher/Manfred Funke/Hans-Adolf Jacobsen (Hg.), Nationalsozialistische Diktatur. Eine Bilanz, Bonn/Düsseldorf 1983.
Brenner	Hildegard Brenner, Die Kunstpolitik des Nationalsozialismus, Reinbek 1963.
Denkler/Prümm	Horst Denkler/Karl Prümm (Hg.), Die deutsche Literatur im Dritten Reich. Themen, Traditionen, Wirkungen, Stuttgart 1976.
Domarus I/1, I/2, II/1, II/2	Max Domarus, Hitler. Reden und Proklamationen 1932–1945. Kommentiert von einem deutschen Zeitgenossen, Wiesbaden 1973, 4 Bde.
Fest	Fest, Joachim, Hitler. Eine Biographie, Frankfurt/M. und Berlin 1973
Goebbels-Reden 1 u. 2	Joseph Goebbels, Reden, hrsg. von Helmut Heiber, Düsseldorf 1971/72, 2 Bde.
Goebbels-Tagebücher 1–4	Joseph Goebbels, Die Tagebücher: sämtliche Fragmente, hrsg. von Elke Fröhlich, München 1987, 4 Bde.
Heiber	Helmut Heiber, Joseph Goebbels, München 1988[3] (1965).
Hinz	Berthold Hinz: Die Malerei im deutschen Faschismus. Kunst und Konterrevolution, München 1984 (1974).
Hinz, Dekoration	Berthold Hinz u.a. (Hg.), Die Dekoration der Gewalt. Kunst und Medien im Faschismus, Gießen 1979 (Ausstellungskatalog).
Hitler	Adolf Hitler, Mein Kampf, München 1940.
Inszenierung der Macht	Inszenierung der Macht. Ästhetische Faszination im Faschismus, hrsg. von der Neuen Gesellschaft für Bildende Kunst Berlin, Berlin 1987 (Ausstellungskatalog).

Merker	Reinhard Merker, Die bildenden Künste im Nationalsozialismus. Kulturideologie, Kulturpolitik, Kulturproduktion, Köln 1983.
Schnell	Ralf Schnell (Hg.), Kunst und Kultur im deutschen Faschismus, Stuttgart 1978.
Sontag	Susan Sontag, Im Zeichen des Saturn. Essays, Frankfurt/M. 1983.
Speer, Erinnerungen	Albert Speer, Erinnerungen, Frankfurt/M. 1987 (1969).
Speer, Tagebücher	Albert Speer, Spandauer Tagebücher, Frankfurt/M. 1982 (1975).

Vorwort

1 Wolfgang F. Haug, Faschisierung des Subjekts. Die Ideologie der gesunden Normalität und die Ausrottungspolitiken im deutschen Faschismus. Materialanalysen, Berlin 1986, S. 162ff. u.S. 203; Haug weist im übrigen darauf hin, daß zwar die Ähnlichkeit beider lateinischer Wörter zufällig, der sexuelle Bezug gleichwohl aufschlußreich ist. Grundlegend dazu: Klaus Theweleit, Männerphantasien, 2 Bde., Frankfurt/M. 1978.

2 Konrad Ehlich, Über den Faschismus sprechen – Analyse und Diskurs, in: ders. (Hg.), Sprache im Faschismus, Frankfurt/M. 1989, S. 7ff.

3 Saul Friedländer, Kitsch und Tod. Der Widerschein des Nazismus, München 1984.

1. Kapitel: Einleitung

1 Jean Améry, Jenseits von Schuld und Sühne. Bewältigungsversuche eines Überwältigten, München 1966, S. 101ff.; Wolfgang F. Haug, Vom hilflosen Antifaschismus zur Gnade der späten Geburt, Hamburg/Berlin 1987; Arno Plack, Wie oft wird Hitler noch besiegt? Düsseldorf 1982; Martin Broszat, Nach Hitler. Der schwierige Umgang mit unserer Geschichte, hrsg. v. H. Graml und K.D. Henke, München 1987; Alfred Grosser, Das Deutschland im Westen. Eine Bilanz nach 40 Jahren, München 1985, S. 230ff.

2 Alexander und Margarete Mitscherlich, Die Unfähigkeit zu trauern. Grundlagen kollektiven Verhaltens, München 1967; Hermann Lübbe, Es ist nichts vergessen, aber einiges ausgeheilt. Der Nationalsozialismus im Bewußtsein der deutschen Gegenwart, in: Deutschlands

Weg in die Diktatur. Internationale Konferenz zur Machtübernahme, West-Berlin 1983.

3 Hans Mommsen, Nationalsozialismus, in: C.D. Kernig (Hg.), Sowjetsystem und demokratische Gesellschaft. Eine vergleichende Enzyklopädie, Freiburg 1971, Bd. 4, Sp. 695ff. Andreas Hillgruber, Endlich genug über Nationalsozialismus und Zweiten Weltkrieg? Forschungsstand und Literatur, Düsseldorf 1982.

4 Siehe Klaus Hildebrand, Das Dritte Reich, München 1979, bes. S. 117ff.; Ian Kershaw, Der NS-Staat. Geschichtsinterpretationen und Kontroversen im Überblick, Reinbek 1988; Thomas Childers and J. Caplan (Eds.), Reevaluation of the Third Reich. New controversies, new interpretations, New York/London 1990.

5 Siehe die Zusammenfassung der Forschungsentwicklung von Gerhard Schreiber, Hitler. Interpretationen 1923–1983, Darmstadt 1984; Wolfgang Wippermann (Hg.), Kontroversen um Hitler, Frankfurt/M. 1986. Vgl. außerdem: Michael Bosch (Hg.), Persönlichkeit und Struktur in der Geschichte, Düsseldorf 1977.

6 Siehe v.a. Bruno Seidel/Siegfried Jenker (Hg.), Wege der Totalitarismusforschung, Darmstadt 1968; Hans-Ulrich Thamer/Wolfgang Wippermann, Faschistische und neofaschistische Bewegungen. Probleme empirischer Faschismusforschung, Darmstadt 1977; Wolfgang Wippermann, Europäischer Faschismus im Vergleich 1922–1982, Frankfurt/M. 1983; Ernst Nolte, Die faschistischen Bewegungen. Die Krise des liberalen Systems und die Entwicklungen der Faschismen, München 1966.

7 Siehe Tim W. Mason u.a., Faschismus-Diskussion (= Argument-Studienhefte 6), West-Berlin 1978; kritisch dazu Heinrich August Winkler, Revolution, Staat, Faschismus, Göttingen 1978.

8 Dazu insbes. Helga Grebing, Der »deutsche Sonderweg« in Europa 1806–1945. Eine Kritik, Stuttgart 1986 und Dan Diner (Hg.), Ist der Nationalsozialismus Geschichte? Zu Historisierung und Historikerstreit, Frankfurt/M. 1987.

9 So Werner Hofmann, Kunst ist Bestandteil der Geschichte, in: Universitas 42 (1987) 499, S. 1235ff. Vgl. auch die Beiträge von Hermann Glaser und Heinrich Kupffer ebda.

10 Hans-Ulrich Thamer, Verführung und Gewalt. Deutschland 1933–45, Berlin 1986.

11 Siehe dazu Kap. 3, S. 79ff. Grundlegend Jeffrey Herf, Reactionary Modernism. Technology, Culture, and Politics in Weimar and the Third Reich, Cambridge/Mass. 1984.

12 Klaus Staeck (Hg.), Nazi-Kunst ins Museum? Göttingen 1988.

13 DIE GRÜNEN, Große Anfrage »Über den Umgang mit der sogenannten ›entarteten‹ und mit der sogenannten ›schönen‹ Kunst«.

Texte und Materialien für die Kulturdebatte in der Fraktion DIE GRÜNEN im Bundestag am 12. 4. 1988, Bonn 1988; DIE GRÜNEN (Hg.), Über den Umgang mit der sogenannten entarteten und mit der sogenannten schönen Kunst. Die Antwort der Bundesregierung auf die Große Anfrage der GRÜNEN. Im Zusammenhang mit der Ausstellung NS-Kunst ins Kunstmuseum – Wie? Bonn 1989.

14 Jörg Friedrich, in: Erbeutete Sinne. Nachträge zur Berliner Ausstellung »Inszenierung der Macht. Ästhetische Faszination im Faschismus«, Berlin 1988, S. 63 f.; siehe auch den gleichnamigen Ausstellungskatalog der Neuen Gesellschaft für Bildende Kunst, Berlin 1987.

15 Sontag, S. 96 ff.

16 Saul Friedländer, Kitsch und Tod. Der Widerschein des Nazismus, München 1984.

17 Wilhelm Reich, Die Massenpsychologie des Faschismus, Frankfurt / M. 1974, S. 27 ff.

18 Theodor Geiger, Die soziale Schichtung des deutschen Volkes, Darmstadt 1972.

19 Erich Fromm, Die Furcht vor der Freiheit, Frankfurt / M. 1966; ders., Anatomie der menschlichen Destruktivität, Frankfurt / M. 1977.

20 Herbert Marcuse, Kultur und Gesellschaft 1, Frankfurt / M. 1965, S. 56 ff.

21 Hendrik de Man, Zur Psychologie des Sozialismus, Jena 1926; ders., Der Sozialismus als Kulturbewegung, Berlin 1926.

22 Siehe Martin Jay, Dialektische Phantasie. Die Geschichte der Frankfurter Schule und des Instituts für Sozialforschung 1923–1930, Frankfurt / M. 1981; Rolf Wiggershaus, Die Frankfurter Schule. Geschichte, Theoretische Entwicklung, Politische Bedeutung, München 1986; Alfons Söllner, Geschichte und Herrschaft. Studien zur materialistischen Sozialwissenschaft 1929–42, Frankfurt / M. 1979.

23 Siehe Wolfgang Emmerich, »Massenfaschismus« und die Rolle des Ästhetischen. Faschismustheorie bei Ernst Bloch, Walter Benjamin, Bertolt Brecht, in: L. Winckler (Hg.), Antifaschistische Literatur, Bd. 1, Kronberg / Ts. 1977, S. 223–290.

24 Ernst Bloch, Erbschaft dieser Zeit, Frankfurt / M. 1962, S. 162.

25 Ebda., S. 164.
Für die folgenden Zitate vgl. ebda., S. 70 ff.

26 Ebda., S. 104 ff.

27 Ebda., S. 403 f.

28 Bertolt Brecht, Arbeitsjournal, zit. nach Emmerich, a.a.O., S. 261.

29 Bertolt Brecht, Der Messingkauf, in: ders., Schriften zum Theater 2 (= Ges. Werke, Bd. 16), Frankfurt / M. 1967, S. 558 ff.

30 Siegfried Kracauer, Das Ornament der Masse, Frankfurt / M. 1963, S. 54.

31 Zit. nach Karsten Witte, Nachwort, in: Kracauer, Ornament, a.a.O., S. 340.

32 Siegfried Kracauer, Von Caligari zu Hitler. Eine psychologische Geschichte des deutschen Films, Frankfurt/M. 1984, S. 11f.

33 Ebda., S. 287.

34 Walter Benjamin, Das Kunstwerk im Zeitalter seiner technischen Reproduzierbarkeit, Frankfurt/M. 1963, S. 49.

35 Walter Benjamin, Pariser Brief, in: ders., Angelus Novus. Ausgewählte Schriften 2, Frankfurt/M. 1966, S. 508.

36 Walter Benjamin, Theorien des deutschen Faschismus. Zu der Sammelschrift »Krieg und Krieger«, hrsg. von Ernst Jünger, in: ders. Kritiken und Rezensionen (Ges. Schriften, Bd. III), Frankfurt/M. 1980, S. 240. Siehe auch Karl Heinz Bohrer, Die Ästhetik des Schrekkens. Die pessimistische Romantik und Ernst Jüngers Frühwerk, München 1978.

37 Benjamin, Kunstwerk, a.a.O., S. 49f.

38 Benjamin, Theorien, a.a.O., S. 240.

39 Benjamin, Pariser Brief, a.a.O., S. 509.

40 Alle Zitate: ebda., S. 509ff.

41 Benjamin, Kunstwerk, a.a.O., S. 51.

42 Karlheinz Schmeer, Die Regie des öffentlichen Lebens im Dritten Reich, München 1956 sowie die 1989 neu aufgelegten, erstmals 1963/4 erschienenen Dokumentationen zur NS-Kulturpolitik von Joseph Wulf.

43 Kunst im Dritten Reich. Dokumente der Unterwerfung, Ausstellungskatalog, Frankfurt/M. 1974.

44 Schnell; Denkler/Prümm; Hinz.

45 Helmuth Plessner, Die verspätete Nation, Stuttgart 1959.

46 Siehe vor allem: Georg L. Mosse, Nationalismus und Sexualität. Bürgerliche Moral und sexuelle Normen, München 1985; als einführenden Überblick: Heinrich August Winkler (Hg.), Nationalismus, Meisenheim 1979; Peter Alter, Nationalismus, Frankfurt/M. 1985.

47 Siehe Gert Ueding, Klassik und Romantik. Deutsche Literatur im Zeitalter der Französischen Revolution 1789–1815, München 1987. Für den kulturell-politischen Gesamtzusammenhang grundlegend: Thomas Nipperdey, Deutsche Geschichte 1800–1866. Bürgerwelt und starker Staat, München 1983, bes. S. 403ff.

48 Carl Dahlhaus, Die Musik des 19. Jahrhunderts, München 1980; Nipperdey, a.a.O., S. 533ff.

49 Siehe Dieter Düding u.a. (Hg.), Öffentliche Festkultur. Politische Feste in Deutschland von der Aufklärung bis zum Ersten Weltkrieg, Reinbek 1988; George L. Mosse, Die Nationalisierung der Massen. Politische Symbolik und Massenbewegungen in Deutschland von den

Napoleonischen Kriegen bis zum Dritten Reich, Frankfurt/M. u. Berlin 1976.

50 Für das Folgende vgl. D. Düding, Nationale Oppositionsfeste der Turner, Sänger und Schützen im 19. Jahrhundert, in: ders., Öffentliche Festkultur, a.a.O., S. 166ff. Außerdem: Fritz Schellack, Nationalfeiertage in Deutschland von 1871 bis 1945, Frankfurt u. Bern 1990.

51 Heinrich Heine, Über Deutschland. Die Romantische Schule (Sämtl. Schriften, Bd. 5), Frankfurt/M. u. Berlin 1981, S. 380.

52 Grundlegend zum Folgenden: Arno J. Mayer, Adelsmacht und Bürgertum. Die Krise der europäischen Gesellschaft 1848–1914, München 1988; James J. Sheehan, Der deutsche Liberalismus. Von den Anfängen im 18. Jahrhundert bis zum Ersten Weltkrieg, München 1983.

53 Zur Kulturgeschichte des Kaiserreichs und der frühen Weimarer Republik: Richard Hamann/Jost Hermand, Impressionismus, München 1974^{2}; dies., Stilkunst um 1900, München 1973; dies., Expressionismus, München 1976.

54 Siehe Wolfgang Wippermann, Die Bonapartismustheorie von Marx und Engels, Stuttgart 1983, S. 189ff. und ders., Zur Analyse des Faschismus. Die sozialistischen und kommunistischen Faschismustheorien 1921–45, Frankfurt/M. 1981.

55 Geiger, a.a.O., S. 105.

56 Siegfried Kracauer, Die Angestellten. Aus dem neuesten Deutschland, Frankfurt/M. 1971.

57 Rainer M. Lepsius, Extremer Nationalismus. Strukturbedingungen vor der nationalsozialistischen Machtergreifung, Stuttgart 1966, S. 9ff. Siehe auch: Jürgen Kocka (Hg.), Bürger und Bürgerlichkeit im 19. Jahrhundert, Göttingen 1987, bes. S. 7ff., S. 79ff. und S. 121ff.

58 Siehe dazu Eberhard Jäckel, Hitlers Herrschaft. Vollzug einer Weltanschauung, Stuttgart 1986 mit der – bonapartismustheoretisch orientierten – sehr sinnvollen Unterscheidung zwischen Hitlers Weg zur Macht und zur Herrschaft.

2. Kapitel: Politische Kunst oder ästhetische Politik?

1 Hagen Schulze, Weimar. Deutschland 1917–1933, Berlin 1982, S. 413. Siehe außerdem als neuere Gesamtdarstellungen: Hans Mommsen, Die verspielte Freiheit. Der Weg der Republik von Weimar in den Untergang 1918–1933, Berlin 1989; Detlev Peukert, Die Weimarer Republik. Krisenjahre der klassischen Moderne, Frankfurt/M. 1987.

2 Alan Bullock, Aussichten auf Europa, in: Die Zeit, 1.1.1988, S. 9.

3 Jost Hermand/Frank Trommler, Die Kultur der Weimarer Repu-

blik, München 1978, S. 128. Grundlegend zum kulturgeschichtlichen Gesamtzusammenhang ferner: Walter Laqueur, Die Kultur der Republik, Frankfurt/M. u. Berlin 1977; Peter Gay, Die Republik der Außenseiter. Geist und Kultur in der Weimarer Zeit. 1918–1933, Frankfurt/M. 1970; John Willett, Explosion der Mitte. Kunst und Politik 1917–1933, München 1981.

4 Kurt Hübner, Die Wahrheit des Mythos, München 1985, S. 294.

5 Siehe Corona Hepp, Avantgarde. Moderne Kunst, Kulturkritik und Reformbewegungen nach der Jahrhundertwende, München 1987.

6 Kurt Pinthus, Menschheitsdämmerung. Ein Dokument des Expressionismus, Reinbek 1959; siehe außerdem: Paul Raabe (Hg.), Ich schneide die Zeit aus. Expressionismus und Politik in Franz Pfemferts ›Aktion‹, München 1964; ders. (Hg.), Expressionismus. Der Kampf um eine literarische Bewegung, München 1965 (Neudruck: Zürich 1987).

7 Hans-Jürgen Schmitt (Hg.), Die Expressionismusdebatte. Materialien zu einer marxistischen Realismuskonzeption, Frankfurt/M. 1973.

8 Siehe Paul Vogt (Hg.), Deutscher Expressionismus 1905–20, München 1981; Brenner, Kunstpolitik, S. 63 ff.; Merker, S. 131 ff.; Barbara Volkmann (Hg.), Zwischen Widerstand und Anpassung. Kunst in Deutschland 1933–45. Ausstellungskatalog, West-Berlin 1980; Reinhard Müller-Mehlis, Die Kunst im Dritten Reich, München 1976.

9 Eberhard Roters, Großstadt-Expressionismus: Berlin und der deutsche Expressionismus, in: Vogt, a.a.O., S. 247 ff. und Richard Hamann/Jost Hermand, Expressionismus, München 1976. Außerdem Stephanie Barron (Hg.), Expressionismus. Die zweite Generation 1915–1925, München 1989.

10 Hamann/Hermand, a.a.O., S. 115 ff. und Franz Marc 1880–1916. Ausstellungskatalog, München 1980.

11 Siehe Peter Paret, Die Berliner Secession. Moderne Kunst und ihre Feinde im Kaiserlichen Deutschland, Berlin 1981, bes. S. 287 ff.

12 Hamann/Hermand, a.a.O., S. 94.

13 Ebda., S. 84 ff.

14 Siehe etwa: Paris – Berlin 1900–1933. Ausstellungskatalog, München 1979; Hepp, a.a.O., S. 148; Hamann/Hermand, a.a.O., passim.

15 Zit. nach Hepp, a.a.O., S. 125.

16 Hamann/Hermand, a.a.O., S. 19 ff. und 162 ff.

17 Siehe Uwe M. Schneede (Hg.), Künstlerschriften der 20er Jahre. Dokumente und Manifeste aus der Weimarer Republik, Köln 1986[3], S. 100 f.

18 Siehe Hans Maria Wingler, Das Bauhaus 1919–1933. Weimar-Dessau-Berlin, Berlin 1968[2].

19 Schneede, a.a.O., S. 10ff. u. S. 192ff.; Hermand/Trommler, a.a.O., S. 353ff.

20 Wingler, a.a.O.; Hermand/Trommler, a.a.O., S. 375ff.; Eckhard Neumann (Hg.), Bauhaus und Bauhäusler. Erinnerungen und Bekenntnisse, Köln 1985; Schneede, a.a.O., S. 192ff.

21 Schneede, a.a.O., S. 22ff.; Richard Huelsenbeck (Hg.), Dada. Eine literarische Dokumentation, Reinbek 1984; Hübner, Wahrheit, a.a.O., S. 309ff.

22 Schneede, a.a.O., S. 22f.

23 Ebda., S. 32.

24 Hübner, a.a.O., S. 311.

25 Siehe Hans Richter, Dada – Kunst und Antikunst. Der Beitrag Dadas zur Kunst des 20. Jahrhunderts, Köln 1965; Karl Riha/Hanne Bergius (Hg.), Dada Berlin. Texte, Manifeste, Aktionen, Stuttgart 1977.

26 Siehe Hermand/Trommler, a.a.O., S. 193ff.; Manfred Brauneck, Klassiker der Schauspielregie. Positionen und Kommentare zum Theater im 20. Jahrhundert, Reinbek 1988, S. 113ff.; ders., Theater im 20. Jahrhundert. Programmschriften, Stilperioden, Reformmodelle, Reinbek 1986.

27 Brauneck, Klassiker, a.a.O., S. 361ff.; Erwin Piscator, Zeittheater. Das ›Politische Theater‹ und weitere Schriften 1915–66, Reinbek 1986.

28 Jürgen Rühle, Theater und Revolution. Von Gorki bis Brecht, München 1963, S. 133. Vgl. auch Fritz J. Raddatz, Putsch am Premierenabend. Eine Serie über die Kulturgeschichte Weimars (III), in: Zeit-Magazin Nr. 19 v. 6.5.1988, S. 53ff.

29 Rühle, a.a.O., S. 154 u. 159ff. Siehe auch ders., Zeit und Theater. Von der Republik zur Diktatur, 2 Bde., Frankfurt/M. u. Berlin 1980.

30 Siehe vor allem Helmut Lethen, Neue Sachlichkeit 1924–1932. Studien zur Literatur des »Weißen Sozialismus«, Stuttgart 1970; Wieland Schmied, Neue Sachlichkeit und Magischer Realismus in Deutschland 1918 bis 1933, Hannover 1969; Realismus. Zwischen Revolution und Reaktion 1919–1939, Ausstellungskatalog, München 1981; Hermand/Trommler, a.a.O., passim; Willet, Explosion, a.a.O., S. 95ff.

31 Schneede, a.a.O., S. 10ff.

32 Siehe Gert Selle, Design-Geschichte in Deutschland. Produktkultur als Entwurf und Erfahrung, Köln 1987; Jochen Boberg u.a. (Hg.), Industriekultur in Berlin im 19. u. 20. Jahrhundert, Bd. 1: Exerzierfeld der Moderne; Bd. 2: Die Metropole, München 1984. Max Horkheimer/Theodor W. Adorno, Kulturindustrie. Aufklärung als Massenbetrug, in: diess., Dialektik der Aufklärung (Ges. Schriften 3), Frankfurt/M. 1981.

33 Hermand/Trommler, a.a.O., S. 52.

34 Ebda., S. 55.

35 Siehe Winfried B. Lerg, Rundfunkpolitik in der Weimarer Republik, München 1980; Siegfried Zielinski, Audiovisionen. Kino und Fernsehen als Zwischenspiele in der Geschichte, Reinbek 1989.

36 Siehe Erich Beyer, Sport in der Weimarer Republik, in: Horst Ueberhorst (Hg.), Leibesübungen und Sport in Deutschland vom Ersten Weltkrieg bis zur Gegenwart, Berlin u. a., Bd. 3/2, S. 657 ff.; Herbert Dierker u. a., Massensport, in: Boberg u. a. (Hg.), Die Metropole, a.a.O., S. 174 ff.

37 Siehe Bärbel Schrader/Jürgen Schebera, Die »goldenen« zwanziger Jahre. Kunst und Kultur der Weimarer Republik, Wien u. Köln 1987; Die wilden Zwanziger. Weimar und die Welt 1919–33, West-Berlin 1986; Reinhold Grimm/Jost Hermand, Die sogenannten zwanziger Jahre, Bad Homburg u. a. 1970; Walter Laqueur, Weimar. Die Kultur der Republik, Frankfurt/M. u. West-Berlin 1977, bes. S. 279 ff.; Hermand/Trommler, a.a.O., passim.

38 Friedrich Hollaender, Von Kopf bis Fuß, Berlin 1967, S. 68.

39 Schrader/Schebera, a.a.O., S. 63 ff.

40 Georg Picht, Kunst und Mythos, Stuttgart 1986, S. 67.

41 Schmitt, Die Expressionismusdebatte, a.a.O., S. 9.

42 Thomas Mann, Essays, Bd. 2: Politische Reden und Schriften, Frankfurt/M. 1977, S. 115.

43 Joachim Fest, Die unwissenden Magier. Über Thomas und Heinrich Mann, Berlin 1985, S. 19 ff.

44 Jost Hermand, Der alte Traum vom neuen Reich. Völkische Utopien und Nationalsozialismus, Frankfurt/M. 1988, bes. S. 117 ff.

45 Siehe Hermann Lübbe, Politische Philosophie in Deutschland, Basel u. Stuttgart 1963, S. 173 ff. (Die philosophischen Ideen von 1914).

46 Siehe Karl Prümm, Die Literatur des soldatischen Nationalismus der 20er Jahre. Gruppenideologie und Epochenproblematik, Kronberg/Ts. 1974.

47 Siehe vor allem Karl Heinz Bohrer, Die Ästhetik des Schreckens. Die pessimistische Romantik und Ernst Jüngers Frühwerk, München 1978; Hans-Peter Schwarz, Der konservative Anarchist. Politik und Zeitkritik Ernst Jüngers, Freiburg 1962; Armin Steil, Die imaginäre Revolte. Untersuchungen zur faschistischen Ideologie und ihrer theoretischen Vorbereitung bei Georges Sorel, Carl Schmitt und Ernst Jünger, Marburg 1984; Martin Meyer, Ernst Jünger, München u. Wien 1990; Christian Graf von Krockow, Die Entscheidung. Eine Untersuchung über Ernst Jünger, Carl Schmitt, Martin Heidegger, Neuausg. Frankfurt/M. 1990.

48 Steil, a.a.O., S. 86 ff.

49 Bohrer, a.a.O., S. 103 ff.; Th. Mann, Nietzsches Philosophie im

Lichte unserer Erfahrung, in: ders., Essays, Bd. 3: Schriften über Musik und Philosophie, Frankfurt/M. 1978, S. 235ff.

50 Steil, a.a.O., S. 87ff.

51 Ebda., S. 91.

52 Siehe Armin Mohler, Die Konservative Revolution in Deutschland 1918–1932, Darmstadt 1989[3], 2 Bde.; Fritz Stern, Kulturpessimismus als politische Gefahr. Eine Analyse nationaler Ideologie in Deutschland, München 1986, S. 223ff.; S. Popow, Am Ende aller Illusionen. Der europäische Kulturpessimismus, Köln 1981.

53 Helmut Heiber (Hg.), Das Tagebuch von Joseph Goebbels 1925/26, Stuttgart 1960, S. 48.

54 Zit. nach Stern, a.a.O., S. 284.

55 Stern, a.a.O., S. 224ff.

56 Ebda., S. 248ff.

57 George L. Mosse, Ein Volk – ein Reich – ein Führer. Die völkischen Ursprünge des Nationalsozialismus, Königstein/Ts. 1979; Hermand, Traum, a.a.O., S. 19ff.; Stern, a.a.O., S. 1ff. u. 318ff. Vgl. ferner Georg Lukács, Die Zerstörung der Vernunft, Ost-Berlin 1974, bes. S. 525ff. u. 603ff.; Iring Fetscher/Herfried Münkler (Hg.), Pipers Handbuch der politischen Ideen, Bd. 5: Neuzeit: Vom Zeitalter des Imperialismus bis zu den neuen sozialen Bewegungen, München 1987, bes. S. 121ff. u. 283ff.

58 Hermand, Traum, a.a.O., S. 162; vgl. dazu auch Klaus Fritzsche, Politische Romantik und Gegenrevolution. Fluchtwege in der Krise der bürgerlichen Gesellschaft, Frankfurt/M. 1976.

59 Oswald Spengler, Preußentum und Sozialismus, München 1920, S. 11. Siehe auch Jürgen Näher, Oswald Spengler mit Selbstzeugnissen und Bilddokumenten, Reinbek 1984.

60 Friedrich Nietzsche, Morgenröte, Werke in drei Bänden, München 1954, Bd. 1, S. 1145.

61 Domarus I/1, S. 226.

62 Kurt Sontheimer, Antidemokratisches Denken in der Weimarer Republik. Die politischen Ideen des deutschen Nationalismus zwischen 1918 und 1933, München 1962; Wolfgang Schluchter, Entscheidung für den sozialen Rechtsstaat. Hermann Heller und die staatstheoretische Diskussion in der Weimarer Republik, Köln 1968.

63 W. Joseph Bendersky, Carl Schmitt. Theorist for the Reich, Princeton, N.J. 1983; Steil, a.a.O., S. 49ff.; Ingeborg Maus, Bürgerliche Rechtstheorie und Faschismus. Zur sozialen Funktion und aktuellen Wirkung der Theorie Carl Schmitts, München 1976.

64 Rainer Stollmann, Faschistische Politik als Gesamtkunstwerk. Tendenzen der Ästhetisierung des politischen Lebens im Nationalsozialismus, in: Denkler/Prümm, S. 83ff. (91).

3. Kapitel: Kulturpolitik im NS-Regime

1 So Eberhard Jäckel, Hitlers Herrschaft. Vollzug einer Weltanschauung, Stuttgart 1986, S. 11ff. u. 38ff.

2 Ernst Fraenkel, Der Doppelstaat, Frankfurt/M. u. Köln 1974.

3 Franz Neumann, Behemoth. Struktur und Praxis des Nationalsozialismus 1933–1944, Frankfurt/M. u. Köln 1977, S. 460.

4 Siehe zur NS-Forschung jetzt vor allem Ian Kershaw, Der NS-Staat. Geschichtsinterpretationen und Kontroversen im Überblick, Reinbek 1988, S. 43ff. und Thomas Childers/J. Caplan (Eds.), Reevaluation of the Third Reich. New controversies, new interpretations, New York 1990.

5 Kershaw, a.a.O., S. 89ff.

6 Siehe dazu die Forschungsüberblicke von Peter Hüttenberger, Nationalsozialistische Polykratie, in: GG 2 (1976) 4, S. 417ff. und Klaus Hildebrand, Das Dritte Reich, München u. Wien 1987[3], S. 162ff.

7 Karl Dietrich Bracher/Wolfgang Sauer/Gerhard Schulz, Die nationalsozialistische Machtergreifung. Studien zur Errichtung des totalitären Herrschaftssystems in Deutschland 1933/34, Köln u. Opladen 1960, S. 907ff. u. 924ff.

8 Ebda., S. 925.

9 Karl Dietrich Bracher, Die deutsche Diktatur. Entstehung – Struktur – Folgen des Nationalsozialismus, Köln 1980[6], passim.

10 Martin Broszat, Der Staat Hitlers. Grundlegung und Entwicklung seiner inneren Verfassung, München 1969, bes. S. 363ff. u. 423ff.

11 Norbert Frei, Der Führerstaat. Nationalsozialistische Herrschaft 1933 bis 1945, München 1987, S. 167.

12 Hüttenberger, a.a.O., S. 442.

13 Brenner, S. 273ff.; vgl. auch: Robert Cecil, The Myth of the Master Race: Alfred Rosenberg and the Nazi Ideology, London 1972.

14 Zit. nach Brenner, ebda., S. 276.

15 Siehe Brenner, S. 15ff.; Merker, S. 36ff.; Reinhard Bollmus, Das Amt Rosenberg und seine Gegner. Studien zum Machtkampf im nationalsozialistischen Herrschaftssystem, Stuttgart 1970, S. 27ff; ders., Alfred Rosenberg – Chefideologe des Nationalsozialismus? in: R. Smelser/R. Zitelmann (Hg.), Die braune Elite, Darmstadt 1989, S. 223ff.

16 Hans-Wolfgang Strätz, Die geistige SA rückt ein. Die studentische ›Aktion wider den undeutschen Geist‹ im Frühjahr 1933, in: U. Walberer (Hg.), 10. Mai 1933. Bücherverbrennung in Deutschland, Frankfurt/M. 1983, S. 84ff.

17 Heiber, S. 117.

18 Goebbels-Reden 1, S. 131ff.; siehe auch: Volker Dahm, Anfänge

und Ideologie der Reichskulturkammer. Die »Berufsgemeinschaft« als Instrument kulturpolitischer Steuerung und sozialer Reglementierung, in: VfZG 34 (1986), S. 53ff.

19 Brenner, S. 63ff. u. 87ff.; Bollmus, Das Amt, a.a.O., S. 39ff. u. 71ff.

20 Backes, S. 59.

21 Ebda., S. 60.

22 Domarus I/1, S. 449 u. Völkischer Beobachter vom 6.9.1934 (Auszug aus Hitlers kulturpolitischer Reichsparteitagsrede vom Vortage). Vgl. auch Arne Fryksen, Hitlers Reden zur Kultur. Kunstpolitische Taktik oder Ideologie? in: Probleme deutscher Zeitgeschichte (Lund Studies in International History 2), S. 235ff.

23 Brenner, S. 82ff. u. Backes, a.a.O., S. 61f.

24 Siehe Ronald Smelser, Robert Ley. Hitlers Mann an der »Arbeitsfront«, Paderborn 1989, bes. S. 151ff.

25 Dazu Bollmus, Das Amt, a.a.O., S. 71ff.

26 Wolfhard Buchholz, Die Nationalsozialistische Gemeinschaft »Kraft durch Freude«. Freizeitgestaltung und Arbeiterschaft im Dritten Reich, Diss. Phil. München 1976, S. 142f.; Bollmus, Das Amt, a.a.O., S. 65.

27 Bollmus, Das Amt, a.a.O., S. 71f. u. Buchholz, a.a.O., S. 248ff.

28 Bollmus, Das Amt, a.a.O., S. 72.

29 Smelser, a.a.O., passim.

30 Buchholz, a.a.O., S. 111.

31 Bollmus, Das Amt, a.a.O., S. 103.

32 Heiber, S. 194.

33 Zit. nach Backes, S. 67.

34 Goebbels-Tagebuch 2, S. 77.

35 Heiber, S. 165 und 167ff.

36 Als Überblick siehe Bracher/Sauer/Schulz, a.a.O., S. 288ff.

37 Fest, S. 124.

38 Heiber, S. 195.

39 Zit. nach Backes, S. 71.

40 Siehe Brenner, passim; Backes, S. 57ff.; Merker, S. 94ff.; Uwe K. Ketelsen, Kulturpolitik des III. Reiches und Ansätze ihrer Interpretation, in: Text und Kontext. Themaheft: Nationalsozialismus und Literatur, München 1980, S. 217ff.

41 Siehe zuletzt Igor Golomstock, Totalitarian Art, London 1990.

42 Thomas Mann, Deutschland und die Deutschen, in: ders., Essays, Bd. 2: Politik, Frankfurt/M. 1977, S. 295.

43 David Schoenbaum, Die braune Revolution. Eine Sozialgeschichte des Dritten Reiches, München 1980, S. 26.

44 Bracher, Diktatur, a.a.O., S. 546.

45 Henry Ashby Turner Jr., Faschismus und Kapitalismus in Deutschland, Göttingen 1972, S. 157ff.

46 Tim W. Mason, Zur Entstehung des Gesetzes zur Ordnung der nationalen Arbeit, vom 20.1.1934: Ein Versuch über das Verhältnis »archaischer« und »moderner« Momente in der neuesten deutschen Geschichte, in: Hans Mommsen u.a. (Hg.), Industrielles System und politische Entwicklung in der Weimarer Republik, Düsseldorf 1977, Bd. 1, S. 322ff.

47 Frei, a.a.O., S. 169; Ulrich Thamer, Verführung und Gewalt. Deutschland 1933–1945, Berlin 1986, S. 376.

48 Siehe Jeffrey Herf, Reactionary Modernism. Technology, Culture, and Politics in Weimar and the Third Reich, Cambridge 1984, S. 218f.

49 Siehe Joachim Radkau, Technik in Deutschland. Vom 18. Jahrhundert bis zur Gegenwart, Frankfurt/M. 1989; Konrad H. Jarausch, The unfree professions. German lawyers, teachers, and engineers, 1900–1950, Oxford/New York 1990.

50 Karl-Heinz Ludwig (Hg.), Technik, Ingenieure u. Gesellschaft. Geschichte des Vereins Deutscher Ingenieure 1856–1981, Düsseldorf 1981; ders., Technik und Ingenieure im Dritten Reich, Königstein/Ts. u. Düsseldorf 1979, S. 20ff. Zur Tradition der Technikfeindlichkeit siehe Rolf Peter Sieferle, Fortschrittsfeinde? Opposition gegen Technik und Industrie von der Romantik bis zur Gegenwart, München 1984.

51 Siehe J. Herf, The engineer as ideologue: reactionary modernists in Weimar and Nazi Germany, in: Journal of Contemporary History vol. 19 (1984), S. 631–48 (633) u. ders., Reactionary modernism, a.a.O., S. 217ff.

52 Ludwig, Ingenieure im Dritten Reich, a.a.O., S. 105.

53 A.F. Manning, Der Verein Deutscher Ingenieure und der Nationalsozialismus, in: Acta historiae Neerlandica 2 (1967), S. 163–187.

54 John Charles Guse, The Spirit of the Plassenburg: Technology and Ideology in Third Reich, Ph.D. University of Nebraska/Lincoln 1981.

55 Siehe auch Herf, Reactionary modernism, a.a.O., passim, u. ders., The engineer, a.a.O.

56 Alfons Höger, Die technologischen Heroen der germanischen Rasse. Zum Werk Hans Dominiks, in: Text und Kontext, München 1980, S. 378ff.; Thomas Lange, Literatur des technokratischen Bewußtseins. Zum Sachbuch im Dritten Reich, in: Zeitschr. für Literaturwiss. u. Linguistik 10 (1980) 40, S. 52–81.

57 Gerd Hortleder, Das Gesellschaftsbild des Ingenieurs. Zum politischen Verhalten der Technischen Intelligenz in Deutschland, Frankfurt/M. 1970.

58 George L. Mosse, Faschismus und Avantgarde, in: R. Grimm / J. Hermand (Hg.), Faschismus und Avantgarde, Frankfurt / M. 1980, S. 133ff.; vgl. auch Jost Hermand, Das Konzept ›Avantgarde‹, ebda., S. 1ff.

59 Mosse, Faschismus und Avantgarde, a.a.O., S. 133.

60 Ralf Schnell, Die Zerstörung der Historie. Versuch über die Ideologiegeschichte faschistischer Ästhetik, in: Schnell, S. 17ff. (39ff.).

61 Carl Friedrich von Weizsäcker, Kunst – Mythos – Wissenschaft, in: D. Borchmeyer (Hg.), Wege des Mythos in der Moderne. Richard Wagner ›Der Ring der Nibelungen‹, München 1987, S. 224ff.

62 Thomas Nipperdey, Der Mythos im Zeitalter der Revolution, in: D. Borchemeyer (Hg.), a.a.O., S. 96ff. (109).

63 Schnell, S. 37ff.

64 Siehe Lothar Kettenacker, Der Mythos vom Reich, in: K.H. Bohrer (Hg.), Mythos und Moderne. Begriff und Bild einer Rekonstruktion, Frankfurt / M. 1983, S. 261ff.

65 Schnell, S. 28.

66 Kettenacker, a.a.O., S. 264.

67 Zit. nach Eberhard Jäckel, Hitlers Weltanschauung, Stuttgart 1983[2], S. 29ff.

68 Kettenacker, a.a.O., S. 285.

69 Domarus I/2, S. 732.

70 Jost Hermand, Der alte Traum vom neuen Reich, Frankfurt / M. 1988, S. 199.

71 Armin Mohler, die Konservative Revolution in Deutschland 1918–1932, Darmstadt 1989[3], S. 130ff.; Kurt Sontheimer, Antidemokratisches Denken in der Weimarer Republik, München, 1962[4].

72 Siehe Detlev Peukert, Max Webers Diagnose der Moderne, Göttingen 1989; Wolfgang J. Mommsen, Rationalisierung und Mythos bei Max Weber, in: Bohrer (Hg.), Mythos, a.a.O., S. 382ff.

73 Schnell, S. 33ff.

4. Kapitel: »Volksgemeinschaft« und Personenkult

1 Nevile Henderson, Fehlschlag einer Mission. Berlin 1937–39, Zürich o.J. (1940), S. 78f.

2 Siehe Hamilton T. Burden, Die programmierte Nation. Die Nürnberger Reichsparteitage, Gütersloh 1967; Alan Wykes, The Nuremberg rallies, New York 1970; Robert Fritzsch, Nürnberg unterm Hakenkreuz. Im Dritten Reich 1933–39, Düsseldorf 1983. Zum Gesamtzusammenhang der Öffentlichkeit im Dritten Reich: Karlheinz

Schmeer, Die Regie des öffentlichen Lebens im Dritten Reich, München 1956; Eike Henning, Faschistische Öffentlichkeit und Faschismustheorien, in: Ästhetik und Kommunikation 6 (1975) 20, S. 107ff.; Faschistische Öffentlichkeit. Diskussionsbeiträge und Stellungnahmen von Peter Brückner, Wilfried Gottschalch, Oskar Negt u.a., in: Ästhetik u. Kommunikation 6 (1976) 26, S. 20ff.

3 Albert A. Krebs, Tendenzen und Gestalten der NSDAP. Erinnerungen an die Frühzeit der Partei, Stuttgart 1959, S. 57f.; vgl. dazu auch Christoph Schmidt, Krisenverarbeitung und Engagement in der NSDAP in lebensgeschichtlichen Berichten früherer NSDAP-Mitglieder über die »Kampfzeit«, in: »betrifft erziehung« (Hg.), Faschistische Öffentlichkeit (= Inst. für historisch-sozialwiss. Analysen, Arbeitspapier 1), Weinheim 1980; ferner Peter H. Merkl, The Making of a Stormtrooper, Princeton 1980.

4 Siehe Hans Gerd Jaschke / Klaus Schönekäs, Formen der Präsentation des Faschismus im Alltag, in: Faschistische Öffentlichkeit, a.a.O., S. 70ff.; H.G. Jaschke / M. Loiperdinger, Gewalt und NSDAP vor 1933. Ästhetische Okkupation und physischer Terror, in: R. Steinweg (Hg.), Faszination der Gewalt, Frankfurt/M. 1983, S. 123ff.

5 Heinrich Hoffmann (Hg.), Hitler über Deutschland. Text von Josef Berchtold, München 1932, S. 3.

6 Völkischer Beobachter vom 6.4.1932.

7 Speer, Erinnerungen, S. 69.

8 So in seiner »Kulturrede« auf dem Reichsparteitag 1937; vgl. Der Parteitag der Arbeit vom 6. bis 13. Sept. 1937. Offizieller Bericht, München 1938, S. 53ff. (78).

9 Siehe v.a. Josef Henke, Die Reichsparteitage der NSDAP in Nürnberg 1933–38. Planung, Organisation, Propaganda, in: Heinz Boberach / Hans Booms (Hg.), Aus der Arbeit des Bundesarchivs. Beiträge zum Archivwesen, zur Quellenkunde und Zeitgeschichte, Boppard 1977, S. 398ff.

10 Siehe Burden, a.a.O., S. 11ff.

11 Ebda., S. 16.

12 Schmeer, a.a.O., S. 106.

13 Speer, Erinnerungen, S. 73.

14 Siehe Albrecht W. Thöne, Das Licht der Arier. Licht-, Feuer- und Dunkelsymbolik des Nationalsozialismus, München 1979.

15 Hermann Rauschning, Gespräche mit Hitler, Zürich u. Wien 1950, S. 11.

16 Speer, Tagebücher, S. 126 u. Fest, S. 712f.

17 William L. Shirer, Berlin Diary. The Journal of a Foreign Correspondent, New York 1942, S. 17 u. ders., Das Jahrzehnt des Unheils.

Meine Erlebnisse und Erfahrungen in Deutschland und Europa, München 1989, S. 74f.

18 Siehe Sontag, S. 96ff. u. Martina Schöps-Potthoff, Die veranstaltete Masse. Nürnberger Reichsparteitag der NSDAP, in: Helge Pross/Eugen Buß (Hg.), Soziologie der Masse, Heidelberg 1984, S. 148ff.; außerdem: Serge Moscovici, Das Zeitalter der Massen. Eine historische Abhandlung über die Massenpsychologie, München 1984.

19 Zit. nach Burden, a.a.O., S. 181f.

20 Siehe George L. Mosse, Nationalismus und Sexualität. Bürgerliche Moral und sexuelle Normen, München 1985, bes. S. 193ff.; Wolfgang F. Haug, Faschisierung des Subjekts. Die Ideologie der gesunden Normalität und die Ausrottungspolitiken im deutschen Faschismus, Berlin 1986, S. 126ff. u. 146ff.; Peter Gay, Die zarte Leidenschaft. Liebe im bürgerlichen Zeitalter, München 1987.

21 Speer, Erinnerungen, S. 71.

22 Henderson, a.a.O., S. 80.

23 The New York Times vom 12.9.1936 und vom 13.9.1936.

24 Fest, S. 700.

25 Theodor W. Adorno, Versuch über Wagner, Frankfurt/M. 1952, S. 155.

26 Heinz Höhne, Der Orden unter dem Totenkopf. Die Geschichte der SS, München 1981, S. 124.

27 Shirer, Berlin Diary, a.a.O., S. 18.

28 Karl Friedrich Reimers, Der Reichsparteitag als Instrument totaler Propaganda. Appell, Feier, Kult, Magie, in: Zeitschrift für Volkskunde 75 (1979), S. 216ff. (219); Klaus Vondung, Magie und Manipulation. Ideologischer Kult und politische Religion des Nationalsozialismus, Göttingen 1971.

29 Reimers, a.a.O., S. 220.

30 Siegfried Kracauer, Von Caligari zu Hitler. Eine psychologische Geschichte des deutschen Films, Frankfurt/M. 1984, S. 273.

31 Peter Nowotny, Leni Riefenstahls »Triumph des Willens«, Dortmund 1981.

32 Diese überspitzte Auffassung scheint Martin Loiperdinger, Rituale der Mobilmachung. Der Parteitagsfilm »Triumph des Willens« von Leni Riefenstahl, Opladen 1987, S. 30ff. zu vertreten. Was Kracauer sagen will, ist aber doch nicht mehr und nicht weniger als dies: »Dieser Film ist eine unentwirrbare Mischung von Show, die deutsche Realität vorspiegelt, und von deutscher Realität, die in eine Show manövriert worden ist« (Kracauer, a.a.O., S. 356).

33 Kracauer, a.a.O., S. 354.

34 Thomas Langstien, Die Organisation des Ideologischen im Reichsparteitagsfilm, in: Argument-Sonderband 62, Berlin 1981,

S. 307ff.; Ulrich Pohlmann, Nur die Sieger zählen. Die Funktion der Schönheit bei Leni Riefenstahl, in: tendenzen. Zeitschr. für engagierte Kunst 155 (1986), S. 69ff.

35 Siehe Nowotny, a.a.O., S. 84ff.; Loiperdinger, a.a.O., S. 43ff.

36 Fest, S. 697ff. u. 708f.

37 Erwin Leiser, »Deutschland erwache!« Propaganda im Film des Dritten Reiches, Reinbek 1989 (erw. Neuausg.), S. 30.

38 Siehe Gerhard Schreiber, Hitler. Interpretationen 1923–1983, Darmstadt 1984; Gregor Schöllgen, Das Problem einer Hitler-Biographie, in: Bracher/Funke/Jacobsen, S. 687ff.; Philipp W. Fabry, Mutmaßungen über Hitler. Urteile von Zeitgenossen, Düsseldorf 1969; William Carr, The Hitler Image in the Last Half Century, in: H.W. Koch (ed), Aspects of the Third Reich, London 1985, S. 462ff.; Wolfgang Wippermann (Hg.), Kontroversen um Hitler, Frankfurt/M. 1986.

39 Thomas Mann, Ein Bruder, in: ders., Essays, Bd. 2: Politische Reden und Schriften, Frankfurt/M. 1977, S. 222ff.

40 Alan Bullock im Gespräch mit Albert Speer, Das Rätsel Hitler. Der Biograph und der Augenzeuge, in: Die Zeit vom 2.11.1979.

41 Jacob Burckhardt, Weltgeschichtliche Betrachtungen, Pfullingen 1949, S. 253ff.

42 Inst. f. Demoskopie, Demokratie-Verankerung in der Bundesrepublik Deutschland. Eine empirische Untersuchung zum 30jährigen Bestehen der Bundesrepublik, o. O. o. J. (1979), S. 95ff. u. zuletzt »Mit Gestrigen in die Zukunft?«, Eine Umfrage: in: Der Spiegel, Nr. 15, 10.4.1989.

43 Fest, S. 25.

44 Anneliese Mannzmann (Hg.), Hitlerwelle und historische Fakten, Königstein/Ts. 1979.

45 Dieter Boßmann (Hg.), »Was ich über Hitler gehört habe...« Folgen eines Tabus: Auszüge aus Schüler-Aufsätzen von heute, Frankfurt/M. 1977.

46 Walter Kempowski, Haben Sie Hitler gesehen? Deutsche Antworten, Hamburg 1973.

47 Alfred Sohn-Rethel, Die kochende Volksseele, in: Freibeuter 1 (1979), S. 39ff.

48 Eberhard Jäckel, Hitlers Weltanschauung. Entwurf einer Herrschaft, Tübingen 1969; ders., Hitlers Herrschaft. Vollzug einer Weltanschauung, Stuttgart 1986.

49 Hans Mommsen, Nationalsozialismus, in: C.D. Kernig (Hg.), Sowjetsystem und demokratische Gesellschaft, Freiburg 1971, S. 702; ders., Beamtentum im Dritten Reich, Stuttgart 1966, S. 98.

50 Siehe Ian Kershaw, Der NS-Staat. Geschichtsinterpretationen und Kontroversen im Überblick, Reinbek 1988, S. 125ff.

51 Domarus I/2, S. 641; Fest, S. 713f.

52 Domarus I/2, S. 722.

53 Joseph Peter Stern, Hitler. Der Führer und das Volk, München 1981, S. 88ff.

54 Ian Kershaw, der Hitler-Mythos. Volksmeinung und Propaganda im Dritten Reich, Stuttgart 1980, S. 70.

55 Claus Heinrich Meyer, Der Kaiser und ich. Die ferne, nahe Zeit des Wilhelminismus, in: Süddeutsche Zeitung, Nr. 13, 11/12.6.1988.

56 Siehe zuletzt Detlev J.K. Peukert, Max Webers Diagnose der Moderne, Göttingen 1989 u. Wilhelm Hennis, Max Webers Fragestellung, Tübingen 1987.

57 Jost Hermand, Der alte Traum vom neuen Reich. Völkische Utopien und Nationalsozialismus, Frankfurt/M. 1988; George L. Mosse, Ein Volk – ein Reich – ein Führer. Die völkischen Ursprünge des Nationalsozialismus, Frankfurt/M. 1979.

58 Siehe etwa Corona Hepp, Avantgarde. Moderne Kunst, Kulturkritik und Reformbewegungen nach der Jahrhundertwende, München 1987; Edward R. Tannenbaum, 1900. Die Generation vor dem Großen Krieg, Frankfurt/M., Berlin, Wien 1978; Barbara W. Tuchmann, Der stolze Turm. Ein Porträt der Welt vor dem Ersten Weltkrieg 1890–1914, München u. Zürich 1969; Ulrich Linse, Barfüßige Propheten. Erlöser der zwanziger Jahre, Berlin 1983.

59 Kershaw, Hitler-Mythos, a.a.O., S. 27ff. Vgl. auch Albrecht Tyrell, Vom ›Trommler‹ zum ›Führer‹, München 1975; Wolfgang Horn, Führerideologie und Parteiorganisation in der NSDAP 1919–33, Düsseldorf 1972.

60 Siehe Hanns Hubert Hofmann, Der Hitlerputsch. Krisenjahre deutscher Geschichte 1920–24, München 1961, S. 142ff.

61 Hofmann, a.a.O., S. 247ff.; Fest, S. 260ff.

62 Fest, S. 274.

63 Hitler, S. 229.

64 Fest, S. 281f.

65 Goebbels-Tagebücher 2, S. 358.

66 Kershaw, Hitler-Mythos, a.a.O., S. 46ff.; vgl. auch Martin Broszat, Soziale Motivation und Führer-Bindung des Nationalsozialismus, in: VfZG 18 (1970), S. 392ff.

67 Karl Dietrich Bracher u.a., Die nationalsozialistische Machtergreifung. Studien zur Errichtung des totalitären Herrschaftssystems in Deutschland 1933/34, Köln u. Opladen 1960, S. 144ff.

68 Kershaw, Hitler-Mythos, a.a.O., S. 176ff.

69 Ebda., S. 72ff.

70 Eberhard Jäckel, Hitler und die Deutschen, in: Bracher/Funke/Jacobsen, S. 706ff. (711).

71 Kershaw, a.a.O., S. 111.

72 Heinz Boberach (Hg.), Meldungen aus dem Reich. Auswahl aus den geheimen Lageberichten des Sicherheitsdienstes der SS. 1939–44, Neuwied u. Berlin 1965; ders. (Hg.), Berichte des SD und der Gestapo über Kirchen und Kirchenvolk in Deutschland 1934–44, Mainz 1971; Marlis G. Steinert, Hitlers Weg und die Deutschen. Stimmen und Haltung der deutschen Bevölkerung im 2. Weltkrieg, Düsseldorf 1970; Ian Kershaw, Popular opinion and political dissent. in the Third Reich, Oxford 1983.

73 Kershaw, a.a.O., S. 131ff.

74 Fritz Terveen, Der Filmbericht über Hitlers 50. Geburtstag. Ein Beispiel nationalsozialistischer Selbstdarstellung und Propaganda, in: VfZG 7(1959), S. 75ff.; Peter Bucher, Hitlers 50. Geburtstag. Zur Quellenvielfalt im Bundesarchiv, in: H. Boberach/H. Booms (Hg.), Aus der Arbeit des Bundesarchivs, Boppard 1977, S. 423ff.

75 Jäckel, Hitler und die Deutschen, a.a.O., S. 720.

76 Karl Kraus, Dritte Walpurgisnacht (Schriften Bd. 12), Frankfurt/M. 1989, S. 12.

77 Arno Plack, Wie oft wird Hitler noch besiegt? München 1982, S. 326ff.

78 Stern, a.a.O., S. 9ff.; siehe auch: Henry A. Turner, Geißel des Jahrhunderts. Hitler und seine Hinterlassenschaft, Berlin 1989.

79 Siehe Rudolf Binion, »... daß ihr mich gefunden habt.« Hitler und die Deutschen. Eine Psychohistorie, Stuttgart 1978; Robert G. Waite, The Psychopathic God Adolf Hitler, New York 1977; Richard A. Koenigsberg, Hitler's Ideology: A Study in Psychoanalytic Sociology, New York 1975; vgl. auch Wolfgang Michalka, Hitler im Spiegel der Psycho-History. Zu neueren interdisziplinären Deutungsversuchen der Hitler-Forschung, in: Francia 8 (1980), S. 595ff.

80 Lothar Kettenacker, Sozialpsychologische Aspekte der Führer-Herrschaft, in: Bracher/Funke/Jacobsen, S. 97ff.; Kershaw, NS-Staat, a.a.O., S. 127ff. und die Beiträge von K. Hildebrand u. H. Mommsen in: M. Bosch (Hg.), Persönlichkeit und Struktur in der Geschichte, Düsseldorf 1977.

81 Stern, a.a.O., S. 34ff., 55ff. u. 65ff.

82 Ebda., S. 59.

83 Karl Heinz Bohrer, Über den Mangel an Symbolischem, in: ders., Nach der Natur. Über Politik und Ästhetik, München 1988, S. 55ff.

5. Kapitel: Propaganda und Unterhaltung

1 Hitler, S. 193ff.

2 Georg Lukács, Die Zerstörung der Vernunft, Ost-Berlin 1954, S. 573.

3 Ernst Bloch, Erbschaft dieser Zeit, Frankfurt/M. 1962, S. 79.

4 Gerhard Voigt, Goebbels als Markentechniker, in: Wolfgang F. Haug (Hg.), Warenästhetik. Beiträge zur Diskussion, Weiterentwicklung und Vermittlung ihrer Kritik, Frankfurt/M. 1975, S. 231ff.

5 Heiber, S. 164.

6 Goebbels-Tagebücher 1, S. 147.

7 Goebbels-Reden 1, S. 82ff.

8 Siehe Ansgar Diller, Rundfunkpolitik im Dritten Reich, München 1980, S. 43ff., 52ff. u. 56ff.

9 Goebbels-Tagebücher 2, S. 206.

10 Jochen Klepper, Unter dem Schatten deiner Flügel. Aus den Tagebüchern der Jahre 1932–42, München 1983[2], S. 37.

11 Diller, a.a.O., S. 154; vgl. auch Heinz Pohle, Der Rundfunk als Instrument der Politik. Zur Geschichte des deutschen Rundfunks von 1923 bis 1938, Hamburg 1955, S. 186ff.

12 Diller, a.a.O., S. 179ff. und Deutsche Welle Köln (Hg.), Deutscher Kurzwellensender im Dienste der NS-Propaganda. Geschichte des Kurzwellenrundfunks in Deutschland 1933 bis 1939, Berlin 1970.

13 Diller, a.a.O., S. 191. Siehe auch Erwin Reiss, »wir senden Frohsinn«. Fernsehen unterm Faschismus, Berlin 1979.

14 Siehe – auch für alle folgenden Zitate – Wolfram Wessels, Hörspiele im Dritten Reich, Bonn 1985, S. 111ff. und Pohle, a.a.O., S. 220ff. u. 243ff.

15 Zit. nach Wessels, a.a.O., S. 122f. Vgl. auch Gerhard Hay, Rundfunk und Hörspiel als ›Führungsmittel‹ des Nationalsozialismus, in: Denkler/Prümm, S. 366ff.

16 Goebbels-Reden 1, S. 96f.

17 Pohle, a.a.O., S. 293ff.

18 Wessels, a.a.O., S. 153ff. u. Pohle, a.a.O., S. 297ff.

19 Pohle, a.a.O., S. 279.

20 Ebda., S. 327.

21 Ebda., S. 282; vgl. auch Heiber, S. 161.

22 Wessels, a.a.O., S. 168. Siehe auch Winfried Lerg/Rolf Steininger (Hg.), Rundfunk und Politik 1923 bis 1973, Berlin 1975.

23 Walter Klingler, Nationalsozialistische Rundfunkpolitik 1942–45. Organisation, Programm und die Hörer, Phil. Diss. Mannheim 1983, S. 78.

24 Harald Heckmann, Die Institution ›Wunschkonzert‹, in:

Mitteilungen. Studienkreis Rundfunk und Geschichte 2 (1979), S. 90ff.; allgemein zum musikalischen Programm auch Pohle, a.a.O., S. 318ff.

25 Boguslaw Drewniak, Der deutsche Film 1938–45, Düsseldorf 1987, S. 395f.

26 Zit. nach Heckmann, a.a.O., S. 97.

27 Ebda.

28 Weihnachtsringsendung von allen Fronten v. 24.12.1942, Deutsches Rundfunkarchiv, Frankfurt/M. Nr. 52-12533.

29 Karl-Dietrich Abel, Presselenkung im NS-Staat. Eine Studie zur Geschichte der Publizistik in der nationalsozialistischen Zeit, Berlin 1968, S. 2ff.; siehe auch Oron Hale, Presse in der Zwangsjacke 1933–45, Düsseldorf 1965; Jürgen Hagemann, Die Presselenkung im Dritten Reich, Bonn 1970; Henning Storek, Dirigierte Öffentlichkeit. Die Zeitung als Herrschaftsmittel in den Anfangsjahren der NS-Regierung, Opladen 1972.

30 Abel, a.a.O., S. 63.

31 Hale, a.a.O., S. 68ff. u. 74ff.; Kurt Koszyk, Deutsche Presse (Geschichte der deutschen Presse III), Berlin 1972, passim.

32 Abel, a.a.O., S. 63.

33 Christian Ferber (Hg.), Berliner Illustrirte Zeitung. Zeitbild, Chronik, Moritat für Jedermann 1892–1945, Berlin 1982; Eva-Maria Unger, Illustrierte als Mittel der Kriegsvorbereitung in Deutschland, Köln 1984.

34 Zit. nach Norbert Frei/Johannes Schmitz, Journalismus im Dritten Reich, München 1989, S. 35.

35 Koszyk, a.a.O., passim; Modris Eksteins, The Limits of Reason. The German Democratic Press and the Collapse of Weimar Democracy, Oxford 1975.

36 Zit. nach Frei/Schmitz, a.a.O., S. 40.

37 Hitler, S. 265ff.

38 Ernest Bramsted, Goebbels und die nationalsozialistische Propaganda 1925–45, Frankfurt/M. 1971, S. 191ff. (201); außerdem Günter Gillesen, Auf verlorenem Posten. Die Frankfurter Zeitung im Dritten Reich, Berlin 1987; Helmut Diel, Grenzen der Presselenkung und Pressefreiheit im Dritten Reich. Untersucht am Beispiel der »Frankfurter Zeitung«, Phil. Diss., Freiburg 1960.

39 Goebbels-Tagebücher 3, S. 415 u. 417.

40 Bramsted, a.a.O., S. 208ff.

41 Abel, a.a.O., S. 73ff.; Frei/Schmitz, a.a.O., S. 108ff.; Erika Martens, Zum Beispiel Das Reich. Zur Phänomenologie der Presse im totalitären Regime, Köln 1972; Albrecht Linsen, Der Kulturteil der deutschen Wochenzeitung »Das Reich«, Phil. Diss. München 1954; Hans

Dieter Müller (Hg.), Facsimile Querschnitt durch Das Reich, eingel. von Harry Pross, München u.a. 1964.

42 Alle Zitate aus Frei/Schmitz, a.a.O., S. 75ff.; vgl. auch Eva-Maria Unger/Friedrich Luft (Hg.), Facsimile Querschnitt durch die Berliner Illustrirte, München u.a. 1965 u. Ferber, Berliner Illustrirte Zeitung, a.a.O.

43 Joseph Goebbels, Die Zeit ohne Beispiel. Reden und Aufsätze aus den Jahren 1939–1941, München 1941, S. 218ff.

44 Goebbels-Rede auf der ersten Jahrestagung der Reichsfilmkammer am 5. März 1937 in der Krolloper Berlin, abgedr. bei Gerd Albrecht (Hg.), Der Film im Dritten Reich. Eine Dokumentation, Karlsruhe 1979, S. 32ff. (48f.).

45 Goebbels, Zeit, a.a.O., S. 220.

46 Gerd Albrecht, Nationalsozialistische Filmpolitik, Stuttgart 1969, S. 104ff.; siehe auch Karsten Witte, Die Filmkomödie im Dritten Reich, in: Denkler/Prümm, S. 347ff.

47 Goebbels-Reden 1, S. 137f.

48 Witte, a.a.O., S. 349.

49 Goebbels-Rede vom 5.3.1937, abgedr. in: Albrecht, Film, a.a.O., S. 36.

50 Albrecht, Filmpolitik, a.a.O., S. 35ff.

51 Heiber, S. 171.

52 Siehe Drewniak, Film, a.a.O., S. 50ff. u. passim; Hilmar Hoffmann, »Und die Fahne führt uns in die Ewigkeit«. Propaganda im NS-Film, Frankfurt/M. 1988, S. 113ff.

53 Pierre Cadars/Francis Courtade, Geschichte des Films im Dritten Reich, München 1975, S. 284. Siehe auch David Weinberg, Approaches to the Study of Film in the Third Reich: A Critical Appraisal, in: Journal of Contemporary History 19 (1984), S. 105–126.

54 Albrecht, Film, a.a.O., S. 30f. Zur Nationalisierung und Monopolisierung des deutschen Films grundlegend Wolfgang Becker, Film und Herrschaft. Organisationsprinzipien und Organisationsstrukturen der nationalsozialistischen Filmpropaganda, Berlin 1973.

55 Drewniak, a.a.O., S. 74ff.

56 Cadars/Courtade, a.a.O., S. 14.

57 Zit. nach B. Drewniak, Das Theater im NS-Staat, Düsseldorf 1983, S. 288.

58 Vgl. Albrecht, Filmpolitik, a.a.O., S. 35ff. u. Heiber, S. 167ff.

59 Drewniak, Film, a.a.O., S. 18ff. u. passim.

60 Ebda., S. 604ff. u. 621ff. Zur filmwirtschaftlichen Konzentration siehe auch: Jürgen Spiker, Film und Kapital. Der Weg der deutschen Filmwirtschaft zum nationalsozialistischen Einheitskonzern,

Berlin 1975; Julian Petley, Capital and Culture. German Cinema 1933–45, London 1979.

61 Cadars/Courtade, a.a.O., S. 271 ff.

62 Dieter Bartetzko, Illusionen in Stein. Stimmungsarchitektur im deutschen Faschismus. Ihre Vorgeschichte in Theater- und Film-Bauten, Reinbek 1985, S. 224 ff.

63 Hanno Möbius/Guntram Vogt, Metropole der verlorenen Seelen. Die Großstadt im deutschen Film, in: FAZ vom 31. 10 .1987.

64 Zit. nach Bartetzko, a.a.O., S. 225.

65 Zit. nach Erwin Leiser, »Deutschland erwache!« Propaganda im Film des Dritten Reiches, Reinbek 1989 (Neuausg.), S. 117.

66 Drewniak, Film, a.a.O., S. 194 f. u. Leiser, a.a.O., S. 111.

67 Zit. nach Leiser, a.a.O., S. 120. Diese letzte sogenannte »11-Uhr-Konferenz« mit seinen Mitarbeitern fand am 21. 4. 1945 statt. Vgl. dazu auch seine letzte Rundfunkansprache am Vorabend von Hitlers 56. Geburtstag vom 19. 4. 1945, in: Goebbels-Reden 2, S. 447 ff.

68 Saul Friedländer, Kitsch und Tod. Der Widerschein des Nazismus, München 1984, S. 16; siehe auch Volker Fischer, Ästhetisierung des Faschismus. NS-Nostalgie im Spielfilm, in: Hinz, Dekoration, S. 243 ff.

69 Arthur Maria Rabenalt, Film im Zwielicht. Über den unpolitischen Film des Dritten Reiches und die Begrenzung des totalitären Anspruches, München 1987 (1958), S. 43 ff. Zum Gesamtzusammenhang des unpolitisch-politischen Films siehe auch Folke Isaksson/Leif Fuhrhammar, Politik und Film, Ravensburg 1974.

70 Witte, a.a.O., S. 350.

71 Heiber, a.a.O., S. 172.

72 Witte, a.a.O., S. 359; Drewniak, Film, a.a.O., bes. S. 395 ff.

73 Drewniak, Film, a.a.O., S. 396.

74 Cadars/Courtade, a.a.O., S. 231 ff.; Drewniak, Film, a.a.O., S. 397 f.

75 Drewniak, Film, a.a.O., S. 188 ff. u. Hoffmann, a.a.O., S. 51 ff.

76 Cadars/Courtade, a.a.O., S. 68 ff.

77 Drewniak, Film, a.a.O. S. 191 ff.

78 Goebbels-Reden 2, S. 112 ff.; siehe auch Cadars/Courtade, a.a.O., S. 75 f. und Hoffmann, a.a.O., S. 54 ff.

79 Leiser, a.a.O., S. 101 ff.

80 Ebda., S. 98.

81 Zit. nach Cadars/Courtade, a.a.O., S. 101. Siehe auch Drewniak, Theater, a.a.O., S. 283 ff.

82 Siehe Helmut Korte (Hg.), Film und Realität in der Weimarer Republik. Mit Analysen von ›Kuhle Wampe‹ und ›Mutter Krausens Fahrt ins Glück‹, München 1978.

83 Zit. nach Hoffmann, a.a.O., S. 59.

84 Ebda., S. 58ff.

85 Cadars/Courtade, a.a.O., S. 47ff. u. Leiser, a.a.O., S. 36ff.

86 Drewniak, Film, a.a.O., S. 41ff. u. 663ff.; Hoffmann, a.a.O., S. 113; u. Peter Bucher, Goebbels und die deutsche Wochenschau, in: Militärgeschichtliche Mitteilungen (Freiburg), 2 (1986), S. 53ff.

87 Zit. nach Hoffmann, a.a.O., S. 186.

88 Zit. nach Hoffmann, a.a.O., S. 217f.

89 Rudolf Oertel, Der Filmspiegel. Ein Brevier aus der Welt des Films, Wien 1941, S. 237.

90 Hoffmann, a.a.O., S. 120; siehe auch Oskar Kalbus, Pioniere des Kulturfilms, Karlsruhe 1956.

91 Oertel, a.a.O., S. 227f.

92 »Deutschlandbilder« (WDR/1983) und »Reichsautobahn« (WDR/1987). Siehe dazu Hartmut Bitomsky, Der Kotflügel eines Mercedes-Benz. Nazikulturfilme, in: Filmkritik Nr. 322, 27 (1983) 10, S. 443–472 (Teil 1) u. S. 543–579 (Teil 2).

93 Bitomsky, Deutschlandbilder. Text zum Film v. 26.10.1983 (WDR).

94 Hans Barkhausen, Die NSDAP als Filmproduzentin, in: G. Moltmann/K.F. Reimers (Hg.), Zeitgeschichte im Film- und Tondokument, Göttingen u.a. 1970, S. 145–176.

95 Drewniak, Film, a.a.O., S. 50ff. u. 663ff.; Hoffmann, a.a.O., S. 113ff.

96 Bitomsky, Kotflügel, a.a.O., S. 445.

97 Frank Maraun, Deutscher Sozialismus im Film, in: Der deutsche Film 4 (1940) 11, S. 207.

98 Bitomsky, Kotflügel, a.a.O., S. 574.

99 Ders., Deutschlandbilder (Text), a.a.O.

6. Kapitel: Politische Magie und militärische Macht

1 Zit. nach Ernst Nolte, Der Faschismus in seiner Epoche, München 1963, S. 326; vgl. auch George L. Mosse, Die Nationalisierung der Massen. Von den Befreiungskriegen bis zum Dritten Reich, Frankfurt/M. u. Berlin 1976, S. 10ff.

2 Hierzu und zum folgenden grundlegend Klaus Vondung, Magie und Manipulation. Ideologischer Kult und politische Religion des Nationalsozialismus, Göttingen 1971; Karlheinz Schmeer, Die Regie des öffentlichen Lebens im Dritten Reich, München 1956; Hans-Jochen Gamm, Der braune Kult. Das Dritte Reich und seine Ersatzreligion, Hamburg 1962; vgl. auch Mosse, Nationalisierung, a.a.O., S. 91ff. u. 122ff.

3 Rainer Stommer, Die inszenierte Volksgemeinschaft. Die ›Thing‹-Bewegung im Dritten Reich, Marburg 1988.

4 Womit nichts über den Einfluß der Hitler-Jugend auf Sozialisation und Lebenswelt der Jugendlichen im Dritten Reich ausgesagt ist; vgl. dazu Arno Klönne, Jugend im Dritten Reich. Die Hitler-Jugend und ihre Gegner, München 1990; siehe auch Everhard Holtmann, Die neuen Lassalleaner. SPD und HJ-Generation nach 1945, in: Martin Broszat u. a. (Hg.), Von Stalingrad zur Währungsreform. Zur Sozialgeschichte des Umbruchs in Deutschland, München 1988, S. 169–212.

5 Gerhard Beier, Das Lehrstück vom 1. und 2. Mai 1933, Frankfurt/M. 1975; Michael Ruck, Vom Demonstrations- und Festtag der Arbeiterbewegung zum nationalen Feiertag des Deutschen Volkes. Der 1. Mai im Dritten Reich und die Arbeiter, in: Inge Marßolek (Hg.), 100 Jahre 1. Mai, Frankfurt/M. 1989; Jens Flemming, Der 1. Mai und die deutsche Arbeiterbewegung. Politische Demonstration und sozialistische Festtagskultur, in: Uwe Schultz (Hg.), Das Fest, München 1988, S. 341 ff.; Wieland Elfferding, Von der proletarischen Masse zum Kriegsvolk. Massenaufmarsch und Öffentlichkeit im deutschen Faschismus am Beispiel des 1. Mai 1933, in: Inszenierung der Macht, S. 17 ff.; Heinz Lauber u. Birgit Rothstein (Hg.), Der 1. Mai unterm Hakenkreuz. Hitlers Machtergreifung in Arbeiterschaft und Betrieben. Augen- und Zeitzeugen berichten, Gerlingen 1983.

6 Goebbels-Tagebücher 2, S. 163.

7 Ebda., S. 397.

8 Zit. nach Heinrich A. Winkler, Der Weg in die Katastrophe. Arbeiter und Arbeiterbewegung in der Weimarer Republik. 1930–33, Berlin u. Bonn 1987, S. 921 f.

9 Goebbels-Tagebücher 2, S. 413.

10 Schmeer, a.a.O., S. 71.

11 Domarus I/1, S. 261.

12 Speer, Erinnerungen, S. 40.

13 Goebbels-Tagebücher 2, S. 415.

14 Ebda., S. 416.

15 Beier, a.a.O., S. 37.

16 Alfred Rosenberg, Gestaltung der Idee. Blut und Ehre, München 1937, Bd. II, S. 90 ff.

17 Schmeer, a.a.O., S. 87 ff.

18 Domarus I/2, S. 544.

19 Schmeer, a.a.O., S. 95 f.

20 Siehe Rita Thalmann, Frausein im Dritten Reich, München 1984; Dorothee Klincksiek, Die Frau im NS-Staat, Stuttgart 1982; Frauengruppe Faschismusforschung (Hg.), Mutterkreuz und Arbeits-

buch. Zur Geschichte der Frau in der Weimarer Republik und im Nationalsozialismus, Frankfurt/M. 1981.

21 Henry Picker, Hitlers Tischgespräche im Führerhauptquartier, Frankfurt/M. u. Berlin 1989 (1951), S. 235.

22 Theodor Heuss, Hitlers Weg. Eine historisch-politische Studie über den Nationalsozialismus, Stuttgart u.a. 1932, S. 1.

23 Domarus I/2, S. 544f. u. Schmeer, a.a.O., S. 101ff.

24 Fest, S. 699ff.

25 Goebbels-Tagebücher 2, S. 538.

26 Fest, S. 700 u. allgemein zum Verhältnis von Kult, Ästhetisierung des öffentlichen Lebens und Wirklichkeitsverlust: ebda., S. 513ff.; auch Sontag, S. 96ff. Siehe neuerdings: Volker Ackermann, Nationale Totenfeiern in Deutschland. Von Wilhelm I. bis Franz Josef Strauß, Stuttgart 1990.

27 Jean-Paul Sartre, Der Pfahl im Fleische, Reinbek 1987, S. 93f.

28 Siehe Saul Friedländer, Kitsch und Tod. Der Widerschein des Nazismus, München 1984.

29 Sontag, S. 119f.

30 Siehe Heinz Höhne, Der Orden unterm Totenkopf. Die Geschichte der SS, München 1981 (1967); Eugen Kogon, Der SS-Staat. Das System der deutschen Konzentrationslager, Frankfurt/M. 1946; Hans Buchheim u.a., Anatomie des SS-Staates, Olten u. Freiburg 1965, 2 Bde.; Albert Speer, Der Sklavenstaat. Meine Auseinandersetzung mit der SS, Frankfurt/M. u. Berlin 1984; Bernd Wegner, Hitlers Politische Soldaten: Die Waffen-SS 1933–45, Paderborn 1988[3]; Richard Grunberger, Hitler's SS, New York 1971.

31 Höhne, a.a.O., S. 18 u. Karl O. Paetel, Die SS. Ein Beitrag zur Soziologie des Nationalsozialismus, in: VfZG, 2 (1954), S. 1–33 (22); Gustav M. Gilbert, The mentality of the SS murderous robots, in: Yad Vashem Studies 5 (1963).

32 Sontag, S. 120.

33 Höhne, a.a.O., S. 139ff. u. John M. Steiner, Über das Glaubensbekenntnis der SS, in: Bracher/Funke/Jacobsen, S. 206ff. (216f.).

34 Joachim Fest, Heydrich – Der Nachfolger, in: ders., Das Gesicht des Dritten Reiches, Profile einer totalitären Herrschaft, München 1980[7], S. 139ff. (142); vgl. auch Günther Deschner, Reinhard Heydrich – Technokrat der Sicherheit, in: R. Smelser/R. Zitelmann (Hg.), Die braune Elite. 22 Biographische Skizzen, Darmstadt 1989, S. 98ff.

35 Höhne, a.a.O., S. 127ff.

36 Ebda., S. 128.

37 Wegner, a.a.O., S. 56ff.; ders., The ›Aristocracy of National Socialism‹: The Role of the SS in National Socialist Germany, in: H.J.W.

Koch (Ed.), Aspects of the Third Reich, London 1985, S. 430–50; Buchheim u. a., a.a.O., Bd. I, S. 276ff.

38 Siehe Merker, S. 234ff. u. Höhne, a.a.O., S. 142f.

39 Höhne, a.a.O., S. 140.

40 Paetel, a.a.O., S. 16f. Siehe auch Picker, Tischgespräche, a.a.O., S. 66f. u. 122.

41 Siehe Buchheim u. a., a.a.O., Bd. I, S. 276ff.

42 Steiner, a.a.O., S. 221.

43 Werner Best, Der Krieg und das Recht, in: E. Jünger (Hg.), Krieg und Krieger, 1930, S. 78.

44 Zit. nach Buchheim u. a., a.a.O., Bd. I, S. 284; vgl. auch Höhne, a.a.O., S. 149.

45 Paetel, a.a.O., S. 22.

46 Zit. nach Buchheim u. a., a.a.O., Bd. I, S. 295.

47 Ebda., S. 308.

48 H. Rauschning, Gespräche mit Hitler, Zürich 1940, S. 233ff. Vgl. auch Trevor Ravenscroft, The Spear of Destiny, New York 1974, S. 153ff. u. 252ff.

49 Hermann Rauschning, Die Revolution des Nihilismus. Kulisse und Wirklichkeit im Dritten Reich, Zürich 1938, S. 90.

50 Klaus Jürgen Müller, Armee und Drittes Reich 1933–39, Paderborn 1987, S. 22ff.

51 Wegner, Politische Soldaten, a.a.O., S. 36f.

52 Müller, a.a.O., S. 16ff.

53 Stig Förster, Der doppelte Militarismus. Die deutsche Heeresrüstungspolitik zwischen Status-quo-Sicherung und Aggression 1890–1914, Wiesbaden 1985.

54 Paetel, a.a.O., S. 22.

55 Ebda., S. 29.

56 Höhne, a.a.O., S. 139.

57 Hans-Ulrich Thamer, Verführung und Gewalt. Deutschland 1933–45, Berlin 1986, S. 374ff.

58 Sontag, S. 113.

59 So umschreibt Marcel Proust jene verfemten und verfolgten Minderheiten. Siehe dazu George L. Mosse, Nationalismus und Sexualität. Bürgerliche Moral und sexuelle Normen, München 1985, S. 170ff. u. 193ff.

7. Kapitel: Arbeit und Freizeit

1 Zit. nach Timothy W. Mason, Arbeiterklasse und Volksgemeinschaft. Dokumente und Materialien zur deutschen Arbeiterpolitik 1936–39, Opladen 1975, S. 190.

2 Florian Tennstedt, Wohltat und Interesse. Das Winterhilfswerk des Deutschen Volkes: Die Weimarer Vorgeschichte und ihre Instrumentalisierung durch das NS-Regime, in: GG 13 (1987), 2, S. 157ff.

3 Herbert Kolb, Der inhumane Akkusativ, in: Dolf Sternberger u.a., Aus dem Wörterbuch des Unmenschen, München 1970 (1945), S. 168ff.

4 Timothy W. Mason, Sozialpolitik im Dritten Reich. Arbeiterklasse und Volksgemeinschaft, Opladen 1977. Mason hat seine Auffassung bezüglich der Integration der Arbeiterschaft in die NS-Gesellschaft inzwischen revidiert; vgl. ders., Die Bändigung der Arbeiterklasse im nationalsozialistischen Deutschland. Eine Einleitung, in: Carola Sachse u.a., Angst, Belohnung, Zucht und Ordnung. Herrschaftsmechanismen im Nationalsozialismus, Opladen 1982, S. 11ff.; Eberhard Heuel, Der umworbene Stand. Die ideologische Integration der Arbeiter in den Nationalsozialismus 1933–45, Frankfurt/M. 1989.

5 So Jürgen W. Falter, Wer verhalf der NSDAP zum Sieg?, in: Aus Politik und Zeitgeschichte Nr. B 28–29/79 v. 14.7.1979, S. 3ff.; vgl. auch ders. u.a., Wahlen und Abstimmungen in der Weimarer Republik. Materialien zum Wahlverhalten 1919–33, München 1986; Richard Hamilton, Who Voted for Hitler? Princeton 1982; Thomas Childers, The Nazi Vote, Chapel Hill 1983.

6 Jürgen W. Falter, Warum die deutschen Arbeiter während des ›Dritten Reiches‹ zu Hitler standen, in: GG 13 (1987) 2, S. 217ff.

7 Ebda., S. 231.

8 Gunther Mai, Warum steht der deutsche Arbeiter zu Hitler? Zur Rolle der Deutschen Arbeitsfront im Herrschaftssystem des Dritten Reiches, in: GG 12 (1986) 2, S. 212ff.; ders., Die nationalsozialistische Betriebszellenorganisation. Zum Verhältnis von Arbeiterschaft und Nationalsozialismus, in: VfZG 31 (1983) 4, S. 573ff.; Sachse, a.a.O., passim; A. Kranig, Lockung und Zwang. Zur Arbeitsverfassung im Dritten Reich, Stuttgart 1983; Wolfgang Spohn, Betriebsgemeinschaft und Volksgemeinschaft. Die rechtliche und institutionelle Regelung der Arbeitsbeziehungen im NS-Staat, Berlin 1987. Vgl. neuerdings auch: Tilla Siegel, Leistung und Lohn in der nationalsozialistischen »Ordnung der Arbeit«, Opladen 1989; Wolfgang Zollitsch, Arbeiter zwischen Weltwirtschaftskrise und Nationalsozialismus. Ein Beitrag zur Sozialgeschichte der Jahre 1928–1936, Göttingen 1990; Heuel, Der umworbene Stand, a.a.O.

9 Herwart Vorländer, NS-Volkswohlfahrt und Winterhilfswerk des Deutschen Volkes, in: VfZG 34 (1986), S. 341; ders., Die NS-Volkswohlfahrt. Darstellung und Dokumentation einer nationalsozialistischen Organisation, Boppard 1988.

10 Wolfhard Buchholz, Die nationalsozialistische Gemeinschaft »Kraft durch Freude«. Freizeitgestaltung und Arbeiterschaft im Dritten Reich, Phil. Diss. München 1976; Hasso Spode, Arbeiterurlaub im Dritten Reich, in: Sachse, a.a.O., S. 275 ff.; ders., »Der deutsche Arbeiter reist«: Massentourismus im Dritten Reich, in: Gerhard Huck (Hg.), Sozialgeschichte der Freizeit, Wuppertal 1980, S. 281 ff.; Chup Friemert, Produktionsästhetik im Faschismus. Das Amt »Schönheit der Arbeit« von 1933 bis 1939, München 1980; Anson G. Rabinbach, Die Ästhetik der Produktion im Dritten Reich, in: Schnell, S. 57 ff. Siehe in dem Zusammenhang auch Peter Schirmbeck, Adel der Arbeit. Der Arbeiter in der Kunst der NS-Zeit, Marburg 1984; Wolfgang Eggerstorfer, Schönheit und Adel der Arbeit. Arbeitsliteratur im Dritten Reich, Frankfurt/M. u.a. 1988.

11 Victoria de Grazia, The Culture of Consent: Mass Organization of Leisure in Fascist Italy, Cambridge/N.Y. 1981.

12 Deutschland-Berichte der Sozialdemokratischen Partei Deutschlands (Sopade). 1934–1940, 7 Bde., Frankfurt/M. 1980.

13 Hans Dieter Schäfer, Das gespaltene Bewußtsein. Deutsche Kultur und Lebenswirklichkeit 1933–1945, München 1981, S. 116.

14 Mason, Bändigung, a.a.O., S. 35 f.

15 David Schoenbaum, Die braune Revolution. Eine Sozialgeschichte des Dritten Reiches, München 1980 (1963), S. 107. Vgl. in dem Zusammenhang jetzt auch: Carola Sachse, Siemens, der Nationalsozialismus und die moderne Familie. Eine Untersuchung zur sozialen Rationalisierung in Deutschland im 20. Jahrhundert, Hamburg 1990; Rüdiger Hachtmann, Industriearbeit im Dritten Reich. Untersuchungen zu den Lohn- und Arbeitsbedingungen in Deutschland 1933–1945. Göttingen 1989.

16 Rabinbach, a.a.O., S. 58; vgl. auch Anatol v. Hübbenet, Das Taschenbuch Schönheit der Arbeit, Berlin, o.J. (1938).

17 Hans-Jochen Gamm, Der braune Kult, Hamburg 1962, S. 91.

18 Albert Speer, Schönheit der Arbeit – Fragen der Betriebsgestaltung, in: Schönheit der Arbeit, Jg. 1936/37, S. 198; vgl. auch Speer, Erinnerungen, S. 70.

19 Hübbenet, a.a.O., S. 17.

20 Zit. nach Friemert, a.a.O., S. 102; vgl. auch Amt »Schönheit der Arbeit« (Hg.), Der Umkleideraum, Wasch- und Baderaum in gewerblichen Betrieben, Berlin 1936.

21 Friemert, a.a.O., S. 118 ff. Vgl. auch Amt »Schönheit der Arbeit« (Hg.), Schönheit der Arbeit durch Grünanlagen im Betrieb, Berlin o.J.

22 Friemert, a.a.O., S. 146 ff. Vgl. auch Amt »Schönheit der Arbeit« (Hg.), Schönheit der Arbeit durch gute Beleuchtung am Arbeitsplatz, Berlin o.J.

23 Zit. nach Friemert, a.a.O., S. 191.

24 Ernst Bloch, Freiheit und Ordnung. Abriß der Sozialutopien, Reinbek 1969, S. 168ff.

25 Leonardo Benevolo, Geschichte der Architektur des 19. u. 20. Jahrhunderts, München 1988 (1960), Bd. 1, S. 412ff.

26 Jost Hermand/Frank Trommler, Die Kultur der Weimarer Republik, München 1978, S. 40ff.

27 Rabinbach, a.a.O., S. 67. Vgl. auch Arbeitswiss. Institut der DAF (Hg.), Ermüdung, Arbeitsgestaltung, Leistungssteigerung, Berlin 1938.

28 Unter diesem Titel erschienen in den zwanziger Jahren mehrere Bücher, u.a. von Franz Kollmann (1928) und Otto Wagner (1928); vgl. dazu auch Thomas Lange, Literatur des technokratischen Bewußtseins, in: Zeitschr. f. Literaturwiss. u. Linguistik 10 (1980), S. 52ff.

29 Siehe Joan Campbell, Der Deutsche Werkbund 1907–1934, München 1989 (engl. 1978).

30 Hans M. Wingler, Das Bauhaus 1919–33. Weimar, Dessau, Berlin und die Nachfolge in Chikago seit 1937, Köln 1968.

31 Rabinbach, a.a.O., S. 70; Campbell, a.a.O., S. 348.

32 Speer, Erinnerungen, S. 159.

33 5 Jahre »Kraft durch Freude«, Leistungsbericht der NS-Gemeinschaft »Kraft durch Freude« vom 27.11.1938, Berlin 1938, S. 38.

34 Rabinbach, a.a.O., S. 79. Siehe auch die pointierte Interpretation und Zusammenfassung von Chup Friemert, Produktionsästhetik im Faschismus. Vorbilder und Funktionsbestimmungen, in: Hinz, Dekoration, a.a.O., S. 17ff.

35 Hübbenet, a.a.O., S. 26. Siehe auch Mason, Bändigung, a.a.O., S. 11ff.; Schäfer, Bewußtsein, a.a.O., S. 114ff., sowie Deutschland-Berichte, a.a.O., passim.

36 Amt »Schönheit der Arbeit« (Hg.), Schönheit der Arbeit. Sozialismus der Tat, Berlin 1936.

37 Zit. nach Mason, Arbeiterklasse, a.a.O., S. 191.

38 5 Jahre »Kraft durch Freude«, a.a.O., S. 40.

39 Die Literaturlage zu dieser sozial- und kulturpolitisch gleichermaßen wichtigen NS-Organisation ist noch keineswegs befriedigend, auch wenn sie in mehreren sozialgeschichtlichen Studien dargestellt wird. Siehe Schoenbaum, Revolution, a.a.O., S. 143ff.; Richard Grunberger, Das zwölfjährige Reich. Der deutsche Alltag unter Hitler, Wien u.a. 1972, S. 209ff.; Mason, Sozialpolitik, a.a.O., S. 183ff.; Hans-Gerd Schumann, Nationalsozialismus und Gewerkschaftsbewegung. Die Vernichtung der deutschen Gewerkschaften und der Aufbau der »Deutschen Arbeitsfront«, Hannover u. Frankfurt/M. 1958, S. 189ff.; Hans J. Reichardt, Die Deutsche Arbeitsfront, Phil.

Diss. Berlin 1956; Hans-Joachim Knebel, Soziologische Strukturwandlungen im modernen Tourismus, Stuttgart 1960; Jürgen Reulecke, Vom blauen Montag zum Arbeiterurlaub, in: AfS 16 (1976), S. 245 ff.: Laurence van Zandt Moyer, The Kraft durch Freude Movement in Nazi Germany, Phil. Diss. Ann Arbor 1977 (1967) und die in Anm. 10 genannte Literatur.

40 Spode, Arbeiterurlaub, a.a.O., S. 277 ff.

41 Die in der Literatur angegebenen Zahlen schwanken und sind schon wegen der zumeist geschönten NS-Statistiken unter Vorbehalt zu lesen; siehe auch Buchholz, a.a.O., S. 276; Spode, Der deutsche Arbeiter, a.a.O., S. 298.

42 Spode, Arbeiterurlaub, a.a.O., S. 305.

43 Ebda., S. 306.

44 Buchholz, a.a.O., S. 409 u. 363 ff.

45 Zit. nach Inszenierung der Macht, S. 256.

46 Buchholz, a.a.O., S. 225. Das Rosenberg-Zitat ebda., S. 282.

47 Zit. nach Inszenierung der Macht, S. 260.

48 Buchholz, a.a.O., S. 403 ff.

49 Deutschland-Berichte, a.a.O., 6 (1939), S. 477.

50 Buchholz, a.a.O., S. 159.

51 Deutschland-Berichte, a.a.O., 3 (1936), S. 879 f.

52 Spode, Arbeiterurlaub, a.a.O., S. 301; Buchholz, a.a.O., S. 363 ff.

53 Buchholz, a.a.O., S. 367.

54 Zit. nach Buchholz, a.a.O., S. 164.

55 Spode, Arbeiterurlaub, a.a.O., S. 305.

56 Ebda., S. 328.

57 Völkischer Beobachter vom 20. 11. 1939.

58 Buchholz, a.a.O., S. 248 ff. u. 330 ff.

59 Ebda., S. 267.

60 Ebda., S. 311 ff.

61 Siehe Hermand / Trommler, a.a.O., S. 75 ff.; Horst Ueberhorst, (Hg.), Geschichte der Leibesübungen. Bd. 3/2: Leibesübungen und Sport in Deutschland vom Ersten Weltkrieg bis zur Gegenwart, Berlin 1982; Jochen Boberg u. a. (Hg.), Die Metropole. Industriekultur in Berlin im 20. Jahrhundert, München 1986, Bd. 2, S. 174 ff.

62 Winfried Joch, Sport und Leibeserziehung im Dritten Reich, in: Überhorst, Geschichte, a.a.O., S. 701–743; Hajo Bernett, Nationalsozialistische Leibeserziehung. Eine Dokumentation ihrer Theorie und Organisation, Schorndorf 1966; ders., Sportpolitik im Dritten Reich. Aus den Akten der Reichskanzlei, Schorndorf 1971.

63 Zit. nach Speer, Erinnerungen, S. 110.

64 Siehe Winfried Joch, Politische Leibeserziehungen und ihre

Theorie im nationalsozialistischen Deutschland, Bern u. Frankfurt/M. 1976.

65 Hitler, S. 452f.

66 Joch, Sport, a.a.O., S. 718.

67 Hajo Bernett, Der deutsche Sport im Jahre 1933, in: Stadion 7 (1981), S. 225–83.

68 Hajo Bernett, Nationalsozialistischer Volkssport bei »Kraft durch Freude«, in: Stadion 5 (1979), S. 89–146.

69 Bernett, Volkssport, a.a.O., S. 140ff.; Buchholz, a.a.O., S. 296.

70 Arnd Krüger, Deutschland und die olympische Bewegung (1918–45), in: Ueberhorst, Geschichte, a.a.O., S. 1026ff.

71 Zit. nach Friedrich Bohlen, Die XI. Olympischen Spiele Berlin 1936. Instrument der innen- und außenpolitischen Propaganda und Systemsicherung des faschistischen Regimes, Köln 1979, S. 64f. Siehe auch Lorenz Pfeiffer, Carl Diem und der Sport in der Zeit des Nationalsozialismus, in: Sozial- und Zeitgeschichte des Sports 1 (1987) 1, S. 92ff.

72 Bernett, Sportpolitik, a.a.O., S. 39ff.; Krüger, Deutschland, a.a.O., S. 1033ff.; Horst Ueberhorst, Spiele unterm Hakenkreuz. Die Olympischen Spiele von Garmisch-Partenkirchen und Berlin 1936 und ihre politischen Implikationen, in: Aus Politik und Zeitgeschichte, B. 31/86 v. 2.8.1986, S. 3–15.

73 Arnd Krüger, Die Olympischen Spiele 1936 und die Weltmeinung, Berlin u.a. 1972, S. 63.

74 Hermann Graml, Reichskristallnacht. Antisemitismus und Judenverfolgung im Dritten Reich, München 1988, S. 158f.

75 Duff Hart-Davis, Hitler's Games. The 1936 Olympics, London u.a. 1986, S. 150ff.

76 Ueberhorst, Spiele, a.a.O., S. 11f.

77 Goebbels-Tagebücher 2, S. 653.

78 Krüger, Olympische Spiele, a.a.O., S. 197ff.; Hajo Bernett, Das Janusgesicht der Olympischen Spiele des Jahres 1936, in: Frankfurter Rundschau vom 30.7.1986.

79 Hart-Davis, a.a.O., S. 203ff.; Richard Mandell, Hitlers Olympiade, Berlin 1936, München 1980, S. 119ff.

80 Bernett, Janusgesicht, a.a.O.

81 Gunter Gebauer/Christoph Wulf, Die Berliner Olympiade 1936. Spiele der Gewalt, in: Mythos Berlin. Zur Wahrnehmungsgeschichte einer industriellen Metropole. Eine szenische Ausstellung auf dem Gelände des Anhalter Bahnhofs (Katalog), Berlin 1987, S. 259ff.

82 Carl Heinrich Meyer, Von Berlin in die Irre. Blick zurück auf Olympia '36, in: Süddeutsche Zeitung vom 9/10.8.1986.

83 Krüger, Olympische Spiele, a.a.O., S. 206ff.

84 Sontag, S. 106.

85 Hajo Bernett, Leni Riefenstahls Dokumentarfilm von den Olympischen Spielen in Berlin 1936, in: ders., Untersuchungen zur Zeitgeschichte des Sports, Schorndorf 1973, S. 115ff.; Hans Barkhausen, »Auf Veranlassung des Reiches«. Leni Riefenstahl und die Olympia-Filme 1936, in: Neue Zürcher Zeitung vom 10.8.1974.

86 Martin Loiperdinger, Halb Dokument, halb Fälschung. Zur Inszenierungsfeier in Leni Riefenstahls Olympia-Film »Fest der Völker«, in: medium. Zeitschr. für Hörfunk, Fernsehen, Film u. Presse 18 (1988), S. 42ff.

87 Gebauer/Wulf, a.a.O., S. 262f.

88 Ueberhorst, Spiele, a.a.O., S. 13.

89 Bernett, Janusgesicht, a.a.O.

90 Gebauer/Wulf, a.a.O., S. 263.

8. Kapitel: Bauen und Wohnen

1 Hartmut Frank, Welche Sprache sprechen Steine?, in: ders. (Hg.), Faschistische Architekturen. Planen und Bauen in Europa. 1930 bis 1945, Hamburg 1985, S. 19.

2 Niels Gutschow, Die ersehnte Katastrophe. Wie Europas Stadtplaner ihre große Chance gekommen sahen, in: Die Zeit vom 2.8.1988, S. 14.

3 So die treffende Formulierung von Tilo Schabert, Die Rivalen des Schöpfers. Über die Pläne moderner Architekten zur Erlösung der Welt, in: FAZ vom 9.4.1988.

4 Zit. nach Peter Norden, Unternehmen Autobahn, Bayreuth 1983, S. 145; siehe auch Karl Heinz Ludwig, Technik und Ingenieure im Dritten Reich, Düsseldorf 1979 (1974), S. 304.

5 Rainer Stommer (Hg.), Reichsautobahn. Pyramiden des Dritten Reiches. Analysen zur Ästhetik eines unbewältigten Mythos, Marburg 1982, S. 26.

6 Norden, a.a.O., S. 24ff.

7 Ludwig, a.a.O., S. 307ff.

8 William L. Shirer, Berlin Diary, New York 1941, S. 244; siehe auch A.F. Manning, Der Verein Deutscher Ingenieure und der Nationalsozialismus, in: Acta historiae Neerlandica 2 (1967), S. 163ff. (183ff.); Franz W. Seidler, Fritz Todt. Baumeister des Dritten Reiches, Frankfurt/M. u. Berlin 1988 (Neuausg.).

9 Ludwig, a.a.O., S. 330ff.

10 Siehe Thomas Kunze/Rainer Stommer, Geschichte der Reichsautobahn, in: Stommer (Hg.), a.a.O., S. 22ff.; James D. Shand, The

Reichsautobahn: Symbol for the Third Reich, in: Journal of Contemporary History 19 (1984), S. 189ff. u. Karl Lärmer, Autobahnbau in Deutschland 1933–1945. Zu den Hintergründen, Berlin-Ost 1975.

11 Ludwig, a.a.O., S. 323ff.

12 So der Titel eines weit verbreiteten, nach 1945 in 3. Aufl. erschienenen Buches von Friedrich Münzinger (Berlin / Göttingen 1947). Zu Feder siehe Ludwig, a.a.O., S. 73ff. und Albrecht Tyrell, Gottfried Feder. Der gescheiterte Programmatiker, in: R. Smelser / R. Zitelmann (Hg.), Die braune Elite, Darmstadt 1989, S. 28ff.

13 Zit. nach Ludwig, a.a.O., S. 337.

14 Zit. nach Norden, a.a.O., S. 159f.; Hermann Harz, Das Erlebnis der Reichsautobahn, München 1943, S. 62ff.

15 Waldemar Wucher, Die Reichsautobahn als politisches Werk, in: Die Straße 8 (1941), S. 280.

16 Shand, a.a.O., S. 196f.

17 Zit. nach Stommer, a.a.O., S. 17.

18 Rainer Stommer, Triumph der Technik. Autobahnbrücken zwischen Ingenieuraufgabe und Kulturdenkmal, in: ders. (Hg.), Reichsautobahn, a.a.O., S. 49ff.

19 Werner Rittich, Architektur und Bauplastik, Berlin 1938[3], S. 73ff.

20 Stommer, Triumph, a.a.O., S. 61ff.

21 George L. Mosse, Faschismus und Avantgarde, in: R. Grimm / J. Hermand (Hg.), Faschismus und Avantgarde, Frankfurt / M. 1980, S. 133ff. (134).

22 Siehe auch Kap. 3, S. 101ff.

23 Mosse, a.a.O., S. 142.

24 Domarus I/1, S. 208f.

25 Fritz Todt, Der nordische Mensch und der Verkehr, in: Die Straße 4 (1937), S. 394ff.

26 Heinrich Hansen, Autowandern, eine wachsende Bewegung, in: Die Strasse 3 (1936), S. 455ff. Siehe auch Angela Schumacher, »Vor uns die endlosen Straßen, vor uns die lockende, erregende Ferne...«, in: Stommer (Hg.), Reichsautobahn, a.a.O., S. 77ff.; Hartmut Bitomsky, Reichsautobahn (Skript zum Film), WDR Köln 1986.

27 Zit. nach Claudia Gabriele Philipp, »Die schöne Straße im Bau und unter Verkehr«. Zur Konstituierung des Mythos von der Autobahn durch die mediale Verbreitung und Ästhetik der Fotografie, in: Stommer (Hg.), Reichsautobahn, a.a.O., S. 111ff. (114f.); siehe auch Hermann Harz, Das Erlebnis Reichsautobahn, München 1943; Wolf Stracke, Auf allen Autobahnen. Ein Bildbuch vom neuen Reisen, Darmstadt 1939.

28 Ludwig, a.a.O., S. 313ff.

29 Siehe die Beiträge von Lang/Stommer und Philipp in: Stommer (Hg.), Reichsautobahn, a.a.O., S. 91 ff. u. 111 ff. sowie Bitomsky, a.a.O.

30 Zu Speer siehe Jost Dülffer, Albert Speer. Management für Kultur und Wirtschaft, in: R. Smelser/R. Zitelmann (Hg.), Die braune Elite, Darmstadt 1989, S. 258 ff.; Joachim Fest, Albert Speer und die technizistische Unmoral, in: ders., Das Gesicht des Dritten Reiches, München 1980, S. 271 ff.; J. White Morris, Albert Speer: The Hitler Years. Views of a Reich Minister, Diss. Ball State University 1987; Matthias Schmidt, Albert Speer: Das Ende eines Mythos. Speers wahre Rolle im Dritten Reich, München 1982; Adelbert Reif, Albert Speer. Kontroversen um ein deutsches Phänomen, München 1978.

31 Speer, Erinnerungen, S. 94; Backes, S. 117 ff.

32 Speer, Erinnerungen, S. 147 ff.

33 Karl Heinz Krüger, Die Entnazifizierung der Steine, in: Der Spiegel Nr. 4 v. 23. 1. 1989 (während Speer schreibt, daß der Betonklotz den Baugrund für die »Große Halle« testen sollte, wird hier der Triumphbogen genannt).

34 Speer, Erinnerungen, S. 149.

35 Ebda., S. 147 ff. Siehe dazu auch Jochen Theis, Architekt der Weltherrschaft. Die »Endziele« Hitlers, Düsseldorf 1976, S. 70 ff. u. 78 ff.

36 Speer, Erinnerungen, S. 87 f.

37 Hermann Rauschning, Gespräche mit Hitler, Zürich 1940, S. 244 f.

38 Krüger, Entnazifizierung, a.a.O., S. 64 ff.

39 Siehe Dieter Bartetzko, Zwischen Zucht und Ekstase. Zur Theatralik von NS-Architektur, Berlin 1985, S. 103 ff.

40 Gutschow, Katastrophe, a.a.O. Siehe dazu auch Werner Durth/Niels Gutschow, Träume in Trümmern, Braunschweig u. Wiesbaden 1988; Klaus v. Beyme, Der Wiederaufbau. Architektur und Städtebaupolitik in beiden deutschen Staaten, München 1987.

41 Wolf Schäfer, Die Krankheit der Vernunft, in: Die Zeit vom 3. 4. 1987.

42 Joan Campbell, Der Deutsche Werkbund 1907–1934, München 1989.

43 Theobald Ziegler, Die geistigen und sozialen Strömungen Deutschlands im 19. Jahrhundert, Berlin 1911, S. 512.

44 Brenner, S. 22 ff.

45 Siehe Werner Durth, Deutsche Architekten. Biographische Verflechtungen 1900–1970, Braunschweig u. Wiesbaden 1988[3], passim; Speer, Erinnerungen, bes. S. 52 ff. u. 131 ff.

46 Durth, Architekten, a.a.O., bes. S. 42 ff. u. 56 ff.

47 Speer, Erinnerungen, S. 159; Durth, Architekten, a.a.O., passim. Siehe zum Gesamtzusammenhang auch Barbara Miller Lane, Architektur und Politik in Deutschland 1918–45, Braunschweig u. Wiesbaden 1986.

48 Bartetzko, Zucht, a.a.O., S. 59ff. u. 103ff.

49 Mosse, Faschismus und Avantgarde, a.a.O., S. 133. Siehe auch die Beiträge von Gerhard Fehl, Die Moderne unterm Hakenkreuz. Ein Versuch, die Rolle funktionalistischer Architektur im Dritten Reich zu klären, und Jean-Claude Vigato, Kompromißarchitektur. Zwischen Heimatstil, Klassizismus und Modernität, in: Frank (Hg.), a.a.O., S. 88ff. u. 210ff.

50 Karl Arndt, Die Münchener Architekturszene 1933/34 als ästhetisch-politisches Konfliktfeld, in: Martin Broszat u. a. (Hg.), Bayern in der NS-Zeit, München u. Wien 1981, Bd. 3, S. 443ff.; Hans Peter Rasp, Eine Stadt für tausend Jahre. München, Bauten und Projekte für die Hauptstadt der Bewegung, München 1981.

51 Arndt, Architekturszene, a.a.O., S. 461. Siehe auch Lars Olof Larsson, Klassizismus in der Architektur des 20. Jahrhunderts, in: Albert Speer, Architektur. Arbeiten 1933–42, Berlin 1978, S. 151ff.

52 Arthur Moeller van den Bruck, Der preußische Stil, München 1916. Siehe auch Georg Friedrich Koch, Speer, Schinkel und der preußische Stil, in: Albert Speer, Architektur. Arbeiten 1933–42, Berlin 1978, S. 136ff.

53 Für diesen Zusammenhang siehe v. a. Thies, Architekt der Weltherrschaft, a.a.O.

54 Speer, Erinnerungen, S. 40.

55 Siehe Angela Schönberger, Die Neue Reichskanzlei von Albert Speer. Zum Zusammenhang von nationalsozialistischer Ideologie und Architektur, Phil. Diss. Berlin 1981; siehe auch Karl Arndt, Architektur und Politik, in: Albert Speer, Architektur. Arbeiten 1933–42, Berlin 1978, S. 113ff.; Martin Damus, Architektonische Form und staatliche Repräsentation, in: Leviathan 10 (1982) 4, S. 555–84; sowie die Studien von Miller Lane, a.a.O., Durth, a.a.O., Bartetzko, a.a.O.

56 Eberhard Jäckel, Hitlers Herrschaft. Vollzug einer Weltanschauung, Stuttgart 1986; S. 38ff. u. 68ff.

57 Zit. nach Schönberger, a.a.O., S. 52.

58 Speer, Erinnerungen, S. 127.

59 Søren Nagbøl, Macht und Architektur. Versuch einer erlebnisanalytischen Interpretation der Neuen Reichskanzlei, in: Alfred Lorenzer (Hg.), Kultur-Analysen, Frankfurt/M. 1986, S. 347ff. (369f.).

60 Völkischer Beobachter vom 13.1.1939.

61 Schoenberger, a.a.O., S. 150ff.

62 Siehe Lars Olof Larsson, Die Neugestaltung der Reichshaupt-

stadt. Albert Speers Generalbebauungsplan für Berlin, Stuttgart 1978; Hans J. Reichhardt / W. Schäche, Von Berlin nach Germania. Über die Zerstörungen der Reichshauptstadt durch Albert Speers Neugestaltungspläne (Katalog), Berlin 1984; Albert Speer, Architektur. Arbeiten 1933–42, Berlin 1978; Herding, Klaus / Hans-Ernst Mittig, Kunst und Alltag im NS-System, Gießen 1975.

63 Jost Dülffer u. a., Hitlers Städte. Baupolitik im Dritten Reich, Köln u. Wien 1978; Joachim Petsch, Baukunst und Stadtplanung im Dritten Reich, München 1976; Backes, S. 123ff.; Merker, S. 216ff.

64 Zit. nach Brenner, S. 123.

65 George L. Mosse, Die Nationalisierung der Massen. Von den Befreiungskriegen bis zum Dritten Reich, Frankfurt / M. u. Berlin 1976, S. 33ff. u. 62ff.; Dieter Düding u. a. (Hg.), Öffentliche Festkultur. Politische Feste in Deutschland von der Aufklärung bis zum Ersten Weltkrieg, Reinbek 1988.

66 Zit. nach Mosse, Nationalisierung, S. 67f.

67 Hubert Schrade, Das deutsche Nationaldenkmal, München 1934, S. 106; siehe auch Thomas Nipperdey, Nationalidee und Nationaldenkmal, in: HZ 206 (1968), S. 529ff.

68 Dieter Bartetzko, Illusionen in Stein. Stimmungsarchitektur im deutschen Faschismus. Ihre Vorgeschichte in Theater- und Film-Bauten, Reinbek 1985, S. 80ff.; ders., Zucht, a.a.O., passim.

69 Zum Folgenden Bartetzko, Zucht, a.a.O., S. 97ff.

70 Bartetzko, Zucht, a.a.O., S. 59ff. Siehe auch Merker, S. 186ff.; Durth, Architekten, a.a.O., passim.

71 Lothar Suhling, Deutsche Baukunst. Technologie und Ideologie im Industriebau des »Dritten Reiches«, in: Herbert Mehrtens / Steffen Richter (Hg.), Naturwissenschaft, Technik und NS-Ideologie, Frankfurt / M. 1980, S. 243ff.; Ludwig, a.a.O., S. 105ff., 141ff. u. 150ff.

72 Zit. nach Anna Teut, Architektur im Dritten Reich. 1933–45, Frankfurt / M. u. Berlin 1967, S. 248.

73 Suhling, a.a.O., S. 272f.

74 Ludwig, a.a.O., S. 516; s. a. Fehl, Die Moderne, a.a.O., S. 88ff.

75 Wolfgang Voigt, Die Stuttgarter Schule und die Alltagsarchitektur des Dritten Reiches, in: Frank (Hg.), a.a.O. , S. 234ff.; Roswitha Mattausch, Siedlungsbau und Stadtneugründungen im deutschen Faschimus, Frankfurt / M. 1981; Tilman Harlander / Gerhard Fehl (Hg.), Wohungspolitik, Baugestaltung und Siedlungsplanung, Hamburg 1986.

76 Siehe Erhard Forndran, Die Stadt- und Industriegründungen Wolfsburg und Salzgitter. Entscheidungsprozesse im nationalsozialistischen Herrschaftssystem, Frankfurt / M. 1984; Marie L. Recker, Die Großstadt als Wohn- und Lebensbereich im Nationalsozialismus. Zur

Gründung der Stadt des KdF-Wagens, Frankfurt/M. 1981; M. Walz, Wohnungsbau- und Industrieansiedlungspolitik in Deutschland 1933–39. Aufbau des Komplexes Wolfsburg-Braunschweig-Salzgitter, Frankfurt/M. 1979.

77 Zit. nach Mattausch, a.a.O., S. 194.

78 Siehe Klaus-Jörg Siegfried, Rüstungsproduktion und Zwangsarbeit im Volkswagenwerk 1939–1945, Frankfurt/M. 1987[2].

79 Mattausch, a.a.O., S. 194.

80 Ebda., S. 177f.

81 Recker, a.a.O., S. 39ff. u. 51ff.

82 Joachim Krausse, Volksempfänger. Zur Kulturgeschichte der Monopolware, in: Kunst und Medien, hrsg. von der Staatlichen Kunsthalle Berlin (Katalog), Berlin 1984, S. 81–112.

83 Ebda., S. 84ff. Siehe auch Peter Dahl, Radio. Sozialgeschichte des Rundfunks für Sender und Empfänger, Reinbek 1983, S. 143ff.; Ansgar Diller, Der Volksempfänger. Propaganda- und Wirtschaftsfaktor, in: Mitteilungen. Studienkreis Rundfunk u. Geschichte 9 (1983), S. 140ff.; ders., Arbeitersender und Volksempfänger, Frankfurt/M. 1978, S. 103ff.

84 Klaus-Jürgen Sembach, Stil 1930, Tübingen 1971.

85 Gert Selle, Design-Geschichte in Deutschland. Produktkultur als Entwurf und Erfahrung, Köln 1987, S. 214; siehe auch Hans Eckstein, Formgebung des Nützlichen. Marginalien zur Geschichte und Theorie des Designs, Düsseldorf 1985.

86 Selle, a.a.O., S. 198ff.

87 Siegfried Kracauer, Die Angestellten. Aus dem neuesten Deutschland, Frankfurt/M. 1971 (1929); Ernst Bloch, Erbschaft dieser Zeit, Frankfurt/M. 1962 (1935), S. 31ff. Siehe auch Hans Speier, Die Angestellten vor dem Nationalsozialismus, Göttingen 1977.

88 Hans Scheerer, Design-Geschichte. Gestaltung im Dritten Reich. Der Versuch einer Dokumentation zur Sozialutopie des Design im Nationalsozialismus 1933–45, in: form H. 69–71 (1975). Siehe auch Hans-Ernst Mittig, Die Reklame als Wegbereiterin der nationalsozialistischen Kunst, in: Hinz, Dekoration, S. 31ff.; Uwe Westphal, Werbung im Dritten Reich, Berlin 1989.

89 Siehe Joachim Petsch, Eigenheim und gute Stube. Zur Geschichte des bürgerlichen Wohnens, Köln 1989; Sonja Günther, Das Deutsche Heim. Luxusinterieurs und Arbeitermöbel von der Gründerzeit bis zum ›Dritten Reich‹, Gießen 1984; Karl Kopp, Schönheit des Wohnens. Ein Bildwerk über deutsche Wohnmöbel, hrsg. vom Reichsheimstättenamt der DAF, Freiburg o.J. (1940); W. Graeff, Jetzt wird Ihre Wohnung eingerichtet. Deutsches Warenbuch für den neuen Wohnbedarf. Zweckmäßiges Wohnen für jedes Einkommen, Potsdam 1933.

90 Petsch, a.a.O., S. 189f.

91 Chup Friemert, Produktionsästhetik im Faschismus, München 1980, S. 278ff.

92 Günther, a.a.O., S. 124ff.

93 Ebda., S. 110ff.

94 Siehe Wolfgang F. Haug, Kritik der Warenästhetik, Frankfurt/M. 1971, bes. S. 169ff.; ders. (Hg.), Warenästhetik. Beiträge zur Diskussion, Weiterentwicklung und Vermittlung ihrer Kritik, Frankfurt/M. 1975; Selle, a.a.O., passim; John Heskett, »Modernismus« und »Archaismus« im Design während des Nationalsozialismus, in: Hinz, Dekoration, S. 54ff. und ders., German Design 1870–1918, New York 1986.

95 Scheerer, Design-Geschichte, a.a.O., in: form H. 70 (1975), S. 30ff.

96 Ebda., S. 31.

97 Selle, a.a.O., S. 239.

98 Paul Kluke, Hitler und das Volkswagenprojekt, in: VfZG 8 (1960), S. 341ff.

99 Selle, a.a.O., S. 240; siehe auch Knut Hickethier u. a. (Hg.), Das Deutsche Auto. Volkswagenwerbung und Volkskultur, Gießen 1974; Norden, Unternehmen Autobahn, a.a.O., S. 141ff.

9. Kapitel: Erbauung und Repräsentation

1 Speer, Tagebücher, S. 464f.

2 Siehe Kurt Grossmann, Emigration. Die Geschichte der Hitlerflüchtlinge 1933–45, Frankfurt/M. 1969; Donald P. Kent, The Refugee Intellectual. The Americanization of the immigrants 1933–41, New York 1953, Erna M. Moore, Exil in Hollywood: Leben und Haltung deutscher Exilanten nach ihren autobiographischen Berichten, in: J.M. Spalek/J. Strelka (Hg.), Deutsche Exilliteratur seit 1933, Bd. 1, München 1976; Gerhard Hirschfeld (Hg.), Exil in Großbritannien, Stuttgart 1983.

3 Karl Corino (Hg.), Intellektuelle im Bann des Nationalsozialismus, Hamburg 1980.

4 Völkischer Beobachter vom 6.9.1934; Backes, passim.

5 Fest, S. 526f.

6 Robert Musil, Mann ohne Eigenschaften, Reinbek 1979, S. 520.

7 Siehe Hugo Ott, Martin Heidegger. Unterwegs zu seiner Biografie, Frankfurt/M. 1988; Peter Kemper (Hg.), Martin Heidegger, Faszination und Erschrecken, Frankfurt/M. 1990.

8 Siehe aus der Fülle neuerer Studien Gerhard Sauder (Hg.), Die Bücherverbrennung. Zum 10. Mai 1933, München 1983; Ulrich Walbe-

rer (Hg.), 10. Mai 1933. Bücherverbrennung in Deutschland und die Folgen, Frankfurt/M. 1983; Klaus Schöffling (Hg.), Dort wo man Bücher verbrennt. Stimmen der Betroffenen, Frankfurt/M. 1983.

9 Franz Schonauer, Deutsche Literatur im Dritten Reich, Olten u. Freiburg 1961, S. 13.

10 Siehe bes. Ralf Schnell, Literarische Innere Emigration 1933–45, Stuttgart 1976 sowie die Beiträge von Bernd Peschken (S. 207ff.), Horst Denkler (S. 382ff.) und Reinhold Grimm (S. 406ff.) in: Denkler/Prümm; Schonauer, a.a.O., S. 125ff.

11 Siehe zu Ernst Jünger Kap. 2 und Anm. 47 ebd. Vgl. außerdem Karl Prümm, Die Literatur des Soldatischen Nationalismus der 20er Jahre (1918–33). Gruppenideologie und Epochenproblematik, 2 Bde., Kronberg/Ts. 1974; ders., Das Erbe der Front. Der antidemokratische Kriegsroman der Weimarer Republik und seine nationalsozialistische Fortsetzung in: Denkler/Prümm, S. 138ff.

12 Siehe bes. Jürgen Schröder, Benn in den dreißiger Jahren, in: Corino, a.a.O., S. 48ff.; ders., G. Benn, Poesie und Sozialisation, Stuttgart 1978; Rainer Stollmann, Gottfried Benn. Zum Verhältnis von Ästhetizismus und Faschismus, in: Text und Kontext. Themaheft Nationalsozialismus und Literatur, München 1980, S. 284ff. Außerdem Hanspeter Brode, Benn Chronik, München 1978; Reinhard Alter, Gottfried Benn. The Artist and Politics, Bern/Frankfurt/M. 1976; Bruno Hillebrand (Hg.), Über Gottfried Benn. Kritische Stimmen, 2 Bde. (1912–56; 1957–86), Frankfurt/M. 1987.

13 Zit. nach Schonauer, S. 47f.

14 Siehe Stollmann, G. Benn, a.a.O., S. 284ff. und Klaus Theweleit, Gottfried Benn Ali greift nach der Krone, in: Inszenierung der Macht, S. 169ff. Zur Literaturpolitik der dreißiger Jahre: Dietrich Strothmann, Nationalsozialistische Literaturpolitik. Ein Beitrag zur Publizistik im Dritten Reich, Bonn 1960; Inge Jens, Dichter zwischen rechts und links, München 1971; Hildegard Brenner, Ende einer bürgerlichen Kunst-Institution. Die politische Formierung der Preußischen Akademie der Künste, Stuttgart 1972.

15 So zu Recht Schröder, a.a.O. u. Stollmann, a.a.O.

16 Siehe Hans-Jürgen Schmitt (Hg.), Die Expressionismusdebatte, Frankfurt/M. 1973.

17 Elisabeth Lenk, Poesie und Polizei. Künstlerischer Nonkonformismus und totalitäre Systeme, in: taz vom 21.1.1989, S. 18.

18 Gottfried Benn, Den Traum alleine tragen, München 1969, S. 165.

19 Schröder, Benn in den dreißiger Jahren, a.a.O., S. 53f. Siehe auch Albrecht Schöne, Benn: Einsamer nie, in: Die Zeit Nr. 19 vom 2.5.1986.

20 Zit. nach Schöne, ebda.

21 Schonauer, a.a.O., S. 127.

22 Ernst Wiechert, Der Dichter und die Jugend, Mainz 1936, S. 21.

23 Siehe Schnell, a.a.O., S. 57ff. u. 79ff.

24 Ebda., S. 90ff. Siehe auch Bernd Peschken, Klassizistische und ästhetizistische Tendenzen in der Literatur der faschistischen Periode, in: Denkler/Prümm, S. 207ff.

25 Erhart Kästner, Griechenland. Ein Buch aus dem Kriege, Berlin 1943, S. 7ff.

26 Karl Esselborn, Neubeginn als Programm, in: Ludwig Fischer (Hg.), Literatur in der Bundesrepublik Deutschland bis 1967, München 1986, S. 230ff.

27 Zit. nach Schnell, a.a.O., S. 129.

28 Siehe ebda., S. 67ff.

29 Thomas Mann, Warum ich nicht nach Deutschland zurückgehe, in: ders., Essays, Bd. 2: Politische Reden und Schriften, Frankfurt/M. 1977, S. 304.

30 Oskar Loerke, Gedichte und Prosa, Frankfurt/M. 1958, Bd. 1, S. 482.

31 Zit. nach Schnell, a.a.O., S. 74.

32 Ebda., S. 56.

33 Hans Dieter Schäfer, Zur Periodisierung der deutschen Literatur seit 1930, in: ders., Das gespaltene Bewußtsein, München 1981, S. 55ff. (62).

34 Siehe Falk Schwarz, Die gelenkte Literatur. Die ›Neue Rundschau‹ im Konflikt mit den Konstrollstellen des NS-Staates und der nationalsozialistischen Bewegung (S. 66ff.). Horst Denkler, Janusköpfig. Zur ideologischen Physiognomie der Zeitschrift ›Das Innere Reich‹ (S. 382ff.); Reinhold Grimm, Im Dickicht der inneren Emigration (S. 406ff.), alle in: Denkler/Prümm; Schonauer, a.a.O., S. 125ff.

35 Hans Dieter Schäfer, Die nichtnationalsozialistische Literatur der jungen Generation im Dritten Reich, in: ders., Bewußtsein, S. 7ff. (12ff.).

36 Ebda., S. 23.

37 Schonauer, a.a.O., S. 151.

38 Schäfer, Periodisierung, a.a.O., S. 58.

39 Günther Rühle, Zeit und Theater 1933–1945; Bd. V: Diktatur und Exil, Frankfurt/M. u. Berlin 1980, S. 19.

40 Ebda., S. 20.

41 Dolf Sternberger u.a., Aus dem Wörterbuch des Unmenschen, München 1970 (1945), S. 54ff.

42 Goebbels-Reden 1, S. 220 u. 228.

43 Rühle, a.a.O., S. 31.

44 Siehe Ilse Pitsch, Das Theater als politisch-publizistisches Füh-

rungsmittel im Dritten Reich, Phil. Diss. Münster 1952; Jutta Wardetzky, Theaterpolitik im faschistischen Deutschland, Ost-Berlin 1983; Boguslaw Drewniak, Das Theater im NS-Staat. Szenarium deutscher Zeitgeschichte 1933–45, Düsseldorf 1983.

45 Rühle, a.a.O., S. 32.

46 Siehe Rainer Stommer, Die inszenierte Volksgemeinschaft. Die ›Thing-Bewegung‹ im Dritten Reich, Marburg 1983; Henning Eichberg u. a., Massenspiele: NS-Thingspiel, Arbeiterweihespiel und olympisches Zeremoniell, Stuttgart 1977; Egon Menz, Sprechchor und Aufmarsch. Zur Entstehung des Thingspiels, in: Denkler/Prümm, S. 330ff.

47 Menz, a.a.O., S. 332ff. u. Rühle, a.a.O., S. 35ff.

48 W. Braumüller, Freilicht- und Thingspiel, Berlin 1935.

49 Rühle, a.a.O., S. 36f.

50 Menz, a.a.O., S. 340.

51 Ebda., S. 331.

52 Zit. nach Stommer, a.a.O., S. 130f.

53 Ebda., S. 134ff.

54 Ebda., S. 154f..

55 Siehe Drewniak, a.a.O., S. 167ff. u. Rühle, a.a.O., S. 48ff.

56 Rühle, a.a.O., S. 47ff.

57 Zit. nach ebda., S. 49.

58 Rühle, a.a.O., S. 58f.

59 Siehe Georg Ruppelt, Schiller im nationalsozialistischen Deutschland. Der Versuch einer Gleichschaltung, Stuttgart 1979, S. 33ff., 40ff., u. 103ff.

60 Drewniak, a.a.O., S. 167ff.

61 Ebda., S. 190ff.

62 Erich Lüth, Hamburger Theater 1933–1945. Ein theatergeschichtlicher Versuch, Hamburg 1962, S. 15.

63 Friederike Euler, Theater zwischen Anpassung und Widerstand. Die Münchner Kammerspiele im Dritten Reich, in: Martin Broszat u. a. (Hg.), Bayern in der NS-Zeit, München 1979, Bd. 2, S. 91–173 (107).

64 Drewniak, a.a.O., S. 145ff.

65 Siehe Barbara Panse, »Diese Künstler sind wie Kinder«. Die Theatermacher und die Macht, in: Theater heute H. 9/1989, S. 4ff.; Euler, a.a.O., S. 103ff.

66 Panse, a.a.O., S. 18.

67 Wardetzky, a.a.O., S. 114ff.

68 Euler, a.a.O., S. 99.

69 Zit. nach Drewniak, Theater, a.a.O., S. 282.

70 Zit. nach Susanna Großmann-Vendrey, Bayreuth in der deut-

schen Presse (1908–1944), Regensburg 1983, S. 253ff. Zur Rezeption und politischen Instrumentalisierung Wagners durch das NS-Regime siehe Hubert Kolland, Wagner Rezeption im deutschen Faschismus, in: Bericht über den Internationalen Musikwissenschaftlichen Kongreß Bayreuth 1981, Kassel u. Basel 1984, S. 494ff.; ders., Wagner und der deutsche Faschismus, in: Hanns-Werner Heister/Hans-Günter Klein (Hg.), Musik und Musikpolitik im faschistischen Deutschland, Frankfurt/M. 1984, S. 126ff.; Fred K. Prieberg, Musik im NS-Staat, Frankfurt/M. 1982, passim; Berndt W. Wessling, Bayreuth im Dritten Reich. Eine Dokumentation, Weinheim u. Basel 1983; Hartmut Zelinsky, Richard Wagner, Ein deutsches Thema, Frankfurt/M. 1976.

71 Siehe Albrecht Dümling/Peter Girth (Hg.), »Entartete Musik«. Zur Düsseldorfer Ausstellung von 1938. Eine kommentierte Rekonstruktion, Düsseldorf 1988.

72 Siehe dazu vor allem Prieberg, Musik, a.a.O., S. 34ff. u. 78ff.

73 Ebda., S. 61ff.

74 Siehe Fred K. Prieberg, Kraftprobe. Wilhelm Furtwängler im Dritten Reich, Wiesbaden 1986; Dana Mack, Furtwängler on trail, in: The New Criterion Nov. 1988, S. 34ff.; Berndt W. Wessling, Furtwängler. Eine kritische Biographie, Stuttgart 1986.

75 Dietmar Polaczek, Richard Strauss – Thema und Metamorphosen, in: Corini, a.a.O., S. 61ff. u. Gerhard Splitt, Richard Strauss 1933–35. Ästhetik und Musikpolitik zu Beginn der nationalsozialistischen Herrschaft, Pfaffenweiler 1987.

76 Zit. nach Polaczek, a.a.O., S. 69.

77 Splitt, a.a.O., S. 225.

78 Siehe Gottfried Eberle, Hans Pfitzner – Präfaschistische Tendenzen in seinem ästhetischen und politischen Denken, in: Heister/Klein, a.a.O., S. 136ff.

79 Deutsche Allgemeine Zeitung vom 9.4.1939. Siehe auch Edward Rothstein, Karajan: The Nazi Recordings, in: The New Republic, Nov. 1988, S. 27ff; Klaus Umbach, »Der letzte der germanischen Titanen«, in: Der Spiegel Nr. 30 vom 24.7.1989, S. 144ff.

80 Carlos Widmann, War Strawinsky ein Faschist? Amerikanische Reflexionen über das Musikleben unter Hitler und Mussolini, in: Süddeutsche Zeitung vom 1./2.10.1988.

81 Hanns-Werner Heister/Jochem Wolff, Macht und Schicksal. Klassik, Fanfaren, höhere Durchhaltemusik, in: Heister/Klein, a.a.O., S. 115ff.

82 Kolland, Wagner-Rezeption, a.a.O., S. 498ff.

83 Heister/Wolff, a.a.O., S. 121f. u. Prieberg, Musik, a.a.O., S. 339f.

84 Kolland, Wagner-Rezeption, a.a.O., S. 494.

85 Wessling, Bayreuth, a.a.O., S. 306.

86 Ebda., S. 307f.

87 Thomas Mann, Leiden und Größe Richard Wagners, in: ders., Essays, Bd. 3: Schriften über Musik und Philosophie, Frankfurt/M. 1978, S. 64–114 (118); daraus auch alle folgenden Zitate, soweit nicht anders angegeben.

88 Udo Bermbach, Die Destruktion der Institutionen. Überlegungen zum politischen Gehalt von Richard Wagners ›Ring des Nibelungen‹, in: Programmhefte der Bayreuther Festspiele (›Die Walküre‹, Programmheft III), Bayreuth 1988, S. 13–67.

89 Siehe die schon genannten Arbeiten von Kolland und Zelinsky. Zur Rezeption Wagners im ideologischen Umfeld der Konservativen Revolution: Winfried Schüler, Der Bayreuther Kreis von seiner Entstehung bis zum Ausgang der wilhelminischen Ära, Münster 1971; zu Wagners Antisemitismus bes. Jacob Katz, Richard Wagner. Vorbote des Antisemitismus, Königstein/Ts. 1985.

90 Kolland, Wagner-Rezeption, a.a.O., S. 496f.

91 Kolland, Wagner und der deutsche Faschismus, a.a.O., S. 131.

92 Zit. nach Joseph Wulf, Musik im Dritten Reich. Eine Dokumentation, Frankfurt/M. u. Berlin 1983 (Neuausg.), S. 360.

93 Ingrid Grünberg, »Wer sich die Welt mit einem Donnerschlag erobern will...« Zur Situation und Funktion der deutschsprachigen Operette in den Jahren 1933–45, in: Heister/Klein, a.a.O., S. 227ff. (232); Prieberg, Musik, a.a.O., passim.

94 Grünberg, a.a.O., S. 241.

95 Volker Kühn, »Man muß das Leben nehmen, wie es eben ist«. Anmerkungen zum Schlager und zu seiner Fähigkeit, mit der Zeit zu gehen, in: Heister/Klein, a.a.O., S. 213ff.

96 Willy A. Boelcke (Hg.), »Wollt ihr den totalen Krieg?« Die geheimen Goebbels-Konferenzen. 1939–43, Stuttgart 1967, S. 80.

97 Kühn, a.a.O., S. 219.

98 Lothar Prox, Melodien aus deutschem Gemüt und Geblüt, in: Helga Belach (Hg.), Wir tanzen um die Welt. Deutsche Revuefilme 1933–45, München 1979, S. 73ff.

99 Kühn, a.a.O., S. 215f.

100 Prox, a.a.O., S. 80.

101 Kühn, a.a.O., S. 221.

102 Th. Mann, Warum ich nicht nach Deutschland zurückgehe (1945), a.a.O., S. 304f.

103 Hans-Ernst Mittig, NS-Motive in der Gegenwartskunst: Flamme empor? in: kritische berichte. Zeitschr. für Kunst- und Kulturwissenschaften 17 (1989) 2, S. 91–110.

104 Martin Warnke, Das dämonisierte Hakenkreuz, in: Die Zeit Nr. 44 vom 28.10.1988, S. 61.

105 E. Lenk, Poesie und Polizei, a.a.O., S. 17.

106 Berthold Hinz, 1933/45: Ein Kapitel kunstgeschichtlicher Forschung seit 1945, in: kritische berichte 14 (1986) 4, S. 18ff.; ders., Die Malerei im deutschen Faschismus. Kunst und Konterrevolution, München 1984 (1974), S. 19ff. Siehe auch Jost Hermand, Neuordnung oder Restauration? Zur Beurteilung der ›faschistischen Kunstdiktatur‹ in der unmittelbaren Nachkriegszeit, in: kritische berichte 12 (1984) 1, S. 78–83.

107 Siehe Brenner, S. 65ff.; Merker, S. 131ff.; Hinz, Malerei, a.a.O., S. 29ff.; Lionel Richard, Deutscher Faschismus und Kultur. Aus der Sicht eines Franzosen, München 1982, S. 242ff.; siehe auch die Beiträge von Erhard Frommhold und Andreas Hünecke in: Barbara Volkmann (Hg.), Zwischen Widerstand und Anspassung. Kunst in Deutschland 1933–1945 (Katalog), West-Berlin 1980.

108 Max Nordau, Entartung, Berlin 1893.

109 Zit. nach Hinz, Malerei, a.a.O., S. 21.

110 Ebda., S. 44.

111 Speer, Erinnerungen, S. 56f.

112 Siehe die bei Hinz, Malerei, a.a.O., S. 149ff. u. 167ff. abgedruckten Hitler-Reden zur Eröffnung der Großen Deutschen Kunstausstellungen von 1937 und 1938. Außerdem Backes, S. 70ff. u. 90ff.

113 Backes, S. 93.

114 Siehe Backes, S. 90ff.

115 Siehe Jakob Kurz, Kunstraub in Europa 1938–45, Hamburg 1989; E. Kubin, »Sonderauftrag Linz«, Wien 1989; David Roxan, Der Kunstraub. Ein Kapitel aus den Tagen des Dritten Reiches, München 1966; Brenner, S. 142ff. u. 154ff.; Backes, S. 101ff.; Karl-Heinz Janßen, »Sonderauftrag Linz«, in: Die Zeit Nr. 2 vom 2.1.1987.

116 Hinz, Malerei, S. 47.

117 Ebda., S. 35.

118 Mario-Andrea v. Lüttichau, ›Deutsche Kunst‹ und ›Entartete Kunst‹: Die Münchener Ausstellungen 1937, in: Peter-Klaus Schuster (Hg.), Nationalsozialismus und ›Entartete Kunst‹. Die ›Kunststadt‹ München 1937, München 1987, S. 83ff. Siehe auch Hinz, Malerei, a.a.O., S. 36; Merker, S. 143ff. u. 163ff.; Backes, S. 77ff.

119 Karl Arndt, Das ›Haus der Deutschen Kunst‹ – ein Symbol der neuen Machtverhältnisse, in: Schuster, a.a.O., S. 61ff.

120 Hinz, Malerei, a.a.O., S. 42.

121 Ebda., S. 43.

122 Zit. nach Hans-Joachim Müller, Die Entsorgung des Kunsttempels, in: Die Zeit Nr. 5 vom 26.1.1990, S. 57.

123 Hinz, Malerei, a.a.O., S. 44.

124 v. Lüttichau, a.a.O., S. 88f.

125 Henri Nannen, Tag der Deutschen Kunst, in: KiDR 1937, S. 40.

126 Hinz, Malerei, a.a.O., S. 45ff. u. 62ff.

127 Ebda., S. 46f. u. 98f. Auch zu vergleichenden und thematischen Einzelaspekten der NS-Malerei liegen zahlreiche Untersuchungen vor. Siehe etwa Peter Schirmbeck, Adel der Arbeit. Der Arbeiter in der Kunst der NS-Zeit, Marburg 1984; Martin Damus, Sozialistischer Realismus und Kunst im Nationalsozialismus, Frankfurt/M. 1981; siehe auch Hinz, Dekoration, sowie Kunst im Dritten Reich. Dokumente der Unterwerfung (Katalog), Frankfurt/M. 1974, mit vielen Spezialbeiträgen zur NS-Gattungsmalerei.

128 Hinz, Malerei, a.a.O., S. 98. Vgl. in dem Zusammenhang auch Otto Thomae, Die Propaganda-Maschinerie. Bildende Kunst und Öffentlichkeitsarbeit im Dritten Reich, Berlin 1978; Hermann Hinkel, Zur Funktion des Bildes im deutschen Faschismus, Steinbach 1975.

129 Hinz, Malerei, a.a.O., S. 96f.

130 Hans Weigert, Geschichte der deutschen Kunst von der Vorzeit bis zur Gegenwart, Berlin 1942, S. 506.

131 Grundlegend für alle Aspekte der Plastik im Dritten Reich: Klaus Wolbert, Die Nackten und die Toten des Dritten Reiches. Folgen einer politischen Geschichte des Körpers in der Plastik des deutschen Faschismus, Gießen 1982, hier S. 34ff. u. 45ff. Siehe außerdem Skulptur und Macht. Figurative Plastik im Deutschland der 30er und 40er Jahre (Katalog. Ausstellung der Akademie der Künste), Berlin 1983; Magdalena Bushart u.a. (Hg.), Entmachtung der Kunst. Architektur, Bildhauerei und ihre Institutionalisierung 1920–1960, Berlin 1985.

132 Wolbert, a.a.O., S. 7.

133 Ebda. S. 235.

134 Wolfgang F. Haug, Ästhetik der Normalität. Vor-Stellung und Vorbild, in: Inszenierung der Macht, S. 79ff. Vgl. dazu auch O. Thomae, Die Propaganda-Maschinerie, a.a.O., passim.

135 Hinz, Malerei, a.a.O., S. 87 u. Wobert, a.a.O., S. 42f.

136 Silke Wenk, Aufgerichtete weibliche Körper. Zur allegorischen Skulptur im deutschen Faschismus, in: Inszenierung der Macht, S. 103ff.

137 Wolbert, a.a.O., S. 43.

138 Wenk, a.a.O., S. 116.

139 Wolbert, a.a.O., S. 34ff.

140 Wenk, a.a.O., S. 106f. u. 117f.

141 K. Lothar Tank, Deutsche Plastik unserer Zeit, München 1942, S. 35.

142 Wolbert, a.a.O., S. 60; Frank Wagner / Gudrun Linke, Mächtige Körper. Staatsskulptur und Herrschaftsarchitektur, in: Inszenierung der Macht, S. 63 ff. Siehe auch die Beiträge in den in Anm. 131 genannten Ausstellungskatalogen: Skulptur und Macht sowie Entmachtung der Kunst.

143 Wolbert, a.a.O., S. 70 ff.

144 Haug, Ästhetik der Normalität, a.a.O., S. 96 f.

145 Max Imdahl, Pose und Menschenbild. Anmerkungen zu Plastiken von Arno Breker, in: Die Zeit Nr. 51 vom 11. 12. 1987, S. 56.

146 Zit. nach Wolbert, a.a.O., S. 240.

147 Zit. nach ebda.; siehe auch Haug, Ästhetik der Normalität, a.a.O., S. 97 f. und Richard, Deutscher Faschischmus und Kultur, a.a.O.

148 Magdalena Bushart, Überraschende Begegnung mit alten Bekannten. Arno Brekers NS-Plastik in neuer Umgebung, in: kritische berichte 17 (1989) 2, S. 31 ff. Vgl. auch Martin Damus, Plastik vor und nach 1945. Kontinuität oder Bruch in der skulpturalen Auffassung, in: Entmachtung der Kunst, a.a.O., S. 119 ff. Siehe zu Breker außerdem Laszlo Glozer, Plastik im Dienst des Großdeutschen Reiches: Arno Breker, in: Corino, a.a.O., S. 81 ff.; Volker G. Probst, Arno Breker. 60 ans de sculpture, Paris 1981; Wolfgang F. Haug, Der Körper und die Macht im Faschismus. Zur Analyse einer Faszination am Beispiel Brekers, in: Sammlung 4 (1981), S. 202 ff. und die Diskussion dazu in: Sammlung 5 (1982), S. 143–162.

Schlußwort

1 Siehe Berthold Hinz, Disparität und Diffusion – Kriterien einer ›Ästhetik‹ des Nationalsozialismus, in: kritische berichte 17 (1989) 2, S. 111 ff.

2 So Hitler in seiner kulturpolitischen Rede auf dem Reichsparteitag 1935, zit. nach Hinz, ebda.

3 Siehe Arne Fryksen, Hitlers Reden zur Kultur. Kunstpolitische Taktik oder Ideologie? in: Probleme deutscher Zeitgeschichte (Lund Studies in Internat. History 2), Stockholm 1974, S. 235 ff.

4 Hinz, a.a.O., S. 111.

5 Ralf Schnell, Die Zerstörung der Historie. Versuch über die Ideologiegeschichte faschistischer Ästhetik, in: Schnell, S. 36.

6 Gert Selle, Design-Geschichte in Deutschland, Köln 1987, S. 240.

7 Hinz, a.a.O., S. 115.

8 Siehe etwa Jost Hermand, Neuordnung oder Restauration? Zur Beurteilung der ›faschistischen Kunstdiktatur‹ in der unmittelbaren

Nachkriegszeit, in: kritische berichte 12 (1984) 1, S. 78–83; Berthold Hinz, 1933/45: Ein Kapitel kunstgeschichtlicher Forschung seit 1945, in: kritische berichte 14 (1986) 4, S. 18–33; ders., Disparität, a.a.O.; Neue Gesellschaft für Bildende Kunst (Hg.), Erbeutete Sinne. Nachträge zur Berliner Ausstellung »Inszenierung der Macht. Ästhetische Faszination im Faschismus«, Berlin 1988; DIE GRÜNEN (Hg.), Große Anfrage »Über den Umgang mit der sogenannten ›Entarteten‹ und mit der sogenannten ›Schönen Kunst‹. Texte und Materialien für die Kulturdebatte in der Fraktion DIE GRÜNEN im Bundestag am 12.4.1988, Bonn 1988; DIE GRÜNEN (Hg.), Die Antwort der Bundesregierung auf die Große Anfrage der GRÜNEN, Bonn 1989.

9 Siehe vor allem Werner Hill, Die Affäre Jenninger. Was eine Rede an den Tag brachte, Ms. (NDR 3 – Sendung vom 29.3.1989), Hannover 1989.

10 Dazu vor allem Saul Friedländer, Kitsch und Tod. Der Widerschein des Nazismus, München 1984.

11 Karl Heinz Bohrer, Nach der Natur. Über Politik und Ästhetik, München 1988, bes. S. 110ff.

12 Susan Sontag, Syberbergs Hitler, in: dies., Im Zeichen des Saturn, Frankfurt/M. 1983, S. 148ff. (173f.).

13 Evelyn Schlag, Brandstetters Reise. Erzählung, Frankfurt/M. 1985, S. 7.

14 Otto K. Werckmeister, Zitadellenkultur. Die schöne Kunst des Untergangs in der Kultur der achtziger Jahre, München 1989.

15 Der Brief befindet sich im Besitz des Autors.

Auswahlbibliographie

1. Kultur der Weimarer Republik

Becker, Peter: Wege ins Dritte Reich. Teil 2: Sozialdarwinismus, Rassismus, Antisemitismus und völkischer Gedanke, Stuttgart 1990

Bohrer, Karl Heinz: Die Ästhetik des Schreckens. Die pessimistische Romantik und Ernst Jüngers Frühwerk, München 1978

Campbell, Joan: Der Deutsche Werkbund 1907–1934, München 1989 (1978)

Eksteins, Modris: Tanz über Gräben. Die Geburt der Moderne und der Erste Weltkrieg, Reinbek 1990

Gay, Peter: Die Republik der Außenseiter. Geist und Kultur in der Weimarer Zeit: 1918–33, 1989 (1968)

Hamann, Richard/Hermand, Jost: Expressionismus (Epochen deutscher Kultur von 1870 bis zur Gegenwart, Bd. 5), München 1976

Hepp, Corona: Avantgarde. Moderne Kunst, Kulturkritik und Reformbewegungen nach der Jahrhundertwende, München 1987

Hermand, Jost/Trommler, Frank: Die Kultur der Weimarer Republik, München 1978

Huse, Norbert: »Neues Bauen«. 1918–1933. Moderne Architektur in der Weimarer Republik, Berlin 1982²

Langewiesche, Dieter/Tenorth, Heinz-Elmar (Hg.): Handbuch der deutschen Bildungsgeschichte, Bd. V: 1918–1945 Die Weimarer Republik und die nationalsozialistische Diktatur, München 1989

Laqueur, Walter: Weimar. Die Kultur der Republik, Frankfurt/M. u. Berlin 1977

Lehnert, Detlef/Megerle, Klaus (Hg.): Politische Identität und nationale Gedenktage. Zur politischen Kultur der Weimarer Republik, Opladen 1989

Lethen, Helmut: Die Neue Sachlichkeit 1924–32, Stuttgart 1970

Metken, Günter (Hg.): Realismus. Zwischen Revolution und Reaktion 1919–1939, München 1981

Mohler, Armin: Die Konservative Revolution in Deutschland 1918–1932. Ein Handbuch, Darmstadt 1989[3], 2 Bde.
Mosse, George L.: Ein Volk. Ein Reich. Ein Führer. Die völkischen Ursprünge des Nationalsozialismus, Königstein/Ts. 1979
Nitschke, August u.a. (Hg.): Der Aufbruch in die Moderne. 1880–1930, Reinbek 1990, 2 Bde.
Schneede, Uwe M. (Hg.): Künstlerschriften der 20er Jahre, Köln 1986[3]
Schrader, Bärbel/Schebera, Jürgen: Die »goldenen« Zwanziger Jahre. Kunst und Kultur der Weimarer Republik, Wien u.a. 1987
Schütz, Erhard: Romane der Weimarer Republik, München 1986
Sontheimer, Kurt: Antidemokratisches Denken in der Weimarer Republik. Die politischen Ideen des deutschen Nationalismus zwischen 1918 und 1933, München 1962[4]
Steil, Armin: Die imaginäre Revolte. Untersuchungen zur faschistischen Ideologie und ihrer theoretischen Vorbereitung bei Georges Sorel, Carl Schmitt und Ernst Jünger, Marburg 1984
Stern, Fritz: Kulturpessimismus als politische Gefahr. Eine Analyse nationaler Ideologie in Deutschland, München 1986 (1961)
Tendenzen der Zwanziger Jahre (15. Europäische Kunstausstellung Berlin 1977), Berlin 1977
Willett, John: Explosion der Mitte. Kunst und Politik 1917–1933, München 1981

2. Kultur im NS-Staat: Einführungen, Anthologien, Dokumentationen

The attractions of fascism. Social psychology and aesthetics of the »Triumph of the Right«, London 1990
Backes, Klaus: Hitler und die bildenden Künste. Kulturverständnis und Kunstpolitik im Dritten Reich, Köln 1988
Brenner, Hildegard: Die Kunstpolitik des Nationalsozialismus, Reinbek 1963
Denkler, Horst/Prümm, Karl (Hg.): Die deutsche Literatur im Dritten Reich. Themen, Traditionen, Wirkungen, Stuttgart 1976
Hinz, Berthold u.a. (Hg.): Die Dekoration der Gewalt. Kunst und Medien im Faschismus (Ausstellungskatalog), Gießen 1979
Grunberger, Richard: Das zwölfjährige Reich. Der deutsche Alltag unter Hitler, Wien u.a. 1972
Merker, Reinhard: Die bildenden Künste im Nationalsozialismus. Kulturideologie, Kulturpolitik, Kulturproduktion, Köln 1983
Mosse, Georg L.: Der nationalsozialistische Alltag. So lebte man unter Hitler, Königstein/Ts. 1978
Neue Gesellschaft für Bildende Kunst (Hg.): Inszenierung der Macht.

Ästhetische Faszination im Faschismus (Ausstellungskatalog), Berlin 1987
–: Erbeutete Sinne. Nachträge zur Berliner Ausstellung »Inszenierung der Macht, ästhetische Faszination im Faschismus«, Berlin 1988
Petsch, Joachim: Kunst im Dritten Reich. Architektur – Plastik – Malerei – Alltagsästhetik, Köln 1987[2]
Peukert, Detlev / Reulecke, Jürgen (Hg.): Die Reihen fast geschlossen. Beiträge zur Geschichte des Alltags unterm Nationalsozialismus, Wuppertal 1981
Richard, Lionel: Deutscher Faschismus und Kultur. Aus der Sicht eines Franzosen, München 1982
Schäfer, Hans Dieter: Das gespaltene Bewußtsein. Deutsche Kultur und Lebenswirklichkeit 1933–1945, München 1981
Schnell, Ralf (Hg.): Kunst und Kultur im deutschen Faschismus, Stuttgart 1978
Schoenbaum, David: Die braune Revolution. Eine Sozialgeschichte des Dritten Reiches, München 1980 (1968)
Wulf, Joseph: Kultur im Dritten Reich. Eine Dokumentation (Neuausgabe), Frankfurt / M. u. Berlin 1989 (1966) 5 Bde.: Die bildenden Künste im Dritten Reich; Literatur und Dichtung im Dritten Reich; Presse und Funk im Dritten Reich; Theater und Film im Dritten Reich; Musik im Dritten Reich

3. Kulturpolitik und Ästhetisierung im NS-Staat

a) Kulturpolitik und Herrschaftssystem

Bollmus, Reinhard: Das Amt Rosenberg und seine Gegner. Studien zum Machtkampf im nationalsozialistischen Herrschaftssystem, Stuttgart 1970
Bracher, Karl Dietrich/Sauer, Wolfgang/Schulz, Gerhard: Die nationalsozialistische Machtergreifung. Studien zur Errichtung des totalitären Herrschaftssystems 1933/34, Köln u. Opladen 1960
Broszat, Martin, Der Staat Hitlers. Grundlegung und innere Entwicklung seiner Verfassung, München 1969
Fest, Joachim C.: Das Gesicht des Dritten Reiches. Profile einer totalitären Herrschaft, München 1980[7]
Frei, Norbert: Der Führerstaat. Nationalsozialistische Herrschaft 1933 bis 1945, München 1987
Herf, Jeffrey: Reactionary modernism. Technology, culture and politics in Weimar and the Third Reich, Cambridge 1984
Smelser, Ronald/Zitelmann, Rainer (Hg.): Die Braune Elite. 22 biographische Skizzen, Darmstadt 1989

Siehe auch die unter 1 angegebenen Titel von Backes, Brenner und Merker sowie die in den Abschnitten 5, 7, 8 und 9 aufgeführten Werke, die sich auf Teilbereiche der NS-Kulturpolitik beziehen.

b) Kulturpolitik und Ästhetisierung

Benjamin, Walter: Das Kunstwerk im Zeitalter seiner technischen Reproduzierbarkeit, Frankfurt/M. 1963

Bloch, Ernst: Erbschaft dieser Zeit. Frankfurt/M. 1962

Bohrer, Karl Heinz: Nach der Natur. Über Politik und Ästhetik, München 1988

– (Hg.): Das Erhabene nach dem Faschismus, Sonderheft Merkur 43 (1989), H. 9/10

Brecht, Bertolt: Der Messingkauf. Schriften zum Theater 2 (Ges. Werke, Bd. 16), Frankfurt/M. 1967

Edelmann, Murray: Politik als Ritual. Die symbolische Funktion staatlicher Institutionen und politischen Handelns, Frankfurt/M. 1976

Emmerich, Wolfgang: »Massenfaschismus« und die Rolle des Ästhetischen. Faschismustheorie bei Ernst Bloch, Walter Benjamin, Bertolt Brecht, in: Lutz Winckler (Hg.): Antifaschistische Literatur, Kronberg/Ts. 1977, Bd. 1, S. 223–290

Friedländer, Saul: Kitsch und Tod. Der Widerschein des Nazismus, München 1984

Grimm, Reinhold/Hermand, Jost (Hg.): Faschismus und Avantgarde, Königstein/Ts. 1980

Haug, Wolfgang F.: Die Faschisierung des bürgerlichen Subjekts. Die Ideologie der gesunden Normalität und die Ausrottungspolitiken im deutschen Faschismus, Argument-Sonderband 80, Berlin 1985

–: Kritik der Warenästhetik, Frankfurt/M. 1971

– (Hg.): Warenästhetik. Beiträge zur Diskussion, Weiterentwicklung und Vermittlung ihrer Kritik, Frankfurt/M. 1975

Jaschke, Hans-Gerd/Loiperdinger, Martin: Gewalt und NSDAP vor 1933. Ästhetische Okkupation und physischer Terror, in: Faszination der Gewalt. Politische Strategie und Alltagserfahrung, Friedensanalysen 17, Frankfurt/M. 1983, S. 123–155

Jürgens, Martin: Der Staat als Kunstwerk. Bemerkungen zur »Ästhetisierung der Politik«, in: Kursbuch 20 (1970), S. 123–155

Kleinspehn, Thomas: Der flüchtige Blick. Sehen und Identität in der Kultur der Neuzeit. Reinbek 1989.

Kracauer, Siegfried: Das Ornament der Masse, Frankfurt/M. 1977

Kraus, Wolfgang: Kultur und Macht. Die Verwandlung der Wünsche, Wien 1975

Mosse, George L.: Die Nationalisierung der Massen. Politische Symbolik und Massenbewegungen in Deutschland von den Napoleoni-

schen Befreiungskriegen bis zum Dritten Reich, Frankfurt/M. 1976
–: Nationalismus und Sexualität. Bürgerliche Moral und sexuelle Normen, München 1985
Redaktion »betrifft: erziehung« (Hg.): Faschistische Öffentlichkeit (Jahrestagung der Arbeitsgruppe Politische Psychologie), Weinheim 1980
Sontag, Susan: Im Zeichen des Saturn. Essays, Frankfurt/M. 1983
Stollmann, Rainer: Ästhetisierung der Politik, Literaturstudien zum subjektiven Faschismus, Stuttgart 1978
–: Faschistische Politik als Gesamtkunstwerk. Tendenzen der Ästhetisierung des politischen Lebens im Nationalsozialismus, in: H. Denkler/K. Prümm (Hg.): Die deutsche Literatur im Dritten Reich, Stuttgart 1976, S. 83–101
Voigt, Rüdiger (Hg.): Politik der Symbole. Symbole der Politik, Opladen 1989
Werckmeister, Otto K.: Zitadellenkultur. Die schöne Kunst des Untergangs in der Kultur der achtziger Jahre, München 1989
Wertheimer, Jürgen: Ästhetik der Gewalt. Ihre Darstellung in Literatur und Kunst, Frankfurt/M. 1986

4. Reichsparteitag und Führer-Mythos

Binion, Rudolph: »... daß ihr mich gefunden habt«. Hitler und die Deutschen: eine Psychohistorie, Stuttgart 1978
Burden, Hamilton T.: Die programmierte Nation. Die Nürnberger Reichsparteitage, Gütersloh 1967
Domarus, Max: Hitler. Reden u. Proklamationen 1932 bis 1945. Kommentiert von einem deutschen Zeitgenossen, Wiesbaden 1973, 4 Bde.
Fest, Joachim C.: Hitler. Eine Biographie, Frankfurt/M. u. Berlin 1973
Flood, Charles B.: Hitler. The path to power, Boston 1989
Hirschfeld, Gerhard/Kettenacker, Lothar (Hg.): Der »Führerstaat«. Mythos und Realität, Stuttgart 1981
Jäckel, Eberhard: Hitlers Weltanschauung. Entwurf einer Herrschaft, Tübingen 1969
–: Hitlers Herrschaft. Vollzug einer Weltanschauung, Stuttgart 1988
Kershaw, Ian: Der Hitler-Mythos. Volksmeinung und Propaganda im Dritten Reich, Stuttgart 1980
–: Popular opinion and political dissent in the Third Reich, Oxford 1983
Koebner, Thomas (Hg.): »Bruder Hitler«. Autoren des Exils und des Widerstands sehen den »Führer« des Dritten Reiches, München 1989

Loiperdinger, Martin: Der Parteitagsfilm »Triumph des Willens« von Leni Riefenstahl. Rituale der Mobilmachung, Leverkusen 1987
Maser, Werner: Adolf Hitler. Legende, Mythos, Wirklichkeit, München 1989
Moscovici, Serge: Das Zeitalter der Massen. Eine historische Abhandlung über die Massenpsychologie, München 1984
Mosse, George L.: Die Nationalisierung der Massen. Von den Befreiungskriegen bis zum Dritten Reich, Frankfurt/M. u. Berlin 1976
Nowotny, Peter: Leni Riefenstahls »Triumph des Willens«, Dortmund 1981
Ogan Bernd, Weiß Wolfgang (Hg.): Faszination und Gewalt. Nürnberg und der Nationalsozialismus, Nürnberg 1991
Picker, Henry: Hitlers Tischgespräche im Führerhauptquartier, Stuttgart 1976
Rauschning, Hermann: Gespräche mit Hitler, Zürich 1940
Schmeer, Karlheinz: Die Regie des öffentlichen Lebens im Dritten Reich, München 1956
Schreiber, Gerhard: Hitler. Interpretationen 1923–1983, Darmstadt 1984
Speer, Albert: Erinnerungen, Frankfurt/M. u. Berlin 1987 (1969)
–: Spandauer Tagebücher, Frankfurt/M. u. Berlin 1982 (1975)
Stern, Joseph P.: Hitler. Der Führer und das Volk, München 1981 (1978)
Turner, Henry A.: Geißel des Jahrhunderts. Hitler und seine Hinterlassenschaft, Berlin 1989
Waite, Robert G. L.: The Psychopathic God Adolf Hitler, New York 1977
Wippermann, Wolfgang: Der konsequente Wahn. Ideologie und Politik Adolf Hitlers, Gütersloh 1989
Wippermann, Wolfgang: Kontroversen um Hitler, Frankfurt/M. 1986
Zitelmann, Rainer: Hitler. Selbstverständnis eines Revolutionärs, Stuttgart 1988
Zelnhefer, Siegfried: Die Reichsparteitage der NSDAP. Geschichte, Struktur und Bedeutung der größten Propagandafeste im nationalsozialistischen Feierjahr, Nürnberg 1991

5. Sprache, Presse, Rundfunk und Film

Abel, Karl Dietrich: Presselenkung im NS-Staat. Eine Studie zur Geschichte der Publizistik in der nationalsozialistischen Zeit, Berlin 1968
Albrecht, Gerd: Nationalsozialistische Filmpolitik. Eine soziologi-

sche Untersuchung über die Spielfilme des Dritten Reiches, Stuttgart 1969
–: Film im Dritten Reich. Eine Dokumentation, Karlsruhe 1979
Bauer, Gerhard: Sprache und Sprachlosigkeit im »Dritten Reich«, Köln 1988
Belach, Helga (Hg.): Wir tanzen um die Welt. Deutsche Revuefilme 1933–45, München 1979
Bohse, Jörg: Inszenierte Kriegsbegeisterung und ohnmächtiger Friedenswille. Meinungslenkung und Propaganda im Nationalsozialismus, Stuttgart 1988
Boveri, Margret: Wir lügen alle. Eine Hauptstadtzeitung unter Hitler, Olten/Freiburg i. Br. 1965
Bramsted, Ernest K.: Goebbels und die nationalsozialistische Propaganda 1925–1945, Frankfurt/M. 1971
Courtade, Francis/Cadars, Pierre: Geschichte des Films im Dritten Reich, München 1975
Dahl, Peter: Arbeitersender und Volksempfänger. Proletarische Radio-Bewegung und bürgerlicher Rundfunk bis 1945, Frankfurt/M. 1978
Diller, Ansgar: Die Rundfunkpolitik im Dritten Reich, München 1980
Drewniak, Boguslaw: Der deutsche Film 1938–45. Ein Gesamtüberblick, Düsseldorf 1987
Ehlich, Konrad (Hg.): Sprache im Faschismus, Frankfurt/M. 1989
Frei, Norbert/Schmitz, Johannes: Journalismus im Dritten Reich, München 1989
Fröhlich, Elke (Hg.): Die Tagebücher von Joseph Goebbels. Sämtliche Fragmente. Teil I: Aufzeichnungen 1924–41, 4 Bde., München 1987
Gillesen, Günther: Auf verlorenem Posten. Die Frankfurt Zeitung im Dritten Reich, Berlin Neuaufl. 1987
Hagemann, Jürgen: Die Presselenkung im Dritten Reich, Bonn 1970
Hagemann, Walter: Publizistik im Dritten Reich. Ein Beitrag zur Methodik der Massenführung, Hamburg 1948
Hale, Oron J.: The captive press in the Third Reich, Princeton 1964
Heiber, Helmut: Joseph Goebbels, München 1988[3]
– (Hg.): Goebbels-Reden, 2 Bde., Düsseldorf 1971/72
Hoffmann, Hilmar (Hg.): »Und die Fahne führt uns in die Ewigkeit«. Propaganda im NS-Film, Bd. 1, Frankfurt/M. 1988
Hollstein, Dorothea: »Jud Süß« und die Deutschen. Antisemitische Vorurteile im nationalsozialistischen Spielfilm, Frankfurt/M. u. Berlin 1983 (1971)
Hull, David Stewart: Film in the Third Reich. A study of the German cinema 1933–45, Berkeley 1969

Infield, Glenn B.: Leni Riefenstahl. The fallen Film-Goddess, New York 1976
Isaksson, Folke / Furhammar, Leif: Politik und Film, Ravensburg 1974
Klingler, Walter: NS-Rundfunkpolitik 1942–45. Organisation, Programm und die Hörer, Phil. Diss. Baden-Baden 1983
Köhler, Otto: Wir Schreibmaschinentäter. Journalisten unter Hitler – und danach, Köln 1989
Kracauer, Siegfried: Von Caligari zu Hitler. Eine psychologische Geschichte des deutschen Films, Frankfurt / M. 1979
Leiser, Erwin: »Deutschland erwache!« Propaganda im Film des Dritten Reiches, Reinbek Neuaufl. 1989 (1968)
Lerg, Winfried / Steininger, Rolf (Hg.): Rundfunk und Politik 1923 bis 1973. Beiträge zur Rundfunkforschung, Berlin 1975
Maas, Utz: »Als der Geist der Gemeinschaft eine Sprache fand« Sprache im Nationalsozialismus, Opladen 1984
Martens, Erika: Zum Beispiel »Das Reich«. Zur Phänomenologie der Presse im totalitären Regime, Köln 1972
Pohle, Heinz: Der Rundfunk als Instrument der Politik. Zur Geschichte des deutschen Rundfunks von 1923 bis 1938, Hamburg 1955
Rabenalt, Arthur Maria: Film im Zwielicht, München 1958
–: Joseph Goebbels und der großdeutsche Film, München 1985
Reiss, Erwin: »Wir senden Frohsinn«. Fernsehen unterm Faschismus, Berlin 1979
Reuth, Ralf Georg: Goebbels, München 1990
Rhodes, Anthony: Propanganda. The art of persuasion: World war II, New York 1976
Sänger, Fritz: Politik der Täuschungen. Mißbrauch der Presse im Dritten Reich. Weisungen, Informationen, Notizen 1933–39, Wien 1975
Unger, Eva-Maria: Illustrierte als Mittel der Kriegsvorbereitung in Deutschland, Köln 1984
Wessels, Wolfram: Hörspiele im Dritten Reich, Bonn 1985
Zielinski, Siegfried: Audiovisionen. Kino und Fernsehen als Zwischenspiele in der Geschichte, Reinbek 1989

6. Der Nationalsozialismus als politische Religion

Ackermann, Volker: Nationale Totenfeiern in Deutschland. Von Wilhelm I. bis Franz Josef Strauß. Eine Studie zur politischen Semiotik, Stuttgart 1990
Baird, Jay W.: To die for Germany. Heroes in the Nazi Pantheon, Bloomington 1990
Gamm, Hans-Jochen: Der braune Kult. Das Dritte Reich und seine Ersatzreligion. Ein Beitrag zur politischen Bildung, Hamburg 1962

Haack, Friedrich W.: Wotans Wiederkehr. Blut-, Boden- und Rasse-Religion, München 1981
Heer, Friedrich: Der Glaube des Adolf Hitler. Anatomie einer politischen Religiosität, Frankfurt/M. u. Berlin 1989 (1968)
Hermand, Jost: Der alte Traum vom neuen Reich. Völkische Utopien und Nationalsozialismus, Frankfurt/M. 1988
Koebner, Thomas u.a. (Hg.): »Mit uns zieht die neue Zeit«. Der Mythos Jugend, Frankfurt/M. 1985
Lauber, Heinz/Rothstein, Birgit (Hg.): Der 1. Mai unter dem Hakenkreuz. Hitlers »Machtergreifung« in Arbeiterschaft und Betrieben. Augen- und Zeitzeugen, Gerlingen 1983
Schellack, Fritz: Nationalfeiertage in Deutschland von 1871 bis 1945, Frankfurt/M. u. Bern 1990
Thöne, Albrecht W.: Das Licht der Arier. Licht-, Feuer- und Dunkelsymbolik des Nationalsozialismus, München 1979
Vondung, Klaus: Magie und Manipulation. Ideologischer Kult und politische Religion des Nationalsozialismus, Göttingen 1971
–: Die Apokalypse in Deutschland, München 1988
Wegner, Bernd: Hitlers Politische Soldaten: Die Waffen-SS 1933–1945, Paderborn 1988³

7. Arbeit, Freizeit und Sport

Bernett, Hajo: Nationalsozialistische Leibeserziehung. Eine Dokumentation ihrer Theorie und Organisation, Schorndorf 1966
–: Sportpolitik im Dritten Reich. Aus den Akten der Reichskanzlei, Schorndorf 1971
–: Der Weg des Sports in die nationalsozialistische Diktatur. Die Entstehung des Deutschen (NS) Reichsbundes für Leibesübungen, Schorndorf 1983
Bohlen, Friedrich, Die XI. Olympischen Spiele Berlin 1936. Instrument der innen- und außenpolitischen Propaganda und Systemsicherung des faschistischen Regimes, Köln 1979
Brohm, Jean-Marie: Jeux olympiques à Berlin, Bruxelles 1983
Buchholz, Wolfhard: Die Nationalsozialistische Gemeinschaft »Kraft durch Freude«. Freizeitgestaltung und Arbeiterschaft im Dritten Reich, Phil. Diss. München 1976
Friemert, Chup: Produktionsästhetik im Faschismus. Das Amt »Schönheit der Arbeit« von 1933 bis 1939, München 1980
Hachtmann, Rüdiger: Industriearbeit im Dritten Reich. Untersuchungen zu den Lohn- und Arbeitsbedingungen in Deutschland 1933–1945, Göttingen 1989
Hart-Davis, Duff: Hitler's Games. The 1936 Olympics, London 1986

Hentschel, Volker: Geschichte der deutschen Sozialpolitik 1880–1980. Soziale Sicherheit und kollektives Arbeitsrecht, Frankfurt/M. 1983
Heuel, Eberhard: Der umworbene Stand. Die ideologische Integration der Arbeiter in den Nationalsozialismus 1933–45, Frankfurt/M. 1989.
Huck, Gerhard (Hg.): Sozialgeschichte der Freizeit. Untersuchungen zum Wandel der Alltagskultur in Deutschland, Wuppertal 1980
Kranig, Andreas: Lockung und Zwang. Zur Arbeitsverfassung im Dritten Reich, Stuttgart 1983
Mason, Timothy W.: Arbeiterklasse und Volksgemeinschaft. Dokumente und Materialien zur deutschen Arbeiterpolitik 1936–39, Opladen 1975
–: Sozialpolitik im Dritten Reich, Opladen 1977
Moyer, Laurence van Zandt: The Kraft durch Freude Movement in Nazi Germany, Ph. D. Evanston 1967 (microfilm Ann Arbor 1977)
Sachse, Carola: Siemens, der Nationalsozialismus und die moderne Familie. Eine Untersuchung zur sozialen Rationalisierung in Deutschland im 20. Jahrhundert, Hamburg 1990
Sachse, Carola u.a.: Angst, Belohnung, Zucht und Ordnung. Herrschaftsmechanismen im Nationalsozialismus, Opladen 1982
Siegel, Tilla: Leistung und Lohn in der nationalsozialistischen »Ordnung der Arbeit«, Opladen 1989
Siegel, Tilla/Freyberg, Thomas von: Industrielle Rationalisierung unter dem Nationalsozialismus, Frankfurt/M. 1990
Smelser, Ronald: Hitlers Mann an der »Arbeitsfront«: Robert Ley. Eine Biographie, Paderborn 1989
Spohn, Wolfgang: Betriebsgemeinschaft und Volksgemeinschaft. Die rechtliche und institutionelle Regelung der Arbeitsbeziehungen im NS-Staat, Berlin 1987
Ueberhorst, Horst (Hg.): Leibesübungen und Sport in Deutschland vom Ersten Weltkrieg bis zur Gegenwart, Berlin, München, Frankfurt/M. 1981
Zollitsch, Wolfgang: Arbeiter zwischen Weltwirtschaftskrise und Nationalsozialismus. Ein Beitrag zur Sozialgeschichte der Jahre 1928–1936, Göttingen 1990

8. Autobahn, Architektur und Produktkultur

Bartetzko, Dieter: Zwischen Zucht und Ekstase. Zur Theatralik von NS-Architektur, Berlin 1985
–: Illusionen in Stein, Stimmungsarchitektur im deutschen Faschismus. Ihre Vorgeschichte in Theater- und Film-Bauten, Reinbek 1985

Dülffer, Jost u. a.: Hitlers Städte. Baupolitik im Dritten Reich. Eine Dokumentation, Köln u. Wien 1978

Durth, Werner: Deutsche Architekten. Biographische Verflechtungen, Wiesbaden / Braunschweig 1986

Durth, Werner / Gutschow, Nils: Träume in Trümmern. Planungen zum Wiederaufbau zerstörter Städte in Westdeutschland 1940–1950, Braunschweig u. Wiesbaden 1988

Frank Hartmut (Hg.): Faschistische Architekturen. Planen und Bauen in Europa 1930–45, Hamburg 1985

Günther, Sonja: Das Deutsche Heim. Luxusinterieurs und Arbeitermöbel von der Gründerzeit bis zum Dritten Reich, Gießen 1984

Guse, John Charles: The spirit of the Plassenburg. Technology and ideology in the Third Reich, Ph. D. Nebraska / Lincoln 1981 (microfilm Ann Arbor 1983)

Herding, Klaus / Hans Ernst Mittig, Kunst und Alltag im NS-System. Albert Speers Berliner Straßenlaternen, Gießen 1975

Herf, Jeffrey: Reactionary modernism. Technology, culture and politics in Weimar and the Third Reich, Cambridge 1984

Hickethier, Knut u. a. (Hg.): Das Deutsche Auto. Volkswagenwerbung und Volkskultur, Gießen 1974

Hochmann, Elaine S.: Architects of Fortune. Mies van der Rohe, New York 1989

Hortleder, Gerd, Das Gesellschaftsbild des Ingenieurs. Zum Verhalten der technischen Intelligenz in Deutschland, Frankfurt / M. 1970

Jarausch, Konrad H.: The unfree professions. German lawyers, teachers, and engineers, 1900–1950, Oxford / New York 1990

Lärmer, Karl: Autobahnbau in Deutschland 1933 bis 1945. Zu den Hintergründen, Berlin-Ost 1975

Larsson, Lars Olof: Die Neugestaltung der Reichshauptstadt. Albert Speers Generalbebauungsplan für Berlin, Stockholm 1978

Ludwig, Karl-Heinz: Technik und Ingenieure im Dritten Reich, Düsseldorf 1974

Mattausch, Roswitha: Siedlungsbau und Stadtneugründungen im deutschen Faschismus, Frankfurt / M. 1981

Miller Lane, Barbara: Architektur und Politik in Deutschland 1918–1945, Braunschweig u. Wiesbaden 1986 (1968)

Nelson, Walter Henry: Die Volkswagen-Story. Biographie eines Autos, München 1965

Norden, Peter: Unternehmen Autobahn, Bayreuth 1983

Petsch, Joachim: Baukunst und Stadtplanung im Dritten Reich, München 1976

Radkau, Joachim: Technik in Deutschland. Vom 18. Jahrhundert bis zur Gegenwart, Frankfurt / M. 1989

Rasp, Hans Peter: Eine Stadt für tausend Jahre. München, Bauten und Projekte für die Hauptstadt der Bewegung, München 1981
Recker, Marie L.: Die Großstadt als Wohn- und Lebensbereich im Nationalsozialismus. Zur Gründung der Stadt des KdF-Wagens, Frankfurt/M. 1981
Reichhardt, Hans J./Schäche, W. (Hg.): Von Berlin nach Germania. Über die Zerstörungen der Reichshauptstadt durch Albert Speers Neugestaltungspläne (Ausstellungskatalog), Berlin 1984
Reif, Adalbert (Hg.): Albert Speer. Kontroversen um ein deutsches Phänomen, München 1978
Schoenberger, Angela: Die neue Reichskanzlei von Albert Speer. Zum Zusammenhang von nationalsozialistischer Ideologie und Architektur, Berlin 1981
Seidler, Franz W.: Fritz Todt. Baumeister des Dritten Reiches, Frankfurt/M. u. Berlin 1988
Selle, Gert: Die Geschichte des Design in Deutschland von 1870 bis heute. Entwicklung der industriellen Produktkultur, Köln 1978
Speer, Albert: Architektur. Arbeiten 1933–42, Frankfurt/M. u. Berlin 1978
–: Technik und Macht, hrsg. von A. Reif, Esslingen 1979
Stommer, Rainer (Hg.): Reichsautobahnen. Pyramiden des Dritten Reiches, Marburg 1982
Taylor, Robert: The word in stone. The role of architecture in the National Socialist ideology, Berkeley 1974
Teut, Anna: Architektur im Dritten Reich. 1933–1945, Berlin 1967
Westphal, Uwe: Werbung im Dritten Reich, Berlin 1989
Walz, Manfred: Wohnungsbau- und Industrieansiedlungspolitik in Deutschland 1933–39, Aufbau des Komplexes Wolfsburg-Braunschweig-Salzgitter, Frankfurt/M. 1979

9. Literatur, Theater, Musik und Bildende Kunst

Akademie der Künste (Hg.): Skulptur und Macht. Figurative Plastik im Deutschland der 30er und 40er Jahre, Berlin 1983 (Ausstellungskatalog)
Bushart, Magdalena u. a. (Hg.): Entmachtung der Kunst. Architektur, Bildhauerei und ihre Institutionalisierung 1920–1960, Berlin 1985 (Ausstellungskatalog)
Corino, Karl (Hg.): Intellektuelle im Bann des Nationalsozialismus, Hamburg 1980
Damus, Martin: Sozialistischer Realismus und Kunst im Nationalsozialismus, Frankfurt/M. 1981

Drewniak, Boguslaw: Das Theater im NS-Staat. Szenarium deutscher Zeitschichte 1933–45, Düsseldorf 1983
Dümling, Albrecht/Girth, Peter (Hg.): Entartete Musik. Eine kommentierte Rekonstruktion, Düsseldorf 1988
Frommhold, Erhard (Hg.): Kunst im Widerstand. Malerei, Graphik, Plastik 1933–45, Dresden u. Frankfurt/O. 1968
Frankfurter Kunstverein (Hg.): Kunst im Dritten Reich, Dokumente der Unterwerfung, Frankfurt/M. 1974 (Ausstellungskatalog)
Hartung, Günter: Literatur und Ästhetik des deutschen Faschismus, Köln 1984
Haus der Kunst/München (Hg.): Die dreißiger Jahre. Schauplatz Deutschland, München 1977 (Ausstellungskatalog)
Heister, Hanns-Werner/Klein, Hans-Günther (Hg.): Musik und Musikpolitik im faschistischen Deutschland, Frankfurt/M. 1984
Hinkel, Hermann: Zur Funktion des Bildes im deutschen Faschismus. Bildbeispiele – Analysen – Didaktische Vorschläge, Gießen 1975
Hinz, Berthold: Die Malerei im deutschen Faschismus. Kunst und Konterrevolution, München 1984 (1974)
Ketelsen, Uwe Karsten: Völkisch-nationale und national-sozialistische Literatur in Deutschland 1890–1945, Stuttgart 1987
–: Vom heroischen Sein und völkischen Tod. Zur Dramatik des III. Reiches. Bonn 1970
Kritische Berichte 17 (1989) 2: NS-Kunst – 50 Jahre danach, Marburg
Kubin, Ernst: »Sonderauftrag Linz«, Wien 1989
Kurz, Jakob: Kunstraub in Europa 1938–45, Hamburg 1989
Lehmann-Haupt, Hellmut: Art under a dictatorship, New York 1954
Loewy, Ernst: Literatur unterm Hakenkreuz. Das Dritte Reich und seine Dichtung, Frankfurt/M. 1966
Mallmann, Marion: »Das Innere Reich«, Analyse einer konservativen Kulturzeitschrift im Dritten Reich, Bonn 1978
Mork, Andrea: Richard Wagner als politischer Schriftsteller. Weltanschauung und Wirkungsgeschichte, Frankfurt/M. 1990
Müller-Mehlis, Reinhard: Die Kunst im Dritten Reich, München 1976
Piper, Ernst: Nationalsozialistische Kunstpolitik. Ernst Barlach und die »entartete Kunst«. Eine Dokumentation, Frankfurt/M. 1987
Polster, Bernd (Hg.): »Swing Heil«. Jazz im Nationalsozialismus, Berlin 1989
Prieberg, Fred K.: Musik im NS-Staat, Frankfurt/M. 1982
–: Kraftprobe. Wilhelm Furtwängler im Dritten Reich, Wiesbaden 1986
Rave, Paul Ortwin: Kunstdiktatur im Dritten Reich, Berlin o.J. (1987, Neuaufl.)

Roxan, David: Der Kunstraub. Ein Kapitel aus den Tagen des Dritten Reiches, München 1966
Rühle, Günther: Zeit und Theater. Diktatur und Exil 1933–44, Berlin 1974, 2 Bde.
Ruppelt, Georg: Schiller im nationalsozialistischen Deutschland. Der Versuch einer Gleichschaltung, Stuttgart 1979
Schirmbeck, Peter: Adel der Arbeit. Der Arbeiter in der Kunst der NS-Zeit, Marburg 1984
Schonauer, Franz: Deutsche Literatur im Dritten Reich. Versuch einer Darstellung in polemisch-didaktischer Absicht, Olten u. Freiburg 1961
Schuster, Peter Klaus (Hg.): Nationalsozialismus und »Entartete Kunst«. Die »Kunststadt« München 1937, München 1987
Splitt, Gerhard: Richard Strauss 1933–35. Ästhetik und Musikpolitik zu Beginn der nationalsozialistischen Herrschaft, Pfaffenweiler 1987
Stollmann, Rainer: Ästhetisierung der Politik, Literaturstudien zum subjektiven Faschismus, Stuttgart 1978
Stommer, Rainer: Die inszenierte Volksgemeinschaft. Die »Thing-Bewegung« im Dritten Reich, Marburg 1985
Strothmann, Dietrich: Nationalsozialistische Literaturpolitik. Ein Beitrag zur Publizistik im Dritten Reich, Bonn 1960
Thomae, Otto: Bildende Kunst und Öffentlichkeitsarbeit im Dritten Reich, Berlin 1976
Volkmann, Barbara (Hg.): Zwischen Widerstand und Anpassung. Kunst in Deutschland 1933–45, Berlin 1980 (Ausstellungskatalog)
Wardetzky, Jutta: Theaterpolitik im faschistischen Deutschland, Berlin-Ost 1983
Wessling, Berndt W. (Hg.): Bayreuth im Dritten Reich. Richard Wagners politische Erben. Eine Dokumentation, Weinheim u. Basel 1983
Wolbert, Klaus: Die Nackten und die Toten des Dritten Reiches. Folgen einer politischen Geschichte des Körpers in der Plastik des deutschen Faschismus, Gießen 1982
Zeller, Bernhard (Hg.): Klassiker in finsteren Zeiten 1933–45. Eine Ausstellung des Deutschen Literaturarchivs im Schiller-Nationalmuseum Marbach a. Neckar, Stuttgart 1983, 2 Bde.
Zelinsky, Hartmut: Richard Wagner. Ein deutsches Trauma. Eine Dokumentation zur Wirkungsgeschichte Richard Wagners 1876–1976, Berlin / Wein 1983[3]
Siehe auch die unter 1. aufgeführten Titel.

Personenregister

Bildteil

Der jährliche Reichsparteitag in Nürnberg war die bevorzugte Bühne für die Inszenierung der »Volksgemeinschaft« und die Visualisierung des Führer-Mythos. Hier sollte die Einheit der Partei mit der Führung dargestellt und die Einheit der Partei mit der Masse des Volkes – zumindest symbolisch – hergestellt werden.

Zugleich demonstrierten die NS-Regisseure, daß sie ebenso auf die Wirkung der altdeutschen Tradition setzten wie auf die der Effektivität moderner Technik und Organisation. Die zum »Massenornament« (S. Kracauer) stilisierten Aufmärsche und Appelle, religiösen Rituale, sportlichen Wettkämpfe und Volksfeste nutzten sie zur Selbstdarstellung des Regimes und auch zur Massenunterhaltung. Wohl nicht zu Unrecht glaubten sie an die Wirkung dieser Show. Hollywood, meinte jedenfalls ein amerikanischer Beobachter, würde vor Neid erblassen.

Die »Führer«-Maschine über Nürnberg, 1934 (Bildarchiv Preußischer Kulturbesitz)

Der »Lichtdom« über dem Zeppelinfeld, 1936 (Bildstelle und Denkmalsarchiv Stadt Nürnberg)

Hitler als Schauspieler-Politiker in verschiedenen Rollen:
»Der Gefreite und der General« am »Tag von Potsdam« 21.3.1933 (Bildarchiv Preußischer Kulturbesitz; Foto: H. Hoffmann)

Hitler auf dem Reichsparteitag 1935 in Nürnberg (Bildarchiv Preußischer Kulturbesitz)

Hitler als »Staatsarchitekt« vor dem Modell für das »Haus des Fremdenverkehrs« in Berlin, zusammen mit: Schaub, Speer, Todt, Dietrich, Goebbels, Esser (v. r. n. l.) (Bildarchiv Preußischer Kulturbesitz; Foto: H. Hoffmann)

Hitler als Festspielbesucher in Bayreuth, 1938 (Bildarchiv Preußischer Kulturbesitz)

Rundfunk und Kino standen im Dritten Reich hoch im Kurs. Von den modernen Massenmedien erwartete der NS-Staat viel. Goebbels hielt Radio und Film für die wichtigsten kulturellen Steuerungsinstrumente, gleichermaßen unentbehrlich für die Mobilisierung und Disziplinierung der Massen. Nach seiner Vorstellung hatte das Programm den Hörern vor allem Entspannung und Unterhaltung zu bieten. Und die Sendungen sollten so gemacht werden, daß »der verwöhnte Geschmack noch interessiert« wurde und sie für den »anspruchslosen noch gefällig« erschienen.

Ähnliches galt für die Filmproduktion. Ob ernste, spannende oder heitere Unterhaltung überwog, ob »deutsche Lande« verklärt wurden oder die »großen Deutschen«, ob der Film in »realitätsferne Räume« (K. Witte) flüchtete oder sich dem nicht-fiktionalen Genre zuwandte, der Wochenschau und dem beliebten Kulturfilm, immer ging es darum, das wirkliche Leben zu »überhöhen« und zu »verschönern« (Goebbels).

Ein Blick in die fünfziger Jahre: Modell des Fernseh-Volksempfängers, das – wegen des Krieges – nicht mehr in Serienproduktion ging (Ullstein Bilderdienst, Berlin)

UfA-Filmplakat »Wunschkonzert«, Regie: Eduard von Borsody, 1940 (Stiftung Deutsche Kinemathek Berlin), (gegenüberliegende Seite, u.l.)

Titelbild der Funk-Zeitschrift »Hier Berlin und alle deutschen Sender« mit den Rundfunkreportern Fritz Mähnert und Dr. Fritz Wenzel im Olympia-Stadion (Bildarchiv Preußischer Kulturbesitz), (gegenüberliegende Seite, u.r.)

Filmplakat »Reichswoche für den Deutschen Kulturfilm«, München 1941 (Bundesarchiv Koblenz)

Die Nazis produzierten nicht nur eine Fülle von Bildern, mit denen sie die Wirklichkeit schönten, sie überzogen die Bevölkerung auch mit einer Flut von Festen und Feiertagen, die »höhere Gefühle« hervorrufen sollten. Dazu gehörten der »Führer«-Geburtstag, der zum »Nationalen Feiertag« umfunktionierte 1. Mai, der Reichsparteitag, das Erntedankfest und der Gedenktag für die »Gefallenen der Bewegung« am 9. November, um nur die wichtigsten zu nennen.

Die NS-Feiertagsregisseure gaben vor, die »Wiedergeburt« eines »neuen Deutschland« – ja, das Leben überhaupt zu feiern. Indem sie ihre Vorstellungen vom Leben an apokalyptische Visionen knüpften, konnten sie es jedoch nur »pathetisch entwerten«. (J. Fest)

Ein Kinderfest 1933 in der Wohnsiedlung Berlin-Weißensee, die der von den Nazis vertriebene Architekt Bruno Taut, einer der Wortführer des Neuen Bauens, errichtet hatte (Bildarchiv Preußischer Kulturbesitz)

Der 1. Mai 1938 im Berliner Olympiastadion:
Hitler spricht zur Jugend und auf der Tribüne »schreiben« BDM-Formationen »Groß-Deutschland«. (Bildarchiv Preußischer Kulturbesitz)

DEUTSC

In ihrem Schönheitsbedürfnis waren die Nazis so unersättlich wie in ihrem Zerstörungswahn. Ihre Verschönerungs-»Feldzüge« in den Industriebetrieben organisierten sie generalstabsmäßig. Die Zerschlagung der Arbeiterorganisationen nicht weniger.

Sie brauchten die Arbeiter jedoch für ihre Aufrüstung und ihren Eroberungskrieg. Dazu mußten sie die Leistungsbereitschaft der Arbeiter erhöhen und sie zugleich in die »Volksgemeinschaft« integrieren. Deshalb bemühten sie sich so hartnäckig um »Arbeitsfreude« und »Schönheit der Arbeit«.

Sie zielten damit auf eine Entpolitisierung der Arbeitsverhältnisse. Und sie versprachen eine industrielle Gesellschaft, in der Arbeit – jenseits des Klassenkampfes – nur noch schön sein würde. Vielleicht waren solche Visionen und Verheißungen wirkungsvoller als die Verschönerungsversuche selbst. Jedenfalls verschwand das völkische und vormoderne Bild des Nationalsozialismus hinter dem einer technokratisch-modernen Produktionsästhetik.

Eine als vorbildlich geltende Montagehalle der Flugzeugindustrie (aus: A. v. Hübbenet, Das Taschenbuch Schönheit der Arbeit, Berlin 1938, S. 67)

DAF-Plakate für die Verschönerungs-»Feldzüge« in den Betrieben (Entwurf: Witte u. a.), (Bundesarchiv Koblenz), (gegenüberliegende Seite)

Die Nazis machten Leibesübungen zu einer »Lebensfrage des deutschen Volkes«. Hitler wollte die deutsche Jugend »stark und schön«. Sie sollte sich abhärten und frühzeitig lernen, spätere »Unbilden zu ertragen« (*Mein Kampf*). Die Nazis wollten mit dem Sport die Einheit von Natur und Gesellschaft herstellen. Sie sprachen vom »Volkskörper« wie von einer natürlichen Ordnung. Sie machten den Körper »zur Skulptur einer Politik, die sich aus der Biologie ableitet«. Zugleich forderten sie, »daß der Körper gestählt« werden müsse. Bei den Nazis wurde der Körper zunächst metaphorisch mit Metall verschmolzen, das ihn wenig später millionenfach tödlich treffen sollte. (H. Bitomsky)

Rundfunkreportage über den KdF-Betriebssport: Die Damengymnastik-Gruppe führt Übungen vor (Bildarchiv Preußischer Kulturbesitz)

Schwimmbecken neben den Fabrikschloten. Der Betrieb erhielt das Leistungsabzeichen für »vorbildliche Förderung von Kraft durch Freude«. (aus: v. Hübbenet, S. 178)

KdF förderte in seinem Freizeit- und Kulturprogramm angeblich die »Schönheit und Würde eines höheren Menschentums«. Volkstümliches gehörte ebenso dazu wie die Pflege bürgerlicher Hochkultur. Doch statt Volksbildung betrieben die Nazis »Volkbildung«. Und die »Feierabend«-Unterhaltung zielte auf die Entpolitisierung und »volksgemeinschaftliche« Formierung der Massen.

Ein Volk wurde in Stimmung gebracht und zugleich diszipliniert. Und im Krieg mußte es bei guter Laune gehalten werden.

»Glaube und Schönheit«: Ballgymnastik am Seeufer (Bildarchiv Preußischer Kulturbesitz; Foto: A. Grimm, 1938)

Ein KdF-Theaterzug unterwegs in der Provinz (Bundesarchiv Koblenz)

KdF-Plakat: Werde Mitglied des Theaterringes (Bundesarchiv Koblenz)

KdF-Plakat: Das Ballett (Bundesarchiv Koblenz)

Die Gewerkschaften der Weimarer Republik hatten den Arbeitern versprochen, daß sie einmal »mit eigenen Schiffen die Meere befahren« würden. Bei den Nazis fuhren sie. Allerdings kam nur eine Minderheit von ihnen in diesen bis dahin großbürgerlich-exklusiven Genuß.

Auch KdF machte aus den Deutschen noch kein »Volk zu Schiff«, und aus denen, die seereisen durften, noch keine »Volksgemeinschaft«, trotz klassenloser Kabinen. Doch die Tür zum modernen Massentourismus hatte sich geöffnet. Ein neuer Lebensstil kündigte sich an. Eine vermeintlich schönere Welt wurde sichtbar.

Plakat: 555 Reisen mit KdF (Bildarchiv Preußischer Kulturbesitz; Foto: K. Petersen)

Aus der »weißen Flotte«: Das KdF-Schiff »Robert Ley« (Bundesarchiv Koblenz)

Plakat: Mit KdF nach Italien (Bundesarchiv Koblenz)

Tages-Speisekarte auf der »Robert Ley« während einer Norwegenfahrt des NS-Bundes »Deutsche Technik«

An Bord des E.S. „Robert Ley"
Freitag, den 12. Mai 1939

Speisenfolge

Frühstück
7.30–9.00 Uhr ohne Tischordnung

Kaffee Tee Schokolade Milch
Milchreis
Rührei mit Schinken
Marmelade Butter Honig
Aufschnitt
Brötchen Graubrot Schwarzbrot

10 Uhr: Fleischbrühe in Tassen mit Salzstangen und Brötchen

Mittagessen
Gruppe A 12.00 Uhr – Gruppe B 13.00 Uhr

Linsensuppe mit Speck
Kabeljauschnitte in Weißwein, Kartoffeln
Auf Wunsch: Labskaus, Gewürzgurke
Mandelpudding, Johannisbeertunke

Nachmittags
Gruppe A 15.30 Uhr – Gruppe B 16.00 Uhr

Kaffee Tee Schokolade Milch
Sandgebäck Butterkuchen

Abendessen
Gruppe A 18.00 Uhr – Gruppe B 19.00 Uhr

Deutsche Reissuppe
Schinken in Burgunder, Vierländer Gemüse
Kartoffelmus
Gemischtes Rahmeis, Waffeln

22 Uhr: Belegte Brötchen

KdF-Reisen gaben deutschen Urlaubsträumen ein fernes Ziel. Schon in den dreißiger Jahren lernten deutsche Touristen »die Entfernung schätzen«. Auf den KdF-Plakaten »schauen sie aus dem Bild hinaus«. In eine lockende Ferne. Die Urlaubsreise ging der Eroberung, Evakuierung und Deportation voraus. Und der Krieg versöhnte schließlich »deutsches Fernweh mit deutschem Fremdenhaß« (H. Bitomsky).

KdF-Tourismus. Plakate
- Dein KdF-Wagen
  (Bundesarchiv Koblenz)
- Auch Du kannst reisen!
  (Bundesarchiv Koblenz)

Die Olympischen Spiele 1936 wurden zu einer Art faschistischem Gesamtkunstwerk gemacht. Teils nationales Weihespiel, teils Wagner-Oper, war dieses internationale Sportfest zugleich ein modernes Medienspektakel. Ein scheinbar friedliches und zudem höchst unterhaltsames Kräftemessen der Nationen.

Doch einmal mehr und so aufwendig wie selten zuvor maskierte sich das NS-Regime. Denn hinter den nicht nur filmisch zum »Fest der Völker« und »Fest der Schönheit« verklärten Spielen verbarg sich die »geheime Gewalt« des Staatsterrors und der Kriegsvorbereitung.

»Lichtdom« über dem Berliner Olympiastadion bei der Schlußfeier am 16.8.1936 (aus: L. Riefenstahl, Schönheit im olympischen Kampf (1936), Neudr. München 1988, S. 246/247), (folgende Doppelseite)

Olympisches Massenornament: Die Jugend auf dem Maifeld (aus: L. Riefenstahl, S. 185)

Bis heute behauptet sich die Legende, Hitler habe die Autobahn »erfunden«, mit ihrem Bau die Arbeitslosigkeit beseitigt und zugleich die wichtigsten Wege für den Truppen- und Waffentransport im Zweiten Weltkrieg geschaffen. Die Wirklichkeit sah anders aus. Die zum Mythos stilisierten neuen »Straßen Adolf Hitlers« erfüllten vor allem eine ästhetische und symbolische Funktion. Dieses Bauprojekt wollte der Schönheit des Landes dienen, das Lebensgefühl der kleinen Leute heben und den »Drang in den freien Raum« (F. Todt) stärken. Mit dem parallel verfolgten Projekt des KdF-Wagens nahm die Vision vom »Volk auf Rädern« erstmals konkrete Gestalt an.

Wohin soll die Reise auf der Reichsautobahn gehen? (Bildarchiv Preußischer Kulturbesitz; Foto: C. Croeber)

Aufstieg auf die Schwäbische Alb. Mittelalterliche Monumentalität am Drackensteiner Hang (Arch.: P. Bonatz), (aus: W. Rittich, Architektur und Bauplastik der Gegenwart, Berlin 1938, S. 158)

Moderne Hängebrücke über den Rhein bei Köln-Rodenkirchen
(Ingen./Arch.: Schaechterle, Leonhardt, Bonatz), (aus: Die Kunst im Deutschen Reich. Die Baukunst (1942), S. 58)

Das Dritte Reich hat sich in hohem Maße über seine Kunst und Massenkultur definiert und auch zu legitimieren versucht. Architektur und Städtebau waren dabei von überragender Bedeutung. Zumal der Künstler-Politiker Hitler sich selbst als verhinderten Architekten sah und mit seinen Bauplänen dezidiert politische Ziele verfolgte. Die Zeitgenossen wurden von seinen »Worten in Stein« kaum weniger beeindruckt als von seinen Reden.

Dabei blieb die Architektur im Dritten Reich vielgestaltig. Vielgestaltiger jedenfalls als es das gängige Bild vom »gleichgeschalteten« Bauen im totalitären Staat lange wahrhaben wollte.

Das landschaftsgebundene Bauen der traditionalistischen »Heimatschutz«-Bewegung bestimmte vor allem die Architektur der Siedlungshäuser, Freizeiteinrichtungen und NS-Ordensburgen. In den gigantischen Bauplänen für die »Führer-Städte« mit der Neugestaltung der Reichshauptstadt Berlin an der Spitze war die monumentale Staatsarchitektur verbindliches Leitbild. Während die an internationalen Standards orientierte Verkehrs- und Industrieentwicklung die Fortsetzung des offiziell als »undeutsch« verurteilten modernen Bauens begünstigte.

Nordöstliche Partie der Bauten am »Großen Platz«, von Südosten – das Reichstagsgebäude, maßstabgetreu nachgebildet, gibt eine Vorstellung von den Riesenmaßen der Kuppelhalle; die kupfergedeckte Kuppel hätte einem mächtigen grünen Berg geglichen, zweihundertdreißig Meter hoch über die Stadt aufragend

Die Kuppelhalle sollte in ihrem Inneren 160 000 bis 180 000 stehende Zuhörer fassen. Die Kuppel mit ihrer leicht parabolisch geführten Kurve setzte in 98 Metern Höhe über dem Fußboden an, in einer Höhe von 220 Metern bildete dann die kreisrunde Lichtöffnung unter der Laterne mit 46 Metern Durchmesser ihren Abschluß. Die Lichtöffnung allein hätte damit den Durchmesser der Kuppel des Pantheon (43 Meter) oder der Peterskirche (44 Meter) übertroffen. An Rauminhalt wäre die Peterskirche von der Kuppelhalle um das Siebzehnfache übertroffen worden.

Die Bauten am »Großen Platz«:
Die Kuppelhalle, davor das Reichstagsgebäude und das Brandenburger Tor (Modell), (aus: A. Speer, Architektur. Arbeiten 1933–1942, Frankfurt/M., Berlin, Wien 1978, S. 73)

Der Innenraum der Kuppelhalle sollte denkbar einfach gestaltet sein. Um eine Kreisfläche von 140 Metern Durchmesser stiegen konzentrisch geführte Tribünen in drei Rängen bis zu einer Höhe von 30 Metern an. Darüber umzog ein Kranz von einhundert marmornen Rechteckpfeilern die Wand; mit ihren 24 Metern Höhe hätten diese Pfeiler ein fast noch menschliches Maß besessen. Im Norden, dem Eingang gegenüber, wurde der Pfeilerkranz durch eine 28 Meter breite und 50 Meter hohe, mit Goldmosaik ausgekleidete Nische unterbrochen. Davor stand als einziger bildlicher Schmuck auf marmornem, 14 Meter hohen Sockel der vergoldete Adler mit dem Hakenkreuz. Und hier irgendwo hätte dann Hitler seinen Platz gehabt – ein optisch nicht fixierbares Pünktchen, ein Nichts, verloren in einer Architektur, die keinen Maßstab mehr kennen wollte.
(aus: A. Speer, Architektur. Arbeiten 1933–1942, Frankfurt/M., Berlin, Wien 1978, S. 75)

Die Neue Reichskanzlei zwischen Wilhelmplatz Voßstraße und Friedrich-Ebert-Straße (aus: A. Speer, S. 23)

Das 421 Meter lange und 402 Meter breite Gelände umfaßte auch eine große Gartenanlage, die den alten Park mit einbezog, in dem einst Bismarck promenierte. Zur Beurteilung der Massenverteilung waren genau durchgearbeitete Modelle angefertigt worden. Das langgestreckte Baugelände entlang der Voßstraße lud dazu ein, vom Portal am Wilhelmplatz mit dem dahinterliegenden Ehrenhof bis hin zum Empfangssaal Hitlers eine Folge von Räumen axial zu einer insgesamt dreihundert Meter langen Flucht aneinanderzureihen. So gelangte der Ankommende vom Eingang im Ehrenhof über die Vorhalle zunächst in den großen Mosaiksaal, danach in den kuppelüberwölbten Runden Saal, um anschließend eine fast hundertfünfzig Meter lange Galerie zu durchschreiten, bis er schließlich den Empfangssaal Hitlers erreichte. Auf der Nordseite, zum Garten hin, begleitete eine zweite Flucht von Räumen die große Galerie; in ihrem Zentrum lag das Arbeitszimmer Hitlers, an ihrem westlichen Ende – vor dem Empfangssaal – der Sitzungssaal für das Reichskabinett. Eine Ausstattung in unablässig wechselnden Materialien und Farbzusammenstellungen hob die Abfolge der Räume und deren jeweilige Bedeutung hervor.
(aus: A. Speer, S. 22)

Der Ehrenhof der Neuen Reichskanzlei: Geheimnisvolles, expressionistisch inspiriertes Fassadenspiel mit Licht und Schatten. Die Schattenintervalle zwischen den Säulen bei Tageslicht verwandeln sich nachts zu ausgeleuchteten Flächen. (aus: A. Speer, S. 81)

Das »Deutsche Haus« auf der Weltausstellung 1937 in Paris. Auch hier das Spiel mit Licht und Schatten als architektonisches Ausdrucksmittel (Arch.: A. Speer), (aus: A. Speer, S. 80)

Ehemalige SS-Siedlung an der Krummen Lanke in Berlin-Zehlendorf (Foto: Metin Yilmaz / Paparazzi, 1988), (gegenüberliegende Seite, unten)

Ehemalige NS-Ordensburg Sonthofen und heutige General-Ludwig-Beck-Kaserne (Foto: Heiner Wessel)

Im NS-Staat sollten »Haus und Siedlung... Charakter und Wesen eines Volkstums« zum Ausdruck bringen. Leitbilder waren der »Heimatschutz« und die »Gemeinschaftssiedlung«, mit der die »Zersplitterung« der »siedlungswilligen Bevölkerung in Klassensiedlungen bekämpft werden« sollten (F. Schmidt). Das hinderte die Nazis nicht, eine eigene Siedlung für die SS-Elite zu bauen.
(Vgl. D. Machule, Die Kameradschaftssiedlung der SS in Berlin-Zehlendorf – eine idyllische Waldsiedlung? in: Frank, Faschistische Architekturen, S. 251 ff.)

Der NS-Staat hatte ein reaktionär-modernes Doppelgesicht.

Er unterdrückte die ästhetische Avantgarde und die Werte der politischen Moderne: Freiheit, Gleichheit und Solidarität. Doch zugleich setzte er – durchaus im Anschluß an den Technikkult der 1920er Jahre – den Weg in die Techno-Moderne fort.

Gewiß, der Volkswagen blieb noch unerfüllter Wunschtraum von Millionen. Und der Volksempfänger war weder technisch anspruchsvoll noch formschön. Das galt schon eher für die neuen Identifikationsobjekte des modernen Haushalts: für Telefon und Fotoapparat, Stahlrohrmöbel, Kühlschrank und Haartrockner. Doch das Dritte Reich vollzog den Einstieg in das Zeitalter der audiovisuellen Medien, der Motorisierung und der Elektrifizierung der Haushalte.

Zum Inbegriff des neuen Lebensgefühls, das von technoider Eleganz und technologischer Dynamik geprägt wurde, avancierten die windschnittigen Rennwagenkarosserien, die aerodynamischen Lokomotiven und Flugzeuge. Der Zusammenklang von geometrisch-klaren Formen und technischer Funktion faszinierte die Massen.

Plakat für die Internationale Automobilausstellung 1939 in Berlin (Entwurf: Klokien), (Bildarchiv Preußischer Kulturbesitz)

Der zunächst »KdF-Wagen« genannte Volkswagen – später als »Käfer« weltweit berühmt – wurde am Vorabend des 2. Weltkrieges nur in einigen Prototypen fertiggestellt. Er blieb ein Versprechen für eine bessere Zukunft. In den vierziger Jahren entstand daraus ein Mythos. Dessen Faszination war nach 1945 so unverbraucht, daß der VW in der Konsum- und Freizeitgesellschaft der frühen Bundesrepublik zu dem Identifikationssymbol überhaupt wurde. (Bildarchiv Preußischer Kulturbesitz)

Werbeplakat für Siemens-Staubsauger (Entwurf: Ahrlé, um 1935), (Bildarchiv Preußischer Kulturbesitz; Foto: Petersen)

AEG-Kühlschrank-Reklame (Entwurf: Ahrlé, um 1935), (Kunstbibliothek Preußischer Kulturbesitz Berlin)

Musik war nicht nur für Goebbels »etwas ganz Einmaliges«, Ausdruck deutscher Eigentümlichkeiten. Sie war für die Nazis zugleich auch etwas sehr Funktionales. Gleichermaßen unentbehrlich für die kleine Gemütlichkeit und die große Galavorstellung, für die Macht und das Schicksal, das Herz und den Schmerz.

Die Musik konnte den »schönen Schein weltflüchtiger Bilder« noch verstärken. Denn: »Ohrenschmaus stimuliert die Augenweide und im selbstvergessenen Hören schweigt der kritische Blick.« (V. Kühn)

Während bei staatlichen Festakten vorzugsweise Beethovens *Coriolan*- und *Egmont*-Ouvertüre gespielt wurden, begleiteten die *Eroica*- und die *Schicksalsinfonie* den Niedergang des NS-Regimes. Bei Wehrmachtssondermeldungen erklang im Radio die *Siegesfanfare* von Liszt. Die *Trauermarsch*-Musik aus Wagners *Götterdämmerung* umrahmte die Nachrichten vom Tode führender Nazis. Und als Deutschland und halb Europa bereits in Trümmern lagen, empfahl man der Bevölkerung bei Schlagermusik einfach weiterzuträumen: *Kauf dir einen bunten Luftballon, halt ihn fest in deiner Hand.*

Plakat für die Bayreuther Festspiele 1937 (Kunstbibliothek SMPK Berlin)

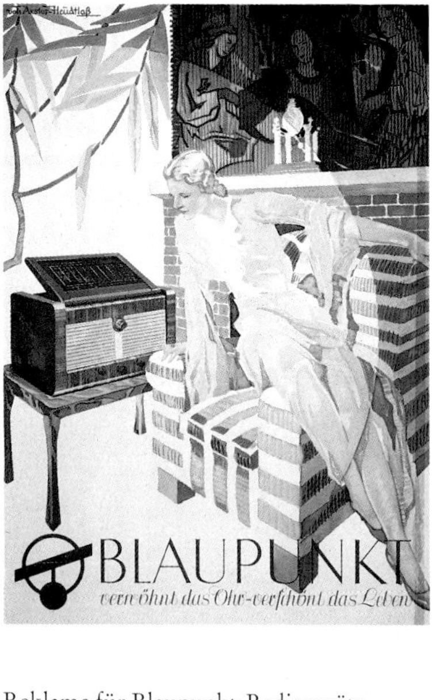

Reklame für Blaupunkt-Radiogeräte (Entwurf: Axter-Heudtlaß um 1935), (Kunstbibliothek Preußischer Kulturbesitz Berlin; Foto: Petersen)

Progagandaplakat »Deutschland – das Land der Musik« (Entwurf: L. Heinemann um 1935), (Kunstbibliothek Preußischer Kulturbesitz Berlin)

Die Nazis wußten, warum sie der Bildhauerei in der darstellenden Kunst einen so hohen Rang einräumten. »Dem Tafelbild ist ein Zimmer gemäß«, schrieb einer ihrer Kunstideologen, »der Skulptur ein Platz... Die Plastik strahlt aus in einem Raum und kann dadurch viele Menschen beherrschen. Sie wirkt in einer Zeit, die nicht das Abbild, sondern das Vorbild sucht, mit ihm Menschen prägen, Ideale künden will.«

Diese Aufwertung resultierte allerdings nicht daraus, daß sich der NS-Staat »der Schönheit und Würde eines höheren Menschentums« verschrieben hätte – wie das Hitler ebenso pathetisch wie verlogen hatte glauben machen wollen. Ihren Boom verdankte die Bildhauerei wohl eher dem, was erst auf den zweiten Blick ins Auge springt: dem Gegensatz von »Leibvergottung« und »Leibverachtung«. (H. Wolbert)

Arno Breker, »Wagner« (1939), Figur für den Runden Saal in der Neuen Reichskanzlei (aus: Die Kunst im Deutschen Reich (1940), S. 108; Foto: Charlotte Rohrbach)

Atelier des Bildhauers J. Thorak: Entstehung der Figurengruppe zur Bekrönung des Märzfeldes, Nürnberg (links u. rechts versch. Größen u. Teilansichten der Allegorie des Sieges), (aus: Die Kunst im Deutschen Reich. Die Baukunst (1940), S. 123), (gegenüberliegende Seite, oben)

Josef Thorak, »Der Brunnen« (Das Urteil des Paris). Ausgestellt auf der Großen Deutschen Kunstausstellung 1941, München (Bildarchiv Preußischer Kulturbesitz; Foto: H. Hoffmann), (gegenüberliegende Seite, unten)

Hugo Lederer »Läufergruppe« (1936) an der Heerstraße in Berlin-Charlottenburg (Bildarchiv Preußischer Kulturbesitz)